Meyer/Schneider/Stübel
Computergestützte Unternehmensplanung

Bernd E. Meyer
Hans-Jochen Schneider
Günter Stübel

Computergestützte Unternehmensplanung

Eine Planungsmethodologie mit Planungsinstrumentarium für das Management

W DE G

Walter der Gruyter · Berlin · New York 1983

Die Autoren

Prof. Dr. Bernd E. Meyer
Professor für Anwendungsorientierte Datenverarbeitung und Organisation an der Fachhochschule Heilbronn

Prof. Dr. Hans-Jochen Schneider
Professor für Computergestützte Informationssysteme an der Technischen Universität Berlin

Dr. Günter Stübel
Geschäftsführender Gesellschafter der ACTIS Angewandte Computertechnik für Informationssysteme GmbH in Stuttgart, Berlin, Frankfurt

CIP-Kurztitelaufnahme der Deutschen Bibliothek

Meyer, Bernd E.:
Computergestützte Unternehmensplanung: e. Planungsmethodologie mit Planungsinstrumentarium für d. Management / Bernd E. Meyer; Hans-Jochen Schneider; Günter Stübel. – Berlin; New York: de Gruyter, 1983.
ISBN 3-11-006916-6

NE: Schneider, Hans-Jochen; Stübel, Günter.

Druck: Karl Gerike, Berlin; Bindearbeiten: Dieter Nikolai, Berlin – Printed in Germany

Vorwort

Schon kurz nach der Entwicklung der ersten Computer in den fünfziger Jahren versuchte man, mit computer-gestützten Informationssystemen den steigenden Informationsbedürfnissen aller Managementschichten in Industrie, Verwaltung und Politik Herr zu werden. Man begann mit einfachen Finanzbuchhaltungs- und Lohnabrechnungsprogrammen und versuchte dann Mitte der sechziger Jahre, integrierte Gesamtsysteme zu entwickeln. Retrospektiv läßt sich sagen, daß die meisten Versuche keinen Erfolg hatten und methodologisch nichts Neues erbrachten. Eine Ausnahme bildet der Amerikaner FORRESTER, der 1960 seine System Dynamics Methode veröffentlichte. Diese Methode, die im wesentlichen regelungstechnisches Denken auf Wirtschaftsprozesse und später auf städteplanerische Prozesse (urban dynamics) und Weltprozesse [1)](world dynamics) anwendete, brachte Forrester nicht nur einen spektakulären Erfolg, sondern führte eine neue Denkweise bei Planungs-Informations-Systemen ein.

Ungefähr im selben Zeitraum wurden von der mathematischen Seite aus, hauptsächlich in der Richtung Operations Research, Anstrengungen unternommen, um bessere Voraussagen über Auswirkungen von Entscheidungen machen zu können. Es wurden eine Reihe von Entscheidungs- und Planungs-Informations-Systemen (unter dem Namen Management-Informations-Systeme bekannt) in den USA entwickelt, die aber alle scheiterten und das Ansehen dieses Gebietes in einen Tiefpunkt führten. Die Gründe lagen einerseits am gegenseitigen Nichtverstehen und fehlendem Einfühlungsvermögen der Informatiker, Mathematiker und Manager, andererseits aber an den nicht wirklichkeitsnahen Modellen

---

1) siehe auch Prof. Meadows: Grenzen des Wachstums und Veröffentlichungen des Club of Rome (vgl. [MEAD72]).

und am Fehlen von Gültigkeitsprüfungen. Die geistigen Modelle, welche die Manager hatten, und die Modelle, welche von den Systemen angeboten wurden, klafften zu weit auseinander. Die Systeme waren zu wenig benutzerorientiert, zu kompliziert, nicht robust genug und langsam.

Das vorliegende Buch, das sich an die Geschäftsleitung (Topmanagement), an Assistenten und Stabsleute der Geschäftsleitung, an das Middle-Management, an Organisations- und Datenverarbeitungsleiter sowie an die Planer im Unternehmen und Studierende wendet, führt in eine Planungsmethodologie und das dazugehörige Planungsinstrumentarium ein, welche gezielt die geistigen Modelle der obigen Personengruppe, nämlich die Bilanz und die Gewinn- und Verlustrechnung, in den Mittelpunkt der Untersuchungen stellen. Auch das Fingerspitzengefühl der typischen Unternehmer ist durch Hypothesen und Entscheidungsregeln modellierbar. Das Buch soll durch die gewählte Art der Darstellung nicht zuletzt auch der Ausbildung an den Universitäten, Hoch- und Fachhochschulen, der inner- und außerbetrieblichen Weiterbildung sowie dem Selbststudium dienen.

Die vorgestellte Planungsmethodologie folgt nicht vollständig den Entwicklungen, wie sie in den USA unter Forrester und seinen Schülern stattfanden, sondern ist den besonderen Anforderungen der euopäischen, speziell der bundesdeutschen Industrie angepaßt. Die Wirtschafts- und Organisationstheorie sowie die Gesetzgebung weichen doch in vielen Punkten von denen der USA ab. In Kapitel 4 findet der Leser ein ausführlich kommentiertes Beispiel des Modells ACTIPLAN eines mittelgroßen Industrieunternehmens aus dem süddeutschen Raum. Die hier vorgestellte Planungsmethodologie und das dazugehörige Planungsinstrumentarium für den mikro-ökonomischen Bereich lassen sich einfach auch auf makro-ökonomische Prozesse und auf die Modellierung von Institutionen der öffentlichen Hand übertragen.

Die ständig eingeschränkteren Ressourcen unserer Erde zwingen uns zu immer genauerer Planung und lassen unsere Entscheidungen oft nur auf unsicheren Fakten basieren. Es ist ganz natürlich, daß die vielfältiger werdenden wirtschaftlichen Zusammenhänge einerseits und die Notwendigkeit des Lebens mit Unsicherheit andererseits zu komplexeren Systemen führt. Da wirtschaftliche Zusammenhänge für sich genommen schon sehr komplex sind, wird die Komplexität dieser Planungssysteme die Entscheider nicht abschrecken. Wesentlich für die Akzeptanz solcher Planungsmethodologien wird deren Transparenz und Benutzerfreundlichkeit sein.

In den USA werden in ca. 60 % der größeren Unternehmen solche Planungsmethoden eingesetzt. Die in Kapitel 2 und 4 vorgestellten Beispiele zeigen, mit welch großem Erfolg auch im deutschsprachigen Raum eine solche Methodologie sowie das dazugehörige Instrumentarium einsetzbar sind. Das vorliegende Buch versucht, in diese komplexe Materie schrittweise einzuführen und der Sprache der Entscheider sehr nahe zu kommen.

Nach einem Einführungskapitel werden in Kapitel 2 die Grundlagen für die Planung im Unternehmen gelegt und drei Beispiele aus Planungssituationen bundesdeutscher Unternehmen vorgestellt. Kapitel 3 führt in das Regelkreisdenken ein und stellt dar, wie man mit Hilfe der Rückkopplung und zeitlicher Verzögerungen die wirtschaftlichen Zusammenhänge äußerst realitätsnah modellieren kann und durch die Simulation das Verhalten bei alternativen Entscheidungsregeln innerhalb des Betriebes und Hypothesen über die Außenwelt des Unternehmens (Markt, Konkurrenz, Gesetzgebung) prognostizieren kann. Ein ausführlich beschriebenes Topmanagement-Modell (ACTIPLAN) wird in Kapitel 4 vorgestellt, und es wird dargestellt, wie man es auf die Middlemanagementebene ausdehnen kann. Kapitel 5 beschreibt die anzuwendende Simulationsmethodik, wobei die Gültigkeitsprüfung einen großen Raum einnimmt. Dies ist naheliegend, da nur das Vertrauen der Entscheider in die Modelle und deren Simulationsergebnisse zum Erfolg dieser

Planungsmethodologie führen. Ein Ausblick auf ein integriertes Planungsinstrumentarium, welches auf Methoden- und Modellbanksystemen basiert, wird in Kapitel 6 gegeben. Ein Literaturverzeichnis schließt das Buch ab. Weitere Informationen über praktische Planungsfälle können von den Autoren angefordert werden.

Die aufgezeigten Fallstudien basieren auf Unterlagen und Erfahrungen aus dem Tätigkeitsfeld der Firma ACTIS Angewandte Computertechnik für Informationssysteme GmbH. Sie stellte auch die organisatorischen Hilfsmittel für die Vorbereitung dieses Buches zur Verfügung. Dafür möchten wir uns hiermit nochmals bedanken.

Insbesondere danken wir jedoch allen, die durch ihr persönliches Engagement zur Entstehung dieses Buches beigetragen haben. Ohne den enormen Einsatz, die Mühe und Sorgfalt von Frau P. Kemmer und Frau U. Schneider beim Manuskripterstellen und Frau A. Meyer beim Erstellen der Zeichnungen, wäre das Buch nicht in dieser Form entstanden.

B. E. Meyer, Heilbronn
H.-J. Schneider, Berlin
G. Stübel, Stuttgart

Inhaltsverzeichnis

Seite

	Vorwort	5
	Inhaltsverzeichnis	9
1	Einführung	13
1.1	Unternehmensplanung warum?	13
1.2	Unternehmensplanung für wen?	14
1.3	Unternehmensplanung wie?	15
1.3.1	Anwendungsmethodologie	16
1.3.2	Regelkreisdenken	18
1.3.3	Beschreibungstechniken, Beschreibungssprachen	22
1.3.4	Informationssystemmethodologie	23
1.3.5	Simulationsmethodologie	25
1.3.6	Software-Engineering	26
1.4	Unternehmensplanung wann?	27
2	Die Planung im Unternehmen	28
2.1	Einführung in den Modellbildungsprozeß	28
2.2	Modellbildung als Grundlage zur Planung	31
2.3	Der top-down-Ansatz	38
2.4	Das Planungsinstrumentarium eines kommerziellen Unternehmens	47
2.4.1	Teilbereiche der Unternehmensplanung	47
2.4.2	Die Plantafel	50
2.4.3	Ein Produktions-Planungssystem der Firma X	51
2.4.4	Deckungsbeitragsplanung der Firma Y mit Hilfe der Marktmodell-Simulation	57
2.4.5	Über das Finanzmodell zum Gesamtunternehmensmodell der Firma Z	67

2.5 Die Funktion von Gesamtunternehmensmodellen 69

3 Einführung in System Dynamics 71
3.1 Die Regelkreisphilosophie im Unternehmen 72
3.2 Das System Dynamics Konzept 77
3.2.1 Der Wirkungsgraph 78
3.2.2 Das System Dynamics Strukturdiagramm 79
3.2.3 Die System Dynamics Systemgleichungen 83
3.2.3.1 Levelgleichungen 84
3.2.3.2 Ratengleichungen 91
3.2.3.3 Hilfsgleichungen 93
3.2.3.4 Konstanten- und Anfangswertgleichungen 94
3.2.3.5 Verzögerungen 95
3.2.3.6 Das Lösungsintervall DT 104
3.2.3.7 Makrofunktionen 105
3.2.3.8 DYNAMO-Programmspezifikationen 105
3.3 Beispiel Handelsbetriebs-Modell 107
3.3.1 Systembeschreibung 108
3.3.2 Wirkungsgraph 109
3.3.3 Strukturdiagramm 109
3.3.4 Systemgleichungen 111
3.3.5 Simulationsergebnisse 112

4 Unternehmensmodellierung und -simulation am Beispiel des Modells einer realen Firma (ACTIPLAN) 115
4.1 Die Unternehmensdaten der Firma 115
4.2 Das Topmanagement-Modell 119
4.2.1 Das Ist-Modell (Realisationsmodell) 123
4.2.1.1 Gütermodell 125
4.2.1.2 Finanzmodell 128
4.2.1.3 Funktionsbereichsmodell 132
4.2.1.4 Kontrollebene und Integration 136
4.2.1.5 Planungsmodell für die Topmanagement-Ebene mit Hilfe eines Zielsystems auf der Grundlage der Theorie des Anspruchsniveaus 138

4.2.2	Verhalten im Gütermodell	153
4.2.3	Verhalten im Finanzmodell	203
4.2.3.1	Aktiva	206
4.2.3.2	Passiva	230
4.2.3.3	Gewinn- und Verlustrechnung	249
4.2.4	Verhalten im Funktionsbereichsmodell	275
4.2.5	Diskussion der Ergebnisse	299
4.3	Die disaggregierte Planung im Middlemanagement	322
4.3.1	Die Erweiterung zum hierarischen Modell	322
4.3.2	Das Produktions-Marketing-Subsystem	323
4.3.2.1	Aspekte des Fertigungssektors	324
4.3.2.2	Aspekte des Marketingsektors	328
4.4	Die Integration unterschiedlicher Planungsmodelle	337
5	Simulationsmethodik	343
5.1	Systemanalyse	343
5.2	Erfahrungen bei der Modellbildung	347
5.3	Das treibende Element des Simulationsmodells	348
5.4	Gültigkeitsprüfung	352
5.4.1	Verifikation	352
5.4.2	Kalibrierung	357
5.4.3	Sensitivitätsanalyse	362
5.4.4	Validierung	379
6	Integration von Planungsmodellen in ein Methoden- und Modellbankverwaltungssystem	383
6.1	Anforderungen an ein Methoden- und Modellbankverwaltungssystem aus der Sicht des Planers	385
6.2	Die Systemkomponenten von BOSS	390
6.2.1	Die Modellbank	395
6.2.2	Die Methodenbank	396
6.2.3	Die Datenbank	406
6.2.4	Der Dialoggenerator GIAS	407
6.2.5	Das Kommunikationssystem COLAN	422
6.2.5.1	Die COLAN-Sprache und deren Anwendung	422
6.2.5.2	Die COLAN-Architektur	

7 Zusammenfassung und Ausblick 433

8 Literaturverzeichnis 436

Anhang 445

1 Legende für die graphischen Darstellungen 446

2 DYNAMO-Standardfunktionen und -Makros 448

3 DYNAMO-Gleichungen für das Topmanagement-Modell ACTIPLAN 453

4 Variablenerklärungen für das Modell ACTIPLAN 506

Index 521

1 Einführung

In diesem und im nächsten Kapitel wird informell, meistens verbal und an einigen Stellen durch Abbildungen ergänzt, in die gesamte Problematik der Unternehmensplanung eingeführt. Zuerst sollen Fragen nach dem Warum der Planung behandelt werden, danach wird nach dem Für Wen, dem Wie und dem Wann gefragt.

1.1 Unternehmensplanung warum?

Jeder Unternehmer und jede Unternehmensleitung interessiert sich für Fragen des Typs: Was passiert, wenn ....? Als einige Beispielfragen seien die folgenden aufgeführt:

- Was passiert, wenn sich die Lohnkosten um 5 % erhöhen?
- Was passiert, wenn sich der Kupferpreis um 30 % verändert?
- Was passiert, wenn der Hochzins von 13 % noch für weitere zwei Jahre bestehen bleibt?
- Was passiert, wenn aufgrund von allgemeinem Geldmangel das defacto-Zahlungsziel sich um vier Wochen verlängert?
- Was passiert, wenn heute eine Investitionsentscheidung über einen gewissen Prozentsatz des Umsatzes gefällt wird?
- Was passiert, wenn der Gesetzgeber eine Zusatzabgabe in Höhe von 2 % verlangt?
- Was passiert, wenn sich der Arbeitgeberanteil um 1 % erhöht?
- Was passiert, wenn man die Dividendenpolitik verändert?
- Was passiert, wenn der Bedarf an neuem Fremdkapital nicht rechtzeitig erkannt wird?
- Was passiert, wenn die Produktstrategie falsch angelegt wurde?

Diese Liste kann beliebig weitergeführt werden. Einige der Punkte können bei falscher Planung für das Unternehmen tödlich sein, also folgt: Jedes Unternehmen muß planerisch tätig sein. Dies gilt auch für die Klein- und Mittelbetriebe, insbesondere heute bei verstärktem Wettbewerb aufgrund eingeschränkter Ressourcen. Ob es dabei die Plantafel oder das computergestützte Planungs-Informations-System ist, spielt eine untergeordnete Rolle, das Bewußtsein für die Notwendigkeit der Unternehmensplanung ist entscheidend.

1.2 Unternehmensplanung für wen?

Der Argumentation von Kapitel 1.1 folgend, muß jedes Unternehmen Planungsfunktionen durchführen. Bei Großunternehmen leuchtet dies intuitiv ein, dies gilt aber heute in verstärktem Maße auch für jeden Klein- und Mittelbetrieb. Innerhalb dieser Betriebe sollte die Planung nicht nur auf das Topmanagement beschränkt sein, sondern auch die Middlemanagement- und die operationale Ebene umfassen. Innerhalb der Ebenen sollten alle Funktionsbereiche ihre Planungsfunktionen ausüben und die für die Planung zuständigen Personen sollten eng mit den Personen zusammenarbeiten, die für das Istgeschehen (Steuerfunktionen) und die Kontrollfunktionen verantwortlich sind.

In diesem Buch werden wir uns auf eine Planungsmethodologie für die Top- und Middlemanagementebene beschränken, da für die Planung der operationalen Ebene im allgemeinen eine Detailplanung notwendig ist, die noch weitere Techniken der diskreten Simulation erfordert (siehe auch Kapitel 1.3.5), deren Behandlung den Rahmen dieses Buches sprengen würde.

Die vorgestellte Planungsmethodologie ist für alle Funktionsträger aus der Top- und Middlemanagementebene geeignet. Diese Entscheidungsträger sollten auf jeden Fall federführend bis zur Erstellung der System Dynamics Strukturdiagramme (vgl. Kapitel 3.2.2) am Modellierungsprozess beteiligt sein und dann wieder entscheidend an den Phasen der Gültigkeitsprüfung (vgl. Kapitel 5.4) teilnehmen. Das Aufstellen der System Dynamics Gleichungen und das Benutzen des Planungsinstrumentariums sollte von Informatikern, Mathematikern oder Ingenieuren vorgenommen werden.

Wenn das vorgestellte Planungsinstrumentarium extensiv ausgenutzt wird, kann man andere Benutzerfunktionen unterscheiden. Die Top- und Middlemanagement-Entscheidungsträger werden das System in der Modellspezifikations-, Modellfortschreibungs- und in der Gültigkeitsprüfungsphase entscheidend beeinflussen. Die Systemanalytiker und Programmierer werden die System Dynamics Systemgleichungen aufstellen und das Planungsinstrumentarium bedienen. Die Administratoren für die Daten-, Methoden- und Modellbank sind für die Konsistenz der Daten, für die Kohärenz des Methodeneinsatzes und die Adäquatheit der Modelle verantwortlich. Je nach Umfang der Planungstätigkeiten im Unternehmen werden diese Administratortätigkeiten mehrere Personen ausfüllen oder nur eine Teilaufgabe einer Person darstellen.

1.3 Unternehmensplanung wie?

Die Unternehmensplanung beginnt mit dem Klarmachen der Unternehmensziele, geht über eine ständige Kontrolle zwischen geplantem Soll und erreichtem Ist (Planungsfortschreibung) bis hin zur Schwachstellenanalyse. Es müssen alle Grundfunktionen des Unternehmens geplant werden, die den Personalbedarf (entsprechender Qualifikation), den Materialbedarf (Rohmaterial, Halbfertig- und Fertigprodukte), den Maschinenbedarf (entsprechender Spezifikation), den Finanzbedarf (Kapital, Liquidität), den Auftrags-,Knowhow-und Informationsbedarf betreffen. Die Planung umfaßt weiterhin das Management der Unsicherheit, das Beherrschen der Komplexität der Zusammenhänge und das Wissen über Wirkungen alternativer Entscheidungen im Unternehmen bzw. alternativer Hypothesen über die Außenwelt. Die Planung darf nicht lokal optimieren, sondern muß nach einer globalen Optimierung trachten (was wiederum ohne Planung nicht möglich ist). Die Planung darf nicht nur qualitative Ergebnisse liefern, sie muß quantitativ ausgerichtet sein.

Die Planungsmethodologie muß zentral auf die geistigen Modelle der Entscheidungsträger der Top- und Middlemanagementebene eingehen, d.h. es müssen Konzepte aus der Bilanz, aus der Gewinn- und Verlustrechnung, Daumenregeln, aggregierte Produktions- und Vertriebsmengengerüste im Vordergrund stehen. Knowhow, wie z.B. "Wenn ich das Produkt X auf der Ausstellung Y ausstelle, dann erhöht sich mein Umsatz in den nächsten 10 Wochen um Z DM", muß einfach modellierbar sein. Solche, im allgemeinen nicht rational nachvollziehbare Zusammenhänge, die aber empirisch jederzeit überprüfbar sind, und das Fingerspitzengefühl der Entscheidungsträger über Kunden-, Lieferanten- und Konkurrenzverhalten müssen einfach in sogenannte Hypothesen modellierbar sein.

Soll im Unternehmen eine Gesamtunternehmensplanung durchgeführt werden, so empfiehlt es sich, mit dem Finanzmodell der Topmanagementebene zu beginnen und dann schrittweise die anderen Funktionsbereiche in das Planungsmodell zu integrieren. Beim Topmanagement-Finanzmodell sollte man mit der Modellierung der Bilanz und der Gewinn- und Verlustrechnung beginnen, so wie es im ausführlichen Beispiel in Kapitel 4 vorgeführt wird.

1.3.1 Anwendungsmethodologie

Unter Anwendungsmethodologie wird der gesamte Bereich verstanden, der sich mit der Abbildung von Teilen der Realität in ein Modell befaßt. Dabei steht die Strukturierung des Unternehmens und die Modellierung der existierenden Prozesse im Vordergrund. Das Unternehmen, seine Struktur und die darin arbeitenden Prozesse werden in ein formales Modell abgebildet (siehe Abb. 1.1).

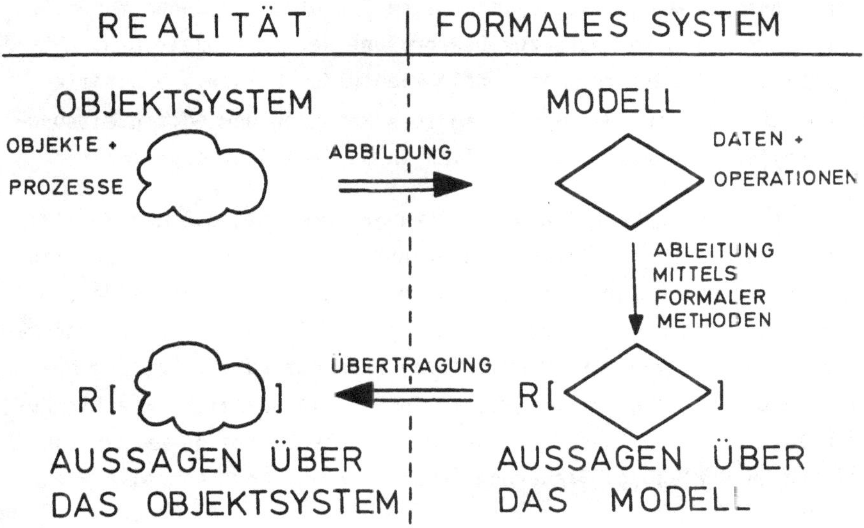

Abb. 1.1: Die Abbildung der Realität in ein formales Modell

Mittels formaler Methoden werden Aussagen über das Modell abgeleitet, die dann auf Aussagen über die Realität des Unternehmens übertragen werden. Die Gültigkeit dieser Aussagen im realen Unternehmen muß überprüft werden. Bei den zur Diskussion stehenden Planungs-Informations-Systemen (oder auch kurz: Planungssystemen) handelt es sich um sozio-ökonomische bzw. sozio-technische Systeme, bei denen man im allgemeinen keine Versuche zur Oberprüfung der Gültigkeit bzw. Güte der Abbildung in das formale Modell wie in den Naturwissenschaften machen kann. Man muß deshalb zu anderen Methoden der Gültigkeitsprüfung greifen. Sie werden ausführlich in Kapitel 5.4 vorgestellt.

Es ist heute weitgehend Einigkeit darüber erreicht, daß man Modelle von Unternehmen hierarchisch aufbaut und die drei Ebenen - operationale, Middlemanagement- und Topmanagement-Ebene - unterscheidet. Unserer Ansicht nach wird diese Disaggregierung dazu beitragen, daß man von der qualitativen zur quantitativen Prognose kommt. Bei der Modellierung unterscheidet man weiterhin Funktionsbereiche wie Einkauf, Vertrieb, Produktion und Finanzen. Als dritte Dimension werden die drei Phasen - Planung, Steuerung (Realisierung) und Kontrolle - eingeführt.

1.3.2 Regelkreisdenken

Analysiert man wirtschaftliche Prozesse und Entscheidungsverhalten von Managern etwas genauer, so stellt man fest, daß die Rückkopplung (z.B. Erfahrung sammeln aus der Vergangenheit) darin als ein Schlüsselkonzept enthalten ist. Gekoppelte Regelkreise mit Rückkopplungs- und Verzögerungsgliedern beeinflussen sogar fast unser ganzes tägliches Tun, sie steuern fast alle höheren Organismen und alle wesentlichen technischen Prozesse. Es lag also sehr nahe, die Regelkreistheorie aus der Technik auf wirtschaftliche Prozesse anzuwenden.

Im folgenden wird anhand eines technischen Regelkreises das Prinzip nochmals dargestellt und die wesentlichen Konzepte werden herausgearbeitet. Anschließend wird das Regelkreisdenken auf betriebswirtschaftliche Prozesse übertragen.

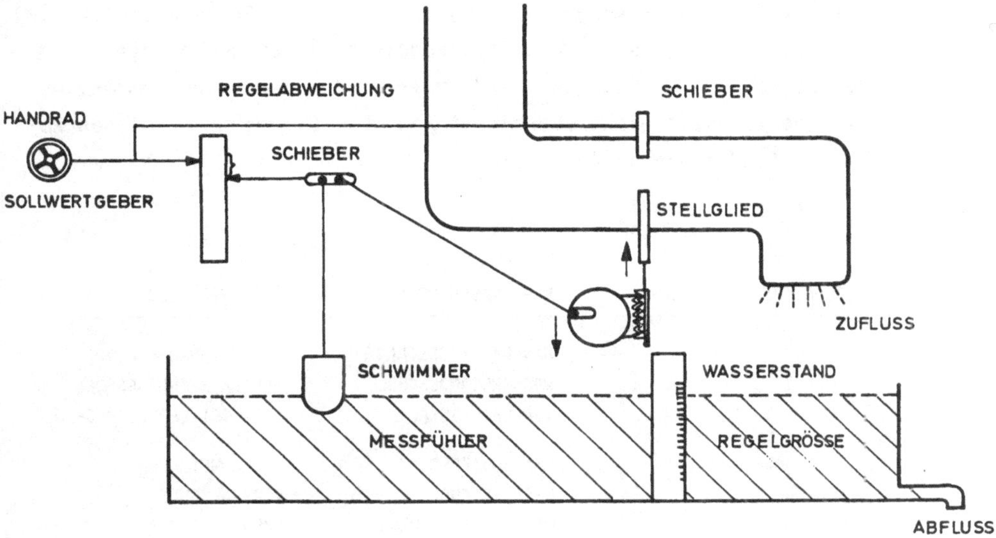

Abb. 1.2: Der Wasserstandsregler

In der Abb. 1.2 wird der Wasserstand eines Behälters mit Zu- und Abfluß durch einen Schieber, einen Meßfühler und ein Handrad beeinflußt. Mit dem Handrad, als Sollwertgeber, stellt man die gewünschte Wasserstandshöhe als Sollwert ein. Der Schwimmer, als Meßfühler, gibt die aktuelle Wasserstandshöhe als Istwert an. Gibt es eine Skalendifferenz, also aufgrund des Soll-Ist-Vergleiches eine Regelabweichung, so verstellt das Drehgestänge (als Regler) den Schieber (als Stellgröße) so lange, bis der Wasserstand (als Regelgröße) den gewünschten Stand erreicht hat. Diese Regelung wird immer wieder dann vorgenommen, wenn Soll- und Ist-Wert nicht übereinstimmen. Das Diagramm für diesen Regelkreis findet man in Abb. 3.12.

ALLG. BEZEICHNUNG	BSP. WASSERSTAND	BSP. VERTRIEB
SOLLWERTGEBER	HANDRAD + GESTÄNGE	MARKETINGABTEILUNG
SOLLWERT	WASSERSTANDSHÖHE	AUFTRAGSEINGANGSSOLL
SOLL-IST-VERGLEICH	VERGLEICHSSKALA	SOLL-IST-VERGLEICHS-LISTE
REGELABWEICHUNG	SKALENDIFFERENZ	PLANABWEICHUNG
REGLER	DREHGESTÄNGE	VERKAUFSCHEF
STELLGRÖSSE	WEG DES SCHIEBERS	ERFOLGSPRÄMIE
STELLGLIED	SCHIEBERMECHANISMUS	VERKÄUFER
REGELSYSTEM	BECKEN MIT ZU- UND ABFLUSS	MARKTGESCHEHEN
REGELSTRECKE	REGLER + STELLGLIED + STELLGRÖSSE	VERTRIEB
REGLERGRÖSSE	WASSERSTAND	VERKAUFSABSCHLÜSSE
REGELFLUSS	WASSERZU- UND ABFLUSS	KUNDENBESUCHE / VERKAUFSABSCHLÜSSE
MESSFÜHLER	SCHWIMMER	BUCHHALTUNGSABTEILUNG
ISTWERT	AN DER SKALA GEMESSENE WASSERHÖHE	INFORMATION ÜBER AUFTRAGSEINGANGSHÖHE
STÖRGRÖSSE 1	ROST, VERSCHMUTZUNG	GRIPPEWELLE
STÖRGRÖSSE 2	VERDUNSTUNG	REZESSION

Abb. 1.3: Gegenüberstellung der Bezeichnungen der Regelkreistheorie aus Technik und Wirtschaft

In der Abb. 1.3 sind die allgemeinen Bezeichnungen der Regelkreistheorie den Bezeichnungen des Wasserstandsreglers und eines betriebswirtschaftlichen Regelkreises aus dem Funktionsbereich Vertrieb gegenübergestellt.

In Abb. 2.7 sind verschiedene im Unternehmen auftretende Regelkreise in das Unternehmensmodell eingezeichnet. In der Realität treten diese Verflechtungen noch wesentlich häufiger auf. Dies alles einzuzeichnen würde aber die Übersichtlichkeit des Bildes beeinträchtigen.

Eine detaillierte Diskussion der Unternehmensregelkreise findet der Leser in Kapitel 3.1.

1.3.3 Beschreibungstechniken, Beschreibungssprachen

Voraussetzung für die weitere Verbreitung von Planungs-Informations-Systemen, für die gute Kommunikation der verschiedenen Benutzergruppen solcher Systeme und für die präzise Spezifikation zur datenverarbeitungsmäßigen Weiterverarbeitung, sind gut lehr- und lernbare, nicht zu komplexe aber doch mächtige, benutzerfreundliche Beschreibungstechniken und -sprachen.

Es hat sich auch in der Informatik (kurz: Ingenieurwissenschaft der abstrakten Objekte) gezeigt, daß für eine gute Konstruktionslehre, wie in den anderen Ingenieurwissenschaften, die Zeichnung oder graphische Darstellung unerläßlich ist. Die Zeichnung alleine genügt zwar nicht, aber ohne sie geht es auch nicht gut. Insbesondere lassen sich strukturelle Zusammenhänge und Steuer-, Informations-, Nachrichten-, Material- und Geldflüsse damit präzise und übersichtlich darstellen.

Von den heute verfügbaren graphischen Beschreibungstechniken seien nur einige genannt: HIPO (vgl. [IBM 74]), SADT (vgl. [ROSS77]), Petrinetze (vgl. [PETR76]), Instanzen/Kanal-Netze (vgl. [PETR75], [DIN 66200]), Funktionsnetze (vgl. [GODB78], [GODB79], [GODB80]), ISAC (vgl.[JOWI81], [LUND79], [SCHN82], [STOB79]). Alle diese Beschreibungstechniken besitzen Elemente zur Darstellung von statischen (Information, Nachricht, Daten, Struktur) und dynamischen (Prozeß, Programm) Zusammenhängen.In dem vorliegenden Buch werden die statischen Elemente im allgemeinen mit runden ( , ) und die dynamischen Elemente mit eckigen (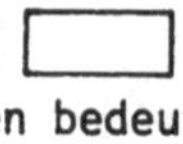 , ) Symbolen dargestellt. Die verbindenden Kanten bedeuten im allgemeinen Steuer-, Informations-, Nachrichten-, Materialfluß oder eine Präzendenz- (Vorher- oder Nachher-) Beziehung.

Außer diesen graphisch-orientierten Beschreibungssprachen werden die natürliche Sprache, sog. Pseudocodes, Modellbeschreibungs- und Programmiersprachen eingesetzt. Für eine Problemlösung werden im allgemeinen mehrere Beschreibungssprachen verwendet, und zwar beginnend mit einer verbalen Beschreibung in natürlicher Sprache werden in fortgeschrittenen Phasen mehr und mehr formalere Sprachen verwendet, bis man dann am Ende die Programmiersprache als reine Kunstsprache einsetzt. In Kapitel 3.2, speziell in Abb. 3.5, ist dargestellt, welche Beschreibungssprachen hierarisch bei der System Dynamics Beschreibungstechnik eingesetzt werden: Man beginnt mit einer groben graphisch-orientierten Beschreibungssprache (Wirkungsgraph), geht über die System Dynamics Strukturdiagramme bis zu den voll formalisierten Gleichungen in der Modellbeschreibungs- und Programmiersprache DYNAMO.

1.3.4 Informationssystemmethodologie

Bei den computergestützten Informationssystemen sind zur Zeit zweierlei Entwicklungsrichtungen zu beobachten, nämlich die sogenannte branchen-orientierte und die sogenannte generalisierte. Bei der ersteren werden rein branchen-orientierte Programmpakete bzw. Standardpakete entwickelt. Es wird zum Beispiel ein Paket für Brauereien oder für die Bauwirtschaft geschaffen, das vollkommen maßgeschneidert die Belange der ausgewählten Branche abdeckt. Beim generalisierten Ansatz werden Systeme entwickelt, die interdisziplinär für ganz verschiedenartige Anwendungsbereiche eingesetzt werden können. Als bekanntester Vertreter sei die Klasse der Datenbankverwaltungssysteme genannt, bei der die Datenbeschreibung aus den Programmen heraus in das Datenbankverwaltungssystem verlagert wird. Das System kümmert sich nicht darum, ob diese Daten Brauerei- oder Bauwirtschaftsdaten sind.

Für die verschiedenen Anforderungen werden gestaffelt verschiedene Typen von Informationssystemen entwickelt. Grob unterscheidet man zwischen

- Auskunftssysteme
- Planungssysteme
- Lenkungssysteme.

Mit Lenkungssystemen wollen wir uns nicht beschäftigen, da sie von der Forschungsseite her noch in keinster Weise genügend fundiert untersucht worden sind. Man kann heutzutage noch nicht abschätzen, inwieweit man die Maschine Entscheidungen treffen lassen kann, die direkt in das operationale Geschehen des Unternehmens eingreifen. Die Auskunftssysteme sind die einfachsten Informationssysteme, die man wiederum in Berichts-, Signal- und Datenbankverwaltungs-Systeme einteilen kann. Bei den Planungssystemen unterscheidet man Simulationssysteme, Optimierungssysteme und Methoden- und Modellbankverwaltungssysteme. Im Zentrum dieses Buches stehen die Simulationssysteme.

In der Industrie und im Handel werden mehr und mehr sogenannte Methoden- und Modellbanksysteme als Hilfsmittel zur Handhabung von Planungsinformationen eingesetzt. Diese Systeme gestatten es dem nicht so sehr DV-geübten Planer, seine Probleme mit Computerunterstützung schnell zu lösen. Er braucht nicht mehr der absolute Spezialist, z.B. in Statistik und Matrizenlehre, zu sein; das System führt ihn und informiert ihn über die richtige Methoden- und Modellauswahl. Eine Einführung in Methoden- und Modellbankverwaltungssysteme findet der Leser in Kapitel 6.

1.3.5 Simulationsmethodologie

In den letzten zehn Jahren war man der Ansicht, daß die Simulation das Allheilmittel zur Lösung beliebig komplexer Probleme, die nicht analytisch geschlossen berechnet werden können, sei. Erst durch bittere Erfahrungen wurde man darauf gestoßen, daß man jahrelang sträflichst die sogenannte Gültigkeitsprüfung vernachlässigt hatte. Man modellierte lustig darauf los, simulierte die entstandenen Modelle mit großem Rechenzeitaufwand und vertraute den Ergebnissen, ohne im geringsten danach zu fragen, ob diese überhaupt vom Modell auf die Realität übertragbar sind. Erst in den letzten Jahren ging man daran, die Gültigkeitsprüfung mit ihren Teilaspekten Verifikation, Kalibrierung und Validierung zu untersuchen. Bei der Verifikation wird überprüft, inwieweit die Modellgleichungen die Realität wirklichkeitsnah abbilden. In der Kalibrierungsphase werden aufgrund historischer Daten die Parameter des Modells auf Grundwerte eingestellt. In der Validierungsphase werden die Parameter aufgrund von Soll-Ist-Vergleichen feineingestellt. Kalibrierungs- und Validierungsphase werden im allgemeinen durch eine Sensitivitätsanalyse unterstützt.

Der Rahmen des Buches läßt es nicht zu, ausführlich auf alle Teilaspekte der Simulation einzugehen. Es soll nur grob zwischen diskreter und kontinuierlicher und zwischen deterministischer und stochastischer Simulation unterschieden werden. Man wendet im formalen Modell diskrete Simulation an, wenn der zu beschreibende Prozess wenige Zustandsänderungen durchläuft oder, wie man auch sagt, ereignisarm ist (Beispiel: Fertigungstaktstraße, Warteschlange). Man wendet kontinuierliche Simulation an, wenn der Prozess in der Realität ereignisreich ist, die Zustände sich, über einen genügend großen Zeitraum betrachtet, also idealerweise kontinuierlich verändern (Beispiel: Wasser-, Gas-, Pulververarbeitung). Eine Detailplanung wird also immer mit diskreter Simulation behandelt, während eine Mittel- und

Langfristplanung mit kontinuierlicher Simulation modelliert werden kann. Man wird stochastische Simulation anwenden, wenn im zu modellierenden Prozess der Zufall eine entscheidende Rolle spielt. Abstrahiert man von stochastischen Einflüssen, z.B. beim Auftragseingang, sind die Abläufe also reproduzierbar, so wird man mit deterministischer Simulation arbeiten. Die detaillierte Produktions- und Ablaufplanung wird im allgemeinen mit diskreter, deterministischer Simulation behandelt, während eine längerfristige Liquiditätsplanung z.B. kontinuierlich, stochastisch modelliert wird.

1.3.6 Software-Engineering

Zu Beginn der Geschichte der Modellierung und Simulation vor ungefähr zehn bis fünfzehn Jahren mußte der Anwender alles selbst ausprogrammieren und erhielt keinerlei Systemunterstützung. Er hatte zwar vielleicht eine Simulationssprache, er konnte aber keine Datenbank, z.B. an sein Modell, ankoppeln. Diese Situation hat sich wesentlich verbessert, und so ist heute z.B. bei DYNAMO III und CSMP der Anschluß von Datenbanken möglich. Die Entwicklung der Sprachen für Modellierung und Simulation geht in der Richtung von Methodenbank- und Modellbank-Sprachen weiter. Bei den Methodenbankverwaltungssystemen werden Methoden in einer Mehrbenutzerumgebung kontrolliert dem Benutzer zur Lösung seiner Probleme angeboten. Er kann mit Hilfe dieser Sprachen seine Problemlösungen auf einem verhältnismäßig hohen problem-orientierten Sprachniveau formulieren und kann mit Hilfe eines ausgefeilten Dialogs auf eine Datenbank und eine Methodenbank zugreifen. Als Beispiele für solche Systeme seien das Siemens-Produkt METHAPLAN und das IBM-Produkt PLANCODE sowie das ökonometrie-orientierte System TROLL genannt. Die Entwicklung wird hin zu sogenannten Modellbankverwaltungssystemen gehen, bei denen es möglich sein wird, auf einem sehr hohen Kommunikationsniveau aus Teilmodellen größere Modelle aufzubauen, Teilmodelle auszuwechseln, Methoden auszuwechseln und alternativ Daten in Modelle einzubauen.

Eine ausführliche Behandlung dieses Problemkreises findet der Leser in Kapitel 6.

1.4 Unternehmensplanung wann?

Aus der Argumentation von Kapitel 1.1 folgt eindeutig, daß Planung eine Daueraufgabe jedes Unternehmens jeder Größenordnung sein muß, und daß die Unternehmensplanung laufend fortgeschrieben werden muß. Innerhalb der Planungsfunktion kann man zwischen kurz-, mittel- und langfristiger Planung unterscheiden. Die Zeiträume für diese Einteilung sind zwar von Branche zu Branche verschieden, man kann aber als Mittelwerte angeben: Kurzfristige Planung zwischen Tagen und einigen Wochen, mittelfristige Planung zwischen einigen Wochen und 12 - 24 Monaten, langfristige Planung zwischen 1 und 5 und manchmal sogar 10 Jahren. Die Detailplanung wird als kurzfristige Planung ausgeführt, die dispositive im allgemeinen kurz- bis mittelfristig und die strategische Planung langfristig.

2 Die Planung im Unternehmen

Nach einer Einführung in den Modellbildungsprozess wird beschrieben, wie man die Modellierung und Simulation als Grundlage zur Planung einsetzt.

Die Vergangenheit hat gezeigt, daß der Ansatz,vom Allgemeinen zum Speziellen vorzugehen (top-down-Ansatz),der umgekehrten Vorgehensweise (bottom-up-Ansatz) vorzuziehen ist. Nach einer Illustration des top-down-Ansatzes wird ein Planungsinstrumentarium für das Topmanagement vorgestellt.

2.1 Einführung in den Modellbildungsprozeß

Faßt man Planung als eine Tätigkeit auf, die erstens die anzustrebenden Ziele festlegt und zweitens alle Handlungen vornimmt, die zur Erreichung dieser Ziele dienen, so folgt daraus, daß jeder Unternehmer planerisch tätig ist und sein muß.

Vielfach trifft man allerdings in den Betrieben auf eine sehr zurückhaltende, wenn nicht gar ablehnende Haltung gegenüber der Planung.

"Wenn die Energie, die für das Planen verschwendet wird, auf das Verkaufen gerichtet würde, wäre das viel sinnvoller." Solche oder ähnliche Urteile von Unternehmern sind häufig zu hören. Die immer mehr eingeschränkten Ressourcen in allen Bereichen führen zu einem immer stärker werdenden Konkurrenzkampf, der zur Planung zwingt, wir müssen immer mehr Entscheidungen in Unsicherheit fällen, wir müssen lernen, die Unsicherheit besser zu managen.

Während in größeren Unternehmungen umfangreiche Planungen durchgeführt werden, setzt sich die Erkenntnis der Notwendigkeit zur

Planung in kleinen und mittleren Firmen erst langsam durch.

Da unternehmerisches Denken, Entscheiden und Handeln jedoch stets auf die Zukunft gerichtet und insoweit immer mit Unsicherheit verbunden ist, muß jeder Unternehmer einen Weg suchen, der das damit verbundene Risiko möglichst gering hält.

Die unterschiedlichen Auffassungen über die Planung liegen lediglich in der Klarheit der Zielformulierungen sowie in der Formalisierung der Denk-, Entscheidungs- und Handlungsalternativen.

Die Vorteile der Planung liegen

- in der Motivation der Mitarbeiter, die durch klare Zielsetzungen Sinn und Zweck ihrer Handlungen besser verstehen,
- in einem reibungslosen aufeinander abgestimmten Betriebsgeschehen,
- in einer kontinuierlichen Auslastung der Kapazität und in der besseren Ausnutzung der Ressourcen,
- in einer ständigen Kontrolle zwischen Geplantem und Erreichtem und der damit verbundenen besseren Reaktionsfähigkeit der Unternehmung auf wechselnde Markt- und Konkurrenzsituationen,
- im Herausarbeiten und Erkennen von Schwachstellen, so daß insgesamt eine höhere betriebliche Produktivität zu erwarten ist.

Aus den oben genannten Überlegungen ergibt sich aber, daß es nur sinnvoll ist, im Gesamtzusammenhang des Unternehmensgeschehens zu planen. Nur aus dem sinnvollen und zweckgerichteten Zusammenspiel verschiedener Tätigkeitsbereiche (Funktionsbereiche) wie z.B. Beschaffung, Produktion, Absatz, Finanzierung ergibt sich der Unternehmenserfolg insgesamt. Es darf nicht lokal, sondern es muß global optimiert werden.

Kleine und mittlere Unternehmen werden in der Regel durch Eigentümerunternehmer geleitet, die Entscheidungen oftmals nach "Fingerspitzengefühl" fällen, da für Planungsarbeiten weder ein qualifizierter Stab noch die Zeit zur Verfügung stehen.

Hier müssen also in der Tat Maßstäbe an die Planung angelegt werden, welche die Beschränkungen dieser Betriebe einbeziehen. Diese liegen darin, daß

- keine Planungsabteilungen bzw. Stäbe vorhanden sind,
- umfangreiche, detaillierte Planung zu teuer und zu langwierig ist,
- zuwenig finanzielle Mittel für die Planung zur Verfügung stehen,
- keine systematischen Markterhebungen erfolgen können,
- keine ausreichend qualifizierten Mitarbeiter zur Verfügung stehen.

Auf der anderen Seite hat das kleinere Unternehmen gegenüber dem Großunternehmen auch wesentliche Vorteile, die eine Planung äußerst interessant und erfolgversprechend erscheinen lassen.

Diese liegen

- in der vergleichsweise leichten Überschaubarkeit der Vorgänge sowie
- in der Willensbildung und in der Durchsetzbarkeit von Entscheidungen.

Dies führt dazu, daß dem Unternehmer von Klein- und Mittelbetrieben immer wieder empfohlen wird, anstatt vieler Stunden Routinearbeit regelmäßig einen Teil seiner Arbeitszeit für Planungsaufgaben zu reservieren.

2.2 Modellbildung als Grundlage zur Planung

Wenn bei der Planung die Zielsetzungskomponente als Hintergrund jeglichen unternehmerischen Handelns hervorgehoben wurde, so ist weiter zu fragen, aufgrund welcher Basis die Denk-, Entscheidungs- und Handlungsvorgänge ablaufen, die beim Vergleich von Plan und Realität vorgenommen werden.

Diese Basis bildet grundsätzlich ein "geistiges Modell (mental model)",das sich der Mensch von der Realität, d.h. der Umwelt macht, in der die unternehmerischen Prozesse ablaufen. Man könnte dieses Modell auch eine "abstrakte Maschine" nennen, womit ausgedrückt wird, daß sowohl Gegenstände (Objekte) wie auch darauf arbeitende Prozesse im Modell abgebildet werden.

Aufgrund der Vorstellungen über den Ablauf in der Realität und von Sollwerten, die auf die reale Unternehmung übertragen werden, veranlaßt der Manager bestimmte Steuerungsmaßnahmen.

Die Rückmeldung über das tatsächliche Istergebnis veranlaßt ihn zum Vergleich mit seinen Sollwerten und von Handlungsanweisungen in der Realität, die jedoch zuvor am geistigen Modell durchgespielt wurden. Planung, Steuerung und Kontrolle wirken so sehr eng zusammen. Je nachdem,wie konkret das geistige Modell des Unternehmers ist, können auch Alternativen mehr oder weniger konkret durchgespielt werden (vgl. Abb. 2.1, Abb. 2.2).

geistiges Modell
des Unternehmens

reales Unternehmen

Abb. 2.1: Der Regelungsprozeß im Unternehmen mit Informationsfluß und Steuerung

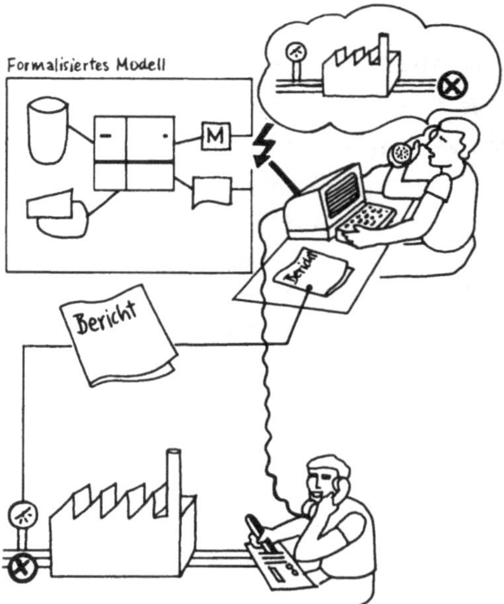

geistiges Modell
des Unternehmens

reales Unternehmen

Abb. 2.2: Der computergestützte Regelungsprozeß im Unternehmen.

In der Regel wird bei umfangreichen Problemen die Hilfe des Computers genutzt. Soll ein computergestütztes System aufgebaut werden, so müssen die komplexen Zusammenhänge des Unternehmens beschrieben und die vielfältigen und im allgemeinen unüberschaubaren und undurchsichtigen Ursache-Wirkungs-Beziehungen durchleuchtet, verstanden und formalisiert werden.

Derartige Untersuchungen am realen System direkt sind weder ökonomisch noch zweckmäßig und meist unmöglich. Die Systemsimulation beinhaltet hier die Möglichkeit, reale Systeme in ein Ersatzsystem (Modell) abzubilden, aus dessen Verhalten (Aktionen und Reaktionen) sich entsprechende Aussagen für das Verhalten des realen Systems ableiten lassen.

Die Abbildung realer Systeme in ein computergestütztes Modell geschieht im allgemeinen in mehreren Schritten (vgl. Abb. 2.3). Ausgehend von der Realität bildet sich im Menschen, mittels eines Erkenntnisprozesses, die Vorstellung von der Realität (mentales Modell). Vermöge eines Abstraktionsprozesses erhält man ein konkretes Modell desjenigen Ausschnitts der Realität, der bezüglich einer bestimmten Anwendung (Modellbildung) von Interesse ist. Zur Darstellung dieses Modells benötigt man im allgemeinen Beschreibungsmittel, z.B. die natürliche Sprache (Umgangssprache), Tabellen oder Diagramme, wobei man sich hier von der rein gedanklichen Ebene auf die Ebene der Notation begibt. In der praktischen Anwendung wird aber oft auch direkt der Formalisierungsprozeß durchgeführt, der als Ergebnis z.B. ein mathematisches Modell, ein logisches Modell oder auch eine formale graphische Darstellung haben kann. Damit es möglich wird, das Modellverhalten mittels eines Computers zu untersuchen, ist es notwendig, das entsprechende formale Modell in eine Sprache zu transformieren, die der Computer versteht. Ergebnis dieses Spezifikationsprozesses ist ein Computerprogramm, mit dessen Hilfe das zu untersuchende Modell auf einem Rechner implementiert wird.

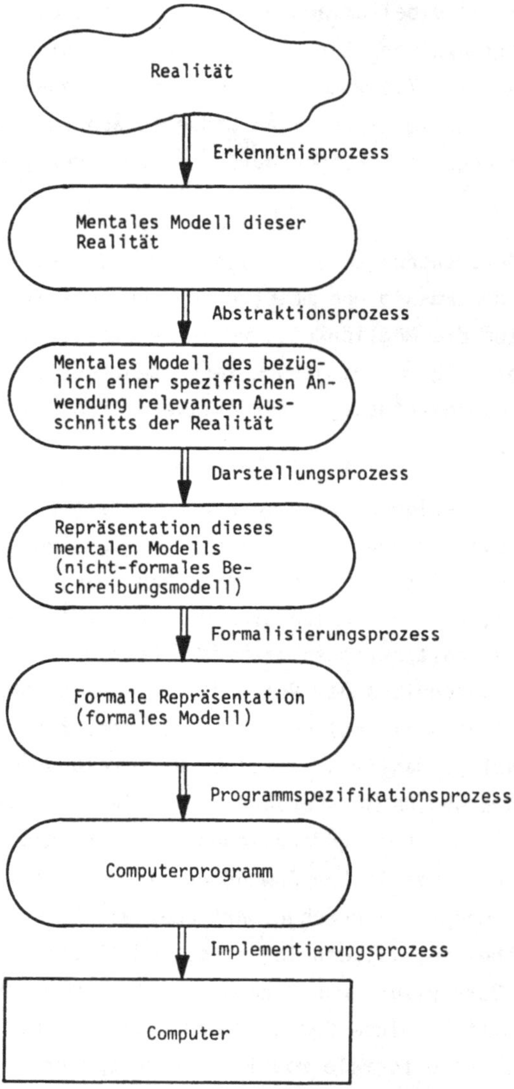

Abb. 2.3: Der Modellbildungsprozeß bei einer Problemlösung mit Hilfe des Computers

Von einem konkreten Modell im hier verwendeten Sinne kann erst dann gesprochen werden, wenn es mindestens eine Hypothese über empirische Zusammenhänge enthält, d.h. mindestens eine Aussage, die durch mindestens eine denkmögliche Situation der Realität falsifiziert werden kann (vgl. [ZAHN72]). Konkrete Modelle zeichnen sich also sowohl durch das Vorhandensein einer logisch-analytischen als auch einer empirisch-kognitiven Komponente aus.

Modelle beziehen sich immer auf eine abgegrenzte Problemsituation. Sie sind daher im Gegensatz zu einer Theorie nicht allgemein gültig, sie beziehen sich nur auf die konkrete Situation. Über ihre Brauchbarkeit kann letztlich nur der in Frage kommende Anwender entscheiden.

Um diese Gedankengänge nochmals klar herauszustellen, durchleuchten wir die Gedankengänge eines Unternehmers, der sich z.B. sinkenden Umsätzen gegenüber sieht. Dem Umsatz-Soll-Wert entsprechen die realen Umsätze nicht mehr. Nehmen wir weiter an, daß der Unternehmer bei einem Massenprodukt im wesentlichen die Umsatzmenge nur über den Preis beeinflussen kann. Sein geistiges Modell des Unternehmens und Marktgeschehens kann sich dann auf zwei Beziehungen reduzieren:

- Erstens auf die logisch-analytischen Komponenten, daß nämlich der Umsatz = Menge * Preis ist (Definitionsgleichung).

- Zweitens auf die empirisch-kognitive Komponente (Hypothese), die sich auf die Zusammenhänge zwischen der Reaktion des Marktes und dem Preis des Produktes beziehen. Steigt die vom Markt abgenommene Menge mit einem sinkenden Preis überproportional, so wird er den Preis senken, um dadurch das Umsatzsoll wieder zu erreichen (vgl. Abb. 2.4). Daß der Gewinn dann nicht mehr optimal ist, mag in diesem Beispiel dahingestellt sein.

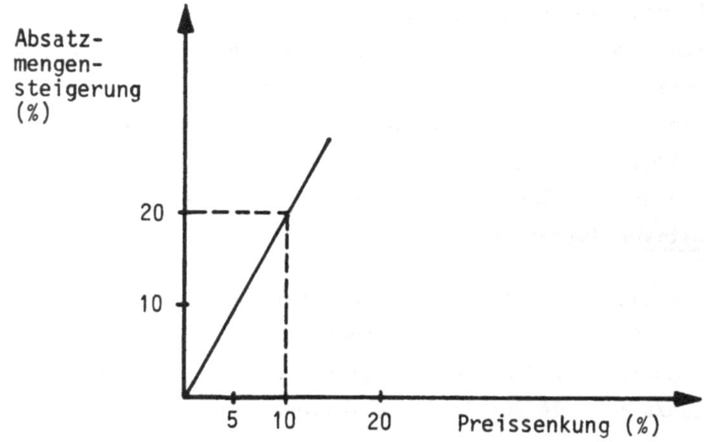

Abb. 2.4: Hypothese Marktreaktion auf Preissenkung

In jedem Unternehmen kristallisiert sich auf diese Weise ein Satz von Hypothesen heraus, welcher die Grundlage für alle Entscheidungen bildet. Werden die Entscheidungen in bestimmten Situationen formal festgehalten und zu Handlungsanweisungen umgesetzt, so sprechen wir auch von Entscheidungsregeln. Eine Entscheidungsregel wäre dann z.B.,daß unser Unternehmer bei einer Abnahme von mindestens 100 Stück 10 % Preisnachlaß pro Stück gewährt.

Die Planung basiert nun darauf, daß mit Hilfe des geistigen Modells, aufgrund eines Satzes von Hypothesen (Verhaltensgleichungen) über die Zusammenhänge im Markt und im Unternehmen,sowie mit Hilfe der logisch-analytischen Rechengänge (Definitionsgleichungen), die oft sehr umfangreich sein können, Sollwerte festgelegt und Handlungsanweisungen in Form von Entscheidungsregeln erlassen werden.

Im Laufe der Zeit bildeten sich nun aus dem geistigen Modell formale Teile als Planungshilfen heraus, die von der Plantafel, auf der z.B. die Soll- und die Ist-Umsätze pro Monat festgehalten werden, bis zum computergestützten Modell reichen, mit dessen Hilfe sämtliche Handlungsalternativen zunächst im formalisierten Modell durchgespielt werden können.

Während nun bei der Plantafel bzw. dem einfachen Soll-Ist-Vergleich lediglich eine Komponente (evtl. die wichtigste) visualisiert und damit deutlich ins Bewußtsein des Unternehmens gerückt wird, bleiben die restlichen Hypothesen weitgehend dem Bereich des Intuitiven überlassen bzw. müssen die logisch-analytischen Zusammenhänge von Hand berechnet werden.

Mit zunehmender Formalisierung, die allerdings auch mit einer steigenden Komplexität einhergeht, können die Aussagen präzisiert bzw. die alternativen Pläne so lange aufeinander abgestimmt werden, bis die Ziele optimal erreicht werden. Es ist jedoch immer zu beachten, daß sämtliche Ergebnisse auch beim computergestützten Modell auf Hypothesen beruhen, die sich als falsch erweisen können. Daher müssen Planabweichungen durch ständige Kontrollen festgehalten werden und stets auch zur Überprüfung der Hypothesen führen.

Betriebswirtschaft und Managementlehre, ebenso wie Systemanalytiker und Mathematiker, haben in der Vergangenheit den Unternehmern eine Fülle von formalen Modellen angeboten, ohne daß diese entsprechend gewürdigt bzw. akzeptiert worden wären.

Die Ursachen für diese Tatsache sind darin zu suchen, daß die formalen Modelle nicht mehr mit dem geistigen Modell des Unternehmers übereinstimmten. Die Ergebnisse, die mit einem Modell berechnet werden, sind für ihn nicht mehr nachvollziehbar. Ein Beispiel für diese Entfremdung ist der Operations Research Ansatz,bei dem versucht wird, über lineare Planungsrechnung ein Optimum zu finden. Gerade in marktorientierten Unternehmen sind aber zunehmend andere nichtlineare Restriktionen von Seiten des Marktes her gegeben.

Zur Verwendung komplexerer und damit stärker formalisierter Modelle zur Planung sind daher zwei Voraussetzungen notwendig, deren Erfüllung allerdings eine ganze Managementgeneration dauern kann (vgl. [MERT79] . Zum einen müssen die intuitiven geistigen Modelle in Richtung konkreter Systemkomponenten und Beziehungen formal abgebildet werden. Zum anderen müssen die Modellbauer bereit sein, als Maßstab für die Brauchbarkeit ihres Instrumentariums das Maß an Übereinstimmung von geistigem Modell und formalem Modell gelten zu lassen (vgl. auch [MAME79]).

2.3 Der top-down-Ansatz

Der Prozeß der methodischen Entwicklung eines Modells durchläuft viele Phasen bis ein operationales Programm als Problemlösung entstanden ist (vgl. [SCHN73]). Eine Lösung wird sowohl von oben (top-down-Analyse) her, also vom diffusen,verbal beschriebenen Gesamtlösungsalgorithmus ausgehend, als auch von unten (bottom-up-Synthese) her erarbeitet, indem z.B. bekannte Kalküle und Simulationsverfahren eingesetzt werden. Der konzeptionelle Abstand wird dabei durch die Beschreibung der Problemlösung mit Hilfe unterschiedlicher "Superzeichenbildung", denen sog. Strukturiertheitsniveaus zugeordnet werden, überbrückt. Man beschreibt die Problemlösung zwar auf einem sehr hohen verbalen Niveau, verwendet auf der nächst tieferen Ebene z.B. Informationsfluß- und Aktivitätsbeziehungen bis man schließlich auf der niedrigsten Ebene des Quellprogrammes angekommen ist.

Beachten wir dabei sowohl die theoretischen Erkenntnisse des informationstechnologischen Ansatzes als auch das geistige Modell der "Praktiker", so lassen sich folgende Bereiche unterscheiden:

- Nach Funktionen wird in Bereche wie Vertrieb, Einkauf, Produktion, Finanzen und Unternehmensführung gegliedert.

- o Nach den Aufgaben werden die Phasen Planung, Realisation und Kontrolle unterschieden.
- o Nach der Organisationsform werden die hierarchischen Ebenen Top-, Middle- bzw. Operational-Management eingeführt. Synonym wird auch von der strategischen, dispositiven und der operationalen Ebene gesprochen.

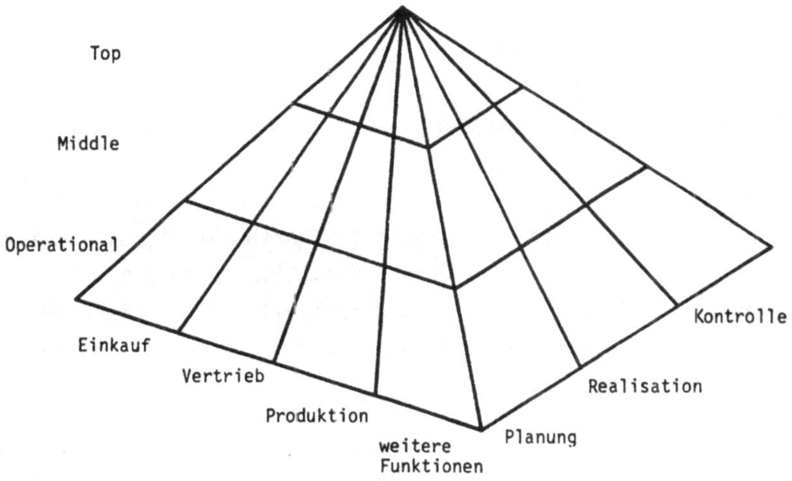

Abb. 2.5: Anschauliches Modell eines Unternehmens und seiner Führung

Aus dieser Strukturpyramide seien beispielhaft zur Vertiefung der Beschreibung die Segmente der Organisationsform und der Planung herausgegriffen.

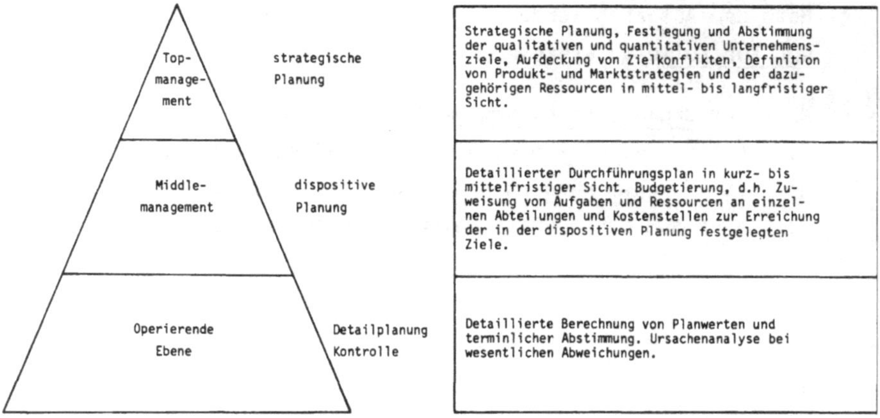

Abb. 2.6: Organisationsform und Planung in der Unternehmung

Üblicherweise werden unterschiedliche Verfahren für die strategische Planung des Topmanagements, für die dispositive Planung des Middlemanagements und die Detailplanung und Kontrolle der operierenden Ebene eingesetzt. Strategische Planung wird überwiegend vom top-down-Ansatz her bestimmt.

Geht man aufgrund dieser allgemein anerkannten Grundüberlegungen daran, ein Modell eines realen Unternehmens zu entwerfen, so entsteht ein erstes abstrakt symbolisches,strukturelles Beschreibungsmodell. Dieses dreidimensionale Gebilde aus sog. Elementarebenen bildet den Kern des zu untersuchenden Problemkreises. Es ist eingebettet in die Umgebung, die sich aus Markt, Rahmengesetzen, Konkurrenz und Außenwelt zusammensetzt. Damit sind neben einem Anhaltspunkt für den notwendigen Aggregationsgrad gleichzeitig die Grenzen der Modellbildung festgelegt. Zwischen den Elementarebenen ebenso wie innerhalb einer Ebene spielen sich nun die dynamischen Prozesse ab, die auch als Operationen auf gegebenen Datenstrukturen aufgefaßt werden können. Besondere Beachtung sollen dabei Regelungsprozesse finden, deren Einfluß auf das Gesamtsystemverhalten entscheidend ist ([FORR72], [ZAHN70]).

Klassifizierung in:
Managementlevels
Funktionsbereiche
Phasen

Elementarebenen des
Gesamtmodells

Mögliche Rückkopplungen

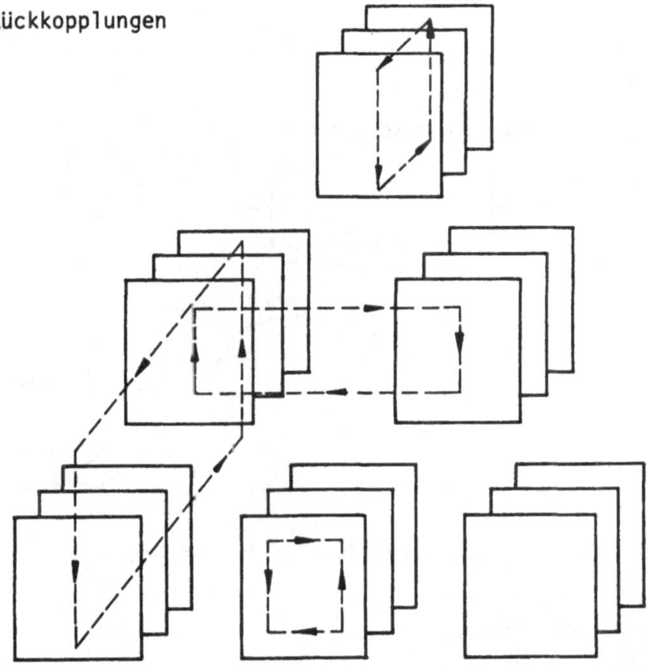

Abb. 2.7: Grobstruktur eines Gesamtunternehmensmodells mit Rückkopplungsschleifen

Rückkopplungsvorgänge finden sich sehr häufig im Unternehmen. Regelkreise sind daher besonders gut geeignet, die Realität abzubilden. Ebenso gut eignen sich die Entscheidungsregeln, die aus gängigen "Daumenregeln" abgeleitet werden. Echte Daten sollten zur Gültigkeitsprüfung herangezogen werden.

Ausgangspunkt und Schwerpunkt für die folgenden Ausführungen soll ein einstufiges Modell sein, das den Unternehmensprozeß etwa aus der Sicht des Top-Managements abbildet. Dabei werden nur Gesamtumsätze eines Produktes betrachtet. Markt, Restunternehmen und Außenwelt reagieren mit sog. Reaktionsfunktionen auf Maßnahmen des Unternehmens.

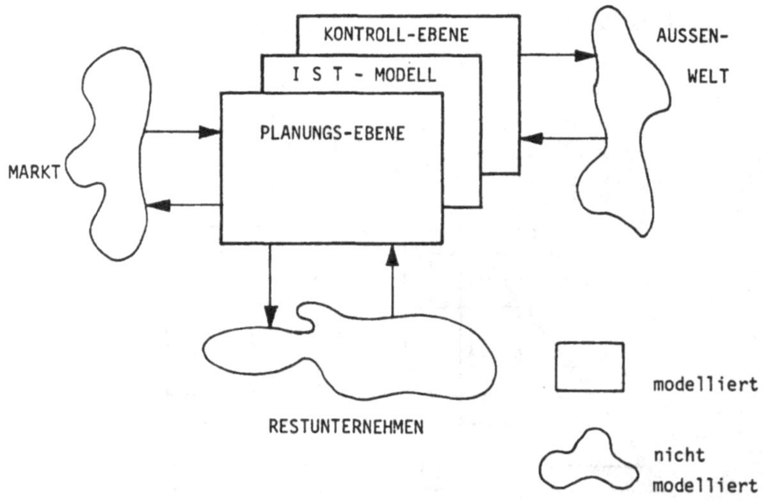

Abb. 2.8: Realisierungsstufe 1: Top-Management

Damit sind auch die Grenzen des Systems festgelegt. In einer zweiten Realisierungsstufe werden Ansätze zu einer disaggregierten Simulation auf einer niederen Ebene behandelt. Dabei wird vor allem das Produktionsprogramm aufgespalten und eine realistischere Abbildung der Serienfertigung erreicht. Dort finden auch Marktgebiete, Branchen und Marketingmaßnahmen im Vertrieb Berücksichtigung. Ein Teil des zunächst global modellierten Marktes wird genauer beschrieben, während Kundenverhalten, Konkurrenzverhalten sowie die Interaktion mit dem Restunternehmen und der Außenwelt nach wie vor durch Reaktionsfunktionen dargestellt werden.

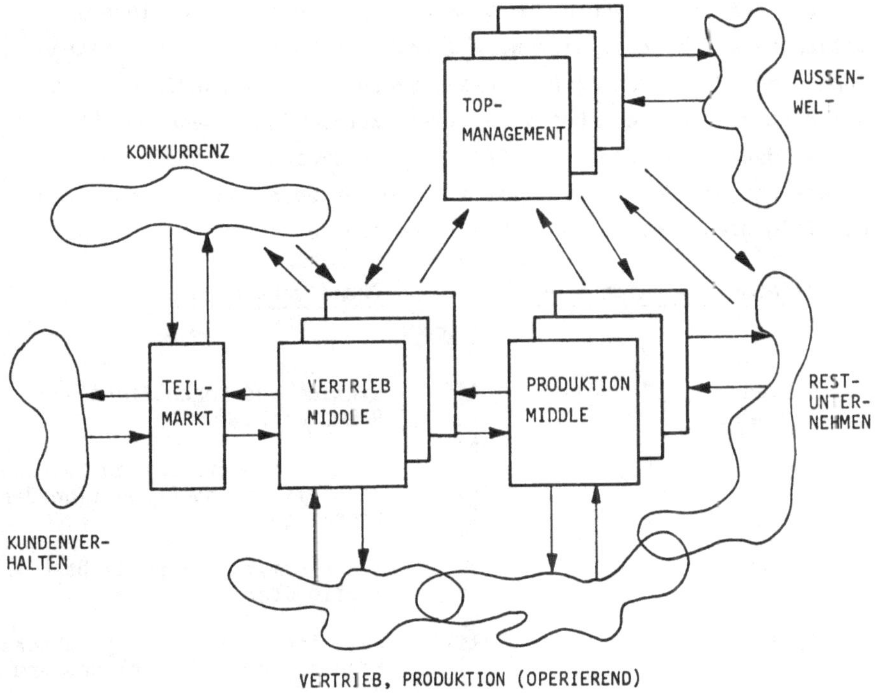

Abb. 2.9: Realisierungsstufe 2: MIDDLE-Management

Die bei der Integration entstehenden Probleme des Softwareengineering sowie simulationsmethodologische Problemlösungen (z.B. Gültigkeitsprüfung) werden in späteren Kapiteln angesprochen.

Geht man in der Konkretisierung des Modells im Sinne des Strukturiertheitsniveaus einen Schritt weiter, so kann das geistige Modell der Unternehmensleitung grob etwa durch die Güter- und Kapitalströme (s. Abb.2.12) im Unternehmen wiedergegeben werden. Aus dieser aggregierten Sicht können die Grundfunktionen eines Industriebetriebes definiert werden, um danach die Ziele sowie den Informationsbedarf zu analysieren. Als Grundfunktion wird die Herstellung einer Menge von Produkten angesehen, deren Verkaufserlöse zur Aufrechterhaltung des Betriebes sowie zur Gewinnverwendung führen. Dieser dynamische Kreislauf läßt sich in zwei Hauptströme, den Güter- und den Geld- bzw. Kapitalstrom, zerlegen. Durch sie werden die folgenden organisatorischen Einheiten verknüpft.

Organisatorische Einheiten	Güterströme	Grundfunktionen
Beschaffung	↓	Einkauf und Beschaffung von Rohmaterial
Rohlager	↓	Zeitliche Überbrückung zwischen Beschaffung und Produktion der Einsatzgüter
Produktion	↓	Transformation Einsatzgüter in Fertiggüter
Fertiglager	↓	Zeitliche Überbrückung zwischen Produktionsfertigstellung und Auslieferung
Absatz	↓	Verkauf und Auslieferung der Fertigprodukte

Abb. 2.10: Die Güterströme im Unternehmen

Organisatorische Einheiten	Kapitalkreislauf	Grundfunktionen
Controllerbereich	Kapital-freisetzende Ströme ↑	Aufstellung und Überwachung der Budgets, Steuerung der kapitalfreisetzenden Ströme (Einnahmen)
Gesamtbereich		Verwaltungsfunktionen für alle organisatorischen Einheiten
Interne Finanzierung		Kalkulation und Rechnungswesen, Steuerung und Überwachung der Selbstfinanzierung für Beschaffung, Nebenfunktionen zur Durchführung des Betriebes sowie Investitionen
Externe Finanzierung	Kapital-bindende Ströme ↓	Steuerung und Überwachung des Finanzgleichgewichtes, Kapitalzuführung durch Fremdfinanzierung
		Kapitalentziehung durch Tilgung, Zinsen und Gewinnverteilung

Abb. 2.11: Der Kapitalkreislauf im Unternehmen

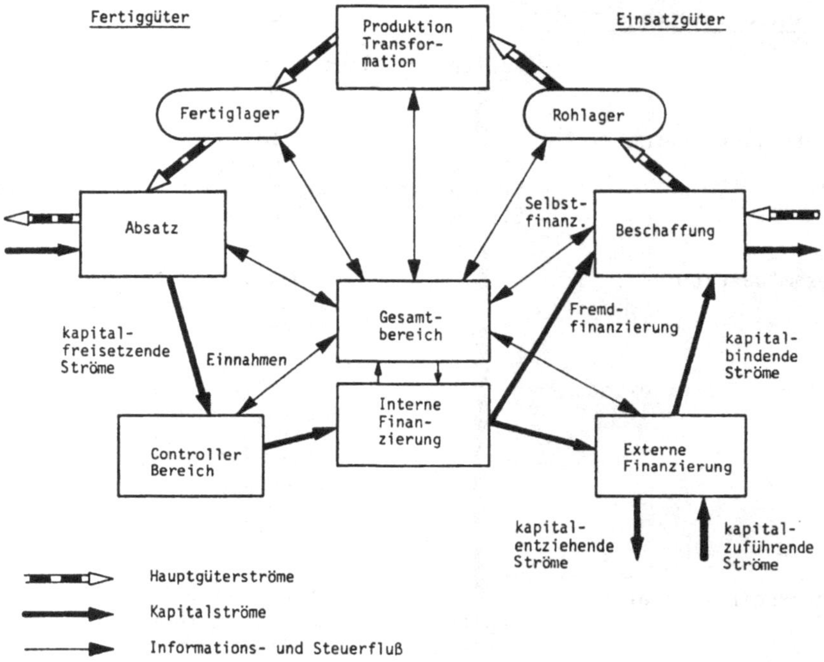

Abb. 2.12: Güter- und Kapital-Ströme aus der Sicht der Unternehmung

Will man nun dem Anspruch gerecht werden, die Realität des Betriebes so abzubilden, wie sie etwa aus der Sicht des Topmanagements gesehen wird, so müssen solche Größen verwendet werden, die in diesem Bereich eine Rolle spielen und damit das geistige Modell des Managements widerspiegeln. Das sind vor allem Größen aus der Bilanz und der Gewinn- und Verlustrechnung sowie aggregierte Produktions- und Vertriebsdaten.

In späteren Kapiteln werden die verschiedenen Phasen Planung, Realisation und Kontrolle des Managementprozesses einzeln untersucht und zu einem Gesamtmodell vereinigt.

2.4 Das Planungsinstrumentarium eines kommerziellen Unternehmens

Nachdem wir uns eine Vorstellung vom Modellierungsprozess gemacht haben, interessiert, welches Instrumentarium zur eigentlichen Planung eingesetzt werden kann.

Am Beispiel einiger mittelständischer Unternehmen wird gezeigt, welche Teilbereiche man bei der Unternehmensplanung unterscheiden kann, wie ein Produktions-Planungssystem arbeiten könnte, wie man den Deckungsbeitrag plant und wie man aus dem Finanzmodell schrittweise das Gesamtmodell des Unternehmens entwickelt.

2.4.1 Teilbereiche der Unternehmensplanung

Abb. 2.12 zeigt aus der Sicht des Topmanagements eines mittleren Produktionsbetriebes eine anschauliche Abbildung.
Ordnet man den Funktionsbereichen der Unternehmung, die gerade in den Klein- und Mittelbetrieben sehr deutlich wiederzufinden sind, konkrete Teilpläne zu, so bilden diese zusammen mit ihren Abhängigkeiten ein System aus Teilplänen. Zusammen mit den Planannahmen aus dem Marktbereich entsteht so ein aufeinander abgestimmtes Gesamtplanungsmodell, das bis zur Planbilanz sämtliche Bereiche umfaßt (vgl. Abb. 2.13).

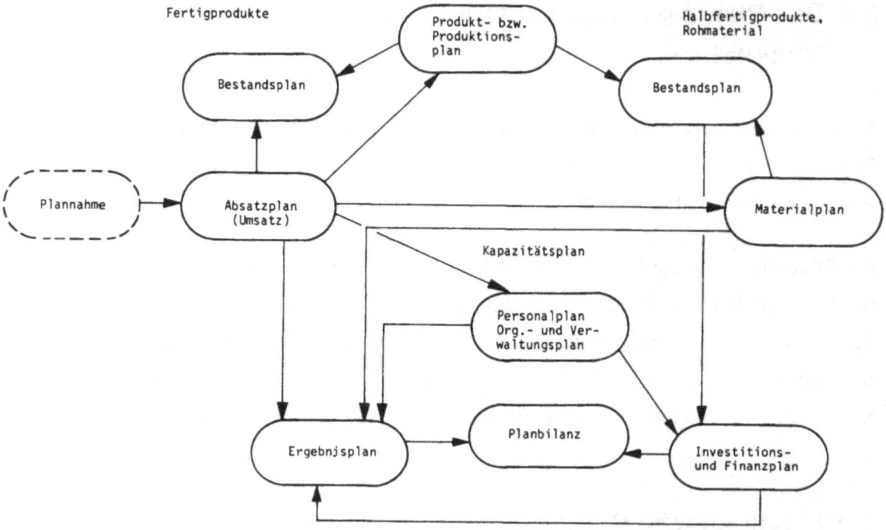

Abb. 2.13: Zusammenhänge zwischen mehreren Teilplänen einer Unternehmung

Aus Planannahmen über den Markt wird ein Absatzplan erstellt. Dieser beeinflußt wiederum den Produktions-, den Bestands-, den Material-, den Personal- und den Ergebnisplan.

Aus dem Ergebnisplan wird dann z.B. zusammen mit den Investitions- und Finanzplänen die Planbilanz abgeleitet.

Der Unternehmer sieht sich also einem ganzen Bündel von Planungsmöglichkeiten gegenüber. Dabei lassen sich die einzelnen Modelle in einen dreidimensionalen Raum einordnen und somit klassifizieren, je nachdem wie weit sie formalisiert sind, zu welchen Managementebenen sie gehören und welchen Teilbereich der Unternehmung sie ansprechen (vgl. Abb. 2.14).

Stärker formalisierte Planungsmodelle sind gerade in Klein- und Mittelbetrieben sehr selten anzutreffen, obwohl die zunehmende Einführung von EDV gerade in dieser Größenklasse der Betriebe die Entwicklung stützen könnte.

Im folgenden wird beispielhaft über einige Planungssysteme berichtet. Es wird versucht, eine Standortbestimmung durchzuführen und den Nutzen anhand der vorhandenen bzw. vermuteten geistigen Modelle der Unternehmer abzuschätzen.

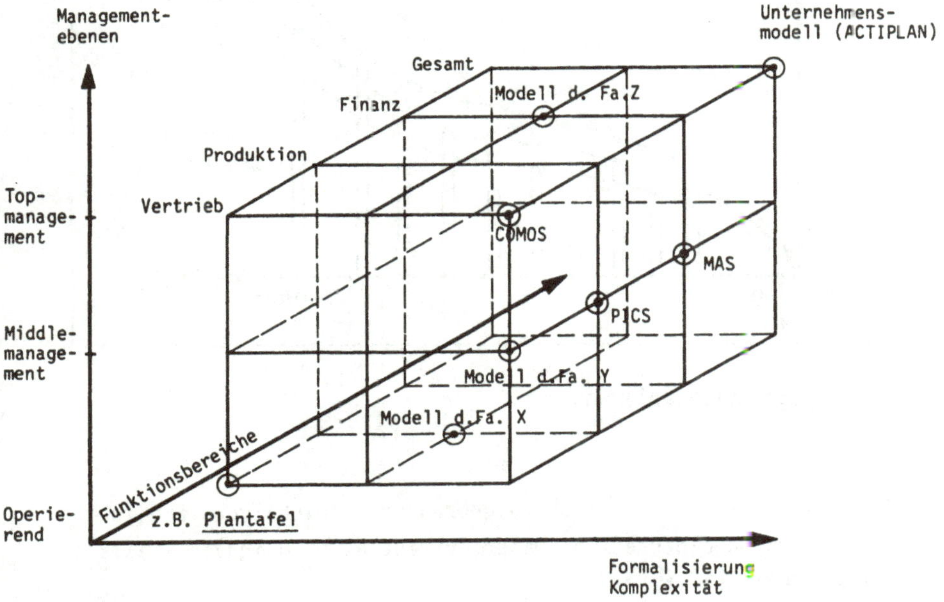

Abb. 2.14: Klassifizierung von Planungssystemen

2.4.2 Die Plantafel

Der Einsatz der Plantafel, bei der lediglich ein bis zwei Größen deutlich hervorgehoben und visualisiert werden, ist immer noch die verbreiteste Form der Planung in kleineren Unternehmen. Sie wird in sämtlichen Managementebenen eingesetzt und läßt, da nur wenige Größen formalisiert sind, viel Freiheit für die Intuition.

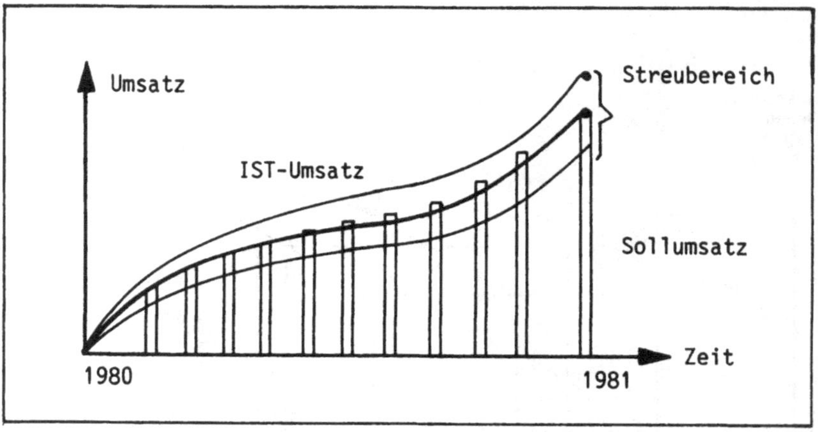

Abb. 2.15: Umsatzplanung

Das Hilfsmittel ist einfach zu gebrauchen, leicht verständlich und kostengünstig einzusetzen. Daher erfreut es sich in der Praxis so großer Beliebtheit.

Die Verkaufszahlen einer Produktgruppe werden z.B. bei einem Handelsunternehmen der Innenausstattungsbranche zusammen mit den Vertriebsleitern jeder Region für 30, 60 und 90 Tage im voraus geschätzt. Größere Vorplanungen werden, lediglich aufgrund von Vergangenheitswerten als Durchschnitt der letzten 6 Jahre korrigiert, durch eine Trendbestimmung durchgeführt. Diese Zahlen bilden die Zielvorgaben, die dann jeweils mit der 30-,60-,90-Tage-Planung und den Ist-Werten verglichen werden. Auf diese Weise können die Pläne relativ kurzfristig veränderten Umweltbedingungen angepaßt werden. Die Beschaffungspläne und Lagerhaltungspläne werden dann kurzfristig in demselben Rhytmus angepaßt.

Die Gefahr eines solchen Vorgehens liegt jedoch in der Tatsache, daß viele Einflußgrößen wie der Preis, Lagerkosten, Fuhrpark-, Servicekosten, Servicegrad auf den Absatz bzw. den Deckungsbeitrag unberücksichtigt bleiben und nur vage durch das Verhalten analog dem geistigen Modell mit in die Überlegungen einbezogen werden.

2.4.3 Ein Produktions-Planungssystem der Firma X[1]

Das folgende Beispiel zeigt, wie ein schon lange vorhandenes geistiges Modell bei einem Produktionsunternehmen mittlerer Größe zu einem Planungssystem führte. Das geistige Modell war auf der operierenden Ebene angesiedelt und wies durch einen strengen Stücklistenauflösungsalgorithmus bereits stärker formalisierte Züge auf. Vorhandene Hypothesen über mögliche Auftragseingänge machten es zu einem ausgezeichneten Untersuchungsobjekt für ein Planungsmodell.

Seit Anfang 1974 mußte sich die oben erwähnte Firma den Marktgegebenheiten anpassen. In dieser Zeit entwickelte sich das Unternehmen zu einer der führenden Firmen auf dem Gebiet der elektromechanischen und elektronischen Schaltgeräte.

---

1) Aus Datenschutzgründen wird das Unternehmen 'Firma X' genannt.

Den wachsenden Forderungen vom Markt nach hoher Lieferbereitschaft sowie nach interner und externer Flexibilität im Interesse des Kunden standen innerbetrieblich wachsende zeitliche Engpässe gegenüber, da aussagefähige Bedarfszahlen fehlten, Fehlteilinformationen erst dann zur Verfügung standen, wenn das Lager leer war, und oft mit ungültigen oder veralteten Stücklisten gearbeitet wurde.

Da vorwiegend elektronische Produkte an Automobilhersteller geliefert werden, war unbedingte Termintreue erforderlich, da sonst ganze Fertigungsstraßen stillstehen würden.

Um die Spitzenstellung am Markt halten zu können, mußten daher Fertigungssteuerung, Auftragsabwicklung, Vertriebssteuerung und Materialwirtschaft aufeinander abgestimmt sein.

Mit etwa 300 Mitarbeitern, 7500 Artikeln, 3000 Aufträgen pro Monat lag ein Mengengerüst vor, das es der Geschäftsleitung erlaubte, entsprechend dem sich laufend verbessernden Preis-Leistungs-Verhältnis der EDV-Anlagen, sich für den Einsatz eines Datenverarbeitungssystems zu entschließen.

Das gemeinsam mit einem Softwarehaus durchgeführte Projekt führte zu einem umfangreichen Produktionsplanungs- und Steuerungssystem. Als Organisationsverbesserungen wurden festgestellt:

- Sicherheit in der Lieferzusage dem Kunden und den Produktionsbereichen gegenüber, d.h. genaue Terminplanung.

- Flexibilität bei der Produktionsplanung, insbesondere bei unvorhergesehenen Ereignissen und Terminverschiebungen.

- Qualitätsverbesserungen in der Materialwirtschaft durch bessere Dispositionsmöglichkeiten, auftragsbezogener Stücklistenüberwachung und Verwendung von Alternativteilen.

Im Mittelpunkt der Produktionsplanung steht der Teilestamm der zugehörigen Stücklistenstruktur.

Strukturstückliste (4.6.81)

Stücklisten-Nr.	Bezeichnung	Datum	Vers.-Nr.
10 40 60	Kondensator-416	20.4.82	10

Pos.-Nr.	Stufe	Teile-Nr.	Bezeichnung	ME	Menge
10	01	50 39 49	Gehäuse	ST	1
20	01	50 08 24	Wickel	ST	2
10	02	50 27 30	Wickel-Schema	1	1
20	02	50 07 98	HF-Litze	m	3

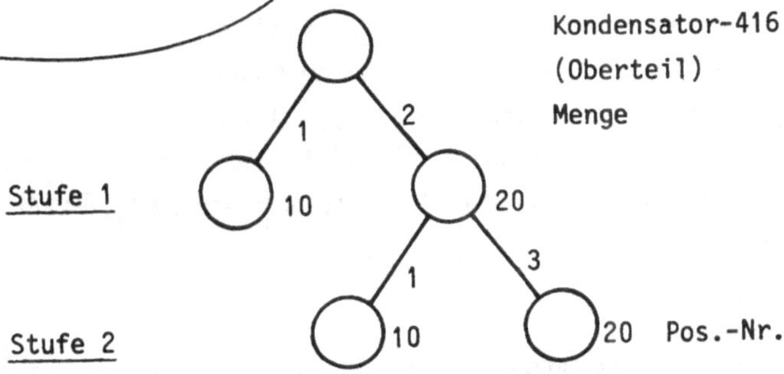

Abb. 2.16: Strukturstückliste und zugehörige Erzeugnisstruktur

Sämtliche Planungen über Oberteile bzw. Einzelteile müssen diese Strukturen berücksichtigen. Darin liegt der Kern des Planungsproblems.

Die Kundenaufträge werden über Bildschirm erfaßt. Die auftragsbezogene Abspeicherung, Auflösung und Verfolgung der einzelnen Teile über die Stücklistenauflösung bilden den Kern der Organisation.

Bestätigte Termine gewährleisten dem Kunden Einplanung des Auftrags zu einem bestimmten Termin. Nach der auftragsbezogenen Stücklistenauflösung steht der Bruttobedarf für jedes Auftragsteil fest. Ein Vergleich mit dem wöchentlich terminierten Lagerbestand und Bestellbestand (Nettobedarfsauflösung) erlaubt eine Aussage darüber, ob sämtliche Teile termingerecht zur Verfügung stehen. Anders verhält es sich bei normalen Aufträgen, die als Wunschtermin in Auftrag gegeben werden. Ergibt die Auflösung, daß alle Teile termingerecht vorhanden sind, wird der Auftrag fest eingeplant und sämtliche Teile werden entsprechend der Vorlaufzeit disponiert. Fehlen Teile zu dem gewünschten Termin, wird der Auftrag nicht eingeplant, sondern bleibt mit dem Wunschtermin stehen. Dabei wird eine Pendelkarte mit sämtlichen Bedarfsteilen und Baugruppen erstellt. Diese geht durch die einzelnen Abteilungen der Arbeitsvorbereitung. Dort wird manuell versucht, anhand von Terminübersichten in der Dispositionsliste, internen Aufträgen für Baugruppen und externen Bestellungen, den Auftrag zum nächstmöglichen Termin einzuplanen. Ist eine Lösung gefunden, wird der Termin auf der Pendelkarte vermerkt und der Auftrag erneut angewählt. Aus dem Wunschtermin wird ein bestätigter Termin und der Auftrag wird eingeplant. Der Kunde erhält eine verbindliche Zusage.

Der geschilderte Ablauf zeigt, daß dem Terminraster die entscheidende Bedeutung zukommt.

Für jedes Teil der gesamten Stückliste wird wochengerecht

- der Bestellbestand und disponierte Bestand DISP.B
- der reservierte Bestand RES. B
- der verfügbare Bestand VERF.B

on-line geführt, so daß im Bedarfsfall sofort eine Auskunft über den Bildschirm gegeben werden kann.

ANZEIGENTEILESTAMMRASTER

TEILE-NR: 500183 BEZEICHNUNG: BESTUECKUNG: LAGERB 920

WOCHE	DISP.-B.	REST.B.	VERF.B.	*	WOCHE	DISP.B.	RES.B.	VERF.B.
00	0	0	920	*	03	500	200	1220
04	0	0	1220	*	05	0	200	1020
06	0	0	1020	*	07	0	0	1020
08	0	0	1020	*	09	0	0	1020
10	0	0	1020	*	11	0	0	1020
12	0	0	1020	*	12	0	0	1020
14	0	0	1020	*	15	0	0	1020
16	0	0	1020	*	17	0	200	820

WEITER: (1=J,2=N,3=E)? :

Abb. 2.17: Terminraster für Fertigungsteile am Bildschirm

Dabei kann ein Teil sowohl beim Lieferanten als auch in der eigenen Firma als interner Auftrag disponiert sein. Dieselbe Auskunft bietet auch die Dispositionsliste (vgl. Abb. 2.18).

D I S P O S I T I O N S L I S T E VOM 4. 4. 80

EK-GR: TEILE-NR : 500296 KLEMME

	LAGER	UEBER.	23	24	25	26	27	28	29	30	31	32	33	34
BEST.						100								
RES.							200	100					400	
VERF.	0	0	0	0	0	100	- 100	- 200	- 200	- 200	- 200	- 200	- 600	- 600

IN WOCHE 31.80 (WDZ) VERFÜGBAR: -200

RESTBEDARF	AUG/80	SEP/80	OKT/80	NOV/80	DEZ/80	JAN/81	FEB/81	MAR/81	APR/81	MAI/81	JUN/81	JUL/81
AB WOCHE 45.80:	0	0	0	0	0	0	0	0	0	0	0	0
VERBRAUCH VORJAHR:	JUL/79	AUG/79	SEP/79	OKT/79	NOV/79	DEZ/79	JAN/80	FEB/80	MAR/80	APR/80	MAI/80	JUN/80
	0	0	0	0	0	0	0	0	0	0	0	0

Abb. 2.18: Dispositionsliste

Sie informiert also zum Beispiel darüber, daß 100 Stück der Klemme Teile-Nr. 500 296 für die Woche 26 bestellt sind. Da vorher 0 Stück verfügbar waren, beträgt der verfügbare Bestand in Woche 26 ebenfalls 100 Stück. Für Woche 27 und 28 erfolgen nun aufgrund einer auftragsbezogenen Stücklistenauflösung Reservierungen über 200 und 100 Stück, so daß eine Unterdeckung im verfügbaren Bestand von - 100 und dann - 200 Stück aufgetreten ist. Da, wie aus der Dispositionsliste zu ersehen ist,die Wiederbeschaffungszeit (WDZ) bis zur Woche 31 reicht, ist in diesem Beispiel bereits in Woche 27 ein Engpaß zu erwarten, der von der Arbeitsvorbereitung gesondert bearbeitet werden muß. Ebenfalls aus der Dispositionsliste ersichtlich sind die Bestände der nächsten 12 Monate im Vergleich zum Vorjahresverbrauch. Der Disponent hat also damit ein aussagekräftiges Instrument, um den Verbrauch und den Bedarf termingerecht zu überwachen und rechtzeitig zu reagieren. Im Terminraster müssen nur die Wochenfelder gespeichert werden, die wirklich belegt sind, dies spart Plattenkapazität und erlaubt außerdem eine nach vorne offene Terminplanung.

Über dieselben Programme werden zur Unterstützung der Unternehmensleitung langfristige Kapazitätsüberlegungen durchgeführt. Pseudoaufträge, die nach derselben Methode aufgelöst werden, zeigen eine fingierte Monatskapazität an. Auf diese Weise lassen sich alternative Auftragssituationen simulieren und sehr frühzeitig die geeigneten Maßnahmen treffen, um eine kontinuierliche Auslastung zu erreichen.

Auch in dieser Vorgehensweise zeigt sich deutlich, daß das gesamte Planungsinstrumentarium in der Produktion sehr eng an die Vorgänge der realen Welt angelehnt ist , die der Unternehmer in der täglichen Praxis erlebt. Die Planungsinstrumente sind in seinem geistigen Modell integriert. Es besteht aus Aufträgen, Teilen, Stücklisten, Wiederbeschaffungszeiten, Terminen und deren gegenseitigen Wechselwirkungen.

Modelle, die diese individuell zugeschnittenen Komponenten enthalten, wird der Unternehmer akzeptieren und auch,wie das Beispiel zeigt, für langfristige Überlegungen und Planungen heranziehen.

Weitergehende Hypothesen über zukünftige Auftragseingänge bleiben allerdings nach wie vor seiner Intuition überlassen und finden keinen Eingang in das formale Modell.

2.4.4 Deckungsbeitragsplanung der Firma Y mit Hilfe der Marktmodell-Simulation

In einem weiteren Beispiel soll gezeigt werden, wie man die wichtige Unternehmensgröße des Deckungsbeitrages planen kann.

Die Firma Y, ein Unternehmen mit 200 Mitarbeitern und einem Umsatz von ca. 50 Millionen DM, ist eine Tochter eines ausländischen Konzerns und arbeitet nach dem Prinzip des Profitcenters völlig autonom auf dem deutschen Markt.

---
1) Aus Datenschutzgründen wird das Unternehmen 'Firma Y' genannt.

Die Produkte sind Bauteile für den Wohnungs- und Industriebaumarkt, sie lassen sich zu ca. 10 Produktgruppen zusammenfassen.

In der Branche herrschen gleichmäßig hohe Standards bezüglich der Qualität, des Vertriebsnetzes und der Werbung, so daß der Hauptwettbewerb über den Preis stattfindet. Im wesentlichen wird dieser über einen Mengenrabatt reguliert.

Bevor das Unternehmen die Deckungsbeitragsplanung mit einem Markt-Simulationsmodell einführte, wurde die Preisklasse für eine Produktgruppe und eine bestimmte Menge relativ willkürlich aus Firmensicht festgelegt. Obwohl man ahnte, daß eine Preissenkung über einen höheren Rabatt zu einer größeren Absatzmenge führen würde, konnte der andererseits entstehende Deckungsbeitragsverlust nicht quantifiziert werden. Auf der anderen Seite hatte man das Gefühl für bestimmte Mengen mehr Deckungsbeitrag erzielen zu können, der jedoch aus Furcht vor Kundenverlust nicht ausgeschöpft wurde. Die Einführung eines computergestützen Markt-Absatzmodells half die Vorgänge besser zu durchschauen und eine optimale Deckungsbeitragsplanung zu erreichen.

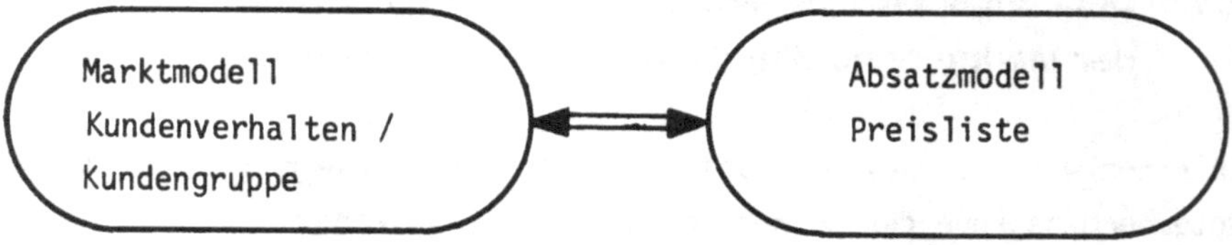

Abb. 2.19: Markt-Absatzmodell für die Planung des Deckungsbeitrages

Grundlage des Deckungsbeitragsmodells bilden zwei Teilbereiche, die aufeinander einwirken. Zum ersten das Marktmodell, in dem das Kundenverhalten für ca. 20 Kundengruppen bezüglich der Preis-Mengenrelation genau festgehalten wurde. Dabei ging man davon aus, daß das Unternehmen in jedem Marktsegment durch die bisherigen Maßnahmen einen bestimmten Marktanteil hat, der nur durch langfristige Maßnahmen verändert werden kann. Er soll für diese Betrachtungen konstant bleiben, so daß die Anzahl der Kunden in einer Kundengruppe durch gleichbleibende Vertreterbesuche und Katalogstreuung festliegt.

Im Absatzmodell geht man davon aus, daß das wesentliche Instrument, mit der die verkaufte Menge am Markt beeinflußt werden kann, die Preisliste ist, für die pro Produktgruppe eine obere Verkaufs-Preisgrenze festgelegt ist und dann je nach Menge ein Mengenrabatt gewährt wird, so daß jeweils in Abhängigkeit von der Verkaufsmenge pro Jahr eine Preisklasse entsteht. Der Deckungsbeitrag soll optimiert werden. Die Kosten sind als fixer Einkaufspreis pro Produktgruppe nicht beeinflußbar. Es kann weiter davon ausgegangen werden, daß sich die Optimierung des Gesamtdeckungsbeitrages auf die Optimierung des Deckungsbeitrages pro Produktgruppe reduzieren läßt. Wechselwirkungen oder Beschränkungen der Menge durch Produktionskapazität, Firmenpolitik oder andere Maßnahmen werden nicht berücksichtigt.

Es handelt sich somit um ein Modell mit einer Hypothese über das Kundenverhalten und einer Entscheidungsregel über die Preisfestsetzung durch die Preisliste.

Soweit nicht anders vermerkt, bezieht sich die Betrachtung auf jeweils eine Produktgruppe.

In Formeln:

P	bezeichnet ein Produkt
EK_P	bezeichnet den Einkaufspreis des Produktes P
Q_P	bezeichnet die bestellte Menge des Produktes P innerhalb eines Jahres (Bestellmenge)
PG	bezeichnet eine Produktgruppe
$VK_P(Q_P)$	ist der Verkaufspreis eines Produktes in Abhängigkeit von der Bestellmenge, d.h. der Gesamtbestellmenge eines Produktes des Kunden im Jahr. Diese Abhängigkeit wird folgend auch 'Preisliste' genannt. Sie ist für verschiedene Produktgruppen unterschiedlich.

Einzeldeckungsbeitrag für das Produkt P:

$$DB_P = VK_P(Q_P) - EK_P$$

Deckungsbeitrag pro Produktgruppe PG:

$$DB_{PG} = \sum_{P \varepsilon PG} DB_P = \sum_{P \varepsilon PG} (VK_P(Q_P) - EK_P)$$

Gesamtdeckungsbeitrag:

$$DB_{ges} = \sum_{PG} DB_{PG}$$

Der Deckungsbeitrag einer Produktgruppe hängt also ab von:

- dem Einkaufspreis (EK_P)
- der 'Preisliste' ($VK_P(Q_P)$)
- der Bestellmenge (Q_P)

Der Einkaufspreis wird vorläufig nicht weiter betrachtet. Es ist eine Frage der Firmenpolitik, den Einkaufspreis, wenn möglich, zu senken. In der Ergebnisliste wird später ein Hinweis gegeben, um wieviel der DB steigen würde, wenn man den Einkaufspreis in einer Produktgruppe um 1 % senken könnte.

Grob betrachtet läßt sich die Aufgabe in zwei Teilaufgaben untergliedern: 1. eine möglichst große Bestellmenge zu erreichen, 2. den Preis pro Stück (Preisliste) möglichst hoch anzusetzen.

Allerdings bestehen zwischen diesen beiden Aufgaben Wechselwirkungen:

- je niedriger der Preis, desto höher wird die Bestellmenge sein,

- umgekehrt, je höher der Preis, desto weniger wird bestellt und darüberhinaus wird ein Teil der Kunden ganz zur Konkurrenz übergehen. Der Preis (in einem bestimmten Mengenbereich, d.h. in einer bestimmten Preisklasse) soll also so hoch sein, daß der Kunde gerade noch bereit ist, für diese Menge diesen Preis zu zahlen, nicht mehr und auch möglichst nicht weniger. Die Aufgabe ist also, hier ein Optimum zu bestimmen. Daraus ergeben sich bestimmte Konsequenzen für das Kontzept.

Das Kundenverhalten

Es ist bekannt, wie sich der Kunde verhält, d.h. wieviel er bereit ist, für eine bestimmte Menge zu zahlen. Die Absatzmenge ist eine Funktion des Verkaufspreises $Q = Q\ (VK)$.

Da aber das Verhalten verschiedener Kunden sehr unterschiedlich ist (Großkunden, Wiederverkäufer, Einzelkäufer etc.), wird vom Anwender eine Einteilung der Kunden in Kundengruppen vorgenommen, von denen man in etwa ein ähnliches Verhalten erwartet. Für jede dieser Kundengruppen ist eine Verhaltenskurve (Bestellmenge in Abhängigkeit vom Preis ($Q = Q_{KG}(VK)$, KG Kundengruppe)) zu ermitteln. Diese Funktionen sind objektiv gegeben durch die gesamte Marktlage und können praktisch nicht beeinflußt werden.

Diese Kurven, in denen oft bei Theoretikern das größte Problem derartiger Modelle gesehen wird, stellen in der Praxis kaum ein Problem dar. Ähnlich dem "decision calculus" (vgl. [LITT70]) wird eine Kundenverhaltenskurve durch Befragung mehrerer Fachleute aufgestellt.

In der Regel wissen die Gebietsvertreter sehr genau über ihren Markt Bescheid. So konnte in dem vorliegenden Fall in der Kundengruppe Großverbraucher genau angegeben werden, daß bis zu einem Preis von 19,80 DM 3000 Stück verkauft werden können, während darüberhinaus der Kunde zur Konkurrenz abspringt.

Auf dieser Grundlage erfolgt die Festlegung der Preisliste: sowohl 'vertikal', d.h. in der Höhe des Preises, als auch 'horizontal', d.h. in der Schrittgröße von einer Preisklasse zur nächsten durch systematische Variation.

Variable Preisliste

Das eigentliche Ergebnis der Variation ist eine Preisliste, die einen maximalen DB garantiert. Allerdings unter bestimmten Einschränkungen, wie z.B., daß keine (wichtige) Kundengruppe ganz herausfällt und daß die Bestellmenge in der Größenordnung etwa den Produktionskapazitäten entspricht. Zu jeder Produktgruppe muß also eine Preisliste gefunden werden, die allen Kundengruppen gerecht wird.

Die Staffelung der Preisklassen ist dabei selbst ein Ergebnis der Optimierung. Dieses Ergebnis wird aber im allgemeinen bei verschiedenen Produktgruppen unterschiedlich sein. Z.B. beträgt in einer Produktgruppe die Preisklasse 3 18 DM, in einer anderen Produktgruppe dagegen z.B. 15 DM. D.h. die Staffelung der Preisklassen für verschiedene Produktgruppen ist unabhängig voneinander.

An einem Beispiel soll demonstriert werden, wie das Optimierungsverfahren vom Prinzip her abläuft:

Es werden 2 Kundengruppen und 3 Preisklassen angenommen.
Das Kundenverhalten Q (VK) für die beiden Kundengruppen ist vorhanden (vom Anwender erfaßt). Die Preisliste wird innerhalb der vorgegebenen Grenzen (min/max, im Beispiel 0,5 und 4) variiert. Im Beispiel werden 2 Variationen durchgerechnet (willkürlich herausgegriffen).

Erläuterungen zum Kundenverhalten:

- Kundengruppe 1 (KG1) ist bereit, 300 Stück abzunehmen bis zu einem Maximalpreis von 2,-- DM, bei einem höheren Preis kauft sie nichts (das wären z.B. Großverbraucher).
- Kundengruppe 2 kauft bis zu einem Preis von 1,-- DM 400 Stück, bis 3,-- DM 350 Stück und bis 4,-- DM 200 Stück, darüber nichts (Menge = Jahresbestellmenge eines Kunden).

Erläuterungen zur Preisliste:

- Variation 1: bei Bestellmenge ≥ 400 Stück ist der Preis 0,50 DM, bei 200 ≤ Q < 400 2,-- DM, bei 0 < Q < 200 4,-- DM.
- Variation 2: bei Q ≥ 500 0,50 DM, bei 300 ≤ Q < 500 [illegible],-- DM, bei 0 < Q < 300 4,-- DM.

Berechnung:

Für jede Variation der Preisliste (VK = VK(Q)) müssen die Schnittstellen mit dem Kundenverhalten (Q = Q(VK)) der verschiedenen Kundengruppen bestimmt werden. Diese Schnittstelle ist die Menge, bei der ein Abschluß mit einem Kunden dieser Kundengruppe möglich ist (vorausgesetzt, das Kundenverhalten ist richtig eingeschätzt worden). Existiert keine Schnittstelle, so ist der Preis in allen Mengenbereichen zu hoch und es kommt kein Abschluß zustande. Gibt es mehrere Schnittstellen, so wird diejenige mit der größten Menge genommen,

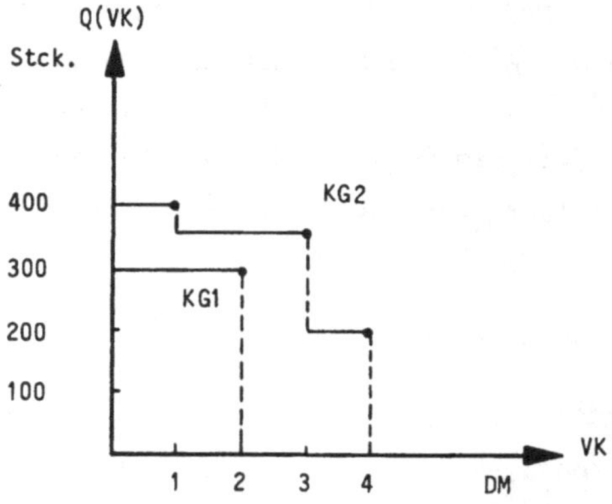

Abb. 2.20: Hypothesen über das Kundenverhalten

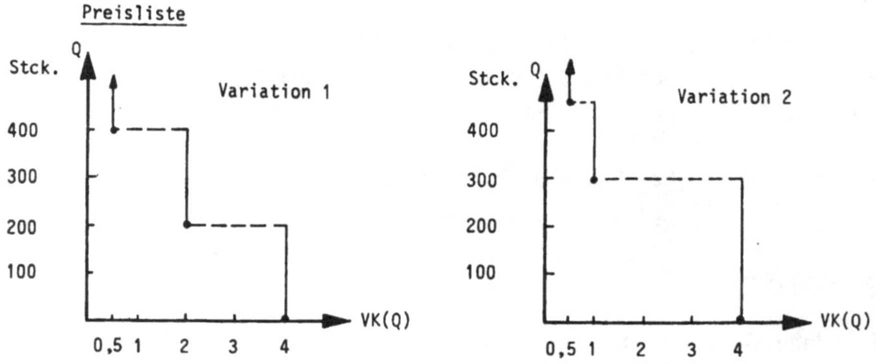

Abb. 2.21: Variationen der Preisliste (Entscheidungsregel)

weil man davon ausgehen kann, daß beide Seiten mit möglichst großer Menge abschließen wollen.

Wenn also eine Schnittstelle existiert, dann ist sie eindeutig, es ist die reale Jahresbestellmenge eines Kunden in der jeweiligen Kundengruppe bei der Preislisten-Variation n.

Wie man sich leicht überzeugen kann, sind diese Schnittstellen im Beispiel:

- Variation 1:	für KG1	300	Stück zu 2,-- DM
	für KG2	400	Stück zu 0,50 DM
- Variation 2:	für KG1	300	Stück zu 1,-- DM
	für KG2	400	Stück zu 1,-- DM

Daraus läßt sich jeweils der Deckungsbeitrag pro Kunde berechnen:

$DB_{Kunde} = Q * (VK-EK)$ EK sei = 0,30 DM

Im Beispiel:

- Variation 1:	für KG1	300 * 1,70	=	510 DM
	für KG2	400 * 0,20	=	80 DM
- Variation 2:	für KG1	300 * 0,70	=	210 DM
	für KG2	400 * 0,70	=	280 DM

Für jede Kundengruppe ist bekannt, wieviel Kunden sie enthält und welcher Anteil davon in der Regel etwas bestellt (Konstante, nur durch Marketing änderbar). Im Beispiel sind das

- für KG1 200 Kunden

- für KG2 250 Kunden.

Jetzt läßt sich der Gesamtdeckungsbeitrag für die einzelnen Kundengruppen sowie die Gesamtsumme berechnen:

$$DB_{KG} = \sum_{Kunden} DB_{Kunde}$$

$$DB_{ges} = \sum_{KG} DB_{KG}$$

- Variation 1:	für KG1	: 200 * 510 DM =	102.000 DM
	für KG2	: 250 * 80 DM =	20.000 DM
	gesamt		122.000 DM

- Variation 2:	für KG1	: 200 * 210 DM =	42.000 DM
	für KG2	: 250 * 280 DM =	70.000 DM
	gesamt		112.000 DM

Es ergibt sich also, daß bei Variation 1 der Gesamtdeckungsbeitrag um 10.000 DM höher ist.

Die Variation, wie sie hier beispielhaft durchgeführt wurde, wird von einem EDV-Programm für die verschiedensten Kombinationen der Preisklassen durchgeführt. Die gesuchten Werte werden errechnet und in Tabellenform am Bildschirm bzw. Drucker ausgegeben.

Eine Hochrechnung über alle Kundengruppen und Produktgruppen gibt eine sehr exakte Planung für den jeweiligen Gruppen- und Gesamtdeckungsbeitrag.

Das angeführte Beispiel zeigt deutlich, wie Hypothesen und Entscheidungsregeln, also das Verhalten der am ökonomischen Prozeß Teilnehmenden in ein Modell einbezogen werden kann und zusammen mit den rein rechnerischen Beziehungen quantitative Planungsaussagen ergeben, die wesentliche Wettbewerbsvorteile darstellen.

Gerade in einem kleinen bzw. mittleren Betrieb sind die Chancen für derartige Systeme relativ groß, da der Unternehmer es oft mit leicht überschaubaren Vorgängen zu tun hat und die unmittelbare Nähe zum

Markt noch gegeben ist. Ein Dialogrechner kleiner Größenordnung ist ausreichend für diese Aufgabenstellung.

Das angeführte Beispiel zeigt aber ebenso deutlich, wie hier das geistige Modell des Unternehmers über das Kundenverhalten und die Gegebenheiten am Absatzmarkt im Vordergrund stehen.

2.4.5 Über das Finanzmodell zum Gesamtunternehmensmodell der Firma Z[1]

Häufig findet man in Klein- und Mittelbetrieben Soll-Ist-Vergleiche gerade im Bereich der Ergebnisplanung. Da die Ist-Werte relativ leicht aus der Kostenartenrechnung zu entnehmen sind, wie sie als Zusatz zu den meisten EDV-Standardpaketen auch auf kleineren Dialogrechnern zur Verfügung stehen, ist eine regelmäßige Gegenüberstellung von Plan- und Ist-Werten verbunden mit einer Abweichungsanalyse äußerst sinnvoll.

Daß dies auch in einem kleineren Unternehmen ohne Probleme durchführbar ist, zeigt das Planungssystem der Firma Z, ein Softwarehaus mit ca. 40 Mitarbeitern und einem Jahresumsatz von 5 Millionen. Niederlassungen bzw. Profit-Centers gibt es in Berlin und Stuttgart. Die Kosten der zentralen Unternehmenssteuerung müssen analog dem Umsatz auf die einzelnen Niederlassungen aufgeteilt werden.

Das Problem, das sich zunächst lediglich als einfache Rechenarbeit darstellt - Erlöse pro Niederlassung minus Kostenarten der Klasse 41 - 49 (Personalkosten bis Büromaterial) - erfordert bei Berücksichtigung aller Sonderregelungen,wie Rabatte, Stornos, Umsatzsteuervergütung,in der Summe bis zu 2000 Rechenschritten. Das führt in der Praxis dazu, daß keine Abweichungsanalysen mehr erfolgen. Die Einführung des computergestützten Planungsmodells reduziert die Arbeit auf wenige Planungsgrößen, die aufgrund von Vergangenheitswerten,

---

1) Aus Datenschutzgründen wird das Unternehmen 'Firma Z' genannt.

überschaubaren Personalkosten und erwarteten Erlösen rasch eingegeben werden können. Die quartalsmäßige Verfolgung der Planabweichungen ermöglicht eine kontinuierliche Übersicht über alle finanziell relevanten Vorgänge der einzelnen Niederlassungen sowie für das Gesamtunternehmen.

Auch hier sind das formale Modell und das geistige Modell optimal aneinander angepaßt.

Ein sinnvoller nächster Schritt wäre sicherlich dadurch gegeben, daß sämtliche Teilplanungen zu einem Gesamtplan zusammengeführt werden.

Faßt man den Planungsvorgang als einmaliges statisches Geschehen auf, so wäre das lediglich eine Addition der Teilpläne bis zur Planbilanz wie es etwa Abb. 2.13 zeigt.

Bezieht man jedoch auch Hypothesen und Entscheidungsregeln mit in das Planungssystem ein, so kommt man zu sogenannten Konzernmodellen bzw. Gleichungsmodellen, wie sie Mertens (vgl. [MERT79]) beschrieben hat. Sie enthalten in der Regel auch Rückkopplungen und müssen daher unter Berücksichtigung zeitlicher Abläufe dynamisch betrachtet werden.

An diesen Modellen lassen sich leicht alternative Planungen bzw. die Auswirkungen nach dem Prinzip der "was passiert, wenn" - Frage studieren. Obwohl wegen der Überschaubarkeit der Probleme gerade Klein- und Mittelbetriebe bestens für diese Art der Planungshilfsmittel geeignet wären, und obwohl auch bei dieser Art der Modelle geistiges Modell und formales Modell hervorragend übereinstimmen, sind solche Planungssysteme selten in der Praxis anzutreffen.

Das liegt zum einen an der Komplexität, die solche Modelle doch sehr schnell erreichen. Es müßten zunächst umfangreiche Gültigkeitsprüfungen (vgl. Kapitel 5 (Kalibrierung, Validierung, Sensitivitätsanalysen))durchgeführt werden. Zum anderen aber an dem noch verbreiteten Mißtrauen gegenüber derartigen Planungshilfen, die immer noch nur mit Großkonzernen in Verbindung gebracht werden.

Bei näherem Kennenlernen der Simulationstechnik könnte dieses Mißtrauen zu Gunsten einer realen Einschätzung der Anwendungsmöglichkeiten abgebaut werden, da derartige Modelle durchaus auch bereits auf leistungsfähigen Kleinrechnern einsetzbar sind.

Eine einfache Handhabung, die den Forderungen nach Robustheit und Einfachheit im Umgang gerecht wird, kann jedoch erst erreicht werden, wenn die softwaretechnische Umgebung wie Modellbank- bzw. Methodenbankproblematik (vgl. Kap. 6) zufriedenstellend auch für kleinere Unternehmen gelöst ist.

2.5 Die Funktion von Gesamtunternehmensmodellen

Geht man davon aus, daß Gesamtunternehmensmodelle zunächst für die mittel- bis langfristige, d.h. die strategische Planung eingesetzt werden, so folgt daraus, daß das Ergebnis der Planung auch zu strukturellen Entscheidungen im Unternehmen führt. D.h. aber nicht, daß nur qualitative Ergebnisse erzielt werden können. Es ist im Gegenteil Ziel der Unternehmenssimulation,mit möglichst realitätsnahen Daten und Verhaltensgleichungen die Planung durchzuführen.

Hier können bereits Zielkonflikte erkannt werden. Produkt und Marktstrategien können ausprobiert werden, um z.B. eine möglichst gleichmäßige Kapazitätsauslastung zu erreichen: Weitere Erkenntnismöglichkeiten sind:

- Die Zukunftsbilanz kann für unterschiedliche Strategien über die zu ergreifenden Finanzierungsmaßnahmen vorausberechnet werden.

- Es lassen sich Auswirkungen alternativer Dividenden-Politiken studieren.

- Der Bedarf an neuem Fremdkapital wird rechtzeitig erkannt.

- Steuerpolitische Alternativen können durchsimuliert werden.

- Die Auswirkungen der Hochzinsphase können durchsichtig gemacht werden.

- Liquiditätsengpässe können erkannt werden.

- Investitionsentscheidungen und ihre Folgen können durchsicht gemacht werden.

- Im Kostenbereich können sämtliche Fragen des Typs "Was passiert, wenn" (z.B. die Lohnkosten sich um 10 % verändern) behandelt werden.

Durch das Zusammenspiel und die Rückwirkungen verschiedener Systemkomponenten kommt es aber nicht so sehr auf das einzelne gute Endergebnis an, sondern man wird eher einer Lösung den Vorzug geben, die auf stabile, kontinuierliche Weise in der Lage ist, das Endergebnis zu erreichen. Nicht lokale Optimierung, sondern globale Erreichung der Unternehmensziele sollte im Vordergrund stehen.

3 Einführung in System Dynamics

System Dynamics wurde von J. W. Forrester am Massachusetts Institute of Technology (M.I.T.) in Cambridge entwickelt. Dieses Konzept stellt eine Modellierungsmethodik dynamischer Systeme dar, das zuerst dazu geschaffen wurde, einzelbetriebliche dynamische Zusammenhänge von Unternehmungen zu untersuchen (Industrial Dynamics, vgl. [FORR61]). Forrester vereinigte hierbei das Wissen aus den Bereichen Information-Feedback-Kontroll-Theorie, Entscheidungstheorie, experimentelle Computersimulation und Computertechnik, wobei er eine praktikable, computerorientierte Methode schuf, die es erlaubt, das Verhalten von sozialen und insbesondere von sozio-technischen Systemen zu verstehen und deren zukünftige Entwicklung zu planen.

Grundlegendes Merkmal von System Dynamics ist das "Information-Feedback"-Konzept, das auch dem Bereich der Ingenieurwissenschaften auf soziale Systeme übertragen wurde. Hierbei betrachtet man die Regelkreise in einer Unternehmung unter dem Gesichtspunkt der Entscheidungsprozesse und der Informationsflüsse. Das System Unternehmung wird in bestimmte zeitveränderliche Bestandsgrößen (Levels) und deren verzögerte Zu- und Abgänge (Rates) eingeteilt.

Über die Anwendung des System Dynamics Konzepts auf betriebliche Zusammenhänge hinaus haben Forrester und seine Schüler Modelle städtebaulicher (Urban Dynamics, vgl. [FORR69]), makroökonomischer, biologischer und militärischer Anwendungen entwickelt.

Einen großen Bekanntheitsgrad erhielt diese Methodik durch die vom Club of Rome im Auftrag gegebene Studie über die ökologische Entwicklung unserer Welt (vgl. [MEAD72]). Aus den von Forrester und Meadows entwickelten Weltmodellen konnten Aufsehen erregende pessimistische Prognosen über die Zukunft unserer Welt abgeleitet werden.

Dieses Einführungskapitel wird sich im folgenden mit der Regelkreisphilosophie des System Dynamics Konzepts und der Problematik, wie sich im Rahmen dieser Methodik reale Systeme (in unserem Zusammenhang eine Unternehmung mit den darin ablaufenden Prozessen) modellieren und auf einen Rechner abbilden lassen, beschäftigen [1].

3.1 Die Regelkreisphilosophie im Unternehmen

Grundlegend für die Methodik von Forresters ist die Betonung der Rückkopplungsprozesse in dynamischen Systemen, wie wir sie in Unternehmungen vorfinden. Im klassischen Regelkreis der Ingenieurwissenschaften sind die Hauptelemente Regler, Stellglied, Meßfühler und Regelgrößen mit Sollwert, Soll-Ist-Vergleich und Regelabweichung sowie Störgrößen (s. Abb. 3.1). Bezüglich der Regelkreise in Unternehmungen spielen aber Entscheidungsprozesse und Informationsflüsse eine Rolle. Bei der Übertragung des klassichen Regelkreisdenkens in den Ingenieurwisschenschaften auf die dynamischen Eigenschaften von Unternehmungen werden die folgenden Zuordnungen durchgeführt:
(s. auch Abb. 3.2):

Stellglied	- Entscheidungstransformationsprozeß
Regelgröße	- tatsächliche Leistung
Meßfühler mit Ist-Wert	- scheinbare Leistung
Soll-Ist-Vergleich mit Regler	- Entscheidungsprozeß mit der erwünschten Leistung

Die zu treffenden Entscheidungen werden von einem gewünschten Systemzustand (Ziel) beeinflußt. Der Entscheidungstransformationsprozeß beinhaltet die durch die Entscheidungen ausgelösten bzw. gesteuerten Handlungen (Aktionen), aus denen dann die tatsächliche Leistung, d.h. der tatsächliche Systemzustand resultiert.

1) Weiterführende Literatur, vgl. z.B. Zwicker [ZWIC81]. Kap. 3.1 ist Voraussetzung für das Verständnis der nachfolgenden Teile.

Der Mensch als Entscheidungsträger in einer Unternehmung verarbeitet in seinem Entscheidungsprozeß nicht den tatsächlichen Systemzustand, sondern nur die scheinbare Leistung, da er nur über Informationen über den aktuellen Zustand verfügt, die aber im allgemeinen gewissen zeitlichen Verzögerungen und Störungen unterliegen. Die Grundlage für die Entscheidungsprozesse ist also nicht der tatsächliche Zustand eines Systems, sondern die Information über den Zustand.

Merkmal dieser Regelungs- und Kontrollsysteme ist eine geschlossene Struktur von Ursache-Wirkungsbeziehungen (geschlossene Systeme). Geschlossene Systeme, auch Rückkopplungssysteme bzw. Feedbacksysteme genannt, werden durch ihr Verhalten in der Vergangenheit beeinflußt, d.h. Aktionen aus der Vergangenheit wirken wieder als Input auf gegenwärtige und zukünftige Aktionen. Die Struktur eines geschlossenen Systems kann man sich als eine geschlossene Schleife veranschaulichen in der Ergebnisse vorangegangener Aktionen als Information zur Kontrolle zukünftiger Aktionen benutzt werden.

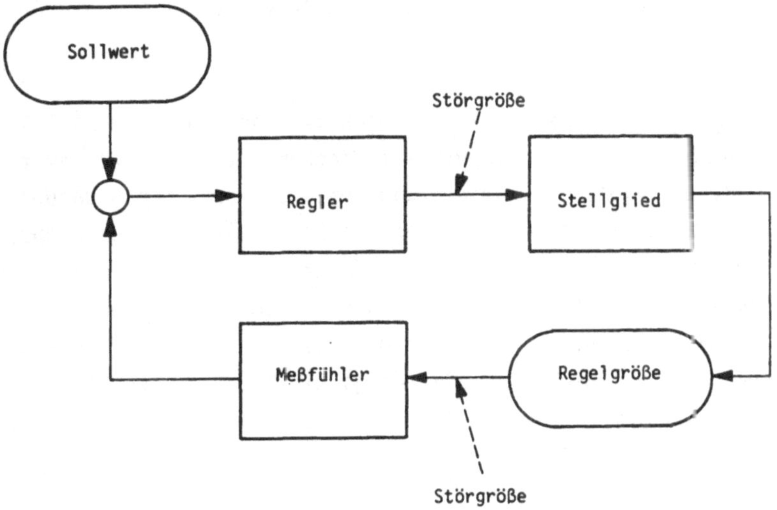

Abb. 3.1: Klassischer Regelkreis

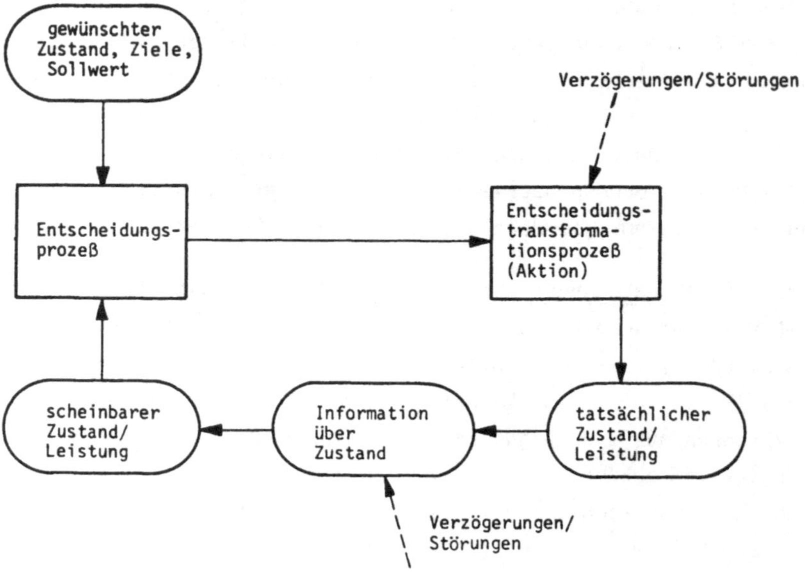

Abb. 3.2: Forresters Konzept eines Regelkreises

Von offenen Systemen spricht man, wenn zwar der Output eine Folge von zeitlich vorangegangenen Inputs ist, doch nicht auf letzteren zurückwirkt, d.h. ein offenes System reagiert nicht auf seinen Output, die Resultate zeitlich vorangegangener Aktionen kontrollieren nicht zukünftige Aktionen (vgl. [FORR72]). Ein Kraftfahrzeug z.B. ist ein solches offenes System: Es steuert nicht sich selbst, weder aufgrund von Informationen über eine zurückgelegte Strecke, noch aufgrund einer Zielrichtung. Sieht man allerdings ein Kraftfahrzeug im Zusammenwirken mit dem Fahrer des Fahrzeugs, dann können wir wieder von einem geschlossenen System sprechen.

Die Grundannahme des System Dynamics Konzepts besteht darin, daß dynamische Beziehungen stets durch bestimmte zeitveränderliche Zustandsgrößen (Levels) dargestellt und deren Zu- und Abflüsse (Rates) verzögert beeinflußt werden. Beispiele für solche Zustandsgrößen in Unternehmungen sind der Lagerbestand von bestimmten Artikeln oder die langfristigen Verbindlichkeiten. Die Zu- und Abflüsse sind dann im Falle des Lagerbestandes die Artikelzugänge zum bzw. die Abgänge vom Lager, im Falle der langfristigen Verbindlichkeiten z.B. die Aufnahme und die Rückzahlung von Darlehen. Das System Dynamics Konzept setzt also voraus, daß sich jedes dynamische System in die genannten Komponenten zerlegen läßt.

Unter Verwendung der von Forrester eingeführten System Dynamics Symbolik läßt sich jetzt ein Regelkreis wie in Abb. 3.3 beschreiben:

Ein Entscheidungspunkt (Rate), dargestellt durch ein symbolisches Ventil, kontrolliert einen Strom von Aktionen. Die akkumulierten Zuflüsse bilden einen Systemzustand, von dem wiederum Informationen zum Entscheidungs- oder Kontrollpunkt gelangen. Die Rates (oder auch Raten) sind die Aktions- (Entscheidungs-) variablen, die Levels die Zustands- (oder auch Status-) variablen eines Systems.

Die Abbildung zeigt, daß die Statusvariablen die Aktionsvariablen bestimmen und die Entscheidungsvariablen wiederum von den Statusvariablen beeinflußt werden.

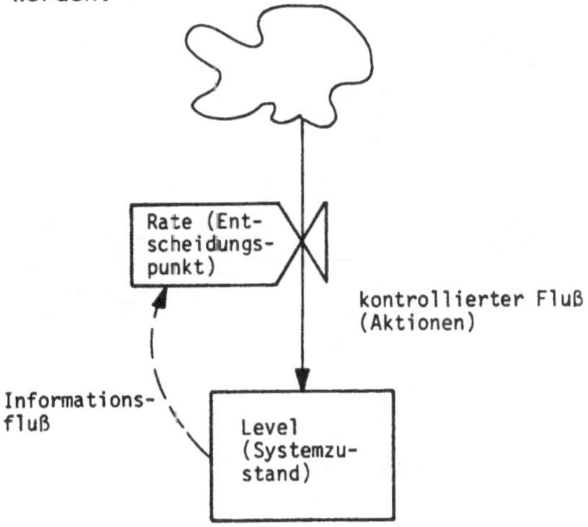

Abb. 3.3: Regelkreiselemente im System Dynamics

Betrachtet man reale Systeme wie z.B. eine Unternehmung, dann muß man natürlich feststellen, daß die Entscheidungsprozesse und Aktionen innerhalb sehr viel komplizierterer und komplexerer Strukturen ablaufen. Es ist aber in System Dynamics möglich, mit Hilfe von "Levels" und "Rates" beliebig komplexe Netzwerke des abzubildenden Gesamtsystems aufzubauen, indem man mehrere Schleifen (wie in Abb. 3.4) miteinander verknüpft, wobei die Einzelelemente durch sog. Strömungslinien (Aktionen, wie z.B. Geldfluß, Güterfluß, Personalfluß) und Informationen miteinander verbunden sind. Desweiteren ist es üblich in diese Darstellung Verzögerungselemente und Störgrößen mitaufzunehmen.

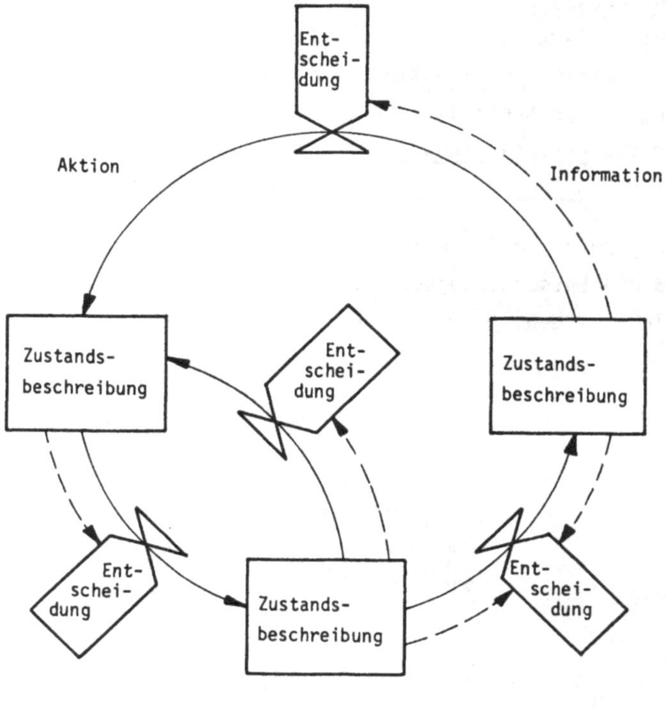

Abb. 3.4: Verknüpfung von Regelkreisen

3.2 Das System Dynamics Konzept

Den in Kapitel 2.2 allgemein beschriebenen Modellbildungsprozeß (s. Abb. 2.3) finden wir auch innerhalb der System Dynamics Konzeption wieder (s. Abb. 3.5). Hierbei wird das mentale Modell des Modellbauers in einen sog. Wirkungsgraphen transformiert, der die Beziehungen zwischen den wichtigsten Systemgrößen beschreibt. Dieser Wirkungsgraph dient als Ausgangspunkt zur Erstellung des System Dynamics Strukturmodells, in dem z.B. den Zustandsgrößen und den Aktionsvariablen bestimmte Symbole zugewiesen und die Interdependenzen mittels Strömungslinien zwischen diesen Elementen dargestellt werden (s. Kapitel 3.2.2).

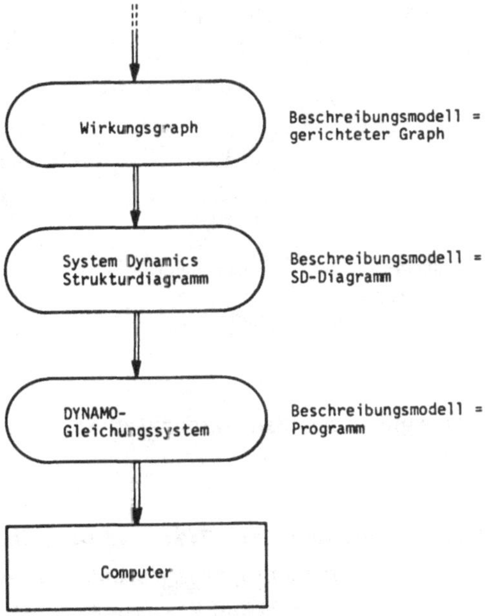

Abb. 3.5: Der Modellbildungsprozess bei einer Problemlösung mit Hilfe von System Dynamics (Systembezogener Ausschnitt)

3.2.1 Der Wirkungsgraph

Mit Hilfe des Wirkungsgraphen (Kausaldiagramm, causal-loop diagramm) werden System Dynamics Modelle in einem ersten Schritt auf sehr aggregiertem Niveau graphisch dargestellt. Diese schaubildliche Darstellung beinhaltet die Beschreibung der wichtigsten Systemgrößen mit ihren Beziehungen untereinander. Abbildung 3.6 zeigt die sehr vereinfachte Wirkungsgraph-Darstellung des Modells eines Handelsbetriebes (vgl. [ZWIC76]).

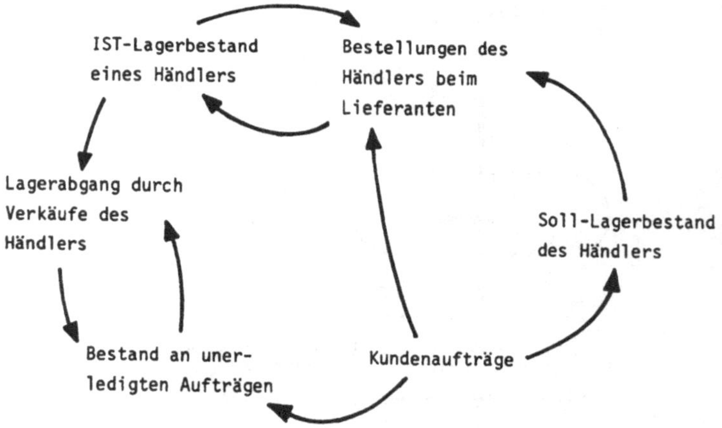

Abb. 3.6: Wirkungsgraph eines Handelsbetriebsmodells

Im Wirkungsgraphen kennzeichnet die Pfeilrichtung jeweils die Beeinflussungsrichtung der relevanten Systemgrößen. Dieses Beschreibungsmittel stellt eine Vorstrukturierung für den Entwicklungsprozeß von

System Dynamics Modellen dar, in dem die vorläufigen Wirkungsbeziehungen und Wirkungshypothesen formuliert werden können. Zum anderen beinhaltet der Wirkungsgraph eine vereinfachte Darstellung des zu modellierenden Systems mit dessen Hilfe die Erstellung von System Dynamics Strukturdiagrammen leichter ermöglicht wird und die den Modellierer befähigen, reale Systeme in Form von Rückkopplungskreisen konzeptuell zu beschreiben.

Beschreibungsmittel, wie z.B. der Wirkungsgraph oder das System Dynamics Strukturdiagramm, erleichtern nicht nur den Modellerstellungsprozeß sondern sie bilden auch eine wichtige Grundlage zur Kommunikation und zur Abstimmung z.B. mit anderen Abteilungen oder sonstigen Interessierten, die sich in kurzer Zeit einen Überblick bezüglich des zu modellierenden Systems verschaffen wollen.

In der Literatur wird oft noch eine Unterscheidung getroffen, ob eine Wirkungsbeziehung einer Systemvariablen auf eine andere von positivem oder negativem Einfluß ist (z.B. quantitative Zu- oder Abnahme, vgl. [FORR73], [GOOD74], [ZWIC81]). In diesem Falle werden die Pfeile des Wirkungsgraphen mit entsprechendem Symbol (+ bzw. -) gekennzeichnet.

3.2.2 Das System Dynamics Strukturdiagramm

Das System Dynamics Strukturdiagramm, als nächstes Zwischenergebnis des Modellerstellungsprozesses beinhaltet im wesentlichen die graphische Darstellung der Systemgleichungen. Dieses Beschreibungsmittel enthält wesentlich mehr Informationen über das System und eignet sich im besonderen Maße dazu, die Beziehungen zwischen den einzelnen Systemteilen aufzuzeigen, die Schleifenstrukturen im System zu detaillieren, Hinweise auf das Systemverhalten zu liefern und neue Einsichten sowie einen besseren Überblick zu gewinnen. Die wichtigsten Komponenten dieser Diagramme sind die graphische Darstellung der Zustandsgrößen des abzubildenden Systems (Levels) und der sie beeinflussenden Strömungsgrößen (Rates), ihre Anwendung führt zum sog. System Dynamics Strukturmodell.

Im folgenden sind die für die Anwendung relevanten graphischen Symbole aufgeführt. Sie beschreiben gleichzeitig die Grundkonzepte von System Dynamics aus denen man mit Hilfe von Konstruktionsregeln komplexere Konzepte aufbauen kann.

a) Für Systemvariable (Systemgrößen):

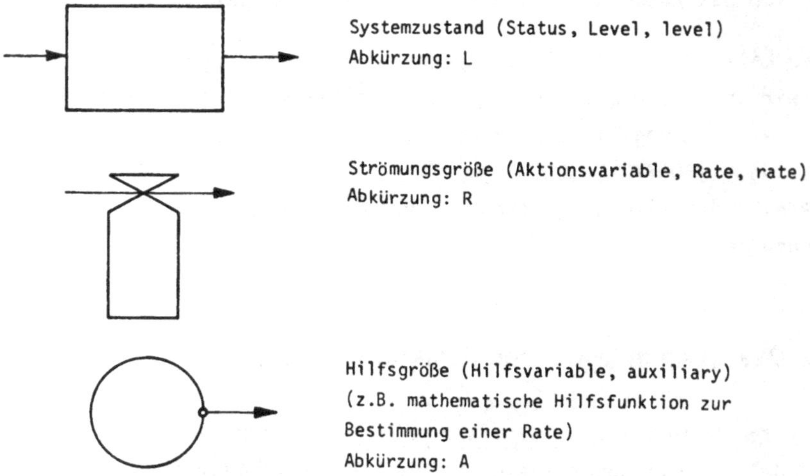

Abb. 3.7: Symbole für Systemgrößen

b) Für Verbindungen zwischen den Variablen

Fluß von Informationen

Fluß von Material, Produkten, Geld, Aufträgen, Personen, Investitionsgüter u.ä.

Abb. 3.8: Symbole für Strömungslinien und Informationsfluß

Forrester (vergl. [FORR72])verwendet innerhalb des System Dynamics Strukturdiagramms eine differenzierte Darstellung für den Fluß von Informationen (----▶), Fluß von Material und Produkten (———▶), Aufträgen (oooo▶), Geld ($-$-$▶), Personen (═══▶) und Investitionsgütern (——▶).

Wir beschränken uns für unsere Anwendung auf die angegebene vereinfachte Flußdarstellung, da nach Meinung der Autoren die Verwendung der vielen unterschiedlichen Flußpfeile das Lesen der Strukturdiagramme erschwert und die Art des Flusses ohnehin schon aus der Bezeichnung der Zustandsgrößen und Strömungsgrößen entnommen werden kann.

c) Für Parameter, Informationsentnahmen und Beziehung zu benachbarten Komponenten

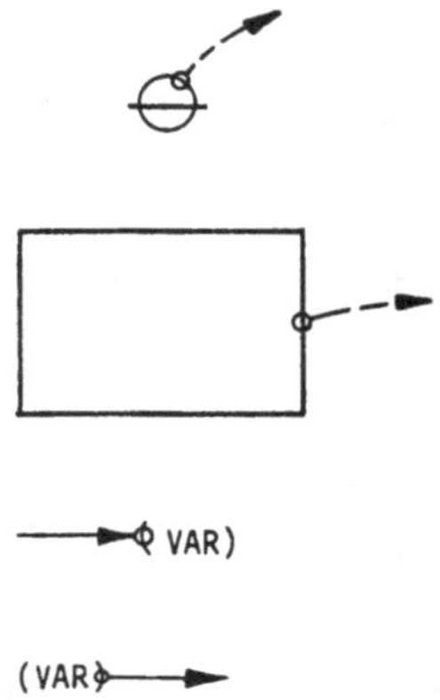

Konstante, Parameter
Abkürzung: C

Informationsentnahme

Variable (Zustandsgröße) aus benachbarten Komponenten

Variable (Zustandsgröße) zu benachbarten Komponenten

Abb. 3.9: Symbole für Parameterübergabe

d) Für die Schnittstelle zur Systemumgebung

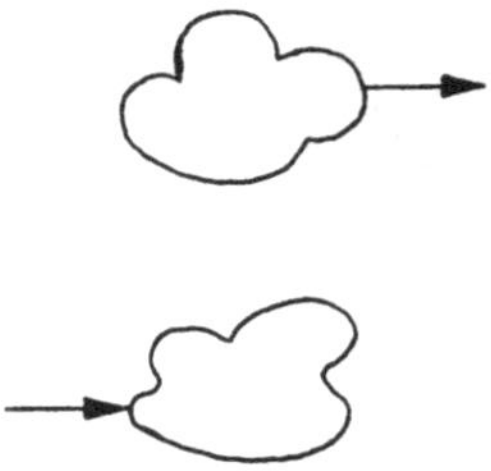

Zuflüsse aus der Systemumgebung (Quelle, source)

Abflüsse in die Systemumgebung (Senke, sink)

Abb. 3.10: Symbole für die Schnittstelle zur Systemumgebung

Betrachten wir das Beispiel des Handelsbetriebs-Modells (aus Abb. 3.6), dann bestimmt sich der Bestand an unerledigten Aufträgen des Händlers (UEA) durch die Kundenauftragsrate (KAR) und vermindert sich durch die Menge, die vom Lager zu den Kunden abgeht (LAR). Die Lagerabgangsrate soll so bestimmt werden, daß sie dem Bestand an unerledigten Aufträgen proportional ist (Proportionalitätsfaktor: 1/PRF), wobei natürlich nicht mehr Produkte vom Lager abgehen können, als im Lager (ILB) tatsächlich vorhanden sind. Dieser vereinfachte Sachverhalt läßt sich mit Hilfe eines System Dynamics Strukturdiagramms wie in Abb. 3.11 dargestellt, beschreiben.

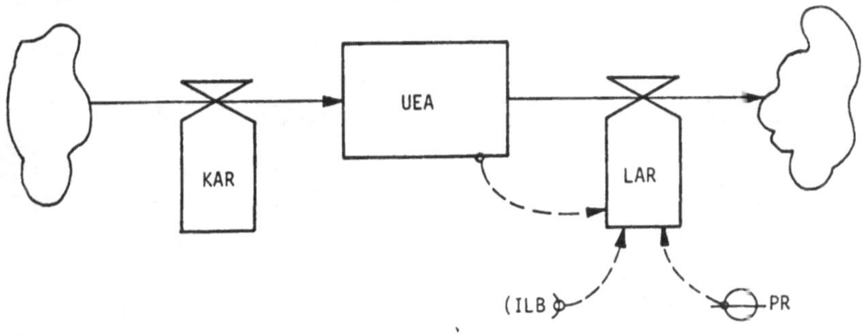

Abb. 3.11: System Dynamics Strukturdiagramm
Bestand an unerledigten Aufträgen

3.2.3 Die System Dynamics Systemgleichungen

In diesem Abschnitt wollen wir den Abbildungsprozess System Dynamics Strukturdiagramm in die entsprechenden DYNAMO-Gleichungen diskutieren. Ist es gelungen, ein System in ein System Dynamics Strukturdiagramm abzubilden, so ist der Übergang zu dem entsprechenden Gleichungssystem in direkter Weise, mit ganz wenig Modifikationen, möglich (vgl. auch [RICH81]).

3.2.3.1 Levelgleichungen

Ein Level (eine Zustandsgröße) beschreibt einen bestimmten aktuellen Systemzustand zu einem Zeitpunkt t. Jeder Level erfährt in gleichmäßig diskreten Zeitabständen einen Zu- und Abfluß, welche die Höhe des Levels bestimmen.

Zum besseren Verständnis kann man sich als mechanisches Analogon für das zu beschreibende System einen Level als Wasserbehälter vorstellen, der in diskreten Zeitabständen Zu- und Abflüsse erfährt (vgl. Abb. 1.2). Die Höhe des Levels wird durch die Höhe des Wasserstandes in dem betreffenden Behälter gekennzeichnet. Das quantitative Volumen der Zu- und Abflüsse ist abhängig von der in der Vergangenheit zustande gekommenen Wasserstandshöhe (vgl. [ZWIC76]). Man kann sich Zu- und Abfluß durch ein Zufluß- und Abflußventil kontrolliert vorstellen.

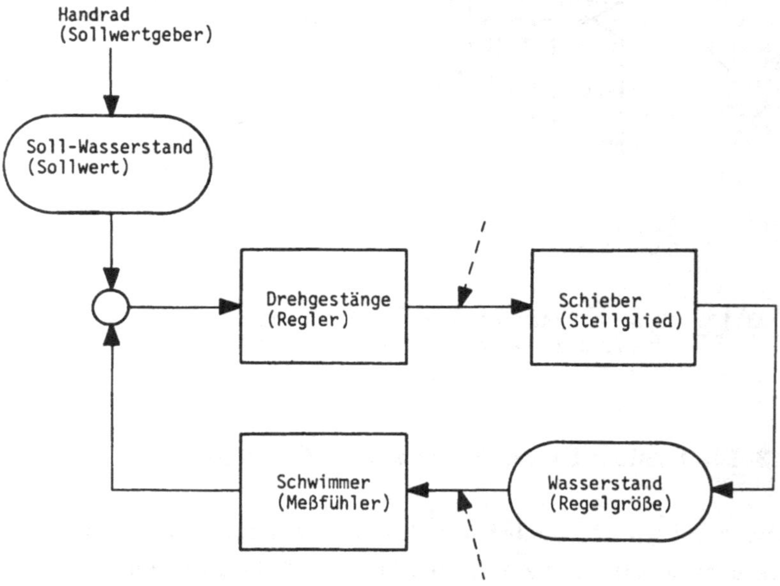

Abb. 3.12: Der Regelkreis beim Wasserbehälter

Die Zustandsgrößen integrieren (akkumulieren) die Ergebnisse der Aktionen in einem System. Sie können sich nicht sprunghaft verändern, d.h. sie sorgen für die Systemkontinuität zwischen den betrachteten Zeitpunkten. Zustandsvariable hängen von der Akkumulation früherer Flußraten ab.

Ehe auf die Gleichungskonvention von DYNAMO [1] eingegangen wird, ist es notwendig, die im System Dynamics Konzept verwendete Zeitindizierung zu betrachten. Zur mathematischen Darstellung der abgebildeten Prozesse verwendet das Konzept nur drei Zeitpunkte, welche einen vergangenen Zustand zum Zeitpunkt t_{i-1}, einen gegenwärtigen Zustand zum Zeitpunkt t_i und einen zukünftigen Zustand zum Zeitpunkt t_{i+1} betreffen. Diese drei Zeitpunkte werden bei jedem Integrationsschritt um je ein DT nach rechts verschoben. Das Dreipunktraster wandert somit über das gesamte Zeitintervall der Integration (≙ Simulation).

Aus Abb. 3.13 werden die Berechnungsschritte (Simulationsschritte) mit dem Integrationsintervall DT (= Simulationsschrittweite) und die Zeitindizierung ersichtlich. Die Systemgrößen werden mit J, K und L indiziert, wenn man auf die Zeitpunkte t_{i-1}, t_i und t_{i+1} Bezug nimmt. Möchte man auf die Zeitintervalle (t_{i-1}, t_i) und (t_i, t_{i+1}) Bezug nehmen, so werden die Indizes JK und KL verwendet.

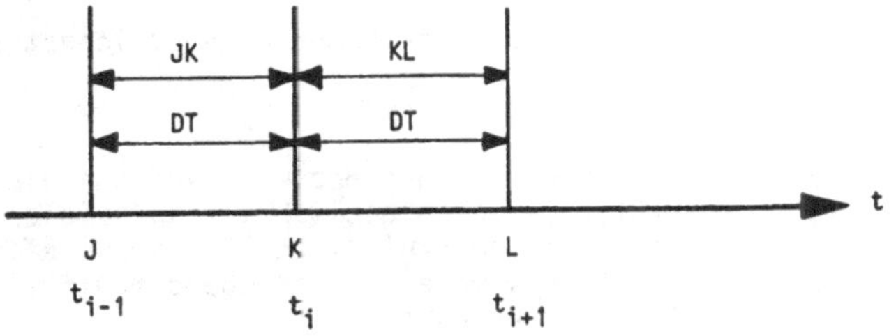

Abb. 3.13: Zeitindizierung und Integrationsschritte (≙ Simulationsschritte)

---

1) DYNAMO ist eine Programmiersprache in der die Modellgleichungen von System Dynamics dargestellt und simuliert werden können.

In den noch zu besprechenden mathematischen Gleichungen müssen die aufgeführten Elemente des Systems Dynamics Konzepts mit den Zeitsubskripten J, K und L indiziert werden. Die Tabelle in Abb. 3.14 zeigt die Notationsbedingungen [1].

Variablentyp auf der linken Gleichungsseite		Variablentyp auf der rechten Gleichungsseite				
	Zeitindex	Zeitindizes				
		(L)	(A)	(R)	(C)	(N)
Level (L)	K	J	J	JK	-	-
Auxiliary (A)	K	K	K	JK	-	-
Rate (R)	KL	K	K	JK	-	-
Konstante (C)	-	-	-	-	-	-
Anfangswert[2] (N)	-	-	-	-	-	-

Abb. 3.14: Tabelle Zeitindizierung der System Dynamics Elemente

Den System Dynamics Gleichungskonventionen zur Folge müssen Konstanten, Variablen und Anfangswerte durch Namen gekennzeichnet sein, die

1) Die hier behandelte Zeitindizierung bezieht sich auf die DYNAMO II Version (vgl. [PUGH76]). Zwischenzeitlich ist auf vielen Rechnern auch eine Dynamo III/F-Version (vgl. [PUGH76]) anzutreffen, die gegenüber der DYNAMO II-Version eine weitgehend modifizierte und komplexere Zeitindizierung erlaubt.
2) Abkürzung für Anfangswert: N von initial (engl.).

bis zu sechs Zeichen enthalten können, wobei das erste Zeichen immer ein Buchstabe sein muß. Variablen enthalten Angaben der Zeit, die den Namen nach einem Punkt als Postskript folgen. Zustandsgrößen haben nur den Buchstaben J oder K als Postskript, der sich auf den jeweiligen Zeitpunkt bezieht, z.B.

LEVEL.J
A33.K

Raten enthalten die Postskripte JK oder KL, d.h. sie beziehen sich auf ein Zeitintervall, z.B.

ZU.JK
AB.KL

Konstanten und Anfangswerte besitzen keine Zeitangaben, sie werden nur durch ihren Namen gekennzeichnet, z.B.

X19
ALPHA

Um den Übergang vom System Dynamics Strukturdiagramm zu den entsprechenden Gleichungen zu verdeutlichen, ist in Abb. 3.15 am Beispiel des Strukturdiagramms das Zusammenspiel zwischen einem Level und den ihn kontrollierenden Raten dargestellt.

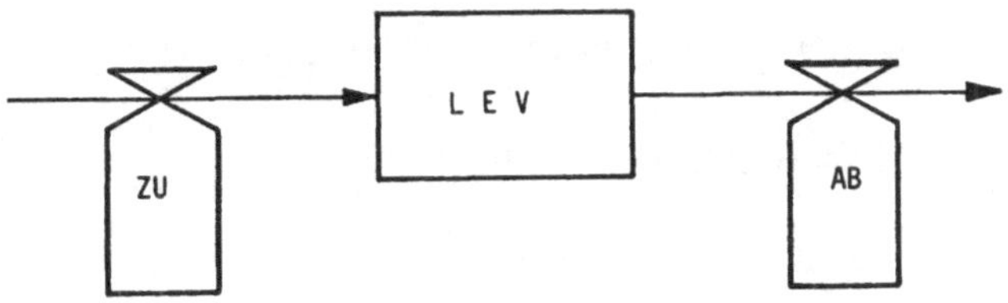

Abb. 3.15: Strukturdiagramm eines Levels LEV mit den Zu- und Abflußraten ZU und AB

Mit den oben eingeführten Bezeichnungen läßt sich ein Systemzustand mit einem Zu- und Abfluß durch die folgende Level-Gleichung allgemein beschreiben:

L LEV.K = LEV.J + DT * (ZU.JK - AB.JK) (1.1)

wobei

L	-	steht für Levelgleichung
LEV	-	Name der Zustandsgröße
LEV.K	-	Wert der Zustandsgröße zum Zeitpunkt K (Dimension: Einheiten)
LEV.J	-	Wert der Zustandsgröße zum vorangegangenen Zeitpunkt J (Einheiten)
DT	-	Länge des Lösungsintervalls zwischen J und K (Zeit)
ZU	-	Name der Zuflußrate
ZU.JK	-	Wert der Zuflußrate im Zeitintervall JK (Einheiten/Zeit)
AB	-	Name der Abflußrate
AB.JK	-	Wert der Abflußrate im Intervall JK (Einheiten/Zeit)
(1.1)	-	zur Durchnumerierung der Gleichungen (optional)

Der neue Wert des Systemzustandes (LEV.K) wird errechnet, indem man die während des Lösungsintervalls stattgefundene Änderung zum alten Wert des Systemzustandes (LEV.J) addiert.

Um den mathematischen Hintergrund der System Dynamics Konzeption anzusprechen, betrachten wir den Übergang einer solchen Levelgleichung zu einer Differentialgleichung.

Gleichung (1.1) umgeformt ergibt eine Differenzengleichung

$$\frac{\text{LEV.K-LEV.J}}{\text{DT}} = \frac{\Delta \ \text{LEV}}{\Delta \ \text{T}} = \text{ZU.JK - AB.JK}$$

Setzen wir zur Veranschaulichung LEV = x, ZU = x_{zu}, AB = x_{ab}

so erhalten wir:

$$\lim_{\Delta T \to 0} \frac{\Delta x}{\Delta T} = \dot{x}(t) = x_{zu}(t) - x_{ab}(t)$$

Die Lösung dieser Differentialgleichung erfolgt durch Integration;

$$x(t) = \int_0^t \frac{dx_{zu}}{dt}\, dt - \int_0^t \frac{dx_{ab}}{dt}\, dt$$

$$= \int_0^t \left(\frac{dx_{zu}}{dt} - \frac{dx_{ab}}{dt} \right) dt$$

Der aktuelle Level x(t) zu einem beliebigen Zeitpunkt t entspricht also dem Integral über der Differenz der Zu- und Abflußraten. Die Simulationssprache DYNAMO verwendet zur numerischen Lösung des entsprechenden Integrals die Rechtecksintegration.

Die rechte Seite der Zustandsgleichung enthält das Lösungsintervall DT (Integrationsschrittweite). Dieses Lösungsintervall ist kein Parameter des realen Systems, das in ein Modell abgebildet wird, sondern ein Parameter des Rechenprozesses, es erscheint nur in Zustandsgleichungen.

Zu Beginn der Berechnungen im Zeitpunkt K müssen aus vorangegangenen Rechnungen die Zustandsgrößen zum Zeitpunkt J und die im Zeitraum JK stattgefundenen Zustandsänderungen bekannt sein.

In einem Gleichungssystem (Modell) mit mehreren Zustandsgrößen spielt die Reihenfolge der Berechnungen der Zustandsgrößen keine Rolle, da diese nur von ihrem alten Wert und von ihren Veränderungen im Intervall JK abhängen. Keine Zustandsgröße wird direkt von einer anderen Zustandsgröße beeinflußt.

Nach Beendigung der entsprechenden Berechnungen wird der ganze Prozess für den nächsten Zeitpunkt wiederholt, indem man die Zeitsymbole J, K, L um ein Lösungsintervall nach vorn verschiebt. Zu Beginn einer Rechnung müssen die Anfangswerte aller Systemzustände gegeben sein. Die Raten vor dem Zeitpunkt T = 0 sind unwesentlich. Ausgehend von den bereits verfügbaren Zustandswerten beginnt der Rechenvorgang mit dem Ermitteln der Raten für das Intervall von t = 0 bis t = 0 + DT. Danach erfolgt der beschriebene Rechenzyklus Systemzustände-Raten-Systemzustände.

Um die Levelgleichung an einem Beispiel zu verdeutlichen, wollen wir unser Handelsbetriebsmodell aus Abb. 3.11 in eine entsprechende Modellgleichung abbilden:

L UEA.K = UEA.J + DT * (KAR.JK - LAR.JK) (1.2)

UEA - Bestand an unerledigten Aufträgen
KAR - Kundenauftragsrate
LAR - Lagerabgangsrate

Wie wir gezeigt haben, lassen sich die Levelgleichungen eines Systems Dynamics Modells als Differenzengleichungen formulieren. Zwicker (vgl. [ZWIC81]) ordnet daher diese Modelle nicht dem Typ der zeitkontinuierlichen dynamischen Modellen zu, sondern den zeitdiskreten dynamischen Modellen, genauer den metrisch dynamischen zeitdiskreten äquidistanten Modellen (MZÄ-Modellen). Die Ursache hierfür liegt einmal in der Tatsache, daß die Zeitpunkte der Berechnung in gleichbleibenden (äquidistanten) Zeitabständen auf der Zeitachse gewählt werden und bei der Verwendung von Differenzengleichungen zwar angenommen wird, "daß die betrachteten ökonomischen Größen sich unstetig ändern, aber jeweils nur am Anfang oder Ende einer bestimmten stets gleichbleibenden (äquidistanten) Periode. Innerhalb dieser Periode dagegen werden Größen als unverändert angesehen. Der Wert am Periodenanfang oder -ende repräsentiert damit die ganze Periode" (vgl. [ZWIC81], S. 29 f).

Obwohl wir im kommerziellen Bereich überwiegend unstetige Veränderungen ökonomischer Größen beobachten können, ordnen wir die System Dynamics Modelle global den dynamischen zeitkontinuierlichen Modellen zu. Für die Simulation gehen wir von einem genügend großen Zeitraum mit vielen Einzelereignissen aus, wobei sich diese diskreten Einzelereignisse idealisiert als stetige Ereignisse interpretieren lassen, da sie sich über die Zeit betrachtet ausgleichen.

3.2.3.2 Ratengleichungen

Die Raten beschreiben die während einer bestimmten Zeiteinheit zu bzw. abgeflossenen Mengen in Einheiten. Die Ratengleichungen bestimmen, wie die Flüsse im System kontrolliert werden, d.h. sie enthalten im allgemeinen die Entscheidungsregeln und Hypothesen, die das Verhalten des Systems beeinflussen. Als Eingabegrößen haben sie Systemzustände und Konstanten. Eine Ratengleichung hat die folgende allgemeine Form:

R RATE.KL = f (Wert von Zustandsgrößen und Konstanten) (1.3)

Der Bezeichner R steht hier für Ratengleichung. Die rechte Seite der Gleichung ist hierbei eine Funktion von Werten von Zustandsgrößen und Konstanten, welche die Rate steuert.

Als Beispiel für eine Ratengleichung betrachten wir wieder unser Handelsbetriebsmodell (vgl. Abb. 3.6). Die Bestellungen HBR eines Händlers an den Lieferanten werden aufgrund einer Entscheidungsregel durchgeführt. Hierbei geht der Händler von der Kundenauftragsrate (KAR) der Vorperiode aus und addiert zu dieser Rate einen Korrekturfaktor, der die gewichtete Differenz zwischen Soll- (SLB) und Ist-Lagerbestand (ILB) der vergangenen Periode darstellt. Der Gewichtungsfaktor sei 1/GWF.

Die symbolische Darstellung im System Dynamics Strukturdiagramm, die zur Ratengleichung führt, ist in Abb. 3.16 beschrieben.

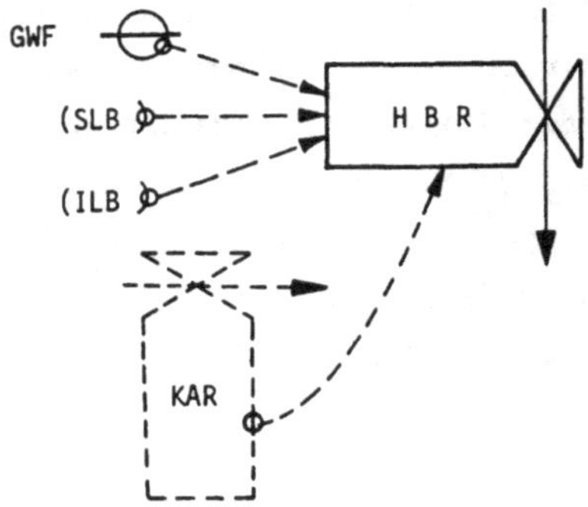

Abb. 3.16: Strukturdiagramm der Händlerbestellrate

Die entsprechende Ratengleichung läßt sich wie folgt definieren:

R HBR.KL = KAR.JK + (1/GWF)*(SLB.K-ILB.K) (1.4)

HBR - Händlerbestellrate
KAR - Kundenauftragsrate
GWF - Gewichtungsfaktor
SLB - Soll-Lagerbestand
ILB - Ist-Lagerbestand

Obwohl in einem Modellgleichungssystem die Ratengleichungen auf der linken Seite mit dem Intervall Subskript KL versehen sind, werden alle Raten des Modells vor der Berechnung der entsprechenden Zustandsgrößen ermittelt.

3.2.3.3 Hilfsgleichungen

Oft sind die Beziehungen in Ratengleichungen sehr komplex und die Bedeutung dieser Beziehungen versteckt. Um diese Bedeutung hervorzuheben und die Beziehungen übersichtlicher zu gestalten, spaltet man die Ratengleichungen auf und drückt ihre Teile durch separate Gleichungen, die sog. Hilfsgleichungen (auxiliary equations), aus. Nehmen wir als Beispiel die Ratengleichung (1.4) und gehen wir davon aus, daß der Soll-Lagerbestand sich berechnet aus der exponentiellen Glättung der Kundenbestellrate (EKAR) multipliziert mit einem Faktor DBL, dann läßt sich dieser Tatbestand durch folgende Hilfsgleichungen ausdrücken [1]:

A SLB.K = DBL * EKAR.K (1.5)

Hilfsgleichungen lassen sich wiederum durch andere Hilfsgleichungen beschreiben. Im System Dynamics Strukturdiagramm als Vorstufe zur Hilfsgleichung würde die Gleichung (1.5) wie in Abb. 3.17 dargestellt.

Abb. 3.17: Strukturdiagramm des Soll-Lagerbestands zur Hilfsgleichung (1.5)

---

1) Der Bezeichner A in der Hilfsgleichung steht für Auxiliary.

Die Lagerkonstante DBL läßt sich hierbei so interpretieren, daß sich das System im Gleichgewicht befindet, d.h. die Kundenauftragsrate ist konstant und alle Level sind unveränderlich, d.h. DBL * EKAR wäre dann der gewünschte Soll-Lagerbestand.

3.2.3.4 Konstanten- und Anfangswertgleichungen

In Konstantengleichungen werden den entsprechenden Konstanten, repräsentiert durch symbolische Namen, numerische Werte zugeordnet, z.B. in Anlehnung an Gleichung (1.5) für die Lagerkonstante DBL, die 8 Wochen betragen soll

```
C   DBL  =  8.0                                   (1.6)
```

Konstanten können auch durch andere Konstanten ausgedrückt werden. Dies ist z.B. dann nützlich, wenn eine Konstante von einer anderen abhängt und wenn erstere sich in einem Simulationslauf, in dem der letzteren ein neuer Wert zugewiesen wird, ändern soll, z.B.:

```
N   ABC  =  2 * DBL                               (1.7)
```

ABC wird hierbei eine errechnete Anfangskonstante genannt.

Zu Beginn einer Simulation müssen den Levelgleichungen Anfangswerte zugeordnet werden, dies geschieht mit Hilfe der Anfangswertgleichungen.Mittels der Anfangswerte der Zustandsvariablen berechnet man die Flußraten, die zum Zeitpunkt t = 0 folgen; aus den Anfangswerten und den Raten können so die neuen Werte der Zustandsgrößen am Ende des ersten Zeitschrittes errechnet werden. Z.B.:

```
L   LEV.K  =  LEV.J + DT * (ZU.JK-AB.JK)          (1.8)
N   LEV    =  3                                   (1.9)
```

Die Gleichung für Anfangswerte läßt sich auch in Termini von Konstanten schreiben:

```
N   LEV  =  10 * AB                                         (1.10)
```

Ebenso kann ein Anfangswert durch den Anfangswert einer anderen Zustandsgleichung definiert werden, solange der letztere vom ersteren unabhängig ist.

```
L   LEV2.K  =  LEV2.J + DT * (ZU2.JK-AB2.JK)                (1.11)
N   LEV2    =  LEV
```

3.2.3.5 Verzögerungen

Wollen wir die ablaufenden Prozesse einer Unternehmung in ein Modell abbilden, so müssen wir eine wesentliche Eigenschaft berücksichtigen: Die Tatsache, daß zwischen den Prozessen Verzögerungen auftreten. Denken wir z.B. an die zeitliche Verzögerung, die zwischen dem Lagerabgang einer Ware und dessen Ankunft beim Lieferanten eintritt, oder an die Verzögerung zwischen Bestellung einer Ware beim Lieferanten und dem Zugang dieser Ware beim Händler. Die Verzögerungen sind neben der Rückkopplung das zweite wesentliche Element, das die der Realität so nahe Modellierung durch Regelkreise ermöglicht.

Um zeitliche Verzögerungen zwischen dem Abfluß eines Levels und dem Zufluß eines anderen Levels zu beschreiben, verwendet System Dynamics exponentielle Verzögerungen, indem es zwischen beiden künstlich ein oder mehrere sog. Verzögerungslevel einführt. Auf diese Weise gelingt es, die im System tatsächlich auftretenden zeitlichen Verzögerungen im Modell nachzubilden.

Die Differenz zwischen den aufsummierten Zu- und Abflüssen wird durch diese Level beschrieben. Diese Verzögerungslevel weisen dann positive Werte auf, sobald eine Verzögerung zwischen den Zu- und Abflußleveln eintritt, wobei die Beträge dieses Levels stets empirisch interpretiert werden können (vgl. [ZWIC76]).

Folgende Gleichungen beschreiben eine exponentielle Verzögerung erster Ordnung (vgl. [FORR72]):

```
L   L1.K   =  L1.J + DT * (X.JK - AR.JK)        (1.12)
R   AR.KL  =  L1.K/DVZ
```

wobei

L1 - Name des erzeugten Zustands

X - Name der beobachteten oder zu glättenden Rate (Abfluß des vorangegangenen Levels)

AR - Name der erzeugten Rate (Einheiten/Zeit)

DVZ - Name der durchschnittlichen Verzögerungszeit (Zeit)

ist.

Abb. 3.18 zeigt das System Dynamics Strukturdiagramm einer exponentiellen Verzögerung erster Ordnung, Abb. 3.19 das üblicherweise (vereinfachte) verwendete Symbol für diese Verzögerung.

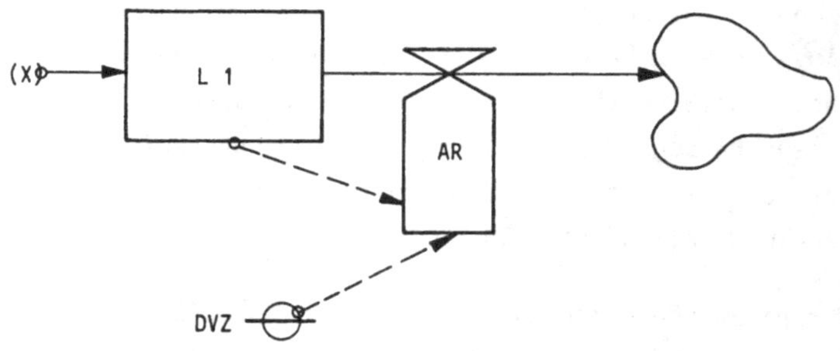

Abb. 3.18: Strukturdiagramm einer Verzögerung erster Ordnung

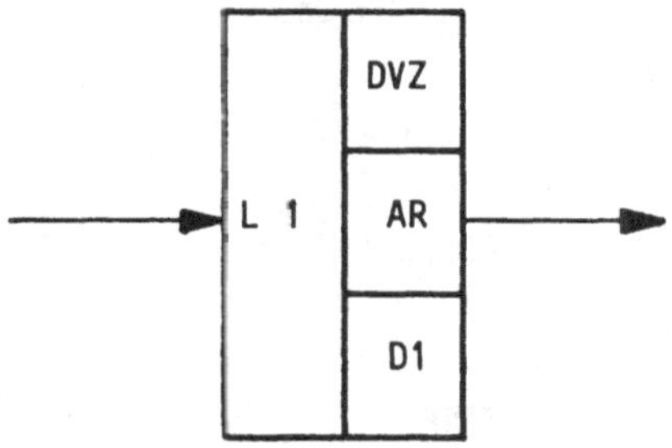

Abb. 3.19: Symbol einer Verzögerung erster Ordnung

In DYNAMO wird diese Verzögerung mittels der SMOOTH-Funktion realisiert. Sie beschreibt eine einfache negative Rückkopplungsschleife erster Ordnung. Der Bezeichner D1 steht für DELAY1 (Verzögerung erster Ordnung). Die durchschnittliche Verzögerungsdauer eines Elements kennzeichnet dessen durchschnittliche Verweildauer im Verzögerungslevel.

Exponentielle Verzögerungen n-ter Ordnung erhält man durch Reihenschaltung (Kaskadierung) von exponentiellen Verzögerungen erster Ordnung, wobei zu berücksichtigen ist, daß bei jedem einzelnen Level nur der n-te Teil der durchschnittlichen Verzögerungszeit eingeht.

So läßt sich z.B. eine Verzögerung dritter Ordnung durch folgende Instruktionen darstellen (vgl. [FORR72]):

```
L   L1.K    =  L1.J + DT * (X.JK-AR1.JK)
R   AR1.KL  =  L1.K/(DVZ/3)
L   L2.K    =  L2.J + DT * (AR1.JK-AR2.JK)
R   AR2.KL  =  L2.K/(DVZ/3)
L   L3.K    =  L3.J + DT * (AR2.JK-AR3.JK)
R   AR3.KL  =  L3.K/(DVZ/3)
```

Das entsprechende Strukturdiagramm ist in Abb. 3.20 dargestellt.

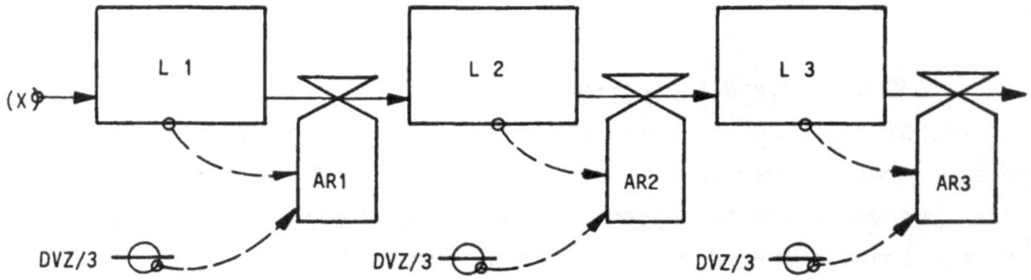

Abb. 3.20: Strukturdiagramm einer exponentiellen Verzögerung dritter Ordnung

Diese Verzögerung dritter Ordnung wird in DYNAMO durch die DELAY3-Funktion realisiert, die dort standardmäßig vorgesehen ist. Abb. 3.21 zeigt das Symbol für diese Verzögerung.

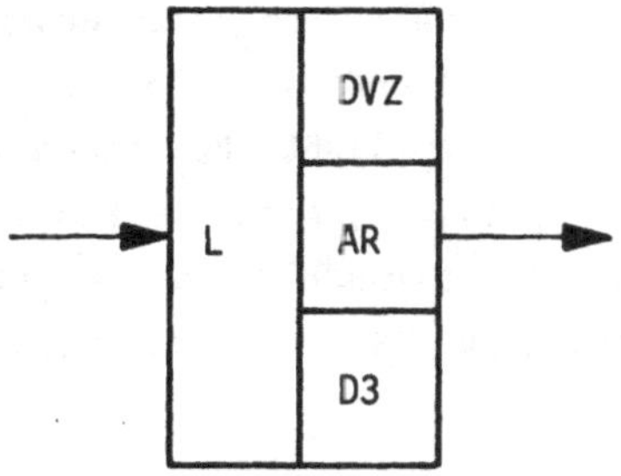

Abb. 3.21: Symbol für Verzögerung 3. Ordnung (DELAY3)

Im Gegensatz zu den bisher besprochenen Verzögerungen, die für physische (konservative, d.h. keine Information tragende) Flußraten exponentielle Durchschnitte erzeugen, unterscheidet Forrester Verfahren, die exponentielle Verzögerungen in Informationskanälen bewirken. Diese Verfahren werden auch als exponentielle Glättung bezeichnet (vgl. [FORR72], [ZWIC81]).

In DYNAMO wird eine informationelle Verzögerung erster Ordnung durch die Funktion DLINF1, eine informationelle Verzögerung dritter Ordnung durch die Funktion DLINF3 realisiert.

Die zwei Arten von integrierenden Funktionen (physische und informationelle) unterscheiden sich in ihrer systemphilosophischen Interpretation. Die informationelle Verzögerung glättet keine Zuwachsgrößen (Raten) sondern Zustands- oder Hilfsgrößen.

Wir wollen aus diesem Grunde auf eine Diskussion dieser Verzögerungsart verzichten und schließen uns Zwicker an, der die Verwendung informationeller Glättungsverzögerungen kritisiert, da sie zu einer gewissen Inkonsistenz im Rahmen des Level-Raten-Konzepts führt:
"... die üblichen exponentiellen Verzögerungen zeichnen sich dadurch

aus, daß die Zuflußrate eines exponentiellen Verzögerungslevels dessen Abflußrate verzögernd beeinflußt und diese Abflußrate als Output des Levels wiederum anderen Leveln zufließt. Bei einem Informationslevel dagegen bildet der Levelinhalt ... diesen verzögerten Output, während die Abflußrate ... keine empirisch sinnvolle Interpretation zuläßt und im Systemzusammenhang auch nicht weiter verwendet wird" (vgl. [ZWIC76], S. 22).

Neben der Verwendung der in DYNAMO standardmäßig vorgesehenen Verzögerungsfunktionen SMOOTH und DELAY3, besteht in dieser Sprache die Möglichkeit, diese und jede beliebige andere Art von Verzögerungen n-ter Ordnung mit Hilfe von Makroinstruktionen zu definieren (vgl. [PUGH76], [RICH81]).

Die für die Anwendung bei der Modellierung von dynamischen Systemen interessanteste Frage in diesem Zusammenhang ist, welche Verzögerungsart aus der Familie der exponentiellen Verzögerungen für eine realitätsnahe Beschreibung des Systemverhaltens ausgewählt werden soll. Diese Auswahl orientiert sich an zwei Kriterien (vgl. [ZWIC76]), einmal an der durchschnittlichen Verzögerungsdauer eines Elementes und zum anderen an der Art der Verzögerung. Wie oben schon erwähnt, kennzeichnet die durchschnittliche Verzögerungsdauer eines Elementes dessen durchschnittliche Verweildauer im Verzögerungslevel. Die Art der Verzögerung richtet sich daher nach der Zeitverlaufsform der Abflußrate des Verzögerungslevels. Abb. 3.22 veranschaulicht das Verzögerungsverhalten bei einer Zuflußrate in Form einer Impuls-Funktion und bei einem Anfangsbestand von null.

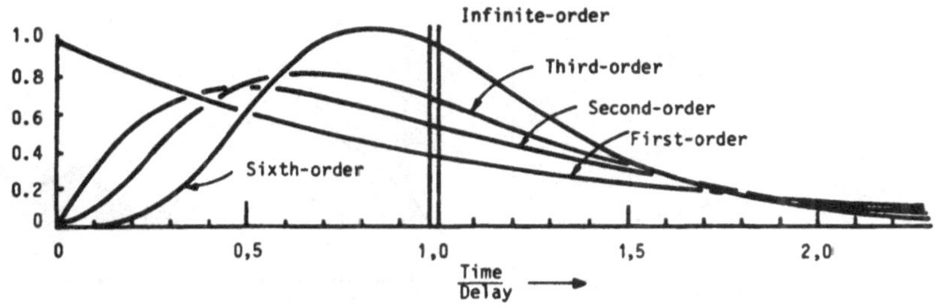

Abb. 3.22: Wirkung der exponentiellen Verzögerung auf eine Impuls-Funktion, Zeitverlaufsform der Abflußraten (s. [FORR61], S. 92)

Folgende zwei Beispiele sollen genügen, um Überlegungen für die Auswahl der Verzögerungsart zu beschreiben (vgl. [FORR72]).

Man denke sich ein Transportsystem einer Firma, die bestimmte Produkte gleichzeitig auf verschiedenen Wegen mit unterschiedlichen Transportmitteln an Großhandlungen in unterschiedliche Standorte ausliefert. Dieses Verhalten kann durch einen Impuls-Input im Modell nachvollzogen werden, bei dem zu einem bestimmten Moment plötzlich eine große Anzahl der Produkte in das Transportsystem gelangt und man sich jetzt die Ankunftsrate am Bestimmungsort überlegt. Diesem Problem angepaßt erscheint eine Verzögerung dritter Ordnung: Der Output-Wert (d.h. die Ankunftsrate) ist zu Beginn null, d.h. im ersten Moment nach der Auslieferung kann kein Transportmittel seinen Bestimmungsort schon erreicht haben, ebenso ist die Steigung der entsprechenden Kurve null. Die Kurve wächst langsam, erreicht die maximale Steigung dann den maximalen Wert der Ankunftsrate, um anschließend wieder leicht zu fallen (vgl. Abb. 3.23(b)).

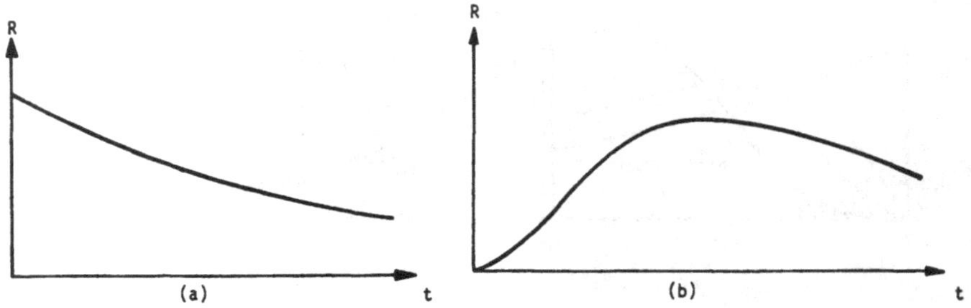

Abb. 3.23: Wirkung eines Delays erster Ordnung (a) bzw. dritter Ordnung (b) auf eine Impuls-Funktion

Ein anderes Beispiel ist das Kaufverhalten von Kunden eines Kaufhauses als Reaktionen auf eine Anzeige in der Tageszeitung. Das Kaufverhalten bezüglich des angepriesenen Produkts wird am Tage und Folgetage des Erscheinens der Anzeige am größten sein, um dann exponentiell leicht abzufallen. Dieses Verhalten wird am besten durch eine Verzögerung erster Ordnung beschrieben (vgl. Abb. 3.23 (a)).

Ein Beispiel aus unserem Handelsbetriebs-Modell soll die Verwendung von Verzögerungen im System Dynamics Strukturdiagramm (vgl. Abb. 3.24) mit den entsprechenden Gleichungen veranschaulichen. Wir gehen hierbei davon aus, daß die vom Händler beim Lieferanten bestellte Ware mit einer durchschnittlichen Verzögerung von DVL Wochen eintrifft, es soll sich in diesem Falle um eine Verzögerung dritter Ordnung handeln. Dieser Sachverhalt kann durch das Strukturdiagramm in Abb. 3.24 dargestellt werden.

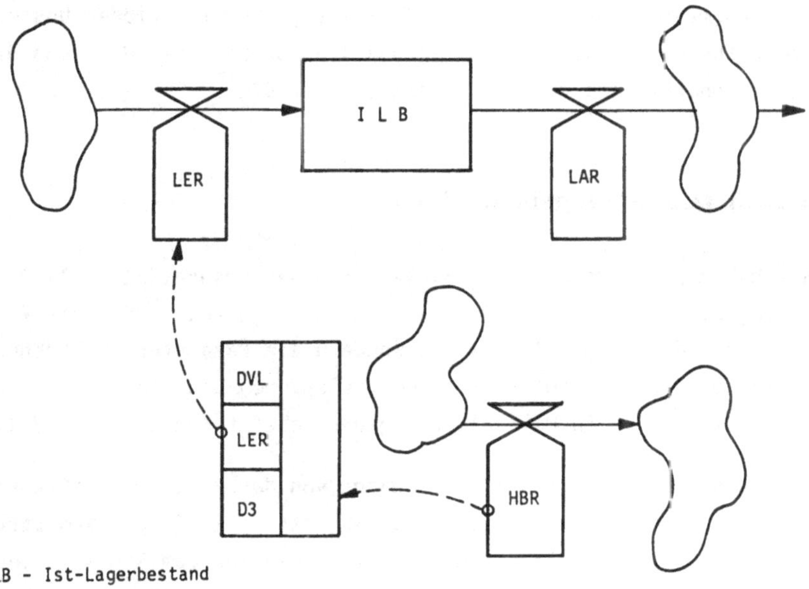

ILB - Ist-Lagerbestand
LER - Lagereingangsrate
LAR - Lagerabgangsrate
HBR - Händlerbestellrate

Abb. 3.24: Liefer-Verzögerung dritter Ordnung bezüglich der vom Händler bestellten Ware

Folgende DYNAMO-Gleichung entspricht dem beschriebenen Sachverhalt:

R LER.KL = DELAY3 (HBR.JK, DVL) (1.13)

LER - Lagereingangsrate
HBR - Händlerbestellrate
DVL - durchschnittliche Lieferverzögerung

Die Argumente innerhalb der DYNAMO-Verzögerungsfunktionen bestehen immer aus der Angabe der zu verzögernden Größe (hier HBR) und der durchschnittlichen Verzögerungszeit (hier DVL).

3.2.3.6 Das Lösungsintervall DT

Wir haben schon darauf hingewiesen, daß das Lösungsintervall DT (Integrationsschrittweite) kein Parameter des realen Systems ist, das vom Modell abgebildet wird, sondern ein Parameter des Rechenprozesses, der nur in den Zustandsgleichungen bzw. in Ausnahmefällen auch in Hilfsgleichungen erscheint (vgl. Kap. 3.2.3.1).

Die Länge des Lösungsintervalls hängt von den kürzesten Zeitkonstanten, die im Modell enthalten sind, ab. Ist es zu lang, dann verursacht es eine Instabilität des Modells, die aus dem Rechenprozess und nicht aus dem System inhärenten dynamischen Eigenschaften resultiert. Ist das Lösungsintervall zu kurz, so werden die Gleichungen unnötig oft gerechnet; die Rechenzeiten werden länger. Forrester gibt folgende Daumenregel an, nach der das Lösungsintervall gewählt werden soll:

$$1/3\ T \leq DT \leq 1/2\ T$$

d.h., daß das Lösungsintervall höchstens halb so lang und mindestens 1/3 so lang sein sollte, wie das kürzeste Verzögerungsglied erster Ordnung (T). Innerhalb dieser Grenzen kann das Lösungsintervall geändert werden, ohne daß die Modellgültigkeit berührt wird. Eine ausführliche Diskussion dieser Problematik findet sich bei Zwicker (vgl. [ZWIC81]).

Das Lösungsintervall (die Intergrationsschrittweite) DT ist, wie uns bekannt, die Zeiteinheit zwischen den Ereigniszeitpunkten J und K. In DYNAMO gibt es daneben die Zeiteinheit TIME, die mit DT nicht zu verwechseln ist. TIME, die auch in unserem Gesamt-Unternehmensmodell vorzufinden ist (s. Kap. 4.2), wird verwendet, um bei exponentiellen Verzögerungen den Wert der durchschnittlichen Verzögerung zu bestimmen. TIME stellt somit im Modell die unabhängige Variable Zeit dar.

3.2.3.7 Makrofunktionen

Neben den oben beschriebenen Sprachkonzepten von DYNAMO bietet es noch eine Reihe sinnvoller Funktionen an, die als **Makroinstruktionen** in die Sprache integriert sind. Mit Hilfe dieser Funktionen ist es z.B. möglich, beliebige Funktionsverläufe angenähert nachzubilden (Tabellenfunktion TABHL), Schalter einzubauen, welche die in den Programmiersprachen bekannte IF-THEN-ELSE-Funktion nachempfinden (CLIP- und SWITCH-Funktion), oder auch plötzliche Sprünge (z.B. die Erhöhung der Produktion) zu modellieren (STEP-Funktion) (vgl. [FORR72], [PUGH76]) [1].

3.2.3.8 DYNAMO-Programmspezifikationen

In diesem Kapitel soll nur auf die wichtigsten Funktionen eingegangen werden, die DYNAMO für die Ausgabe, die Spezifikation der Simulationsschrittweite und -dauer, sowie für die Programmdokumentation anbietet. Eine detailliertere Beschreibung der Möglichkeiten findet man bei Pugh III (vgl.[PUGH76], [RICH81]).

a) <u>Programmdokumentation</u>

Ein Dokumentationsprogramm kann dafür eingesetzt werden, die in den Gleichungen verwendeten Variablen und Konstanten, die meist in abgekürzter Form erscheinen, ausführlicher zu beschreiben. Diese Dokumentation geschieht direkt in Anschluß an die entsprechende Gleichung.

---

1) Siehe Anhang Tabelle der Makrofunktionen.

Die Gleichung (1.13) würde wie folgt dokumentiert:

```
LER.KL = DELAY3 (HBR.JK, DVL)                    (1.13, R)
```

LER - Lagereingangsrate
HBR - Händlerbestellrate
DVL - durchschnittliche Lieferverzögerung

Zusätzlich besteht die Möglichkeit, sich eine alphabetisch geordnete Liste der Variablen und Konstanten mit ihren Bedeutungen und einen Hinweis darauf, in welche Gleichung diese Größen auftreten, ausdrucken zu lassen.

b) Druckanweisungen

DYNAMO ermöglicht zwei Ausgabeformen mittels einfacher Anweisungen: Tabellen und Print-Plot-Abbildungen. Die Ausgabe von Tabellen erfolgt durch eine PRINT-Anweisung, die als Argumente die Liste der auszugebenden Variablen enthält. Beispiel (bezogen auf Gleichung (1.13)):

```
PRINT LER, HBR
```

Die Print-Plot-Darstellung erfolgt durch eine PLOT-Anweisung, die in einem Rasterdiagramm den zeitlichen Verlauf der berechneten Variablen ausdruckt (vgl. Beispiel Kap. 3.3.4).

Bezogen auf die Gleichung (1.3) kann man die folgende PLOT-Anweisung formulieren:

```
PLOT UEA =*/KAR=K/LAR=L
```

Im Ausdruck erscheint der Kurvenverlauf unter Angabe des in der Anweisung spezifizierten alphanumerischen Zeichens für jeden berechneten Zeitschritt.

DYNAMO wählt bei dieser Angabe das Ausgabeformat automatisch selbst. Es besteht darüber hinaus aber auch die Möglichkeit, dieses Ausgabeformat zu modifizieren (vgl. [PUGH76]).

c) Simulationsspezifikationen

In der Spezifikations-Anweisung ist die Angabe über die Simulationsschrittweite (DT), die Simulationsdauer (LENGTH) und die Zeitintervalle für die Druckausgabe Tabellen und Print-Plot:

SPEC DT = 1/LENGTH = 200/PRTPER = 5/PLTPER = 1

Die angegebene Spezifikationsanweisung besagt, daß die Simulationsschrittweite 1 Zeiteinheit und die Simulationsdauer 200 Zeiteinheiten sind; die Tabelle druckt die berechneten Ergebnisse aller 5 Zeiteinheiten aus, im Print-Plot-Ausdruck erscheint das Ergebnis für die spezifizierten Variablen für jeden Zeitschritt.

3.3 Beispiel Handelsbetriebs-Modell

Anhand des Handelsbetriebs-Modells (vgl. auch [ZWIC76]), das uns in Ausschnitten schon für Beispiele diente, wollen wir uns die einzelnen Transformationsschritte bei der Abbildung eines realen Systems in ein Computermodell veranschaulichen. Da wir natürlich das reale System nicht direkt vor uns haben, müssen wir uns auf eine verbale Beschreibung des Systems stützen. Anhand dieser Beschreibung wird in einem ersten Schritt der System Dynamics Wirkungsgraph erstellt, der die wesentlichen Systemgrößen mit ihren Einfluß-Beziehungen untereinander darstellt. Der nächste Schritt beinhaltet die Entwicklung des System Dynamics Strukturdiagrammes und im Anschluß daran dessen Abbildung in ein Gleichungssystem. Zum Schluß werden die Simulationsergebnisse des Modells aufgezeigt.

3.3.1 Systembeschreibung

Die Bestellungen von Kunden an den Händler (Kundenauftragsrate KAR) führen zu einem Bestand an unerledigten Aufträgen (UEA), der sich um die Menge vermindert, die vom Lager an den Kunden ausgeliefert wird (Lagerauslieferungsrate LAR). Hierbei wird die Auslieferungsmenge LAR so gewählt, daß sie dem Bestand an unerledigten Aufträgen proportional ist, der gewählte Proportionalitätsfaktor sei 1/PRF mit PRF = 1. Hierbei ist allerdings zu berücksichtigen, daß nicht mehr Güter vom Lager abgehen können, als tatsächlich im Lager vorhanden sind. Die Bestellungen des Händlers bei seinem Lieferanten (Händlerbestellrate HBR) bestimmen den Lagereingang (Lagereingangsrate LER) und führen zum Ist-Lagerbestand (ILB) des Händlers. Natürlich sind die Güter vom Lieferanten beim Händler nicht sofort verfügbar, sondern sie treffen mit einer durchschnittlichen Verzögerung (DVL = 2 Wochen) ein. Dieses Verhalten läßt sich mit einer Verzögerung dritter Ordnung modellieren.

Die Bestellungen des Händlers richten sich nach einer Entscheidungsregel: Der Händler geht von der Kundenauftragsrate (KAR) der Vorperiode aus und addiert zu dieser Rate einen Korrekturfaktor, der sich aus der gewichteten Differenz zwischen Soll- und Ist-Lagerbestand zusammensetzt. Der Gewichtungsfaktor sei 1/GWF (GWF = 5 Wochen). Dies bedeutet, daß der Händler, falls sein Ist-Lagerbestand unter dem Soll-Lagerbestand liegt, zu den Kundenaufträgen ein Fünftel der Differenz als Sicherheitsbestand zusätzlich bestellt.

Der Soll-Lagerbestand SLB bestimmt sich aus der prognostizierten Glättung der Kundenauftragsrate (EKAR) multipliziert mit einer Lagerkonstanten DBL (DBL = 8 Wochen). DBL kann empirisch wie folgt gedeutet werden: Im Falle, daß das System sich im Gleichgewicht befindet, d.h. alle Level unveränderlich und die Kundenauftragsrate konstant ist, dann wäre der gewünschte Soll-Lagerbestand DBL * EKAR. Die erwartete Kundenauftragsrate EKAR ergibt sich durch die exponentielle Glättung der Kundenauftragsrate mit einem Anpassungsfaktor DVK = 8 Wochen.

Das Systemverhalten soll untersucht werden, indem man von einem gleichgewichtigen System mit KARANF = 1000 Einheiten/Woche ausgeht. Ab der 5. Woche sollen ständig 100 Einheiten/Woche mehr Kundenaufträge (KARZUW) zugehen. Die Simulationsschrittweite wird mit DT = 0,25 angenommen.

3.3.2 Wirkungsgraph

Nach Studium der verbalen Beschreibung des Systems lassen sich die folgenden wesentlichen Systemgrößen herausarbeiten: (a) der Ist-Lagerbestand des Händlers, der (b) aus den Bestellungen des Händlers beim Lieferanten resultiert und (c) durch Verkäufe aus dem Lager (Lagerabgang) beeinflußt wird, (d) der Bestand an unerledigten Aufträgen, durch die (e) Kundenaufträge beeinflußt und (f) der Soll-Lagerbestand des Händlers, der durch die Kundenaufträge bestimmt wird und auf die Bestellungen des Händlers einwirkt. Damit ergibt sich der schon in Abb. 3.6 dargestellte Wirkungsgraph.

3.3.3 Strukturdiagramm

Abb. 3.25 zeigt das vollständige Strukturdiagramm des Handelsbetriebs-Modells. Anhand der verbalen Beschreibung und dem Wirkungsgraphen kann der Transformationsprozess leicht nachvollzogen werden.

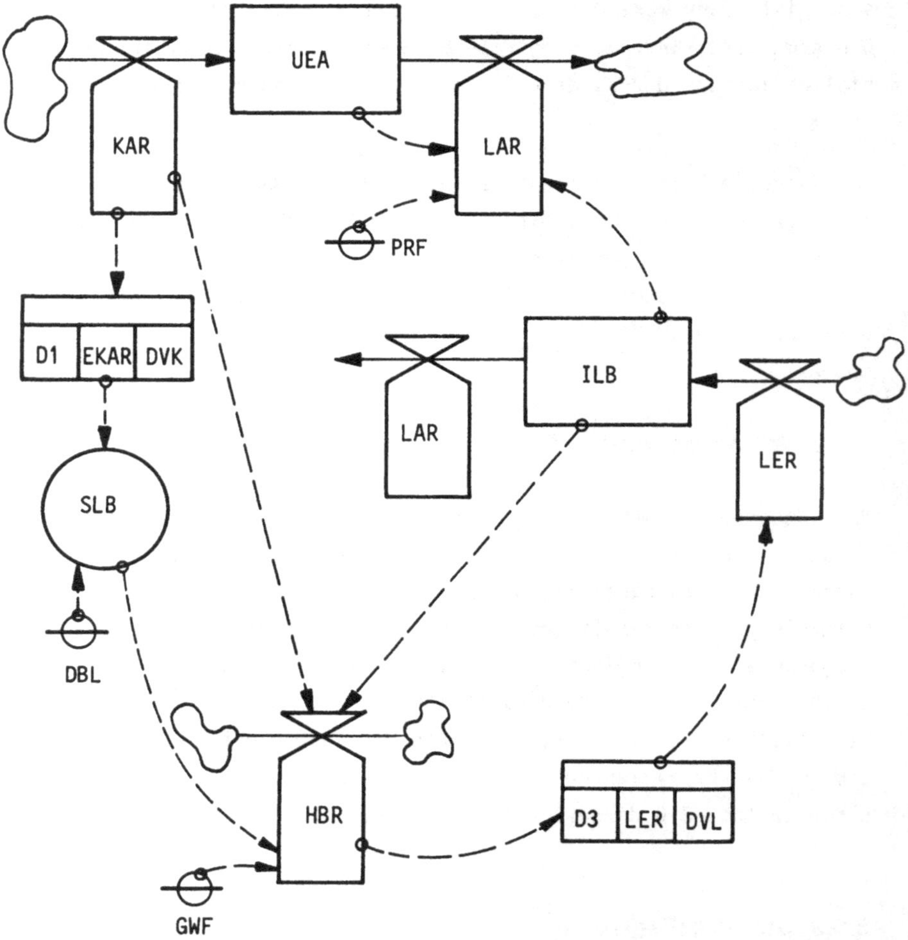

Abb. 3.25: Strukturdiagramm des Handelsbetrieb-Modells

3.3.4 Systemgleichungen

Abb. 3.26 enthält das aus dem Strukturdiagramm abgeleitete DYNAMO-Programm des Handelsbetriebsmodells.

```
*    MODELL EINES HANDELSBETRIEBES
NOTE
NOTE    UNERLEDIGTE AUFTRAEGE
NOTE
L    UEA.K=UEA.J+DT*(KAR.JK-LAR.JK)
N    UEA=KARANF
R    KAR.KL=KARANF+STEP(KARZUW,ERHZTP)
R    LAR.KL=MIN(UEA.K/PRF),ILB.K)
NOTE
NOTE    LAGERBESTAENDE
NOTE
L    ILB.K=ILB.J+DT*(LER.JK-LAR.JK)
N    ILB=ILBANF
R    LER.KL=DELAY3(HBR.JK,DVL)
R    HBR.KL=KAR.JK+(SLB.K-ILB.K)/GWF
A    SLB.K=DBL*EKAR.K
A    EKAR.K=SMOOTH(KAR.JK,DVK)
NOTE
NOTE    MODELL-PARAMETER
NOTE
C    DBL=8.0
C    GWF=5.0
C    PRF=1.0
C    DVK=8.0
C    DVL=2.0
C    ILBANF=8000.0
C    KARANF=1000.0
C    KARZUW=100.0
C    ERHZTP=5.0
NOTE
NOTE    SIMULATIONSSPEZIFIKATIONEN
NOTE
C    DT=0.25
C    LENGTH=40.0
C    PRTPER=1.0
C    PLTPER=1.0
C    SAVPER=1.0
PRINT   UEA,HBR,SLB,ILB
PLOT    UEA=U,HBR=H/SLB=S,ILB=I
RUN
```

Abb. 3.26: DYNAMO-Programm des Handelsbetriebsmodells

3.3.5 Simulationsergebnisse

Entsprechend der Ausgabespezifikation im Simulationsprogramm (PRINT, PRTPER = 1.0) und (PLOT, PLTPER = 1.0) sind die Simulationsergebnisse einmal der Druck-Tabelle in Abb. 3.27 und zum anderen der Print-Plot-Ausgabe in Abb. 3.28 zu entnehmen. In beiden Darstellungsarten ist das Verhalten des Systems bei einer plötzlichen Zunahme der Kundenaufträge zur 5. Woche (STEP)[1)] sehr schön zu sehen. Ungefähr ab der Woche 40 befindet sich das System in einem neuen Gleichgewichtszustand.

---

1) siehe Anhang Makrofunktionen

PAGE 1 MODELL EINES HANDELBETRIEBES

TIME	UEA	HBR	SLB	ILB
E-00	E-00	E-00	E-00	E-00
0.0	1000.0	1000.0	8000.0	8000.0
1.000	1000.0	1000.0	8000.0	8000.0
2.000	1000.0	1000.0	8000.0	8000.0
3.000	1000.0	1000.0	8000.0	8000.0
4.000	1000.0	1000.0	8000.0	8000.0
5.000	1000.0	1100.0	8000.0	8000.0
6.000	1068.4	1125.1	8095.4	7969.7
7.000	1090.0	1150.4	8179.4	7927.5
8.000	1096.8	1165.9	8253.4	7924.0
9.000	1099.0	1172.9	8318.6	7954.3
10.000	1099.7	1173.8	8376.0	8007.1
11.000	1099.9	1170.8	8426.6	8072.8
12.000	1100.0	1165.4	8471.1	8143.9
13.000	1100.0	1159.0	8510.3	8215.2
14.000	1100.0	1152.4	8544.9	8283.0
15.000	1100.0	1145.9	8575.3	8345.6
16.000	1100.0	1140.0	8602.1	8402.0
17.000	1100.0	1134.7	8625.7	8452.0
18.000	1100.0	1130.1	8646.5	8495.9
19.000	1100.0	1126.1	8664.8	8534.1
20.000	1100.0	1122.7	8680.9	8567.3
21.000	1100.0	1119.8	8695.1	8596.1
22.000	1100.0	1117.3	8707.6	8621.2
23.000	1100.0	1115.1	8718.6	8643.0
24.000	1100.0	1113.3	8728.3	8661.9
25.000	1100.0	1111.7	8736.9	8678.5
26.000	1100.0	1110.3	8744.4	8693.1
27.000	1100.0	1109.0	8751.0	8705.8
28.000	1100.0	1108.0	8756.9	8717.0
29.000	1100.0	1107.0	8762.0	8726.9
30.000	1100.0	1106.2	8766.5	8735.6
31.000	1100.0	1105.5	8770.5	8743.2
32.000	1100.0	1104.8	8774.0	8750.0
33.000	1100.0	1104.2	8777.1	8755.9
34.000	1100.0	1103.7	8779.8	8761.1
35.000	1100.0	1103.3	8782.2	8765.8
36.000	1100.0	1102.9	8784.4	8769.8
37.000	1100.0	1102.6	8786.2	8773.4
38.000	1100.0	1102.3	8787.9	8776.6
39.000	1100.0	1102.0	8789.3	8779.4
40.000	1100.0	1101.8	8790.6	8781.8

Abb. 3.27: Druck-Tabelle der Simulationsergebnisse

```
          PAGE    2  MODELL EINES HANDELBETRIEBES

UEA=U  HBR=H  SLB=S  ILB=I

 1.000T         1.050T         1.100T         1.150T         1.200T UH
 7.600T         7.900T         8.200T         8.500T         8.800T SI
 0.0U - - - - - - -.- - S - - - - . - - - - - - -.- - - - - - - . UH,SI
    U              .    S         .              .              . UH,SI
    U              .    S         .              .              . UH,SI
    U              .    S         .              .              . UH,SI
    U              .    S         .              .              . UH,SI
    U              .    S         H              .              . SI
    .              .  I  U   S    .       H      .              .
    .              .I          U S.              H              .
    .              .I            U.  S           .    H         .
    .              .  I           U     S        .      H       .
10.0. - - - - - - -.- - I - - - - U - - - -S- - -.- - - H - - - .
    .              .        I     U          S   .     H        .
    .              .           I  U             S.    H         .
    .              .              UI             .S H           .
    .              .              U   I          .HS            .
    .              .              U      I      H.   S          .
    .              .              U         I H  .    S         .
    .              .              U         H  I .     S        .
    .              .              U        H     I      S       .
    .              .              U       H      . I     S      .
20.0. - - - - - - -.- - - - - - - U - - -H- - - -.- I - - S - - .
    .              .              U     H        .    I    S    .
    .              .              U    H         .     I   S    .
    .              .              U    H         .      I   S   .
    .              .              U   H          .       I  S   .
    .              .              U  H           .        I  S  .
    .              .              U  H           .         I S  .
    .              .              U  H           .         I  S .
    .              .              U H            .          I S .
    .              .              U H            .          I S .
30.0. - - - - - - -.- - - - - - - U H - - - - - -.- - - - - -IS .
    .              .              U H            .           I S.
    .              .              UH             .           I S.
    .              .              UH             .            IS.
    .              .              UH             .            IS.
    .              .              UH             .            IS.
    .              .              UH             .            IS.
    .              .              UH             .             S. SI
    .              .              UH             .             S. SI
    .              .              UH             .             S. SI
40.0. - - - - - - -.- - - - - - - UH- - - - - - -.- - - - - - -IS
```

Abb. 3.28: Print-Plot-Ausgabe der Simulationsergebnisse

4 Unternehmensmodellierung und -simulation am Beispiel des Modells einer realen Firma (ACTIPLAN)

Nachdem in den beiden letzten Kapiteln in die Grundkonzeption der Unternehmensmodellierung und -simulation eingeführt wurde, soll jetzt ganz konkret am Beispiel einer realen Firma die Modellierung für den Topmanagementbereich und dessen Simulation mit Ergebnissen in Form von Bilanzen sowie Gewinn- und Verlustrechnungen (G & V) durchgeführt werden. Die Implementierungssprache des Gesamtunternehmensmodells ACTIPLAN ist DYNAMO.

4.1 Die Unternehmensdaten der Firma

Die konkreten Gleichungen wurden anhand der Gegebenheiten eines Zweigwerkes eines mittelständischen Unternehmens im süddeutschen Raum aufgestellt. Die Daten wurden im Rahmen des Aufbaus eines Informationssystemes erfaßt. Dort werden Sanitärprodukte in Kleinserienfertigung hergestellt. Das Werk arbeitet vollkommen selbständig und schließt mit einer eigenen Bilanz ab.

Es wird in der Firma ein Sortiment von ca. 30 Einzelprodukten hergestellt. Sie lassen sich zu 5 Produktgruppen zusammenfassen. Für die erste Modellierung aus Topmanagementsicht reicht es aus, diese mit einem Durchschnittswert zu führen und zunächst von einem Einzelproduktunternehmen auszugehen. Erst in der disaggregierten Planung im Middlemanagement wird dann auf die Produktgruppen übergegangen. Die Summe der Produktgruppenumsätze führt aber wieder zum Gesamtumsatz.

In Abb. 4.1 sind die wichtigen Ausgangsgrößen, die gleichzeitig die Firma charakterisieren, aufgelistet.

Jahresumsatz	33.000.000 DM
Personalstand	
Arbeiter außer Produktion (z.B. Lager)	48 Mann
Zahl der Arbeiter in Produktion	100 Mann
Leitende Angestellte	20 Mann
Angestellte	77 Mann
Wissenschaftler	20 Mann
Vertreter (Vertrieb)	75 Mann
	340 Mann
Produktionsziffern	
mit der vorhandenen Kapazität	4.000 Stück/Woche
Wert der Sachanlage in der Produktion	5.244.000 DM
Wochenumsatz pro Vertreter	13.000 DM
Verkaufspreis/Stück	200 DM
Materialkosten/Stück	40 DM
Bewertung Fertiglager/Stück	160 DM

Abb. 4.1: Die Unternehmensdaten als Ausgangsgrößen

Da es für das Verständnis der Modellzusammenhänge wichtig ist, die Relation der Sachanlagen in den einzelnen Funktionsbereichen zu betrachten, werden auch diese sowohl in DM bewertet als auch in ihren relativen Anteilen angegeben. Dabei sind stille Reserven unberücksichtigt geblieben (vgl. Abb. 4.3).

Die Eröffnungsbilanz (vgl. Abb. 4.2) zeigt die übrigen Ausgangswerte für den Simulationslauf, vor allem im Finanzbereich.

EROEFFNUNGSBILANZ

AKTIVA		
I.ANLAGEVERMOEGEN		
SACHANLAGEN		
GRUNDSTUECKE U. GEBAEUDE	6000000.	
MASCH.U.GESCH.AUSST.	2300000.	
ANL. IM BAU	900000.	
	9200000.	
FINANZANLAGEN	1300000.	10500000.
II.UMLAUFVERMOEGEN		
VORRAETE		
STOFFE	640000.	
ERZEUGNISSE	2560000.	
	3200000.	
AND.GEGENST. D. UV.		
FORDERUNGEN	6300000.	
ZAHLUNGSMITTEL	800000.	
	7100000.	10300000.
III.RECHNUNGSABGRENZUNG		0.
BILANZSUMME		20800000.

PASSIVA		
I.GRUNDKAPITAL		3000000.
II.OFF.RUECKLAGEN		2000000.
III.RUECKSTELLUNGEN		1000000.
IV.WERTBERICHTIGUNG		1000000.
V.LANGFR. VERBINDLK.		6000000.
VI.ANDERE VERBINDLK.		
LIEFERANTEN	4000000.	
KURZ- BIS MITTELFRISTIGE	3000000.	7000000.
VII.RECHNUNGSABGRENZUNG		800000.
VIII.BILANZGEWINN		0.
BILANZSUMME		20800000.

Abb. 4.2: Eröffnungsbilanz - Anfangswerte der Simulation

Für die Funktionsbereiche werden die Annahmen aus Abb. 4.3 über die Aufteilung der Sachanlagen zugrundegelegt:

	Grundstücke- und Gebäude-Anteile in %	Maschinen-Anteile in %	Sachanlagen in %	in TDM
Vertrieb	0.10 VGT	0.01 VMT	0.11	1.012
Produktion	0.36 PGT	0.21 PMT	0.57	5.244
Verwaltung Sonstiges	0.29 VWGT	0.03 VWMT	0.32	2.944
Gesamtanteil	0.75	0.25	1.00	
Gesamt	6.900	2.300		9.200

Abb. 4.3: Aufteilung der Sachanlagen im Modell (Anteile in %, absolute Werte in 1000 DM)

Hierbei gilt die Beziehung:

(VGT + PGT + VWGT) + (VMT + PMT + VWMT) = 1.0

Bei dem vorliegenden Aggregationsgrad wurde darauf verzichtet, für Maschinen sowie Grundstücke und Gebäude je einen getrennten Level vorzusehen und getrennte Entscheidungsregeln für die Zuführung (Investition) und den Abfluß (Verschleiß) aufzustellen, da dies für die Untersuchung keine Rolle spielt und das Modell nur unnötig aufblähen würde. Daher wurden obige geschätzte Anteilfaktoren benutzt, die während der Simulation konstant gehalten wurden.

Die Produkte werden in einem Fertiglager in der Nähe des Zweigwerkes verpackt und endgelagert. Von dort stehen sie zum Versand bereit.

Abnehmer sind Großhändler aus der Sanitärbranche und Kaufhäuser. Diese werden von Vertretern besucht, die ihre Ware aufgrund von Prospekten und Demonstrationsmaterial anbieten. Auf Messen und Ausstellungen wird versucht, Neukunden zu werben. Die Kunden erwarten sofortige Lieferbereitschaft.

Mehr noch als der Preis sind Lieferverzögerungen eine Ursache dafür, daß die Kunden zur relativ starken Konkurrenz abwandern. Daher ging die Firma zu einer Strategie der Teillieferungen über, um in Engpaßfällen wenigstens die Kunden zum Teil zufriedenstellen zu können. Das führt jedoch nach Aussagen aller Beteiligten zu erheblichen Kostenbelastungen durch doppelte Verpackung, doppelte Rechnungsschreibung und Lieferüberwachung.

4.2 Das Topmanagement-Modell

Das Topmanagementmodell besteht in seinem Kern aus Gleichungen, die das Verhalten sowie die logisch analytischen Zusammenhänge im Ist-Ablauf des Unternehmensgeschehens abbilden. Die in den Gleichungen erscheinenden Größen lassen sich in folgende Kategorien einteilen:

1) <u>Gespeicherte Vergangenheitsdaten</u>, die als Ausgangswerte dienen. Hierbei handelt es sich z.B. um die Bilanzdaten des Vorjahres. Da die Positionen des betrachteten Jahres gleichzeitig im nächsten Jahr die gespeicherten Positionen des vergangenen Jahres sein werden, kann das Modell mehrere Perioden im voraus berechnen.

2) Von außen zugeführte bzw. vom System selbst fortgeschriebene Parameter, wie z.B. die Faktoren, die angeben, mit welcher durchschnittlichen Verzögerung die Kunden ihre Rechnung bezahlen.

3) Vom System selbst aufgrund der Gleichungen berechnete Größen, wie z.B. der laufende Auftragsbestand.

4) Stets neu einzugebende Daten stellen die Parameter dar, die während der Arbeit mit dem Modell verändert werden, z.B. Investitionen, aber auch Zinssätze, Kosten des Rohmaterials und Lohnkosten.

Plangrößen in Form von Planbudgets sowie weitere Planungen, die auf einem Zielsystem basieren, sind die Eckdaten des Modells. Sie dienen als Kontrollgrößen, mit denen die Istdaten verglichen werden. Aufgrund der Abweichungen werden Maßnahmen getroffen. So kann die laufende Unternehmenspolitik mit ihren vielfältigen Rückwirkungen nachvollzogen werden.

Die oben beschriebenen Elemente entsprechen genau den Größen der System Dynamics Methode. Um ein derart komplexes System, wie es sich bei der Modellierung ergibt, noch durchschaubar zu gestalten, werden weitere problemorientierte Unterscheidungen getroffen.

Exakte Zusammenhänge werden durch einfache Definitionsgleichungen wiedergegeben (z.B. UMSATZ = (AUFTRAGSEINGANG - TEILLIEFERUNG) * PREIS).

Das Verhalten der am Entscheidungsprozeß im Unternehmen beteiligten Personen wird durch sogenannte Entscheidungsregeln beschrieben (z.B. AUSLIEFERUNGSKÜRZUNGEN = FUNKTION VOM LAGERBESTAND UND VOM LAGERMINDESTBESTAND).

Dagegen werden alle Reaktionen nicht unmittelbar beeinflußbarer Systemteile, wie z.B. des Marktes, durch sog. Hypothesen abgebildet. Hypothesen sind vereinfachte, meist zweidimensionale Funktionszusammenhänge, die auch im geistigen Modell der Benutzer zu finden sind (z.B. Reaktion der Kunden auf Teillieferungen). Sie sind ein wichtiges Verbindungselement zwischen den Systemteilen. Ihre explizite Erfassung und Kennzeichnung gibt dem Benutzer zusammen mit Modellhandling-Methoden die Möglichkeit, seine eigenen Vorstellungen auf das System zu übertragen und nicht diejenigen eines Systemspezialisten akzeptieren zu müssen. Die Zusammenhänge, die auch Verhaltensgleichungen genannt werden, können durch Tabellenfunktionen dargestellt werden.

Sowohl Entscheidungsregeln als auch Hypothesen können vom Benutzer direkt beeinflußt werden, ohne daß sich dadurch die Struktur des Modells ändert. Sie arbeiten wie einfache Parameter. Die explizite Kennzeichnung im Modell, die leichte Änderbarkeit ist eine wichtige Erweiterung des Konzeptes von Forrester bzw. des Unternehmensmodells von Zahn. Dadurch werden wesentliche Forderungen der Benutzerorientierung wie Flexibilität und Transparenz erfüllt.

Die Kennzeichnung von Aktionen als mögliche Handlungsalternativen (wie z.B. Aufnahme eines Kredites oder Einstellung zusätzlicher Arbeiter am Fließband) bietet sich zwar zur logischen Gliederung an, sie stellt sich jedoch bei der praktischen Programmierung als schwierig heraus, da Entscheidungsregel und Aktion (z.B. Entscheidungsregel über die Höhe des Kredits und Kreditaufnahmen) sich nur schwer trennen lassen. Eine weitere Vereinfachung ergibt sich daraus, daß Submodelle als Moduln im System verwendet werden. Dazu wird z.B. die Entscheidung darüber, welche Losgröße in der Produktion verwendet wird, durch das "Submodell der optimalen Losgröße" geliefert. Ebenso kann jedoch ein fixer Wert angenommen werden. Beide Entscheidungsregeln, fixer Wert und Submodell, verändern die Struktur des Modelles nicht.

Die Verwendung des Modells im Sinne einer raschen Entscheidungshilfe, z.B. während einer laufenden Konferenz, macht die Kopplung des Modells mit der Datenbank notwendig. Alle Anfangswerte werden also dem aktuellen Datenbestand entnommen und sind nicht Teil des Modells.

Während die bisher beschriebenen Erweiterungen gegenüber den bekannten System Dynamics Modellen der Benutzerorientierung dienen, macht die realitätsnahe Abbildung der Finanzvorgänge eine Erweiterung des kontinuierlichen Konzeptes um diskrete Vorgänge notwendig. Treten nämlich zu bestimmten Zeitpunkten Einzelereignisse (diskrete Ereignisse) wie z.B. Auszahlung von Lohn am Monatsende auf, so versagt die übliche Integration der Werte über Δ t. Solche Ereignisse können aber trotzdem simuliert werden. Wenn z.B. der diskrete Zufluß zur Kasse von 100,-- DM zu einem bestimmten Zeitpunkt erfolgt, wird das durch einfache Addition ohne Multiplikation von Δ t berücksichtigt. Das ergibt sich aus der einfachen Überlegung, daß der Kassenbestand nach dem diskreten Ereignis um 100,-- DM höher sein muß.

Dieser sehr einfache Gedankengang der Einbeziehung diskreter Ereignisse in die kontinuierliche Simulation zeigt deutlich, inwieweit die beschriebene Methode über Forresters Denkweise hinausgeht. Während System Dynamics sich lediglich auf grobe, qualitative Systemzusammenhänge bezieht, werden hier exakte, quantitative Berechnungen durchgeführt, die unter Berücksichtigung aller Planungsungenauigkeiten zu einer konkreten Unternehmensplanung führen.

Veränderungen bzw. Erweiterungen werden auch bei der Darstellungsweise des Modells notwendig. Die Informationsbeziehungen, die noch bei Zahn (vgl. [ZAHN70]) zu finden sind, werden zu unübersichtlich, wollte man sie auf das vorgeschlagene Modell anwenden.

Unter Verzicht auf Hilfsgleichungen, die leicht aus der Dokumentation zu entnehmen sind, werden nur noch sogenannte Kernelemente aus Zuflußrate, Level und Abflußrate gebildet, evtl. erweitert durch ein Verzögerungsglied. Die Verknüpfung zwischen den Kernelementen, die über Informationen geschieht, wird durch Konnektoren dargestellt. Sie sind nach der Raten- oder Levelgleichung bezeichnet, in der die Variable berechnet wird (vgl. auch Kap. 3).

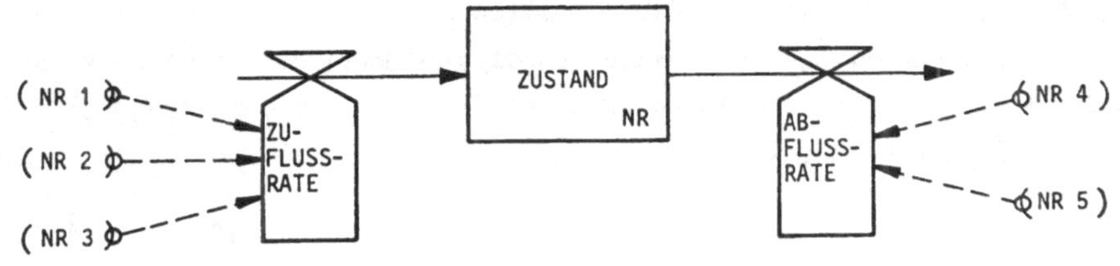

Abb. 4.4: Kernelement zur Beschreibung eines Modells

Trotz einer Fülle von Zuständen lassen sich so noch Zusammenhänge erkennen, übersichtlich darstellen und die Beziehung zum dokumentierten Programm herstellen. Softwaretechnische Hilfen können zur Dokumentation herangezogen werden. Sie stellen automatisch die Verbindung zwischen Gleichungsnummern und Kernelementen her. Weitere Analysemethoden finden Rückkopplungen aus dem Modell heraus und stellen sie übersichtlich zusammen. Nur auf diese Weise ist es möglich, ein so komplexes Modell zu handhaben.

4.2.1 Das Ist-Modell (Realisationsmodell)

Bei der Nachbildung des realen Betriebes im Ist-Zustand kommt es darauf an, die dynamischen Vorgänge, wie sie bei der Durchführung der einzelnen betrieblichen Aufgaben ablaufen, zu erfassen. Eine geeignete Methode zur benutzerorientierten Beschreibung des Geschehens stellt die in Kap. 3 beschriebene Methode System Dynamics dar. Dabei ist es von Vorteil, daß alle Vorgänge in einer dem Benutzer des Systems verständlichen Weise beschrieben werden können. So können z.B. Modellierungsfehler sehr viel leichter aufgedeckt werden, wenn die rein problemorientierte Denkweise beibehalten wird. Die Simulation dieses Modells gibt das Verhalten des realen Systems als gekoppeltes, nichtlineares Rückkopplungssystem wieder. Auf diese Weise können auch komplexe Zusammenhänge erfaßt und Ursache-Wirkungsbeziehungen abgebildet werden.

Die Betrachtung der Zusammenhänge läßt sich nochmals auf einem tieferen Strukturiertheitsniveau graphisch darstellen. Dabei ist es sinnvoll, das Gesamtmodell, ausgehend von den prinzipiellen Überlegungen von Kapitel 2 über das Kernmodell, in drei verschiedene Teile zu gliedern:

- Gütermodell
- Finanzmodell
- Funktionsbereichsmodell.

Der physisch orientierte Leistungserstellungsbereich sowie der Bereich der Leistungsverwertung, hier kurz Gütermodell bzw. Güterkreislauf genannt, läßt sich am besten durch Pfeile darstellen, die den physischen Fluß, zumindest jedoch eine Beeinflussungsrichtung, andeuten.

Der Finanzbereich hat weitgehend den Charakter des physischen Transports von "Elementen" verloren. Hier stößt auch die Anschauung Forresters, der jedem Fluß die Bezeichnung Geld, Personal usw. zuordnen möchte (vgl. [FORR68]), an seine Grenze. Der konkrete Geldfluß, wie er etwa noch bei Zahn (vgl. [ZAHN70]) durch Einnahmen und Ausgaben repräsentiert ist, kann durch ein abstrakteres Beziehungsschema abgelöst werden. Dem geistigen Modell kommt hierbei das allgemein anerkannte, durch das Aktiengesetz teilweise vorgeschriebene Schema der Bilanzstruktur am nächsten. Faßt man z.B. Forderungen als abstrakten Level auf, der durch Zugänge und Abgänge verändert werden kann und bildet von jeder Bilanzposition einen Level, so erhält man ein abgeschlossenes Finanzmodell, das der betriebswirtschaftlichen Denkweise gut angepaßt ist. Dabei ist zu beachten, daß die eigentliche Bilanz nur ein "Schnappschuß" zu einem Stichtag am Ende eines Geschäftsjahres ist, das dynamische Geschehen jedoch ebenso über das ganze Jahr anhand dieser Struktur verfolgt wird. Für diese Auffassung spricht auch, daß die Firmen immer mehr dazu übergehen, ihr Unternehmen anhand von Vierteljahres- bzw. Monatsbilanzen zu steuern.

Die Verbindung zwischen beiden Modellteilen stellt das Funktionsbereichsmodell dar, das die physisch orientierten Funktionsbereiche wie z.B. Vertrieb, Verwaltung, Produktion über ein Budget einerseits und andererseits über die Aufwendungen mit dem Finanzbereich verbindet. Der Zusammenhang, der sich am besten in einer Matrix darstellen läßt, entspricht etwa der Zurechnungsfunktion eines Betriebsabrechnungsbogens. Allerdings ist dieser auf einem niedereren Aggregationsniveau angesiedelt. Die echte Verbindung dieser beiden Bereiche geschieht über das Rechnungswesen, das jedoch dem Middlemanagement zugeordnet werden muß (vgl. Abb. 4.7 und 4.8).

4.2.1.1 Gütermodell

Ausgehend vom Markt-Potential des Unternehmens (vgl. Abb. 4.5), das zu einem bestimmten Teil ausgeschöpft werden kann, wird die Absatzmenge, d.h. der erwartete Auftragseingang geplant. Je nach Kundenverhalten führen nun mehr oder weniger Aufträge zum Auftragsbestand. Da der Betrieb normalerweise sofort lieferbereit sein muß, werden die Güter nach Vergleich von Auftragsbestand mit dem Fertiglager sofort über den Versand ausgeliefert. Bei Unterschreiten eines Lagermindestbestandes werden nach einer bestimmten Entscheidungsregel nur noch Teillieferungen zusammengestellt, d.h. die Kunden erhalten statt der bestellten Anzahl Waren nur noch einen bestimmten Teil, der Rest wird später nachgeliefert. Diese Teillieferungen belasten jedoch das Vertriebsbudget wegen des doppelten Aufwandes an Verpackung, Rechnungsschreibung usw. erheblich. Außerdem wirken sich Teillieferungen nachteilig auf das Kundenverhalten aus. Wird ein Ansteigen der Teillieferung bemerkt, so versucht die Produktion kurzfristig, durch Überstunden die Arbeitsintensität (workforce) zu steigern, langfristig durch Erhöhung der Kapazität die Produktion zu erweitern. Auf beide Maßnahmen hat der Vertrieb einen bestimmten Einfluß. Er muß jedoch auch aus dem Vertriebsbudget die Kosten decken.

Abhängig von einem zu hohen Lagerbestand wird versucht, über zusätzliche Marktanstrengungen auf das Kundenverhalten Einfluß zu nehmen. Auch diese Maßnahmen belasten das Vertriebsbudget, das andererseits durch den Controller nach einem bestimmten Prozentsatz (Entscheidungsregel) vom erwarteten Auftragseingang bemessen ist. Je nach aktueller Auftragslage werden dem Vertrieb zusätzliche Mittel zur Verfügung gestellt.

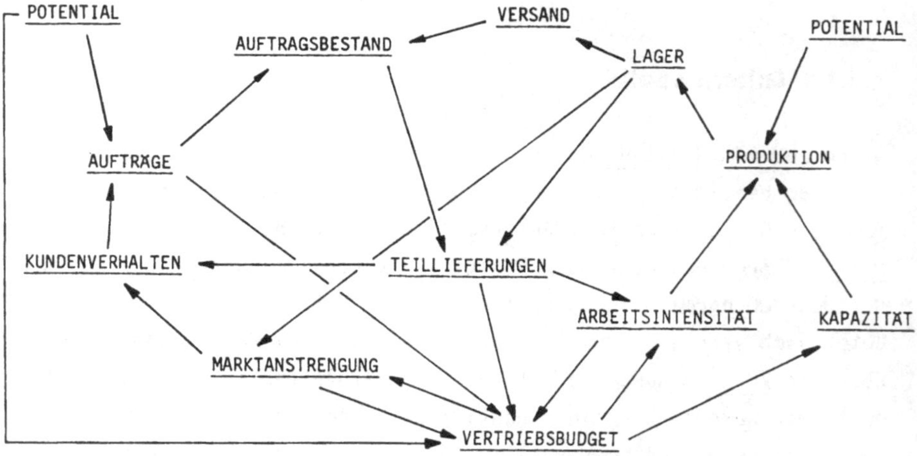

Abb. 4.5: Verknüpfungsdiagramm Güterkreislauf (Wirkungsgraph)

Diese verbale Beschreibung, die in Abb. 4.5 graphisch dargestellt ist, gibt das wirkliche Verhalten des Systems, wie es in der Praxis vorgefunden wird, wieder. Jede Maßnahme kann mit den Verantwortlichen der Firma diskutiert werden. Da das Geschehen deren eigene Vorstellungswelt wiedergibt, können auch die eigenen Vorstellungen über die Kundenreaktion sowie die vorhandenen "Daumenregeln", nach denen vorgegangen wird, in das System aufgenommen werden. Die Graphik zeigt deutlich die Rückkopplungen, die in dem System vorhanden sind (geschlossene Pfeilkreise an mehreren Stellen in Abb. 4.5).

Da alle Größen vom selben Aggregationsgrad sein sollen, mußten an dieser Stelle auch solche aggregierten Größen wie Marktanstrengung (in DM) verwendet werden, die zunächst nicht dem Anspruch genügen, in der Praxis verwendet zu werden. Da im anschließenden Marketingmodell diese Größe jedoch wieder in bekannte quantifizierbare Einzelgrößen, wie z.B. Werbung, Vertreterprovision, Service aufgelöst wird, genügt der Schritt ebenfalls den geforderten Ansprüchen. Gerade dieses Vorgehen, das bei der Aufstellung des Finanzmodells noch deutlicher wird, unterscheidet das vorliegende Modell von den bisher bekannten System Dynamics Modellen.

Diese äußerst problem- und benutzerorientierte Darstellung kann ebenso problemorientiert mit einer Simulationssprache beschrieben werden. Mit wenigen Randbedingungen läßt sich das Gütermodell auch getrennt vom übrigen Gesamtmodell untersuchen. Da die Zusammenhänge gerade noch überschaubar sind, wird dieses Teilmodell vor allem zur Untersuchung simulationsmethodischer Aspekte herangezogen, um so den Vergleich zwischen Maschinenergebnissen und Anschauung herstellen zu können.

4.2.1.2 Finanzmodell

Vor allem im deutschsprachigen Raum hat sich das Denken in Größen des Rechnungswesens, für das auch eine systematische Strukturierung durch die Betriebswirtschaftslehre erarbeitet wurde, weitgehend durchgesetzt. Dabei werden alle Zu- und Abgänge einer Periode laufend nach dem Prinzip der doppelten Buchhaltung erfaßt und es entsteht so eine laufende Bewegungsrechnung. Viele der schwer quantifizierbaren Größen eines Unternehmens werden hier durch monetäre Bewertung (handelsbilanztechnische Bewertung, steuerliche Bewertung) und zeitliche Abgrenzung in Geldbeträgen ausgedrückt und so rechentechnisch zugänglich. Alle Ressourcen und Verpflichtungen werden auf die Geldebene transformiert und damit vergleichbar gemacht. Für den Modellkonstrukteur bedeutet dies, daß er nicht betriebsfremde Quantifizierungen vornehmen muß, sondern bereits aus anderen Gründen anerkannte Werte und Kenngrößen vorfindet. Allerdings gibt es in der Betriebswirtschaftslehre unterschiedliche Auffassungen über

- o Bewertung der Wirtschaftsgüter
- o Erfolgsermittlung und
- o Vermögensermittlung.

In Löffelholz (vgl. [LÖFF80]) findet sich eine kurze Übersicht über die verschiedenen Bilanztheorien.

Das Aktiengesetz verzichtet auf eine eindeutige Stellungnahme über die Aufgaben der Bilanz und gibt lediglich ein Mindestgliederungsschema an. In den einzelnen Posten lassen sich jedoch die Elemente der finanzwirtschaftlichen Bilanzauffassung als Weiterentwicklung der dynamischen und pagatorischen Bilanztheorie erkennen. Daher wird dem Finanzmodell ein etwas vereinfachtes Gliederungsschema zugrunde gelegt, das sich nach den Vorschriften des Aktiengesetztes richtet. Es entspricht am besten den Gegebenheiten der Praxis.

Durch die Doppik (doppelte Buchhaltung) kommt es zu den in Abb. 4.6 dargestellten Bilanzbewegungen, die sich in neun prinzipielle Vorgänge einteilen lassen. Werden diese bei der Aufstellung des Modells konsequent berücksichtigt, muß in jedem Augenblick die Bilanzsumme auf der Aktivseite gleich derjenigen der Passivseite sein. Dieser Umstand kann zur zusätzlichen Kontrolle der Modellierung herangezogen werden.

In Abb. 4.6 sind die wesentlichen Bilanz- und Gewinn- und Verlust-Konten zu den Blöcken I bis VIII zusammengefaßt. Bei den 9 prinzipiellen Bilanzbewegungen handelt es sich im einzelnen um

1) Zugang zum Anlagevermögen (I) aufgrund vorhandenen Umlaufvermögens (II), z.B. durch Barzahlung von Maschinen aus der Kasse.

2) Das Anlagevermögen (I) wird reduziert zugunsten des Umlaufvermögens (II), wie z.B. durch Verkauf von Grundstücken. Der Erlös vermehrt bei Barverkauf den Kassenbestand. Falls nicht bar verkauft wird, erhöht sich der Forderungsbestand und damit das Umlaufvermögen (II) ebenfalls.

3) Werden Grundstücke oder Maschinen (I) abgeschrieben, so wirkt sich das gewinnmindernd aus. Auf der anderen Seite erhöht sich das Abschreibungskonto im Aufwandsblock der G & V (VI).

4) Eigenkapital (III) kann z.B. dadurch vermindert werden, daß aus dem Umlaufvermögen (II) etwas ausbezahlt wird,oder es wird dazu verwendet, Verluste (V) auszugleichen.

5) Gewährt eine Bank ein Darlehen, so steigt auf der einen Seite das Umlaufvermögen (II) durch erhöhtes Bargeld in der Kasse, auf der anderen Seite nimmt das Fremdkapital (IV) zu. Derselbe Effekt wird erreicht, wenn eine Maschine auf Kredit gekauft wird. Hierbei fallen dann allerdings gleichzeitig höhere Zinsen an, die sich wiederum im Aufwand niederschlagen.

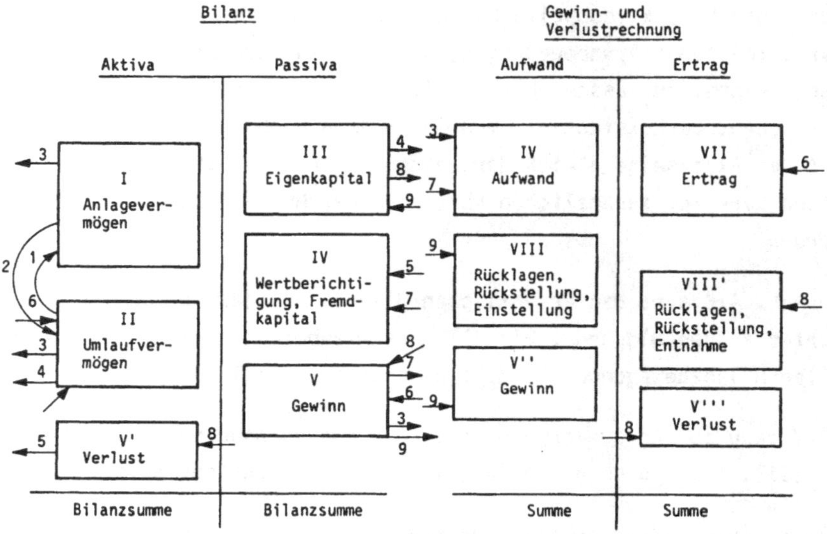

Bilanzbewegungen nach dem Prinzip der Doppik	Beispiel
1 I+, II-	Barzahlung von Maschinen aus der Kasse
2 I-, II+	Barverkauf von Grundstücken
3 I- oder II-, V-, VI+	Abschreibungen
4 II-, III-	Entnahme von Eigenkapital
5 II+, IV+	Darlehen einer Bank
6 II+, V+, VII+	Umsatzeinnahmen
7 IV+, V-, VI+	indirekte Abschreibung von Forderungen (Wertberichtigung)
8 III-, VIII'+, V+	Entnahme aus Rücklagen bzw. Bildung von Rückstellungen
9 III+, VIII+, V-	Einstellungen von Rücklagen bzw. Auflösungen

Abb. 4.6: Schematische Darstellung der Bilanzbewegungen nach dem Prinzip der Doppik

6) Der eigentliche Betriebszweck sind die Erträge (VII). Sie schlagen sich zunächst in einem höheren Forderungsbestand bei Rechnungsstellung nieder (II) und erhöhen gleichzeitig den Gewinn (V). Daß später die Forderungen im Kassenbestand umgewandelt werden, verändert den Block Umlaufvermögen (II) nicht.

7) Wird ein Teil der Forderungen, der zunächst jedoch unbekannt ist, für nicht eintreibbar oder riskant erklärt, so erhöht sich der Bestand an Wertberichtigungen (IV). Dieser Vorgang wirkt gewinnmindernd (V). Die indirekten Abschreibungen werden zugleich als Aufwand (VI) gebucht.

8) Da auch die Rücklagen zum Eigenkapital (III) gehören, wirken deren Auflösung bzw. Entnahme eigenkapitalmindernd. Es könnte dadurch ein allerdings außerordentlicher, betriebsneutraler Ertrag (VIII) bzw. Gewinn (V) entstehen.

9) Der umgekehrte Vorgang des Einstellens der Überschüsse in die Rücklagen (VIII) wirkt gewinnmindernd (V) und erhöt das Eigenkapital (III).

Obwohl also Bilanz und G & V Stichpunktergebnisse sind, lassen sich beide als kontinuierliche Systemkomponenten auffassen, bei denen die Zu- und Abflüsse zu jedem Zeitpunkt beobachtet und berechnet werden können. Die Vorgänge stellen ein geschlossenes System dar und eignen sich zusammen mit typischen Verhaltensregeln hervorragend, die Vorgänge in der Realität der Unternehmung nachzuvollziehen.

4.2.1.3 Funktionsbereichsmodell

Wie eng Gütermodell und Finanzmodell miteinander verzahnt sind, ergibt sich aus der Abbildung 4.7a. In der Funktionsbereichsmatrix wird einerseits der Güterkreislauf geld- und aufwandmäßig nach Funktionsbereichen getrennt überwacht. Im Controllerbereich werden die Funktionsbudgets nach bestimmten Gesichtspunkten anhand des bisherigen Umsatzes verteilt. Die laufenden Kosten der einzelnen Funktionsbereiche werden ebenfalls vom Controller überwacht und nach Abstimmung mit den laufenden Umsätzen evtl. korrigiert.

Andererseits teilt der Finanzbereich die Aufwendungen nach sachlichen Gesichtspunkten in Material, Personalaufwendungen und Abschreibungen usw. auf und berechnet daraus nach Vergleich mit den Umsätzen in der Gewinn- und Verlustrechnung den Überschuß.

Eine Verteuerung der Rohmaterialkosten bei der Produktion oder Erhöhungen der Personalkosten im Vertrieb wirken also auf beide Kreisläufe ein. Die Steigerung der Personalkosten kann z.B. im Gütermodell bewirken, daß der Vertriebsleiter nicht mehr genug Werbung (Marktanstrengung) machen kann, da sein Budget sonst nicht ausreichen würde. Andererseits erhöhen sich im Finanzmodell die gesamten Aufwendungen und vermindern in der Gewinn- und Verlustrechnung den Jahresüberschuß. Daß weitere Rückwirkungen über den Umsatz auf den Gewinn stattfinden, zeigt, wie komplex und vermascht das Gesamtsystem ist.

Dieselbe Verzahnung wie bei den Aufwendungen finden wir auch für die Vermögenswerte. Diesmal geschieht die Abstimmung im Finanzbereich über die Bilanz, während der Controller über sinnvolle Investitionen zu entscheiden hat (siehe Abb. 4.7b).

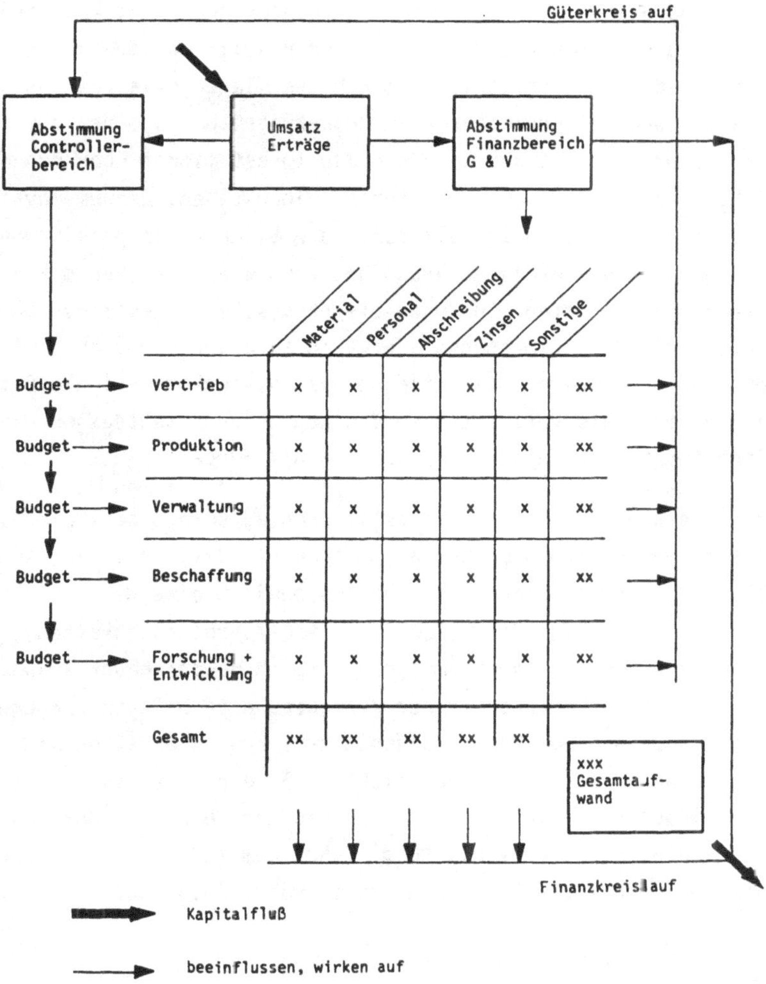

Abb. 4.7a: Verzahnung von Gütermodell und Finanzmodell im Funktionsbereichsmodell (Aufwand)

Allerdings sind Investitionsentscheidungen sehr viel komplexer als die für das laufende Budget. Sie werden aufgrund eines langfristigen Bedarfs, der Liquiditätslage, der Ertragslage sowie des Umsatzes getätigt. Investitionen führen im Güterkreislauf zu einer physischen Vermehrung des Bestandes, sofern die Investitionen über den natürlichen Verschleiß (Reinvestitionen) hinausgehen. Diesem physischen Bestand, dem im Gesamtmodell durch die Bildung von physischen Anlagen- und Gebäudelevels Rechnung getragen wurde, stehen die entsprechenden Bilanzposten, in denen die physischen Gegenstände bewertet sind, gegenüber. Sie stehen jedoch in so enger Verbindung miteinander, daß z.B. bei der Nachbildung des physischen Verschleißes auf eine eigene Rate verzichtet werden konnte und stattdessen die rein finanztechnischen Abschreibungen gewählt wurden.

Im Finanzkreislauf führen Investitionen zu sofortigen Geldausgaben, also zu einer Verminderung des Kassenbestandes, somit zu einer Erhöhung der Verbindlichkeiten. Beides bewirkt eine Herabsetzung der Liquidität (Liquidität = flüssige Mittel/Verbindlichkeiten). Sie wirken sich jedoch sonst im Finanzbereich gewinn-neutral aus, da sie lediglich eine Verlagerung der Vermögenswerte bringen. Dagegen bestehen nach wie vor Rückkopplungen zwischen Investition und Ertragslage. Eine erhöhte Umsatzkapazität (z.B. durch Beseitigung eines betrieblichen Kapazitätsengpasses je nachdem in der Produktion, im Vertrieb oder in der Verwaltung) führt nämlich zu einer erhöhten Einnahmemöglichkeit, falls der Markt aufnahmefähig ist.

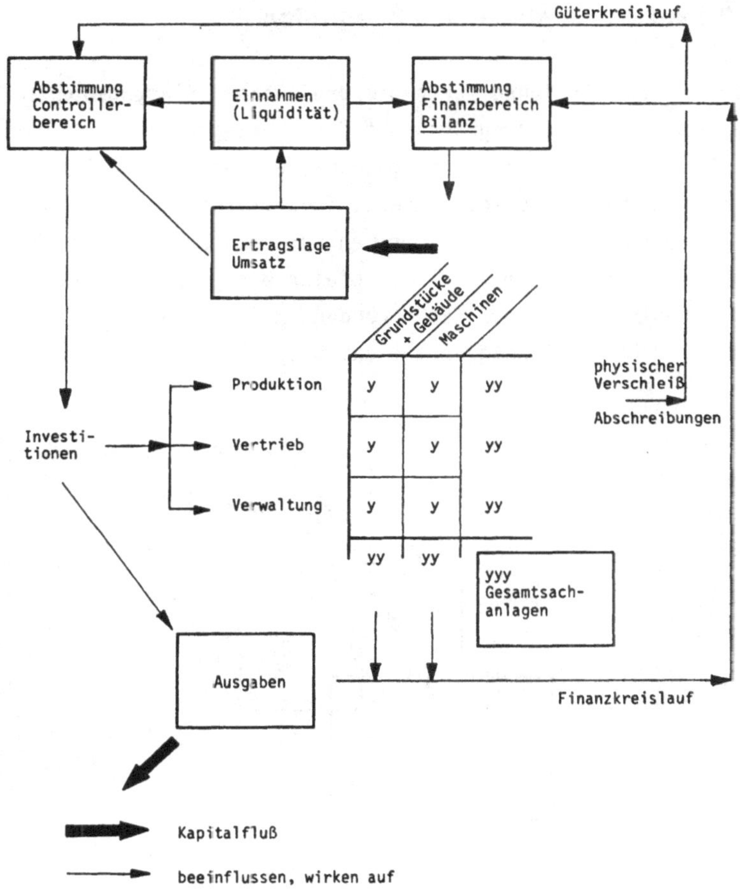

Abb. 4.7b: Verzahnung von Gütermodell und Finanzmodell im Funktionsbereichsmodell (Vermögen)

4.2.1.4 Kontrollebene und Integration

Bei der Modellbildung waren die drei Phasen Planungsebene, Ist-Ebene und Kontrollebene Ausgangspunkt der Überlegungen. Das Planungsmodell liefert die Werte der Planungsebene, während das Realisationsmodell die Werte der Ist-Ebene liefert. Theoretisch läßt sich nun jedem Planungswert, dem ein Ist-Wert entspricht, auch ein Vergleichswert in der Kontrollebene zuordnen. Gleichzeitig können Operationen (Entscheidungsregeln) entwickelt werden, die Aktionen sowohl in der Ist- als auch in der Planungsebene auslösen.

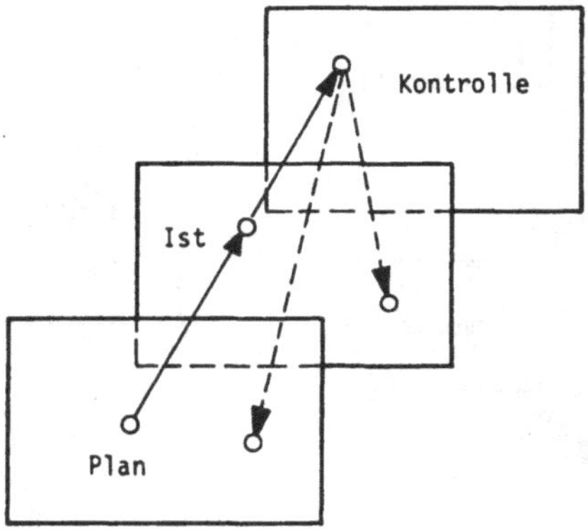

Abb. 4.8: Zusammenwirken von Plan-, Ist- und Kontroll-Ebene

Bei diesen Kontrolloperationen kann es sich sowohl um einfache Soll-Ist-Vergleiche mit entsprechender Änderung eines Wertes handeln, als auch um komplexe Kontrollmodelle. So wird ein Optimierungsmodell, das die Ist-Werte "optimal" den Planungswerten angleicht und Entscheidungen gleichzeitig (realtime) aufgrund der Empfindlichkeit von Parametern trifft, in der Kontrollebene angesiedelt sein.

Die aktuelle Verhaltensweise der Kontrolle geht nicht über den Soll-Ist-Vergleich hinaus. Allerdings sind dabei zwei verschiedene Auswirkungen denkbar:

- Ein Soll-Ist-Vergleich von Planungswerten mit den aktuell realisierten Werten kann im Realisationsmodell die momentane Durchführung einer Aufgabe beeinflussen (die positive Differenz: Geplante Liquidität - aktuelle Liquidität, führt zur Kreditaufnahme).

- Andererseits kann eine festgestellte Abweichung vom Planungswert, die eine gegebene Schwellgrenze ε überschreitet, einen neuen Planungsvorgang notwendig machen, der nach Entscheidungsregeln zur Planung (Anspruchsniveau) ein neues Zielsystem berechnet.

Abb. 4.9 deutet das zeitliche Zusammenspiel dieses Vorgangs an. Zunächst ist es üblich, mit einfachen Teilplanungssystemen Planwerte vorzugeben und jeweils mit dem Istwert zu vergleichen. Normalerweise werden am Ende eines Geschäftsjahres neue Planwerte vorgegeben. Überschreiten nun während des laufenden Geschäftsjahres gewisse Schwellwerte die Differenz zwischen Plan und Ist, so werden auch die Planwerte kurzfristig korrigiert.

In einem Gesamtunternehmensmodell wird auch dieses Verhalten in die formale Abbildung mit einbezogen.

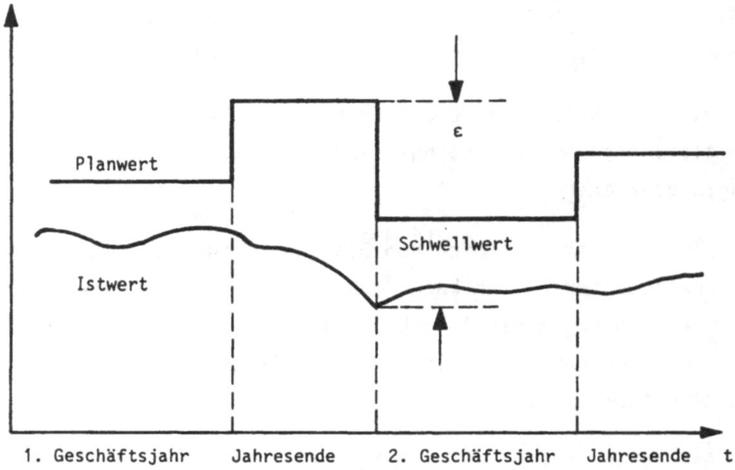

Abb. 4.9: Zusammenspiel des Planungs-, Ist- und Kontrollmodells

4.2.1.5 Planungsmodell für die Topmanagement-Ebene mit Hilfe eines Zielsystems auf der Grundlage der Theorie des Anspruchsniveaus

Ohne die Frage nach den Zielen unternehmerischer Tätigkeit endgültig klären zu wollen, ist folgendes Planungsverhalten in dem untersuchten Betrieb anzutreffen: Von der Außenwelt (Kapitalgeber, Aufsichtsrat) werden gewisse Anforderungen an die Rentabilität, das Risiko und das Wachstum der Unternehmung gestellt, die aufgrund von Erfahrungen der Vergangenheit, von Branchenvergleichen und Erwartungen abgeleitet sind. Diese Anforderungen werden vom Management in konkrete Planzahlen, wie geplanter Umsatz oder geplante Kosten, "übersetzt" und in Form von Sollgrößen an das Middlemanagement weitergegeben (management by objectives). Zugleich wird das Middlemanagement aufgefordert, aufgrund von Marktanalysen, Potentialermittlung, Vergangenheitswerten und Trendberechnungen eigene Vorschläge für realistische Planungswerte vorzulegen, denen schon ein erster Verkaufsplan zugrunde liegt. In anschließenden Verhandlungen werden die verschiedenen Vorstellungen aufeinander abgestimmt, wobei eine Lösung gesucht wird, die möglichst mit dem gesamten Zielsystem konsistent ist. Da die Ziele netzwerkartig verflochten sind, ist dieses Problem keineswegs trivial und erfordert einen erheblichen, oft mehrmals zu wiederholenden Rechenaufwand. Die Abbildung dieses Prozesses führt nun

- o zum einen zu einem Planungsinstrument, das eigenständig den Planungsprozeß eines Betriebes unterstützen kann,
- o zum anderen zu einem Modul der Planungsebene ein Teil des Gesamtunternehmensmodells, der mit Hilfe von Entscheidungsregeln die jeweiligen Planzahlen des Modells liefert.

Der Planungsprozeß kann als abgeschlossener, sich periodenweise wiederholender Prozeß angesehen werden, der sich grundsätzlich von dem kontinuierlichen Vorgang der Realisierung unterscheidet. Das führt zu unterschiedlichen Methoden der Modellbildung.

In unserem Fall wird der Planungsvorgang vierteljährlich wiederholt und höchstens in Ausnahmesituationen an reale Verhältnisse angepaßt (management by exception).

Eng mit der Planung ist der Begriff des Zieles verknüpft, da jede betriebliche Planung auf die Festlegung von Zielen sowie die geistige Vorwegnahme von Aktivitäten zur Erreichung dieser Ziele abgestellt ist. Der Problemkreis des Zielbegriffes soll hier nicht untersucht werden, da dieser für die Modellbildung wenig relevant ist.

Von größerem Interesse ist jedoch die Struktur und Ordnung des Zielsystems, auf der die Planung operiert. Sie wird durch die Beziehung zwischen den einzelnen Zielen, die die Zielmenge ausmachen, beschrieben.

Unter dem Gesichtspunkt der Mittel-Zweck-Beziehung von Zielen geht eine große Anzahl von Ansätzen in der Literatur von einem Oberziel des Betriebes aus, das durch bestimmte Mittel bzw. Maßnahmen, die selbst wieder Ziel sein können, erreicht werden soll. Die Planung besteht nun darin, die Mittel so einzusetzen, daß das Oberziel maximiert wird. Die Maximierung eines Oberziels, oft Gewinnmaximierung, wird jedoch von der modernen Betriebswirtschaft zumeist abgelehnt und durch die Berücksichtigung mehrerer konkurrierender Ziele ersetzt.

Zum Teil wird auch auf den Gewinnmaximierungsanspruch verzichtet. Heinen (vgl. [HEIN71]) erkennt zwar das Vorhandensein verschiedener konkurrierender Ziele an, wählt aber durch Einführung einer Nutzenfunktion wieder die optimalen Maßnahmen aus.

Da die vorgeschlagene Modellbildungsmethode sich gerade in der Ablehnung des Ziel-Maximierungs-Prinzips von den existierenden Modellen unterscheidet, soll auf den Planungsprozeß näher eingegangen werden. Die Untersuchung der Struktur des Zielsystems sowie die Entwicklung von Verfahren zur Behandlung dieses Systems mittels der Theorie der Anspruchsniveaus stellt ein Novum auf diesem Gebiet dar und wird im folgenden vorgestellt. Die Verfahren sind bis auf die Ebene der Programme realisiert und implementiert.

Gemäß den oben aufgestellten Forderungen sollten alle Ziele operational und quantifizierbar sein. Diese Forderung soll noch etwas präzisiert werden:

Nicht operationale Endziele sind nicht überprüfbar. Daher werden sie durch operationale Unterziele ersetzt, deren Erreichung überprüfbar ist.

Ein Ziel wird dann operational genannt, wenn es in eindeutig verständlichen und meßbaren Größen ausgedrückt werden kann. Zur Anwendung konkret rechnender Verfahren, wie sie in dem vorgeschlagenen Modell verwendet werden, sollte neben der theoretischen "Meßmöglichkeit" (Meßfähigkeit), d.h. dem Erkennen der Struktur der Sachverhalte, welche gemessen werden sollen, auch die Meßmöglichkeit in der Praxis gegeben sein. Letztere ist ein zusätzliches Attribut meßfähiger Sachverhalte.

Messen wird definiert als die eindeutige isomorphe Abbildung bestimmbarer und ordnungsfähiger Sachverhalte in die Menge der reellen Zahlen und gibt Kriterien an, welche der in Modellen aufgeführten Gegenstände metrisch meßfähig sind. Dabei wird unterschieden in,

- operational definierte Größen, bei denen die Definition durch Tätigkeitsvorschriften (Operationen), deren Ergebnisse die Maßausdrücke sind, gegeben ist (Auftragseingang = Zusammenzählen aller in einem Auftragsformular festgehaltenen Aufträge),

- zwangsweise indirekte Messung (Beziehung zur Belegschaft kann gemessen werden durch Anzahl der Kündigung je Zeitraum),

- mehrdimensionales Messen (zur Anzahl der Kündigung wird noch die Anzahl der Beschwerden der Belegschaftsmitglieder hinzugenommen).

Die im vorliegenden Modell verwendeten Größen werden also alle in diesem Sinne metrisch meßbar (meßfähig und meßmöglich) sein.

Den oben gestellten Ansprüchen wird die Orientierung an Kennzahlensystemen am besten gerecht. Kennzahlensysteme können als Teilsystem des Rechnungswesens aufgefaßt werden. Schließt man sich der verbreiteten Auffassung an, daß das Rechnungswesen der Inbegriff aller auf die Ziele der Unternehmung ausgerichteten Bemühungen ist, effektive und mögliche Vorgänge innerhalb der Unternehmung und ihrer Umwelt primär quantitativ zu erfassen, zu verarbeiten und den einzelnen Instanzen einer Unternehmung nutzbar zu machen, so wird die Bedeutung klar, die dem Kennzahlensystem zukommt. Diese Bedeutung erkennt man auch, wenn man in der Praxis, vor allem im deutschsprachigen Raum, nach den relevanten Größen fragt, die beim Entscheidungsprozeß eine Rolle spielen. Dabei wird Kennzahl über die Definition von ZVEI - "Verhältniszahlen mit betriebswirtschaftlich sinnvoller Aussage über Unternehmungen und/oder ihre Teile" - (vgl. [ZVEI70], S. 105) auch auf sinnvolle absolute Zahlen, die einen betrieblichen Vorgang kennzeichnen, ausgedehnt. Nach Galler (vgl. [GALL69], S. 109) gibt es Kennzahlensysteme, die

- o kontrollorientiert,
- o entscheidungsorientiert oder
- o systemorientiert

aufgebaut wurden. Beim kontrollorientierten Ansatz werden im Sinne eines Soll-Ist-Vergleichs die Kennzahlen lediglich als Maßstab der Zielerreichung herangezogen, während der entscheidungsorientierte Ansatz die Aufgabe der Kennzahlenrechnung in einer Ziel-Mittel-Zuordnung sieht. Es werden also sofort Maßnahmen zur Zielerreichung abgeleitet. Der systemorientierte Ansatz, dem wir bei der Modellbildung folgen, faßt die Kennzahlenrechnung als soziotechnisches Subsystem auf und bildet alle informationellen Beziehungen im System der Unternehmung mit ab. So werden neben den rein rechentechnischen Zusammenhängen oder Zerlegungen, wie sie z.B. bei dem "Du Pont System of Financial Control" zu finden sind, auch hypothetische Beziehungen, wie Umsatz = h (Werbeaufwand) in das Kennzahlensystem aufgenommen, um auch Auswirkungen einer Maßnahme auf andere Teile des Systems zu erfassen. Allerdings müssen solche Hypothesen im Sinne der Transparenz des Systems auch als solche gekennzeichnet sein. Sonst muten Planungszahlen allzuleicht als "Zauberformeln" an.

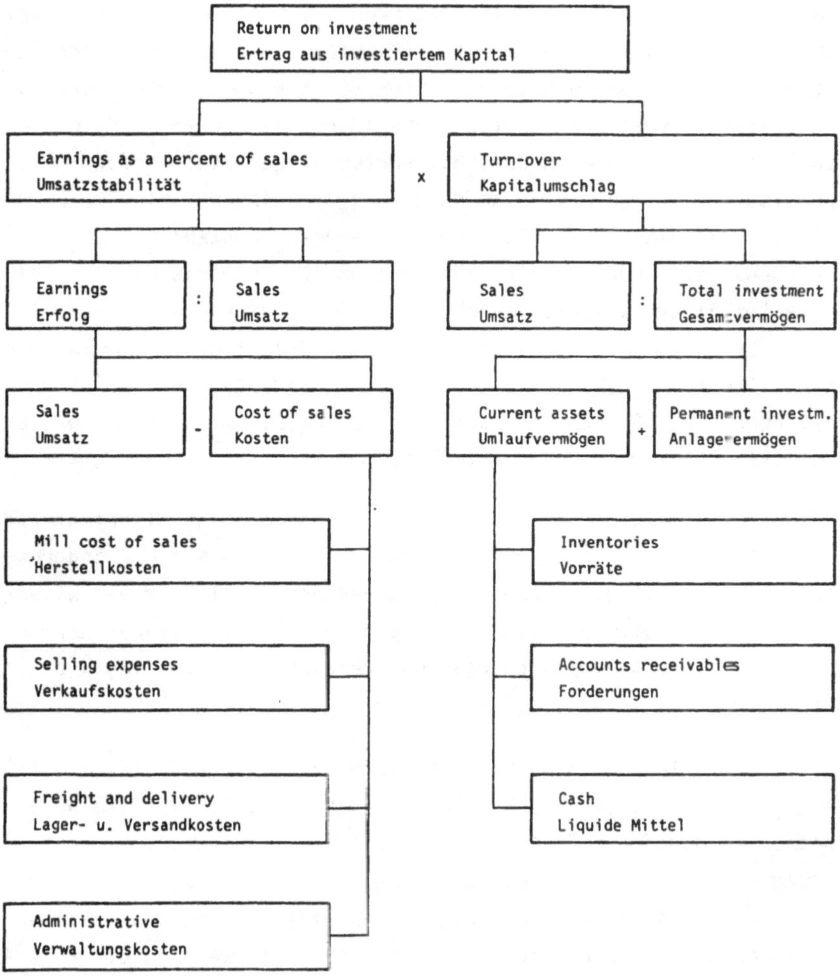

Abb. 4.10: Das Du Pont System of Financial Control (vgl. [KERN71])

Trier (vgl. [TRIE72]) gibt ein Verfahren an, bei dem ein aus n Variablen bestehendes Kennzahlensystem (Kennzahlen entsprechen Verhältniszahlen), von denen einige Variablen durch k unabhängige Strukturgleichungen (Summen oder Differenzenbildung) verbunden sind, operational nach verschiedenen Gesichtspunkten ausgewertet werden kann. Dabei ist das Gleichungssystem durch n-k-1 Basiskennzahlen genau definiert. Sind diese bekannt, kann jede andere Kennzahl berechnet werden. Auf der anderen Seite können auch bei Kenntnis eines absoluten Wertes einer Variablen durch Lösung des Gleichungssystems alle anderen Variablen absolut bestimmt werden. Der Nachteil dieses Verfahrens liegt darin, daß die genaue Anzahl der Basiskennzahlen und der vorgegebenen Gleichungen aufeinander abgestimmt sein müssen, da sonst das System über- oder unterbestimmt ist.

In der Praxis werden jedoch eine Menge von Kennzahlen als Richtwerte bekannt sein, denen eine meist unbekannte und sich ständig ändernde Anzahl von Strukturgleichungen gegenübersteht. Soll hier ein widerspruchsfreies System entwickelt werden, muß von eindeutigen Werten und Gleichungen auf Ungleichungen und Bereiche (Intervalle) übergegangen werden.

Andere, vor allem auf die Behaviouristen (vgl. [CYER63], S. 122 ff) zurückgehende Ansätze lehnen ein exakt definiertes Ziel ab und ersetzen es durch die Festlegung eines Anspruchsniveaus. Diese Auffassung kommt der in der Realität vorgefundenen Haltung sehr nahe. Das System muß nicht mehr aufgrund einer Zielfunktion optimiert werden, sondern es müssen solche Maßnahmen gefunden werden, die alle Anspruchsniveaus mindestens erfüllen. Die Ansprüche bilden sich aufgrund der Erfahrungen der Vergangenheit und globaler Erwartungen aller am Entscheidungsprozeß Beteiligten. Zielanpassungen erfolgen über Verschiebungen im Anspruchsniveau. Man rechnet dieses Verhalten zu den heuristischen Entscheidungsstrategien der Unternehmensführung und spricht zugleich von der "Strategie der kleinen Schritte". Der Erfolg dieser Verhaltensweise in der industriellen Praxis hat zu dem oft als konservativ verpönten Verhalten der Entscheidungsträger in der Industrie geführt. Aufgabe einer Modellierung dieses Planungsverhaltens ist es, den Anpassungsprozeß, der sich durch viele Einzelrechnungen und Verhandlungen so lange hinzieht, bis eine allgemein anerkannte Lösung gefunden ist, abzubilden, indem alle Beziehhungen zwischen den einzelnen Größen formalisiert werden und dann die Konsistenz des Gesamtsystems laufend überprüft wird bzw. Änderungen der Niveaus vorgenommen werden. Folgendes Grundmodell des Anspruchsanpassungsprozesses (siehe Abb. 4.11) findet sich häufig in der Literatur (vgl. [HEIN72]). Die Formalisierung dieses Grundmodells erlaubt es, für praktische Planungsprobleme Simulationsmodelle zu entwickeln und so Lösungen für das Anspruchsanpassungsverhalten in konkreter Entscheidungssituation zu errechnen. Solche Modelle sind bisher jedoch nicht bekannt.

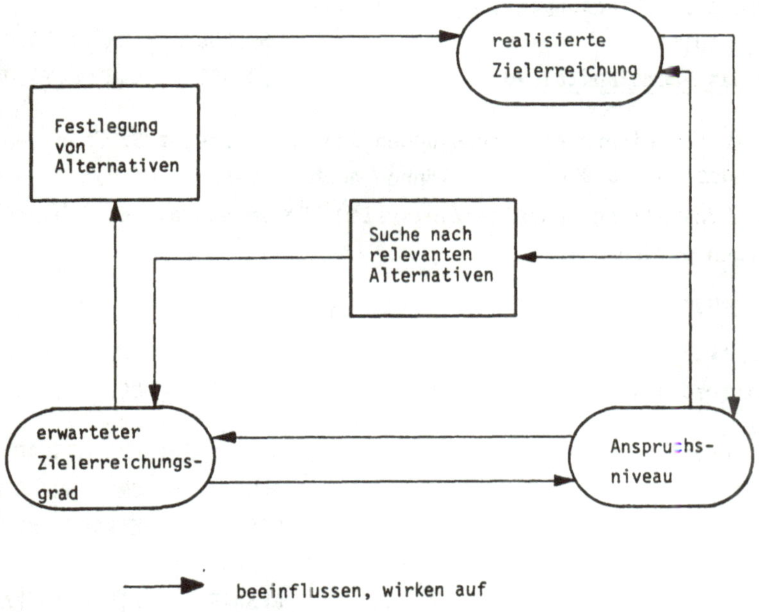

Abb. 4.11: Ablauf eines Anspruchsanpassungsprozesses

Ein Lösungsverfahren zur Behandlung des Zielsystems wird im folgenden beschrieben. Die Problematik soll am Beispiel eines einfachen Zielsystems gezeigt werden. Daraus werden dann allgemeine Definitionen abgeleitet und Algorithmen angegeben, die auch auf größere und komplexere Zielsysteme anwendbar sind. Gegeben ist das Anspruchsniveau für die Ertragskraft eines Unternehmens, quantifiziert durch die Kennzahl:

Gesamtkapitalrentabilität:	≥ 20 %
sowie für das Risiko:	≥ 50 %.

Ferner bestehen Vorstellungen, daß der Umsatz ≥ 200.000 DM sein soll, aber nicht mehr als eine Obergrenze ≤ 500.000 DM erreicht werden kann.

Weitere Beschränkungen liegen für das

Eigenkapital	50.000 ≤ EIKAP ≤ 75.000 DM
und das Fremdkapital vor.	50.000 ≤ FKAP ≤ 70.000 DM.

Beliebige weitere Einschränkungen und Ansprüche, z.B. über den Gewinn - mindestens 25.000 DM - , können noch bestehen. Für das zu dieser Aufgabenstellung gehörige Zielsystem können nun die Beziehungen angegeben werden.

Zielmenge	Abkürzung	Abbildung
Gesamtkapitalrentabilität	GKR	GKR = UMSREN * GKH
Umsatzrentabilität	UMSREN	UMSREN = GEW/UMS
Gesamtkapitalumschlags-häufigkeit	GKH	GKH = UMS/GESKAP
Gewinn	GEW	GEW = UMS-VARKOS-FFB
Risiko	RIS	RIS = EIKAP/FKAP
Umsatz	UMS	
Gesamtkapital	GESKAP	GESKAP = EIKAP + FKAP
Variable Kosten	VARKOS	VARKOS = FFA * UMS
Fixe Kosten	FFB	
Eigenkapital	EIKAP	
Fremdkapital	FKAP	
Faktor Variable Kosten	FFA	

Diese Zielmengen lassen sich in einem Zielsystem graphisch darstellen, wobei die Kanten die Beziehungen zwischen Zielen darstellen. Die Operatoren geben die Rechenoperationen an, die Basisgrößen und Ziele verknüpfen. Die Variablen ohne Gleichungsregeln sind die Basisgrößen des Zielsystems.

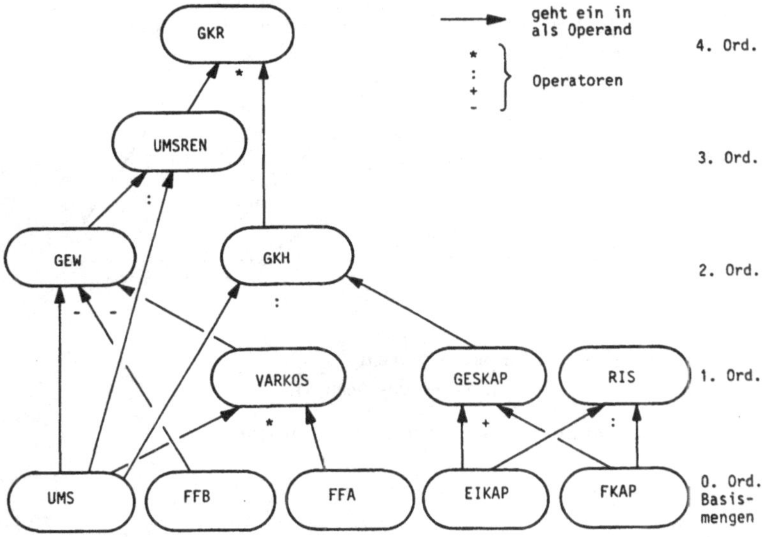

Abb. 4.12: Beispiel für ein Zielsystem 4. Ordnung

Gesucht wird nun eine systematische Methode, die mindestens eine Maßnahme ermittelt, welche eine zulässige Lösung ist. Das heißt, daß die durch Anspruchsniveaus sinnvolle Ober- und Untergrenzen gegebenen Einschränkungen auf ihre Verträglichkeit untersucht werden müssen. Eine Wertekombination von je einem Wert aus jedem Basisbereich muß so gefunden werden, daß sich die errechneten Ergebnisse alle in den Zielbereichen befinden. Diese Lösung wäre eine mögliche Kombination von Planungswerten, auf die man sich in einem Planungssystem einigen könnte.

Am Beispiel der Abbildung zweier Basen auf ein Ziel läßt sich die Problematik durch ein vereinfachtes Schaubild anschaulich zeigen.

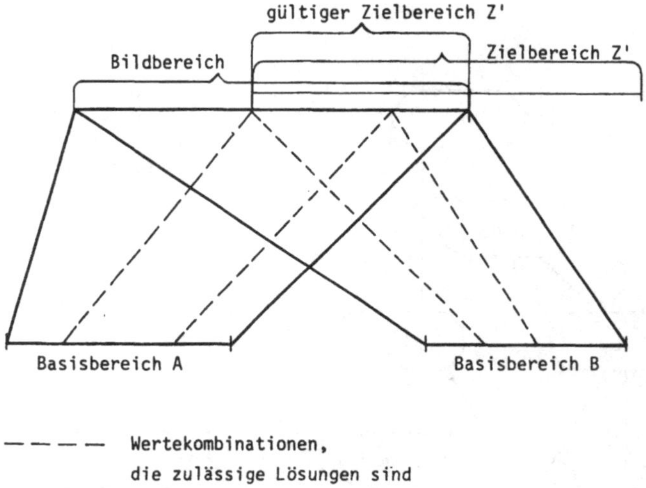

Abb. 4.13: Abbildung zweier Basen auf ein Ziel

Alle möglichen und zu einer Lösung führenden Wertekombinationen aus den Basisbereichen bilden den Lösungsbereich des Zielsystems. Die exakte Lösung des Problems ist dann gegeben, wenn zu einer gegebenen Anzahl von p Werten aus k Basisbereichen ($p \leq k$) alle Kombinationen der übrigen k-p Werte angegeben werden können, die eine Lösung sind.

Diese Fragestellung führt jedoch auf ein Ungleichungssystem, dessen allgemeine Lösung wegen auftretender Nichtlinearitäten zu erheblichen rechentechnischen Schwierigkeiten führt. Mit möglichen Näherungslösungen, die auf der Intervallrechnung basieren, werden die Werte so eingeschränkt, daß zulässige Wertekombinationen angegeben werden können.

Mit Hilfe eines Analyseprogramms kann dann ein gültiges Zielsystem aufgestellt werden, wie es etwa das folgende Beispiel zeigt:

Aus den Eingabegleichungen, die problemorientiert in beliebiger Reihenfolge eingegeben werden können, wird in einem Vorlaufprogramm automatisch ein Zielsystem mit den oben geforderten Bedingungen erzeugt.

```
GESKAP=EINKAP+FKAP
RIS=EIKAP/FKAP
UMSREN=GEW/UMS
GKR=UMSREN*GKH
GEW=UMS-FFB-VARKOS
VARKOS=FFA*UMS
GKH=UMS/GESKAP
```

Abb. 4.14: Eingabegleichungen

Ein Dokumentationsprogramm bereitet das Ausgangsgleichungssystem für den Anwender auf. Dies ist für die Fehlersuche von großer Bedeutung, da über eine Referenzliste die Verwendung aller Variablen verfolgt werden kann.

```
1 A  GESKAP=EIKAP+FKAP
         GESKAP  GESAMTKAPITAL
         EIKAP   EIGENKAPITAL
         FKAP    FREMDKAPITAL

2 A  RIS=EIKAP/FKAP
         RIS     RISIKO
         EIKAP   EIGENKAPITAL
         FKAP    FREMDKAPITAL

3 A  UMSREN=GEW/UMS
         UMSREN  UMSATZRENTABILITÄT
         GEW     GEWINN
         UMS     UMSATZ

4 A  GKR=UMSREN*GKH
         GKR     GESAMTKAPITAL-
                 RENTABILITÄT
         UMSREN  UMSATZRENTABILITÄT
         GKH     UMSCHLAGSHÄUFIGKEIT

5 A  GEW=UMS-FFB-VARKOS
         GEW     GEWINN
         UMS     UMSATZ
         FFB     FIXKOSTEN
         VAKOS   VARIABLE KOSTEN

6 A  VARKOS=FFA*UMS
         VARKOS  VARIABLE KOSTEN
         FFA     KOSTENFAKTOR
         UMS     UMSATZ

7 A  GKH=UMS/GESKAP
         GKH     UMSCHLAGSHÄUFIGKEIT
         UMS     UMSATZ
         GESKAP  GESAMTKAPITAL
```

Abb. 4.15: Eingabegleichungen in dokumentierter Form

REFERENZLISTE

VARIABLE	ERKLAERUNG	GLEICHUNG			
EIKAP	EIGENKAPITAL	1	2		
FFA	KOSTENFAKTOR	6			
FFB	FIXKOSTEN	5			
FKAP	FREMDKAPITAL	1	2		
GESKAP	GESAMTKAPITAL	1	7		
GEW	GEWINN	3	5		
GKH	UMSCHLAGSHÄUFIGKEIT	4	7		
GKR	GESAMTKAPITALRENTABILITÄT	4			
RIS	RISIKO	2			
UMS	UMSATZ	3	5	6	7
UMSREN	UMSATZRENTABILITÄT	3	4		
VARKOS	VARIABLE KOSTEN	5	6		

Abb. 4.16: Referenzliste

Da die Eingabegleichung Nr. 5 aus drei Komponenten zusammengesetzt ist, wird automatisch eine Hilfsvariable T 001 = UMS-FFB erzeugt. Damit wird ein geordnetes Zielsystem erzeugt, auf das die Intervalloperationen ADD, SUB, MAL, DIV angewendet werden können. Die Operationen werden als Unterprogramme aufgerufen. Parameter 1 und 2 sind die beiden Ausgangsintervalle, auf die die Operation angewandt wird. Parameter 3 ist das Bildintervall als Ergebnis der Intervalloperation, Parameter 4 ist ein automatisch generierter Fehlerausgang.

```
VORPROGRAMM ERFOLGFREICH BEENDET.

ES WURDE EIN ZIELSYSTEM DER MAXIMALEN ORDNUNG 4 MIT 8 ZIEL-
GLEICHUNGEN ERZEUGT.
DAS ZIELSYSTEM ENTHÄLT 13 VARIABLEN, DAVON 1 GENERIERTE HILFS-
VARIABLEN.
```

Abb. 4.17: Ergebnis des Vorlaufprogramms

AUSGANGSWERTE:

ZIELNAME	ZIELUNTERGRENZE	ZIELOBERGRENZE
EIGENKAPITAL	50000.00	75000.00
FREMDKAPITAL	60000.00	70000.00
UMSATZ	200000.00	500000.00
GESAMTKAPITAL	110000.00	130000.00
VARIABLE KOSTEN	160000.00	200000.00
GEWINN	25000.00	100000.00
GES.KAP.HAUEF.	3.00	8.00
UMSATZRENTABIL.	0.02	0.50
GES.KAP.RENTAB.	0.20	0.50
RISIKO	0.50	1.00

Abb. 4.18: Ausgangswerte für das Zielsystem (Anspruchniveaus)

AUSGEWÄHLTE LÖSUNG:

WERTE EINER AUSGEWÄHLTEN (OPTIMALEN) LÖSUNG :

ZIELNAME	LÖSUNGSWERT
EIGENKAPITAL	52093.44
FREMDKAPITAL	65480.21
UMSATZ	387758.32
GESAMTKAPITAL	117573.65
VARIABLE KOSTEN	193879.16
GEWINN	43879.16
GES.KAP.HAEUF.	3.30
UMSATZRENTABIL.	0.11
GES.KAP.RENTAB.	0.37
RISIKO	0.80

Abb. 4.19: Lösungsausdruck für das Anwendungsbeispiel

Mit dieser Methode wurden die Plangrößen des Modells erstellt. Ausgangspunkt zu den im Modell verwendeten Größen ist das ZVEI-Kennzahlensystem (vgl. [ZVEI70], S. 11 ff). Es baut hauptsächlich auf Bilanzzahlen sowie Zahlen der Gewinn- und Verlustrechnung auf, wie sie vom Aktiengesetz vorgeschrieben sind. Diese werden inzwischen in wenig veränderter Form von einem Großteil auch der nicht aktienrechtlich organisierten Unternehmen übernommen und bilden so das Rüstzeug für fast alle "geistigen Modelle" der Benutzer.

Gleichzeitig sind diese Größen vom selben Aggregationsgrad, wie die des noch zu beschreibenden Ist-Modells. Beim ZVEI-System handelt es sich allerdings um ein reines System von Verhältniszahlen, während wir von einem erweiterten Kennzahlensystem ausgehen und sowohl absolute "Kennzahlen" als auch hypothetische Beziehungen zwischen den ein-einzelnen Größen zulassen. Aus einer gegebenen Eröffnungsbilanz, Gewinn- und Verlustrechnung, weiteren Ausgangswerten über den Ist-Zustand des Unternehmens sowie aus gegebenen festen Beziehungen zwischen den Größen, hypothetischen Beziehungen und aus gegebenen Anspruchsniveaus von Kennzahlen bzw. Entscheidungsregeln über Anspruchsniveaus (z.B. 20 % Umsatzsteigerung) wird mit der Planungsmethode des Grenzänderungsalgorithmus ein System von Planzahlen erzeugt, das als Input für das Ist-Modell dient. Da es sich durch Einbeziehung der Bilanzstruktur nahezu um ein geschlossenes System handelt, werden mehr Planzahlen errechnet, als für das Modell notwendig sind. Im Zuge der Erweiterbarkeit sowie der Flexibilität ist dieser Aufwand jedoch gerechtfertigt, zumal die Zahlen sich sozusagen als Abfallprodukt ergeben.

Damit wurden die grundsätzlichen Überlegungen erläutert, die dem Güter-, Finanz- und Funktionsbereichsmodell zugrunde liegen. Es wurde ferner erläutert, wie die Planungswerte zustande kommen und wie grundsätzlich Abweichungen das Gesamtverhalten des Unternehmens beeinflussen.

Für die einzelnen Bereiche werden nun die detaillierten Gleichungen, die zum Realisationsmodell der Topmanagementebene führen, erläutert.

4.2.2 Verhalten im Gütermodell

Das Realisationsmodell der Topmanagementebene besteht aus 42 Kernelementen (Levels mit Zu- und Abflußraten), deren Anzahl hauptsächlich durch die Anzahl der Finanzposten in der Bilanz bzw. in der Gewinn- und Verlustrechnung bestimmt ist. Diese Anzahl vermehrt sich bei der Disaggregation je nach Anzahl der simulierten Produkte auf ca. 150.

Variablen,Bedeutungen und Levelnummern entsprechen genau dem dokumentierten Gleichungssystem. Die Konnektoren zeigen die Abhängigkeiten der Raten. Damit ist die Verknüpfungstabelle eine wichtige Hilfe bei der Programmierung und Fehlersuche, dient aber auch zum raschen Einblick in die Modellstruktur.

Ausgangspunkt für die Festlegung der Gleichungen für das Gütermodell ist der Wirkungsgraph, der die prinzipiellen Zusammenhänge zwischen einzelnen Systemkomponenten aufzeigt.

Die Beschreibung der Zusammenhänge orientiert sich an den Systemkomponenten. Sie sind der Übersicht halber durchnumeriert und bilden jeweils die Überschriften zu den Teilabschnitten.

DYNAMISCHES UNTERNEHMENSMODELL

```
***********************************************************
*                                                         *
*                      GÜTERMODELL                        *
*                                                         *
***********************************************************
```

lfd. Nr.	Bezeichnung
S1	Auftragsbestand
S2	Aufträge
S3	Potential
S4	Kundenverhalten
S4.1	Kundenreaktion auf Teillieferungen
S4.2	Kundenreaktion auf Marktanstrengungen
S5	Marktanstrengung
S6	Teillieferungen
S6.1	Teillieferungsentstehungsrate
S6.2	Nachlieferungsrate
S7	Vertriebsbudget
S8	Kapazität
S9	Lager, Versand
S10	Produktion

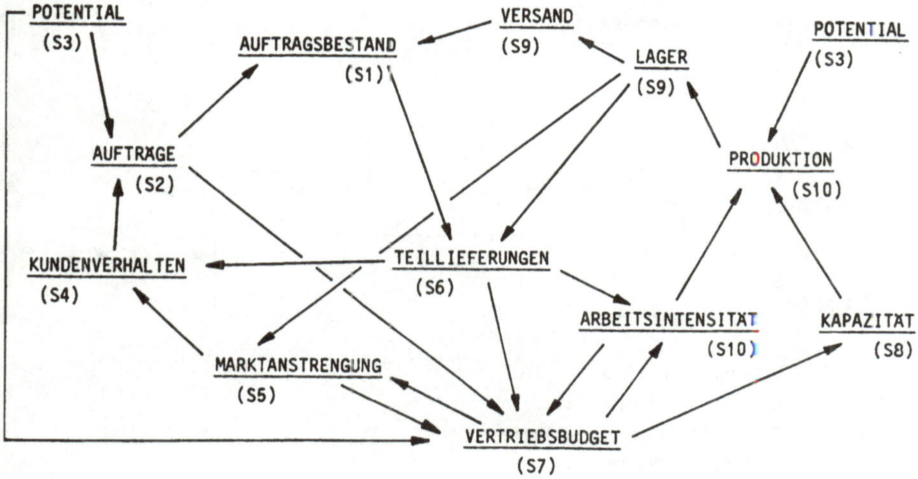

Abb. 4.20: Wirkungsgraph im Gütermodell

S1 Level Auftragsbestand

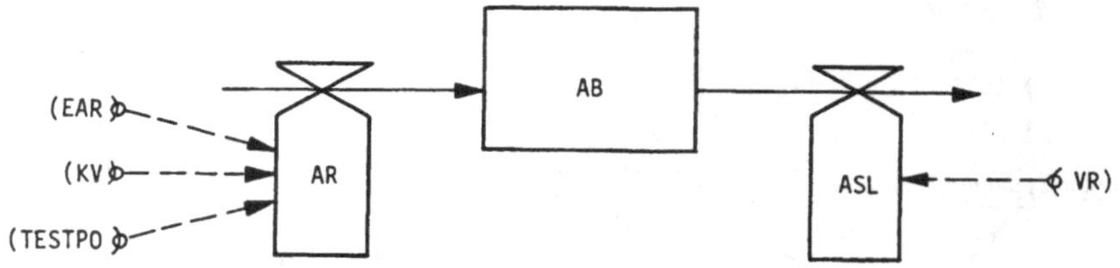

AB - Auftragsbestand
AR - Auftragseingangsrate
EAR - erwartete Auftragseingangsrate
KV - Kundenverhalten
TESTPO - Testpotential
ASL - Auslieferungsrate
VR - Versandrate

Abb. 4.21: Level Auftragsbestand mit Zu- und Abflußraten

```
AB.K=AB.J+DT*(AR.JK-ASL.JK)                              28, L
AB=ABA                                                   28.1, N
   AB     - AUFTRAGSBESTAND (STOCK)
   DT     - INTEGRATIONSSCHRITTWEITE (WOCHE)
   AR     - AUFTRAGSEINGANGSRATE (STÜCK/WOCHE)
   ASL    - AUSLIEFERUNGSRATE (STÜCK/WOCHE)
   ABA    - AUFTRAGSEINGANG ANFANGSBESTAND (STÜCK)
AR.KL=ARH.K                                              29, R
   AR     - AUFTRAGSEINGANGSRATE (STÜCK/WOCHE)
   ARH    - AUFTRAGSEINGANGSRATE HILFSGRÖSSE (STÜCK/WOCHE)
ARH.K=EAR.K*KV.K*TESTPO.K                                31, A
   ARH    - AUFTRAGSEINGANGSRATE HILFSGRÖSSE (STÜCK/WOCHE)
   EAR    - ERWARTETE AUFTRAGSEINGANGSRATE (STÜCK/WOCHE)
   KV     - KUNDENVERHALTEN (DIMLOS)
   TESTPO - TESTPOTENTIAL (DIMLOS)
```

Der Auftragsbestand ergibt sich aus der Differenz zwischen dem Auftragseingang und den ausgelieferten Artikeln sowie dem Anfangsbestand. Dabei werden die Bewegungen wochenweise verfolgt. Das ist ein Zeitraum, der simulationstechnisch klein genug ist, auf der anderen Seite näherungsweise den Vorgängen in der realen Welt entspricht.

S2 Aufträge

Auftragseingangsrate (Durchschnittsberechnung)

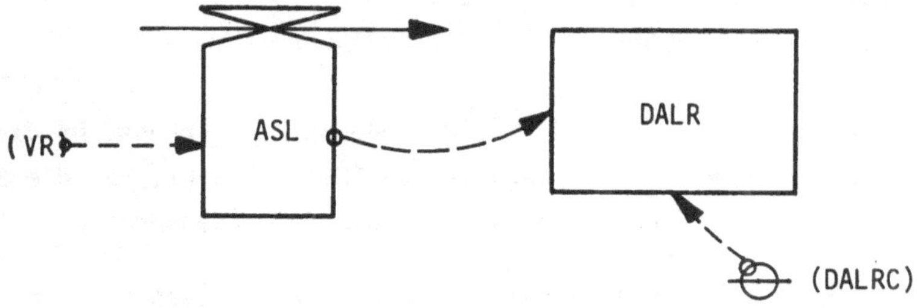

Abb. 4.22: Durchschnittsbildung

```
DALR.K=DALR.J+DT*(ASL.J-DALR.J)/DALRC                  45, L
DALR=EARAN                                             45.1, N
    DALR  - DURCHSCHNITTSBILDUNG AUFTRAGSEINGANGSRATE
            (STÜCK/WOCHE)
    DT    - INTEGRATIONSSCHRITTWEITE (WOCHE)
    ASL   - AUSLIEFERUNGSRATE (STÜCK/WOCHE)
    DALRC - ZEITKONSTANTE DURCHSCHNITTSBILDUNG (WOCHE)
    EARAN - ERWARTETER AUFTRAGSEINGANG ANFANGSWERT
            (STÜCK/WOCHE)
```

ASLH.K=VR.K 46, A

ASLH - AUSLIEFERUNGSRATE HILFSGRÖSSE (STÜCK/WOCHE)
VR - VERSANDRATE (STÜCK/WOCHE)

Die durchschnittliche Auftragseingangsrate wird über die Auslieferungsrate an den jeweiligen neuesten Stand angepaßt. Durch DALRC wird die Auslieferungsrate geglättet. Ein sprunghafter Anstieg bzw. Abfall dieses Wertes soll in der Gleichung vermieden werden.

S3 Potential

TESTPO.K=1.+STEP(0.5,4.) 26, A

TESTPO - TESTPOTENTIAL (DIMLOS)
STEP - STEP-FUNKTION

Das Testpotential wird in der 4. Periode auf 1.5 erhöht. Da das Testpotential auf die Auftragseingangsrate (29) einwirkt, hat die Erhöhung in der 4. Periode beispielsweise die folgenden Gründe:

1. Ein neuer Markt soll ab der 4. Periode erschlossen sein und beliefert werden können.

2. Ein Konkurrenzunternehmen in unserem Einzugsgebiet wurde aufgekauft und deren Kunden können ab der 4. Periode beliefert werden.

3. Die Qualität unseres Produktes hat bis zur 4. Periode einen derartigen Stand erreicht, daß sich der erwartete Auftragseingang um 0.5 erhöht. Bei der Steigerung des Auftragseingangs um 0.5 muß die Produktneuerung natürlich erheblich sein.

Das Testpotential hat in diesem Fall die Funktion des bewußten Störfaktors, um das Verhalten des Systems gegenüber plötzlichen Änderungen, wie sie laufend im Wirtschaftsleben vorkommen, studieren zu können. Die Variation dieser Größe bedeutet einen Eingriff in das System an definierter Stelle, um das dynamische Verhalten auszuloten.

```
EAR.K=EARAN+((PLUMS/(JAHR*EPD))-EARAN)*TIME.K/JAHR            27, A
    EAR    - ERWARTETE AUFTRAGSEINGANGSRATE (STÜCK/WOCHE)
    EARAN  - ERWARTETER AUFTRAGSEINGANG  ANFANGSWERT
             (STÜCK/WOCHE)
    PLUMS  - GEPLANTER UMSATZ (DM)
    JAHR   - GESCHÄFTSJAHR (WOCHE)
    EPD    - ERWARTETER PREISDURCHSCHNITT (DM/STÜCK)
    TIME   - AKT. SIMULATIONSZEITPUNKT (WOCHE)
```

Der erwartete Auftragseingang ist die zentrale Größe an der sich Vertrieb, Produktion, Kapazitäten und Ressourcen orientieren. Sie stellt einen bestimmten Anteil am Gesamtmarktpotential, den die Firma aufgrund ihres Marktverhaltens und ihrer Kapazität ausschöpfen kann. Der erwartete Auftragseingang orientiert sich am Planungsumsatz. Diese Größe wird in der Regel durch Rücksprache mit den Vertriebsleitern aufgrund von Vergangenheitswerten, Konjunkturerwartungen und Unternehmenszielen festgelegt.

Der erwartete Auftragseingang Anfangswert errechnet sich aus dem Umsatz des Vorjahres, der durch die Division mit dem erwarteten Preisdurchschnitt in Stück und durch die Division mit dem Parameter Jahr in Stück pro Woche umgerechnet wird.

Der geplante Auftragseingang errechnet sich aus dem geplanten Umsatz, der wiederum durch Division mit dem Preisdurchschnitt und dem Parameter Jahr in Stück pro Woche umgerechnet wird. Damit der erwartete Auftragseingang Anfangswert nicht zweimal in die Gleichung eingeht, muß dieser Wert vom geplanten Umsatz abgezogen werden.

Durch die Multiplikation mit Time/Jahr wird der geplante Auftragseingang gleichmäßig mit der Zeit auf das Jahresnieveau angehoben. Der geplante Umsatz wird durch den Preisdurchschnitt dividiert. Derartige Durchschnittsüberlegungen dienen in der Praxis laufend als grobe Orientierungsrichtlinien.

S4 Kundenverhalten

```
KV.K=EWTL.K*EWMA.K                                          32, A
     KV     - KUNDENVERHALTEN (DIMLOS)
     EWTL   - EFFEKTIV WAHRGENOMM. TEILLIEFERUNGEN (DIMLOS)
     EWMA   - EFFEKTIV WAHRGENOMM. MARKTANSTRENGUNG (DIMLOS)
```

Das Kundenverhalten stellt die Marktreaktion (Responsefunktion) auf Maßnahmen und Verhalten des Unternehmens dar. Hier wurden zwei Einflüsse in den Vordergrund gestellt. Zunächst wirken erhöhte Marktanstrengungen, wie sie über den Marketingmix (Preis, Werbung, Vertreter usw.) möglich sind, so erhöhend auf den Auftragseingang, daß der erwartete Auftragseingang maximal verdoppelt werden kann. Die Teillieferungen wirken umgekehrt. Da die Kunden nur Teile ihrer Bestellungen erfüllt bekommen, sind sie eher geneigt,bei der Konkurrenz zu bestellen. Der Auftragseingang der bei normalem Lieferverhalten zu erwarten wäre, sinkt ab.

```
VR.KL=VRH.K                                                 99, R
     VR     - VERSANDRATE (STÜCK/WOCHE)
     VRH    - VERSANDRATE HILFSGRÖSSE (STÜCK/WOCHE)
VRH.K=(AR.K+TAR.K)*AK.K                                     33, A
     VRH    - VERSANDRATE HILFSGRÖSSE (STÜCK/WOCHE)
     AR     - AUFTRAGSEINGANGSRATE (STÜCK/WOCHE)
     TAR    - TEILLIEFERUNG-NACHLIEFERUNGSRATE (STÜCK/WOCHE)
     AK     - AUSLIEFERUNGSKÜRZUNGSRATE (DIMLOS)
```

Die Versandrate besteht aus der normalen Auftragsrate. Zusätzlich müssen noch die Rückstände aus früheren Teillieferungen ausgeliefert werden. Dies ist aber nur möglich, wenn genügend Artikel auf Lager sind. Ist das nicht der Fall, wird nach einer festgelegten Entscheidungsregel die Auslieferung gekürzt, so daß es erneut zu Teillieferungen kommt. Bei einer AK = 0 können keine Auslieferungen vorgenommen werden.

ASL.KL=ASLH.K 30, R

ASL - AUSLIEFERUNGSRATE (STÜCK/WOCHE)
ASLH - AUSLIEFERUNGSRATE HILFSGRÖSSE (STÜCK/WOCHE)

Diejenige Menge, die vom Versand ausgeliefert wird, ist zugleich die Menge, um die der Auftragsbestand reduziert wird, also auch VR - Versandrate (vgl. 46, A).

Damit ist die unmittelbare Umgebung des Levels Auftragsbestand beschrieben. Bisher handelte es sich hauptsächlich um Definitionsgleichungen, die lediglich logische Zusammenhänge wiedergeben.

Die folgenden Gleichungen beschreiben das Verhalten der Marktteilnehmer, sowie das unternehmerische Verhalten. Dazu werden überschaubare Tabellen und Diagramme verwendet.

S4.1 Kundenreaktionen aus Teillieferungen

Eine typische Hypothese ist der Effekt von Teillieferungen sowie der Effekt der Marktanstrengung auf den Auftragseingang. Beide Hypothesen können ebenso wie alle übrigen direkt dem Benutzer am Bildschirm zugänglich gemacht werden(vgl. Abb. 4.23, 4.24). Gewünschte Änderungen werden sofort automatisch in den Gleichungen berücksichtigt.

EWTL.K=TABHL(TBWTL, QTLW.K,0.,3.,0.25) 49, A

EWTL - EFFEKTIV WAHRGENOMM. TEILLIEFERUNGEN (DIMLOS)
TABHL - TABELLEN-FUNKTION (HIGH-LOW) [1)]
TBWTL - TAB. EFFEKT. WARHGENOMM. TEILLIEFERUNGEN
QTLW - QUOTIENT WAHRGENOMM. TEILLIEFERUNGEN (DIMLOS)

---

1) vgl. Makrofunktionen im Anhang

```
TBWTL=1./1./0.85/0.7/0.4/0.3/0.25/0.2/0.15/0.15/        48.1, T
 0.15/0.15/0.15
    TBWTL  - TAB. EFFEKT. WAHRGENOMM. TEILLIEFERUNGEN

QTLW.K=WTL.K/DALR.K                                      36, A
    QTLW   - QUOTIENT WAHRGENOMM. TEILLIEFERUNGEN
             (DIMLOS)
    WTL    - WAHRGENOMMENE TEILLIEFERUNGEN (STÜCK/WOCHE)
    DALR   - DURCHSCHNITTSBILDUNG AUFTRAGSEINGANGSRATE
             (STÜCK/WOCHE)

WTL.K=DEL3NO(TLR.K,KRZ)                                  37, A
    WTL    - WAHRGENOMMENE TEILLIEFERUNGEN (STÜCK)
    DEL3NO - EXP. VERZÖGERUNG 3. ORDNUNG
    TLR    - TEILLIEFERUNGEN (STÜCK)
    KRZ    - KUNDENWAHRNEHMUNGSZEIT FÜR TEILLIEFERUNGEN
             (WOCHE)
```

Heute gemachte Teillieferungen wirken sich nicht sofort voll auf den Auftragseingang aus. Es bedarf einer Kundenwahrnehmungszeit.

Hypothese
Je mehr Teillieferungen wir machen, desto stärker sinkt der Auftragseingang. Ab einem bestimmten Punkt haben die Teillieferungen keine Auswirkungen mehr auf den Auftragseingang. Machen wir keine Teillieferungen, ergeben sich weder positive noch negative Auswirkungen auf die Auftragsentwicklung.

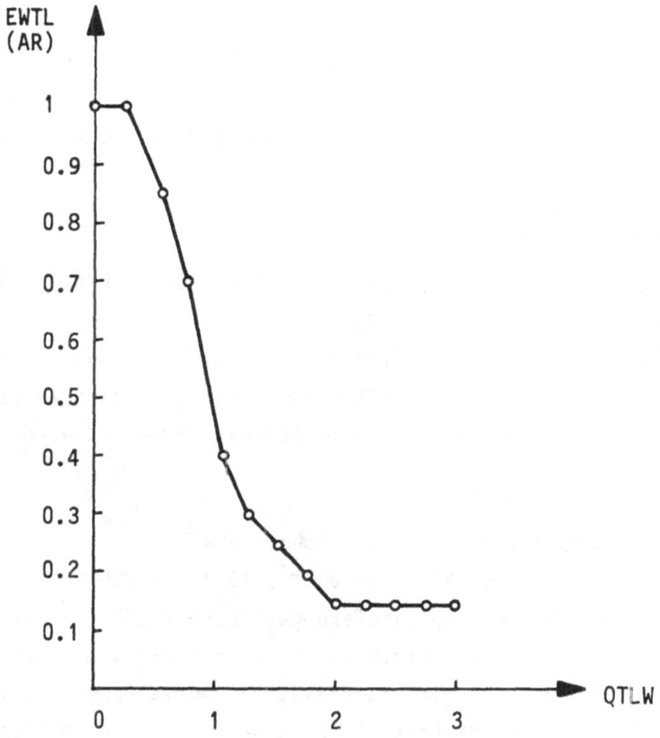

Abb. 4.23: Effektiv wahrgenommene Teillieferungen

Die effektiv wahrgenommenen Teillieferungen hängen von dem Quotient QTLW in der in Abb. 4.23 dargestellten Weise ab.

Dabei bedeutet QTLW ein Faktor, der angibt, um wieviel die wahrgenommenen Teillieferungen größer als der durchschnittliche Auftragseingang ist.

Beispiele:

QTLW.K = WTL.K/DALR.K, KV.K = EWTL.K x EWMA.K

AR.K = EAR.K * KV.K * TESTPO.K

DALR.K = 4000, EWMA.K = 1, EAR.K = 5000, TESTPO.K = 1

Fall 1: WTL.K = 0

QTLW.K = 0/4000 = 0, EWTL (aus Tabelle) = 1, KV.K = 1 * 1 = 1,
AR.K = 5000 * 1 * 1 = 5000
Machen wir keine Teillieferungen, so wird der Auftragseingang dadurch nicht beeinflußt.

Fall 2: WTL.K = 4000

QTLW.K = 4000/4000 = 1, EWTL (aus Tabelle) = 0.4, KV.K = 0.4 * 1 = 0.4, AR.K = 5000 * 0.4 * 1 = 2000
Sind die wahrgenommenen Teillieferungen gleich dem durchschnittlichen Auftragseingang, so ist mit einem Auftragseingang zu rechnen, der um 60 % niedriger ist, als normalerweise erwartet wird.

Fall 3: WTL.K = 8000

QTLW.K = 8000/4000 = 2, EWTL (aus Tabelle) = 0.15,
KV.K = o.15 * 1 = 0.15, AR.K = 5000 * 0.15 * 1 = 750
Sind die wahrgenommenen Teillieferungen doppelt so hoch wie der durchschnittliche Auftragseingang, so ist mit einem Auftragseingang zu rechnen, der um 85 % niedriger ist, als normalerweise erwartet wird. Mit einer noch stärkeren Senkung des erwarteten Auftragseingangs wird jedoch auch bei noch mehr Teillieferungen nicht zu rechnen sein.

S4.2 Kundenreaktion auf Marktanstrengungen

```
EWMA.K=TABHL(TBWMA,QWMA.K, 0., 3., 0.5)                 47, A
TBWMA=0./0.5/1./1.5/2./2./2.                            47.1, T
    EWMA   - EFFEKTIV WAHRGENOMM. MARKTANSTRENGUNG
             (DIMLOS)
    TABHL  - TABELLEN-FUNKTION (HIGH-LOW)
    TBWMA  - TAB. EFFEKT. WAHRGENOMM. MARKTANSTRENGUNG (DM)
    QWMA   - QUOTIENT WAHRGENOMM. MARKTANSTRENGUNG
             (DIMLOS)
```

QWMA.K=WMA.K/NMA.K 48, A

QWMA - QUOTIENT WAHRGENOMM. MARKTANSTRENGUNG (DIMLOS)
WMA - WAHRGENOMMENE MARKTANSTRENGUNGEN (DM)
NMA - NORMALE MARKTANSTRENGUNG (DM)

WMA.K=DEL3NO(EMA.K,MAC) 50, A

WMA - WAHRGENOMMENE MARKTANSTRENGUNGEN (DM)
DEL3NO - EXP. VERZÖGERUNG 3. ORDNUNG
EMA - EFFEKTIVE MARKTANSTRENGUNG (DM)
MAC - MARKTANSTRENGUNG WAHRNEHMUNGSZEIT (WOCHE)

Heute gemachte Marktanstrengungen wirken sich nicht sofort auf den Auftragseingang aus. Es bedarf einer Kundenwahrnehmungszeit.

S5 Marktanstrengung

Hypothese
Der Auftragseingang steigt proportional zu den wahrgenommenen Marktanstrengungen bis zu einem bestimmten Punkt (WMA doppelt so hoch wie NMA). Ab diesem Punkt können wir Marktanstrengungen machen so viel wir wollen, der Auftragseingang steigt nicht mehr.

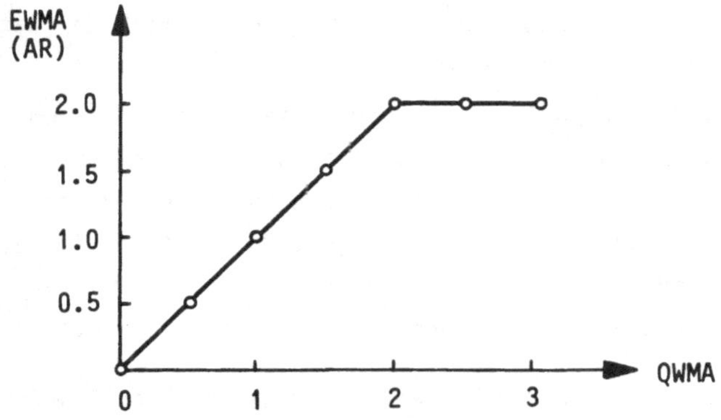

Abb. 4.24: Effektiv wahrgenommene Marktanstrengung

Die effektiv wahrgenommene Marktanstrengung hängt ab von dem Quotient aus wahrgenommenen Marktanstrengungen und normalen Standardmarktanstrengungen, z.B. der Standardanzahl an Vertretern und Werbemaßnahmen, die routinemäßig durchgeführt werden. Der Quotient gibt an, wieviel davon tatsächlich am Markt als zusätzliche Anstrengung wahrgenommen wird.

Beispiele:

QWMA.K = WMA.K/NMA.K, KV.K = EWMA.K * EWTL.K
AR.K = EAR.K * KV.K * TESTPO.K
NMA.K = 30.000, EWTL = 1, EAR.K = 5.000, TESTPO.K = 1

Fall 1: WMA.K = 30.000

QWMA.K = 30.000/30.000 =1, EWMA.K (aus Tabelle) = 1,
KV.K = 1 * 1 = 1, AR.K = 5.000 * 1 * 1 = 5.000
Machen wir effektive Marktanstrengungen, die gleich den normalen Marktanstrengungen sind, so rechnen wir mit einem Auftragseingang, der dem erwarteten Auftragseingang entspricht.

Fall 2: WMA.K=60.000

QWMA.K = 60.000/30.000 = 2, EWMA.K (aus Tabelle) = 2,
KV.K = 2 * 1 = 2, AR.K = 5.000 * 2 * 1 = 10.000
Setzen wir die effektiven Marktanstrengungen doppelt so hoch an, wie die normalen Marktanstrengungen, so rechnen wir damit, daß sich unser Auftragseingang ebenfalls verdoppelt.

Der Auftragseingang wird in diesem Modell sehr stark - sowohl positiv als auch negativ - durch die Marktanstrengungen beeinflußt. Das geschieht in der Realität sowohl durch einen intensiven Vertretereinsatz oder durch zusätzliche Ausstellungen. Der Vertriebsleiter des Unternehmens kann mit ziemlicher Genauigkeit angeben, wieviel Zusatzumsatz ein Quadratmeter Werbefläche auf einer Messe bringt.

Andererseits können auch die Kosten sehr genau angegeben werden. Die Auswirkungen auf die Rentabilität des Unternehmens z.B. sind jedoch ohne quantifizierbare Reationsfunktionen nicht zu übersehen, da die Rückwirkungen zu komplex sind.

Fall 3: WMA.K = 0

QWMA.K = 0/30.000 = 0, EWMA.K (aus Tabelle) = 0,
KV.K = 0 * 1 = 0, AR.K = 5.000 * 0 * 1 = 0
Machen wir keine Marktanstrengungen, so haben wir auch keinen Auftragseingang.

Dies ist bei einem eingeführten Unternehmen nicht die Regel. Ein eingeführtes Unternehmen hat auch ohne daß es Marktanstrengungen macht Aufträge, von zumindest einigen Stammkunden, zu erwarten.

Da der Auftragseingang jedoch ausschließlich über Vertreter kommt, gibt es auch keine Aufträge, wenn kein Vertreter wahrgenommen wird. Diese Zusammenhänge zeigen sich mehr oder weniger drastisch bei solchen Vertriebsorganisationen, die ihre Reisenden nicht durch Anreize oder sonstige Systeme sorgfältig überwachen. Sinkt nämlich die Anzahl der Kundenbesuche, so kann durch weniger wahrgenommene Vertreterbesuche trotz gleichbleibender Vertriebskosten der Auftragseingang sehr rückläufig sein.

```
EMA.K=NMA.K*LAPOL.K*BUPOL.K                              51, A
    EMA    - EFFEKTIVE MARKTANSTRENGUNG (DM)
    NMA    - NORMALE MARKTANSTRENGUNG (DM)
    LAPOL  - FERTIGLAGERPOLITIK BZGL. MARKTANSTRENGUNG
             (DIMLOS)
    BUPOL  - BUDGETPOLITIK BZGL. MARKTANSTRENGUNG (DIMLOS)

NMA.K=DUMS.K*UQ                                          66, A
    NMA    - NORMALE MARKTANSTRENGUNG (DM)
    DUMS   - DURCHSCHNITTLICHER UMSATZ (DM)
    UQ     - UMSATZANTEIL FÜR MARKTANSTRENGUNG (DIMLOS)
```

Die effektiven Marktanstrengungen, das heißt, die Maßnahmen, die als Sonderaktionen über das Normalmaß hinausgehen, richten sich nach dem Lagerbestand und dem Vertriebsbudget. Grob gesprochen wird bei hohem Lagerbestand erhöhte Marktanstrengung betrieben. Das Vertriebsbudget ist,wie bei vielen Firmen üblich, vom Umsatz abhängig, obwohl evtl. ein antizyklisches Verhalten gerade in diesem Bereich sinnvoll wäre. Hier geht aber der vorsichtige Unternehmer nach dem Grundsatz vor: "wo nichts ist, kann nichts geholt werden".

Über die Fertiglager- und Budgetpolitik können die normalen Marktanstrengungen maximal verdreifacht werden (EMA.K = NMA.K * 2 * 1.5). Diese Situation wird sich jedoch kaum einstellen. Es ist anzunehmen, daß ein hoher Wert für LAPOL einen niedrigen Wert für BUPOL bedingt.

Bei einem hohen Wert für LAPOL ist der Fertiglagerbestand hoch, d.h. daß der Absatz und somit der Umsatz in den Vorperioden gering war. Da jedoch das Durchschnittsbudget Marketing vom Umsatz abhängig ist, wird dieses bei niedrigem Umsatz auch gering. Somit ist der Wert für BUPOL ebenfalls gering.

Es kann also festgestellt werden, daß ein hoher Wert für LAPOL auf einen niedrigen Wert für BUPOL schließen läßt und umgekehrt.

Abhängigkeiten:
Auftragseingang hoch - Versandrate hoch (Fertiglagerbestand niedrig - LAPOL niedrig) - Umsatz hoch (Ø Budget Marketing hoch - BUPOL hoch).
Auftragseingang niedrig - Versandrate niedrig (Fertiglagerbestand hoch - LAPOL hoch) - Umsatz niedrig (Ø Budget Marketing niedrig - BUPOL niedrig).

Die oben gemachten Aussagen gelten natürlich nur bei gleichbleibender Produktionsrate.

```
DEMA.K=DEMA.J+DT*(EMA.J-DEMA.J)/MAZAHL                          95, L
DEMA=DEMAN                                                      95.1, N
    DEMA   - DURCHSCHNITTSBILDUNG MARKTANSTRENGUNGEN (DM)
    DT     - INTEGRATIONSSCHRITTWEITE (WOCHE)
    EMA    - EFFEKTIVE MARKTANSTRENGUNG (DM)
    MAZAHL - DURSCHN. BILDUNGSZEIT MARKTANSTRENGUNG (WOCHE)
    DEMAN  - ANFANGSWERT DURCHSCHN. MARKTANSTRENGUNG (DM)
```

```
LAPOL.K=TABHL(TBQLB,QLB.K,0.,3.,1.)                  52, A
TBQLB=1./1./2./2.                                     52.1, T
    LAPOL  - FERTIGLAGERPOLITIK BZGL. MARKTANSTRENGUNG
             (DIMLOS)
    TABHL  - TABELLEN-FUNKTION (HIGH-LOW)
    TBQLB  - TAB. FERTIGLAGERPOLITIK, MARKTANSTRENGUNG
    QLB    - LAGERBESTANDSQUOTIENT (DIMLOS)

QLB.K=LB.K/LMB                                        35, A
    QLB    - LAGERBESTANDSQUOTIENT (DIMLOS)
    LB     - FERTIGLAGERBESTAND (STÜCK)
    LMB    - FERTIGLAGERMINDESTBESTAND (STÜCK)
```

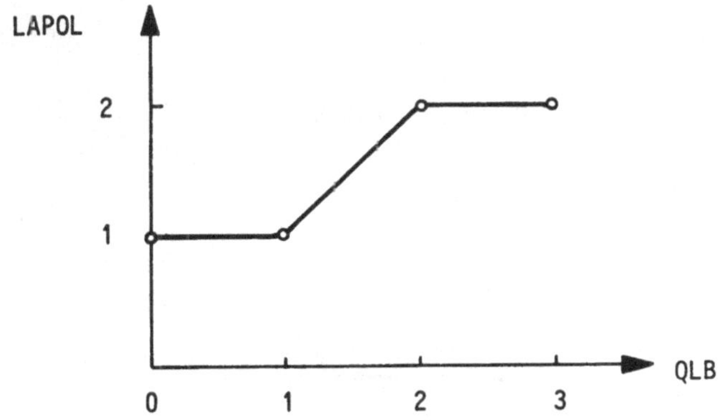

Abb. 4.25: Fertiglagerpolitik

Hypothese:
Solange der Lagerbestand kleiner oder gleich dem Lagermindestbestand ist, sind die eff. Marktanstrengungen gleich den normalen Marktanstrengungen (abstrahiert von BUPOL). Steigt der Lagerbestand über den Lagermindestbestand, so steigen die eff. Marktanstrengungen proportional zum Lagerbestandsüberschuß.

Sobald der Lagerbestand den doppelten Stand des Lagermindestbestands erreicht hat, werden die Marktanstrengungen nicht mehr erhöht, da ab einem bestimmten Punkt die Marktanstrengungen keinen Einfluß mehr auf den Auftragseingang haben. Die normalen Marktanstrengungen werden über die Lagerpolitik maximal verdoppelt.

```
QBU.K=DBUD.K/BUMI                                          53, A
    QBU    - BUDGETQUOTIENT VERTRIEB (DIMLOS)
    DBUD   - DURCHSCHNITTSBUDGET MARKETING (DM)
    BUMI   - BUDGETMINDESTBESTAND (DM)

BUPOL.K=TABHL(TBQBU,QBU.K,0.,3.,1.)                        54, A
TBQBU=0./1./1.5/1.5                                        54.1, T
    BUPOL  - BUDGETPOLITIK BZGL. MARKTANSTRENGUNG (DIMLOS)
    TABHL  - TABELLEN-FUNKTION (HIGH-LOW)
    TBQBU  - TABELLE VERTRIEBSBUDGETPOLITIK
    QBU    - BUDGETQUOTIENT VERTRIEB (DIMLOS)
```

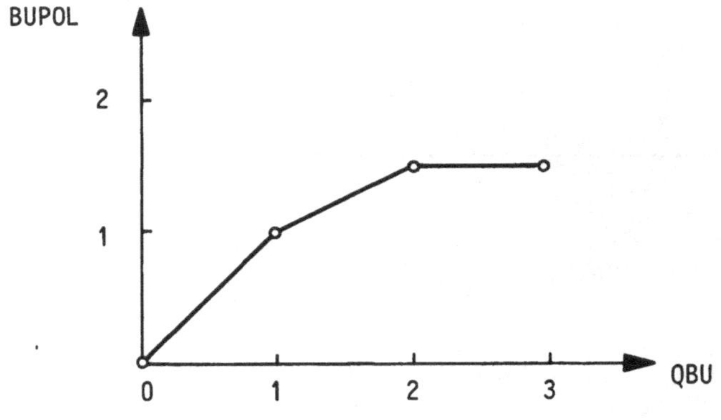

Abb. 4.26: Marketingbudget

Hypothese:
Solange das Durchschnittsbudget Marketing kleiner oder gleich dem Budgetmindestbestand ist, werden die normalen Marktanstrengungen proportional zum Budget gekürzt (abstrahiert von LAPOL). Steigt das Durchschnittsbudget Marketing über den Budgetmindestbestand, so steigen die effektiven Marktanstrengungen unterproportional zum Durchschnittsbudgetüberschuß.

Solange das Durchschnittsbudget Marketing doppelt so hoch ist wie der Budgetmindestbestand, werden die Marktanstrengungen nicht mehr erhöht, da ab einem bestimmten Punkt die Marktanstrengungen keinen Einfluß mehr auf den Auftragseingang haben. Die normalen Marktanstrengungen können über die Budgetpolitik maximal um 1.5 erhöht werden.

S6 Level Teillieferungen

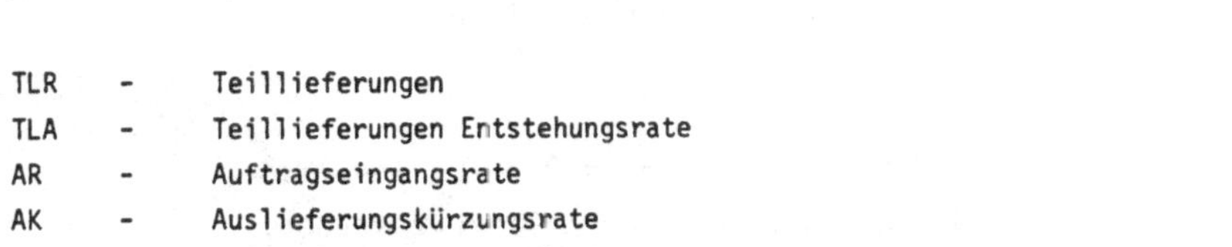

TLR	-	Teillieferungen
TLA	-	Teillieferungen Entstehungsrate
AR	-	Auftragseingangsrate
AK	-	Auslieferungskürzungsrate
TAR	-	Teillieferungs - Nachlieferungsrate
TPOL	-	Teilenachlieferungspolitik
LB	-	Fertiglagerbestand
LMB	-	Fertiglagermindestbestand

Abb. 4.27: Teillieferungen

TLR.K=TLR.J+DT*(TLA.JK-TAR.JK) 38, L

TLR=TLRC 38.1, N

TLR - TEILLIEFERUNGEN (STÜCK)
DT - INTEGRATIONSSCHRITTWEITE (WOCHE)
TLA - TEILLIEFERUNGEN ENTSTEHUNGSRATE (STÜCK/WOCHE)
TAR - TEILLIEFERUNG-NACHLIEFERUNGSRATE (STÜCK/WOCHE)
TLRC - ANFANGSBESTAND TEILLIEFERUNGEN (STÜCK)

Teillieferungen werden in Stück gemessen und repräsentieren den Bestand an bestellten Artikeln, der nicht ausgeliefert werden konnte. Dieser Lieferrückstand hängt ab von dem Anfangsbestand bzw. dem momentanen Bestand an Teillieferungen und der Entstehungsrate, abzüglich der Rate mit der die Nachlieferungen erfolgen.

S6.1 Teillieferungentstehungsrate

Da es allein im Einflußbereich des Unternehmens liegt, wie die Kürzung der Auslieferungen vorgenommen werden, handelt es sich hier um eine Entscheidungsregel.

TLA.KL=ARH.K*(1.-AK.K) 39, R

TLA - TEILLIEFERUNGEN ENTSTEHUNGSRATE (STÜCK/WOCHE)
ARH - AUFTRAGSEINGANGSRATE HILFSGRÖSSE (STÜCK/WOCHE)
AK - AUSLIEFERUNGSKÜRZUNGSRATE (DIMLOS)

Entscheidungsregeln:

- QLB.K = 0 (d.h. LB.K = 0) → AK.K = 0 → TLA.K = AR.K
  Der ganze Auftragseingang muß nachgeliefert werden.

- QLB.K < 1 (d.h. LB.K < LMB) → AK < 1 → AR.K um %-Satz gekürzt
  Wenn der Fertiglagerbestand nur 1/4 des Lagermindestbestandes ausmacht (QLB.K = 0.25, AK.K = 0.25), dann werden die Auftragseingänge um 75 % (1 - 0.25) gekürzt.

- 1 ≤ QLB.K ≤ 3 (d.h. LB.K ≥ LMB) → AK = 1 → TLA = 0.
  Der ganze Auftragseingang kann sofort ausgeliefert werden.

```
AK.K=TABHL(EREG1,QLB.K,0.,3.,0.5)                          34, A
EREG1=0./0.5/1./1./1./1./1.                                34.1, T
    AK      - AUSLIEFERUNGSKÜRZUNGSRATE (DIMLOS)
    TABHL   - TABELLEN-FUNKTION (HIGH-LOW)
    EREG1   - ENTSCHEIDUNGSREGEL 1
              AUSLIEFERUNGSKÜRZUNGEN (DIMLOS)
    QLB     - LAGERBESTANDSQUOTIENT (DIMLOS)
```

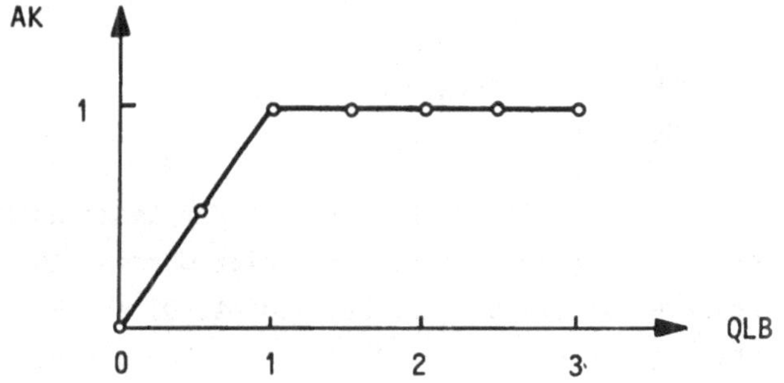

Abb. 4.28: Auslieferungskürzungsrate

Entscheidungsregeln:

- QLB.K = 0 (d.h. LB.K = 0) → AK = 0
  Wenn wir nichts auf Lager haben, können auch keine Auslieferungen vorgenommen werden.

- QLB.K < 1 (d.h. LB.K < LMB) → AK < 1
  Wenn der Fertiglagerbestand kleiner als der Lagermindestbestand ist, so ist die Auslieferungskürzungsrate proportional dem Bestandsquotienten.

- $1 \leq$ QLB.K ≤ 3 (d.h. LB.K > LMB) → AK = 1
  Sobald der Fertiglagerbestand gleich dem Lagermindestbestand ist, brauchen keine Auslieferungskürzungen vorgenommen zu werden.

Beispiele:

QLB.K = LB.K/LMB, VR.K = (AR.K + TAR.K) * AK.K
LMB.K = 15.000, AR.K = 4.000, TAR.K = 1.000

Fall 1: LB.K = 0

QLB.K = 0/15.000 = 0, AK.K = 0
VR.K = (4.000 + 1.000) * 0 = 0.

Fall 2: LB.K =10.000

QLB.K = 10.000/15.000 = 0.67, AK.K = 0.67
VR.K = (4.000 + 1.000) * 0.67 = 3.350

Bei einem Lagerbestand von 10.000 Stück könnte der ganze Auftragseingang und die gesamten Nachlieferungen befriedigt werden. Aber nach der Entscheidungsregel werden nur 2/3 befriedigt. Dieser Restbestand wird aus Sicherheitsgründen für Neuaufträge zurückbehalten.

Fall 3: LB.K = 15.000

QLB.K = 15.000/15.000 = 1, AK.K = 1
VR.K = (4.000 + 1.000) * 1 = 5.000

S6.2 Nachlieferungsrate

```
TAR.KL=TARH.K                                                    40, R
    TAR    - TEILLIEFERUNG-NACHLIEFERUNGSRATE (STÜCK/WOCHE)
    TARH   - TEILLIEFERUNG-NACHLIEFERUNGSRATE HILFSGRÖSSE
             (STÜCK/WOCHE)
```

Im folgenden möchte man eine Entscheidungsregel modellieren, die in Abhängigkeit vom aktuellen Lagerbestand (LBK) und vom festen Lagermindestbestand (LMB) die Teillieferung-Nachlieferungsrate festlegt.

Da der Zusammenhang komplexer modelliert wird, müssen mehrere Hilfsgrößen eingeführt werden (TARH, HTAR, T2AR, H2TAR).

```
HTAR.K=(1./TPOL)*(LB.K-LMB)                                  41, A
    HTAR   - HILFSGRÖSSE NACHLIEFERUNGEN (STÜCK)
    TPOL   - TEILENACHLIEFERUNGSPOLITIK (DIMLOS)
    LB     - FERTIGLAGERBESTAND (STÜCK)
    LMB    - FERTIGLAGERMINDESTBESTAND (STÜCK)
```

Entscheidungsregel:

LB.K < LMB → HTAR.K < 0

LB.K = LMB → HTAR.K = 0

LB.K > LMB → HTAR.K > 0

```
T2AR.K=FCNSW(HTAR.K,0.,0.,HTAR.K) 1)                         42, A
    T2AR   - HILFSGRÖSSE ZU TAR (STÜCK)
    FCNSW  - ARITHMETISCHER SWITCH F. X<0,X=0,X>0 2)
    HTAR   - HILFSGRÖSSE NACHLIEFERUNGEN (STÜCK)
```

Entscheidungsregel:

HTAR.K < 0 → T2AR.K = 0

HTAR.K = 0 → T2AR.K = 0

HTAR.K > 0 → T2AR.K = HTAR.K

```
H2TAR.K=TLR.K-T2AR.K                                         43, A
    H2TAR  - HILFSGRÖSSE NACHLIEFERUNGEN (STÜCK)
    TLR    - TEILLIEFERUNGEN (STÜCK)
    T2AR   - HILFSGRÖSSE ZU TAR (STÜCK)
```

---

1) vgl. Anhang Makrofunktionen

2) T2AR ist hier gleich dem positiven Teil der Funktion HTAR (LB>LMB). Im negativen Teil von HTAR wird T2AR auf Null gesetzt (LB≦LMB),

TARH.K=FCNSW(H2TAR.K,TLR.K,TLR.K,T2AR.K) 44, A

TARH	-	TEILLIEFERUNG-NACHLIEFERUNGSRATE HILFSGRÖSSE (STÜCK/WOCHE)
FCNSW	-	ARITHMETISCHER SWITCH F. X<0,X=0,X>0
H2TAR	-	HILFSGRÖSSE NACHLIEFERUNGEN (STÜCK)
TLR	-	TEILLIEFERUNGEN (STÜCK)
T2AR	-	HILFSGRÖSSE ZU TAR (STÜCK)

Entscheidungsregel:

H2TAR.K < 0 → TARH.K = TLR.K

H2TAR.K = 0 → TARH.K = TLR.K

H2TAR.K > 0 → TARH.K = T2AR.K

Die Nachlieferungen hängen im wesentlichen vom vorhandenen Lagerbestand ab.

Beispiele:

1. HTAR.K = (1./TPOL) x (LB.K - LMB)
2. T2AR.K = FCNSW (HTAR.K, 0., 0., HTAR.K)
3. H2TAR.K = TLR.K - T2AR.K
4. TAR.K = FCNSW (H2TAR.K, TLR.K, TLR.K, T2AR.K)

TPOL = 4, LMB = 10.000, TLR.K = 5.000

Fall 1: LB.K = 40.000

HTAR.K	T2AR.K	H2TAR.K	TAR.K
7.500	7.500	2.500	5.000

Wir haben einen sehr hohen Fertiglagerbestand und sind somit so lieferfähig, daß wir sämtliche bisher aufgelaufenen Teillieferungen befriedigen können.

Fall 2: LB.K = 5.000

HTAR.K	T2AR.K	H2TAR.K	TAR.K
- 1.250	0	5.000	0

Wir haben einen Fertiglagerbestand der kleiner als der Lagermindestbestand ist und sind somit nicht lieferfähig. Es kann nichts nachgeliefert werden.

<u>Fall 3:</u> LB.K = 12.000

HTAR.K	T2AR.K	H2TAR.K	TAR.K
500	500	4.500	500

Wir haben einen Fertiglagerbestand, der nur etwas größer als der Lagermindestbestand ist und sind somit nur schwach lieferfähig. In einem derartigen Fall liefern wir nur 1/4 des Überschusses aus.

<u>Fall 4:</u> LB.K = 10.000

HTAR.K	T2AR.K	H2TAR.K	TAR.K
0	0	5.000	0

Wir haben einen Fertiglagerbestand, der gleich dem Lagermindestbestand ist. Da wir den Lagermindestbestand nicht angreifen, wird nichts nachgeliefert.

Bei dieser Modellierung zeigt sich, daß der Lagermindestbestand nicht einmal bei Lieferengpässen angetastet wird. Hier könnte eine Auslieferungspolitik-Änderung zu flexiblerem Verhalten führen.

<u>S7 Vertriebsbudget</u>

Das Strukturdiagramm zeigt in einer Übersicht die für dieses Modell relevanten Einflußfaktoren (siehe Abb. 4.29).

VBUD.K=VBUD.J+DT*(VBUZU.JK-VBUAB.JK) 57, L

VBUD=VBUDAN 57.1, N

VBUD - VERTRIEBSBUDGET (DM)
DT - INTEGRATIONSSCHRITTWEITE (WOCHE)
VBUZU - ZUWENDUNGEN ZUM VERTRIEBSBUDGET (DM/WOCHE)
VBUAB - AUSGABEN VOM VERTRIEBSBUDGET (DM/WOCHE)
VBUDAN - ANFANGSWERT VERTRIEBSBUDGET (DM)

Die Levelgleichung zeigt, daß der aktuelle Bestand des Vertriebsbudgets abhängig ist von der Zuflußrate "Zuwendungen zum Vertriebsbudget" (VBUZU) und den "Ausgaben vom Vertriebsbudget" (VBUAB).

```
VBUZU.KL=VFIXZU.K+VVARZU.K                                  58, R
     VBUZU  - ZUWENDUNGEN ZUM VERTRIEBSBUDGET (DM/WOCHE)
     VFIXZU - FIXER ANTEIL VERTRIEBSZUWENDUNGEN (DM/WOCHE)
     VVARZU - VAR. ANTEIL VERTRIEBSZUWENDUNGEN (DM/WOCHE)
```

Die Summe aus dem "fixen Anteil an den Vertriebszuwendungen" (VFIXZU) und dem "variablen Anteil an den Vertriebszuwendungen" (VVARZU) ergibt die gesamte Zuflußrate zum Level Vertriebsbudget.

```
DBUD.K=SMOONO(VBUD.K,BUDZ)                                  65, A
    DBUD   - DURSCHSCHNITTSBUDGET MARKETING (DM)
    SMOONO - EXP. GLÄTTUNG 1. ORDNUNG
    VBUD   - VERTRIEBSBUDGET (DM)
    BUDZ   - ZEITKONSTANTE DURCHSCHNITTSBILDUNG BUDGET (WOCHE)
```

```
VFIXZU.K=PLUMS*VZUF/JAHR                                    59, A
    VFIXZU - FIXER ANTEIL VERTRIEBSZUWENDUNGEN
             (DM/WOCHE)
    PLUMS  - GEPLANTER UMSATZ (DM)
    VZUF   - ANTEILSFAKTOR FIX A. D. VERTRIEBSZUW. (DIMLOS)
    JAHR   - GESCHÄFTSJAHR (WOCHE)
```

Die fixen Zuflüsse zum Vertriebsbudget orientieren sich am Planumsatz (PLUMS), der den für das Planjahr erwarteten Umsatz darstellt. Diese Größe stellt einen Eingabeparameter dar, der sich an Vergangenheitsdaten und an Prognosen der Branche ausrichtet. Der Planumsatz wird mit einem Faktor "Anteil fix für Vertriebszuwendungen" (VZUF) multipliziert, und man erhält den Betrag der dem Vertriebsbudget auf jeden Fall zufließen soll, ungeachtet der aktuellen Begleitumstände, die das Unternehmen beeinflussen. Die Division dieser Größe durch die Anzahl der Wochen im "Geschäftsjahr" (JAHR) ergibt die Höhe der wöchentlichen, fixen Zuwendungen.

VVARZU.K=DUMS.K*VZUV 60, A

VVARZU - VAR. ANTEIL VERTRIEBSZUWENDUNGEN (DM/WOCHE)
DUMS - DURCHSCHNITTL. UMSATZ (DM/WOCHE)
VZUV - ANTEILSFAKTOR VAR. A. D. VERTRIEBSZUW. (DIMLOS)

Die Gleichung bringt zum Ausdruck, daß vom "durchschnittlichen Umsatz" (DUMS) ein bestimmter, vorher festgelegter Prozentsatz, nämlich der Faktor "Anteil variabel für Vertriebszuwendungen", der Zuflußrate (VBUZU) zufließt. Der durchschnittliche Umsatz (DUMS) ergibt sich aus der Multiplikation der "durchschnittlichen Auftragseingangsrate" (DAR) mit dem für die kommende Periode "erwarteten Einzelpreis" (EP).

DUMS.K=DAR.K*EP 56, A

DUMS - DURCHSCHNITTL. UMSATZ (DM/WOCHE)
DAR - DURCHSCHNITTL. AUFTRAGSEINGANGSRATE (STÜCK/WOCHE)
EP - EINZELPREIS ERWARTET (DM/STÜCK)

DAR.K=DAR.J+DT*(ARH.J-DAR.J)/DARZ 64, L
DAR=EARAN 64.1, N

DAR - DURCHSCHNITTL. AUFTRAGSEINGANGSRATE (STÜCK/WOCHE)
DT - INTEGRATIONSSCHRITTWEITE (WOCHE)
ARH - AUFTRAGSEINGANGSRATE HILFSGRÖSSE (STÜCK/WOCHE)
DARZ - EXP. GLÄTTUNGSKONSTANTE AUFTRAGSEINGANG (WOCHE)
EARAN - ERWARTETER AUFTRAGSEINGANG ANFANGSWERT (STÜCK/WOCHE)

Wenn der aktuelle Auftragseingang über dem Niveau des durchschnittlichen Auftragseingangs liegt, ergibt sich für die Differenz ARH.J - DAR.J ein positiver Wert, der aussagt, um wieviel Stück der tatsächliche Auftragseingang (AR) über dem bisher durchschnittlich erzielten Auftragseingang liegt. Um kurzfristige starke Ausschläge nicht zu schwerwiegend ins Gewicht fallen zu lassen, wird die jeweilige Differenz mit einer Konstanten DARZ geglättet, so daß das Niveau des Levels durchschnittliche Auftragseingangsrate einem langfristigen Trend angepaßt werden kann.

Bei tendenziell steigenden Auftragseingängen erhöht sich somit die durchschnittliche Auftragseingangsrate, was sich letztendlich in höheren Zuflüssen zum Vertriebsbudget niederschlägt.

Die Trennung des Zuflusses in einen fixen und einen variablen Bestandteil garantiert ein Minimum an laufendem Vertriebsbudget. Durch die Abhängigkeit des Zuflusses vom Marktgeschehen ist es möglich, auf geänderte Marktkonstellationen adäquat zu reagieren. So können beispielsweise bei Absatzreserven aufgrund des zunehmenden Auftragseinganges intensivere Vertriebsaktivitäten eine unter Umständen beträchtliche Umsatzausweitung erzielen. Andererseits wird ein überhöhtes Vertriebsbudget, das aufgrund der aktuellen Markt- und Unternehmenslage nicht ökonomisch sinnvoll im Vertrieb eingesetzt werden kann, durch den Bezug zum laufenden Geschehen verhindert.

Um eine Planungsgrundlage im Vertrieb zu haben und um den laufenden Betrieb auch in kurzfristig vielleicht ungünstigeren Zeiten aufrecht erhalten zu können, sind fixe Zuwendungen notwendig.

Die Aufgabe besteht in der Suche nach einem dem Sicherheits- und Effektivitätsdenken Rechnung tragenden Kompromiß, der sich in den Anteilsfaktoren VZUF und VZUV niederschlägt.

```
VBUAB.KL=VPK.K+VMAAUF.K+VSOAUF.K                              61, R
   VBUAB  - AUSGABEN VOM VERTRIEBSBUDGET (DM/WOCHE)
   VPK    - VERTRIEB PERSONALKOSTEN (DM/WOCHE)
   VSOAUF - VERTRIEB SONSTIGE AUFWENDUNGEN (DM/WOCHE)
   VMAAUF - VERTRIEB MATERIALAUFWENDUNGEN (DM/WOCHE)

VPK.K=VFIXGE.K+VUMPRO.K                                       62, A
   VPK    - VERTRIEB PERSONALKOSTEN (DM/WOCHE)
   VFIXGE - FIXGEHALT (DM/WOCHE)
   VUMPRO - V. UMSATZ PROVISION (DM/WOCHE)
```

VFIXGE.K=VGRUGE*VANZAP/4. 63, A

VFIXGE - FIXGEHALT (DM/WOCHE)
VGRUGE - GRUNDGEHALT VERTRIEB (DM/(MONAT*MANN))
VANZAP - ANZAHL PERSONEN VERTRIEB (MANN)

Die Abflußrate des Vertriebsbudgets setzt sich aus den 3 Größen "Personalkosten des Vertriebs" (VPK), "Materialaufwendungen des Vertriebs" (VMAAUF) und "Sonstige Aufwendungen im Vertrieb" (VSOAUF) zusammen. Die gesamten Personalkosten des Vertriebs setzen sich aus einem fixen Bestandteil, dem Fixgehalt (VFIXGE), und einem variablen Bestandteil, der Umsatzprovision (VUMPRO) zusammen.

Die fixen Personalkosten ergeben sich aus der Multiplikation des Grundgehaltes, für das ein Durchschnittswert für alle Beschäftigten des Vertriebs ermittelt wird, mit der Anzahl der im Vertrieb tätiger Mitarbeiter (VANZAP).

Da das Grundgehalt in DM/Monat angegeben wird, ist die Division durch die Konstante 4 notwendig, um DM/Woche zu erreichen.

VUMPRO.K=ARH.K*PROSA*EPD 67, A

VUMPRO - V. UMSATZ PROVISION (DM/WOCHE)
ARH - AUFTRAGSEINGANGSRATE HILFSGRÖSSE (STÜCK/WOCHE)
PROSA - PROVISIONSSATZ (DIMLOS)
EPD - ERWARTETER PREISDURCHSCHNITT (DM/STÜCK)

Die 2. Komponente der Personalkosten umfaßt die Umsatzprovision (VUMPRO).

Diese Art der Ermittlung der Umsatzprovision ist allgemein üblich. Vom Wert des Auftragseingangs erhalten die Mitarbeiter einen bestimmten Prozentsatz (PROSA) als Erfolgsprämie. Der Wert des Auftragseinganges ergibt sich aus der Multiplikation des Auftragseinganges (ARH-Stück) [1] mit dem erwarteten Preisdurchschnitt (EPD).

---

1) vgl. Abb. 4.21

VMAAUF.K=EMA.K*MAKO*MAAN 68, A

VMAAUF - VERTRIEB MATERIALAUFWENDUNGEN (DM/WOCHE)
EMA - EFFEKTIVE MARKTANSTRENGUNG (DM)
MAKO - MARKTANSTRENGUNG MATERIALKOSTEN (DM/WOCHE)
MAAN - MATERIALANTEIL AN MARKTANSTRENGUNGEN (1/DM)

Den 2. Bestandteil der Abflußrate vom Vertriebsbudget stellen die Materialaufwendungen des Vertriebs (VMAAUF) dar.

Die Materialaufwendungen orientieren sich an den effektiven Marktanstrengungen (EMA). Unter den Marktanstrengungen sind die Marketingausgaben des Unternehmens zu verstehen. Um die Höhe des Materialverbrauchs zu bestimmen,wird festgelegt, daß mit jeder DM Marketingausgabe ein bestimmter Materialverbrauch verbunden ist. Das Verhältnis zwischen Marketingausgabe und Materialaufwand drückt die Größe "Materialanteil an Marktanstrengungen" (MAAN) aus. Der so ermittelte Materialverbrauch wird mit einem Kostensatz für das verbrauchte Material bewertet, und man erhält die Materialaufwendungen des Vertriebes, die bei einer bestimmten Höhe der Marketingausgaben anfallen. Den Kostensatz stellt die Größe MAKO - Marktanstrengungen Materialkosten - dar.

Der 3. Bestandteil der Abflußrate vom Vertriebsbudget ist bezeichnet mit "Sonstige Aufwendungen des Vertriebs" (VSOAUF).

Das Produkt der ersten 3 Faktoren drückt analog der Interpretation für die Ermittlung der Materialaufwendungen, die nicht materialabhängigen sonstigen Aufwendungen des Vertriebes aus.

VSOAUF.K=EMA.K*MAKO*(1.-MAAN)+TKOS.K+UEKOS.K 69, A

VSOAUF - VERTRIEB SONSTIGE AUFWENDUNGEN (DM/WOCHE)
EMA - EFFEKTIVE MARKTANSTRENGUNG (DM)
MAKO - MARKTANSTRENGUNG MATERIALKOSTEN (DM/WOCHE)
MAAN - MATERIALANTEIL AN MARKTANSTRENGUNGEN (1/DM)
TKOS - KOSTEN F. EINE TEILLIEFERUNG (DM/WOCHE)
UEKOS - KOSTEN F. EINE ÜBERSTUNDE (DM/WOCHE)

```
TKOS.K=(TKO/DLG)*TLR.K                                          70, A
     TKOS   - KOSTEN F. EINE TEILLIEFERUNG (DM/WOCHE)
     TKO    - KOSTENSATZ PRO TEILLIEFERUNG (DM/WOCHE)
     DLG    - DURCHSCHNITTL. LIEFERGRÖSSE BEI TEIL-
              LIEFERUNGEN (STÜCK)
     TLR    - TEILLIEFERUNGEN (STÜCK)
```

Wie aus der Übersicht in Abb. 4.29 zu ersehen ist, gehen in die Grösse "Sonstige Aufwendungen" auch die Kosten für die Teillieferungen ein. Die Größe TKO "Kostensatz pro Teillieferung" gibt an, wieviel eine Teillieferung kostet. Hier sind jedoch nicht die Teillieferungskosten je Stück gemeint, sondern man nimmt an, daß bei einer durchschnittlichen Liefergröße (DLG) ein bestimmter Aufwand anfällt. Erst die Division in Gleichung 70 gibt also die Kosten für die Teillieferung eines Stückes an. Dieser Betrag wird dann mit der Anzahl der Teillieferungen multipliziert und man erhält die Kosten, die für alle Teillieferungen in dem betrachteten Zeitabschnitt anfallen.

TKO stellt den Kostensatz für <u>eine</u> Teillieferung dar, die <u>mehrere</u> Stücke umfaßt, was man auch mit der Bezeichnung "Teillieferungssendung" spezifizieren kann.

Der 3. und letzte Summand für die Ermittlung der sonstigen Aufwendungen im Vertrieb umfaßt die Überstundenkosten.

```
UEKOS.K=UEKO.K                                                  96, A
     UEKOS  - KOSTEN F. EINE ÜBERSTUNDE (DM/WOCHE)
     UEKO   - ÜBERSTUNDENKOSTEN (DM/WOCHE)


UEKO.K=FCNSW(HUEKO.K,0.,0.,HUEKO.K)                             83, A
     UEKO   - ÜBERSTUNDENKOSTEN (DM/WOCHE)
     FCNSW  - ARITHMETISCHER SWITCH F. X<0,X=0,X>0
     HUEKO  - HILFSGRÖSSE ÜBERSTUNDENKOSTEN (DM/WOCHE)
```

HUEKO.K=(EAS.K-PAS.K)*UEKOF 82, A

HUEKO - HILFSGRÖSSE ÜBERSTUNDENKOSTEN (DM/WOCHE)

EAS - EFFEKTIVE ARBEITSKAPAZITÄT (STD/WOCHE)

PAS - PLANKAPAZITÄT (STD/WOCHE)

UEKOF - ÜBERSTUNDENKOSTENSATZ (DM/STD)

Dieser Zusammenhang kann folgendermaßen interpretiert werden:
Wenn die effektive Kapazitätsauslastung (EAS) größer ist als die zu Beginn des Planungszeitraumes festgelegte geplante Kapazitätsauslastung (PAS), ergibt sich für die Differenz dieser beiden Größen die Anzahl der Überstunden in der betrachteten Periode. Es wird also davon ausgegangen, daß bei der Planauslastung die tariflich festgelegte übliche Arbeitszeit von den Mitarbeitern absolviert wird. Die eventuell nun anfallenden Überstunden werden mit einem bestimmten Betrag bewertet, den die Unternehmung im Schnitt für die Vergütung ansetzen muß (UEKOF). Gleichung 83 legt fest, daß die Überstundenkosten (UEKO) nur dann gleich der Hilfsgröße Überstundenkosten (HUEKO) sind, wenn die Hilfsgröße Überstundenkosten positiv ist, das bedeutet, die effektive Kapazitätsauslastung liegt über der Plankapazitätsauslastung.

Das Vertriebsbudget wird also durch die drei Faktoren Marktanstrengung, Teillieferungskosten und Überstundenkosten stark belastet. Es ist nun von vornherein nicht zu übersehen, ob die Kosten für Teillieferungen höher sind, als die Kosten für Überstunden, um die Teillieferungen wieder abzubauen. An dieser Stelle werden erst Auswertungen des Modells mit verschiedenen Parametern zeigen, welche Strategie gefahren werden muß.

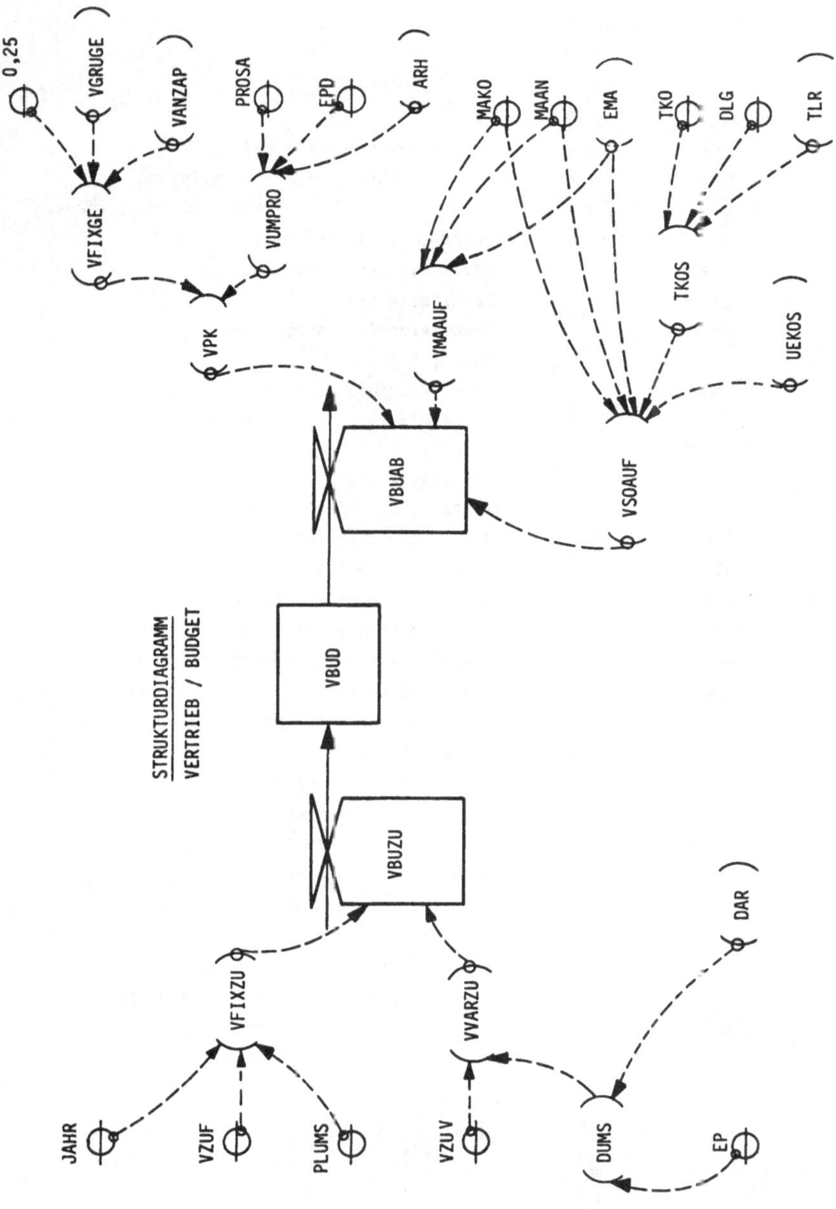

Abb. 4.29: Vertriebspolitik

Erläuterungen zu Abb. 4.29:

ARH	-	Auftragseingangsrate Hilfsgröße
DAR	-	Durchschnittlicher Auftragseingang
DLG	-	Durchschnittl. Liefergröße bei Teillieferung
DUMS	-	Durchschnittlicher Umsatz
EMA	-	Effektive Marktanstrengungen
EP	-	Erwarteter Preis
EPD	-	Erwarteter Preisdurchschnitt
JAHR	-	Geschäftsjahr
MAAN	-	Materialanteil an Marktanstrengungen
MAKO	-	Materialaufwand Marktanstrengungen
PLUMS	-	Planumsatz
PROSA	-	Provisionssatz
TKO	-	Kostensatz pro Teillieferung
TKOS	-	Kosten für eine Teillieferung
TLR	-	Anzahl der Teillieferungen
UEKOS	-	Kosten für eine Überstunde
VANZAP	-	Anzahl der Mitarbeiter im Vertrieb
VBUAB	-	Ausgaben vom Vertriebsbudget
VBUD	-	Vertriebsbudget
VBUZU	-	Zuwendungen zum Vertriebsbudget
VFIXGE	-	Fixgehalt Vertrieb
VFIXZU	-	Fixe Vertriebszuwendungen
VGRUGE	-	Grundgehalt Vertrieb
VMAAUF	-	Materialaufwand Vertrieb
VPK	-	Personalkosten Vertrieb
VSOAUF	-	Sonstige Aufwendungen Vertrieb
VUMPRO	-	Umsatzprovision
VVARZU	-	Variable Vertriebszuwendungen
VZUF	-	Fixer Anteil für Vertriebszuwendungen
VZUV	-	Variabler Anteil für Vertriebszuwendungen

S8 Kapazität

```
EAS.K=EAS.J+DT*(EAKT.JK-KAPMIN.JK)                              85, L
EAS=EASC                                                        85.1, N
    EAS    - EFFEKTIVE ARBEITSKAPAZITÄT (STD/WOCHE)
    DT     - INTEGRATIONSSCHRITTWEITE (WOCHE)
    EAKT   - EFFEKT. ARBEITSKAPAZITÄT AKTIVIERUNGSRATE
             (STD/(WOCHE*WOCHE))
    KAPMIN - KAPAZITÄTSMINDERUNGSRATE (STD/(WOCHE*WOCHE))
    EASC   - ANFANGSWERT EFFEKT. ARBEITSKAPAZITÄT (STD/WOCHE)

EAKT.KL=EAKTH.K                                                 86, R
    EAKT   - EFFEKT. ARBEITSKAPAZITÄT AKTIVIERUNGSRATE
             (STD/(WOCHE*WOCHE))
    EAKTH  - EFFEKT. ARBEITSKAPAZITÄT AKTIVIERUNGSRATE
             HILFSGRÖSSE (STD/(WOCHE*WOCHE))

KAPMIN.KL=KAPMIH.K                                              87, R
    KAPMIN - KAPAZITÄTSMINDERUNGSRATE (STD/(WOCHE*WOCHE))
    KAPMIH - KAPAZITÄTSMIND.RATE HILFSGRÖSSE (STD/(WOCHE*WOCHE))
```

Die effektive Arbeitskapazitätsaktivierungsrate ist der um die Aktivierungszeitkonstante Arbeitskraft (AAR) verzögerte Wert der Arbeitskapazitätsaktivierungsrate (AKT), da es eine Zeit dauert, bis zusätzliche Arbeitsstunden, z.B. durch Erstellung von Hilfsarbeiten, erreicht werden können. Die maßgebende Größe für die Berechnung der Zuflußrate stellt also die Arbeitskapazitätsaktivierungsrate dar.

```
AKT.K=FCNSW(EASDI1.K,0.,0.,HAKT.K)                              89, A
    AKT    - ARBEITSKAPAZITÄT AKTIVIERUNGSRATE
             (STD/(WOCHE*WOCHE))
    FCNSW  - ARITHMETISCHER SWITCH F. X<0,X=0,X>0
    EASDI1 - DIFFERENZ ARBEITSKAP.ZU MAXIMUM (STD/WOCHE)
    HAKT   - HILFSGRÖSSE ZU AKT (STD/(WOCHE*WOCHE))
```

```
EAKTH.K=DEL3NO(AKT.K,AAR)                                 94, A
    EAKTH  - EFFEKT. ARBEITSKAPAZITÄT-AKTIVIERUNGSRATE
             HILFSGRÖSSE (STD/(WOCHE*WOCHE))
    DEL3NO - EXP. VERZÖGERUNG 3. ORDNUNG
    AKT    - ARBEITSKAPAZITÄT-AKTIVIERUNGSRATE
             (STD/(WOCHE*WOCHE))
    AAR    - AKTIVIERUNGSZEITKONSTANTE ARBEITSKRAFT
             (WOCHEN)

EASMIN.K=PAS.K*0.75                                       80, A
    EASMIN - MINIMALE ARBEITSKAPAZITÄTSAUSLASTUNG
             (STD/WOCHE)
    PAS    - PLANKAPAZITÄT (STD/WOCHE)

EASDI1.K=EASMAX.K-EAS.K                                   90, A
    EASDI1 - DIFFERENZ ARBEITSKAP. ZU MAXIMUM (STD/WOCHE)
    EASMAX - MAXIMALE ARBEITSKAPAZITÄTSAUSLASTUNG (STD/WOCHE)
    EAS    - EFFEKTIVE ARBEITSKAPAZITÄT (STD/WOCHE)

EASMAX.K=PAS.K*1.25                                       81, A
    EASMAX - MAXIMALE ARBEITSKAPAZITÄTSAUSLASTUNG (STD/WOCHE)
    PAS    - PLANKAPAZITÄT (STD/WOCHE)
```

Unter der Abkürzung EASDI1 ist die Differenz zwischen der maximalen Arbeitskapazität (EASMAX) und der effektiven Arbeitskapazität (EAS) zu verstehen. Die maximale Kapazitätsauslastung entspricht also 125 % der Plankapazität (PAS).

```
PAS.K=PPR.K/(PMABAN*ARANZ*PF)                            106, A
    PAS    - PLANKAPAZITÄT (STD/WOCHE)
    PPR    - GEPLANTE PRODUKTIONSRATE (STÜCK/WOCHE)
    PMABAN - ANFANGSBESTAND ANLAGEN PRODUKTION (DM)
    ARANZ  - ANZAHL ARBEITER IM PRODUKTIONSPROZESS (MANN)
    PF     - PRODUKTIONSFAKTOR (STÜCK/(DM*MANN*STD))
```

Für die Erklärung der Zuflußrate muß noch die Gleichung der Hilfsgröße Arbeitskapazitätsaktivierungsrate dargestellt werden.

```
HAKT.K=TLR.K*APOL*BUPOL.K                                   88, A
    HAKT   - HILFSGRÖSSE ZU AKT (STD/(WOCHE*WOCHE))
    TLR    - TEILLIEFERUNGEN (STÜCK)
    APOL   - ÜBERSTUNDENPOLITIK (STD/(STÜCK*WOCHE*WOCHE))
    BUPOL  - BUDGETPOLITIK BZGL. MARKTANSTRENGUNG (DIMLOS)
```

Das Unternehmen erwartet für die Planperiode einen bestimmten Auftragseingang. Anhand dieses Auftragseinganges legt das Management eine geplante Produktionsrate (PPR) fest. Unter Berücksichtigung der vorhandenen Produktionsanlagen (PMABA), der Anzahl der Arbeitskräfte in der Produktion (ARANZ) und eines Produktivitätsfaktors (PF), wird eine Planarbeitskapazität (PAS) ermittelt, bei der die vorher geplante Produktionsrate realisiert wird. Wenn der tatsächliche Auftragseingang jedoch über dem erwarteten Auftragseingang liegt, führt dies dazu, daß sich ein Bestand an Teillieferungen aufbaut, da der Lagerbestand aufgrund der höheren Nachfrage bei gleichbleibender Produktionsrate unter den Lagermindestbestand absinkt. Dies bedeutet, daß die Kapazität erhöht werden muß.

Für diese Erhöhung der Kapazität ist auch die Überstundenpolitik und die Budgetpolitik bezüglich Marktanstrengungen maßgebend. Wenn nämlich der Bestand des Marketingbudgets kleiner ist als der Budgetmindestbestand müssen die Marktanstrengungen zwangsläufig etwas zurückgenommen werden.

Dies führt jedoch dazu, daß der Auftragseingang aller Voraussicht nach wieder etwas zurückgehen wird, so daß in diesem Fall die Erhöhung der Arbeitskapazität nicht dem Teillieferungsbestand entsprechend durchgeführt werden kann. Um spätere Überkapazitäten zu vermeiden, wird die Kapazitätserhöhung etwas geringer ausfallen. Wenn jedoch die Marktanstrengungen aufgrund eines hohen Budgetbestandes weiter intensiviert werden können, wirkt dies verstärkend auf die Erhöhung der Kapazität, da mit einem weiteren Anwachsen des Auftragseinganges gerechnet werden kann.

Die Überstundenpolitik verhindert ein zu abruptes Erhöhen der Kapazität, da eine gewisse Zeit benötigt wird, um die Ressourcen entsprechend herbeizuschaffen. Damit ist man auch flexibler, wenn es darum geht, einen kurzfristigen Kapazitätsausgleich zu schaffen, und Produktionsengpässe auszugleichen.

Die nächste Frage lautet, kann eine Kapazitätserhöhung überhaupt durchgeführt werden? Dies ist nur möglich, wenn die effektive Kapazitätsauslastung unter der maximal möglichen Kapazitätsauslastung liegt.

Die tatsächliche Erhöhung der Kapazität stellt den geglätteten Wert der errechneten Kapazitätserhöhung dar, da eine gewisse Zeit benötigt wird, bis die Voraussetzungen für eine Kapazitätserweiterung geschaffen sind.

```
HRES.K=HQLB.K*RESPOL                                        91, A
    HRES   - HILFSGRÖSSE ZU RES (STD/(WOCHE*WOCHE))
    HQLB   - HILFSGRÖSSE QUOTIENT LAGERBESTAND (DIMLOS)
    RESPOL - KAPAZITÄTSMINDERUNGSPOLITIK (STD/(WOCHE*WOCHE))

KAPMIH.K=FCNSW(EASDI2.K,0.,0.,HRES.K)                       92, A
    KAPMIH - KAPAZITÄTSMINDERUNGSRATE HILFSGRÖSSE
             (STD/(WOCHE*WOCHE))
    FCNSW  - ARITHMETISCHER SWITCH F. X<0,X=0,X>0
    EASDI2 - DIFFERENZ ARBEITSKAP. ZU MINIMUM (STD/WOCHE)
    HRES   - HILFSGRÖSSE ZU RES (STD/(WOCHE*WOCHE))

EASDI2.K=EAS.K-EASMIN.K                                     93, A
    EASDI2 - DIFFERENZ ARBEITSKAP.ZU MINIMUM (STD/WOCHE)
    EAS    - EFFEKTIVE ARBEITSKAPAZITÄT (STD/WOCHE)
    EASMIN - MINIMALE ARBEITSKAPAZITÄTSAUSLASTUNG (STD/WOCHE)
```

```
LDIF.K=LB.K-LMB                                          100, A
   LDIF   - FERTIGLAGERDIFFERENZ ZU MINDESTBESTAND (STÜCK)
   LB     - FERTIGLAGERBESTAND (STÜCK)
   LMB    - FERTIGLAGER MINDESTBESTAND (STÜCK)

HQLB.K=FCNSW(LDIF.K,0.,0.,QLB.K)                         101, A
   HQLB   - HILFSGRÖSSE QUOTIENT LAGERBESTAND (DIMLOS)
   FCNSW  - ARITHMETISCHER SWITCH F. X<0,X=0,X>0
   LDIF   - FERTIGLAGERDIFFERENZ ZU MINDESTBESTAND (STÜCK)
   QLB    - LAGERBESTANDSQUOTIENT (DIMLOS)
```

Der Faktor Kapazitätsminderungspolitik stellt, analog dem Parameter Überstundenpolitik, eine Korrekturgröße dar, die allzu sprunghafte Veränderungen in der Arbeitskapazitätsauslastung verhindern soll.

Wenn der Lagerbestand (LB) größer ist als der Lagermindestbestand (LMB) und die effektive Kapazitätsauslastung (EAS) über der minimalen Kapazitätsauslastung (EASMIN) liegt, wird die effektive Arbeitskapazitätsauslastung um die Hilfsgröße zur Kapazitätsminderungsrate (HRES) gekürzt, um ein weiteres Anwachsen des Fertiglagerbestandes zu verhindern, bzw. um einen überhöhten Lagerbestand auf ein entsprechendes Niveau abzubauen und um somit die Kapitalbindung und die Lagerhaltungskosten zu senken.

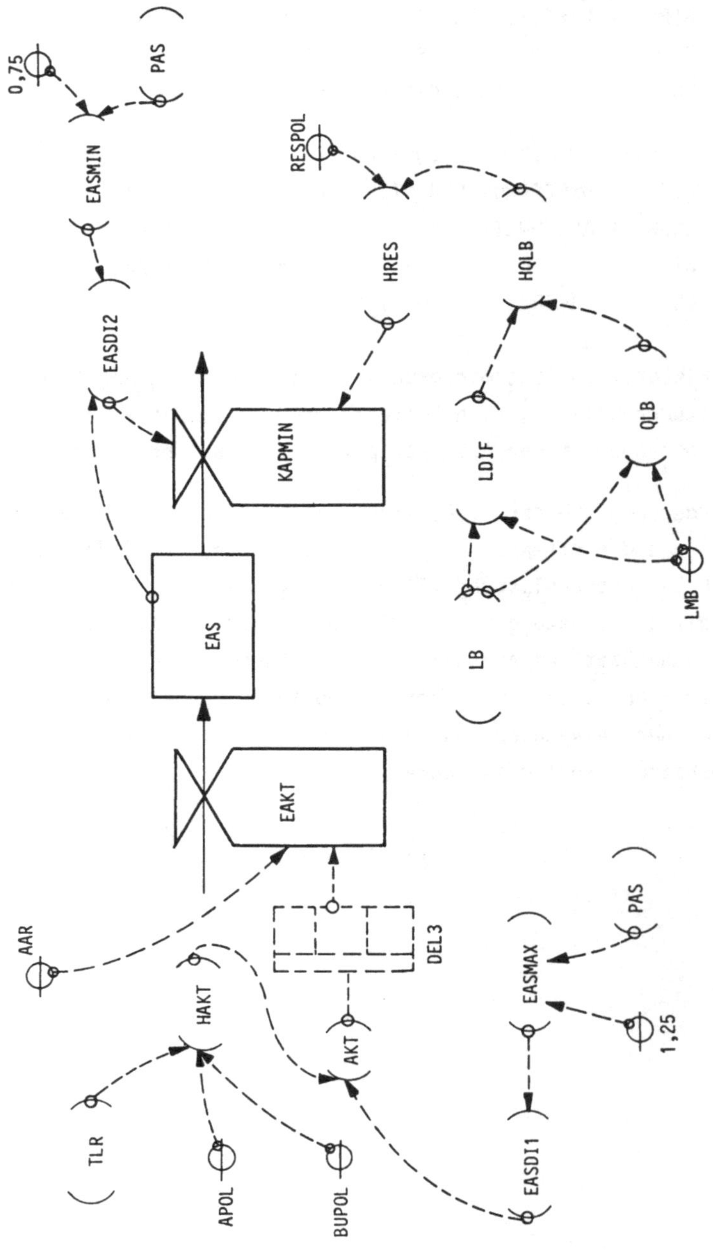

Abb. 4.30: Kapazität

Erläuterungen zu Abb. 4.30:

AAR	-	Aktivierungszeitkonstante Arbeitskraft
AKT	-	Arbeitskapazitätsaktivierungsrate
APOL	-	Oberstundenpolitik
BUPOL	-	Budgetpolitik bzgl. Marktanstrengung
EAKT	-	Effektive Arbeitskapazitätsaktivierungsrate
EAS	-	Effektive Arbeitskapazität
EASDI1	-	Differenz effektive - maximale Arbeitskapazität
EASDI2	-	Differenz effektive - minimale Arbeitskapazität
EASMAX	-	Maximale Kapazitätsauslastung
EASMIN	-	Minimale Kapazitätsauslastung
HAKT	-	Hilfsgröße zu AKT
HQLB	-	Hilfsgröße Quotient Lagerbestand
HRES	-	Hilfsgröße zur RES
KAPMIN	-	Kapazitätsminderungsrate
LB	-	Lagerbestand
LDIF	-	Differenz Lagerbestand - Lagermindestbestand
LMB	-	Lagermindestbestand
QLB	-	Quotient Lagerbestand
PAS	-	Plankapazität
RESPOL	-	Kapazitätsminderungspolitik
TLR	-	Teillieferung

S9 Fertiglager, Versand

```
LB.K=LB.J+DT*(PER.JK-VR.JK)                                97, L
LB=LAGC                                                     97.1, N
    LB     - FERTIGLAGERBESTAND (STÜCK)
    DT     - INTEGRATIONSSCHRITTWEITE (WOCHE)
    PER    - PRODUKTIONSERGEBNISRATE (STÜCK/WOCHE)
    VR     - VERSANDRATE (STÜCK/WOCHE)
    LAGC   - FERTIGLAGER ANFANGSBESTAND (STÜCK)
```

Der Lagerbestand ist vom Produktionsergebnis einerseits und von der Versandrate andererseits abhängig. Die Produktionsergebnisrate als Zuflußrate des Levels Lagerbestand stellt den um die Produktionsdauer (PD) verzögerten Wert der Produktionsrate (PR) dar.

```
PER.KL=PERH.K                                               98, R
    PER    - PRODUKTIONSERGEBNISRATE (STÜCK/WOCHE)
    PERH   - PRODUKTIONSERGEBNISRATE HILFSGRÖSSE
             (STÜCK/WOCHE)
```

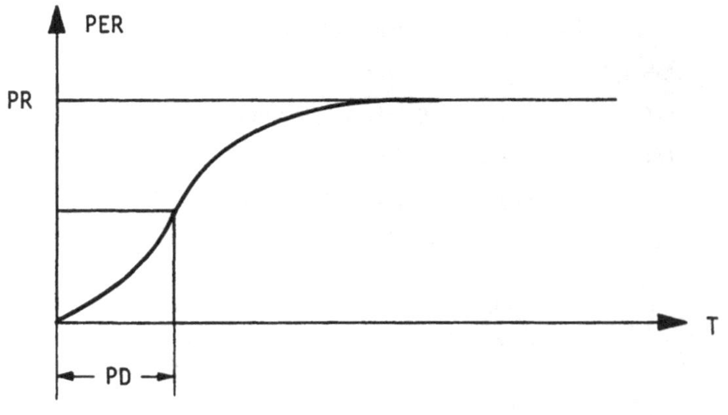

Abb. 4.31: Verzögerte Produktionsrate

```
PERH.K=DEL3NO(PR.K,PD)                                  102, A
    PERH   - PRODUKTIONSERGEBNISRATE HILFSGRÖSSE
             (STÜCK/WOCHE)
    DEL3NO - EXP. VERZÖGERUNG 3. ORDNUNG
    PR     - PRODUKTIONSRATE (STÜCK/WOCHE)
    PD     - PRODUKTIONSDAUER (WOCHE)
   PRODUKTION
```

Das Verhalten der Produktion wird mit Hilfe der Verzögerung 3. Ordnung simuliert. Das bedeutet, daß einer gewünschten Erhöhung der Produktionsrate (PR) der Ausstoß der Produktion (PER) nicht sofort folgen kann. Erst mit einer Verzögerungszeit (PD) als Mittelwert z.B. 14 Tage reagiert die Produktion. Das rührt vor allem daher, daß die einzelnen Bearbeitungszeiten sowie die Rüstzeiten bzw. sonstigen Verweilzeiten in der Produktion berücksichtigt werden müssen. Solche Trägheitsmomente beeinflussen sowohl das Modell als auch die Realität maßgeblich.

```
PR.K=PMABA.K*ARANZ*EAS.K*PF                             84, A
    PR     - PRODUKTIONSRATE (STÜCK/WOCHE)
    PMABA  - ANLAGEN PRODUKTION (DM)
    ARANZ  - ANZAHL ARBEITER IM PRODUKTIONSPROZESS (MANN)
    EAS    - EFFEKTIVE ARBEITSKAPAZITÄT (STD/WOCHE)
    PF     - PRODUKTIONSFAKTOR (STÜCK/(DM*MANN*STD))
```

Durch die Multiplikation des Anlagenbestandes der Produktion (PMABA) mit einem Produktionsfaktor wird eine direkte Beziehung zwischen dem Wert des Anlagenbestandes und der Leistungsfähigkeit der Anlagen hergestellt. Wenn man diese Größe mit der wöchentlichen Arbeitskapazität und der Anzahl der in der Produktion tätigen Mitarbeiter multipliziert, erhält man die pro Woche produzierte Stückzahl.

Indirekt hängt also die Produktionsrate entscheidend vom Auftragseingang ab, indem nämlich eine hohe Auftragseingangsrate das Entstehen von Teillieferungen verursachen kann. Das Vorhandensein von Teil-

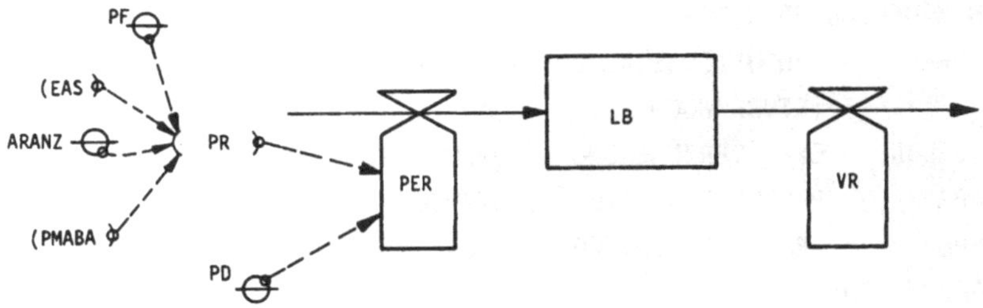

ARANZ - Anzahl Arbeiter in der Produktion
EAS - Effektive Arbeitskapazität
LB - Lagerbestand Fertigerzeugnisse
PD - Produktionsdauer
PER - Produktionsergebnisrate
PF - Produktionsfaktor
PMABA - Anlagen Produktion
PR - Produktionsrate
VR - Versandrate

Abb. 4.32: Fertiglagerbestand

lieferungen löst - wie bereits oben gezeigt wurde - eine Erhöhung der Arbeitskapazität aus. Diese erhöhte Kapazität führt zu einer erhöhten Produktionsrate.

S10 Produktion

Die Kosten für die Produktion werden über das Produktionsbudget abgewickelt.

```
PBUD.K=PBUD.J+DT*(PBUZU.JK-PBUAB.JK)                    103, L
PBUD=PBUDAN                                             103.1, N
    PBUD   - PRODUKTIONSBUDGET (DM)
    DT     - INTEGRATIONSSCHRITTWEITE (WOCHE)
    PBUZU  - ZUFLUSS PRODUKTIONSBUDGET (DM/WOCHE)
    PBUAB  - ABFLUSS PRODUKTIONSBUDGET (DM/WOCHE)
    PBUDAN - ANFANGSWERT PRODUKTIONSBUDGET (DM)
```

Die Zuflußrate PBUZU gliedert sich in einen fixen (PFIXZU) und einen variablen Zuflußanteil, wobei hier wieder der Gesichtspunkt der Realitätsnähe und das Sicherheitsdenken berücksichtigt wurden.

PBUZU.KL=PVARZU.K+PFIXZU.K 104, R

PBUZU - ZUFLUSS PRODUKTIONSBUDGET (DM/WOCHE)
PVARZU - VARIABLER ANTEIL AN ZUFLUSS PROD.BUDGET (DM/WOCHE)
PFIXZU - FIXANTEIL AN ZUFLUSS PRODUKTIONSBUDGET (DM/WOCHE)

Der variable Zufluß wird ermittelt, indem der Auftragseingang mit den Standardherstellkosten (STHK) bewertet wird und von diesem Produkt fließt ein bestimmter Anteil, Faktor variabler Zufluß (VARTEL), dem Produktionsbudget (PBUD) zu.

PVARZU.K=ARH.K*STHK.K*VARTEL 108, A

PVARZU - VARIABLER ANTEIL AN ZUFLUSS PROD.BUDGET (DM/WOCHE)
ARH - AUFTRAGSEINGANGSRATE HILFSGRÖSSE (STÜCK/WOCHE)
STHK - STANDARDHERSTELLUNGSKOSTEN (DM/STÜCK)
VARTEL - VAR. ANTEIL PRODUKTIONSBUDGET (DIMLOS)

STHK.K=FM+FL+FGK.K 107, A

STHK - STANDARDHERSTELLUNGSKOSTEN (DM/STÜCK)
FM - FERTIGUNGSMATERIAL STANDARDKOSTEN (DM/STÜCK)
FL - FERTIGUNGSLOHN (DM/STÜCK)
FGK - FERTIGUNGSGEMEINKOSTEN (DM/STÜCK)

Die Standardherstellkosten (STHK) berechnen sich nach dem aus der Vollkostenrechnung bekannten Kalkulationsschema, nachdem die Herstellkosten die Summe aus dem Fertigungsmaterial (FM), den Fertigungslöhnen (FL) und den Fertigungsgemeinkosten (FGK.K) ergeben. FL und FM stellen Eingabeparameter dar. Die Ermittlung der Fertigungsgemeinkosten bedarf einer näheren Untersuchung.

FGK.K=FGV+FGKF.K/EAR.K 111, A

FGK - FERTIGUNGSGEMEINKOSTEN (DM/STÜCK)
FGV - VARIABLE GEMEINKOSTEN (DM/STÜCK)
FGKF - FERTIGUNGSGEMEINKOSTEN FIX (DM/WOCHE)
EAR - ERWARTETE AUFTRAGSEINGANGSRATE (STÜCK/WOCHE)

Die Fertigungsgemeinkosten (FGK) setzen sich aus den variablen Fertigungsgemeinkosten (FGV), einem Parameter, und einem Fixkostenblock (FGKF) zusammen. Dieser Fixkostenblock wird durch die erwartete Auftragseingangsrate dividiert, um die fixen Fertigungsgemeinkosten pro Stück zu ermitteln. Die fixen Fertigungsgemeinkosten (FGKF) setzen sich aus drei Produkten zusammen.

```
FGKF.K=PROFIX*ARANZ+MAFIX*PMABA.K+GHATEL*ARANZ/SPOC              110, A
    FGKF   - FERTIGUNGSGEMEINKOSTEN FIX (DM/WOCHE)
    PROFIX - FIXTEIL PROD.GEMEINKOSTEN ARBEITER (DM/(WOCHE*MANN))
    ARANZ  - ANZAHL ARBEITER IM PRODUKTIONSPROZESS (MANN)
    MAFIX  - FIXE MATERIALKOSTEN (1/WOCHE)
    PMABA  - ANLAGEN PRODUKTION (DM)
    GHATEL - GEHALTSANTEIL AN PRODUKTION (DM/WOCHE)
    SPOC   - SPAN OF CONTROL, DURCHSCHN. UNTERGEBENENZAHL (MANN)
```

Der erste Bestandteil dieser Größe umfaßt die Produktionsgemeinkosten der Arbeiter. Es wird angenommen, daß jeder Arbeiter bestimmte Kosten verursacht, die dem Produkt nicht direkt zugeordnet werden können. Dieser Fixteil der Produktionskosten bei den Arbeitern (PROFIX) ist pro Arbeiter angegeben, so daß man die gesamten Produktionsgemeinkosten erhält, wenn man PROFIX mit der Anzahl der in der Produktion beschäftigten Mitarbeiter (ARANZ) multipliziert.

Der zweite Kostenfaktor bei den fixen Fertigungsgemeinkosten umfaßt die fixen Materialkosten. Diese Materialkosten werden ermittelt, indem der Wert der Produktionsanlagen (PMABA) mit einem Faktor Fixe Materialkosten (MAFIX) multipliziert wird. Es wird also mit diesem Faktor eine Beziehung hergestellt zwischen dem Anlagenbestand und daraus resultierenden, unabhängig von der Nutzung anfallenden, fixen Materialaufwendungen.

Die letzte Komponente der fixen Fertigungsgemeinkosten (FGKF) stellen die Gehaltsanteile dar, die der Produktion zugeordnet werden müssen.

Man geht bei der Ermittlung dieses Aufwandsfaktors davon aus, daß durchschnittlich eine bestimmte Anzahl Arbeiter auf einen Gehaltsempfänger zuzurechnen sind. Dieser Wert ist mit der Abkürzung SPOC, Span of Control, angegeben. Wenn man die der Produktion zurechenbaren Gehaltsempfänger ermittelt hat (Anzahl der Arbeiter: Span of Control), ergibt sich die Summe der Aufwendungen für die Gehaltsempfänger der Produktion, indem man die Anzahl der Gehaltsempfänger mit dem Gehalt (GHATEL) bewertet.

Der fixe Anteil am Zufluß zum Produktionsbudget orientiert sich an der geplanten Produktionsrate (PPR), die mit den Standardherstellkosten bewertet wird.

```
PFIXZU.K=PPR.K*STHK.K*FIXTEL                                 105, A
    PFIXZU - FIXANTEIL AN ZUFLUSS PRODUKTIONSBUDGET (DM/WOCHE)
    PPR    - GEPLANTE  PRODUKTIONSRATE (STÜCK/WOCHE)
    STHK   - STANDARDHERSTELLKOSTEN (DM/STÜCK)
    FIXTEL - FIXER ANTEIL PRODUKTIONSBUDGET (DIMLOS)

PBUAB.KL=(FL+FM+FGV)*PR.K+FGKF.K                             109, R
    PBUAB  - ABFLUSS PRODUKTIONSBUDGET (DM/WOCHE)
    FL     - FERTIGUNGSLOHN (DM/STÜCK)
    FM     - FERTIGUNGSMATERIAL STANDARDKOSTEN (DM/STÜCK)
    FGV    - VARIABLE GEMEINKOSTEN (DM/STÜCK)
    PR     - PRODUKTIONSRATE (STÜCK/WOCHE)
    FGKF   - FERTIGUNGSGEMEINKOSTEN FIX (DM/WOCHE)
```

Das Schema der Ermittlung der Abflußrate entspricht dem Kalkulationsschema der Deckungsbeitragsrechnung, wonach die variablen Kostenbestandteile wie Fertigungslöhne (FL), Fertigungsmaterial (FM) und variable Gemeinkosten (FGV) mit der Anzahl der produzierten Stücke (PR) multipliziert werden und die Addition mit dem Fixkostenblock die gesamten Herstellkosten ergeben.

Die Vorteile, die sich aus der Trennung des Zuflusses in einen fixen und einen variablen Bestandteil ergeben, sind ähnlich wie bei den vorhergehenden Gleichungen der Realitätsbezug zum aktuellen Markt- und Unternehmensgeschehen einerseits und das Schaffen einer Planungsgrundlage für den jeweiligen Bereich durch die fixen Zuwendungen, die sich an Plangrößen orientieren. Es wird praktisch eine Risikominderung und die Gewähr für eine kontinuierliche Unternehmenspolitik geschaffen, da die fixen Aufwendungen kurzfristige Ausreißer abschwächen.

Damit ist der Güterkreislauf im Gütermodell geschlossen. Das Modell kann bereits in dieser Größe als eigenständiges Simulationsmodell betrachtet und bearbeitet werden.

Die Simulation ermöglicht Einsicht in die Modellstruktur und das Modellverhalten. Durch Parameterveränderung wird das System an die Realität angepaßt. Danach kann es in eine große Gesamtunternehmensmodellumgebung integriert werden.

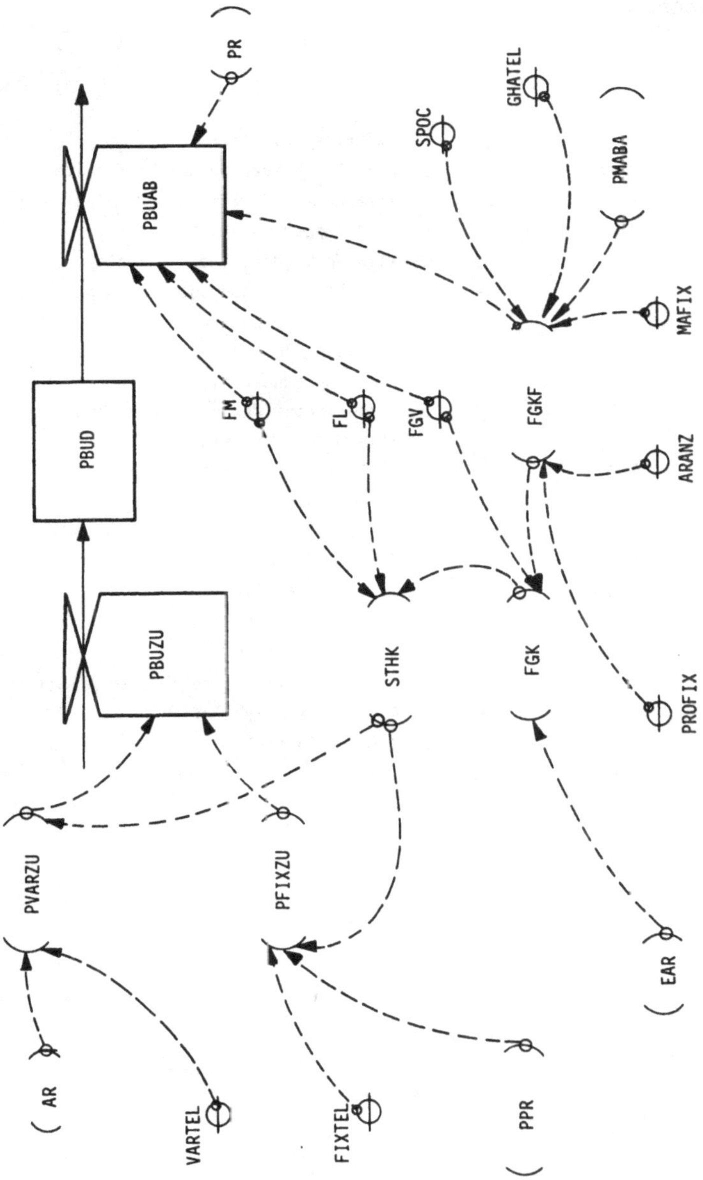

Abb. 4.33: Planproduktionskosten

Erläuterungen zu Abb. 4.33:

AR	-	Auftragseingangsrate
ARANZ	-	Anzahl Arbeiter in der Produktion
EAR	-	Erwartete Auftragseingangsrate
FGK	-	Fertigungsgemeinkosten
FGKF	-	Fixe Fertigungsgemeinkosten
FGV	-	Variable Fertigungsgemeinkosten
FIXTEL	-	Faktor fixer Zufluß
FL	-	Fertigungslohn
FM	-	Fertigungsmaterial
GHATEL	-	Gehaltsanteil an der Produktion
MAFIX	-	Fixe Materialkosten
PBUAB	-	Abfluß vom Produktionsbudget
PBUD	-	Produktionsbudget
PBUZU	-	Produktionsbudgetzufluß
PFIXZU	-	Fixer Zuflußanteil
PMABA	-	Produktionsanlagen
PPR	-	Geplante Produktionsrate
PR	-	Produktionsrate
PROFIX	-	Fixe Produktionsgemeinkosten Arbeiter
PVARZU	-	Anteil variabler Zufluß
SPOC	-	Span of Control
STHK	-	Standardherstellkosten
VARTEL	-	Faktor variabler Zufluß

4.2.3 Verhalten im Finanzmodell

Das geistige Modell, das im typischen Unternehmen mittlerer Größenordnung angetroffen wird, ist im wesentlichen von den bilanziellen Anforderungen geprägt. Betriebswirtschaftliches Denken und Steuervorschriften sind in diesem Bereich so eng miteinander verbunden, daß sich Handels- und Steuerbilanz nur unwesentlich voneinander unterscheiden.

Investitionen, Anlagen von Immobilien und Finanzierungsfragen berücksichtigen im allgemeinen fest vorgegebene gesetzliche Vorschriften, so daß in diesem Bereich dadurch auch so etwas wie eine normierte Modellvorstellung angetroffen wird. Das erleichtert sowohl die Übertragbarkeit des vorliegenden Modells auf andere Unternehmen als auch die Akzeptanzfrage.

Hier unterscheidet sich der Modellbildungsprozeß in unserem Sprachraum von den angloamerikanischen Ansätzen. Letztere legen weit weniger Gewicht auf derart normierte Grundsätze. Darin liegt aber auch ein Grund, weshalb Vorbilder, z.B. aus USA, auf unsere Praxis keinen Einfluß haben.

Nachstehende Aufstellung gibt eine tabellarische Übersicht über die modellierten Größen (vgl. Abb. 4.6).

G E L D - U N D K A P I T A L K R E I S L A U F (Bilanzvorgänge)

A K T I V A

A1 ANLAGEN IM BAU
A2 GRUNDSTÜCKE UND GEBÄUDE
A3 MASCHINELLE ANLAGEN; BETRIEBS- UND GESCHÄFTSAUSSTATTUNG
A4 FINANZANLAGEN
A5 ROH-, HILFS- UND BETRIEBSSTOFFE
A6 FERTIGE UND UNFERTIGE ERZEUGNISSE
A7 FORDERUNGEN
A8 ZAHLUNGSMITTEL UND WERTPAPIERE
A9 STEUERZAHLUNGEN
A10 AKTIVA BILANZSUMME

P A S S I V A

P1 GRUNDKAPITAL
P2 RÜCKLAGEN
P3 RÜCKSTELLUNGEN
P4 WERTBERICHTIGUNGEN
P5 LANGFRISTIGE VERBINDLICHKEITEN
P6 LIEFERANTENVERBINDLICHKEITEN
P7 KURZFRISTIGE VERBINDLICHKEITEN
P8 RECHNUNGSABGRENZUNGSPOSTEN
P9 PASSIVA BILANZSUMME

Abb. 4.34: Modellierte Größen des Finanzmodells

Ausgehend von den Daten des Unternehmens bildet die Eröffnungsbilanz zusammen mit folgenden Ausgangswerten (vgl. Abb. 4.35) den Ausgangspunkt für die Simulation (vgl. Abb. 4.2). Eine mögliche Fragestellung wäre dann z.B.: "Wie sieht die Bilanz nach einer, zwei bzw. fünf Perioden aus, wenn die Zinsen weiterhin auf einem hohen Niveau bleiben".

ABA	- AUFTRAGSEINGANG ANFANGSBESTAND (STUECK)	2560000
ANIBAN	- ANFANGSWERT ANLAGEN IM BAU (DM)	900000
BEBUDA	- ANFANGSBESTAND BESCHAFFUNGSBUDGET (DM)	300000
DEMAN	- ANFANGSWERT DURCHSCH. MARKTANSTRENGUNG (DM)	34615
EARAN	- ERWARTETER AUFTRAGSEINGANG ANFANGSWERT (STUECK/WOCHE)	
UMBIS	- UMSATZ VORJAHR (DM)	UMBIS(JAHRxEPD)
JAHR	- GESCHAEFTSJAHR (WOCHE)	52
EPD	- ERWARTETER PREISDURCHSCHNITT (DM/STUECK)	
EASC	- ANFANGSWERT EFFEKT. ARBEITSKAP. (STD/WOCHE)	80
FEBUDA	- ANFANGSWERT FEBUD (DM)	40000
FIANA	- ANFANGSWERT FINANZANLAGEN (DM)	1300000
FORDAN	- ANFANGSWERT FORDERUNGEN (DM)	6300000
GRUGA	- ANFANGSBEST. GRUNDSTUECKE U. GEBAEUDE (DM)	6000000
GRUKAN	- ANFANGSWERT GRUNDKAPITAL (DM)	3000000
KUVRAN	- ANFANGSWERT KURZFR. VERBINDLICHKEITEN (DM)	3000000
LAGC	- FERTIGLAGER ANFANGSBESTAND (STUECK)	2560000./EPB
EPB	- EINZELPREIS FERTIGLAGER INTERNE BEWERTUNG (DM/STUECK)	
LAVAN	- ANFANGSBESTAND LANGFR. VERBINDLICHKEITEN (DM)	6000000
LIVRAN	- ANFANGSWERT LIEFERANTENVERBINDLICHKEIT (DM)	4000000
LMB	- FERTIGLAGER MINDESTBESTAND (STUECK)	15000
MABAN	- MASCH. ANLAGEN BETRIEBS- U. GESCH.AUSSTATTUNG (DM)	2300000
MALAN	- ANFANGSBESTAND LAGER (STUECK)	640000./FM
FM	- FERTIGUNGSMATERIAL STANDARDKOSTEN (DM/STUECK)	
MARUEK	- RUECKWIRKENDE ZAHLUNGSVERPFL. (DM/WOCHE)	480000
PBUDAN	- ANFANGSWERT PRODUKTIONSBUDGET (DM)	500000
PGRUKA	- GEPLANTES GRUNDKAPITAL (DM)	1800000
PLANG	- PLAN LANGFRISTIGE DARLEHEN (DM/WOCHE)	1680000
PLAUGE	- PLAN AUSGESCHUETTETER GEWINN (DM)	1900000
PLAVER	- GEPLANTE LANGFR. VERBINDL. PRO JAHR (DM)	4000000
PLIQUI	- GEPLANTE KURZFR. LIQUIDITAET (DIMLOS	0.09
PLIQU2	- GEPLANTE LANGFR. LIQUIDITAET (DIMLOS)	0.22
PLUMS	- GEPLANTER UMSATZ (DM/WOCHE)	38955428
PMABAN	- ANFANGSBESTAND ANLAGEN PRODUKTION (DM)	5244000
REAN	- RECHNUNGSABGRENZUNGSPOSTEN ANFANGSBESTAND (DM)	0
RUELAN	- ANFANGSWERT RUECKLAGEN (DM)	2000000
RUESTA	- ANFANGSWERT RUECKSTELLUNGEN (DM)	1000000
STEUBE	- ANFANGSBESTAND STEUER (DM)	800000
TLRC	- ANFANGSBESTAND TEILLIEFERUNGEN (STUECK)	0
UMBIS	- UMSATZ VORJAHR (DM)	33000000
VBUDAN	- ANFANGSWERT VERTRIEBSBUDGET (DM)	300000
VMABAN	- ANFANGSBESTAND VMABA (DM)	1012000
VWBUAN	- ANFANGSBESTAND VERWALTUNGSBUDGET (DM)	50000
WEBAN	- ANFANGSWERT WERTBERICHTIGUNG (DM)	1000000
WMABAN	- ANFANGSWERT VERWALTUNG ANLAGEN (DM)	2944000
ZAMAX	- ZAHLUNGSMITTEL MAXIMUM (DM)	1000000
ZAMIN	- ZAHLUNGSMINDESTBESTAND (DM)	500000
ZAMITA	- ANFANGSWERT ZAHLUNGSMITTEL (DM)	800000

Abb. 4.35: Liste der Anfangswerte

4.2.3.1 Aktiva

Im folgenden werden innerhalb des Finanzmodells des Gesamt-Unternehmens die Aktivposten der Bilanz im einzelnen erläutert.

Auf der Aktivseite einer Bilanz werden konkrete Vermögensgegenstände einzeln oder in zusammengefaßter Form mit den dazugehörigen Werten ausgewiesen, während die Passivseite die Arten und Höhe der mit der Beschaffung der Vermögensgegenstände eingegangenen Verbindlichkeiten (Fremdkapital) und das als Eigenkapital bezeichnete Reinvermögen aufzeigt.

Anders ausgedrückt gibt die Aktivseite Auskunft über die Mittelverwendung und die Passivseite über die Mittelherkunft. Die sogenannte Bilanzgleichung "Aktiva = Passiva" sagt schon aus, daß die Summen der beiden Bilanzseiten voneinander abhängen.

A1 Anlagen im Bau

```
*****************************************************
*                                                   *
*                   FINANZMODELL                    *
*                                                   *
*****************************************************

*****************************************************
*                                                   *
*                      AKTIVA                       *
*                                                   *
*****************************************************
```

```
ANIBA.K=ANIBA.J+DT*(BAURA.JK-BZR.JK)                 161, L
ANIBA=ANIBAN                                         161.1, N
    ANIBA  - ANLAGEN IM BAU (DM)
    DT     - INTEGRATIONSSCHRITTWEITE (WOCHE)
    BAURA  - BAURATE (DM/WOCHE)
    BZR    - BAUFERTIGSTELLUNGSRATE (DM/WOCHE)
    ANIBAN - ANFANGSWERT ANLAGEN IM BAU (DM)
```

Die Anlagen im Bau haben als Eingangsrate die Baurate und als Ausgangsrate die Baufertigstellungsrate. Bewertet werden nur noch nicht fertiggestellte Anlagen. Die geplante Baurate hängt von der Höhe der gesamten Investitionen und einem Anteilsfaktor der angibt, wieviel Prozent der Investitionen für Anlagen verwendet werden, ab. EABA errechnet sich aus einer Tabellenfunktion der durchschnittlichen Umsatzabweichung.

```
BAURA.KL=BAURAH.K                                           162, R
    BAURA  - BAURATE (DM/WOCHE)
    BAURAH - BAURATE HILFSGRÖSSE (DM/WOCHE)

BAURAH.K=PBAURA.K*(EABA.K+1.)                               152, A
    BAURAH - BAURATE HILFSGRÖSSE (DM/WOCHE)
    PBAURA - GEPLANTE BAURATE (DM/WOCHE)
    EABA   - EINFLUSS D. UMSATZABRECHNUNG AUF
             INVESTITIONEN (DIMLOS)

EABA.K=TABHL(TABAR,DABAR.K,-2.,+2.,0.5)                     153, A
TABAR=-0.5/-0.5/-0.5/-0.5/0./0.5/0.5/0.5/0.5                153.1, T
    EABA   - EINFLUSS D. UMSATZABRECHNUNG  AUF
             INVESTITIONEN (DIMLOS)
    TABHL  - TABELLEN-FUNKTION (HIGH-LOW)
    TABAR  - TABELLE ZU EABA (DIMLOS)
    DABAR  - DURCHSCHNITT. UMSATZABWEICHUNGEN (DIMLOS)

DABAR.K=(DAR.K-EAR.K)/EAR.K                                 154, A
    DABAR  - DURCHSCHNITT. UMSATZABWEICHUNGEN (DIMLOS)
    DAR    - DURCHSCHNITT. AUFTRAGSEINGANGSRATE (STÜCK/WOCHE)
    EAR    - ERWARTETE AUFTRAGSEINGANGSRATE (STÜCK/WOCHE)

BZR.KL=BZRH.K                                               156, R
    BZR    - BAUFERTIGSTELLUNGSRATE (DM/WOCHE)
    BZRH   - BAUFERTIGSTELLUNGSRATE HILFSGRÖSSE (DM/WOCHE)
```

BZRH.K=DEL3NO(BAURA.K,BZ) 158, A

BZRH - BAUFERTIGSTELLUNGSRATE HILFSGRÖSSE (DM/WOCHE)
DEL3NO - EXP. VERZÖGERUNG 3. ORDNUNG
BAURA - BAURATE (DM/WOCHE)
BZ - BAUZEIT (WOCHE)

Die Baurate ist also eine Plangröße, welche von der Höhe der gesamten Investitionen, einem Anteilsfaktor und indirekt vom Umsatz abhängt. Damit versucht man in Grenzen den konjunkturellen Einflüssen bzw. der wirtschaftlichen Lage des Unternehmens auch bei längerfristigen Entscheidungen Rechnung zu tragen.

Die Baufertigstellungsrate ergibt sich durch eine exponentielle Verzögerung 3. Ordnung durch die Bauzeit. Die Bauzeit wird konstant mit 50 Wochen angenommen.

A2 Grundstücke und Gebäude

GRUGEB.K=GRUGE.K 163, A

GRUGEB - GRUNDSTÜCKE U. GEBÄUDE BILANZ (DM)
GRUGE - GRUNDSTÜCKE U. GEBÄUDE (DM)

Der Wert für Grundstücke und Gebäude wird im Funktionsbereichsmodell [1)] errechnet. Zum Wert der Vorperiode wird die Differenz aus der Baufertigstellungsrate und den Bauabschreibungen addiert. Dieser so ermittelte Wert wird in die Bilanz unter Grundstücke und Gebäude übernommen. Angenommen es würde in einem Jahr nichts gebaut, so würden vom Vorjahreswert nur die Bauabschreibungen abgezogen.

DGRUGB.K=SMOONO(GRUGE.K,AT) 165, A

DGRUGB - DURCHSCHNITTL. BESTAND GRUGE (DM)
SMOONO - EXP. GLÄTTUNG 1. ORDNUNG
GRUGE - GRUNDSTÜCKE U. GEBÄUDE (DM)
AT - ABSCHREIBUNGSZEIT (WOCHE)

1) vgl. F7, GL. 155L

Der durchschnittliche Bestand an Grundstücken und Gebäuden ergibt sich aus einer exp. Glättung 1. Ordnung der GRUGE mit der Abschreibungszeit. Die Abschreibungszeit ist eine Konstante von 50 Wochen. Die Glättung bewirkt, daß Erweiterungen des Grundstücke- und Gebäudebestandes nicht sofort wirksam werden, sondern der Realität entsprechend erst nach einer gewissen Zeit einen Wertzuwachs darstellt.

Die Tatsache, daß durch die Abschreibungen der Buchwert der Grundstücke und Gebäude sinkt, der Marktwert in der Regel jedoch eher ansteigt, führt zur Möglichkeit der Bildung stiller Reserven.

Bauabschreibungen:

```
BAUAB.KL=BAUABH.K                                              157, R
    BAUAB  - BAUABSCHREIBUNGEN (DM/WOCHE)
    BAUABH - BAUABSCHREIBUNGEN HILFSGRÖSSE (DM/WOCHE)

BAUABH.K=(VABSH.K+PABQUH.K+WABSRH.K)*(VGT+PGT+WGT)             164, A
    BAUABH - BAUABSCHREIBUNGEN HILFSGRÖSSE (DM/WOCHE)
    VABSH  - VERTRIEB ABSCHREIBUNGEN HILFSGRÖSSE (DM/WOCHE)
    PABQUH - PRODUKTIONSABSCHREIBUNGSQUOT. HILFSGRÖSSE
             (DM/WOCHE)
    WABSRH - ABSCHREIBUNGSRATE VERW. ANLAGEN HILFSGRÖSSE
             (DM/WOCHE)
    VGT    - ANTEIL GRUNDST. U. GEBÄUDE VERTRIEB (DIMLOS)
    PGT    - ANTEIL GRUNDSTÜCK U. GEBÄUDE PRODUKTION (DIMLOS)
    WGT    - ANTEIL VERWALT. GRUNDST. U. GEBÄUDE (DIMLOS)
```

Die Werte für die Abschreibungen Vertrieb, Produktion und Verwaltung werden im Funktionsbereichsmodell errechnet. Die Summe der Abschreibungen aus diesen drei Bereichen ergibt die gesamten Abschreibungen. Die Anteilswerte sind Konstanten und ergeben addiert 0,75. Das heißt, es entfallen 75 % der gesamten Abschreibungen auf Grundstücke und Gebäude.

A3 Maschinelle Anlagen, Betriebs- und Geschäftsausstattung

```
MABAB.K=MABAB.J+DT*(MAIN.JK-MAAB.JK)                          166, L
MABAB=MABAN                                                   166.1, N
    MABAB  - MASCH. ANLAGEN BETRIEBS- U. GESCH.AUSSTATT. (DM)
    DT     - INTEGRATIONSSCHRITTWEITE (WOCHE)
    MAIN   - INVEST.QUOTE MASCH. ANL. BETR.-U.GESCH.AUSSTATT.
             (DM/WOCHE)
    MAAB   - ABSCHR.QUOTE MASCH.ANLAGEN BETR.-U.GESCH.AUSSTATT.
             (DM/WOCHE)
    MABAN  - MASCH.ANLAGEN BETRIEBS-U.GESCH.AUSSTATT. (DM)
```

Der Wert für maschinelle Anlagen, Betriebs- und Geschäftsausstattung errechnet sich aus dem Wert der Vorperiode plus der Differenz aus Investitionen und Abschreibungen.

```
MAIN.KL=MAINH.K                                               167, R
    MAIN   - INVEST.QUOTE MASCH.ANL.BETR.-U.GESCH.AUSSTATT.
             (DM/WOCHE)
    MAINH  - INVEST.QUOTE MASCH.ANL.BETR.-U.GESCH.AUSSTATT.
             HILFSGRÖSSE (DM/WOCHE)
MAINH.K=(VINVQUH.K+PINQUH.K+WINVRH.K)*(VMT+PMT+VWMT)          168, A
    VINVQUH- VERTRIEBSINVESTITIONSQUOTE HILFSGRÖSSE (DM/WOCHE)
    MAINH  - INVEST.QUOTE MASCH.ANL.BETR.-U.GESCH.AUSSTATT.
             HILFSGRÖSSE (DM/WOCHE)
    PINQUH - PRODUKTIONSINVESTITIONSQUOTE HILFSGRÖSSE (DM/WOCHE)
    WINVRH - VERWALTUNG INVESTITIONSRATE HILFSGRÖSSE (DM/WOCHE)
    VMT    - ANTEIL MASCHINEN VERTRIEB (DIMLOS)
    PMT    - ANTEIL MASCHINEN PRODUKTION (DIMLOS)
    VWMT   - ANTEIL MASCHINEN, GRUNDSTÜCKE U. GEBÄUDE (DIMLOS)
```

Die Summe der Investitionen aus den Bereichen Vertrieb, Produktion und Verwaltung stellt die gesamten Investitionen dar, welche getätigt wurden. Die Höhe der Investitionen der einzelnen Bereiche wird im Funktionsbereichsmodell errechnet. Die Summe der drei Anteile, welche Konstanten sind, ergibt 0.25. Das heißt, daß 25 % der gesamten Investitionen für maschinelle Anlagen, Betriebs- und Geschäftsausstattung verwendet werden.

```
MAAB.KL=MAABH.K                                             169, R
    MAAB   - ABSCHR.QUOTE MASCH. ANLAGEN BETR.-U.GESCH.AUSSTATT.
             (DM/WOCHE)
    MAABH  - ABSCHR.QUOTE MASCH. ANLAGEN BETR.-U.GESCH.AUSSTATT.
             HILFSGRÖSSE (DM/WOCHE)

MAABH.K=(VABSH.K+PABQUH.K+WABSRH.K)*(VMT+PMT+VWMT)          170, A
    MAABH  - ABSCHR.QUOTE MASCH.ANLAGEN BETR.-U.GESCH.AUSSTATT.
             HILFSGRÖSSE (DM/WOCHE)
    VABSH  - VERTRIEB ABSCHREIBUNGEN HILFSGRÖSSE (DM/WOCHE)
    PABQUH - PRODUKTIONSABSCHREIBUNGSQUOTE HILFSGRÖSSE (DM/WOCHE)
    WABSRH - ABSCHREIBUNGSRATE VERW.ANLAGEN HILFSGRÖSSE
             (DM/WOCHE)
    VMT    - ANTEIL MASCHINEN VERTRIEB (DIMLOS)
    PMT    - ANTEIL MASCHINEN PRODUKTION (DIMLOS)
    VWMT   - ANTEIL MASCHINEN, GRUNDSTÜCKE UND GEBÄUDE (DIMLOS)
```

Die Abschreibungen aus Vertrieb, Produktion und Verwaltung ergeben die gesamten Abschreibungen. Die Summe der Anteilswerte ist, wie schon bei der Eingangsrate 24,1. Das heißt also, daß 24,1 % der gesamten Abschreibungen dem Bereich maschinelle Anlagen, Betriebs- und Geschäftsausstattung zugerechnet werden. Wie schon bei den Bauabschreibungen festgestellt wurde, entfielen 75 % der Abschreibungen auf Grundstücke und Gebäude. Die verbleibenden 0,9 % sind Abschreibungen auf Forderungen.

A4 Finanzanlagen

(z.B. Beteiligungen, Wertpapiere)

```
FIAN.K=FIAN.J+DT*(FINZU.JK-FINAB.JK)                         171, L
FIAN=FIANA                                                   171.1, N
    FIAN   - FINANZANLAGEN (DM)
    DT     - INTEGRATIONSSCHRITTWEITE (WOCHE)
    FINZU  - FINANZANLAGENZUWEISUNG (DM/WOCHE)
    FINAB  - FINANZANLAGENAUFLÖSUNG (DM/WOCHE)
    FIANA  - ANFANGSWERT FINANZANLAGEN (DM)
```

Die Höhe der Finanzanlagen errechnet sich aus dem Wert der Vorperiode, plus der Differenz aus Zu- und Abgängen.

```
EZA.K=FCNSW(ZDIFF.K,1.,0.,0.)                                177, A
    EZA    - EINZAHLUNG ZU FINANZANLAGEN PROZENTSATZ (DIMLOS)
    FCNSW  - ARITHMETISCHER SWITCH F. X<0,X=0,X>0
    ZDIFF  - DIFF. ZAHLUNGSMITTELMAX.U.DURCHSCH.WERT
             ZAHLUNGSMITTEL (DM)

FINAH2.K=AZA.K*ZDIFF.K                                       178, A
    FINAH2 - FINANZANZAHLUNG HILFSGRÖSSE (DM)
    AZA    - AUSZAHLUNGSPROZENTSATZ D. FINANZANLAGEN (DIMLOS)
    ZDIFF  - DIFF.ZAHLUNGSMITTELMAX.U.DURCHSCHN.WERT
             ZAHLUNGSMITTEL (DM)

FIAND.K=FIAN.K-FINAH2.K                                      179, A
    FIAND  - DIFF.FINANZANL.U.HILFSGR.FINANZANL.AUFLÖS.
             (DM/WOCHE)
    FIAN   - FINANZANLAGEN (DM)
    FINAH2 - FINANZANZAHLUNG HILFSGRÖSSE (DM)
```

```
FINAH1.K=FCNSW(FIAND.K0.,0.,FINAH2.K)                         180, A
    FINAH1 - FINANZANZAHLUNGSHILFSGRÖSSE (DM)
    FCNSW  - ARITHMETISCHER SWITCH F. X<0,X=0,X>0
    FIAND  - DIFF.FINANZANL.U.HILFSGR.FINANZANL.AUFLÖS. (DM/WOCHE)
    FINAH2 - FINANZANZAHLUNGSHILFSGRÖSSE (DM)

FINZU.KL=FINZUH.K                                             172, R
    FINZU  - FINANZANLAGENZUWEISUNG (DM/WOCHE)
    FINZUH - FINANZANLAGENZUWEISUNG HILFSGRÖSSE (DM/WOCHE)

FINAB.KL=FINAH1.K                                             173, R
    FINAB  - FINANZANLAGEN AUFLÖSUNG (DM/WOCHE)
    FINAH1 - FINANZANZAHLUNGSHILFSGRÖSSE (DM)

FINZUH.K=-EZA.K*ZDIFF.K                                       174, A
    FINZUH - FINANZANLAGENZUWEISUNG HILFSGRÖSSE (DM/WOCHE)
    EZA    - EINZAHLUNG ZU FINANZANLAGEN PROZENTSATZ (DIMLOS)
    ZDIFF  - DIFF.ZAHLUNGSMITTELMAX.U.DURCHSCHN.WERT
             ZAHLUNGSMITTEL (DM)

ZDIFF.K=ZAMAX-DZAWE.K                                         175, A
    ZDIFF  - DIFF.ZAHLUNGSMITTELMAX.U.DURSCHN.WERT
             ZAHLUNGSMITTEL (DM)
    ZAMAX  - ZAHLUNGSMITTEL MAXIMUM (DM)
    DZAWE  - DURCHSCHNITTSWERT ZAHLUNGSMITTEL (DM)

AZA.K=FCNSW(DLIQU2.K,1.,0.,0.)                                176, A
    AZA    - AUSZAHLUNGSPROZENTSATZ D.FINANZANLAGEN (DIMLOS)
    FCNSW  - ARITHMETISCHER SWITCH F. X<0,X=0,X>0
    DLIQU2 - DURCHSCHN.LANGFRIST.LIQUIDITÄT (DIMLOS)
```

Das Zahlungsmittelmaximum ist ein fest vorgegebener Wert von 1 Mio. DM. Der Durchschnittswert an Zahlungsmitteln ergibt sich durch eine exponentielle Glättung 1. Ordnung der Zahlungsmittel und einer Zahlungsmittel-Mittelwertbildungszeit von 6 Wochen.

```
DZAWE.K=SMOONO(ZAMIT.K,ZAMIWE)                              196, A
    DZAWE  - DURCHSCHNITTSWERT ZAHLUNGSMITTEL (DM)
    SMOONO - EXP. GLÄTTUNG 1. ORDNUNG
    ZAMIT  - ZAHLUNGSMITTEL (DM)
    ZAMIWE - ZAHLUNGSMITTEL-MITTELWERTBILDUNGSZEIT (WOCHE)
```

Für die Einzahlungen zu Finanzanlagen (EZA) gilt folgende Entscheidungsregel:

EZA.K = FCNSW(ZDIFF.K,1.,0.,0.)

1. Fall: ZDIFF < 0 → EZA = 1
2. Fall: ZDIFF = 0 → EZA = 0
3. Fall: ZDIFF > 0 → EZA = 0

Für den Fall 1 ergibt sich, daß die Finanzanlagenzuweisungen (FINZU) gleich ZDIFF sind. Für die Fälle 2 und 3 sind die Finanzanlagenzuweisungen gleich Null.

ZDIFF wird nur negativ, wenn durchschnittlich mehr Zahlungsmittel zur Verfügung stehen, als 1 Mio. DM. Falls dies der Fall ist, wird den Finanzanlagen gerade dieser Überschuß an Zahlungsmitteln zugewiesen.

Man geht also davon aus, daß es genügt, wenn durchschnittlich 1 Mio. DM an flüssigen Mitteln vorhanden ist. Alles was darüber liegt, wird in Wertpapieren oder anderen festen Anlagen angelegt.

Für die Auflösungen zu Finanzanlagen gilt folgende Entscheidungsregel:

FINAB.K = FCNSW(FIAND.K,0.,0.,FINAH2.K)

1. Fall: FIAND < 0 → FINAB = 0
2. Fall: FIAND = 0 → FINAB = 0
3. Fall: FIAND > 0 → FINAB = FINAH2

DLIQU2 ist das Verhältnis von Zahlungsmitteln zu den Lieferantenverbindlichkeiten minus einer Konstanten. Sind die Lieferantenverbindlichkeiten um mehr als das Fünffache größer als der Zahlungsmittelbestand, wird DLIQU2 negativ. Anders ausgedrückt:Ist der Quotient aus Zahlungsmitteln und Lieferantenverbindlichkeiten kleiner als diese geplante Größe, kann man von einer geplanten Illiquidität sprechen (kurz illiquide).

1. Fall: DLIQU2 < 0 → AZA = 1 (illiquid)
2. Fall: DLIQU2 = 0 → AZA = 0
3. Fall: DLIQU2 > 0 → AZA = 0 (liquid)

Tritt der erste Fall ein, wird die Hilfsgröße FINABH gleich ZDIFF. Ist außerdem ZDIFF kleiner als die bestehenden Finanzanlagen (FIAN), so ist die Hilfsgröße FIAND größer Null und nach der Entscheidungsregel für Finanzanlagenauflösung wird in der Höhe von FINABH, welche gleich ZDIFF ist, aufgelöst.

Anders ausgedrückt heißt das, es wird soviel aufgelöst, wie der durchschnittliche Zahlungsmittelbestand unter 1 Mio. liegt.

Solange noch Finanzanlagen vorhanden sind, tritt der Fall, daß ZDIFF größer als die Finanzanlagen ist, nicht ein. Bevor der durchschnittliche Zahlungsmittelbestand soweit unter 1 Mio. liegt, so daß ZDIFF einen entsprechend hohen Wert annehmen würde, wären die Finanzanlagen schon vorher, bei einer kleineren Differenz, aufgelöst worden.

In der Realität spielen nicht nur Liquiditätsgesichtspunkte bei Zu- bzw. Auflösungen von Finanzanlagen eine Rolle, sondern zum Beispiel auch die Höhe der Verzinsung von Wertpapieren, oder wie günstig der Zeitpunkt zum Verkauf ist. Diese Gesichtspunkte wurden im vorliegenden Modell nicht betrachtet.

Beispiel:

a) Finanzanlagenzuweisung (FINZU)

ZAMAX = 1.000.000 DM (fix)
DZAW = 1.500.000 DM → ZDIFF = - 500.000 DM
→ EZA = 1
→ FINZU = - 1*(-500.000 DM) = 500.000 DM

Erg.:Es werden 500.000 DM in Finanzanlagen umgewandelt.

ZAMAX = 1.000.000 DM
DZAWE = 500.000 DM → ZDIFF = 500.000 DM
→ EZA = 0
→ FINZU = 0 DM

Erg.:Es wird nichts den Finanzanlagen zugewiesen.

b) Finanzanlagenauflösung (FINAB)

ZAMAX = 1.000.000 DM
DLIQU2 = 1,5 → AZA = 0 → FINAH2 = 0
FIAN = 500.000 DM → FIAND = 500.000 DM

Erg.:Da FINAH2 = 0 ist, wird nach der Entscheidungsregel für Finanzanlagenauflösung nichts aufgelöst.

ZAMAX = 1.000.000 DM
DLIQU2 = -0,13 → AZA = 1 → FINABH = ZDIFF
DZAWE = 800.000 DM → ZDIFF = 200.000 DM
FIAN = 500.000 DM → FIAND = 300.000 DM
→ FINAB = 200.000 DM

Erg.:Es werden 200.000 DM von den Finanzanlagen aufgelöst.

A5 Roh-, Hilfs- und Betriebsstoffe

ROHIB.K=LAWERT.K 181, A

ROHIB - ROH-, HILFS- U. BETRIEBSSTOFFE (DM)
LAWERT - WERT DES MATERIALLAGERBESTANDES (DM)

Der Wert des Materiallagers errechnet sich aus dem Fertigungsmaterialwert (DM/ST) mal dem Rohmateriallagerbestand (ST). Der Fertigungsmaterialwert ist gleich den Standardkosten. Für die Steuerbilanz müßten die Bewertungsgrundsätze, die das Steuerrecht vorschreibt, beachtet werden.

A6 Fertige und unfertige Erzeugnisse

FERER.K=LB.K*EPB 182, A

FERER - FERTIGERZEUGNISSE (DM)
LB - FERTIGLAGERBESTAND (STÜCK)
EPB - EINZELPREIS FERTIGLAGER INTERNE BEWERTUNG (DM/STÜCK)

Der Wert der Fertigerzeugnisse errechnet sich aus dem Fertiglagerbestand in Stück mal dem Einzelpreis. Der Einzelpreis beträgt 150 DM pro Stück. Dies entspricht den Herstellkosten. Der Fertiglagerbestand wird im Funktionsbereichsmodell errechnet. Er hängt von der Produktionsrate und der Versandrate ab. Je mehr produziert und je weniger verkauft wird, desto höher wird der Fertiglagerbestand.

Die unfertigen Erzeugnisse werden nicht bewertet. Da es sich zumeist um rohe Holz- bzw. Plastikteile handelt, gebietet es das Mindestwertprinzip,hier keine Werte anzusetzen.

A7 Forderungen

FORD.K=FORD.J+DT*(RECRA.JK-FORDAB.JK) 183, L

FORD=FORDAN 183.1, N

FORD - FORDERUNGEN (DM)
DT - INTEGRATIONSSCHRITTWEITE (WOCHE)
RECRA - RECHNUNGSAUSGANGSRATE (DM/WOCHE)
FORDAB - AUFLÖSUNG FORDERUNGEN (DM/WOCHE)
FORDAN - ANFANGSWERT FORDERUNGEN (DM)

Die Forderungen haben als Eingangsrate die Rechnungsausgangsrate und als Ausgangsrate die Forderungsauflösungen.

RECRA.KL=RECRAH.K 184, R

RECRA - RECHNUNGSAUSGANGSRATE (DM/WOCHE)
RECRAH - RECHNUNGSAUSGANGSRATE HILFSGRÖSSE (DM/WOCHE)

RECRAH.K=VR.K*EP 188, A

RECRAH - RECHNUNGSAUSGANGSRATE HILFSGRÖSSE (DM/WOCHE)
VR - VERSANDRATE (STÜCK/WOCHE)
EP - EINZELPREIS ERWARTET (DM/STÜCK)

Die Versandrate wird im Gütermodell errechnet. Sie ist unter anderem vom Auftragseingang abhängig. Der Einzelpreis beträgt konstant 160 DM pro Stück.

FORDAB.KL=BEZRE.K+NIBEZ.K 189, R

FORDAB - AUFLÖSUNG FORDERUNGEN (DM/WOCHE)
BEZRE - BEZAHLTE RECHNUNGEN (DM/WOCHE)
NIBEZ - NICHT BEZAHLTE RECHNUNGEN (DM/WOCHE)

Der Forderungsbestand wird abgebaut durch Rechnungen,welche bezahlt wurden sowie auch Rechnungen, die nicht bezahlt wurden. Dabei werden unter den nicht bezahlten Rechnungen solche verstanden, die absolut uneinbringlich sind (Konkurs) und daher abgeschrieben werden.

```
NIBEZ.K=ABSW*DWEBE.K                                     195, A
    NIBEZ  - NICHT BEZAHLTE RECHNUNGEN (DM/WOCHE)
    ABSW   - ABSCHREIBUNGSFAKTOR WERTBERICHTIGUNG (1/WOCHE
    DWEBE  - DURCHSCHNITT WERTBERICHTIGUNG (DM)
```

Der Abschreibungsfaktor ist fix 0,19 %. Es werden 0,19 % der durchschnittlichen Wertberichtigungen auf Forderungen pro Woche abgeschrieben.

```
BEZRE.K=BEZREH.K-NIBEZ.K                                 194, A
    BEZRE  - BEZAHLTE RECHNUNGEN (DM/WOCHE)
    BEZREH - HILFSGRÖSSE BEZAHLTE RECHNUNGEN (DM/WOCHE)
    NIBEZ  - NICHT BEZAHLTE RECHNUNGEN (DM/WOCHE)
```

```
BEZREH.K=DEL3NO(RECRAH.K,KZV)                            185, A
    BEZREH - HILFSGRÖSSE BEZAHLTE RECHNUNGEN (DM/WOCHE)
    DEL3NO - EXP. VERZÖGERUNG 3. ORDNUNG
    KZV    - KUNDENZAHLUNGSVERHALTEN (WOCHE)
    RECRAH - RECHNUNGSAUSGANGSRATE HILFSGRÖSSE (DM/WOCHE)
```

Beim Kundenzahlungsverhalten wird mit einer durchschnittlichen Verzögerung von 10 Wochen gerechnet. Das Verhalten wird mit einer Verzögerung 3. Ordnung beschrieben. Schwankungen in der Rechnungsstellung wirken sich daher nicht sofort auf die Zahlungen der Kunden aus. Eine Hypothese wie sie jede Rechnungsabteilung akzeptieren kann.

A8 Zahlungsmittel

```
ZAMIT.K=ZAMIT.J+DT*(EINZA.JK-AUSZA.JK)                190, L
ZAMIT=ZAMITA                                          190.1, N
    ZAMIT  - ZAHLUNGSMITTEL (DM)
    DT     - INTEGRATIONSSCHRITTWEITE (WOCHE)
    EINZA  - EINZAHLUNGEN (DM/WOCHE)
    AUSZA  - AUSZAHLUNGEN AUS KASSE (DM/WOCHE)
    ZAMITA - ANFANGSWERT ZAHLUNGSMITTEL (DM)
```

Der Zahlungsmittelbestand errechnet sich aus dem Wert der Vorperiode plus der Differenz aus Ein- und Auszahlungen.

Einzahlungen:

```
EINZA.KL=BEZRE.K+FINAH1.K+LANGDA.K+KURDAH.K+          191, R
 GRUZUH.K+ERTFI.K+ERRUER.K+EREIN.K+ZURSTH.K
    EINZA  - EINZAHLUNGEN (DM/WOCHE)
    BEZRE  - BEZAHLTE RECHNUNGEN (DM/WOCHE)
    FINAH1 - FINANZANZAHLUNGSHILFSGRÖSSE (DM/WOCHE)
    LANGDA - DARLEHENSAUFNAHME LANGFRISTIG (DM/WOCHE)
    KURDAH - KURZFRISTIGE DARLEHENSRATE HILFSGRÖSSE (DM/WOCHE)
    GRUZUH - GRUNDKAPITALZUFÜHRUNG HILFSGRÖSSE (DM/WOCHE)
    ERTFI  - ERTRAGSRATE FINANZANLAGEN (DM/WOCHE)
    ERRUER - RÜCKSTELLUNGSERTRAGSRATE (DM/WOCHE)
    EREIN  - ERTRAGSRATE SONSTIGE ERTRÄGE (DM/WOCHE)
    ZURSTH - ZUWEISUNG RÜCKSTELLUNG HILFSGRÖSSE (DM/WOCHE)
```

Die Summe dieser Positionen ergibt die Einzahlungen pro Woche.

Auszahlungen:

AUSZA.KL=((LOSU.K+GEHSU.K+AZINS.K+BEZST.K+VGEAUS.K+ GAUFL.K)/DT)+MARE.K+SORED.K+FINZUH.K+LANRUEH.K+ KURUEH.K+ABRSTH.K+BAURAH.K+MAINH.K 192, R

AUSZA - AUSZAHLUNGEN AUS KASSE (DM/WOCHE)
LOSU - LOHNSUMME (DM)
GEHSU - GEHALTSSUMME (DM)
AZINS - AUSZAHLUNG ZINSEN (DM)
BEZST - BEZAHLTE STEUERN (DM)
VGEAUS - VERZÖGERTE GEWINNAUSSCHÜTTUNG (DM)
GAUFL - AUFLÖSUNG GRUNDKAPITAL (DM)
DT - INTEGRATIONSSCHRITTWEITE (WOCHE)
MARE - MATERIALRECHNUNGEN (DM/WOCHE)
SORED - SONSTIGE RECHNUNGEN (DM/WOCHE)
FINZUH - FINANZANLAGENZUWEISUNG HILFSGRÖSSE (DM/WOCHE)
LANRUEH- RÜCKZAHLUNG LANGFRISTIGE DARLEHEN (DM/WOCHE)
KURUEH - RÜCKZAHLUNG KURZFRISTIGE DARLEHEN HILFSGRÖSSE (DM/WOCHE)
ABRSTH - AUFLÖSUNG RÜCKSTELLUNGEN HILFSGRÖSSE (DM/WOCHE)
BAURAH - BAURATE HILFSGRÖSSE (DM/WOCHE)
MAINH - INVEST.QUOTE MASCH.ANL.BETR.-U.GESCH.AUSST. HILFSGRÖSSE (DM/WOCHE)

LOSU.K=PULSE(FELOSU.K,WO,WO) 197, A

LOSU - LOHNSUMME (DM)
PULSE - PULSE-FUNKTION [1)]
FELOSU - FERTIGUNGSLOHNSUMME (DM)
WO - WOCHE (WOCHE)

Die Lohnsumme ergibt sich nach dieser Pulse-Funktion, wobei die Fertigungslohnsumme die Höhe angibt, welche wöchentlich ausgezahlt wird.

---
1) vgl. Anhang Makrodefinitionen

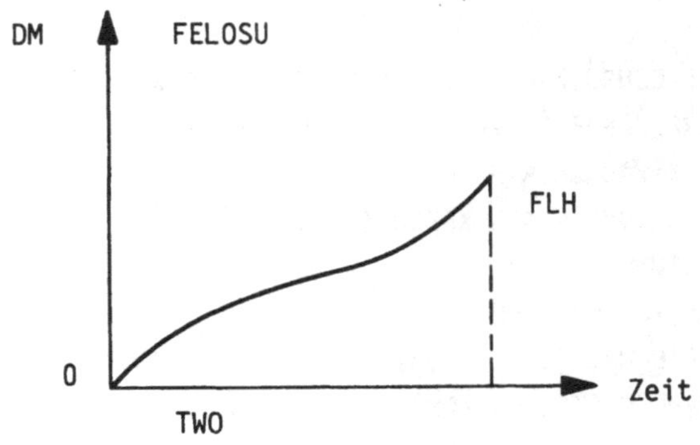

Abb. 4.36: Fertigungslohnzahlungen

```
FELOSU.K=MODINT(0.,TWO.K,FLH.K)                                  199, A
    FELOSU - FERITUNGSLOHNSUMME (DM)
    MODINT - MODIFIZIERTES INTEGRAL 1)
    TWO    - ZEITKONSTANTE WOCHE (WOCHE)
    FLH    - HILFSRATE GESAMTFERTIGUNGSLOHN (DM/WOCHE)
```

Die Fertigungslohnsumme setzt sich aus den aufsummierten wöchentlichen Zahlungen zusammen.

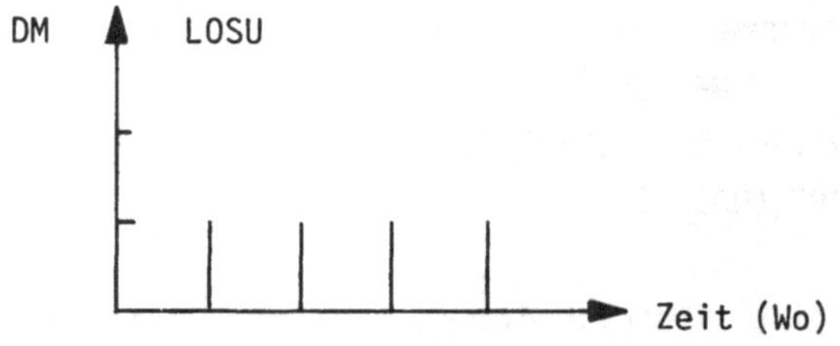

Abb. 4.37: Gesamtfertigungslohn

1) vgl. Anhang Makrofunktionen

```
FLH.K=PR.K*FL+UEKOS.K                                   200, A
    FLH    - HILFSRATE GESAMTFERTIGUNGSLOHN (DM/WOCHE)
    PR     - PRODUKTIONSRATE (STÜCK/WOCHE)
    FL     - FERTIGUNGSLOHN (DM/STÜCK)
    UEKOS  - KOSTEN F. EINE ÜBERSTUNDE (DM/WOCHE)
```

Der Fertigungslohn beträgt 12 DM pro Stück. Die Produktionsrate wird im Funktionsbereichsmodell errechnet. Die Überstundenkosten beinhalten die gesamten Kosten für Überstunden in einer Woche.

```
TWO.K=0.5+PULSE(-1.,(1.+DT),WO)                         198, A
    TWO    - ZEITKONSTANTE WOCHE (WOCHE)
    PULSE  - PULSE-FUNKTION
    DT     - INTEGRATIONSSCHRITTWEITE (WOCHE)
    WO     - WOCHE (WOCHE)
```

Durch diese Pulse-Funktion wird das obige modifizierte Integral wieder auf Null zurückgesetzt.

```
GEHSU.K=PULSE(GEHOES.K,MO,MO)                           201, A
    GEHSU  - GEHALTSSUMME (DM)
    PULSE  - PULSE-FUNKTION
    GEHOES - GEHALTSHÖHENSUMME (DM)
    MO     - MONAT (WOCHE)
```

Analog zur Lohnsumme errechnet sich die Gehaltssumme, nur die Fälligkeit ist nicht wöchentlich, sondern monatlich.

```
TMO.K=0.5+PULSE(-1.,(4.+DT),MO)                         202, A
    TMO    - ZEITKONSTANTE MONAT (WOCHE)
    PULSE  - PULSE-Funktion
    DT     - INTEGRATIONSSCHRITTWEITE (WOCHE)
    MO     - MONAT (WOCHE)
```

```
GEHOES.K=MODINT(0.,TMO.K,EGEH.K)                                 203, A
    GEHOES - GEHALTSHÖHENSUMME (DM)
    MODINT - MODIFIZIERTES INTEGRAL
    TMO    - ZEITKONSTANTE MONAT (WOCHE)
    EGEH   - EINZELGEHÄLTER (DM/WOCHE)

EGEH.K=VPK.K+GHBTEL*PMABA.K+GEHAF.K+FEGEH.K+PROFIX*ARANZ         204, A
    EGEH   - EINZELGEHÄLTER (DM/WOCHE)
    VPK    - VERTRIEB PERSONALKOSTEN (DM/WOCHE)
    GHBTEL - GEHALTSBRUCHTEIL (1/WOCHE)
    PMABA  - ANLAGEN PRODUKTION (DM)
    GEHAF  - GEHALT VERWALTUNG (DM/WOCHE)
    FEGEH  - GEHALT FORSCHUNG UND ENTWICKLUNG (DM/WOCHE)
    PROFIX - FIXTEIL PROD.GEMEINKOSTEN ARBEITER (DM/(WOCHE*MANN))
    ARANZ  - ANZAHL ARBEITER IM PRODUKTIONSPROZESS (MANN)
```

Die Vertriebspersonalkosten setzen sich aus einem Fixgehalt und einer Umsatzprovision zusammen. Die Kosten für die Gehälter im Produktionsbereich sind vom Wert der Anlagen im Produktionsbereich abhängig. Es werden dafür 1,1 % (GHBTEL = 0,011) der Anlagen verrechnet.

Dieser Ansatz entspricht einem Erfahrungswert der Branche und wurde der Überschaubarkeit halber vorgenommen.

Ein anderer Weg wäre etwa, die Zahl der Gehaltsempfänger im Produktionsbereich mit einem durchschnittlichen Gehaltsniveau zu multiplizieren.

Dies wird für die Bereiche Verwaltung und Forschung auch gemacht. Hier werden die Zahl der Angestellten bzw. Wissenschaftler mit dem Gehaltsniveau dieser Branche multipliziert. Schließlich wird noch ein fixer Produktionsgemeinkostenblock von 40.000 DM angesetzt, der von der Anzahl der Arbeiter abhängig ist (PROFIX = 400, ARANZ = 100).

Weitere Zahlungen für die Zinsen vermindern den Zahlungsmittelbestand:

```
AZINS.K=PULSE(AZINSU.K,MO,MO)                              214, A
    AZINS  - AUSZAHLUNG ZINSEN (DM)
    PULSE  - PULSE-FUNKTION
    AZINSU - ZINSHÖHE (DM)
    MO     - MONAT (WOCHE)
```

Die Zahlung der Zinsen erfolgt monatlich. Die Zinshöhe errechnet sich nach folgendem modifizierten Integral.

```
AZINSU.K=MODINT(0.,TZINS.K,ZINS.K)                         211, A
    AZINSU - ZINSHÖHE (DM)
    MODINT - MODIFIZIERTES INTEGRAL
    TZINS  - ZINSTERMIN (WOCHE)
    ZINS   - GESAMTZINSAUFWENDUNGEN (DM/WOCHE)
```

TZINS setzt die aufgelaufenen Zinsen wieder auf Null.

```
TZINS.K=0.5+PULSE(-1.,(4.+DT),ZTE)                         213, A
    TZINS  - ZINSTERMIN (WOCHE)
    PULSE  - PULSE-FUNKTION
    DT     - INTEGRATIONSSCHRITTWEITE (WOCHE)
    ZTE    - ZINSTERMINE (WOCHE)
```

Die Gesamtzinsaufwendungen errechnen sich wie folgt:

```
ZINS.K=((ZIFUS1*LAVER.K)+(ZIFUS2*KUFER.K)+(ZIFUS1*        212, A
 LIVER.K))/JAHR
    ZINS   - GESAMTZINSAUFWENDUNGEN (DM/WOCHE)
    ZIFUS1 - ZINSFUSS LANGFRISTIG (DIMLOS)
    LAVER  - LANGFRISTIGE VERBINDLICHKEITEN (DM)
    ZIFUS2 - ZINSFUSS KURZFRISTIG (DIMLOS)
    KUVER  - KURZFRISTIGE VERBINDLICHKEITEN (DM)
```

LIVER - LIEFERANTENVERBINDLICHKEITEN (DM)
JAHR - GESCHÄFTSJAHR (WOCHE)

Für die langfristigen Verbindlichkeiten wird ein Zinsfuß von 8 %, für die kurzfristigen von 9 % gerechnet. Für die Lieferantenverbindlichkeiten ebenfalls 8 %. Die Zinssätze müssen den jeweils gültigen angepaßt werden.

A9 Steuerzahlungen

```
BEZST.K=PULSE((STEUR.K/4.),(JAHR/4.),(JAHR/4.))          216, A
    BEZST  - BEZAHLTE STEUERN (DM)
    PULSE  - PULSE-FUNKTION
    STEUR  - STEUERSCHULD (DM)
    JAHR   - GESCHÄFTSJAHR (WOCHE)
```

Die Jahressteuer wird jeweils vierteljährlich bezahlt.

```
STEUR.K=STEUR.J+DT*(STEUG.J-BEZST.J)/DT                  215, L
STEUR=STEUBE                                             215.1, N
    STEUR  - STEUERSCHULD (DM)
    DT     - INTEGRATIONSSCHRITTWEITE (WOCHE)
    STEUG  - GESAMTSTEUER (DM)
    BEZST  - BEZAHLTE STEUERN (DM)
    STEUBE - ANFANGSBESTAND STEUER (DM)
```

Die Steuerschuld errechnet sich aus der Steuerschuld der Vorperiode plus der Differenz aus Gesamtsteuer und schon bezahlter Steuer. Die Gesamtsteuer ist gewinnabhängig. Sie wird in der G u. V errechnet. Weitere Auszahlungen wie

VGEAUS - Verzögerte Gewinnausschüttung und
GAUFL - Auflösung Grundkapital (DM) bei Verlust

werden bei der Jahresabschlußrechnung berechnet.

```
VGEAUS.K=TOTGEA(GEAUS.K,TAUS,JAHR,WOCHE.K) 1)                 193, A
    VGEAUS - VERZÖGERTE GEWINNAUSSCHÜTTUNG (DM)
    TOTGEA - TOTZEITGLIED FÜR GEWINNAUSSCHÜTTUNGSVERZÖGERUNG 1)
    GEAUS  - AUSGESCHÜTTETER GEWINN (DM)
    TAUS   - GEWINNAUSSCHÜTTUNGSZEIT (WOCHE)
    JAHR   - GESCHÄFTSJAHR (WOCHE)
    WOCHE  - WOCHE DES GESCHÄFTSJAHRES (WOCHE)

MARE.K=MAREH.K+MARUEK-MAREHH.K                                208, A
    MARE   - MATERIALRECHNUNGEN (DM/WOCHE)
    MAREH  - HILFSGRÖSSE FÜR EWERT (DM/WOCHE)
    MARUEK - RÜCKWIRKENDE ZAHLUNGSVERPFL. (DM/WOCHE)
    MAREHH - HILFSGRÖSSE F. MARUEH (DM/WOCHE)

MAREH.K=DEL3NO(EWERT.K,EZV)                                   206, A
    MAREH  - HILFSGRÖSSE FÜR EWERT (DM/WOCHE)
    DEL3NO - EXP. VERZÖGERUNG 3. ORDNUNG
    EWERT  - EINKAUFSWERT (DM/WOCHE)
    EZV    - EIGENES ZAHLUNGSVERHALTEN (WOCHE)
```

Der Einkaufswert errechnet sich aus Menge mal Preis (133, A). Das eigene Zahlungsverhalten beträgt 11 Wochen. Die Materialrechnungen werden also erst nach 11 Wochen bezahlt. Sie stellen die gesamten, d.h. auch rückwirkenden Zahlungsverpflichtungen für das Material dar.

```
MAREHH.K=DEL3NO(MARUEH.K,EZV)                                 207, A
    MAREHH - HILFSGRÖSSE FÜR MARUEH (DM/WOCHE)
    DEL3NO - EXP. VERZÖGERUNG 3. ORDNUNG
    MARUEH - HILFSGRÖSSE FÜR RÜCKWIRKENDE ZAHLUNGSVERPFLICHTUNG
             (DM/WOCHE)
    EZV    - EIGENES ZAHLUNGSVERHALTEN (WOCHE)

MARUEH.K=STEP(MARUEK,0.1)                                     205, A
    MARUEH - HILFSGR. F. RÜCKWIRKENDE ZAHLUNGSVERPFL. (DM/WOCHE)
    STEP   - STEP-FUNKTION
    MARUEK - RÜCKWIRKENDE ZAHLUNGSVERPFLICHTUNG (DM/WOCHE)
```

---

1) vgl. Anhang Makrodefinitionen

Die Hilfsgröße MARUEH erhöht sich zum Zeitpunkt 0.1 um MARUEK (Anfangswert aus Datenbank). Sie stellt eine zufällige Zahlungsschwankung dar, wie sie laufend im Unternehmen durch Krankheit, Feiertage, Urlaub etc. vorkommt. Die Funktion wird in Verbindung mit der exponentiellen Verzögerung 3. Ordnung etwas 'geglättet'.

Zur Auszahlung kommen die Rechnungen, welche durchschnittlich 11 Wochen zurückliegen, plus noch rückwirkende Zahlungsverpflichtungen, welche sich aus der Differenz des Wertes von MARUEK und der Hilfsgröße MAREHH ergeben.

```
SORED.K=DEL3NO(SORE.K, EZV)                                  210, A
    SORED  - SONSTIGE RECHNUNGEN (DM/WOCHE)
    DEL3NO - EXP. VERZÖGERUNG 3. ORDNUNG
    SORE   - SONSTIGE ZU BEZAHLENDE RECHNUNGEN (DM/WOCHE)
    EZV    - EIGENES ZAHLUNGSVERHALTEN (WOCHE)
```

Sonstige Rechnungen werden ebenfalls mit einer durchschnittlichen Verzögerung von 11 Wochen bezahlt. Sie setzen sich folgendermaßen zusammen:

```
SORE.K=SOAUF.K+FESOAU.K                                      209, A
    SORE   - SONSTIGE ZU BEZAHLENDE RECHNUNGEN (DM/WOCHE)
    SOAUF  - UMSATZUNABH. SONSTIGE AUFWENDUNGEN (DM/WOCHE)
    FESOAU - SONST. AUFWEND. FORSCHUNG U. ENTWICKL. (DM/WOCHE)
```

Weitere Auszahlungen mit Angabe, wo sie errechnet werden:

FINZU - Finanzanlagenzuweisung (DM/Woche) (Finanzanlagen)
LANRUE - Rückzahlung langfr. Darlehen (DM/Woche) (Passiva)
KURUE - Rückzahlung kurzfr. Darlehen (DM/Woche) (Passiva)
ABRST - Auflösung Rückstellungen (DM/Woche) (Passiva)
BAURA - Baurate (DM/Woche) (Physisches Teilmodell)
MAIN - Invest.-Quote Masch. Anlagen, Betriebs- und Geschäftsausstattung (DM/Woche) (Physisches Teilmodell)

In der Größe REAKT.K (aktive Rechnungsabgrenzungsposten) werden solche Posten zusammengefaßt, die für die periodengerechte Abgrenzung der Bilanzgrößen sorgen. Betriebswirtschaftliches Beispiel: 'Im voraus bezahlte Miete'.

A10 Bilanzsumme Aktiva

```
AKTIVA.K=GRUGEB.K+ANIBA.K+MABAB.K+FIAN.K+ROHIB.K+              217, A
 FERER.K+FORD.K+ZAMIT.K+REAKT.K
    AKTIVA - BILANZSUMME AKTIV (DM)
    GRUGEB - GRUNDSTÜCKE UND GEBÄUDE BILANZ (DM)
    ANIBA  - ANLAGEN IM BAU (DM)
    MABAB  - MASCH. ANLAGEN BETRIEBS- U. GESCHÄFTSAUSSTATTUNG (DM)
    FIAN   - FINANZANLAGEN (DM)
    ROHIB  - ROH-, HILFS- U. BETRIEBSSTOFFE (DM)
    FERER  - FERTIGERZEUGNISSE (DM)
    FORD   - FORDERUNGEN (DM)
    ZAMIT  - ZAHLUNGSMITTEL (DM)
    REAKT  - RECHNUNGSABGRENZUNGSPOSTEN AKTIV (DM)
```

Durch einfache Aufsummierung der Einzelposten ergibt sich die Bilanzsumme.

4.2.3.2 Passiva

Die Passivseite der Bilanz gibt Auskunft über die Herkunft des im Betrieb arbeitenden Kapitals. Auch hier werden nach Entscheidungsregeln und Hypothesen die einzelnen Bestände vermehrt bzw. vermindert und so das Betriebsgeschehen simuliert.

```
*******************************************************
*                                                     *
*                       PASSIVA                       *
*                                                     *
*******************************************************
```

P1 Grundkapital

```
GRUKA.K=GRUKA.J+DT*(GRUZU.JK-(GAUFL.J/DT))                    218, L
GRUKA=GRUKAN                                                  218.1, N
    GRUKA  - GRUNDKAPITAL (DM)
    DT     - INTEGRATIONSSCHRITTWEITE (WOCHE)
    GRUZU  - GRUNDKAPITALZUFÖHRUNG (DM/WOCHE)
    GAUFL  - AUFLÖSUNG GRUNDKAPITAL (DM)
    GRUKAN - ANFANGSWERT GRUNDKAPITAL (DM)

GRUZU.KL=GRUZUH.K                                             219, R
    GRUZU  - GRUNDKAPITALZUFÖHRUNG (DM/WOCHE)
    GRUZUH - GRUNDKAPITALZUFÖHRUNG HILFSGRÖSSE (DM/WOCHE)

PGZUF.K=PGRUKA/JAHR                                           220, A
    PGZUF  - GEPLANTE GRUNDKAPITALZUFÖHRUNG (DM/WOCHE)
    PGRUKA - GEPLANTES GRUNDKAPITAL (DM)
    JAHR   - GESCHÄFTSJAHR (WOCHE)
```

GRUZUH.K=PGZUF.K 221, A

GRUZUH - GRUNDKAPITALZUFÜHRUNG HILFSGRÖSSE (DM/WOCHE)

PGZUF - GEPLANTE GRUNDKAPITALZUFÜHRUNG (DM/WOCHE)

GAUFL.K=VERLUS.K 222, A

GAUFL - AUFLÖSUNG GRUNDKAPITAL (DM)

VERLUS - VERLUST (DM)

Grundkapital

Das Unternehmen arbeitet mit einem Grundkapital von 3.000.000 DM. Die Höhe des Grundkapitals wird durch die Raten Grundkapitalzuführung und Grundkapitalauflösung bestimmt.

Grundkapitalzuführung

Die Grundkapitalzuführung ist gleich der geplanten Grundkapitalzuführung. Berechnet wird die wöchentlich geplante Grundkapitalzuführung aufgrund des geplanten Grundkapitalzuführungsfaktors. Hierbei wird von einer kontinuierlichen Grundkapitalzuführung bei normaler Firmenentwicklung ausgegangen.

Grundkapitalauflösung

Verluste führen zur Auflösung des Grundkapitals. Die Höhe der Auflösung ist dabei gleich der Höhe des Verlustes. Diese vereinfachenden Regeln gewährleisten auch in Extremfällen ein adäquates Systemverhalten. Die Entscheidungsprozesse sind in der Realität wesentlich komplexer. Bei Bedarf können diese jedoch ebenfalls nachvollzogen werden.

P2 Rücklagen

```
RUELA.K=RUELA.J+DT*(RUERA.J-RUEAB.J)/DT                    223, L
RUELA=RUELAN                                               223.1, N
    RUELA  - RÜCKLAGEN (DM)
    DT     - INTEGRATIONSSCHRITTWEITE (WOCHE)
    RUERA  - RÜCKLAGENBILDUNGSRATE (DM)
    RUEAB  - RÜCKLAGENAUFLÖSUNG (DM)
    RUELAN - ANFANGSWERT RÜCKLAGEN (DM)
```

```
RUERA.K=RUEZU.K                                            224, A
    RUERA  - RÜCKLAGENBILDUNGSRATE (DM) 1)
    RUEZU  - RÜCKLAGENZUWEISUNG (DM)
```

Der Level Rücklagen wird in seiner Höhe durch die Rücklagenbildungsrate und die Rate Rücklagenauflösung bestimmt. Die Rücklagenbildungsrate ist gleich der Rücklagenzuweisung. Letzteres wird aus der G & V übernommen. Ebenso wird mit der Rücklagenauflösung verfahren.

P3 Rückstellungen

```
RUEST.K=RUEST.J+DT*(ZURST.JK-ABRST.JK)                     225, L
RUEST=RUESTA                                               225.1, N
    RUEST  - RÜCKSTELLUNGEN (DM)
    DT     - INTEGRATIONSSCHRITTWEITE (WOCHE)
    ZURST  - ZUWEISUNG RÜCKSTELLUNG (DM/WOCHE)
    ABRST  - AUFLÖSUNG RÜCKSTELLUNGEN (DM/WOCHE)
    RUESTA - ANFANGSWERT RÜCKSTELLUNGEN (DM)
```

1) Formal ist es keine Rate, da es sich um einen einmalige Zuweisung handelt. Da es jedoch Zu- und Abfluß zu einem Level ist, kann es so bezeichnet werden.

```
ZURST.KL=ZURSTH.K                                        226, R
    ZURST  - ZUWEISUNG RÜCKSTELLUNG (DM/WOCHE)
    ZURSTH - ZUWEISUNG RÜCKSTELLUNG HILFSGRÖSSE (DM/WOCHE

ZURSTH.K=RANT*PLUMS/JAHR                                 227, A
    ZURSTH - ZUWEISUNG RÜCKSTELLUNG HILFSGRÖSSE (DM/WOCHE)
    RANT   - RÜCKSTELLUNGSANTEILSFAKTOR (1/WOCHE)
    PLUMS  - GEPLANTER UMSATZ (DM)
    JAHR   - JAHR

ABRST.KL=ABRSTH.K                                        228, R
    ABRST  - AUFLÖSUNG RÜCKSTELLUNGEN (DM/WOCHE)
    ABRSTH - AUFLÖSUNG RÜCKSTELLUNGEN HILFSGRÖSSE (DM/WOCHE)

ABRSTH.K=RANT*PLUMS/JAHR                                 229, A
    ABRSTH - AUFLÖSUNG RÜCKSTELLUNGEN HILFSGRÖSSE (DM/WOCHE)
    RANT   - RÜCKSTELLUNGSANTEILSFAKTOR (1/WOCHE)
    PLUMS  - GEPLANTER UMSATZ (DM)
    JAHR   - JAHR
```

Die Höhe der jeweils vorhandenen Rückstellungen wird durch den Umfang der getätigten Zuweisung an Rückstellungen sowie den Rückstellungsauflösungen bestimmt. Rückstellungen werden für evtl. Aufwendungen gebildet, die in der Zukunft liegen.

Der Umfang der Rückstellungszuweisung ergibt sich aus dem geplanten Umsatz multipliziert mit dem Rückstellungsanteilsfaktor. Dies entspricht der steuerlich zulässigen Betrachtungsweise, bei der Bewertungsfaktoren z.B. für Garantieleistungen bis zu 3 % zugelassen sind.

Analog zur Rückstellungszuweisung wird die Auflösung errechnet. Da die Rückstellungen in der Regel für konkrete zu erwartende Aufwendungen gebildet wurden, müssen sie im Laufe des Jahres auch entweder als Aufwendungen oder außerordentliche Erträge gebucht werden. Durch Zuweisung und Auflösung stellt sich ein Gleichgewicht ein, das lediglicht analog zum Umsatz steigt.

P4 Wertberichtigungen

```
WEBE.K=WEBE.J+DT*(WEBEZ.JK-WEBAB.JK)                        230, L
WEBE=WEBAN                                                  230.1, N
    WEBE   - WERTBERICHTIGUNG (DM)
    DT     - INTEGRATIONSSCHRITTWEITE (WOCHE)
    WEBEZ  - ZUFLUSS WERTBERICHTIGUNG (DM/WOCHE)
    WEBAB  - AUFLÖSUNG WERTBERICHTIGUNG (DM/WOCHE)
    WEBAN  - ANFANGSWERT WERTBERICHTIGUNG (DM)

WEBEZ.KL=WEBEF.K                                            231, R
    WEBEZ  - ZUFLUSS WERTBERICHTIGUNG (DM/WOCHE)
    WEBEF  - WERTBERICHTIGUNGSRATE AUF FORDERUNGEN (DM/WOCHE)

WEBAB.KL=NIBEZ.K                                            232, R
    WEBAB  - AUFLÖSUNG WERTBERICHTIGUNG (DM/WOCHE)
    NIBEZ  - NICHT BEZAHLTE RECHNUNGEN (DM/WOCHE)

DWEBE.K=SMOONO(WEBE.K,AT)                                   233, A
    DWEBE  - DURCHSCHNITT WERTBERICHTIGUNG (DM)
    SMOONO - EXP. GLÄTTUNG 1. ORDNUNG
    WEBE   - WERTBERICHTIGUNG (DM)
    AT     - ABSCHREIBUNGSZEIT (WOCHE)

WEBEF.K=WEBEFA*DFORD.K/JAHR                                 186, A
    WEBEF  - WERTBERICHTIGUNGSRATE AUF FORDERUNGEN (DM/WOCHE)
    WEBEFA - WERTBERICHTIGUNGSFAKTOR (DIMLOS)
    DFORD  - DURCHSCHNITT VON FORDERUNGEN (DM)
    JAHR   - GESCHÄFTSJAHR (WOCHE)
```

```
DFORD.K=SMOONO(FORD.K,KZV)                                    187, A
    DFORD  - DURCHSCHNITT VON FORDERUNGEN (DM)
    SMOONO - EXP. GLÄTTUNG 1. ORDNUNG
    FORD   - FORDERUNGEN (DM)
    KZV    - KUNDENZAHLUNGSVERHALTEN (WOCHE)
```

Wertberichtigungen sind Passivposten der Bilanz. Sie stellen Korrekturposten für Risiken dar, die auf der Aktivseite auftreten können, wie z.B. Forderungsausfälle. Über die Höhe des mutmaßlichen Forderungsausfalls wird zunächst eine Wertberichtigung gebildet. Tritt der Forderungsausfall endgültig ein, z.B. durch den Abschluß des Konkursverfahrens, so wird die Wertberichtigung über das Forderungskonto aufgelöst.

Die Zuflußrate der Wertberichtigung ist gleich der Wertberichtigungsrate auf Forderungen, die auf der Aktiva-Seite gebildet wird. Andere Wertberichtigungen werden nicht berücksichtigt.

Die Höhe der Auflösung an Wertberichtigung ist gleich den richt bezahlten Rechnungen.

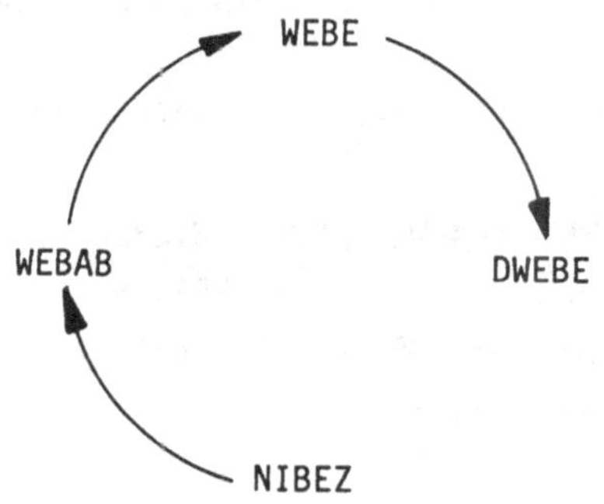

Abb. 4.38: Wirkungsgraph für Wertberichtigungen

Der Wertberichtigungsposten (WEBE) wird mittels einer exponentiellen Glättung 1. Ordnung geglättet. Der geglättete Wert bildet die durchschnittlichen Wertberichtigungen (DWEBE). Die durchschnittlichen Wertberichtigungen gehen dann zur Berechnung des Postens nicht bezahlte Rechnungen (NIBEZ) in die Aktiva ein. Aufgrund der nicht bezahlten Rechnungen wird dann die Auflösung an Wertberichtigungen (WEBAB) durchgeführt.

P5 Langfristige Verbindlichkeiten

```
LAVER.K=LAVER.J+DT*(LANGDA.JK-LANRUE.JK)                   234, L
LAVER=LAVAN                                                234.1, N
    LAVER  - LANGFRISTIGE VERBINDLICHKEITEN (DM)
    DT     - INTEGRATIONSSCHRITTWEITE (WOCHE)
    LANGDA - DARLEHENSAUFNAHME LANGFRISTIG (DM/WOCHE)
    LANRUE - RÜCKZAHLUNG LANGFR. DARLEHEN (DM/WOCHE)
    LAVAN  - ANFANGSBESTAND LANGFR. VERBINDLICHKEITEN (DM)

LANGDA.KL=LANGDH.K                                         235, R
    LANGDA - DARLEHENSAUFNAHME LANGFRISTIG (DM/WOCHE)
    LANGDH - DARLEHENSAUFNAHME LANGFRISTIG HILFSGRÖSSE (DM/WOCHE)

LANGDH.K=PLANGD.K*(1.+ERE60.K)+(1.-ANTE)*(BAURAH.K-        237, A
 PBAURA.K)
    LANGDH - DARLEHENSAUFNAHME LANGFR. HILFSGRÖSSE (DM/WOCHE)
    PLANGD - DURCHSCHN. GEPL. LANGFR. VERBINDL. (DM/WOCHE)
    ERE60  - ENTSCHEIDUNGSREGEL KAPITALBESCHAFFUNG (DIMLOS)
    ANTE   - KAPTIALBEDARFSANTEIL F. BAUVORHABEN (DIMLOS)
    BAURAH - BAURATE HILFSGRÖSSE (DM/WOCHE)
    PBAURA - GEPLANTE BAURATE (DM/WOCHE)
```

Die Darlehensaufnahme wird insgesamt bestimmt durch folgende drei Größen:

1. durchschnittlich geplante langfristige Verbindlichkeiten.
2. Entscheidungsregel Kapitalbeschaffung.
3. Baurate.

```
PLANGE.K=(PLAVER-LAVER.K)/JAHR                          238, A
    PLANGE - GEPLANTE LANGFR. GELDAUFNAHME (DM/WOCHE)
    PLAVER - GEPLANTE LANGFR. VERBINDL. PRO JAHR (DM)
    LAVER  - LANGFRISTIGE VERBINDLICHKEITEN (DM)
    JAHR   - GESCHÄFTSJAHR (WOCHE)

PLANGD.K=FCNSW(PLANGE.K,0.,0.,PLANGE.K)                 239, A
    PLANGD - DURCHSCHN. GEPL. LANGFR. VERBINDL. (DM/WOCHE)
    FCNSW  - ARITHMETISCHER SWITCH F. X<0,X=0,X>0
    PLANGE - GEPLANTE LANGFR. GELDAUFNAHME (DM/WOCHE)
```

Die geplanten langfristigen Verbindlichkeiten werden den bis zum jetzigen Zeitpunkt tatsächlich angelaufenen langfristigen Verbindlichkeiten gegenübergestellt. Die sich ergebende Differenz geht zur Ermittlung der durchschnittlich geplanten langfristigen Verbindlichkeiten in eine Entscheidungsregel ein. Die durchschnittlichen langfristigen Verbindlichkeiten werden dort nach folgendem Kriterium bestimmt, bevor sie als Parametergröße in die Zuflußrate eingehen:

PLANGE < 0 → PLANGD = 0
PLANGE = 0 → PLANGD = 0
PLANGE > 0 → PLANGD = PLANGE

Solange also die tatsächlichen langfristigen Verbindlichkeiten die geplanten noch nicht erreicht haben, erfolgt weitere Geldaufnahme.

Entscheidungsregel Kapitalbeschaffung (ERE60)

```
ERE60.K=(PLRIS-EFRIS.K)/PLRIS                                  240, A
    ERE60  - ENTSCHEIDUNGSREGEL KAPITALBESCHAFFUNG (DIMLOS)
    PLRIS  - GEPLANTES RISIKO (DIMLOS)
    EFRIS  - EFFEKTIVES RISIKO (DIMLOS)

EFRIS.K=EKAP.K/FKAP.K                                          241, A
    EFRIS  - EFFEKTIVES RISIKO (DIMLOS)
    EKAP   - EIGENKAPITAL (DM)
    FKAP   - FREMDKAPITAL (DM)

EKAP.K=GRUKA.K+RUELA.K                                         242, A
    EKAP   - EIGENKAPITAL (DM)
    GRUKA  - GRUNDKAPITAL (DM)
    RUELA  - RÜCKLAGEN (DM)

FKAP.K=WEBE.K+RUEST.K+LAVER.K+KUVER.K+LIVER.K                  243, A
    FKAP   - FREMDKAPITAL (DM)
    WEBE   - WERTBERICHTIGUNG (DM)
    RUEST  - RÜCKSTELLUNGEN (DM)
    LAVER  - LANGFRISTIGE VERBINDLICHKEITEN (DM)
    KUVER  - KURZFRISTIGE VERBINDLICHKEITEN (DM)
    LIVER  - LIEFERANTENVERBINDLICHKEITEN (DM)
```

Der Entscheidungsregel Kapitalbeschaffung wird das geplante Risiko und das effektive Risiko zugrunde gelegt. Das geplante Risiko steht als Konstante fest. Das effektive Risiko ergibt sich aus der Gegenüberstellung von Eigenkapital und Fremdkapital. Mit Hilfe der Entscheidungsregel Kapitalbeschaffung wird darüber entschieden, ob es aufgrund der finanziellen Lage des Unternehmens möglich ist, Fremdfinanzierung durchzuführen. Bei geringem Eigenkapital und hohem Fremdkapital wird keine Fremdfinanzierung durchgeführt. Bei geringem Fremdkapital und hohem Eigenkapital kann eine Fremdfinanzierung durchgeführt werden. Dabei wird vorausgesetzt, daß ein gleichbleibendes Risiko, das durch den Faktor Eigenkapital zu Fremdkapital bestimmt wird, bestehen soll. In unserem Fall wird mit einem geplanten Risikofaktor PLRIS = 0.5 gearbeitet.

Immer dann, wenn die tatsächliche Baurate größer ist als die geplante, wird eine zusätzliche Geldaufnahme erforderlich. Wieviel von den benötigten finanziellen Mitteln für das Bauvorhaben tatsächlich erteilt werden, wird über den Faktor Kapitalbedarfsanteil für Bauvorhaben gesteuert. So werden in der Regel 60 % der benötigten Gelder über diese Finanzierungsart beschafft.

Rückzahlung langfristiger Darlehen

```
LANRUE.KL=LANRUH.K                                        236, R
    LANRUE - RÜCKZAHLUNG LANGFR. DARLEHEN (DM/WOCHE)
    LANRUH - RÜCKZAHLUNG LANGFR. DARLEHEN HILFSGRÖSSE (DM/WOCHE)

LANRUH.K=PLRUE.K*(1.+ERE70.K)                             244, A
    LANRUH - RÜCKZAHLUNG LANGFR. DARLEHEN HILFSGRÖSSE (DM/WOCHE)
    PLRUE  - GEPL. RÜCKZAHLUNG LANGFR. VERBINDL. (DM/WOCHE)
    ERE70  - ENTSCHEIDUNGSREGEL RÜCKZAHLUNG LANGFR. DARLEHEN
             (DIMLOS)
```

Die Höhe der Rückzahlung an langfristigen Darlehen wird bestimmt durch die geplante Rückzahlung langfristiger Verbindlichkeiten und der Entscheidungsregel Rückzahlung langfristiger Darlehen.

```
PLRUE.K=TILG*LAVER.K                                      247, A
    PLRUE  - GEPL. RÜCKZAHLUNG LANGFR. VERBINDL. (DM/WOCHE)
    TILG   - TILGUNGSRATE FÜR LANGFR. DARLEHEN (1/WOCHE)
    LAVER  - LANGFRISTIGE VERBINDLICHKEITEN (DM)
```

Die geplante Rückzahlung an langfristigen Verbindlichkeiten ergibt sich aus der langfristigen Verbindlichkeiten multipliziert mit dem Faktor Tilgungsrate (TILG = 0.001).

```
ERE70.K=LIQFA*(LIQUI.K-PLIQUI)                              245, A
    ERE70  - ENTSCHEIDUNGSREGEL RÜCKZAHLUNG LANGFR.
             DARLEHEN (DIMLOS)
    LIQFA  - LIQUIDITÄTSFAKTOR (DIMLOS)
    LIQUI  - LIQUIDITÄT (DIMLOS)
    PLIQUI - GEPLANTE LIQUIDITÄT KURZFR. (DIMLOS)

LIQUI.K=ZAMIT.K/(KUVER.K+LIVER.K)                           246, A
    LIQUI  - LIQUIDITÄT (DIMLOS)
    ZAMIT  - ZAHLUNGSMITTEL (DM)
    KUVER  - KURZFRISTIGE VERBINDLICHKEITEN (DM)
    LIVER  - LIEFERANTENVERBINDLICHKEITEN (DM)
```

LIQFA = 1, PLIQUI = 0.09.
LIQFA = Verstärkungsfaktor mit dem die langfristige Rückzahlung bewußt gesteuert werden kann.

Entscheidend für die Höhe der Rückzahlung an langfristigen Darlehen ist die tatsächliche Liquidität.

Tatsächliche und geplante Liquidität werden gegenübergestellt. Die Differenz wird multipliziert mit dem Liquiditätsfaktor und geht als ERE70 in die Berechnung der Rückzahlung langfristiger Darlehen ein.

Die Rückzahlung langfristiger Darlehen ist gleich der geplanten Rückzahlung langfristiger Verbindlichkeiten, wenn die tatsächliche Liquidität gleich der geplanten Liquidität ist.

P6 Verbindlichkeiten

```
LIVER.K=LIVER.J+DT*(LIVZU.JK-LIVAB.JK)                    248, L
LIVER=LIVRAN                                               248.1, N
    LIVER  - LIEFERANTENVERBINDLICHKEITEN (DM)
    DT     - INTEGRATIONSSCHRITTWEITEN (WOCHE)
    LIVZU  - ZUFLUSS LIEFERANTENVERBINDLICHKEITEN (DM/WOCHE)
    LIVAB  - ABFLUSS LIEFERANTENVERBINDLICHKEITEN (DM/WOCHE)
    LIVRAN - ANFANGSWERT LIEFERANTENVERBINDLICHKEITEN (DM)

LIVZU.KL=EWERT.K                                           249, R
    LIVZU  - ZUFLUSS LIEFERANTENVERBINDLICHKEITEN (DM/WOCHE)
    EWERT  - EINKAUFSWERT (DM/WOCHE)

LIVAB.KL=MARE.K                                            250, R
    LIVAB  - ABFLUSS LIEFERANTENVERBINDLICHKEITEN (DM/WOCHE)
    MARE   - MATERIALRECHNUNGEN (DM/WOCHE)
```

Der Umfang der Lieferantenverbindlichkeiten wird durch die Zufluß- und Abflußrate an Lieferantenverbindlichkeiten bestimmt. Der Zufluß an Lieferantenverbindlichkeiten ist gleich dem Einkaufswert welcher aus dem Funktionsbereichsmodell/Beschaffung übernommen wird. Der Abfluß an Lieferantenverbindlichkeiten ist gleich der Höhe der Materialrechnungen, ein Posten der Aktiva.

P7 Kurzfristige Verbindlichkeiten

```
KUVER.K=KUVER.J+DT*(KURDA.JK-KURUE.JK)                     251, L
KUVER=KUVRAN                                               251.1, N
    KUVER  - KURZFRISTIGE VERBINDLICHKEITEN (DM)
    DT     - INTEGRATIONSSCHRITTWEITE (WOCHE)
    KURDA  - KURZFRISTIGE DARLEHENSRATE (DM/WOCHE)
    KURUE  - RÜCKZAHLUNG KURZFRISTIGE DARLEHEN (DM/WOCHE)
    KUVRAN - ANFANGSWERT KURZFR. VERBINDLICHKEITEN (DM)
```

```
KURDA.KL=KURDAH.K                                          252, R
   KURDA  - KURZFRISTIGE DARLEHENSRATE (DM/WOCHE)
   KURDAH - KURZFRISTIGE DARLEHENSRATE HILFSGRÖSSE (DM/WOCHE)

KURDAH.K=DEL3NO(ERE80.K,EZZ)                               254, A
   KURDAH - KURZFRISTIGE DARLEHENSRATE HILFSGRÖSSE (DM/WOCHE)
   DEL3NO - EXP. VERZÖGERUNG 3. ORDNUNG
   ERE80  - ENTSCHEIDUNGSREGEL RÜCKZAHLUNG KURZFR. DARLEHEN
            (DM/WOCHE)
   EZZ    - ZAHLUNGSEINGANGSZEIT BANK (WOCHE)

ERE80.K=FCNSW(ZAUEB.K,DARLH.K,0.,0.)                       255, A
   ERE80  - ENTSCHEIDUNGSREGEL RÜCKZAHLUNG KURZFRISTIGE
            DARLEHEN (DM/WOCHE)
   FCNSW  - ARITHMETISCHER SWITCH F. X<0,X=0,X>0
   ZAUEB  - ZAHLUNGSMITTELÜBERSCHUSS KURZFR. (DM)
   DARLH  - HÖHE DARLEHENAUFNAHME (DM/WOCHE)

ZAUEB.K=(ZAMIT.K-ZAMIN)/WOCHE                              256, A
   ZAUEB  - ZAHLUNGSMITTELÜBERSCHUSS KURZFR. (DM/WOCHE)
   ZAMIT  - ZAHLUNGSMITTEL (DM)
   ZAMIN  - ZAHLUNGSMINDESTBESTAND (DM)
```

Die Höhe der kurzfristigen Darlehensaufnahme wird aufgrund der Entscheidungsregel Rückzahlung kurzfristiger Darlehen festgelegt. Es kann nicht sofort über das kurzfristige Darlehen verfügt werden. Der Eingang wird verzögert mittels Exp. Verzögerung 3. Ordnung.

Der Entscheidungsregel liegt ein arithmetischer Switch zugrunde. In der Entscheidungsregel wird aufgrund des kurzfristigen Zahlungsmittelüberschusses entschieden. Bei einem negativen Zahlungsmittelüberschuß ist dieser gleich der Darlehensaufnahme und geht in die Entscheidungsregel ein.

Folgende Entscheidungskriterien gelten:

ZAUEB < 0 → ERE80 = DARLH

ZAUEB = 0 → ERE80 = 0

ZAUEB > 0 → ERE80 = 0

Die kurzfristige Darlehensaufnahme erfolgt also nur bei einem negativen Zahlungsmittelüberschuß. Die Höhe des Darlehens ist gleich diesem negativen Zahlungsmittelüberschuß.

Der Zahlungsmittelüberschuß ist die Differenz zwischen dem aktuellen Zahlungsmittelbestand und dem Zahlungsmittelmindestbestand.

```
DARLH.K=-ZAUEB.K                                        257, A
    DARLH  - HÖHE DARLEHENAUFNAHME (DM/WOCHE)
    ZAUEB  - ZAHLUNGSMITTELÜBERSCHUSS KURZFR. (DM/WOCHE)
```

Die Höhe der Darlehensaufnahme ist gleich dem negativen Zahlungsmittelüberschuß. Ein negativer Zahlungsmittelüberschuß wird somit über eine kurzfristige Darlehensaufnahme ausgeglichen. Dadurch wird für einen laufenden Kassenbestand gesorgt, der für die ständig anfallenden Barzahlungen ausreichend ist.

```
KURUE.KL=KURUEH.K                                       253, R
    KURUE  - RÜCKZAHLUNG KURZFR. DARLEHEN (DM/WOCHE)
    KURUEH - RÜCKZAHLUNG KURZFR. DARLEHEN HILFSGRÖSSE (DM/WOCHE)
```

```
KURUEH.K=DEL3NO(KURDAH.K,LZKD)                          260, A
    KURUEH - RÜCKZAHLUNG KURZFR. DARLEHEN HILFSGRÖSSE (DM/WOCHE)
    DEL3NO - EXP. VERZÖGERUNG 3. ORDNUNG
    KURDAH - KURZFR. DARLEHENSRATE HILFSGRÖSSE (DM/WOCHE)
    LZKD   - LAUFZEIT KURZFR. KREDITE (WOCHE)
```

Kurzfristige Darlehen dienen zur Sicherung der Zahlungsbereitschaft. Die Kreditkosten dieses Kontokorrent-Kredites (Zinsen etc.) hierfür sind sehr hoch. Es ist deshalb eine schnelle Rückzahlung des Kredites vorgesehen, wenn die Liquidität dies zuläßt. Die Höhe der Rückzahlung kurzfristiger Darlehen ist gleich der kurzfristiger Darlehensraten. Die Laufzeit des Kredites wird mittels einer exponentiellen Verzögerung 3. Ordnung simuliert.

Unter anderem werden innerhalb dieses Abschnittes verschiedene Liquiditätskennzahlen ermittelt, die zum Teil bei den Passiva sowie in anderen Bereichen Verwendung finden.

```
LIQUI2.K=ZAMIT.K/KUVER.K                                      259, A
   LIQUI2 - LIQUIDITÄT OHNE LIEFERANTENVERBINDL. (DIMLOS)
   ZAMIT  - ZAHLUNGSMITTEL (DM)
   KUVER  - KURZFRISTIGE VERBINDLICHKEITEN (DM)
```

Die Liquidität ohne Liferantenverbindlichkeiten wird auch als Barliquidität bezeichnet. Das wichtigste Hilfsmittel ist die Ermittlung von Liquiditätskennzahlen. Sie werden durch Gegenüberstellung bestimmter Vermögenspositionen und kurzfristiger Verbindlichkeiten gebildet und sollen Aussagen über die Zahlungsfähigkeit machen.

```
DLIQU2.K=LIQUI2.K-PLIQU2                                      258, A
   DLIQU2 - DURCHSCHN. LANGFR. LIQUIDITÄT (DIMLOS)
   LIQUI2 - LIQUIDITÄT OHNE LIEFERANTENVERBINDL. (DIMLOS)
   PLIQU2 - GEPLANTE LIQUIDITÄT LANGFR. (DIMLOS)
```

Die durchschnittliche langfristige Liquidität ergibt sich aus der Gegenüberstellung der geplanten langfristigen Liquidität und der Liquidität ohne Lieferantenverbindlichkeiten. Solange die geplante Liquidität niedriger als die Liquidität ohne Lieferantenverbindlichkeiten ist, ergibt sich ein positiver Faktor, d.h. Liquiditätsüberschuß.

P8 Rechnungsabgrenzungsposten

```
RAPERS.K=PERSU.K-(LOSU.K+GEHSU.K)/DT                            261, A
    RAPERS - RECHNUNGSABGRENZUNG PERSONALKOSTEN (DM/WOCHE)
    PERSU  - PERSONALKOSTENRATE   (DM/WOCHE)
    LOSU   - LOHNSUMME (DM)
    GEHSU  - GEHALTSSUMME (DM)
    DT     - INTEGRATIONSSCHRITTWEITE (WOCHE)

RAZINS.K=ZINAR.K-AZINS.K/DT                                     262, A
    RAZINS - RECHNUNGSABGRENZUNG ZINSEN (DM/WOCHE)
    ZINAR  - ZINSAUFWENDUNGSRATE (DM/WOCHE)
    AZINS  - AUSZAHLUNG ZINSEN (DM)
    DT     - INTEGRATIONSSCHRITTWEITE (WOCHE)

RASOR.K=SONAR.K-SORED.K                                         263, A
    RASOR  - RECHNUNGSABGRENZUNG SONST. AUFWENDUNGEN
             (DM/WOCHE)
    SONAR  - SONSTIGE AUFWENDUNGSRATE (DM/WOCHE)
    SORED  - SONSTIGE RECHNUNGEN (DM/WOCHE)

TLRAPO.K=TLRAPO.J+DT*(REAZU.JK)                                 264, L
TLRAPO=REAN                                                     264.1, N
    TLRAPO - ANTEIL RECHNUNGSABGRENZUNGSPOSTEN (DM)
    DT     - INTEGRATIONSSCHRITTWEITE (WOCHE)
    REAZU  - RECHNUNGSABGRENZUNG ZUFÜHRUNGSRATE (DM/WOCHE)
    REAN   - RECHNUNGSABGRENZUNGSPOSTEN ANFANGSBESTAND (DM)

REAZU.KL= RASOR.K+RAPERS.K+RAZINS.K+(GEAUS.K-VGEAUS.K)/DT       265, R
    REAZU  - RECHNUNGSABGRENZUNG ZUFÜHRUNGSRATE (DM/WOCHE)
    RASOR  - RECHNUNGSABGRENZUNG SONST. AUFWEND. (DM/WOCHE)
    RAPERS - RECHNUNGSABGRENZUNG PERSONALUNKOSTEN (DM/WOCHE)
    RAZINS - RECHNUNGSABGRENZUNG ZINSEN (DM/WOCHE)
```

```
    GEAUS  - AUSGESCHÜTTETER GEWINN (DM)
    VGEAUS - VERZÖGERTE GEWINNAUSSCHÜTTUNG (DM)
    DT     - INTEGRATIONSSCHRITTWEITE (WOCHE)

RAPOST.K=TLRAPO.K+AUSGL.K+STEUR.K                          266, A
    RAPOST - RECHNUNGSABGRENZUNGSPOSTEN (DM)
    TLRAPO - ANTEIL RECHNUNGSABGRENZUNGSPOSTEN (DM)
    AUSGL  - SOFTWARETECHN. AUSGLEICH FÜR MODINT
    STEUR  - STEUERSCHULD (DM)

REAKT.K=FCNSW(RAPOST.K,RAPOST.K,0.,0.)                     267, A
    REAKT  - RECHNUNGSABGRENZUNGSPOSTEN AKTIV (DM)
    FCNSW  - ARITHMETISCHER SWITCH F. X<0,X=0, X>0
    RAPOST - RECHNUNGSABGRENZUNGSPOSTEN (DM)

  RAPOST < 0 → REAKT = RAPOST
  RAPOST = 0 → REAKT = 0
  RAPOST > 0 → REAKT = 0

REPASS.K=FCNSW(RAPOST.K,0.,0.,RAPOST.K)                    268, A
    REPASS - RECHNUNGSABGRENZUNGSPOSTEN PASSIV (DM)
    FCNSW  - ARITHMETISCHER SWITCH F. X<0,X=0, X>0
    RAPOST - RECHNUNGSABGRENZUNGSPOSTEN (DM)

  RAPOST < 0 → REPASS = 0
  RAPOST = 0 → REPASS = 0
  RAPOST > 0 → REPASS = RAPOST
```

In den Rechnungsabgrenzungsposten werden Aufwendungen und Erträge verbucht, die bereits ganz oder teilweise als Ausgaben oder Einnahmen im alten Jahr verbucht wurden, aber wirtschaftlich ins neue Jahr gehören.

Grundsätzlich wird zwischen aktiver und passiver Rechnungsabgrenzung unterschieden. Die aktiven Rechnungsabgrenzungsposten enthalten Aufwendungen, die zwar im alten Jahr als Ausgaben getätigt wurden, aber wirtschaftlich zur Erfolgsrechnung des neuen Jahres gehören. Die passiven Rechnungsabgrenzungsposten enthalten Erträge, die im alten Jahr vereinnahmt wurden, aber wirtschaftlich zur Erfolgsrechnung des neuen Jahres gehören.

Im Modell wird diese Unterscheidung in aktive und passive Rechnungsabgrenzung dadurch getroffen, daß der jeweilige Betrag positiv oder negativ ist.

Für die Rechnungsabgrenzungsposten (Personalkosten, Zinsen, sonst. Aufwendungen) wird aufgrund der vorliegenden Daten ein bestimmter Betrag ermittelt. Von diesem Betrag werden dann die laufenden Ausgaben subtrahiert. Je nachdem ob die Beträge aufgebraucht werden oder nicht entsteht ein Ertrag bzw. Aufwand. Ein Ertrag wenn weniger gebraucht wurde als vorgesehen, ein zusätzlicher Aufwand wenn mehr gebraucht wurde als vorgesehen.

Rechnungsabgrenzung Zuführungsrate

In der Zuführungsrate werden alle Rechnungsabgrenzungsposten zusammengefaßt. Außerdem wird hier die Differenz zwischen ausgeschüttetem Gewinn und verzögerter Gewinnausschüttung aufgenommen. D.h. sofern von der vorgesehenen Gewinnausschüttung noch nicht alles ausgeschüttet wurde, entsteht ein zusätzlicher Ertrag bzw. Aufwand bei höherer Ausschüttung.

Unter Berücksichtigung der verbleibenden Steuerschuld sowie einer softwaretechnischen Ausgleichsrate [1)] ergibt sich der Rechnungsabgrenzungsposten, der dann mittels arithmetischem Switch in aktive oder passive Rechnungsabgrenzung unterschieden wird.

Ein positiver Betrag, wenn weniger verbraucht wurde als vorgesehen, ergibt eine passive Rechnungsabgrenzung bzw. ein negativer Betrag eine aktive Rechnungsabgrenzung. Die Addition aller Passivposten ergibt die Bilanzsumme Passiva als Gegenstück zu Aktiva.

```
PASSIV.K=GRUKA.K+RUELA.K+RUEST.K+WEBE.K+LAVER.K+          269, A
 LIVER.K+KUVER.K+REPASS.K+BIGEW.K
    PASSIV - BILANZSUMME PASSIV (DM)
    GRUKA  - GRUNDKAPITAL (DM)
    RUELA  - RÜCKLAGEN (DM)
    RUEST  - RÜCKSTELLUNGEN (DM)
    WEBE   - WERTBERICHTIGUNG (DM)
    LAVER  - LANGFRISTIGE VERBINDLICHKEITEN (DM)
    LIVER  - LIEFERANTENVERBINDLICHKEIT (DM)
    KUVER  - KURZFRISTIGE VERBINDLICHKEITEN (DM)
    REPASS - RECHNUNGSABGRENZUNGSPOSTEN PASSIV (DM)
    BIGEW  - BILANZGEWINN (DM)
```

1) Die softwaretechnische Ausgleichsrate entsteht durch die Rücksetzung der Integrale am Jahresende. Hier kommt es zu minimalen Verschiebungen um Δt zum Zeitpunkt n·52 (n=1,2,3...).

4.2.3.3 Gewinn- und Verlustrechnung

In der Gewinn- und Verlustrechnung (G & V) werden die Erlöse den Aufwendungen gegenübergestellt.

G 1	Umsatz
G 2	Bestandsveränderungen
G 3	Erträge aus Finanzanlagen
G 4	Erträge aus Rückstellungen
G 5	Sonstige Erträge
G 6	Veränderungen Rückstellungen
G 7	Materialaufwand
G 8	Personalaufwand
G 9	Abschreibungen
G 10	Zins- und ähnliche Aufwendungen
G 11	Sonstige Aufwendungen
G 12	Steuern vom Einkommen
G 13	Bruttoergebnis
G 14	Jahresergebnis
G 15	Veränderungen Rücklagen
G 16	Bilanzgewinn
G 17	Gewinnausschüttung
G 18	Verlustrechnung
G 19	Simulationstechnische Ausgleichsrate

Abb. 4.39: Größen der Gewinn- und Verlustrechnung

Dabei handelt es sich um Levels und Raten, die jeweils pro Woche berechnet werden und über das Jahr auflaufen. Da die G & V-Rechnung eine Stichtagsrechnung ist, sind letzten Endes nur die Werte am

Jahresende relevant. Für die Gesamtrechnung werden jedoch immer alle Werte berechnet und die Summe am Jahresende wieder auf Null gesetzt [1].

```
*******************************************************
*                                                     *
*             GEWINN- UND VERLUSTRECHNUNG             *
*                                                     *
*******************************************************
```

G1 Umsatz

```
UMERL.K=MODINT(0.,ABZEIT.K,UMZU.K)                          271, A
    UMERL  - UMSATZERLÖSE (DM)
    MODINT - MODIFIZIERTES INTEGRAL
    ABZEIT - HILFSGRÖSSE FÜR MODINT-ERGEBNISSE (DIMLOS)
    UMZU   - UMSATZZUFÜHRUNGSRATE (DM/WOCHE)

UMZU.K=RECRAH.K                                             272, A
    UMZU   - UMSATZZUFÜHRUNGSRATE (DM/WOCHE)
    RECRAH - RECHNUNGSAUSGANGSRATE HILFSGRÖSSE (DM/WOCHE)
```

Die in der G & V vorzugsweise anzutreffende MODINT-Funktion bewirkt hier ein Aufsummieren der Umsatzzuführungsraten UMZU über das Geschäftsjahr mit der Integrationsschrittweite WOCHE. Am Jahresende haben wir dann die Summe Umsatzerlöse UMERL. Zum Zeitpunkt JAHR + DT beginnt die G & V-Position wieder bei 0.

Die Nullsetzung erfolgt über die ABZEIT-Hilfsgleichung durch eine PULSE-Funktion. Zu jedem Zeitpunkt ungleich JAHR + DT ist ABZEIT = 0.5, also größer 0. UMERL ist dann eine Integration von UMZU. Zum Zeitpunkt JAHR + DT wird ABZEIT = - 0.5, ist also kleiner 0; UMERL muß also 0 werden. Ebenso wird bei den anderen Größen verfahren.

---

1) Dazu wurde ein besonderes Integral-Makro (MODINT, modifiziertes Integral) entwickelt. Die Raten werden in diesem Fall durch Hilfsgleichungen ersetzt.

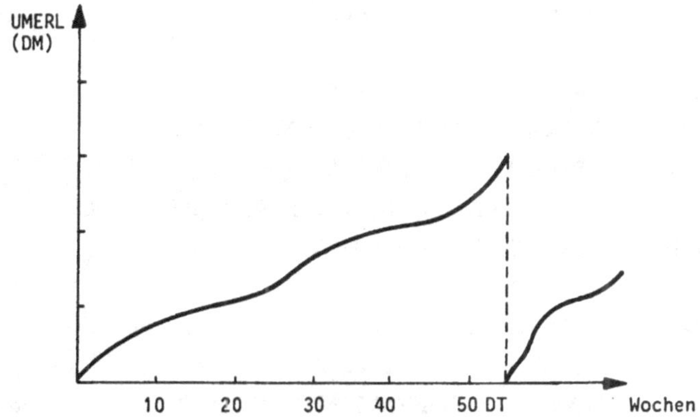

Abb. 4.40: Wirkung von MODINT und ABZEIT

```
ABZEIT.K=0.5+PULSE(-1.,(JAHR+DT),JAHR)                    270, A
    ABZEIT - HILFSGRÖSSE FÜR MODINT-ERGEBNISSE (DIMLOS)
    PULSE  - PULSE-FUNKTION
    JAHR   - GESCHÄFTSJAHR (WOCHE)
    DT     - INTEGRATIONSSCHRITTWEITE (WOCHE)
```

Die Umsatzzuwachsrate UMZU entspricht wertmäßig der Rechnungsausgangsrate RECRA. Diese ergibt sich aus den verkauften Stücken (VR) bewertet mit ihrem Verkaufspreis EP. Bei beispielsweise verkauften 100 Stück in der Woche ergibt sich ein wöchentlicher Umsatzerlös von UMZU = 100 x 160 = 16.000,--.

Nach den Vorschriften des Aktiengesetzes fallen unter die Umsatzerlöse (Position 1) die Erlöse aus Fertigfabrikaten und Waren, Vergütungen für Dienstleistungen, Erträge aus Nebenprodukten und Abfällen sowie aus Verkäufen an Belegschaftsmitglieder. Skonti und Rabatte sind von den Umsatzerlösen abzuziehen. Die Mehrwertsteuer bleibt als durchlaufender Posten unberücksichtigt.

G2 Bestandsveränderungen Vorräte

BESVE.K=MODINT(0.,ABZEIT.K,BEVER.K) 273, A

BESVE - BESTANDSVERÄNDERUNGEN VORRÄTE (DM)
MODINT - MODIFIZIERTES INTEGRAL
ABZEIT - HILFSGRÖSSE FÜR MODINT-ERGEBNISSE (DIMLOS)
BEVER - BESTANDSVERÄNDERUNGSRATE (DM/WOCHE)

BEVER.K=(PERH.K-VRH.K)*EPB 274, A

BEVER - BESTANDSVERÄNDERUNGSRATE (DM/WOCHE)
PERH - PRODUKTIONSERGEBNISRATE HILFSGRÖSSE (STÜCK/WOCHE)
VRH - VERSANDRATE HILFSGRÖSSE (STÜCK/WOCHE)
EPB - EINZELPREIS FERTIGLAGER INTERNE BEWERTUNG (DM/STÜCK)

Die MODINT-Funktion hat hier ein gegenüber Abb. 4.40 abweichendes Verhalten.

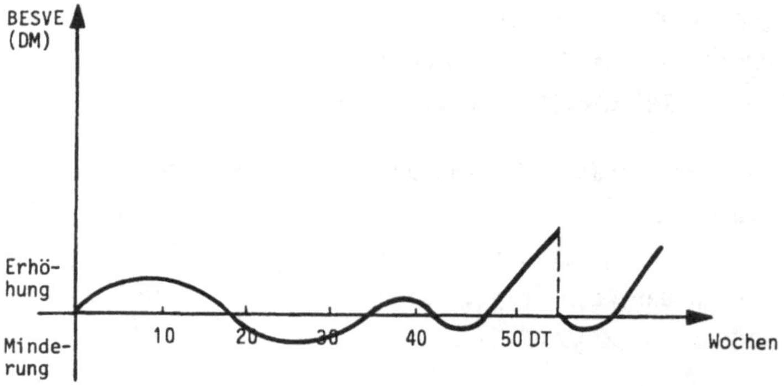

Abb. 4.41: Wirkung von MODINT und ABZEIT bei den Bestandsveränderungen

Bei einer Bestandsminderung kann der Wert auf der y-Achse negativ werden. Eine Bestandserhöhung liegt dann vor, wenn die Produktionsergebnisrate PER größer ist als die Versandrate VR.

Wenn dem Lager weniger zufließt als abfließt (PER < VR) haben wir eine Bestandsminderung. Bewertet wird die mengenmäßige Bestandsveränderung mit EPB, da in der G & V nicht der später auf dem Markt zu realisierende Verkaufspreis EP angesetzt wird, sondern die betriebswirtschaftlichen Herstellungskosten.

Bestandserhöhungen werden am Jahresende zu den Erlösen addiert, da sie Leistungen der angefallenen Periode sind. Bestandsminderungen werden subtrahiert.

G3 Erträge aus Finanzanlagen

```
ERFIN.K=MODINT(0.,ABZEIT.K,ERTFI.K)                      275, A
    ERFIN  - ERTRÄGE FINANZANLAGEN (DM)
    MODINT - MODIFIZIERTES INTEGRAL
    ABZEIT - HILFSGRÖSSE FÜR MODINT-ERGEBNISSE (DIMLOS)
    ERTFI  - ERTRAGSRATE FINANZANLAGEN (DM/WOCHE)

ERTFI.K=(BAZIS*FIAN.K)/JAHR                              276, A
    ERTFI  - ERTRAGSRATE FINANZANLAGEN (DM/WOCHE)
    BAZIS  - ZINSEN AUF FINANZANLAGEN (DIMLOS)
    FIAN   - FINANZANLAGEN (DM)
    JAHR   - GESCHÄFTSJAHR (WOCHE)
```

Die wöchentliche Ertragsrate ergibt sich aus der Verzinsung des jeweiligen Finanzanlagenbestandes (DM) bezogen auf die Woche. So errechnet sich beispielsweise bei einem angenommenen Finanzanlagenbestand von 1.300.000,-- DM eine Ertragsrate ERTFI = (1.300.000 * 0.08)/52 = 2.000,-- DM/Woche.

Die aktienrechtliche G & V unterscheidet "Erträge aus Beteiligungen" und "Erträge aus anderen Finanzanlagen", z.B. langfristige Darlehens- und Hypothekenforderungen.

Der Wert von BAZIS im Modell (8 %) ist ein vereinfachender Durchschnittswert aus den unterschiedlichen Zinssätzen der verschiedenen Finanzanlagen.

G4 Erträge aus Rückstellungen

```
ERRUE.K=MODINT(0.,ABZEIT.K,ERRUER.K)                         277, A
    ERRUE  - ERTRÄGE AUS RÜCKSTELLUNGEN (DM)
    MODINT - MODIFIZIERTES INTEGRAL
    ABZEIT - HILFSGRÖSSE FÜR MODINT-ERGEBNISSE (DIMLOS)
    ERRUER - RÜCKSTELLUNGSERTRAGSRATE (DM/WOCHE)

ERRUER.K=BAZIS*RUEST.K                                       278, A
    ERRUER - RÜCKSTELLUNGSERTRAGSRATE (DM/WOCHE)
    BAZIS  - ZINSEN AUF FINANZANLAGEN (DIMLOS)
    RUEST  - RÜCKSTELLUNGEN (DM)
```

Die Rückstellungsertragsrate ERRUER bestimmt sich aus dem Rückstellungsbestand RUEST verzinst mit dem Zinssatz für Finanzanlagen BAZIS.

Bei konstantem Rückstellungsbetrag RUEST ist die wöchentliche Rückstellungsertragsrate ERRUER übers Jahr konstant.

Im Modell geht man von der Annahme aus, daß die Rückstellungen Zinsen bringen. Man kann sie als "Finanzanlagen" einfrieren oder auch bis zur Auflösung zwischenzeitlich im Betrieb investieren, wobei sie dann eine Rendite von BAZIS (8 %) bringen.

G5 Sonstige Erträge

```
ERSON.K=MODINT(0.,ABZEIT.K,EREIN.K)                              279, A
    ERSON  - SONSTIGE ERTRÄGE (DM)
    MODINT - MODIFIZIERTES INTEGRAL
    ABZEIT - HILFSGRÖSSE FÜR MODINT-ERGEBNISSE (DIMLOS)
    EREIN  - ERTRAGSRATE SONSTIGE ERTRÄGE (DM/WOCHE)
```

```
EREIN.K=SOFA*UMZU.K                                              280, A
    EREIN  - ERTRAGSRATE SONSTIGE ERTRÄGE (DM/WOCHE)
    SOFA   - UMSATZANTEIL AN SONST. ERTRÄGEN (DIMLOS)
    UMZU   - UMSATZZUFÜHRUNGSRATE (DM/WOCHE)
```

Die schon aus der Position "Umsatzerlöse" bekannte Umsatzzuführungsrate (UMZU) wird mit dem Faktor SOFA (0.06) bewertet. Die sonstigen Erträge sind also zu jedem Zeitpunkt immer 6 Prozent der Umsatzerlöse. Es wird also von der Annahme ausgegangen, daß bei hohem Umsatz auch die sonstigen Erträge hoch sind und umgekehrt.

Nach dem Aktienrecht können die sonstigen Erträge, z.B. Erträge aus Zahlungseingängen auf bereits ausgebuchte Forderungen, Buchgewinne aus dem Verkauf von Wertpapieren des Umlaufvermögens, Kursgewinne aus Valuten, Erträge aus Patenten und Lizenzen sein.

G6 Veränderungen Rückstellungen

```
VERUE.K=MODINT(0.,ABZEIT.K,VERUZ.K)                              281, A
    VERUE  - VERÄNDERUNGEN RÜCKLAGEN (DM)
    MODINT - MODIFIZIERTES INTEGRAL
    ABZEIT - HILFSGRÖSSE FÜR MODINT-ERGEBNISSE (DIMLOS)
    VERUZ  - VERÄNDERUNGSRATE (DM/WOCHE)
```

VERUZ.K=ZURSTH.K-ABRSTH.K 282, A

VERUZ - VERÄNDERUNGSRATE (DM/WOCHE)
ZURSTH - ZUWEISUNG RÜCKSTELLUNGEN HILFSGRÖSSE (DM/WOCHE)
ABRSTH - AUFLÖSUNG RÜCKSTELLUNGEN HILFSGRÖSSE (DM/WOCHE)

Die Rückstellungen erfahren keine Veränderungen. Das ist eine Annahme, die im Modell gemacht wird. Wenn es notwendig werden würde, ließe sich durch abweichende Bestimmung von ZURST und ABRST eine Veränderungsrate ungleich 0 erzeugen.

G7 Materialaufwendungen

MAAUF.K=MODINT(0.,ABZEIT.K,MAAUFZ.K) 283, A

MAAUF - MATERIALAUFWENDUNG (DM)
MODINT - MODIFIZIERTES INTEGRAL (ANALOG ZU CSMP)
ABZEIT - HILFSGRÖSSE FÜR MODINT-ERGEBNISSE (DIMLOS)
MAAUFZ - ZUFUHR MATERIALAUFWENDUNGEN (DM/WOCHE)

MAAUFZ.K=PR.K*FMKOS.K 284, A

MAAUFZ - ZUFUHR MATERIALAUFWENDUNGEN (DM/WOCHE)
PR - PRODUKTIONSRATE (STÜCK/WOCHE)
FMKOS - FERTIGUNGSMATERIALWERT REAL (DM/STÜCK)

Die Zufuhr Materialaufwendungen MAAUFZ setzt sich zusammen aus der Produktionsrate PR bewertet mit den realen Fertigungsmaterialkosten FMKOS (DM/STÜCK). Diese wiederum sind im Modell mit den Plankosten FM gleichgesetzt. Das Modell macht hier die Annahme, daß sich die Materialkosten immer proportional zur Stückzahl verhalten, d.h. es soll kein erhöhter Maschinenverschleiß bei Überstundenproduktion entstehen.

Die betriebswirtschaftliche G & V führt als Position 5 "Aufwendungen für Roh-, Hilfs- und Betriebsstoffe sowie für bezogene Waren". Das ist z.B. Material im Fertigungsbereich der Unternehmung, wie Fertigungsstoffe, Brenn- und Heizungsstoffe, Reinigungsmaterial, Reparaturstoffe, Reserveteile. Marktpreisänderungen und Bewertungsvorschriften sowie Schwund, Diebstahl und Ausschuß können ebenfalls berücksichtigt werden.

G8 Personalaufwand

```
PERSA.K=MODINT(0.,ABZEIT.K,PERSU.K)                      285, A
    PERSA  - PERSONALGESAMTAUFWENDUNGEN (DM)
    MODINT - MODIFIZIERTES INTEGRAL
    ABZEIT - HILFSGRÖSSE FÜR MODINT-ERGEBNISSE (DIMLOS)

PERSU.K=FLH.K+EGEH.K                                     286, A
    PERSU  - PERSONALKOSTENRATE   (DM/WOCHE)
    FLH    - HILFSRATE GESAMTFERTIGUNGSLOHN (DM/WOCHE)
    EGEH   - EINZELGEHÄLTER (DM/WOCHE)
```

In den Aktiva des Finanzmodells wird beschrieben, daß unter der Hilfsrate Gesamtfertigungslohn FLH letztlich alle Löhne zu verstehen sind. EGEH beinhaltet sämtliche Einzelgehälter einer Woche. Es werden also mit PERSU = FLH + EGEH sämtliche Personalaufwendungen einer Woche erfaßt.

Die Position "Löhne und Gehälter" enthält sämtliche Löhne für Arbeiter, Angestellte und Mitglieder des Vorstands soweit sie im Geschäftsjahr angefallen sind. Ausgewiesen wird der Bruttobetrag vor Abzug der Steuern und Sozialabgaben.

G9 Abschreibungen

```
GESAB.K=MODINT(0.,ABZEIT.K,GESAS.K)                         287, A
    GESAB  - GESAMTABSCHREIBUNGEN (DM)
    MODINT - MODIFIZIERTES INTEGRAL
    ABZEIT - HILFSGRÖSSE F. MODINT-ERGEBNISSE (DIMLOS)
    GESAS  - GESAMTABSCHREIBUNGSRATE (DM/WOCHE)

GESAS.K=BAUABH.K+MAABH.K+WEBEF.K                            288, A
    GESAS  - GESAMTABSCHREIBUNGSRATE (DM/WOCHE)
    BAUABH - BAUABSCHREIBUNGEN HILFSGRÖSSE (DM/WOCHE)
    MAABH  - ABSCHR.QUOTE MASCH. ANLAGEN BETR.-U. GESCH.
             HILFSGRÖSSE (DM/WOCHE)
    WEBEF  - WERTBERICHTIGUNGSRATE AUF FORDERUNGEN (DM/WOCHE)
```

Die Bauabschreibungen BAUAB und die Maschinenabschreibungen MAAB werden direkt abgeschrieben, die Wertberichtigungen auf Forderungen WEBEF werden indirekt abgeschrieben.

G10 Zins- und ähnliche Aufwendungen

```
ZINAU.K=MODINT(0.,ABZEIT.K,ZINAR.K)                         289, A
    ZINAU  - ZINSAUFWENDUNGEN (DM)
    MODINT - MODIFIZIERTES INTEGRAL
    ABZEIT - HILFSGRÖSSE FÜR MODINT-ERGEBNISSE (DIMLOS)
    ZINAR  - ZINSAUFWENDUNGSRATE (DM/WOCHE)

ZINAR.K=ZINS.K                                              290, A
    ZINAR  - ZINSAUFWENDUNGSRATE (DM/WOCHE)
    ZINS   - GESAMTZINSAUFWENDUNGEN (DM/WOCHE)
```

Die Zinsaufwendungsrate ZINAR entspricht den wöchentlichen Gesamtzinsaufwendungen ZINS. Die langfristigen und die kurzfristigen Verbindlichkeiten sowie die Lieferantenverbindlichkeiten werden mit dem Zinsfuß ZIFUS1 bzw. ZIFUS2 verzinst. Unter "Zinsen und ähnlichen Aufwendungen" sind laut der aktienrechtlichen G & V Zinsen für geschuldete Kredite, Diskontbeträge auf Wechsel und Schecks sowie verschiedene Kreditprovisionen zu verstehen.

G11 Sonstige Aufwendungen

```
SONST.K=MODINT(0.,ABZEIT.K,SONAR.K)                          291, A
    SONST  - SONSTIGE AUFWENDUNGEN (DM)
    MODINT - MODIFIZIERTES INTEGRAL (ANALOG ZU CSMP)
    ABZEIT - HILFSGRÖSSE FÜR MODINT-ERGEBNISSE (DIMLOS)
    SONAR  - SONSTIGE AUFWENDUNGSRATE (DM/WOCHE)

SONAR.K=SOAUF.K+FESOAU.K+SOAUFV.K                            292, A
    SONAR  - SONSTIGE AUFWENDUNGSRATE (DM/WOCHE)
    SOAUF  - UMSATZUNABH. SONSTIGE AUFWENDUNGEN (DM/WOCHE)
    FESOAU - SONST. AUFWEND. FORSCHUNG U. ENTWICKLUNG (DM/WOCHE)
    SOAUFV - UMSATZABH. SONSTIGE AUFWENDUNGEN (DM/WOCHE)
```

Die gesamten sonstigen Aufwendungen setzen sich aus den umsatzunabhängigen sonstigen Aufwendungen, den umsatzabhängigen sonstigen Aufwendungen und den sonstigen Aufwendungen für Forschung und Entwicklung zusammen. Die Gleichungen geben nur Aufschluß über den DM-Betrag der sonstigen Aufwendungen, der sich im wesentlichen aus den Anlagen und Gebäuden, bewertet mit bestimmten Faktoren, ergibt.

Darüberhinaus können "Sonstige Aufwendungen" Werbeaufwand, Ausgangsfrachten, Reisespesen, Provisionen, Verbrauch an Büromaterial, Reparatur- und Versandmaterial, Porti, Telefongebühren, Beiträge zu Versicherungen sein. Da das Modell der Vereinfachung halber nicht alle als Einzelargumente aufführen kann, wird eine prozentuale Pauschale angenommen.

G12 Steuern vom Einkommen

```
STEUB.K=MODINT(0.,ABZEIT.K,STEUG.K/DT)                    293, A
    STEUB  - STEUER VOM EINKOMMEN (DM)
    MODINT - MODIFIZIERTES INTEGRAL (ANALOG ZU CSMP)
    ABZEIT - HILFSGRÖSSE FÜR MODINT-ERGEBNISSE (DIMLOS)
    STEUG  - GESAMTSTEUER (DM) 1)

STEUG.K=STSA1*AUGEW.K+STSA2*RUEZU.K                       294, A
    STEUG  - GESAMTSTEUER (DM)
    STSA1  - STEUERSATZ 1 (DIMLOS)
    AUGEW  - AUSGESCHÜTTETER GEWINN  (DM)
    STSA2  - STEUERSATZ 2 (DIMLOS)
    RUEZU  - RÜCKLAGENZUWEISUNG (DM)
```

Aus formellen finanztechnischen Gründen werden die Steuersätze für ausgeschütteten und einbehaltenen, d.h. den Rücklagen zugeführten, Gewinnen mit getrennten Steuersätzen STSA1 und STSA2 berechnet, obwohl nach dem derzeitigen Steuerrecht ein einheitlicher Satz von 56 % angesetzt wird. Gewerbesteuer und Vermögensteuer werden nicht berücksichtigt.

Auf diese Weise können auch die Auswirkungen verschiedener Steuermodelle auf eine Unternehmung realistisch untersucht werden.

1) Da es sich bei der Steuerbehandlung um einmalige Stichtagsberechnungen handelt, ist die Dimension DM. Bei der Integration muß durch DT dividiert werden.

G13 Bruttoergebnis

UEBSCH.K=UMERL.K+BESVE.K+ERFIN.K+ERRUE.K+ERSON.K+ 295, A
VERUE.K-MAAUF.K-PERSA.K-GESAB.K-ZINAU.K-SONST.K

UEBSCH - JAHRESÜBERSCHUSS (DM)
UMERL - UMSATZERLÖSE (DM)
BESVE - BESTANDSVERÄNDERUNGEN VORRÄTE (DM)
ERFIN - ERTRÄGE FINANZANLAGEN (DM)
ERRUE - ERTRÄGE AUS RÜCKSTELLUNGEN (DM)
ERSON - SONSTIGE ERTRÄGE (DM)
VERUE - VERÄNDERUNGEN RÜCKLAGEN (DM)
MAAUF - MATERIALAUFWENDUNGEN (DM)
PERSA - PERSONALGESAMTAUFWENDUNGEN (DM)
GESAB - GESAMTABSCHREIBUNGEN (DM)
ZINAU - ZINSAUFWENDUNGEN (DM)
SONST - SONSTIGE AUFWENDUNGEN (DM)

Die Materialaufwendungen MAAUF werden nach Aktienrecht bereits von der Gesamtleistung (UMERL + BESVE) subtrahiert und ergeben den Rohertrag. In der Überschußgröße UEBSCH sind die Steuern noch nicht abgezogen wie im aktienrechtlichen Jahresüberschuß, sondern werden wegen den später folgenden Gewinnausschüttungs- und Rücklagenregeln erst im Jahresergebnis (JERG) berücksichtigt.

G14 Jahresergebnis

JERG.K=UEBSCH.K-STEUB.K 296, A

JERG - JAHRESERGEBNIS (DM)
UEBSCH - JAHRESÜBERSCHUSS (DM)
STEUB - STEUER VOM EINKOMMEN (DM)

Das Argument Jahresergebnis JERG des Modells entspricht nun dem aus der G & V bekannten Begriff "Jahresüberschuß", da die Steuern berücksichtigt sind. Werden jetzt noch die Rücklagenveränderungen in Betracht gezogen, kommt man zum Bilanzgewinn.

G15 Veränderungen Rücklagen

Die Festlegung des Jahresgewinnes und damit der Gewinnausschüttung basiert auf einem speziellen Entscheidungsverhalten, das in drei Fälle aufgeteilt werden kann. Das Verhalten wird hier problemorientiert beschrieben. Da bei der Erwirtschaftung eines Jahresüberschusses die Möglichkeit offen bleibt, den Gewinn auszuschütten oder ihn als Rücklagen zur Stärkung des Eigenkapitalanteils im Unternehmen zu lassen, ist eine Entscheidungsregel über die Art der Aufteilung notwendig.

Je nach Zielsetzung im Unternehmen wird zunächst der Gewinn festgesetzt und nach Berechnung der Steuern der Rest den Rücklagen zugewiesen, falls es gilt, die Aktionäre zu gewinnen, oder es werden zunächst die Rücklagen festgesetzt, um dem Unternehmen die nötige Finanzkraft zu sichern und danach der verbleibende Gewinn berechnet. In unserem Fall gehen wir vom geplanten Gewinn aus, der vom Planungssystem geliefert wird.

Damit ergeben sich die folgenden drei Fälle:

1. Der Jahresüberschuß reicht zur geplanten Gewinnausschüttung und die Bezahlung der nötigen Steuern aus.

2. Der Jahresüberschuß reicht nicht zur geplanten Gewinnausschüttung aus. In einem bestimmten Verhältnis, das meist das Ergebnis harter Verhandlungen ist, werden Gewinne ausgeschüttet, wozu ein Teil der Rücklagen aufgelöst werden muß.

3. Zur Deckung des Verlustes werden die Rücklagen bis zu einem Höchstbetrag (RUEANT) aufgelöst.

Da bei 2. zu bestimmende Verhältnis wird durch eine lineare Interpolation aus dem Entscheidungsverhalten nach Abb. 4.42 ermittelt. Nachstehende Abkürzungen werden zur Herleitung der Gleichungen verwendet:

AUGEW - Ausgeschütteter Gewinn = Bilanzgewinn
BILVER - Bilanzverlust
RUEZU - Rücklagenzuweisung
RUEAB - Rücklagenauflösung = -RUEZU
UEBSCH - Jahresüberschuß = Bruttoergebnis
PLAUGE - Geplanter Bilanzgewinn
STSA1 - Steuersatz 1 auf ausgeschütteten Gewinn (56 %)
STSA2 - Steuersatz 2 auf einbehaltenen Gewinn (56 %)
RUEANT - Anteil bis zu dem die Rücklagen zur Verlustdeckung aufgelöst werden.

Zwischen den Variablen besteht ein fester Zusammenhang, der durch folgende Gleichung gegeben ist:

$$\text{UEBSCH} = \text{AUGEW}\ (1+\text{STS1}) + \text{RUEZU}\ (1 + \text{STSA2})$$

$$\text{STSA2} = \begin{cases} 56\ \%\ \text{RUEZU} > 0 \\ 0\ \%\ \text{RUEZU} \leq 0 \end{cases}$$

Fall 2 verdeutlicht die lineare Interpolation zur Festlegung des ausgeschütteten Gewinnes. Der Rücklagenanteil ist damit festgelegt.

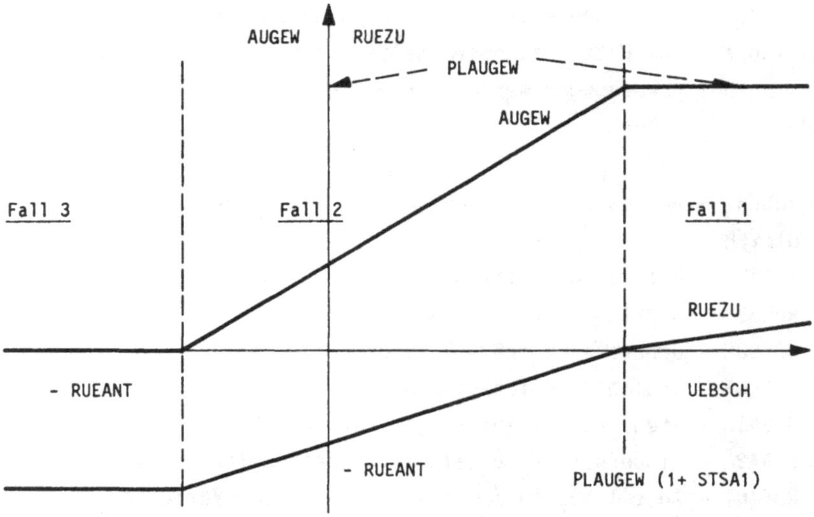

Abb. 4.42: Entscheidungsverhalten: Gewinnausschüttung in Abhängigkeit vom Jahresüberschuß

Durch einfache algebraische Umformung ergeben sich die Geradengleichungen im Fall 1 - 3.

Fall 1: Geplanter Bilanzgewinn (UEBSCH ≥ PLAUGE (1+STSA1))

AUGEW = PLAUGE

RUEZU = (UEBSCH - PLAUGE * (1+STSA1)/(1+STSA2))

Fall 2: <u>Bilanzgewinn mit Rücklagenauflösung</u>
<u>(-RUEANT ≤ UEBSCH ≤ PLAUGE (1+STSA1))</u>

AUGEW = GSTEIG * (UEBSCH + RUEANT)
GSTEIG = Steigung der Geraden
GSTEIG = PLAUGE/(PLAUGE * (1+STSA1) + RUEANT)
RUEZU = UEBSCH - AUGEW * (1+STSA1)

Fall 3: <u>BILANZVERLUST (UEBSCH ≤ -RUANT)</u>

AUGEW = 0
RUEZU = - RUEANT
BILVER = - (RUEANT + UEBSCH)

Diese allgemeine Beschreibung findet sich in dem Gleichungssystem wie folgt wieder:

```
VERUEK.K=MODINT(0.,ABZEIT.K,VERUEL.K/DT)                297, A
    VERUEK - VERÄNDERUNGEN RÜCKLAGEN (DM)
    MODINT - MODIFIZIERTES INTEGRAL
    ABZEIT - HILFSGRÖSSE FÜR MODINT-ERGEBNISSE (DIMLOS)
    VERUEL - VERÄNDERUNGSRATE RÜCKLAGEN (DM) 1)
```

```
VERUEL.K=RUEZU.K-RUEAB.K                                298, A
    VERUEL - VERÄNDERUNGSRATE RÜCKLAGEN (DM)
    RUEZU  - RÜCKLAGENZUWEISUNG (DM)
    RUEAB  - RÜCKLAGENAUFLÖSUNG (DM)
```

Für die Berechnung des Bilanzgewinns müssen die Rücklagen berücksichtigt werden. Sie werden mit der Hilfskonstruktion RUEZU bestimmt. Werden mehr Rücklagen aufgelöst als ihnen zugewiesen, ist also RUEAB größer als RUEZU, dann erhöht sich der Bilanzgewinn. Ist RUEAB kleiner als RUEZU dann vermindert sich der Gewinn, da ja ein Teil des Jahresergebnisses in die Rücklagen fließt. RUEZU und RUEAB schließen

1) Es handelt sich um einmalige Berechnungen. Daher ist die Dimension DM und bei der Integration muß durch DT dividiert werden.

einander aus, da entweder nur eine Rücklagenzuweisung oder nur eine Rücklagenauflösung erfolgen kann.

```
RUEZU.K=EREGEW((UEBSCH.K-PGEWST)/(1.+STSA2)),0.,0.,          312, A
 UEBSCH.K,PGEWST,-RUEANT.K,BEZEQ0.K)
    RUEZU  - RÜCKLAGENZUWEISUNG (DM)
    EREGEW - BERECHNUNGSFUNKTION F. GEWINNAUSSCHÜTTUNG - DISKRET
    UEBSCH - JAHRESÜBERSCHUSS (DM)
    PGEWST - GEPL. GEWINN U. STEUERANTEIL (DM)
    STSA2  - STEUERSATZ 2 (DIMLOS)
    RUEANT - ANTEIL RÜCKLAGEN (DM)
    BEZEQ0 - BEZUGSGRÖSSE ZUR BERECHNUNG DER GEW.AUSSCHÜTTUNG
             (WOCHE)
```

Es gilt immer PGEWST = 1.900.000 * 1.15 = 2.185.000,-- DM, da in jedem Fall höchstens 50 % der aktuellen Rücklagen aufgelöst werden dürfen. Dieser halbe Rücklagenbestand wird mit RUEANT definiert. Um die Entscheidungsregel zu beschreiben, sind mehrere Schritte notwendig.

Zuerst wird BEZEQ0 =WOCHE.K - (JAHR - DT) geprüft. Nur wenn BEZEQ0 = 0 ist, kann überhaupt eine Rücklagenzuweisung erfolgen, d.h. WOCHE.K = JAHR - DT ist Bedingung. Die Rücklagenzuweisung erfolgt immer nur einmal im Zeitschritt DT vor Jahresende.

Es ist zu prüfen, ob UEBSCH größer oder gleich PGEWST (geplante Ausschüttung + Steueranteil) ist. Wenn ja, dann gilt nach der Entscheidungsregel RUEZU = (UEBSCH.K - PGEWST)/(1. + STSA2), da der versteuerte Überschußanteil in die Rücklagen fließt.

Wenn ein Überschuß kleiner PGEWST oder ein Fehlbetrag kleiner oder gleich den auflösbaren Rücklagen RUEANT vorhanden ist, wird RUEZU=0. Es wird dann nichts den Rücklagen zugewiesen. Ist der Fehlbetrag dann sogar größer als RUEANT, ist RUEZU natürlich auch gleich 0.

---

1) vgl. Anhang Makrofunktionen

```
RUEAB.K=EREGEW(0.,(AUGEW.K*(1.+STSA1)-UEBSCH.K),                313, A
 RUEANT.K,UEBSCH.K,PGEWST,-RUEANT.K,BEZEQ0.K)
    RUEAB  - RÜCKLAGENAUFLÖSUNG (DM)
    EREGEW - BERECHNUNGSFUNKTION F. GEWINNAUSSCHÜTTUNG - DISKRET
    AUGEW  - AUSGESCHÜTTETER GEWINN (DM)
    STSA1  - STEUERSATZ 1 (DIMLOS)
    UEBSCH - JAHRESÜBERSCHUSS (DM)
    RUEANT - ANTEIL RÜCKLAGEN (DM)
    PGEWST - GEPL. GEWINN UND STEUERANTEIL (DM)
    BEZEQ0 - BEZUGSGRÖSSE ZUR BERECHNUNG DER GEW. AUSSCHÜTTUNG
             (WOCHE)
```

Voraussetzung, daß eine Rücklagenauflösung überhaupt stattfindet, ist wieder BEZEQ0 = 0. Ist das der Fall, dann wird wieder geprüft:

a) Wenn UEBSCH ≥ PGEWST, dann gilt RUEAB = 0. In dieser Situation werden Rücklagen zugeführt.

b) Wenn UEBSCH < PGEWST und -UEBSCH ≤ RUEANT gilt, dann wird RUEAB = AUGEW.K * (1.+STSA1) - UEBSCH. Ist UEBSCH ein tatsächlicher Überschuß, wird nur die Differenz zu auszuschüttendem Gewinn mit Steueranteil aufgelöst. Ist UEBSCH ein Fehlbetrag (-UEBSCH), so wird dieser zusätzlich zum auszuschüttenden Gewinn aufgelöst.

c) Wenn -UEBSCH > RUEANT, dann ist RUEAB = RUEANT. Ist der Fehlbetrag höher als die auflösbaren Rücklagen, so werden diese aufgelöst.

Die Rücklagenzuweisungen erfolgen nur, wenn ein Überschuß UEBSCH vorhanden ist, der größer ist als die geplante Ausschüttung samt Steueranteil. In allen anderen Fällen erfolgt keine Zuweisung bzw. werden Rücklagen aufgelöst.

Das Aktiengesetz schreibt für die gesetzlichen Rücklagen vor, daß 5 % des Jahresüberschusses in die Rücklagen einzubringen sind, bis 10 % des Grundkapitals erreicht sind. Vom Jahresüberschuß dürfen andererseits höchstens 50 % in die freien Rücklagen eingebracht werden. Im Modell ist jedoch von einer freien Gestaltung dieser Regel ausgegangen worden.

G16 Bilanzgewinn

```
BIGEW.K=MODINT(0.,ABZEIT.K,BILZU.K)                          299, A
    BIGEW  - BILANZGEWINN (DM)
    MODINT - MODIFIZIERTES INTEGRAL
    ABZEIT - HILFSGRÖSSE FÜR MODINT-ERGEBNISSE (DIMLOS)
    BILZU  - BILANZGEWINN-/-ÜBERSCHUSSZUFÜHRUNG (DM/WOCHE)

BILZU.K=UMZU.K+BEVER.K+ERTFI.K+ERRUER.K+EREIN.K+             308, A
 VERUZ.K-MAAUFZ.K-PERSU.K-GESAS.K-ZINAR.K-SONAR.K-
 (STEUG.K/DT)-(VERUEL.K/DT)
    BILZU  - BILANZGEWINN-/-ÜBERSCHUSSZUFÜHRUNG (DM/WOCHE)
    UMZU   - UMSATZZUFÜHRUNGSRATE (DM/WOCHE)
    BEVER  - BESTANDSVERÄNDERUNGSRATE (DM/WOCHE)
    ERTFI  - ERTRAGSRATE FINANZANLAGEN (DM/WOCHE)
    ERRUER - RÜCKSTELLUNGSERTRAGSRATE (DM/WOCHE)
    EREIN  - ERTRAGSRATE SONSTIGE ERTRÄGE (DM/WOCHE)
    VERUZ  - VERÄNDERUNGSRATE (DM/WOCHE)
    MAAUFZ - ZUFUHR MATERIALAUFWENDUNGEN (DM/WOCHE)
    PERSU  - PERSONALUNKOSTENRATE (DM/WOCHE)
    GESAS  - GESAMTABSCHREIBUNGSRATE (DM/WOCHE)
    ZINAR  - ZINSAUFWENDUNGSRATE (DM/WOCHE)
    SONAR  - SONSTIGE AUFWENDUNGSRATE (DM/WOCHE)
    STEUG  - GESAMTSTEUER (DM)
    DT     - INTEGRATIONSSCHRITTWEITE (WOCHE)
    VERUEL - VERÄNDERUNGSRATE RÜCKLAGEN (DM)
```

Der Bilanzgewinn am Jahresende setzt sich aus der Addition der wöchentlichen Gewinnzuführungsraten zusammen. Diese setzen sich wiederum aus den Raten, deren Jahresendbeträge zu UEBSCH führen, gemindert um die Steuern STEUG und die Rücklagenveränderungen VERUEL zusammen. Da BILZU die Dimension DM/Woche hat, müssen die Faktoren STEUG (DM) sowie VERUEL (DM) mit DT bewertet werden.

G17 Gewinnausschüttung

```
GEAUS.K=GEAUS.J+DT*(AUGEW.J-ABGEAU.J)/DT                    302, L
GEAUS=0                                                     302.1, N
    GEAUS  - AUSGESCHÜTTETER GEWINN LEVEL (DM)
    DT     - INTEGRATIONSSCHRITTWEITE (WOCHE
    AUGEW  - AUSGESCHÜTTETER GEWINN RATE (DM)
    ABGEAU - ABGANGSRATE GEWINNAUSCHÜTTUNG (DM)

ABGEAU.K=FIFZE(GEAUS.K,0.,WOCHE.K)                          303, A
    ABGEAU - ABGANGSRATE GEWINNAUSSCHÜTTUNG (DM)
    FIFZE  - LIMITIERUNGSFUNKTION
    GEAUS  - AUSGESCHÜTTETER GEWINN (DM)
    WOCHE  - WOCHE DES GESCHÄFTSJAHRES (WOCHE)

GSTEIG.K=PLAUGE/(PLAUGE*(1.+STSA1)+RUEANT.K)                300, A
    GSTEIG - HILFSGRÖSSE ZUR RÜCKLAGENBERECHNUNG (DIMLOS)
    PLAUGE - PLAN AUSGESCHÜTTETER GEWINN (DM)
    STSA1  - STEUERSATZ 1 (DIMLOS)
    RUEANT - ANTEIL RÜCKLAGEN (DM)

RUEANT.K=RUELA.K*RUEAUF                                     301, A
    RUEANT - ANTEIL RÜCKLAGEN (DM)
    RUELA  - RÜCKLAGEN (DM)
    RUEAUF - RÜCKLAGENAUFLÖSUNGSREGEL (DIMLOS)
```

```
PGEWST=PLAUGE*(1.+STSA1)                                        308.8, N
    PGEWST - GEPL. GEWINN U. STEUERANTEIL (DM)
    PLAUGE - PLAN AUSGESCHÜTTETER GEWINN (DM)
    STSA1  - STEUERSATZ 1 (DIMLOS)

BEZEQ0.K=WOCHE.K-(JAHR-DT)                                      309, A
    BEZEQ0 - BEZUGSGRÖSSE ZUR BERECHNUNG DER GEW.AUSSCHÜTTUNG
             (WOCHE)
    WOCHE  - WOCHE DES GESCHÄFTSJAHRES (WOCHE)
    JAHR   - GESCHÄFTSJAHR (WOCHE)
    DT     - INTEGRATIONSSCHRITTWEITE (WOCHE)

AUGEW.K=EREGEW(PLAUGE,(GSTEIG.K*(UEBSCH.K+RUEANT.K)),           310, A
 0.,UEBSCH.K,PGEWST,-RUEANT.K,BEZEQ0.K)
    AUGEW  - AUSGESCHÜTTETER GEWINN (DM)
    EREGEW - BERECHNUNGSFUNKTION FÜR GEWINNAUSSCHÜTTUNG - DISKRET
    PLAUGE - PLAN AUSGESCHÜTTETER GEWINN (DM)
    GSTEIG - HILFSGRÖSSE ZUR RÜCKLAGENBERECHNUNG (DIMLOS)
    UEBSCH - JAHRESÜBERSCHUSS (DM)
    RUEANT - ANTEIL RÜCKLAGEN (DM)
    PGEWST - GEPL. GEWINN UND STEUERANTEIL (DM)
    BEZEQ0 - BEZUGSGRÖSSE ZUR BERECHNUNG DER GEW.AUSSCHÜTTUNG
             (WOCHE)
```

Die Gewinnausschüttung GEAUS ist ein Level mit der Zugangsrate AUGEW und der Abflußrate ABGEAU. AUGEW wird über die Ausschüttungsregel EREGEW bestimmt. AUGEW kommt nur zum Zeitpunkt JAHR - DT zur Wirkung, weil BEZEQ0 = 0 sein muß. Weiter ist:

a) AUGEW = PLAUGE, wenn UEBSCH ≥ PGEWST. Das bedeutet, wenn der Überschuß gleich der Planausschüttung inklusive Steueranteil ist, wird die geplante Ausschüttung PLAUGE vorgenommen. Ist der Überschuß größer als PGEWST, dann wird PLAUGE ausgeschüttet und der Rest unter Berücksichtigung der Steuern den Rücklagen zugeführt (Fall 1).

b) AUGEW = GSTEIG * (UEBSCH + RUEANT), wenn UEBSCH < PGEWST oder -UEBSCH ≤ RUEANT. Bei UEBSCH = PGEWST ergibt sich die Situation wie bei a). Bei -UEBSCH = RUEANT wird der Ausdruck (UEBSCH + RUEANT) gleich 0, so daß AUGEW ebenfalls 0 wird. Bei einem Fehlbetrag in Höhe von RUEANT wird also nichts ausgeschüttet, sondern nur der Verlust ausgeglichen. Zwischen den beiden Grenzfällen wird auf jeden Fall ausgeschüttet. Dies entspricht Fall 2 bei dem je nach Höhe des Überschusses ein Teil der Rücklagen aufgelöst wird, um noch eine Gewinnausschüttung vornehmen zu können.

c) AUGEW = 0, wenn -UEBSCH > RUEANT (Fall 3). Der gesamte Rücklagenanteil wird aufgelöst. Die Abgangsrate ABGEAU wird mit der Limitierungsfunktion FIFZE berechnet. In WOCHE ungleich 0 wird kein Gewinnausschüttungsabfluß zugelassen. Zum Zeitpunkt WOCHE = 0 wird der Bestand des Levels GEAUS ausgeschüttet (ABGEAU = GEAUS).

Die Zufuhr AUGEW zu GEAUS erfolgt also nur zum Zeitpunkt JAHR - DT, der Abfluß ABGEAU nur zum Zeitpunkt 0, also immer eine Woche später.

G18 Verlustrechnung

```
VERLUS.K=VERLUS.J+DT*(BILVER.J-ABVERL.J)/DT          304, L
VERLUS=0.                                            304.1, N
    VERLUS - VERLUST (DM)
    DT     - INTEGRATIONSSCHRITTWEITE (WOCHE)
    BILVER - BILANZVERLUST (DM)
    ABVERL - ABGANGSRATE VERLUST (DM)

ABVERL.K=FIFZE(VERLUS.K,0.,WOCHE.K)                  305, A
    ABVERL - ABGANGSRATE VERLUST (DM)
    FIFZE  - LIMITIERUNGSFUNKTION
    VERLUS - VERLUST (DM)
    WOCHE  - WOCHE DES GESCHÄFTSJAHRES (WOCHE)
```

```
BILVER.K=EREGEW(0.,0.,-(RUEANT.K+UEBSCH.K),                  311, A
 UEBSCH.K,PGEWST,-RUEANT.K,BEZEQ0.K)
    BILVER - BILANZVERLUST (DM)
    EREGEW - ERRECHNUNGSFUNKTION FÜR GEWINNAUSSCHÜTTUNG - DISKRET
    RUEANT - ANTEIL RÜCKLAGEN (DM)
    UEBSCH - JAHRESÜBERSCHUSS (DM)
    PGEWST - GEPL. GEWINN UND STEUERANTEIL (DM)
    BEZEQ0 - BEZUGSGRÖSSE ZUR BERECHNUNG DER GEW.AUSSCHÜTTUNG
             (WOCHE)
```

Die Zuweisung von BILVER zu VERLUS kann ebenfalls wieder nur zum Zeitpunkt JAHR-DT erfolgen, wegen BEZEQ0 = 0.

a) Wenn UEBSCH ≧ PGEWST ist, dann ist BILVER = 0, also kein Verlust vorhanden.

b) Wenn UEBSCH < PGEWST oder -UEBSCH ≦ RUEANT ist, dann wird BILVER = 0. Ähnlich wie a), da auch hier noch etwas Gewinn ausgeschüttet wird.

c) Wenn -UEBSCH > RUEANT ist, dann wird BILVER = -(RUEANT + UEBSCH). Hat man einen höheren Fehlbetrag als die auflösbaren Rücklagen, dann wird die Differenz von -UEBSCH zu RUEANT als Verlust ausgewiesen, denn nur in Höhe von RUEANT kann der Verlust vermindert werden.

Der Wert der Abgangsrate ABVERL wird durch die Entscheidungsregel FIFZE bestimmt. Nur zum Zeitpunkt WOCHE = 0 wird ABVERL = VERLUS. Zu allen anderen Zeitpunkten findet kein Verlustausweis statt. Zwischen dem Zeitpunkt des Zuflusses und des Abflusses vom Level VERLUS liegt wie bei der Gewinnausschüttung eine Integrationsschrittweite DT.

Dieses sehr komplexe Verhalten am Jahresende wird in der Realität durch firmenpolitische Entscheidungen, steuerliche Überlegungen und liquiditätsorientierte, betriebswirtschaftliche Entscheidungen noch übertroffen. Im Durchschnitt dürfte das beschriebene Verhalten jedoch den Gegebenheiten der Praxis entsprechen.

Die Rückstellungen der G & V-Größe auf 0 zum Beginn des nächsten Jahres sowie die diskreten Ausschüttungsmaßnahmen erfordern eine sehr exakte Beachtung der Zeitschritte, damit die Aktiv- und Passivseite zu jedem Zeitpunkt der Simulation ausgeglichen ist. Die Integrationsschritte bzw. die Nullsetzung differieren jeweils um DT bzw. 2DT. Die Ausgleichsrate berücksichtigt diesen Faktor, ist aber betriebswirtschaftlich nicht relevant und beeinflußt die Simulation in ihrer Aussage nicht.

G19 Simulationstechnische Ausgleichsrate

```
AUSGL.K=AUSGL.J+DT*(AUSGLR.JK)                              306, L
AUSGL=0.                                                    306.1, N
    AUSGL  - SOFTWARETECH. AUSGLEICH FÜR MODINT
    DT     - INTEGRATIONSSCHRITTWEITE (WOCHE)
    AUSGLR - AUSGLEICHSRATE FÜR AUSGL

AUSGLR.KL=ERAUSG(WOCHE.K,(BILZU.K+((BIGEW.K-GEAUS.K)/       307, R
 DT)),BILZU.K)
    AUSGLR - AUSGLEICHSRATE FÜR AUSGL
    ERAUSG - BERECHNUNGSFUNKTION FÜR AUSGLR - DISKRET
    WOCHE  - WOCHE DES GESCHÄFTSJAHRES (WOCHE)
    BILZU  - BILANZGEWINN-/-ÜBERSCHUSSZUFÜHRUNG (DM/WOCHE)
    BIGEW  - BILANZGEWINN (DM)
    GEAUS  - AUSGESCHÜTTETER GEWINN (DM)
    DT     - INTEGRATIONSSCHRITTWEITE (WOCHE)
```

Die ERAUSG-Funktion [1] prüft ab, in welcher WOCHE wir uns befinden und wie hoch die Ausgleichsrate dann jeweils ist. Befinden wir uns in der WOCHE 0 zum aktuellen Zeitpunkt TIME < 2DT, ist die Ausgleichsrate gleich 0. Ebenso zur Zeit TIME = DT und TIME = 2DT. Beim Modellanlauf findet also noch kein Ausgleich statt.

1) ERAUSG wird als Makro berechnet (vgl. Anhang).

Wird aber später WOCHE wieder gleich 0, d.h. zu einem Zeitpunkt TIME = 52, 104, 156 usw. (≥ 2DT), wird aufgrund von ERAUSG die Ausgleichsrate AUSGLR = BILZU.K + (BIGEW.K - GEAUS.K)/DT. Die Zufuhr AUGEW zu dem Gewinnausschüttungslevel GEAUS erfolgt bereits zum Zeitpunkt JAHR-DT, also einen Zeitschritt vor Jahresende. Bei der letzten Zuführungsrate BILZU des Jahres zum Bilanzgewinn BIGEW muß dann der ausschüttungsfähige Gewinn mitberücksichtigt werden.

Finden wir später WOCHE = DT bei gleichzeitigem TIME = 53, 105, 157 usw. (≥ 2DT) wird AUSGLR = BILZU. Die MODINT setzt immer erst zum Zeitpunkt JAHR + DT gleich 0. Deshalb muß für die jeweils erste Integrationsschrittweite des neuen Geschäftsjahres ein Ausgleich gemacht werden.

4.2.4 Verhalten im Funktionsbereichsmodell

F1 VERTRIEB

F2 PRODUKTION

F3 VERWALTUNG

F4 FORSCHUNG UND ENTWICKLUNG

F5 BESCHAFFUNG

F6 PHYSISCHES TEILMODELL - LAGERHALTUNG

F7 PHYSISCHES TEILMODELL - ANLAGEN UND GEBÄUDE PHYSISCH

Abb. 4.43: Funktionsbereiche

Wie eng Gütermodell und Finanzmodell miteinander verzahnt sind, ergibt sich aus der Abbildung 4.7. In der Funktionsbereichsmatrix wird einerseits der Güterkreislauf geld- und aufwandmäßig nach Funktionsbereichen getrennt überwacht. Im Controllerbereich werden die Funktionsbereichsbudgets nach bestimmten Gesichtspunkten anhand des bisherigen Umsatzes verteilt. Die laufenden Kosten der einzelnen Funktionsbereiche werden ebenfalls vom Controller überwacht und nach Abstimmung mit den laufenden Umsätzen evtl. korrigiert.

Andererseits teilt der Finanzbereich die Aufwendungen nach sachlichen Gesichtspunkten in Material, Personalaufwendungen und Abschreibungen usw. auf und berechnet daraus nach Vergleich mit den Umsätzen in der Gewinn- und Verlustrechnung den Überschuß.

Eine Verteuerung der Rohmaterialkosten bei der Produktion oder Erhöhung der Personalkosten im Vertrieb wirken also auf beide Kreisläufe ein. Die Steigerung der Personalkosten kann z.B. im Gütermodell bewirken, daß der Vertriebsleiter nicht mehr genug Werbung (Marktanstrengung) machen kann, da sein Budget sonst nicht ausreichen würde. Andererseits erhöhen sich im Finanzmodell die gesamten Aufwendungen und vermindern in der Gewinn- und Verlustrechnung den Jahresüberschuß. Daß weitere Rückwirkungen über den Umsatz auf den Gewinn stattfinden, zeigt, wie komplex und vermischt das Gesamtsystem ist.

Dieselbe Verzahnung wie bei den Aufwendungen finden wir auch für die Vermögenswerte. Diesmal geschieht die Abstimmung im Finanzbereich über die Bilanz, während der Controller über sinnvolle Investitionen zu entscheiden hat.

Die Aufteilung der Sachanlagen im Modell zeigt Abbildung 4.3. Hierbei gilt die Beziehung:

$$(VGT + PGT + VWGT) + (VMT + PMT + VWMT) = 1.0$$

Bei dem vorliegenden Aggregationsgrad wurde darauf verzichtet, für Maschinen sowie Grundstücke und Gebäude je einen getrennten Level vorzusehen und getrennte Entscheidungsregeln für die Zuführung (Investition) und den Abfluß (Verschleiß) aufzustellen, da dies für die Untersuchung keine Rolle spielt und das Modell nur unnötig aufblähen würde. Daher wurden obige geschätzte Anteilsfaktoren benutzt, die während der Simulation konstant bleiben.

Da der Umsatz immer wieder als Orientierungshilfe für die Funktionsbereiche dient, kommt dieser Größe besondere Bedeutung zu.

```
*****************************************************
*                                                   *
*              FUNKTIONSBEREICHSMODELL              *
*                                                   *
*****************************************************
```

F1 Vertrieb

```
UMS.K=VRH.K*EP                                          55, A
    UMS    - UMSATZ (DM/WOCHE)
    VRH    - VERSANDRATE HILFSGRÖSSE (STÜCK/WOCHE)
    EP     - EINZELPREIS ERWARTET (DM/STÜCK)

VMABA.K=VMABA.J+DT*(VINVQU.JK-VABS.JK)                  74, L
VMABA=VMABAN                                            74.1, N
    VMABA  - MASCH.ANL.,BAUTEN,AUSSTATTUNG IM VERTRIEB (DM)
    DT     - INTEGRATIONSSCHRITTWEITE (WOCHE)
    VINVQU - VERTRIEB INVESTITIONSQUOTE (DM/WOCHE)
    VABS   - VERTRIEB ABSCHREIBUNGEN (DM/WOCHE)
    VMABAN - ANFANGSBESTAND VMABA (DM)

VINVQU.KL=VINVQH.K                                      75, R
    VINVQU - VERTRIEB INVESTITIONSQUOTE (DM/WOCHE)
    VINVQH - VERTRIEB INVESTITIONSQUOTE HILFSGRÖSSE (DM/WOCHE)

VINVQH.K=VIFAKT*DUMS.K+REINV.K                          77, A
    VINVQH - VERTRIEB INVESTITIONSQUOTE HILFSGRÖSSE (DM/WOCHE)
    VIFAKT - VERTRIEB INVESTITIONSFAKTOR (DIMLOS)
    DUMS   - DURCHSCHNITTL. UMSATZ (DM/WOCHE)
    REINV  - REINVESTITIONSQUOTE VERTRIEB (DM/WOCHE)

REINV.K=RABSA*VMABA.K                                   78, A
    REINV  - REINVESTITIONSQUOTE VERTRIEB (DM/WOCHE)
    RABSA  - REINVESTITION-ABSCHREIBUNGSSATZ (1/WOCHE)
    VMABA  - MASCH.ANL.,BAUTEN,AUSSTATTUNG IM VERTRIEB (DM)
```

Die Investitionsquote des Vertriebes setzt sich zum einen aus der Reinvestitionsquote (REINV) und zum anderen aus dem Produkt zwischen dem durchschnittlichen Umsatz (DUMS) und einem Investitionsfaktor Vertrieb (VIFAKT) zusammen.

Zum einen werden nämlich Anlagengegenstände, die zur Ausstattung des Vertriebsbereiches gehören durch die laufende Nutzung abgeschrieben und es muß reinvestiert werden, um die Funktionsfähigkeit des Vertriebes aufrecht zu erhalten. Dieses Problem wird gelöst, indem man einen bestimmten Prozentsatz des aktuellen Anlagenwertes (VMABA) dem Level zufließen läßt. Der Abschreibungssatz wird hier mit RABSA bezeichnet.

Der andere Grund für diese Art der Ermittlung der Zuflußrate ist in der Notwendigkeit zu sehen, die Kapazität bezüglich der Anlagen im Vertrieb den Erfordernissen der Umsatzmöglichkeiten anzupassen. Dies bedeutet, daß durch die Orientierung der Investitionen an dem durchschnittlichen Umsatz die Höhe der Investitionen mit der Umsatzentwicklung korreliert. Es wird immer ein bestimmter Investitionsanteil (VIFAKT) vom durchschnittlichen Umsatz der Zuflußrate zugeführt.

```
VABS.KL=VABSH.K                                          76, R
    VABS    - VERTRIEB ABSCHREIBUNGEN (DM/WOCHE)
    VABSH   - VERTRIEB ABSCHREIBUNGEN HILFSGRÖSSE (DM/WOCHE)
```

Die Abschreibungen des Vertriebs sind in fixe Abschreibungen (VFABS) und variable Abschreibungen (VVABS) aufgeteilt. Die fixen Abschreibungen werden durch Multiplikation des durchschnittlichen Anlagewertes (DVMABA) mit einem Abschreibungssatz für den anlagenabhängigen Teil (ABSA) ermittelt.

```
VABSH.K=VFABS.K+VVABS.K                                  71, A
    VABSH   - VERTRIEB ABSCHREIBUNGEN HILFSGRÖSSE (DM/WOCHE)
    VFABS   - FIXER ANTEIL D. ABSCHREIBUNGEN (DM/WOCHE)
    VVABS   - VAR. ANTEIL D. ABSCHREIBUNGEN (DM/WOCHE)
```

VFABS.K=DVMABA.K*ABSA 72, A

VFABS - FIXER ANTEIL D. ABSCHREIBUNGEN (DM/WOCHE)
DVMABA - DURCHSCHN. ANLAGEWERT VERTRIEB BETRIEBSAUSSTATTUNG (DM)
ABSA - ABSCHREIBUNGSSATZ F. ANLAGENABH. TEIL (1/WOCHE)

VVABS.K=DUMS.K*ABSU 73, A

VVABS - VAR.ANTEIL D. ABSCHREIBUNGEN (DM/WOCHE)
DUMS - DURCHSCHN. UMSATZ (DM/WOCHE)
ABSU - ABSCHREIBUNGSSATZ F. UMSATZABH. TEILE (DIMLOS)

DVMABA.K=SMOONO(VMABA.K,DVMT) 79, A

DVMABA - DURCHSCHN. ANLAGEWERT VERTRIEB BETRIEBSAUSSTATTUNG (DM)
SMOONO - EXP. GLÄTTUNG 1. ORDNUNG
VMABA - MASCH.ANL.,BAUTEN,AUSSTATTUNG IM VERTRIEB (DM)
DVMT - DURCHSCHNITTSBILDUNGSZEIT DVMABA (WOCHE)

Hierbei ergibt sich der durchschnittliche Wert der Anlagen (DVMABA) als der mit einer Konstanten DVMT, Durchschnittsbildungszeit DVMABA, geglättete Wert des aktuellen Wertes der Anlagen im Vertrieb (VMABA).

Die variablen Abschreibungen im Vertrieb ermitteln sich anhand des durchschnittlichen Umsatzes (DUMS).

Analog zu der umsatzabhängigen Zuflußgröße wird auch eine umsatzabhängige Abflußgröße gebildet. Der Faktor ABSU, Abschreibungssatz für umsatzabhängige Teile,legt fest, welcher Prozentsatz vom durchschnittlichen Umsatz abgeschrieben wird.

Durch die Trennung in fixe und variable Zu- bzw. Abflüsse wird der Tatsache Rechnung getragen, daß es einerseits Anlagengegenstände gibt, die unabhängig vom Umsatz abgeschrieben werden müssen, und andererseits bei vielen Anlagen im Vertrieb bei erhöhtem Umsatz ein höherer Verschleiß und damit eine erhöhte Abschreibung und eine verstärkte Reinvestition notwendig ist. Diese Unternehmenspolitik zeichnet sich durch den notwendigen Realitätsbezug aus, ohne jedoch den Sicherheitsaspekt außer Acht zu lassen, indem durch fixe Zu- bzw. Abflüsse dem jeweiligen Bereich eine Planungs- und Entscheidungsgrundlage bereitgestellt wird.

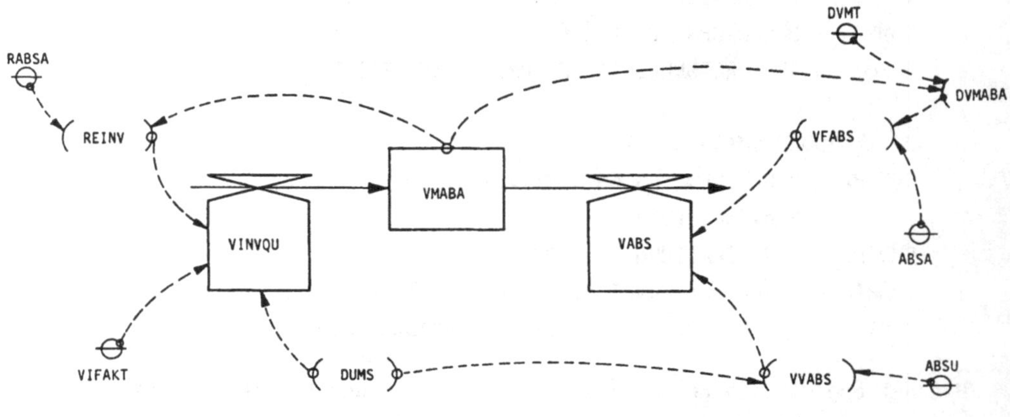

Abb. 4.44: Anlagen im Vertrieb

Erläuterungen zu Abb. 4.44:

ABSA	-	Abschreibungssatz Anlagen abhängiger Teil
ABSU	-	Abschreibungssatz Umsatz abhängiger Teil
DUMS	-	Durchschnittlicher Umsatz
DVMABA	-	Durchschnittlicher Wert der Anlagen Vertrieb
DVMT	-	Durchschnittsbildungszeit für Anlagenwerte
RABSA	-	Reinvestitionsabschreibungssatz
REINV	-	Reinvestitionsquote
VABS	-	Abschreibungen Vertrieb
VFABS	-	Fixe Abschreibungen
VIFAKT	-	Investitionsfaktor
VINVQU	-	Investitionsquote Vertrieb
VMABA	-	Anlagen Vertrieb
VVABS	-	Variable Abschreibungen

F2 Produktion

```
PMABA.K=PMABA.J+DT*(PINQU.JK-PABQU.JK)                    112, L
PMABA=PMABAN                                              112.1, N
    PMABA  - ANLAGEN PRODUKTION (DM)
    DT     - INTEGRATIONSSCHRITTWEITE (WOCHE)
    PINQU  - PRODUKTIONSINVESTITIONSQUOTE (DM/WOCHE)
    PABQU  - PRODUKTIONSABSCHREIBUNGSQUOTE (DM/WOCHE)
    PMABAN - ANFANGSBESTAND ANLAGEN PRODUKTION (DM)
```

PINQU.KL=PINQUH.K 113, R

PINQU - PRODUKTIONSINVESTITIONSQUOTE (DM/WOCHE)
PINQUH - PRODUKTIONSINVESTITIONSQUOTE HILFSGRÖSSE (DM/WOCHE)

PABQU.KL=PABQUH.K 114, R

PABQU - PRODUKTIONSABSCHREIBUNGSQUOTE (DM/WOCHE)
PABQUH - PRODUKTIONSABSCHREIBUNGSQUOTE HILFSGRÖSSE (DM/WOCHE)

PINQUH.K=PIFAKT*DUMS.K+REINP.K 115, A

PINQUH - PRODUKTIONSINVESTITIONSQUOTE HILFSGRÖSSE (DM/WOCHE)
PIFAKT - PRODUKTIONSINVESTITIONSFAKTOR (DIMLOS)
DUMS - DURCHSCHNITTL. UMSATZ (DM/WOCHE)
REINP - REINVESTITION PRODUKTION (DM/WOCHE)

Die Zuflußrate PINQU orientiert sich zum einen am durchschnittlichen Umsatz, d.h. für jede 1000 DM erwirtschafteten Umsatz werden 2,8 DM in Produktionsanlagen investiert. Die Orientierung am Umsatz ist insofern gebräuchlich, als bei steigendem bzw. fallendem Umsatz entsprechend mehr bzw. weniger für Anlagen aufgewendet wird, der Betrieb somit mehr oder weniger expandiert.

REINP.K=RABSA*PMABA.K 116, A

REINP - REINVESTITION PRODUKTION (DM/WOCHE)
RABSA - REINVESTITION-ABSCHREIBUNGSSATZ (1/WOCHE)
PMABA - ANLAGEN PRODUKTION (DM)

REINP soll den Wertverlust der Anlagen durch Abschreibungen bzw. der durch längere Nutzungsdauer schwindenden Produktivität Rechnung tragen, indem ein Teil der Anlagen erneuert wird. Je mehr Anlagen vorhanden sind, umso höher wird die notwendige Reinvestition. Die Investitionsquote PINQU setzt sich somit aus einem "variablen", am Umsatz orientierten und einem "fixen", sozusagen automatischen Teil zusammen.

PABQUH.K=ABSA*DPMABA.K 117, A

PABQUH - PRODUKTIONSABSCHREIBUNGSQUOTE HILFSGRÖSSE (DM/WOCHE)
ABSA - ABSCHREIBUNGSSATZ FÜR ANLAGENABH. TEIL (1/WOCHE)
DPMABA - DURCHSCHNITT MASCHINEN PRODUKTION (DM)

Der Abschreibungsquote ist ein durchschnittlicher Produktionsanlagenbestand zugrunde gelegt, von dem pro Woche 0.24 % abgeschrieben werden. Auf ein Jahr (52 Wochen) umgerechnet, ergibt dies bei Annahme einer linearen Abschreibung einen Abschreibungssatz von 12.75 % und somit eine durchschnittliche Nutzungsdauer von knapp 8 Jahren. Der für einen Abschreibungssatz ungewöhnliche Betrag und die daraus folgende übliche kurze Nutzungsdauer ergibt sich aus der Zugrundelegung eines durchschnittlichen Anlagenbestandes. Darin sird sowohl Anlagen enthalten, die sich aufgrund ihres innerbetrieblichen Einsatzes schneller bzw. langsamer abschreiben als auch Anlagen, die evtl. degressiv abgeschrieben werden.

Der durchschnittliche Anlagenbestand der Produktion DPMABA ergibt sich aus einer exponentiellen Glättung 1. Ordnung des tatsächlichen Anlagenbestandes PMABA über einen Glättungszeitraum von DPMT = 50 Wochen.

DPMABA.K=SMOONO(PMABA.K,DPMT) 118, A

DPMABA - DURCHSCHNITT MASCHINEN PRODUKTION (DM)
SMOONO - EXP. GLÄTTUNG 1. ORDNUNG
PMABA - ANLAGEN PRODUKTION (DM)
DPMT - DURCHSCHN. PRODUKTIONSMITTELWERTBILDUNG (WOCHE)

FMKOS.K=FM 119, A

FMKOS - FERTIGUNGSMATERIALWERT REAL (DM/STÜCK)
FM - FERTIGUNGSMATERIAL STANDARDKOSTEN (DM/STÜCK)

Das Fertigungsmaterial wird hier mit dem Standardpreis bewertet, um so die Schnittstelle zu kennzeichnen, an der z.B. bei Untersuchungen für Preisverhalten angesetzt werden muß. Für die vorliegende Simulation ist der Wert konstant.

F3 Verwaltung

```
VWBUD.K=VMBUD.J+DT*(VWBUZU.JK-VWBUAB.JK)                    120, L
VWBUD=VWBUAN                                                120.1, N
    VWBUD  - VERWALTUNGSBUDGET (DM)
    DT     - INTEGRATIONSSCHRITTWEITE (WOCHE)
    VWBUZU - ZUTEILUNG VERWALTUNGSBUDGET (DM/WOCHE)
    VWBUAB - ABGANG VERWALTUNGSBUDGET (DM/WOCHE)
    VWBUAN - ANFANGSBESTAND VERWALTUNGSBUDGET (DM)
```

```
VWBUZU.KL=VWZUF.K+VWZUV.K                                   121, R
    VWBUZU - ZUTEILUNG VERWALTUNGSBUDGET (DM/WOCHE)
    VWZUF  - FIXTEIL ZUTEILUNG VERWALT.BUDGET (DM/WOCHE)
    VWZUV  - VAR. TEIL ZUTEILUNG VERWALT.BUDGET (DM/WOCHE)
```

Die Zuflußrate VWBUZU setzt sich aus einem fixen und einem variablen Anteil zusammen.

```
VWZUF.K=VWTEF*PLUMS                                         122, A
    VWZUF  - FIXTEIL ZUTEILUNG VERWALT.BUDGET (DM/WOCHE)
    VWTEF  - FIXTEIL ZUTEILUNGSFAKTOR (1/WOCHE)
    PLUMS  - GEPLANTER UMSATZ (DM)
```

Dieser fixe Anteil orientiert sich an einer Plangröße und besagt, daß 20 % (VWTEF) der geplanten Umsatzhöhe als fixe Budgetzuwendungen eingehen. Der variable Anteil bestimmt sich rechnerisch ebenso, nur wird hier der durchschnittliche Umsatz, also die wirklich anfallende Umsatzhöhe zugrundegelegt.

Denn variabel heißt ja: Am tatsächlichen Umsatz orientiert. Der variable Anteil kann sich somit,anders als der fixe Anteil der Zuwendungen,wöchentlich ändern.

```
VWZUV.K=VWTEV*DUMS.K                                          123, A
    VWZUV  - VAR. TEIL ZUTEILUNG VERWALT.BUDGET (DM/WOCHE)
    VWTEV  - VAR. ANTEIL ZUTEILUNGSFAKTOR (DIMLOS)
    DUMS   - DURCHSCHNITTL. UMSATZ (DM/WOCHE)
```

Der Prozentanteil (VWTEV), der in die Zuwendungen eingeht, umfaßt hier nur 5 % also ein Viertel der fixen Zuwendungen. Hier liegt die Oberlegung zugrunde, daß die Verwaltung auch dann voll weiter finanziert werden muß, wenn weniger produziert wird. Mit anderen Worten, hat der Verwaltungsapparat eine bestimmte "Basisgröße" erreicht, besitzt die Höhe des Umsatzes nur geringen Einfluß auf seine Größe.
Die Abflußrate bestimmt sich aus Gehalt und Sonstige Aufwendungen.

```
VWBUAB.KL=GEHAF.K+SOAUF.K+SOAUFV.K                            124, R
    VWBUAB - ABGANG VERWALTUNGSBUDGET (DM/WOCHE)
    GEHAF  - GEHALT VERWALTUNG (DM/WOCHE)
    SOAUF  - UMSATZUNABH. SONSTIGE AUFWENDUNGEN (DM/WOCHE)
    SOAUFV - UMSATZABH. SONSTIGE AUFWENDUNGEN (DM/WOCHE)
```

Der erste Summand betrifft die Gehälter. Diese sind Ausgaben und setzen sich aus der Multiplikation eines (durchschnittlichen) Gehaltes von 600 DM/Woche (31.200 DM/Jahr - 2.600 DM/Monat) mit der Anzahl der in der Verwaltung beschäftigten Personen (77) zusammen.

```
GEHAF.K=ANGES*GEHN                                            125, A
    GEHAF  - GEHALT VERWALTUNG (DM/WOCHE)
    ANGES  - ZAHL DER ANGESTELLTEN (MANN)
    GEHN   - GEHALTSNIVEAU (DM/(WOCHE*MANN))
```

Das (durchschnittliche) pro Woche auszuzahlende Gehalt beträgt somit 46.200 DM.

Die sonstigen, umsatzunabhängigen Aufwendungen SOAUF, also der fixe Teil, bestimmen sich aus einem Umlegungsfaktor, d.h. einem Anteil, den die Verwaltung an den vorhandenen Vermögenswerten besitzt. Er beträgt auf eine Woche bezogen 0.15 %. Die Vermögenswerte setzen sich aus bereits existierenden (GRUGE, MABAB) und im Bau befindlichen Anlagen (ANIBA) zusammen.

```
SOAUF.K=AUFVW*(ANIBA.K+GRUGE.K+MABAB.K)                    126, A
    SOAUF  - UMSATZUNABH. SONSTIGE AUFWENDUNGEN (DM/WOCHE)
    AUFVW  - AUFWANDSFAKTOR VERWALTUNGSANTEIL (1/WOCHE)
    ANIBA  - ANLAGEN IM BAU (DM)
    GRUGE  - GRUNDSTÜCKE UND GEBÄUDE (DM)
    MABAB  - MASCH. ANLAGEN BETRIEBS- U. GESCH.AUSSTATTUNG (DM)
```

Es wurde davon abgesehen, die Vermögensanteile der Verwaltung einzeln aufzuschlüsseln, d.h. es ist keine Aussage darüber vorhanden, wie die Verwaltungsanteile an Anlagen im Bau usw. im einzelnen sind. Die als umsatzunabhängig angesehenen Anteile werden addiert und pauschal umgelegt. Dazugehörende Kostengrößen bzw. Aufwandsgrößen wie Mieten, Energie und evtl. Pacht sind hiermit gemeint. Aufwendungen, wie z.B. Abschreibungen werden im folgenden Teilmodell berücksichtigt.

Die sonst umsatzabhängigen, d.h. variablen Aufwendungen orientieren sich am Umsatz UMS, also am tatsächlichen erwirtschafteten Erlös einer Woche. Bei der Verteilung der dazu notwendigen Aufwendungen entfallen auf die Verwaltung 0.8 %, etwa das 5-fache der fixen Aufwandsanteile.

```
SOAUFV.K=UMS.K*AUFAN                                       127, A
    SOAUFV - UMSATZABH. SONSTIGE AUFWENDUNGEN (DM/WOCHE)
    UMS    - UMSATZ (DM/WOCHE)
    AUFAN  - AUFWANDSANTEIL AM UMSATZ (DIMLOS)
```

```
WMABA.K=WMABA.J+DT* (WINVR.JK-WABSR.JK)                    128, L
WMABA=WMABAN                                               128.1, N
    WMABA  - VERWALTUNG ANLAGEN (DM)
    DT     - INTEGRATIONSSCHRITTWEITE (WOCHE)
    WINVR  - VERWALTUNG INVESTITIONSRATE (DM/WOCHE)
    WABSR  - ABSCHREIBUNGSRATE VERW.ANLAGEN (DM/WOCHE)
    WMABAN - ANFANGSWERT VERWALTUNG ANLAGEN (DM)

WINVR.KL=WINVRH.K                                          129, R
    WINVR  - VERWALTUNG INVESTITIONSRATE (DM/WOCHE)
    WINVRH - VERWALTUNG INVESTITIONSRATE HILFSGRÖSSE (DM/WOCHE)

WINVRH.K=PMABA.K*WIFAKT                                    130, A
    WINVRH - VERWALTUNG INVESTITIONSRATE HILFSGRÖSSE (DM/WOCHE)
    PMABA  - ANLAGEN PRODUKTION (DM)
    WIFAKT - VERWALTUNG INVESTITIONSFAKTOR (1/WOCHE)
```

Die Größe des Verwaltungsapparates orientiert sich auch hier an den betrieblichen Daten der Produktion. Bei den Budgetzuwendungen war es der Umsatz, bei den Anlageinvestitionen der Umfang der Produktionsanlagen. Auf eine Woche bezogen werden also 0.13 % des Produktionsanlagenumfangs investiert. Dies entspricht einer jährlichen Zuteilung von 6.76 %.

Es wird davon ausgegangen, daß bei einer Vergrößerung der Produktionsanlagen auch ein höherer Verwaltungsaufwand erforderlich wird. Andererseits wird bei schrumpfendem Anlagenbestand auf jeden Fall 0.13 % in die Verwaltung investiert, weil der wohl geringer werdende, aber verbleibende Anlagenbestand einen gewissen Verwaltungsaufwand erfordert. In diesen 0.13 % sind auch diejenigen Investitionen berücksichtigt, die notwendig sind, um den durch Abschreibungen ausfallenden Bestand zu erneuern (Reinvestitionen = Ersatzinvestitionen).

```
WABSR.KL=WABSRH.K                                                131, R
    WABSR  - ABSCHREIBUNGSRATE VERW.ANLAGEN (DM/WOCHE)
    WABSRH - ABSCHREIBUNGSRATE VERW.ANLAGEN HILFSGRÖSSE
             (DM/WOCHE)
```

```
WABSRH.K=DWMABA.K*WABSA                                          132, A
    WABSRH - ABSCHREIBUNGSRATE VERW.ANLAGEN HILFSGRÖSSE
             (DM/WOCHE)
    DWMABA - DURCHSCHN. VERWALTUNGSBETRIEBSAUSSTATTUNG (DM)
    WABSA  - VERWALTUNG ABSCHREIBUNGSSATZ (1/WOCHE)
```

Wöchentlich werden 0.32 % der über einen Zeitraum von 50 Wochen exponentiell geglätteten Anlagenbestände der Verwaltung (DWMABA) abgeschrieben. Dies entspricht einem jährlichen Abschreibungssatz von 16.64 % bzw. einer durchschnittlichen Nutzungsdauer von 6 Jahren.

```
DWMABA.K=SMOONO(WMABA.K,WMT)                                     133, A
    DWMABA - DURCHSCHNT. VERWALTUNGSBETRIEBSAUSSTATTUNG (DM)
    SMOONO - EXP. GLÄTTUNG 1. ORDNUNG
    WMABA  - VERWALTUNG ANLAGEN (DM)
    WMT    - VERWALTUNGSANLAGEN MITTELWERTBILDUNG (WOCHE)
```

Rechnerisch bleibt der Anlagenbestand der Verwaltung ausgeglichen, wenn dieser über 50 Wochen geglättete Bestand etwa 40 % des Anlagenbestands der Produktion umfaßt.

F4 Forschung und Entwicklung

```
FEBUD.K=FEBUD.J+DT*(FEBUZU.JK-FEBUAB.JK)                         134, L
FEBUD=FEBUDA                                                     134.1, N
    FEBUD  - FORSCHUNGS-U.ENTWICKLUNGSBUDGET (DM)
    DT     - INTEGRATIONSSCHRITTWEITE (WOCHE)
    FEBUZU - ZUWENDUNGEN FORSCH.U.ENTWICKLUNG (DM/WOCHE)
    FEBUAB - AUSGABEN FORSCHUNG U. ENTWICKLUNG (DM/WOCHE)
    FEBUDA - ANFANGSWERT FEBUD (DM)
```

```
FEBUZU.KL=FETEL*PLUMS                                             135, R
    FEBUZU - ZUWENDUNGEN FORSCH. U. ENTWICKLUNG (DM/WOCHE)
    FETEL  - ANTEIL ZUWEISUNGEN ZU FORSCH. U. ENTWICKLUNG (1/WOCHE)
    PLUMS  - GEPLANTER UMSATZ (DM)
```

Der Forschung und Entwicklung fließen somit pro Woche 2 % des für diesen Zeitraum geplanten Umsatzes zu. Die gesamten Zuwendungen entwickeln sich also proportional zum Umsatz.

Die Abflußrate FEBUAB wird wie folgt bestimmt:

```
FEBUAB.KL=FEGEH.K+FESOAU.K                                        136, R
    FEBUAB - AUSGABEN FORSCHUNG UND ENTWICKLUNG (DM/WOCHE)
    FEGEH  - GEHALT FORSCHUNG UND ENTWICKLUNG (DM)
    FESOAU - SONST. AUFWEND. FORSCHUNG UND ENTWICKLUNG
             (DM/WOCHE)

FEGEH.K=GEHNW*WISS                                                137, A
    FEGEH  - GEHALT FORSCHUNG UND ENTWICKLUNG (DM)
    GEHNW  - GEHALTSNIVEAU WISSENSCHAFTLER (DM/(WOCHE*MANN))
    WISS   - ANZAHL WISSENSCHAFTLER (MANN)
```

Der zweite, das Forschungs- und Entwicklungsbudget belastende Faktor wird folgendermaßen definiert:

```
FESOAU.K=FEAN*MABAB.K                                             138, A
    FESOAU - SONST. AUFWEND. FORSCHUNG UND ENTWICKLUNG
             (DM/WOCHE)
    FEAN   - FORSCH.U.ENTWICKLUNG AUSSTATTUNG AN AUSGABEN (1/WOCHE)
    MABAB  - MASCH. ANLAGEN BETRIEBS-U.GESCH.AUSSTATTUNG (DM)
```

Hier wird ausgedrück, daß Forschung und Entwicklung einen Teil (3 %) der gesamten Aufwendungen für Maschinelle Anlagen, Betriebs- und Geschäftsausstattung zu tragen hat.

F5 Beschaffung

BEBUD.K=BEBUD.J+DT*(BEZU.JK-BEAB.JK) 139, L

BEBUD=BEBUDA 139.1, N

- BEBUD - BESCHAFFUNGSBUDGET (DM)
- DT - INTEGRATIONSSCHRITTWEITE (WOCHE)
- BEZU - ZUWENDUNGEN ZUM BESCHAFFUNGSBUDGET (DM/WOCHE)
- BEAB - AUSGABEN BESCHAFFUNG (DM/WOCHE)
- BEBUDA - ANFANGSBESTAND BESCHAFFUNGSBUDGET (DM)

Die Zuflußrate BEZU setzt sich additiv aus einem fixen und einem variablen Anteil zusammen:

BEZU.KL=BEZUF.K+BEZUV.K 140, R

- BEZU - ZUWENDUNGEN ZUM BESCHAFFUNGSBUDGET (DM/WOCHE)
- BEZUF - FIXER ANTEIL AN BESCHAFFUNGSBUDGETZUWENDUNGEN (DM/WOCHE)
- BEZUV - VARIABLER ANTEIL AN BESCHAFFUNGSBUDGETZUWENDUNGEN (DM/WOCHE)

Wobei sich der fixe (umsatzunabhängige) und der variable (umsatzabhängige) Anteil wie folgt bestimmen:

BEZUF.K=EAR.K*FM+BEANT*PLUMS 141, A

- BEZUF - FIXER ANTEIL AN BESCHAFFUNGSBUDGETZUWENDUNGEN (DM/WOCHE)
- EAR - ERWARTETE AUFTRAGSEINGANGSRATE (STÜCK/WOCHE)
- FM - FERTIGUNGSMATERIAL STANDARDKOSTEN (DM/STÜCK)
- BEANT - UMSATZANTEIL BESCHAFFUNGSBUDGET OHNE MATERIALKOSTEN (1/WOCHE)
- PLUMS - GEPLANTER UMSATZ (DM)

BEZUV.K=PR.K*FM+BEANT*PLUMS 142, A

BEZUV - VARIABLER ANTEIL AN BESCHAFFUNGSBUDGETZUWENDUNGEN (DM/WOCHE)
PR - PRODUKTIONSRATE (STÜCK/WOCHE)
FM - FERTIGUNGSMATERIAL STANDARDKOSTEN (DM/STÜCK)
BEANT - UMSATZANTEIL BESCHAFFUNGSBUDGET OHNE MATERIALKOSTEN (1/WOCHE)
PLUMS - GEPLANTER UMSATZ (DM)

Sie unterscheiden sich somit nur darin, daß der fixe Teil sich an einer Plangröße (EAR) orientiert, während der variable Anteil an einer Realgröße (PR) gemessen wird. Diese Ausrichtung an Plan- bzw. Realgrößen bei der Bestimmung fixer bzw. variabler Anteile zieht sich durch das ganze bisher betrachtete Modell.

Dieses Verhalten unterstreicht die Bedeutung einer genauen Absatzplanung, wenn das Lager kapitalkostensparend verwaltet werden soll.

Der die Zuwendungsanteile bestimmende Umsatzanteilsfaktor BEANT (0.3 %) beinhaltet keine Materialkosten, da diese durch FM bereits abgedeckt werden.

Die Abflußrate BEAB setzt sich additiv aus den Lagerkosten LAKOS und dem Einkaufswert EWERT der für die Produktion notwendigen Materialien zusammen:

BEAB.KL=LAKOS.K+EWERT.K 143, R

BEAB - AUSGABEN BESCHAFFUNG (DM/WOCHE)
LAKOS - LAGERKOSTEN KAPITALBINDUNG (DM/WOCHE)
EWERT - EINKAUFSWERT (DM/WOCHE)

LAKOS.K=ZINSLA*LAWERT.K 144, A

LAKOS - LAGERKOSTEN KAPITALBINDUNG (DM/WOCHE)
ZINSLA - KAPITALZINS BANKÜBL. F. LAGERKOSTEN (1/WOCHE)
LAWERT - WERT DES MATERIALBESTANDES (DM)

LAWERT.K=FMKOS.K*MALA.K 145, A

LAWERT - WERT DES MATERIALLAGERBESTANDS (DM)
FMKOS - FERTIGUNGSMATERIALWERT REAL (DM/STÜCK)
MALA - ROHMATERIALLAGERBESTAND (STÜCK)

Die Lagerkosten betreffen nur das im Lagerbestand gebundene Kapital. Dies wird durch den "banküblichen" Zinsfaktor ZINSLA ausgedrückt. Die wöchentliche Kapitalbindung beträgt also 10 % des mit dem tatsächlichen Materialwert bewerteten Rohmateriallagerbestandes. Mit der Kapitalbindung wird der Zinsverlust quantifiziert, der dadurch entsteht, daß Finanzmittel in Rohstoffe gebunden und nicht zinswirksam angelegt werden oder Fremdkapital dafür aufgewendet werden muß.

EWERT.K=FMKOS.K*EINRA.K/DT 146, A

EWERT - EINKAUFSWERT (DM/WOCHE)
FMKOS - FERTIGUNGSMATERIALWERT REAL (DM/STÜCK)
EINRA - EINKAUFSRATE (STÜCK)
DT - INTEGRATIONSSCHRITTWEITE (WOCHE)

Der Einkaufwert ergibt sich somit aus der mit den tatsächlichen Materialkosten bewerteten Einkaufsmenge einer Woche.

F6 Physisches Teilmodell - Lagerhaltung

Während es bei den meisten Positionen der Bilanz ebenso wie bei denen des Funktionsmodells nur auf die geldmäßige Bewertung ankam und darauf verzichtet werden konnte, das physikalische Geschehen exakt zu modellieren, werden die materiellen Vorgänge bei der Lagerhaltung und bei den Gebäuden durch gesonderte Gleichungen beschrieben.

MALA.K=MALA.J+DT*((EINRA.J/DT)-MANAM.J) 134, L

MALA - ROHMATERIALLAGERBESTAND (STÜCK)
EINRA - EINKAUFSRATE (STÜCK)
MANAM - MATERIALENTNAHME (STÜCK/WOCHE)

Die Zuflußrate EINRA ist durch eine Impulsfunktion bestimmt:

```
EINRA.K=PULSE(EMENG.K,1.,EZ)                          135, R
    EINRA - EINKAUFSRATE (STOCK)
    EMENG - EINKAUFSMENGE (STOCK)
    EZ    - EINKAUFSZEIT (WOCHE), C = 4
```

Hier bezeichnet EMENG die Höhe des Impulses, 1 den Zeitpunkt des ersten Impulses, EZ den zeitlichen Abstand, der zwischen den Impulsen liegt.
Somit wird ab der ersten Woche alle vier Wochen die Menge EMENG eingekauft.

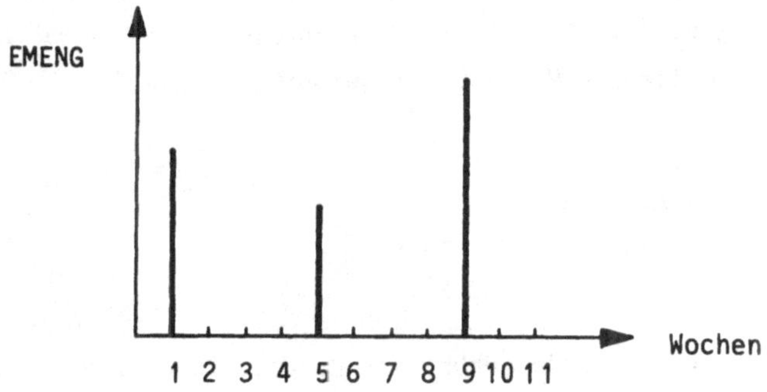

Abb. 4.45: Impulsförmige Einkaufsrate

EINRA wird in der Gleichung 134 durch DT dividiert. Dadurch soll der Flußcharakter also die Zeitraumbezogenheit der Rate unterstrichen werden. Denn per definitionem ist EINRA eine Zeitpunktgröße, die alle 4 Wochen (EZ) in Höhe von EMENG auftritt.

Das Beispiel zeigt eine typische Anwendung für diskrete Sachverhalte.

Da der Einkauf von Rohmaterial bei realitätsgetreuer Abbildung kein kontinuierlicher Fluß mehr ist, sondern eine zuvor berechnete optimale Bestellmenge eingekauft wird, muß an dieser Stelle auch von der kontinuierlichen Simulation abgewichen werden. Simulationstechnisch wird dieser Umstand durch die Division der Rate durch ΔT berücksichtigt. Das ergibt sich aus dem abgebildeten Zeitausschnitt der Simulation.

Im Normalfall gilt die Gleichung:

MALA.NEU = MALA.ALT + ΔT * EINRA
MALA - Materiallagerbestand (Stück)
EINRA - Einkaufsrate (Stück/Woche)

Dies gilt jedoch nur für den kontinuierlichen Fall, für den sich die Rate in genügend kleinen Zeitscheiben beschreiben läßt. Wird zum Zeitpunkt t_o einmalig die Menge E_o eingekauft, so muß die Gleichung wie folgt lauten:

MALA.NEU = MALA.ALT + EINRA
MALA - Materialbestand (Stück)
EINRA - Einkaufsrate (Stück)

Der einmalige Einkaufsimpuls erhöht den Lagerbestand um die entsprechende Menge. In den Gleichungen muß daher EINRA durch DT dividiert werden, um den Wochenbezug wieder herzustellen.

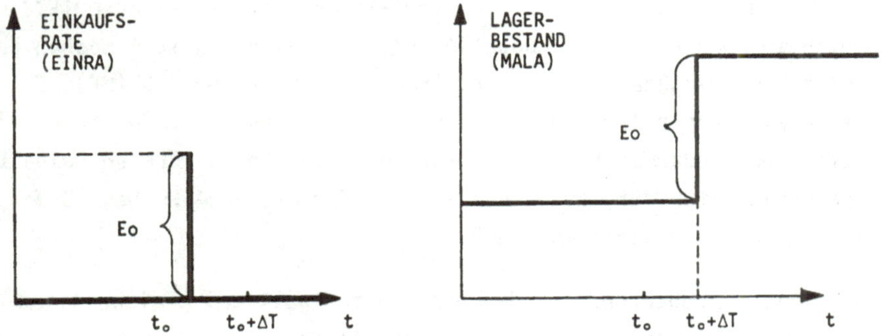

Abb. 4.46: Verlauf der Rate und des Levels bei diskreten Vorgängen

Diskrete und kontinuierliche Simulation können also durchaus in ein und demselben Simulationsmodell verwendet werden. Ähnliche Probleme treten bei Zahlungseingängen, Gewinnauszahlung, Lohnzahlungen und Steuerterminen auf.

Die Einkaufsmenge EMENG wiederum bestimmt sich aus folgenden Gleichungen:

EMENG.K=PPR.K*EZ*MF 149, A

EMENG - EINKAUFSMENGE (STÜCK)
PPR - GEPLANTE PRODUKTIONSRATE (STÜCK/WOCHE)
EZ - EINKAUFZEIT (WOCHE)
MF - MENGENFAKTOR STÜCK/PRODUKTION (DIMLOS)

PPR.K=WFAKT*EAR.K 150, A

PPR - GEPLANTE PRODUKTIONSRATE (STÜCK/WOCHE)
WFAKT - WOCHENFAKTOR (DIMLOS)
EAR - ERWARTETE AUFTRANGSEINGANGSRATE (STÜCK/WOCHE)

Die Höhe des einzukaufenden Rohmaterials beträgt das 4-fache (EZ) der geplanten wöchentlichen Produktionsrate, da ja nur alle 4 Wochen bestellt bzw. eingekauft wird, erweitert um den Faktor 1.3 (MF). Es werden also immer 130 % des 4-Wochen-Bedarfs beschafft, um eventuelle Liefer- und Bedarfsschwankungen auffangen zu können. Treten keine Unregelmäßigkeiten auf, so liegen am Ende der ersten 4 Wochen 30 % eines 4-Wochen-Bedarfs an Lager.

Dies trifft jedoch nur auf den günstigsten Fall bei gleichmäßigem Bedarf und zuverlässigen Lieferanten zu. In der Realität muß aber von Schwankungen ausgegangen werden.

Ähnliches gilt für die Höhe der geplanten Produktionsrate (PPR). Der Wochenfaktor drückt aus, daß pro Woche 20 % des Produktionsoutputs auf Lager produziert werden, falls die geplante Produktionsrate exakt der tatsächlichen entspricht. Somit kommt auch hier ein Sicherheitsdenken zum Ausdruck.

Rohmaterial wird mit 30 % Sicherheitsbestand und Fertigerzeugnisse mit 20 % Sicherheitsbestand geführt.

Die Abflußrate MANAM richtet sich nach der tatsächlichen Produktionsrate:

```
MANAM.KL=PR.K                                          151, R
    MANAM  - MATERIALENTNAHME (STÜCK/WOCHE)
    PR     - PRODUKTIONSRATE (STÜCK/WOCHE)
```

Es wird genau das an Rohmaterial vom Rohstofflager entnommen, was zur Produktion benötigt wird. Ausschuß bei der Produktion wird hier nicht berücksichtigt. Dadurch kann es geschehen, daß mehr Rohmaterial entnommen werden muß, als in die Endprodukte eingeht.

F7 Physisches Teilmodell - Anlagen und Gebäude

GRUGE.K=GRUGE.J+DT*(BZR.JK-BAUAB.JK) 155, L

GRUGE=GRUGA 115.1, N

GRUGE - GRUNDSTÜCKE UND GEBÄUDE (DM)
DT - INTEGRATIONSSCHRITTWEITE (WOCHE)
BZR - BAUFERTIGSTELLUNGSRATE (DM/WOCHE)
BAUAB - BAUABSCHREIBUNGEN (DM/WOCHE)
GRUGA - ANFANGSBESTAND GRUNDSTÜCKE UND GEBÄUDE (DM)

Die Baufertigstellungsrate ergibt sich aus einer exponentiellen Glättung 3. Ordnung der Baurate über einen Zeitraum von BZ = 50 Wochen. Damit soll ausgedrückt werden, daß eine kontinuierliche Wertsteigerung der Bauobjekte stattfindet bis das Gebäude fertiggestellt ist. Die Berechnung erfolgt bei den Aktiva "Anlagen im Bau".

Die Baurate wiederum setzt sich aus folgendem Produkt zusammen:

BAURA.K=PBAURA.K*(EABA.K+1) 139, A

BAURA - BAURATE (DM/WOCHE)
PBAURA - GEPLANTE BAURATE (DM/WOCHE)
EABA - EINFLUSS DER UMSATZBERECHNUNG AUF INVESTITIONEN

Der erste Faktor PBAURA bestimmt sich aus der Summe der Vertriebs-, Produktions- und Verwaltungsinvestitionsquote, multipliziert mit der Summe der Vertriebs- (10 %), Produktions- (36 %) und Verwaltungsanteile (29 %) an den Grundstücken und Gebäuden zusammen (Summe 75 %).

```
PBAURA.K=(VINVQUH.K+PINQUH.K+WINVRH.K)*(VGT+PGT+VWGT)          159, A
    PBAURA  - GEPLANTE BAURATE (DM/WOCHE)
    VINVQUH - VERTRIEB INVESTITIONSQUOTE HILFSGRÖSSE (DM/WOCHE)
    PINQUH  - PRODUKTIONSINVESTITIONSQUOTE HILFSGRÖSSE (DM/WOCHE)
    WINVRH  - VERWALTUNG INVESTITIONSRATE HILFSGRÖSSE (DM/WOCHE)
    VGT     - ANTEIL GRUNDSTÜCKE UND GEBÄUDE VERTRIEB (DIMLOS)
    PGT     - ANTEIL GRUNDSTÜCKE UND GEBÄUDE PRODUKTION (DIMLOS)
    VWGT    - ANTEIL GRUNDSTÜCKE UND GEBÄUDE VERWALTUNG (DIMLOS)
```

D.h., 75 % der gesamten Investitionsquoten werden für Anlagen und Gebäude verwendet.

Folgendes ist zu unterscheiden:

- Die Anteile VGT, PGT und VWGT sagen aus, daß 10 % bzw. 36 % bzw. 20 % der vorhandenen Anlagen und Gebäude auf Vertrieb, Produktion und Verwaltung entfallen (vgl. Abb. 4.3).

- Die Summe der Anteile (75 %) sagt aus, daß jeweils dreiviertel der einzelnen Investitionsbudgets für Anlagen und Gebäude aufgewendet werden.

Damit sind alle Teile, Gütermodell, Finanzmodell und das diese verbindende Funktionsmodell durch Gleichungen beschrieben.

Die Reihenfolge der Gleichungsanordnung spielt dabei keine Rolle, da ja zunächst lediglich die Zusammenhänge im Modell beschrieben werden. Durch das Simulationssystem "DYNAMO" werden die Gleichungen automatisch in die richtige Reihenfolge geordnet.

Die Anfangswerte der Level sowie die Parameter werden aus der Datenbank, wo sie getrennt vom Simulationssystem verwaltet werden, eingelesen.

Durch die Ausführung der Simulation werden zu jedem Zeitpunkt sämtliche Werte berechnet und je nach Angabe, die entsprechenden Ergebnisse in ihrem Zeitverlauf ausgedruckt bzw. geplottet.

4.2.5 Diskussion der Ergebnisse

Zur Diskussion der Ergebnisse sollte man sich zunächst nochmals vor Augen führen, daß das Modell das Verhalten des betrieblichen Systems zu erklären versucht [1)] und insofern als Prognosemodell zu bezeichnen ist, als die Zeit explizit in das Annahmesystem aufgenommen ist. Es ist jedoch nicht daran gedacht, das Modell zur Vorhersage der Zukunft im Sinne eines Horoskops zu verwenden, sondern es geht lediglich darum, Zusammenhänge, die im einzelnen als "richtig" anerkannt sind oder die sogar fest gegeben sind, als Ganzes zu erfassen und die Auswirkungen beliebiger Ereignisse oder Maßnahmen auf das System quantitativ zu untersuchen. Diese Auffassung, die zur Pragmatik der Modellbildung gerechnet werden muß, ist für die Beurteilung der Ergebnisse von entscheidender Bedeutung.

Nach Ansicht Forresters dienen die Modellergebnisse lediglich dazu, Einsicht in das Verhalten des Systems zu erhalten. Bei der Verwertung quantitativer Ergebnisse ist allerdings zu beachten, daß sie darauf basieren, daß die Hypothesen, Entscheidungsregeln und die sonstigen logisch analytischen Zusammenhänge während der Beobachtungszeit gleichbleiben.

Dies ist eine Annahme, die in der Praxis nicht zu erwarten ist. Trotzdem bietet dieses Vorgehen dem Modellbenutzer eine wertvolle Entscheidungshilfe, da die wesentlichen Zusammenhänge und Rückkopplungen aufgrund des jeweils bestehenden geistigen Modells formalisiert sind und so das System als Rechenhilfe benutzt werden kann.

Zu Testzwecken sollen hier die Auswirkungen plötzlicher Nachfrageschwankungen untersucht werden, wozu die Leitfrage "was passiert mit den einzelnen Größen, wenn z.B. der Auftragseingang plötzlich sprunghaft ansteigt", dient.

---

1) In diesem Sinn handelt es sich um ein 'Erklärungsmodell'.

Zur Untersuchung dieser Frage wird dem Auftragseingang eine Testfunktion überlagert, die in dem beschriebenen Fall eine Sprungfunktion ist.

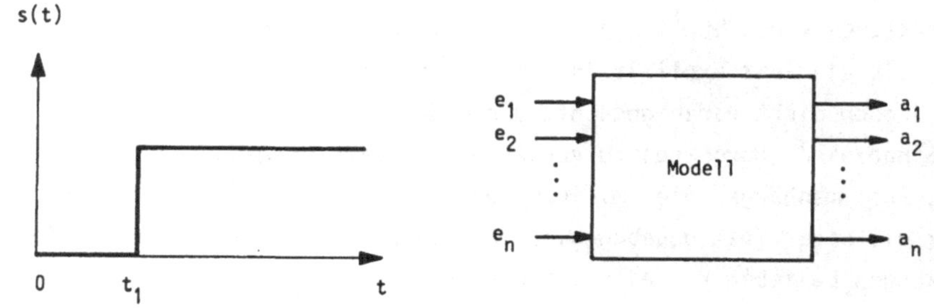

Abb. 4.47: Anwendung der Sprungfunktion zur Behandlung des Analyseproblems [1]

Diese Vorgehensweise entspricht der Methode, wie sie aus der Regelungstechnik bekannt ist. Von den drei regelungstechnischen Grundproblemen (vgl. [SCHI72], S. 95 ff)

- o Analyseproblem
- o Syntheseproblem
- o Meßinstrumentenproblem

liegt also hier das Analyseproblem vor, bei dem die Charakteristiken des Systems, d.h. z.B. die Reaktion der Ausgangssignale auf angenommene Eingangssignale untersucht werden.

Eingangsgrößen sind dabei alle auf das Modell von außen aufgeprägten Signale, während als Ausgangsgrößen prinzipiell alle meßbaren Größen (Ausgabe mittels eines Ausgabestatements) angesehen werden können.

Bevor das Modell jedoch zur eigentlichen Anwendung benutzt werden kann, müssen noch verschiedene modellierungstechnische Verfahren angewendet werden, um sicherzugehen, daß das Modell eine "vernünftige"

1) Z.B. wird im Modell der Auftragseingang plötzlich erhöht.

Abbildung der wirklichen Verhältnisse ist. Das erste Problem ist dabei die songenannte Kalibrierung, d.h. die Einstellung noch freier Parameterwerte, die nicht direkt meßbar sind, durch Vergleich der simulierten Ergebnisse mit den in der Realität vorliegenden historischen Daten.

Bis zu einer gewissen Anzahl von Gleichungen kann dieses Problem noch "von Hand" bewältigt werden, indem verschiedene Werte wiederholt "durchprobiert" werden (trial and error), bis die Ergebnisse dem entsprechen, was auch die Anschauung und die Erfahrung über das Unternehmen lehrt. Dieser Vorgang soll Grundkalibrierung genannt werden. Bei der vorliegenden Komplexität des Modells muß diese erste Anpassung des Modells jedoch durch weitere automatisierte Kalibrierungsverfahren systematisch verbessert werden. Die Entwicklung solcher Verfahren als benutzerorientierte Instrumente zum Modellhandling wird Gegenstand weiterer vertiefter Forschung sein. Dabei werden auch Methoden der künstlichen Intelligenz herangezogen, um die Vorgehensweise des Menschen, wie sie bei wenig Gleichungen möglich ist, auch auf eine größere Anzahl von Gleichungen zu übertragen.

Die folgenden Ergebnisse stellen die Ausgabegrößen nach der Grundkalibrierung dar. Zunächst wurde nur der Güterkreislauf untersucht, wobei das Hauptaugenmerk auf der Auftragsentwicklung, dem Lagerbestand und den Teilaufträgen lag. Für die Sprunghöhen 0.25, 0.5 und 1.0 mal Auftragseingang sind die Ergebnisse in den Abbildungen 4.49 bis 4.52 zusammengestellt.

Da der Auftragseingang durch zufällige Ereignisse in einem gewissen Umfang streut, wurde dem Eingangssignal in Abb. 4.52 noch ein stochastisches Signal mit Gauss'scher Normalverteilung überlagert. Dabei zeigt sich zwar quantitativ eine Veränderung, qualitativ bleibt das Verhalten erwartungsgemäß unverändert. Bei der Grundkalibrierung zeigte sich ein wesentlicher Vorteil der problemorientierten Modellbildung. Die Ursache von Fehlentwicklungen einer Größe, z.B. sinkende Auftragseingänge, mußte nicht mühsam durch Rückverfolgung aller

Gleichungen geklärt werden, sondern konnte vom Problem her, also vom Standpunkt des Benutzers, der zur Steigerung des Auftragseingangs seine Marketinginstrumente kennt, analysiert und auf diese Weise sehr schnell lokalisiert werden. Dazu können die Gedankengänge eines Vertriebsleiters nachvollzogen werden. Für das obige Beispiel bedeutet dies, daß bei sinkendem Auftragseingang eine Erhöhung der Marktanstrengung zur Verbesserung des Auftragseingangs führen muß, falls die Abstimmung mit der Produktion richtig ist. Wird dieses Ergebnis nicht erzielt, liegt ein Strukturfehler vor. Nach ca. 10 Simulationsläufen zeigte das Gütermodell zufriedenstellende Ergebnisse, die allen Plausibilitätsüberlegungen genügten (vgl. Abb. 4.48).

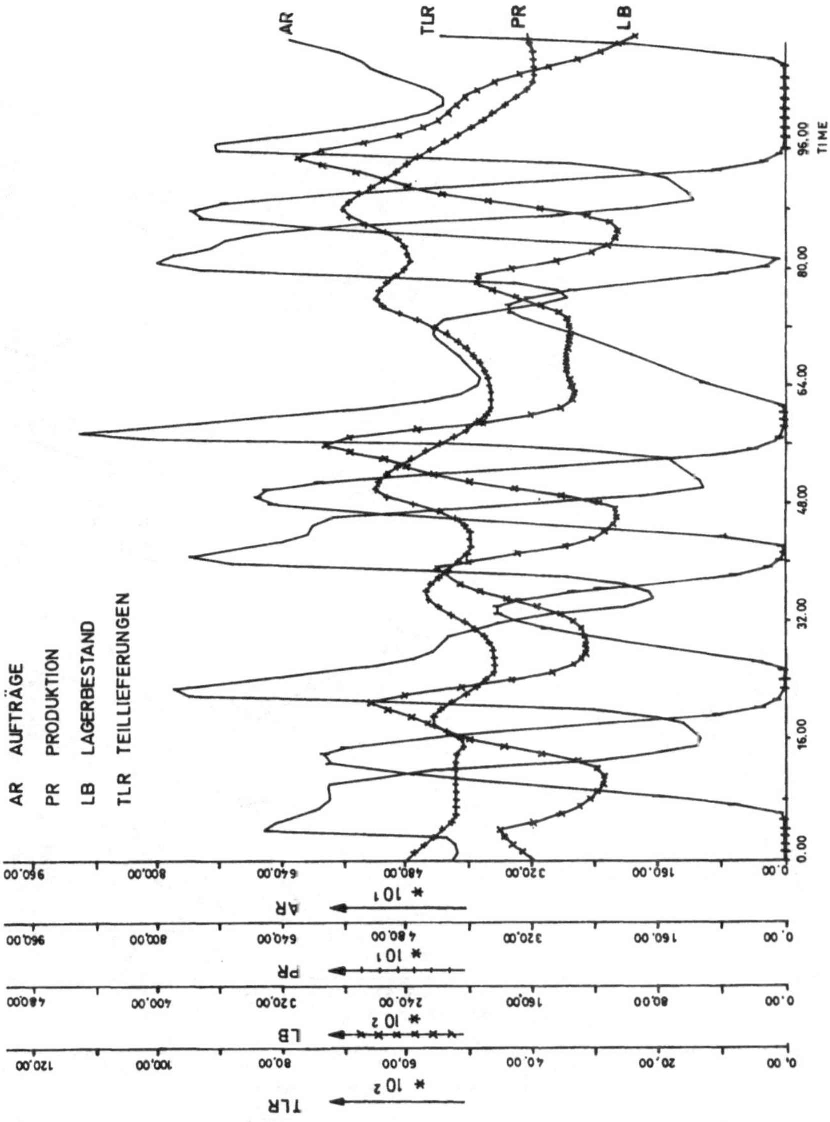

Abb. 4.48: Simulationsergebnisse aus dem Gütermodellbereich (Gesamtsystem)

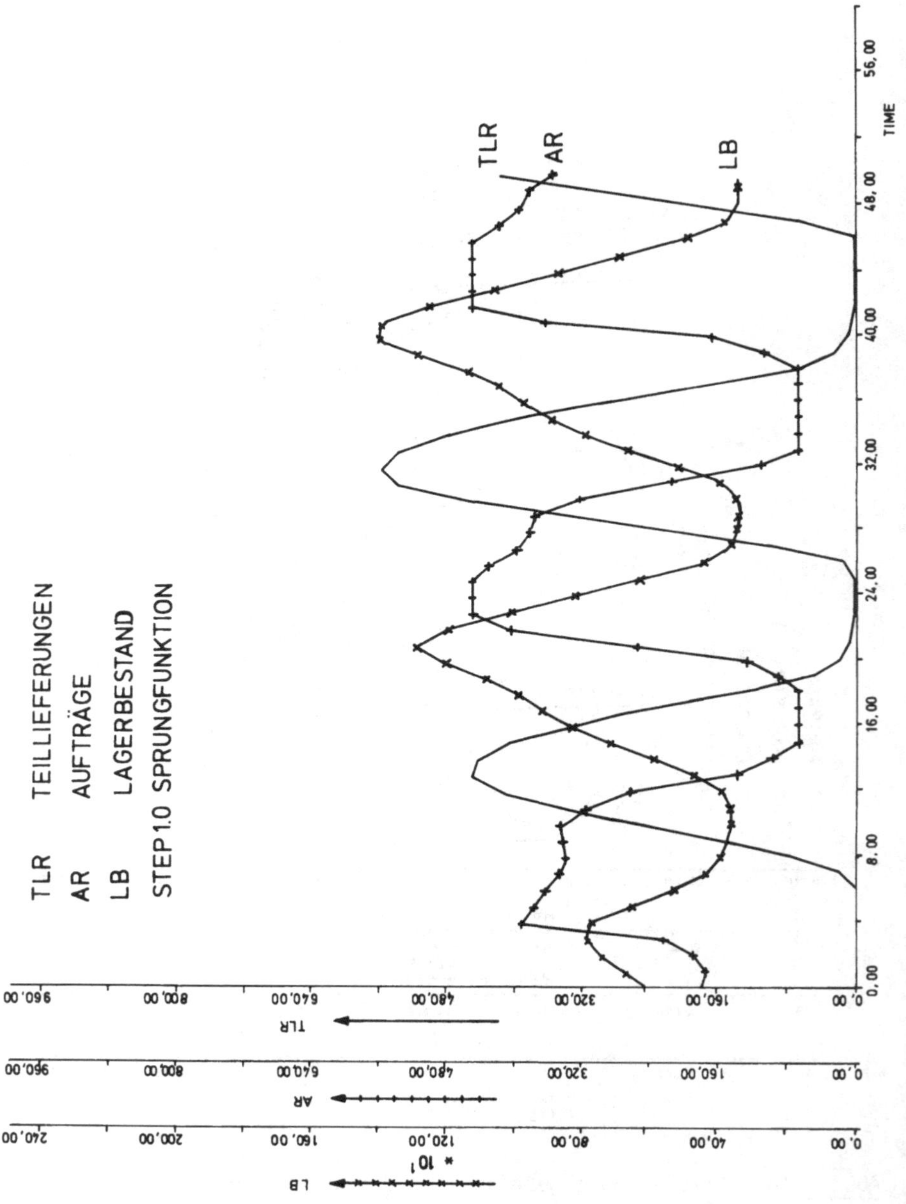

Abb. 4.49: Ergebnisse des Gütermodells bei plötzlicher Erhöhung des Auftragseingangs um 100 %

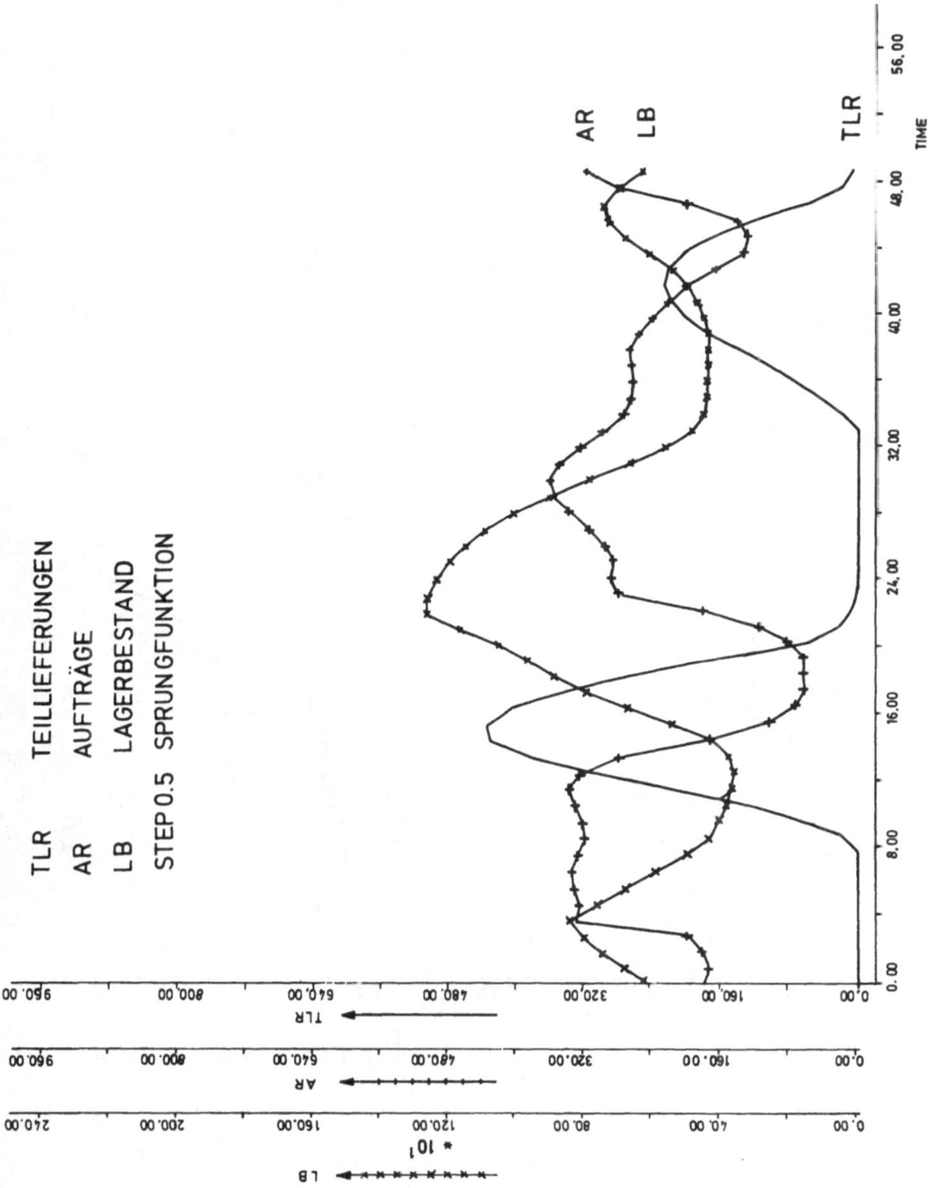

Abb. 4.50: Ergebnisse des Gütermodells bei plötzlicher Erhöhung des Auftragseinganges um 50 %

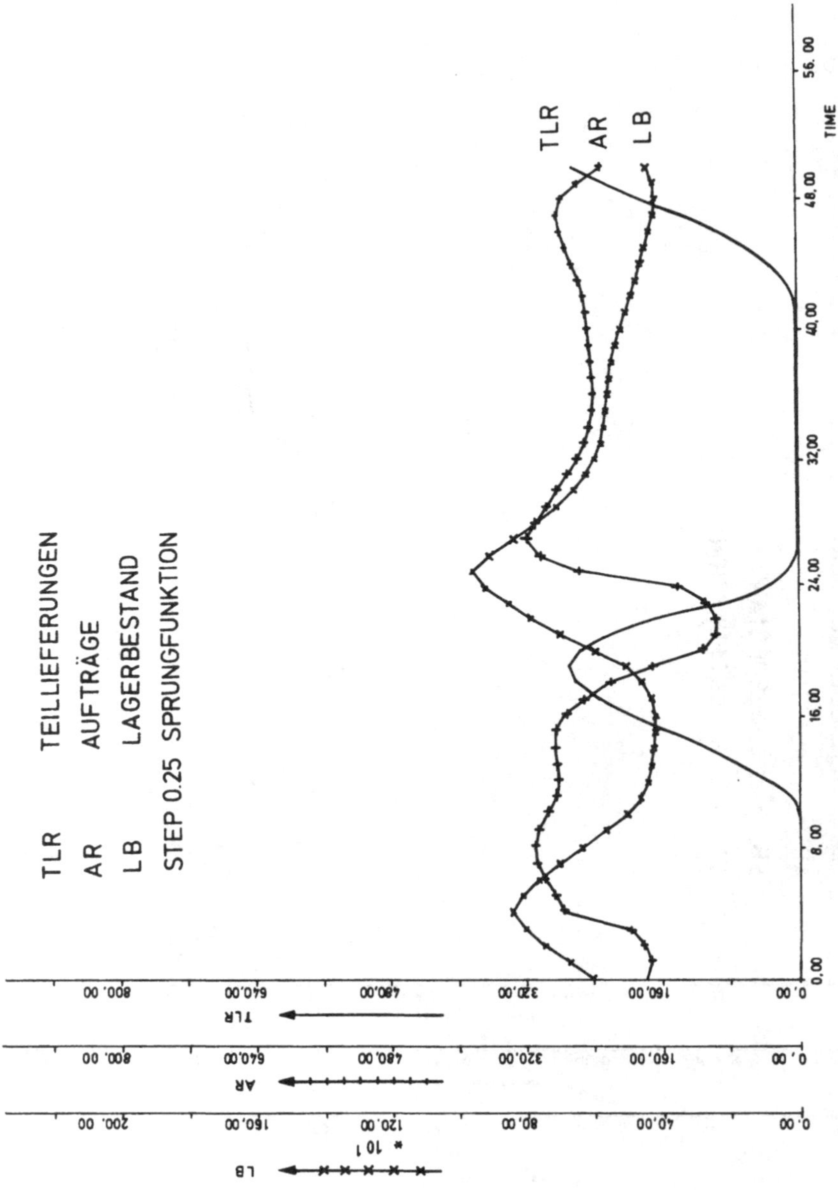

Abb. 4.51: Ergebnisse des Gütermodells bei plötzlicher Erhöhung des Auftragseingangs um 25 %

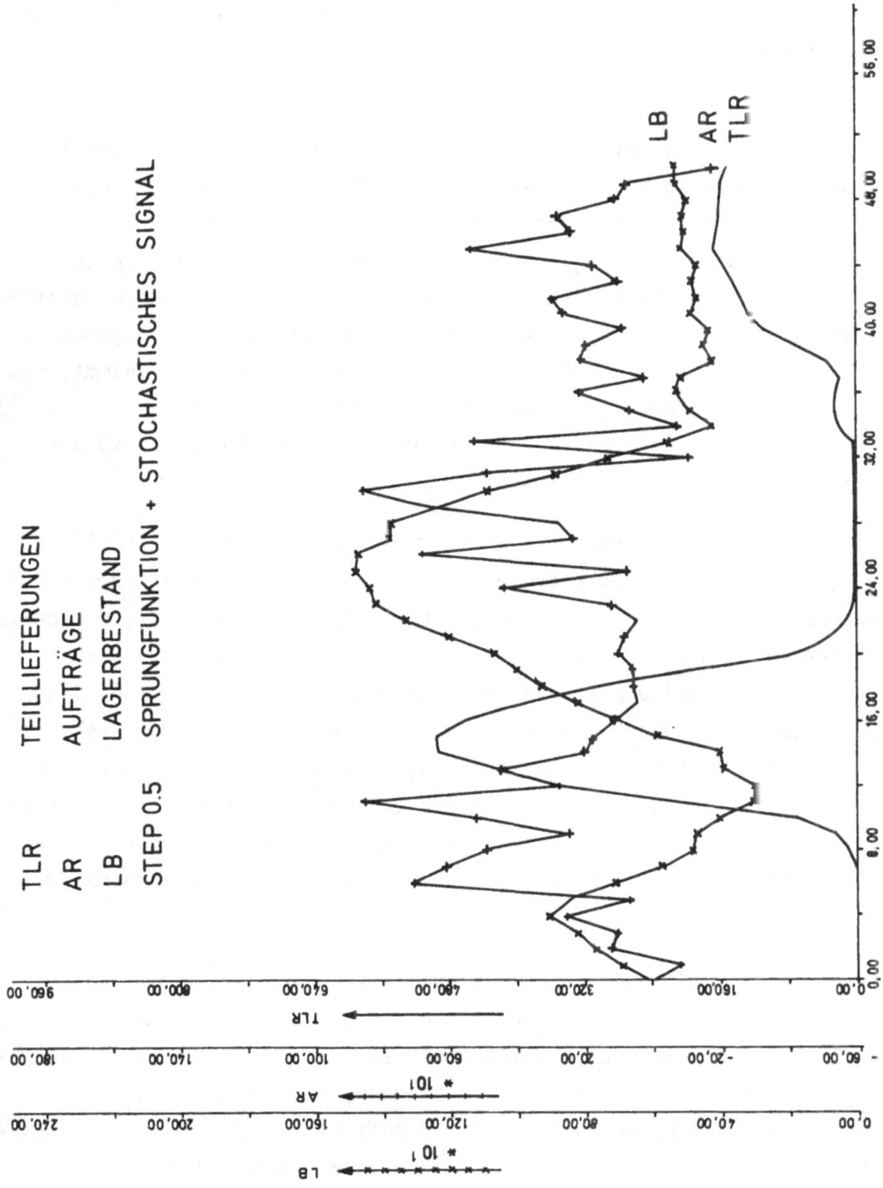

Abb. 4.52: Ergebnisse des Gütermodells bei plötzlicher Erhöhung des Auftragseingangs um 50 % und Überlagerung eines stochastischen Signals

Bei diesem Vorgehen wird der Vorteil des modularen Aufbaus deutlich, da das Gütermodell zu Kalibrierungszwecken getrennt getestet werden kann.

Am deutlichsten zeigt Abb. 4.49 das Verhalten des Systems. Zum Zeitpunkt t = 4.00 macht sich der Sprung im Auftragseingang bemerkbar, wie er etwa durch eine plötzliche Erhöhung der Werbung oder durch äußere Ereignisse erfolgen könnte. Der Lagerbestand, der bis zu diesem Zeitpunkt im Steigen war, wird nun rapide bis zum Lagermindestbestand abgebaut. Danach muß zur Teillieferungspolitik übergegangen werden, weshalb die Größe Teillieferungen von 0 bis 450 zunimmt. Mit zeitlicher Verzögerung wirken sich jedoch die Teillieferungen negativ auf das Kundenverhalten aus, so daß die Aufträge trotz kurzfristiger Zunahme wieder absinken.

Gleichzeitig wird versucht, durch erhöhte Produktion die Teillieferung abzubauen und den Lagerbestand zu füllen. Umgekehrt führt diese vermehrte Anstrengung zu einer Erhöhung des Lagerbestandes, der durch vermehrte Marktanstrengung abgebaut wird. Die betrachteten Werte zeigen auf diese Weise periodische Schwankungen, wie sie in Abb. 4.49 zu finden sind. Wenn auch in der Realität keine 100-prozentigen Sprünge des Auftragseingangs zu erwarten sind, zeigt eine Verminderung des Wertes auf 0,5 und 0,25 die gleichen prinzipiellen Erscheinungen. Sie sind lediglich in Amplitude, Frequenz und Phase verschoben. Dasselbe Verhalten findet sich auch noch bei einem stochastischen Auftragseingang.

Da das periodische Auftreten von Teillieferungen geradezu charakteristisch für den untersuchten Betrieb ist, und sich solche Schwankungen auch in den realen Daten erkennen lassen, da nach weiteren Modelläufen mit Veränderung der Überstunden, Marktanstrengung und Budgetpolitik durchweg sinnvolle Ergebnisse erzeugt wurden, kann dieser Test zur Grundkalibrierung genügen. Zur weiteren Kalibrierung müssen sowohl reale Daten als auch Simulationsergebnisse mittels statistischer Verfahren aufbereitet werden.

Die Abbildungen 4.53 bis 4.55 zeigen Meßwerte aus dem untersuchten Unternehmen der Realität. Aufgrund von statistischen Auswertungen konnten die echten Daten im Unternehmen über mehrere Jahre verfolgt werden.

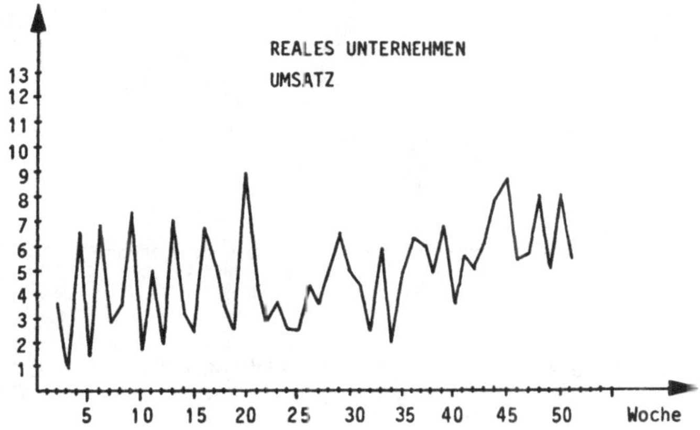

Abb. 4.53: Umsatz des realen Unternehmens

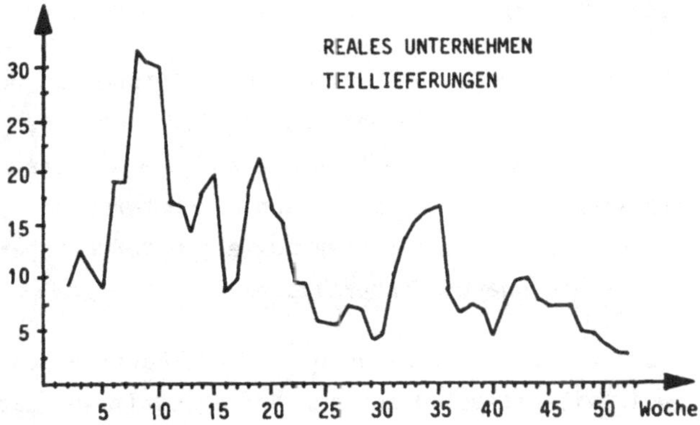

Abb. 4.54: Teillieferungen des realen Unternehmens

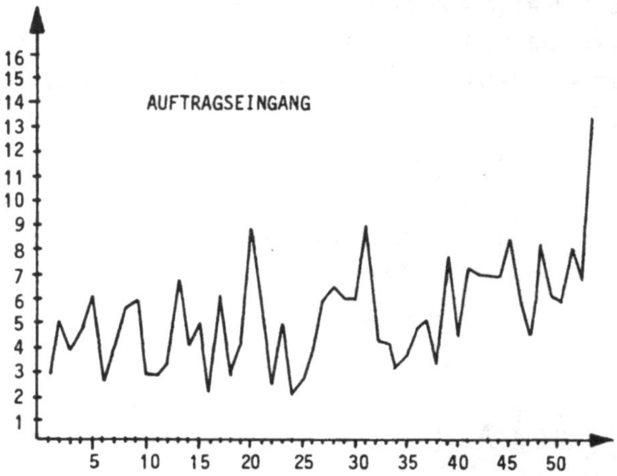

Abb. 4.55: Auftragseingang des realen Unternehmens

Die Daten wurden wochenweise aufbereitet. Zufällige Schwankungen, wie sie durch Feiertage, Krankheit bzw. unregelmäßige Bearbeitung entstehen, bewirken die Schwankungen. Sie können bei der Simulation durch Überlagerung stochastischer Signale nachvollzogen werden.

Diese periodischen Schwankungen bereiteten dem untersuchten Betrieb bereits seit Jahren Kopfzerbrechen ohne daß Abhilfe getroffen werden konnte. Das Management führte diese Tatsache auf die üblichen Konjunktur- und Marktschwankungen zurück, denen ein Unternehmen ausgeliefert ist und nahm die erhöhten Kosten sowie die Verunsicherung des Marktes durch die wechselnde Lieferbereitschaft in Kauf.

Aus systemtechnischer Sicht geht es jedoch darum, Vertrieb und Produktion, also zwei Teilsysteme so aufeinander abzustimmen, daß einerseits keine Teillieferungen entstehen, andererseits aber auch kein übergroßer Lagerbestand entsteht.

Dazu wurde ein "Koordinator" eingeführt, der über die Größe "Beobachtete Teillieferungen" WTL auf die Größe "Geplante Produktion" Einfluß nehmen kann. Dies entspricht dem klassischen Regelkreissystem einer Regelkreishierarchie, bei der eine Führungsgröße hier die geplante Produktion über andere Größen ebenfalls geregelt werden.

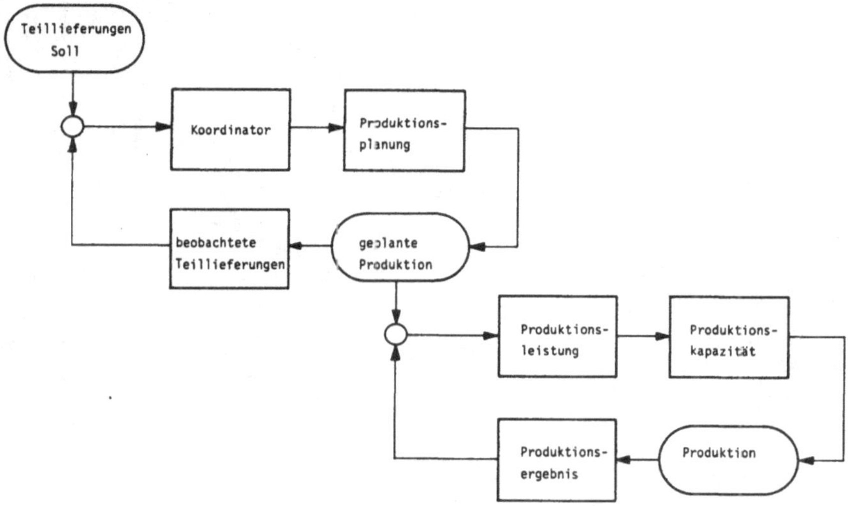

Abb. 4.56: Regelkreishierarchie im klassischen Sinn

Wie aus dem Vergleich der Kurvenläufe (Abb. 4.57 und Abb. 4.58) ersichtlich ist, wirkt der Einbau der zusätzlichen Hierarchie auf den Prozeß dämpfend. Beim einstufigen Prozß entstehen immer wieder durch überhöhten Auftragseingang Teillieferungen, die so lange negativ auf die Kunden wirken, bis der Normalzustand eingetreten ist. Die Produktion versucht nur die produzierte Menge konstant zu halten. Dadurch kommt es erneut zu Schwankungen.

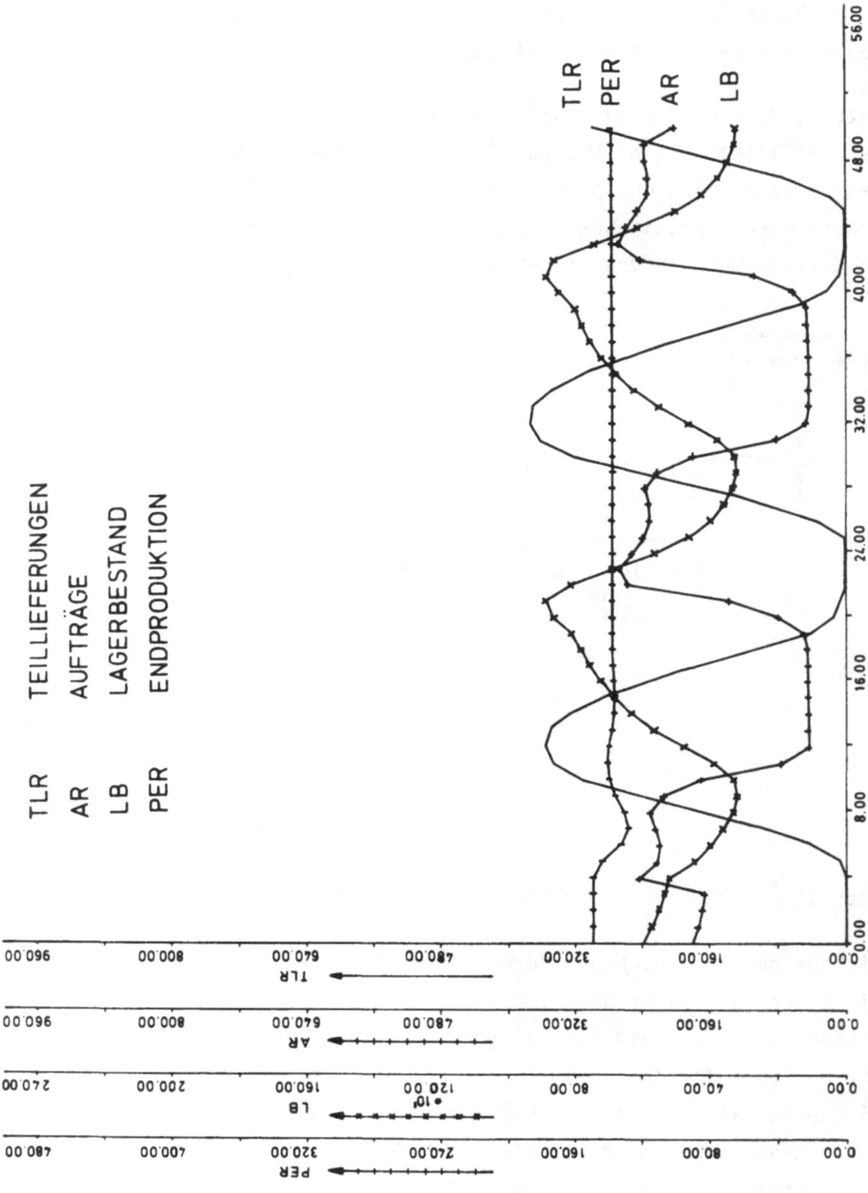

Abb. 4.57: Modellergebnisse beim einstufigen Prozeß

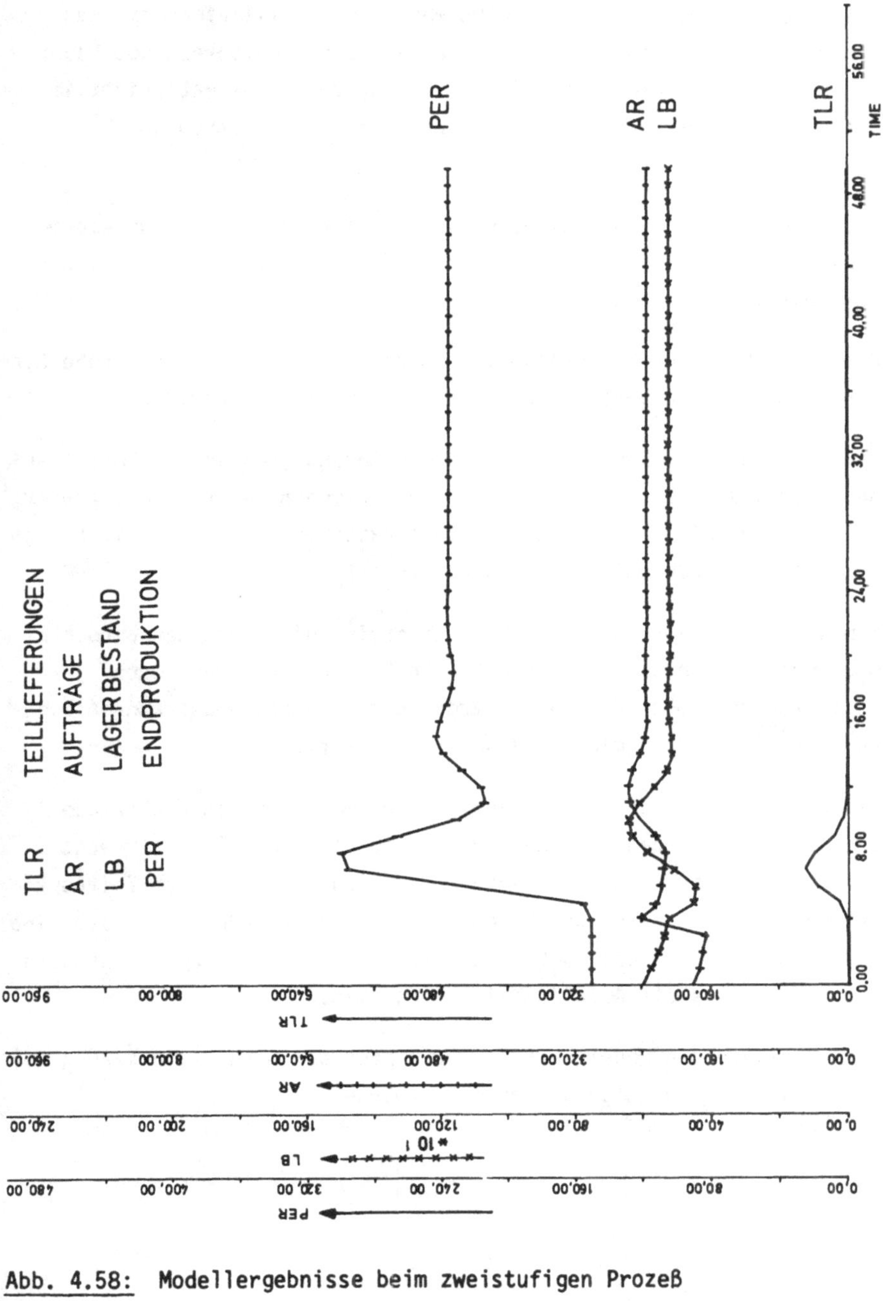

Abb. 4.58: Modellergebnisse beim zweistufigen Prozeß

Beim zweistufigen Prozeß hingegen werden die Teillieferungen nun durch den Koordinator rechtzeitig erkannt. Als entsprechende Maßnahme kann die geplante Produktion erhöht werden. Dies entspricht im klassischen Regelkreiskonzept der Regelung einer Führungsgröße (vgl. Abb. 4.56).

Nach einem kurzen Einschwingvorgang wird die Produktion auf einem höheren Level konstant gehalten und Teillieferungen treten bei diesem Test kaum mehr auf.

Die betrachtete Problemstellung im Gütermodell konnte ohne große Einflußnahme von den übrigen Bereichen her untersucht werden.

Da in den übrigen Bereichen sehr viele Abhängigkeiten vom Umsatz angesetzt sind, ist es notwendig, die Untersuchung erst dann vorzunehmen, wenn ein stabiles Gütermodell existiert, zu dessen Verhalten bereits Vertrauen gefaßt werden konnte.

Ein sinnvolles Vorgehen besteht dann darin, die einzelnen Bereiche nach dem Grundsatz "was passiert, wenn" zu untersuchen, wobei jeweils wenige Größen verändert werden und dann die Auswirkungen z.B. auf die Bilanz bzw. die G & V untersucht werden.

Das kalibrierte Gütermodell kann nun zusammen mit dem Finanzmodell und den Verbindungen über das Funktionsbereichsmodell untersucht werden. Dabei ist zunächst darauf zu achten, daß zu jedem Zeitpunkt Aktiva = Passiva sein muß. Besonders zu betrachtende Ergebnisse sind außerdem die Werte bei TIME = 52 bzw. 104. An diesem Zeitpunkt wird nämlich jeweils die Abschlußbilanz erstellt.

Beim vorliegenden Modell erhalten wir nach der Grundkalibrierung die in Abbildung 4.59 aufgeführten Bilanzwerte.

ERFOLGSRECHNUNG

UMSATZ	38461297.
AEND. BEST. VORRÄTE	2811299.
GESAMTLEISTUNG	41272695.
AUFW: STOFFE	21101281.
ROHERTRAG	20171414.
ERTR. FINANZANL. U. WERTP.	123767.
ERTR. AUFL. RÜCKST.	4160000.
SONST. ERTRÄGE	2307678.
PERSONALAUFWAND	14191629.
ABSCHREIBUNGEN	2334372.
ZINSEN	1107952.
SONST. AUFWENDUNGEN	5371541.
BRUTTOERGEBNIS	3757366.
STEUERN	810854.
JAHRESÜBERSCHUSS	2946512.
ENTN.-EINST.-DIFF. RÜCKL.	1031086.
BILANZGEWINN	1915426.

Abb. 4.59: Gewinn und Verlustrechnung am Ende des ersten Jahres

BILANZ AM ENDE DER PERIODE 1

AKTIVA		
I.ANLAGEVERMOEGEN		
SACHANLAGEN		
GRUNDSTUECKE U. GEBAEUDE	8716565.	
MASCH.U.GESCH.AUSST.	3166358.	
ANL. IM BAU	1559150.	
	13442073.	
FINANZANLAGEN	1058168.	14500240.
II.UMLAUFVERMOEGEN		
VORRAETE		
STOFFE	4403862.	
ERZEUGNISSE	5371399.	
	9775260.	
AND. GEGENST. D. UV.		
FORDERUNGEN	4521960.	
ZAHLUNGSMITTEL	930055.	
	5452015.	15227276.
III.RECHNUNGSABGRENZUNG		0.
BILANZSUMME		29727516.

PASSIVA		
I.GRUNDKAPITAL		4800000.
II.OFF. RUECKLAGEN		3031086.
III.RUECKSTELLUNGEN		1000000.
IV.WERTBERICHTIGUNG		1808389.
V.LANGFR. VERBINDLK.		6082397.
VI.ANDERE VERBINDLK.		
LIEFERANTEN	3754637.	
KURZ- BIS MITTELFRISTIGE	4075238.	7829875.
VII.RECHNUNGSABGENZUNG		3260343.
VIII.BILANZGEWINN		1915426.
BILANZSUMME		29727516.

Abb. 4.60: Bilanz am Ende des Geschäftsjahres

Dabei läßt sich jeder einzelne Wert sowohl exakt durch den PRINT-Ausdruck als auch als graphischer Kurvenverlauf mit den entsprechenden absoluten Werten beobachten. Wann und zu welchem Zeitpunkt z.B. kurzfristige Darlehen aufgenommen werden müssen, ergibt sich aus Abb. 2.62, während Abb. 4.61 den Verlauf der Steuerschulden zeigt.

Zu den Zeitpunkten 6.4, 8.0, 9.2 und 1.16 müssen größere kurzfristig Darlehen aufgenommen werden, um den Anforderungen an die Liquidität gerecht zu werden. Das könnte unter anderem auch damit zusammenhängen, daß erhebliche Steuerschulden bezahlt werden müssen. Der treppenförmige Verlauf der Steuerschulden entsteht durch die vierteljährliche Steuervorauszahlungen.

```
                                                                          MAXIMUM
                                    MINIMUM          KURDA  VERSUS TIME  1.6104E+06
                                   0.0                                        I
 TIME                KURDA             I
0.0                 0.0                +
4.0000E+00          0.0                +
8.0000E+00          0.0                +
1.2000E+01          0.0                +
1.6000E+01          4.2378E+03         +
2.0000E+01          6.8653E-02         +
2.4000E+01          4.1046E-07         +
2.8000E+01          2.2320E+03         +
3.2000E+01          1.8971E+01         +
3.6000E+01          1.8075E-04         +
4.0000E+01          9.3427E-10         +
4.4000E+01          1.9469E+08         +
4.8000E+01          3.8577E+00         +
5.2000E+01          3.6201E-05         +
5.6000E+01          1.6978E+04         +
6.0000E+01          2.3397E-01         +
6.4000E+01          8.5417E+05         ---------------------+
6.8000E+01          7.3005E+03         +
7.2000E+01          1.1110E-01         +
7.6000E+01          6.5458E-07         +
8.0000E+01          2.7668E+05         --------+
8.4000E+01          5.0475E+01         +
8.8000E+01          4.5215E-04         +
9.2000E+01          1.1918E+05         ---+
9.6000E+01          2.1379E+03         +
1.0000E+02          4.2888E+00         +
1.0400E+02          3.1046E+02         +
1.0800E+02          2.0300E+04         +
1.1200E+02          2.7145E-01         +
1.1600E+02          1.1468E+06         ------------------------------+
1.2000E+02          5.5233E+04         -+
```

Abb. 4.61: Zeitlicher Verlauf der kurzfristigen Darlehensaufnahme

```
                                    MINIMUM      STEUR  VERSUS TIME          MAXIMUM
                                   3.3750E+05                               9.1762E+06
 TIME              STEUR            I                                           I
0.0               8.0000E+05        --+
4.0000E+00        8.0000E+05        --+
8.0000E+00        8.0000E+05        --+
1.2000E+01        8.0000E+05        --+
1.6000E+01        6.0000E+05        -+
2.0000E+01        6.0000E+05        -+
2.4000E+01        6.0000E+05        -+
2.8000E+01        4.5000E+05        +
3.2000E+01        4.5000E+05        +
3.6000E+01        4.5000E+05        +
4.0000E+01        3.3750E+05        +
4.4000E+01        3.3750E+05        +
4.8000E+01        3.3750E+05        +
5.2000E+01        8.4377E+06        ---------------------------------------+
5.6000E+01        6.3283E+06        ----------------------------+
6.0000E+01        6.3283E+06        ----------------------------+
6.4000E+01        6.3283E+06        ----------------------------+
6.8000E+01        4.7462E+06        -------------------+
7.2000E+01        4.7462E+06        -------------------+
7.6000E+01        4.7462E+06        -------------------+
8.0000E+01        3.5597E+06        -------------+
8.4000E+01        3.5597E+06        -------------+
8.8000E+01        3.5597E+06        -------------+
9.2000E+01        2.6697E+06        --------+
9.6000E+01        2.6697E+06        --------+
1.0000E+02        2.6697E+06        --------+
1.0400E+02        9.1762E+06        -------------------------------------------+
1.0800E+02        6.8821E+06        -----------------------------------+
1.1200E+02        6.8821E+06        -----------------------------------+
1.1600E+02        6.8821E+06        -----------------------------------+
1.2000E+02        5.1616E+06        ------------------------+
```

Abb. 4.62: Zeitlicher Verlauf der Steuerschuld

Abb. 4.63 zeigt den Verlauf der Liquidität zusammen mit dem Auftragseingang und der Marktanstrengung. Gleichzeitig sind die akkumulierten Umsätze/Jahr in dem Diagramm aufgezeichnet. Es zeigt sich, daß trotz erheblicher Störung des Systems alle Größen durch die existierenden Entscheidungsregeln im Gleichgewicht gehalten werden können und ein Wachstum des Umsatzes erzielt werden kann. Durch welche geeigneten Maßnahmen die Systemgrößen einen "ruhigeren" Verlauf nehmen, müssen Einzeluntersuchungen mit dem Benutzer zeigen.

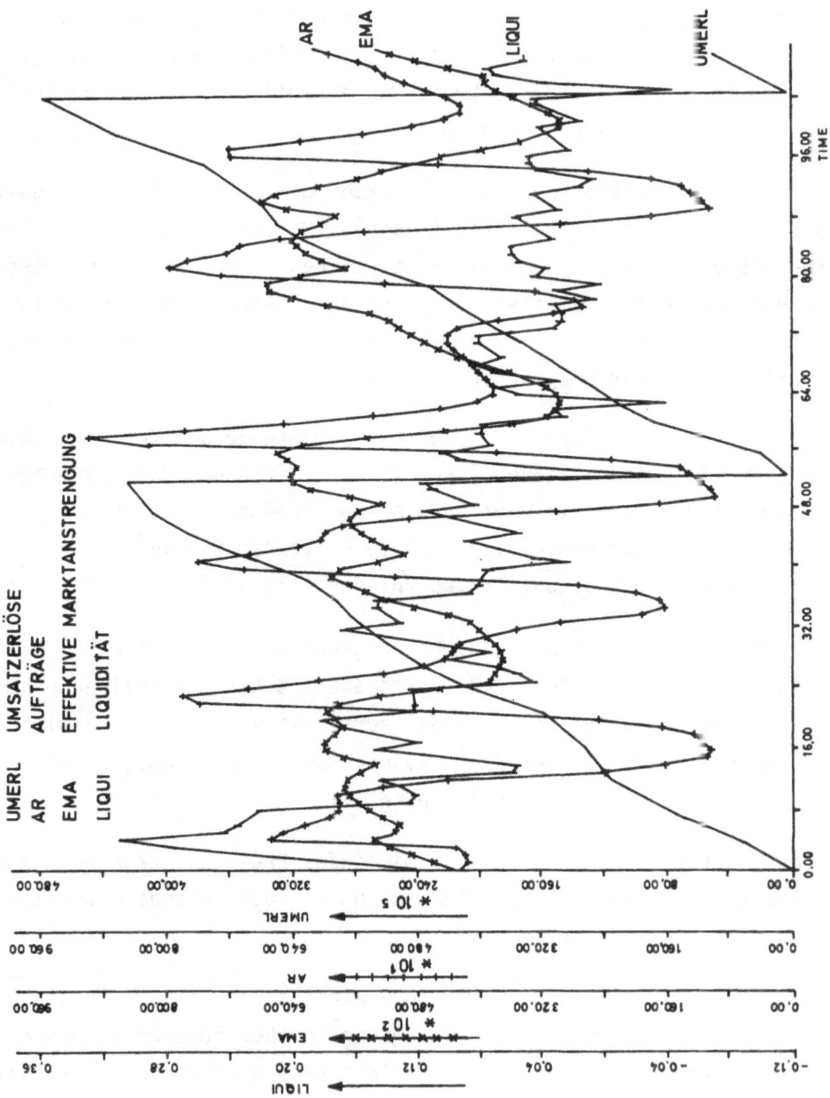

Abb. 4.63: Simulationsergebnisse des Gesamtunternehmensmodells ACTIPLAN

In der G & V sind die Umsätze nach der Periode 1 auf 38.461.297 DM, ohne Saisoneinflüsse und lediglich mit geringen Schwankungen, bis zur Periode 52, also das Jahresende, angestiegen. Danach beginnt der Umsatz natürlich wieder bei Null.

Aus der Darstellung kommt der Charakter der Bilanz als Stichpunktergebnis sehr deutlich zu Tage. So sind z.B. sowohl in der Bilanz des Modells ebenso wie in der Wirklichkeit des Unternehmens der Bestand an Vorräten ein zufälliges Ergebnis, das lediglich aus der Bilanzbetrachtung heraus keinerlei Aussagekraft besitzt, auch wenn mehrere Jahre miteinander verglichen werden.

Wegen ihrer langfristigen Wirkungszusammenhänge und der Entscheidungsregeln, die mit erheblichen Schwellwerten und Verzögerungen verbunden sind, geben die Werte des Anlagevermögens, des Grundkapitals und der Rücklagen sowie die weiteren Werte der Passivseite ein realistisches Bild der Situation des Unternehmens am Ende einer Planperiode.

Da sämtliche Hypothesen, Entscheidungsregeln und sonstige logische Beziehungen eingehalten sind, ist diese Art der Aufstellung einer Planbilanz wesentlich mehr abgesichert, als wenn dazu lediglich Daumenwerte verwendet werden, wie das häufig geschieht, falls überhaupt eine Planbilanz erstellt wird.

Jede Einzelentscheidung, ebenso wie jedes Ergebnis, kann nun in der Sprache des Managers nachvollzogen und mit den bekannten Denkmodellen bearbeitet werden.

In Abb. 4.63 stellt die Größe LIQUI ein interessantes Untersuchungsobjekt dar. Durch die Entscheidungsregeln über kurzfristige Kreditaufnahme bzw. Anlage von Festgeld läßt sich der Bestand an flüssigen Mitteln gut konstant halten.

Hier bietet sich ein weites Feld für Überlegungen dahingehend an, wie sich die Liquidität bzw. die Ertragslage ändert, wenn sich z.B. die Zinsen über eine längere Zeit der Hochzinsphase hinweg auf dem hohen Niveau von 13 - 14 % einpendeln. Die Einbrüche in der Liquidität am Jahresende hängen mit Auszahlungen am Jahresende zusammen. Hier könnten durch geeignete Zahlungsbedingungen, wie sie tatsächlich existieren, eine gleichmäßigere Belastung erreicht werden.

Dem Feld der Fragestellungen sind beim derzeitigen Stand des Modells fast keine Grenzen gesetzt. Insbesondere lassen sich auch komplexe Fragen, wie sich z.B. ein Streik auswirkt, wie sich Rohstoffpreiserhöhungen auf die G & V niederschlagen oder welche Engpässe Lohnerhöhungen verbunden mit hohen Zinsen und sinkenden Umsatzerwartungen entstehen, mit dem vorliegenden Simulationsmodell klären.

4.3 Die disaggregierte Planung im Middlemanagement

4.3.1 Die Erweiterung zum hierarchischen Modell

Die bisherigen Betrachtungen bezogen sich alle auf ein Produkt als Aggregat sowie auf einen homogenen Markt, in dem die Kunden auf Maßnahmen der Firma reagieren. Die Realität geht jedoch von verschiedenen Einzelprodukten, zumindest von Produktgruppen aus, die in sogenannten Vertriebsgebieten abgesetzt werden. Diese Gebiete können sich in Produktpräferenzen, Werbewirksamkeit, Konkurrenz, Versandproblemen, Preisen und Deckungsbeiträgen unterscheiden. Dasselbe gilt für Kundengruppen ebenso wie für Branchen.

Dieser disaggregierten Sicht entspricht auf einem neuen Strukturiertheitsniveau auch die Auflösung der aggregierten Maßnahmen wie Marktanstrengung im Vertrieb, während in der Produktion der durch ein Delay 3. Ordnung dargestellte Produktionsprozeß in eine Serienfertigung aufgelöst werden muß. In dem hierarchischen Modell entspricht dies der Realisierungsstufe 2.

Das Topmanagement-Modell muß nun anstelle einer Größe wie Gesamtlagerbestand LB mit der Summe der Einzellagerbestände $LB_1 \ldots LB_n$ versorgt werden. Das bedeutet aber gleichzeitig, daß auf dieser Stufe neue Entscheidungsregeln und neue Hypothesen eingeführt werden müssen, die sich speziell mit der Aufteilung der aggregierten Größen auf Einzelmaßnahmen befassen. Diese Aufteilung, Aufgabe des Middelmangements, findet ihren Ausdruck z.B. in der Marketingstrategie, oft auch Marketing-MIX bezeichnet. Zur Marketingstrategie sei auf die zahlreichen Ansätze der Marketingliteratur verwiesen, die vor allem im angloamerikanischen Raum zu Marketingmodellen geführt haben. Montgomery, Urban (vgl. [MONT70]) beschreiben detaillierte Marketingsubmodelle ebenso wie Kotler (vgl. [KOTL67]) anhand der Candy Company operationale Gleichungen für die Marketingstrategien angiebt. Zur marketingtheoretischen Untermauerung des vorgeschlagenen Modells sei auf weitere Vorschläge von Stern (vgl. [STER69]), Rütschi (vgl. [RÜTS74]) bzw. Amstutz (vgl. [AMST67]) und Little (vgl. [LITT74]) hingewiesen.

Zur besseren Handhabung des Systems können diese Submodelle getrennt untersucht werden, weshalb sie auch im folgenden auf diese Weise beschrieben werden. Die Integration der Submodelle zum Gesamtmodell kann auf zwei Arten erfolgen.

Bei der Methode des horizontalen Schnittes werden problemorientierte Einheiten wie z.B. Produktion als Makros entworfen. Um die Einzelprodukte zu beschreiben, wird das Makro dann pro Produkt je einmal aufgerufen. Bei einer größeren Anzahl von Produkten ist das jedoch eine ungünstige Form der Darstellung. Deshalb wurde die Methode des vertikalen Schnittes angewandt. Dabei werden im Grobmodell alle diejenigen Größen durch Prozeduraufrufe ersetzt, die sich aus der Aggregierung von Einzelelementen im Submodell ergeben. Die Abhängigkeit der Einzelelemente voneinander werden alle im Submodell dargestellt. Da ihre Summe die Größen des Grobmodells darstellen, ändert sich seine Struktur und sein Verhalten nicht grundsätzlich. Nun ist es jedoch möglich, das Gesamtverhalten in Abhängigkeit von Änderungen bezüglich der Einzelelemente zu untersuchen.

4.3.2 Das Produktions-Marketing-Subsystem

Unter Verzicht auf einen Ausbau im Finanzkreislauf, der sich auf eine detaillierte Abbildung der Kostenrechnung und damit des Rechnungswesens beziehen müßte, wird nur der Güterkreislauf erweitert.

4.3.2.1 Aspekte des Fertigungssektors

Bei genauerer Betrachtung kann der Produktionsprozeß aus der Sicht des Produktionsleiters wie folgt beschrieben werden. Es werden ca. 37 Produkttypen hergestellt, die sich zu 10 Hauptgruppen mit den jeweiligen Modellvarianten zusammenfassen lassen. Zur Produktion der Serien (Serienfertigung) stehen 6 Montagebänder und ein Reserveband zur Verfügung. Die Montagebänder, die sich jeweils wieder aus hintereinander gelagerten Maschinen bzw. Arbeitsgängen zusammensetzen, bilden die Engpaßkapazitäten der Fertigung.

Aufgrund des Absatzplanes werden nun jeweils vierteljährlich optimale Losgrößen zusammengestellt. Nach einem festen Rhythmus werden die Produktgruppen 1 - n auf den Bändern 1 - m gefertigt (Abb. 4.64). Da im allgemeinen $m < n$ ist, werden die noch nicht produzierten Produkte auf dem Band gefertigt, das als nächstes frei wird. Es kann also vorkommen, daß es bei erhöhter Nachfrage nach einem speziellen Produkt, z.B. Produkt 4, zu Teillieferungen TLR4 kommt. Durch Einführung von Oberstunden werden zunächst die Losgrößen Produkt 2 und Produkt 3 schneller abgearbeitet, erst dann kann Produkt 4 wieder hergestellt werden.

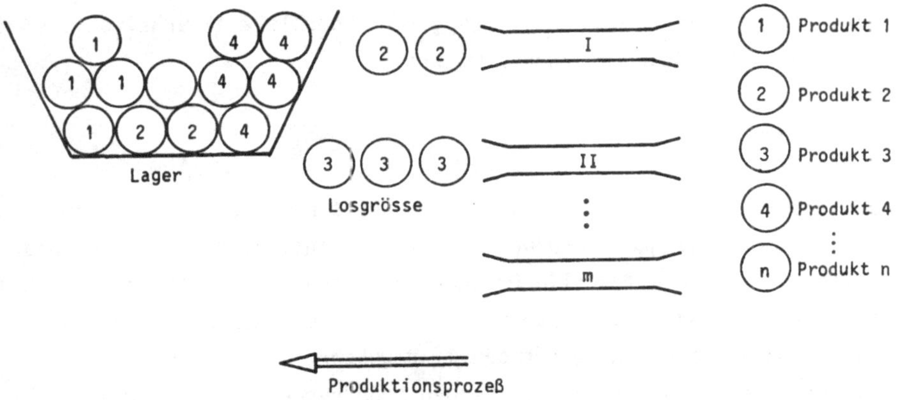

Abb. 4.64: Der Produktionsprozeß bei Serienfertigung

Im Gütermodell bedeutet diese Betrachtung die Auflösung von

LB - Lagerbestand in ein Levelarray $LB_1, \ldots, LB_n$
TLR - Teillieferungen in $TLR_1, \ldots, TLR_n$
PR - Produktionsrate zu Beginn des Prozesses in $PR_1, \ldots, PR_n$
PER - Produktionsrate am Ende des Prozesses in $PER_1, \ldots PER_n$
AR - Auftragsrate in $AR_1, \ldots, AR_n$
VR - Versandrate in $VR_1, \ldots VR_n$
ASL - Auslieferungsrate in $ASL_1, \ldots, ASL_n$.

Dabei kann die Struktur des Topmanagement-Modells voll erhalten bleiben, sofern die Aggregationen z.B. mit

$$LB = \sum_{i=1}^{n} LB_i$$

gebildet werden. Diese Vorgehensweise stellt eine weitere Erleichterung bei der Gültigkeitsprüfung dar, da zunächst alle Hypothesen und Entscheidungsregeln für alle Produkte gemeinsam verwendet werden können. Dann muß jedoch das erweiterte Modell dieselben aggregierten Daten erzeugen wie das Ausgangsmodell. Umgekehrt lassen sich Abweichungen direkt den sie verursachenden Änderungen zuordnen, wodurch diese wiederum geeicht (kalibriert) werden.

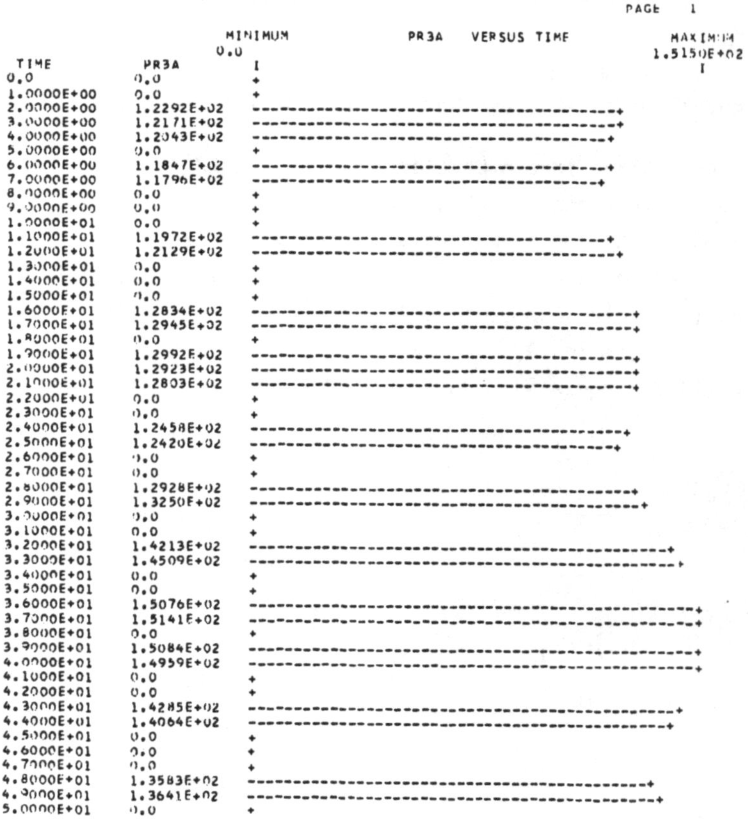

Abb. 4.65: Produktionsrate des Produktes 3 bei Serienfertigung und optimalen Losgrößen

Ein auf diese Weise kalibriertes Modell zeigt den Verlauf der Produktionsrate (Abb. 4.65). Deutlich sind die einzelnen Losgrößen zu erkennen, die bewirken, daß die Produktionsrate des Produktes 3 zeitweise unterbrochen wird, da in der Zwischenzeit die anderen Produkte die Engpaßkapazität belegen. Die Veränderung der Produktionsrate wird durch Arbeitsintensitätsunterschiede (Oberstunden) verursacht.

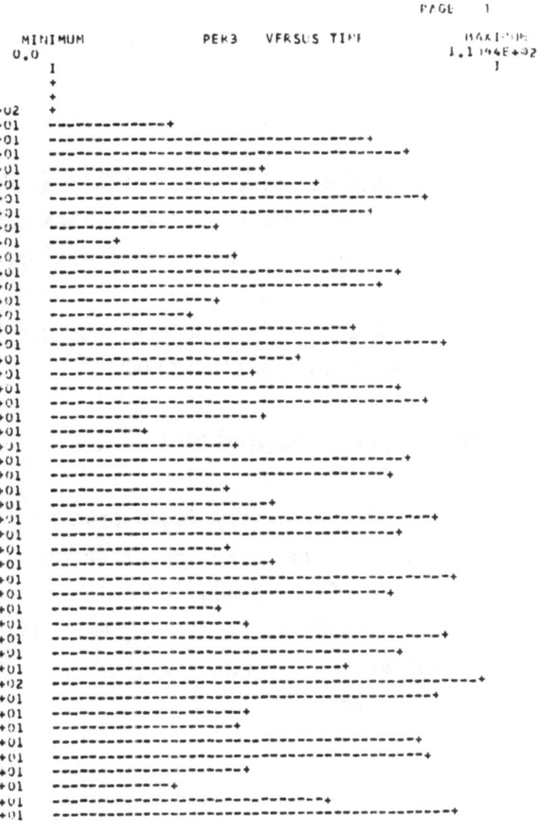

TIME	PER3
0.0	0.0
1.0000E+00	0.0
2.0000E+00	5.1929E-02
3.0000E+00	3.0227E+01
4.0000E+00	7.7559E+01
5.0000E+00	8.6562E+01
6.0000E+00	5.1911E+01
7.0000E+00	6.4218E+01
8.0000E+00	9.2223E+01
9.0000E+00	7.9182E+01
1.0000E+01	3.9808E+01
1.1000E+01	1.6867E+01
1.2000E+01	4.4783E+01
1.3000E+01	8.5415E+01
1.4000E+01	8.0659E+01
1.5000E+01	4.1914E+01
1.6000E+01	3.3157E+01
1.7000E+01	7.3712E+01
1.8000E+01	7.5435E+01
1.9000E+01	5.9806E+01
2.0000E+01	4.9941E+01
2.1000E+01	8.5008E+01
2.2000E+01	9.1813E+01
2.3000E+01	5.1708E+01
2.4000E+01	2.2120E+01
2.5000E+01	4.5887E+01
2.6000E+01	8.6969E+01
2.7000E+01	8.2191E+01
2.8000E+01	4.3202E+01
2.9000E+01	5.4203E+01
3.0000E+01	9.3084E+01
3.1000E+01	8.4906E+01
3.2000E+01	4.3649E+01
3.3000E+01	5.5082E+01
3.4000E+01	9.8448E+01
3.5000E+01	8.2616E+01
3.6000E+01	4.0463E+01
3.7000E+01	4.6534E+01
3.8000E+01	9.5719E+01
3.9000E+01	8.5913E+01
4.0000E+01	7.1126E+01
4.1000E+01	1.0442E+02
4.2000E+01	9.3917E+01
4.3000E+01	4.7939E+01
4.4000E+01	4.5210E+01
4.5000E+01	8.9042E+01
4.6000E+01	9.0681E+01
4.7000E+01	4.8557E+01
4.8000E+01	2.8720E+01
4.9000E+01	6.8415E+01
5.0000E+01	9.7490E+01

Abb. 4.66: Verzögerte Produktionsrate Produkt 3

Da jeder einzelne Produktionsvorgang dennoch eine gewisse Durchlaufzeit PD benötigt, Produktionsbeginn und Ende eines Loses durch Umrüstungsvorgänge nicht exakt erfaßt werden können, wird auch die Einzelproduktionsrate mit einem Delay 3. Ordnung verzögert (Abb. 4.66). Eine methodologische Besonderheit ist der Obergang der kontinuierlichen zur diskreten Simulation, wenn plötzlich ein Produkt nicht mehr gefertigt wird. Solange die Produktionszeit << Δt ist, sind hier keine Sonderbetrachtungen notwendig, wie sie z.B. bei der einmaligen Einkaufsrate der Fall waren.

Das Abweichen von der gängigen System Dynamics Philosophie, das sich schon bei der Behandlung von Grundsatzfragen zeigte, wird nun besonders deutlich, da solche Einzelbetrachtungen aus dem Rahmen der lediglich qualitativen Erklärung jener Modelle fallen würde.

Auch anhand des vorliegenden disaggregierten Submodelles Produktion läßt sich sehr anschaulich zeigen, daß alle "was passiert, wenn"-Fragen mit Hilfes des Simulationsmodelles beantwortet werden können. Die Auswirkungen von Entscheidungsregeln (hier z.B. der Fertigungssteuerungsstrategie) auch von Submodellen auf die Unternehmensgrößen (z.B. Liquidität) des Gesamtmodells können so untersucht werden.

4.3.2.2 Aspekte des Marketingsektors

Ebenso wie im Produktionssektor das Gesamtprodukt in Einzelprodukte zerlegt wurde, besteht nun im Marketingsektor die Aufgabe darin, aggregierte Elemente des Grobmodells zu zerlegen. Ein solches Element ist z.B. die schwer quantifizierbare Größe Marktanstrengung, die nun in die einzelnen Marketinginstrumente wie Werbung, Preisgestaltung und Qualität zerlegt wird.

Um die Gesamtheit aller Marketingaktivitäten im Sinne einer weiteren Strukturierung zu erfassen, wird die betriebswirtschaftliche Theorie über den Vertrieb zugrunde gelegt. Dabei wird der Begriff Marketing und Vertrieb im Sinne von Meyer (vgl. [MEYE72])verwendet.

Nach der klassischen Betrachtungsweise von Seyffert (vgl. [NIES71]) S. 12), werden dem Vertrieb hauptsächlich drei Funktionen zugeordnet:

o	Oberbrückungsfunktion	Raum Zeit (Lager) Preisausgleich Kredit
o	Warenfunktion	Quantität Qualität Sortiment
o	Maklerfunktion	Kontakte Information Beratung

Diese mehr dem Verständnis dienende Betrachtung ersetzt Meyer (vgl. [MEYE72], S. 22 ff) durch eine Gliederung nach Informationsquellen und Informationsobjekten. Sie eignet sich besser zum Aufbau des Marketingmodells und soll daher als Grundlage zu den Elementen der Modellbildung dienen. Entsprechend den drei Phasen gibt es die Unterscheidungen:

- o Absatzvorbereitung bei der Planung
- o Absatzdurchführung bei der Realisierung
- o Absatzkontrolle auf der Kontrollebene.

Die Informationsquellen können auch als funktionale Einheiten aufgefaßt werden. Sie entsprechen im wesentlichen den Raten unseres Modells, während die Informationsobjekte als Levels repräsentiert sind. Somit erhalten wir in einer Obersicht alle Vertriebsaufgaben vollständig (vgl. Abb. 4.67).

Aus diesen Gesamtfunktionen werden die wichtigsten zu einem Vertriebsmodell ausgewählt, ihre Abhängigkeiten in der Realisierungsebene dargestellt (Abb. 4.68) und als Submodelle mit den quantifizierten Glei-

Absatzvorbereitung		Absatzdurchführung		Absatzkontrolle	
Informations-quelle	Informations-objekte	Informations-quelle	Informations-objekte	Informations-quelle	Informations-objete
A Vertriebsplanung		A Vertriebsprogramm		A Vertriebsprogramm	
1 Absatzplan	Absatzmenge	1 Produkte	Absatzmenge	1 Produktkontrolle	Absatzmengen
2 Produkt-Sortimentplan	Variantengestaltung	2 Sortimente	Variantengestaltung	2 Sortimentkontrolle	Variantengestaltung
3 Preisgestaltung	Preisklassen	3 Preise	Preisgestaltung (Rabatte)	3 Preisüberwachung	Preisklassen
B Vertriebsforschung		B Absatzbereich		B Marktkontrolle	
1 Gesamtmarktforschung	Absatzmittler	1 Vertriebswege	Absatzmittler	1 Vertriebswege	Absatzmittler
2 Absatzmarktforschung	Art der Gebiete	2 Gebiete	Art der Gebiete	2 Absatzmarkt	Art der Gebiete
3 Verbraucherverhalten	Kundenverhalten Beeinflussung	3 Verbraucher	Kundendaten	3 Kundenüberwachung	Kundendaten
C Vertriebsgestaltung		C Vertriebsverfahren		C Vertriebstätigkeit	
1 Verkäufereinsatzplan	Verkäufereinsatz	1 Auftragserlangung	Verkäufereinsatz (Sales Force)	1 Verkaufsinnen- u. -außendienst	Verkäufereinsatz
2 Lieferbedingung	Liefertermin	2 Auftragserledigung	Liefertermine	2 Auftragsabwicklung	Liefertermine
3 Lagerplan	Lagerbestände	3 Vertriebsbevorratung	Lagerbestände	3 Lagerbestandskontrolle	Lagerbestände
4 Werbung	Werbemaßnahmen	4 Werbung	Werbemaßnahmen	4 Werbeerfolgskontrolle	Werbewirkungen
D Vertriebsbudget		D Vertriebsbudget		D Kostenüberwachung	
1 Kostenplan	Ges.Vertr.Kosten	1 Bereichsbudget	Ges.Vertr.Kosten	1 Vertriebsbereich	Ges.Vertr.Kosten
2 Quoten, Incent.	Variable Kosten	2 Quoten	Variable Kosten	2 Quoten	Variable Kosten
3 Profitcenter	Deckungsbeiträge	3 Profit	Deckungsbeiträge	3 Profitkontrolle	Deckungsbeiträge

Abb. 4.67: Gliederungsschema des Vertriebs

chungen, Entscheidungsregeln und Hypothesen beschrieben. Dabei sind lediglich einige Teilmodelle implementiert, sie können jedoch modulartig jeweils getrennt in das Gesamtmodell eingeführt werden.

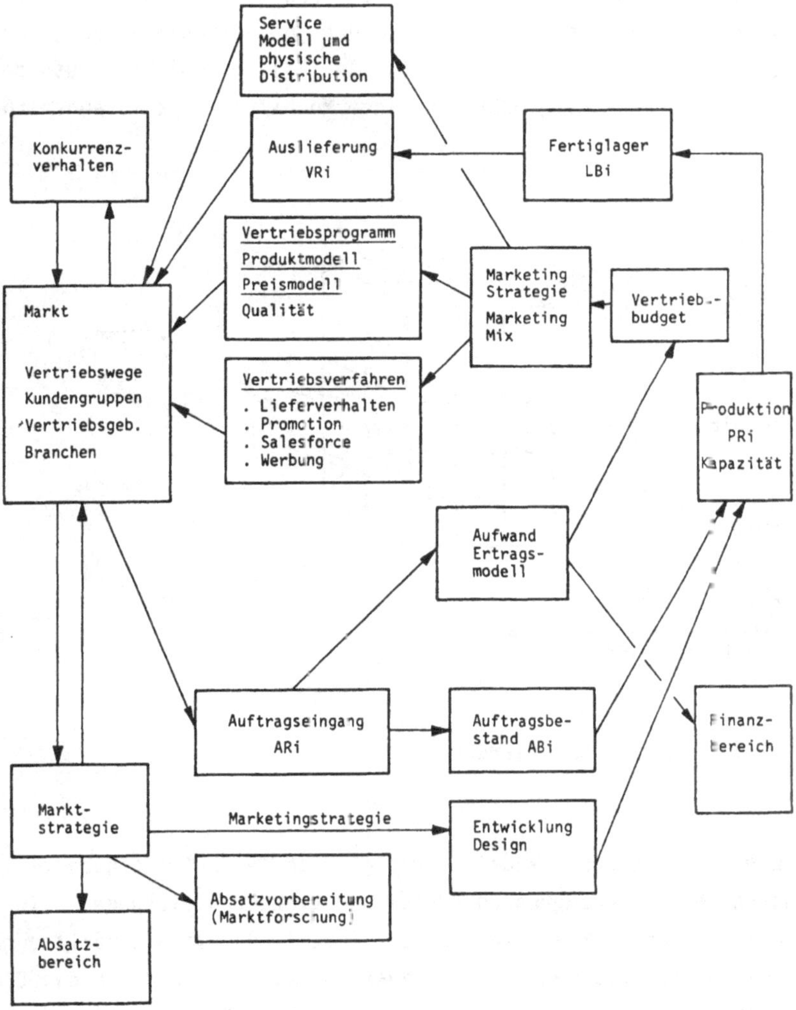

Abb. 4.68: Das Marktmodell mit den wichtigsten Submodellen

Die Gestaltung des Marktes als Marktmodell soll auf dem angesprochenen Strukturiertheitsniveau als sogenannte Segmentreaktionen erfolgen. Dabei wird der Markt nach Kundengrupppen, Vertriebsgebieten und Branchen aufgeteilt und die Einzelreaktionen untersucht (vgl. [KOTL67], S. 180). Es wird jedoch nicht soweit gegangen, daß das Verhalten eines einzelnen Kunden mit seinen Motivationen beschrieben wird, wie es z.B. bei Amstutz (vgl. [AMST67]) geschieht. Diese detaillierte Beschreibung müßte in einem Modell der operierenden Ebene erfolgen.

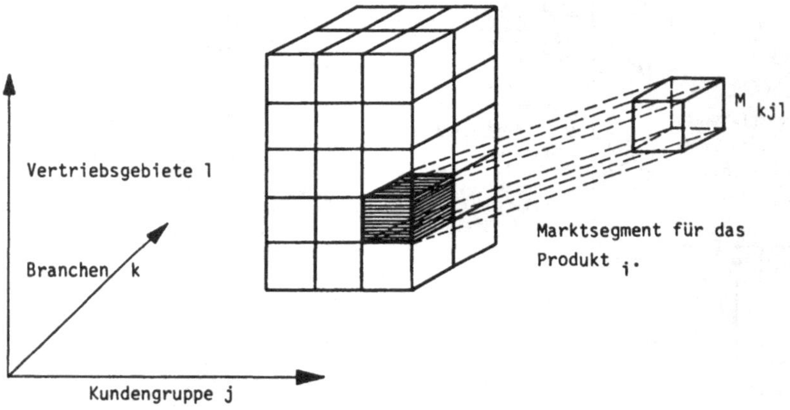

Abb. 4.69: Marktsegmentierung

Die Einteilung unseres Modells erfolgt nach 16 Vertriebsgebieten, 3 Branchen und 2 Kundengruppen (Groß- und Einzelhandelskunden). In einer anschaulichen Darstellungsweise (Abb. 4.69) ist ein Marktsegment also ein Würfel aus dem großen Quader Markt. Er wird durch die Eigenschaften Kundengruppe j, Branchenzugehörigkeit k und Vertriebsgebiet l beschrieben. Jedes dieser Marktsegmente kann einzeln durch Marketingmaßnahmen angesprochen werden und zeigt pro Artikel eine eigene Marktreaktion (Hypothesen). An dieser Stelle zeigt sich der Vorteil einer existierenden Hypothesenbank, die im Sinne eines lernenden Modells (vgl. [LITT66], S. 10 ff) im Laufe der Zeit die Reaktionen aller Marktsegmente enthalten kann, ohne daß dadurch das eigentliche Modell unhandlich wird.

Auftragseingang, Auslieferung, Teillieferung, Vertriebsverfahren müssen also pro Marktsegment erfaßt werden. Die Summe aller Marketingmaßnahmen ergibt die Marktanstrengung des Gesamtmodells, wobei wir dem Vorschlag Kotlers (vgl. [KOTL67], S. 45) folgen und alles auf den Effekt normaler, d.h. durchschnittlicher Marktanstrengung, der 1.00 gesetzt werden kann, beziehen. Dann läßt sich auch eine Preissenkung als Marketingstrategie berücksichtigen, indem der Effekt der Preissenkung als Hypothese pro Marktsegment verwendet wird. Der Gesamteffekt ergibt sich dann als Multiplikation der Einzeleffekte, während der Auftragseingang sich als Summe aller Marktsegmente ergibt. Für spezielle Maßnahmen (z.B. Werbung in umsatzschwachen Branchen) läßt sich jedoch auch z.B. der Umsatz/Branche bestimmen.

Spezielle Entscheidungsregeln sind notwendig, um die Marketingmaßnahmen sinnvoll auf den Markt aufzuteilen (Marketing-Mix). Kotler (vgl. [KOTL67], S. 189) schlägt eine Methode vor, indem schrittweise den einzelnen Segmenten bestimmte Budgets zugeteilt werden und nach Schätzungen (Hypothesen) der Gewinn pro Teilmarkt analysiert wird, um so die beste Strategie der Budgetverteilung herauszufinden.

Das dabei entstehende Massenproblem spricht Urban (vgl. [URBA72], S. 14) an und schlägt drei heuristische Lösungsprozeduren ("allocate", "split" und "search") vor. Dabei wird nach einer Analyse der Deckungsbeiträge pro Gebiet solange das Gesamtbudget auf die Gebiete mit dem höchsten Deckungsbeitrag aufgeteilt, bis der Gesamtgewinn maximal ist. Dabei können die Hypothesen über die Marktreaktion herangezogen werden. Man muß jedoch beachten, daß es sich dabei lediglich um <u>ein</u> Marketing Mixmodell (ein Modell der Modellbank) handelt, das beliebig austauschbar ist und der Einfachheit halber auch durch die Gleichverteilung aller Mittel ersetzt werden könnte (einfache Entscheidungsregel).

Um das praktische Verhalten des vorgefundenen Betriebes zu beschreiben, werden "Daumenregeln" verwendet, wobei die einzelnen Maßnahmen anhand vergangener Umsätze ausgewählt werden (z.B. 3 % vom Umsatz für Werbung, pro Gebiet 4 Vertreter, 10 % vom Umsatz für Qualitätsforschung). Ein bestimmter Rest des Budgets wird dann noch zur kurzfristigen Steuerung verwendet, um Abweichungen vom Absatzplan auszugleichen (z.B. durch Spezialausstellungen - Sales Promotion).

Die Wirkungen der einzelnen Submodelle auf den Markt ist Gegenstand umfangreicher Marketingliteratur. Jedes der dort angesprochenen Verfahren kann als Submodell Verwendung finden, soweit sie die Zustimmung des Benutzers erhalten. Meist wird der Benutzer sich jedoch an eigene Erfahrungen halten können.

Eine einfache Hypothese für den Effekt der Sales Promotion, die auf Erfahrungen im vorliegenden Unternehmen basiert, lautet z.B.: "Die Präsentation eines Produktes i auf einer Ausstellung kostet 100 DM. Das Produkt schlägt sich dafür im Monat zweimal um" (Aussage des Vertriebsleiters des untersuchten Unternehmens). Diese Präsentationen können natürlich nur zusätzlich zur normalen Werbung stattfinden.

Montgomery (vgl. [MONT69], S. 192) beschreibt das Konkurrenzverhalten z.B. mit dem RCA-bidding-model. Amstutz (vgl. [AMST67], S. 143), Cyert und March (vgl. [CEYE63], S. 128 ff) geben Anhaltspunkte für Preismodelle. während Vidale und Wolfe (vgl. [MONT69], S. 119) folgende Differentialgleichung zur Beschreibung der Werbewirksamkeit (Modell der Werbung) angibt:

$$\frac{dS}{dt} = [r + A * (M-S)/M] - \lambda S$$

Dabei gilt:

- M = Maximale Verkaufsrate (Sättigungsgrenze)
- S = Verkaufsrate
- r = Konstante Verkaufszuwachsrate
- A = Werbeausgaberate zur Zeit t
- λ = Verkaufsnachwirkungskonstante

An der selben Stelle (vgl. [MONT69], S. 216) werden auch physische Distributionsmodelle und Servicemodell (vgl. auch Stern, Marketingplanung [STER69], S. 159 ff) beschrieben.

Das Auftrags- und Ertragsmodell besteht aus einer einfachen Deckungsbeitragsrechnung nach dem Schema von Riebel (vgl. [RIEB72], S. 50 ff). Dabei werden die einzelnen Deckungsbeiträge zu weiteren Entscheidungen verwendet, während die Summe aller Aufwendungen wieder in den Finanzkreislauf als 'Vertriebsaufwendungen' eingeht.

Beurteilung der Ergebnisse

Ohne daß alle Submodelle des Marketingmodells implementiert wurden, da ihre Realisierung keine neuen methodologischen Erkenntnisse bringt und sich nur noch auf reine Marketingfragen beziehen, können schon die bisherigen Ergebnisse zusammengefaßt werden:

- Durch softwareseitige Erweiterung des System-Dynamics-Konzeptes (Einführung von Integralarrays) lassen sich auch Mengenprobleme mit indizierten Größen bewältigen und auf einfache problemorientierte Weise modellieren.

- Die bei der Disaggregierung der Vorgänge auftretenden diskreten Ereignisse lassen sich ohne Änderung der Simulationsmethode abbilden und simulieren.

- o Prozedurale Submodelle (Entscheidungsregel für die Fertigungssteuerung) lassen sich ebenso problemlos in die Simulation mit einbeziehen, wie sie durch geeignete Softwaremaßnahmen (Modellbank) flexibel verwendet werden können.

- o Die hierarchische Modellstrukturierung läßt sich modulartig durch ständige Disaggregation der Größen erweitern, ohne daß sich die Struktur des Gesamtmodells ändern würde. Eine solche Erweiterbarkeit stellt eine große Hilfe für die Gültigkeitsprüfung des Modells dar.

- o Mit dem erweiterten System können auch detaillierte Fragen beantwortet werden, die speziell das Middlemanagement angehen, z.B. "Was passiert mit dem Vertriebsbudget, wenn wir von Produkt 2 nicht genug produzieren können", oder "Wie wirkt sich ein Streik bei den Großhandelskunden der Elektrobranche in Südbaden auf die Liquidität aus".

Bevor jedoch derartige Fragen mit einem komplexen Modell sinnvoll, d.h. ohne zu großen Aufwand mit einem genügend großen Vertrauensbereich beantwortet werden können, müssen noch simulationsmethodologische Aspekte betrachtet und Softwareinstrumente bereitgestellt werden, um die Probleme handhaben zu können.

4.4 Die Integration unterschiedlicher Planungsmodelle

Betrachtet man die Entwicklung von Informationssystemen in der Industrie und in der öffentlichen Verwaltung, so läßt sich feststellen, daß in unterschiedlichen Abteilungen unabhängige Lösungen mit Hilfe von spezifisch angepaßten Modellen und Methoden produziert worden sind (vgl. auch [MEY79c]). So wurden z.B. in der Finanzbuchhaltung Programme zur Finanzplanung, in der Produktion Programme für die Steuerung und Produktionsplanung oder im Vertrieb Marketing-Prognosemodelle gekauft bzw. selbst entwickelt und eingesetzt.

Die Schnittstellen zwischen den einzelnen Abteilungen, d.h. zwischen den Problembereichen, wurden überhaupt nicht oder nur in geringem Maße berücksichtigt. Grundlage der eingesetzten Verfahren waren oft sehr unterschiedliche Methodologien, die entsprechenden Programme waren meist in verschiedenen Programmiersprachen geschrieben. Um den wachsenden Bedürfnissen der Benutzer und hier insbesondere der Planer Rechnung zu tragen, ist es notwendig, Modelle, Methoden und Daten in ein Gesamtsystem zu integrieren und die entsprechenden Schnittstellen zu realisieren. Eine wesentliche Voraussetzung hierfür ist allerdings die Bereitstellung der notwendigen softwaretechnischen Unterstützung, welche die Kommunikation zwischen verschiedenen Programmen, geschrieben in unterschiedlichen Programmiersprachen, erlauben, wobei diese Kommunikation vom System kontrolliert werden muß.

Einen ersten Ansatzpunkt der Integration verschiedener Modelle war das Prozeßsystem von TRIER (vgl. [TRIE77]), der ein Konzept zur Schnittstellenrealisierung entwickelte, das auf der Theorie der Petri-Netze (vgl. [PETR73]) basierte.

Hierbei wurden die zu verknüpfenden Programme als Prozesse betrachtet, die miteinander kommunizieren. Ein wesentlicher Nachteil der softwaretechnischen Umsetzung des Prozeßsystems bestand in der Tatsache, daß zur Koordinierung der Kommunikation das Betriebssystem des Rechners als Monitor und als Datenübertragungsschnittstelle verwendet wird.

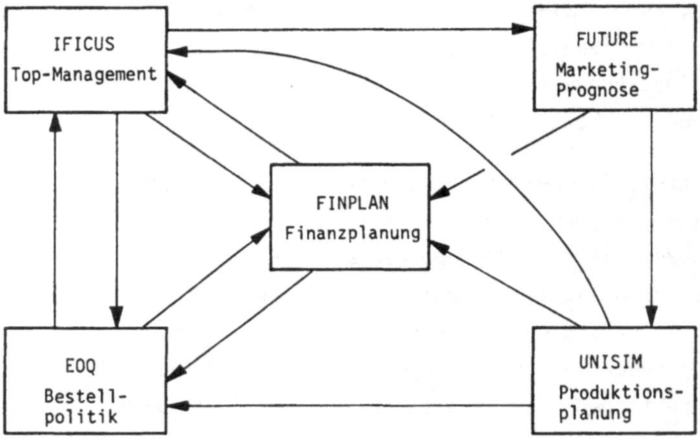

Abb. 4.70: Beispiel für die Integration von Planungsmodellen

Innerhalb der Entwicklung des Methoden- und Modellbanksystems BOSS (vgl. Kapitel 6.2) wurden nur die Programmquellen der Anwendungsprogramme aus dem Prozeßsystem von TRIER übernommen, die Kommunikation zwischen den Programmen wurde auf eine vollständig neue allgemeine Basis gestellt, vollkommen losgelöst von systemtechnischen Aspekten. Mit Hilfe dieses generalisierten Konzeptes konnte zum einen die Portabilität des realisierten Systems gewährleistet werden, zum anderen erlaubt es allgemein die Kommunikation zwischen Programmen, die in unterschiedlichen Programmiersprachen geschrieben wurden (vgl. auch Kapitel 6.2.5 und [MEYE81]).

Aus der Fülle der bekannten Modelle im Bereich der unternehmerischen Problemstellungen wurde eine Auswahl von Programmen getroffen, welche von den Autoren unabhängig von einander entwickelt wurden (vgl. auch [TRIE77]).

Diese ausgewählten Modelle sind:

- o das IFICUS-Modell von STÜBEL ([STÜB75]) 1)
- o das Modell von FRÖHLICH zur Finanzplanung ([FRÖH68])
- o das Modell UNISIM zur Produktionsplanung ([HARR72])
- o das Modell EOQ zur Bestellpolitik ([HARR72])
- o das Modell FUTURE als Prognoserechnung des Absatzes ([HARR72).

Abbildung 4.70 zeigt das Zusammenspiel (die Kommunikation) der beteiligten Modelle. IFICUS liefert alle notwendigen Anfangswerte an FINPLAN (1), welches die voraussichtliche Finanzdifferenz berechnet. Diese Differenz geht als Kreditbedarf an IFICUS zurück (2). FUTURE erhält von IFICUS die Historie der Auftragsrate (3), die wiederum extrapoliert von UNISIM zur Produktionsplanung (4) und von FINPLAN zur Finanzplanung (5) benötigt wird. EOQ stimmt die Bestellpolitik mit FINPLAN ab (6, 7), übernimmt von IFICUS (8) den effektiven Lagerbestand und meldet die Bestellmenge zurück (9). UNISIM liefert IFICUS (10) und EOQ (12) den Produktionsplan (10), FINPLAN die geplanten Kosten pro Produktionseinheit (11).

Das softwaretechnische Realisierungskonzept der Kommunikation zwischen Modellen basiert auf dem theoretischen Hintergrund der Funktionsnetze (vgl. [GODB78], [GODB80]), die als Werkzeug zur Simulation sozio-ökonomischer und sozio-technischer Systeme entwickelt wurden. Die Schnittstellen zwischen den Teilmodellen bestehen aus sogenannten Kanälen, über die der Datenaustausch ausgeführt und kontrolliert wird (s. auch Kapitel 6.2.5). Im folgenden ist der Inhalt der Kanäle aus unserem Anwendungsbeispiel aufgelistet:

---

1) Hierbei handelt es sich um den Vorläufer des hier beschriebenen Gesamtunternehmensmodells ACTIPLAN.

(1) - IFICUS an FINPLAN:
- Oberstundenkosten
- Produktionsrate
- verfügbares Marketing-Budget

(2) - FINPLAN an IFICUS:
- zusätzliches Marketing-Budget

(3) - IFICUS an FUTURE
- Auftragsrate
- Lagerbestand Fertigprodukte
- effektive Produktionsrate

(4) - FUTURE an UNISIM:
- Prognose Auftragsrate
- Lagerbestand Fertigprodukte
- effektive Produktionsrate

(5) - FUTURE an FINPLAN:
- Prognose der Auftragsrate

(6) - EOQ an FINPLAN:
- optimale Bestellmenge
- Bestellkosten pro Los

(7) - FINPLAN an EOQ:
- geplanter Finanzmittelbestand

(8) - IFICUS an EOQ:
- Lagerbestand Rohstoffe

(9) - EOQ an IFICUS:
- optimale Bestellmenge

(10) - UNISIM an IFICUS:
- geplante Produktion

(11) - UNISIM an FINPLAN:
. geplante Kosten pro Produktionseinheit

(12) - UNISIM an EOQ:
. geplante Produktion

Mit Ausnahme der (zeitdiskreten) Bestellpolitik (EOQ) sind alle Verfahren kontinuierliche Simulationsmodelle. Die hier in BOSS integrierte Version von IFICUS ist in der Programmiersprache CSMP geschrieben, alle anderen Modelle sind FORTRAN-Modelle. Wie schon oben erwähnt, läßt das entwickelte Konzept zur Verküpfung von Programmen, die Kommunikation zwischen Programmen in beliebigen Programmiersprachen zu, solange nur eine entsprechende Compiler-Version zur Verfügung steht.

Die Kommunikation zwischen den Modellen wird durch den System-Hypervisor von BOSS gesteuert,in dessen Kontrolle auch die Zeitverwaltung ist.

Die Dauer einer Zeitscheibe ist für unsere Anwendung bei IFICUS 0.05, bei den anderen Modellen 1 Woche. Der Genauigkeitsgrad von IFICUS wird für die Planungsprozesse nicht benötigt. Die Funktionen der einzelnen Teilmodelle werden im folgenden detaillierter beschrieben (vgl. auch [TRIE77]).

FUTURE erhält wöchentlich die aktuelle Auftragsrate, den Lagerbestand Fertigprodukte und die effektive Produktionsrate von IFICUS. Alle 5 Wochen wird die Auftragsprognose durch lineare Extrapolation erstellt und zusammen mit dem zuletzt gemeldeten Lagerbestand und der effektiven Produktionsrate an UNISIM gemeldet, FINPLAN erhält lediglich die Auftragsprognose.

UNISIM ist das Modell eines Unternehmens, das ein Produkt herstellt. Aus unbegrenzt verfügbarem Rohmaterial wird kontinuierlich auf Lager produziert und von dort in Abhängigkeit der Nachfrage ausgeliefert. Dem Problem der schwankenden Nachfrage kann durch ausreichende Lagerhaltung oder durch Anpassung der Produktion begegnet werden. Beide

Alternativen führen zu überhöhten Kosten, weshalb es notwendig ist, zwischen ihnen einen Kompromiß zu finden. Mit den Daten, die UNISIM von FUTURE und von IFICUS erhält, wird ein kostenoptimales Produktionsprogramm ermittelt. Die geplante Produktion wird an EOQ und IFICUS gemeldet. Die erwarteten Kosten erhält FINPLAN.

In Abhängigkeit des aktuellen Lagerbestandes, der geplanten Produktion und der verfügbaren Finanzmittel, wird in EOQ die optimale Bestellmenge ermittelt. Die Größe des optimalen Loses wird an IFICUS und an FINPLAN gemeldet. Die Wirksamkeit der Losbestimmung hängt natürlich von der Rückkopplungsgeschwindigkeit ab. Dieser Parameter läßt sich leicht ändern und seine Wirkung untersuchen.

Das Modell FINPLAN dient dazu, aufzuzeigen, wie sich der Finanzbedarf entwickelt, wenn bestimmte Wachstumsstrategien angewandt werden. Wachstum in einem Unternehmen läßt sich durch Programm-, Werbe- und Investitionsstrategien erreichen. Die Programmstrategie wird durch die Auftragsprognose vorgegeben, die Investitionsstrategie durch den Überhang oder den Mangel an installierter Produktionskapazität gesteuert. Die Werbestrategie ist schließlich abhängig von der Umsatzzuwachsrate. Wichtigster Output von FINPLAN ist folglich das zusätzliche Werbebudget, das IFICUS zur Verfügung gestellt wird.

5 Simulationsmethodik

Wer einmal bei einem kleineren Simulationsmodell mit 3 bis 4 Levels und ca. 4 Parametern die Ergebnisse ausgewertet hat, wenn nur 2 Parameter verändert wurden, kann nachfühlen, wie sich ein größeres Modell verhält. Ohne systematische Vorgehensweise gibt es keine Chance, auch nur annähernd sinnvolle Ergebnisse zu erhalten.

5.1 Systemanalyse

Es fällt auf, daß nur die wenigsten Simulationsmodelle nach methodischen Gesichtspunkten untersucht wurden. Naylor (vgl. [NAYL71], S. 11 ff) ist einer der wenigen Autoren, die sich diesem Problem ausführlich widmen. Er beschreibt sechs notwendige Schritte beim Aufbau eines Simulationsmodells:

1) Die Formulierung des Problems.

2) Die Formulierung des mathematischen Modells.

3) Die Formulierung des Computerprogramms.

4) Validierung.

5) Versuchsdurchführung.

6) Datenanalyse.

Während die Schritte 1) bis 3) quasi selbstverständlich sind und als Voraussetzung für alle Modelle durchlaufen wurden, bedürfen die Schritte 4) bis 6) noch einer genaueren Untersuchung. Sicher ist Naylor durch die Methode der ökonometrischen Modellbildung besonders auf die Aufbereitung der Daten, der Parameter und die Analyse der Ergebnisse angewiesen, seine Anregungen dienen jedoch auch als Grundlage für das methodische Vorgehen bei der Systemanalyse des vorliegenden Modells.

Fassen wir Naylors Schritte 1) bis 3) zur Modellbildung zusammen, so erscheinen unter simulationsmethodologischer Sicht folgende fünf Schritte notwendig:

1. Modellbildung
2. Verifikation
3. Kalibrierung
4. Sensitivitätsanalyse
5. Validierung

Obwohl sich die bisherige Arbeit fast ausschließlich mit der Modellbildung beschäftigte, ist die Bedeutung der restlichen Schritte schon daran zu sehen, daß sie gleichberechtigt neben die Modellbildung gestellt werden.

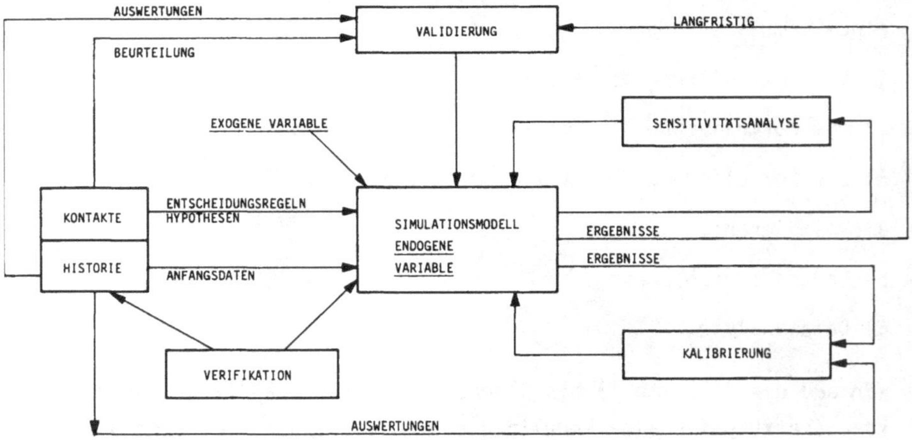

Abb. 5.1: Simulationsmethodologische Sicht

Abb. 5.1 gibt das Zusammenspiel aller Modell-Entwicklungsschritte wieder. In Verbindung mit einem Industrieunternehmen und im engen Kontakt mit den jeweils zuständigen Fachleuten, wird das Simulationsmodell entwickelt. Voraussetzung einer sinnvollen Untersuchung ist, daß die Historie der Firma in Form von EDV-gerechten Daten, z.B. Umsatz-, Auftragseingangs-, Teillieferungs-, Kunden- und Artikeldateien zur Verfügung steht. Die notwendigen Anfangsdaten sind alle meßbar und meßfähig. Soweit sie im Unternehmen bekannt sind, jedoch noch nicht in maschinengerechter Form zur Verfügung stehen, müssen sie einzeln erfaßt werden. Als exogene Daten (vom Unternehmen nicht beeinflußbare Daten, z.B. Steuersatz, Zinsfuß) werden die üblichen Größen verwendet. Soweit bekannt, werden die Entscheidungsregeln und Hypothesen verwendet, die in dem Unternehmen vorherrschen, wobei im einzelnen noch Abstraktionen aufgrund der Aggregierung vorgenommen werden müssen.

Die eigentliche Modellbildung besteht nun in der Verknüpfung dieser Eingangsgrößen mit den endogenen Variablen (vom Unternehmen kontrollierbare Größen, z.B. Produktionsrate) [1]. Der Prozeß der Verifikation besteht in der Einzelüberprüfung aller in das Modell und in die anschließenden Gültigkeitsprüfungsmaßnahmen einfließenden Daten. Um die Ergebnisse von Simulationen an die Wirklichkeit anzupassen, sind wiederholte Computerläufe notwendig. Man versucht, durch Veränderung solcher Parameter, die schwer oder ungenau erfaßbare Größen abbilden, das Modellverhalten dem Verhalten des realen Betriebes anzugleichen (Kalibrierung). Dabei sind die oben genannten Auswertungen eine große Hilfe. Durch gleichzeitige Sensitivitätsanalyse (sensitivity analysis) wird die Empfindlichkeit der Modellvariablen (Ausgangsgrößen) auf Parameteränderungen untersucht, um so einen Einblick sowohl in das Modellverhalten, aber auch in das Verhalten des Systems in der Realität zu erhalten.

---

1) Hierunter sind jedoch auch Größen wie Umsatz zu verstehen, die indirekt über Marktanstrengungen beeinflußt werden können.

Ein Vergleich der beiden Verhalten dient zur weiteren Verbesserung der Glaubwürdigkeit (credibility). Erst nach diesen Maßnahmen ist es möglich, die Modellergebnisse und damit die "Güte" des Modells zu beurteilen. Dazu müssen jedoch wieder Fachleute des Betriebes herangezogen werden und das Modell sollte über längere Zeit parallel zu den realen Vorgängen beobachtet werden, um so ein Urteil zu erlauben (Validierung), ohne daß der Verdacht auftritt, daß das Modell "eben so hingetrimmt" wurde. Dieser langfristige Prozeß, der im Sinne eines adaptiven Modells auch zu laufenden Modellverbesserungen führen wird, kann auch dadurch verkürzt werden, daß nur ein Teil der historischen Daten zur Kalibrierung verwendet wird, ein anderer dagegen zur Validierung herangezogen wird.

Die beschriebenen Schritte können teilweise "von Hand" durch ad hoc Maßnahmen und wiederholte Computerläufe mit veränderten Parametern erfolgen. Bei einem so komplexen Modell stößt man dabei jedoch an die Grenzen des "Machbaren". Auch die Datenerfassung enthält derart viele Einflußgrößen und erfordert eine ständige Aufbereitung (z.B. Trendrechnungen), daß die bisher üblichen Methoden der Einzelauswertungen nicht mehr anzuwenden sind. Hier ist von Seiten der Informatik ein umfangreiches Simulationsinstrumentarium zur Verfügung zu stellen, das die genannten Tätigkeiten automatisch unterstützt.

Im folgenden werden zu den einzelnen methodologischen Bereichen Definitionen angegeben und Wege aufgezeigt, wie bei der automatischen Analyse vorzugehen ist und welche Methoden anzuwenden sind. Die Entwicklung einer Methode zur Sensitivitätsanalyse sowie deren Anwendbarkeit auf den zu untersuchenden Fragenkomplex wird dagegen vertieft besprochen, um an diesem Beispiel die Leistungsfähigkeit von automatischen Analysemethoden zu demonstrieren.

5.2 Erfahrungen bei der Modellbildung

Hinter der einfachen Aussage Naylors "Formulierung des Problems und Formulierung eines Computerprogramms" steckt die ganze in Kapitel 2 geschilderte Problematik der Modellbildung. Dieser Prozeß wird auch nicht durch wohlgemeinte Modellbildungsanleitungen, wie sie Mirham schildert (vgl. [MIRH73], S. 96):

"1. 'Extant Knowledge' - Analyse der vorhandenen Erfahrung über das wirkliche System

2. 'Systematic Analysis' - Isolierung der relevanten Systemkomponenten

3. 'Model Synthesis' - Übertragung der aus der Systemanalyse stammenden Erkenntnisse"

erleichtert.

Der berechtigte Wunsch, Modellbildungserfahrung weiterzugeben und damit den Modellbildungsprozeß zu beschleunigen, gipfelt in der Forderung, sogenannte automatische Modellgeneratoren (vgl. [BIFO71], S. 61) zu entwickeln, die vielfältig einsetzbar sind. Hält man sich jedoch den Prozeß der Problemlösung, wie er von Schneider, H.-J. et al. (vgl. [SCHN73], S. 5) beschrieben wird vor Augen, so ist klar, daß von der "top-down"-Strategie keine automatischen Hilfsmittel zu erwarten sind. Außer der ebenso vagen Empfehlung der

- o Orientierung am geistigen Modell der Benutzer sowie der
- o systematischen Strukturierung

wie sie oben beschrieben wurde, können keine konkreten Rezepte für die Modellbildung angegeben werden.

Der konzeptionelle Abstand (conceptual distance) zwischen "oben" und "unten" kann aber dadurch verkleinert werden, daß für die Operationen auf der unteren Ebene (Programmebene) mächtige Elemente zur Verfügung gestellt werden. Solche Elemente können sowohl leistungsfähige Simulationssprachen mit entsprechenden Softwarehilfen sein, als auch Datenbanksprachen, mit denen die Bereitstellung der Ausgangsdaten erleichtert wird. Da der Modellentwicklungsprozeß sowohl 'top down' als auch 'bottom up' verläuft, wird die Idee des Modellgenerators dann sinnvoll, wenn 'bottom up' bereits leistungsfähige Instrumente zur Verfügung stehen. Ansätze dazu werden z.B. in SIMPLAN von Naylor (vgl. [NAYL73], S. 5 ff) sichtbar. Die vorgeschlagene Methode, Hypothesen, Entscheidungsregeln, Modelle und Daten flexibel zu einem aktuellen Modell zusammenzufügen, ist ein weiterer Schritt in diese Richtung.

5.3 Das treibende Element des Simulationsmodells

Unter methodischen Gesichtspunkten tritt ein Problem in den Vordergrund, das unter anwendungsorientierter Sicht keine besondere Beachtung fand, das aber für die Systemanalyse wesentliche Erkenntnisse bringt. Eine für das Verständnis des Systems grundlegende Frage ist: "Welches Element ist die treibende Kraft (driving power), die System und Modell als eine Folge von Ursache-Wirkungs-Zusammenhänge sozusagen 'am Leben' erhält?"

Die Erkenntnis, daß diese Größe(n) eine ausgezeichnete Rolle im ganzen System spielt (spielen), ist ein hervorragender Ausgangspunkt zur Untersuchung des Systemverhaltens. Dieser Umstand wird oft deshalb nicht beachtet, weil die Frage bei einfachen Modellen trivial ist (z.B. Käuferankunftsrate beim Supermarktmodell, vgl. [MOLM71]). Bei komplexen Modellen geht jedoch während der Modellbildung im allgemeinen die Einsicht in das System verloren, so daß die eigentlich treibende Kraft in den Hintergrund gerät.

Beilner (vgl. [BEIL73], S. 336) bezeichnet als "input" jene exogenen Variablen/Ereignisse, die System und Modell "antreiben", "output" jene endogenen Variablen/Ereignisse, die die Antwort von System und Modell beschreiben, womit indirekt die Antwort gegeben ist.

Die Auszeichnung der Variablen kann jedoch nur vom Problem ausgehend (semantisch) erfolgen, da sich strukturell aus den oben genannten Gründen keine Unterscheidung finden läßt. Die Frage nach der treibenden Kraft eines Simulationsmodells läßt sich also nur problemorientiert beantworten. Die Aussage, daß jede Input-Größe das Modell antreibt, ist zu allgemein, da z.B. die Größe "ZINS" zwar Input für das Modell ist, das System jedoch nicht ursächlich antreibt. Dagegen spielt der Auftragseingang unter problemorientiertem Gesichtspunkt eine bedeutende Rolle. Die Rückkopplung einer größeren Anzahl von Zustandsgrößen über das Kundenverhalten auf den Auftragseingang (Auftragseingang AR = Potential EAR * Kundenverhalten KV) rechtfertigt neben der zentralen betriebswirtschaftlichen Bedeutung bereits diese Auszeichnung [1].

Da die treibende Kraft jedoch eine Input-Größe sein muß, kommt der Größe Potential bzw. Erwarteter Auftragseingang EAR u.a. diese entscheidende Rolle zu. Damit wird auch klar, weshalb alle Experimente zur Grundkalibrierung des Systems an dieser Stelle (über TESTPO als Testfunktion) in das System eingreifen.

Zur methodischen Untersuchung von Simulationsmodellen ist es wichtig, die treibenden Elemente des Modells zu erkennen. In Analogie zu Erfahrungen, die bei Rechnersystemsimulationen gesammelt werden konnten, läßt sich z.B. eine Kalibrierungsmethode angeben, bei der die Kenntnis des treibenden Inputs ausgenutzt wird.

---

1) Damit handelt es sich nach Forrester (bezüglich des Auftragseingangs, Anm. der Verfasser) um ein geschlossenes System.

Das Verfahren basiert bei Untersuchungen der Effizienz von Betriebssystemteilen eines Rechners darauf, daß reale Arbeitslasten eines Tages (job stream mit Kenndaten) zusammen mit dem realen Systemverhalten aufgezeichnet werden. Wird danach das Simulationsmodell eines Rechnersystems mit diesen Arbeitslasten als Input betrieben (trace driven), kann aus dem Vergleich von realem Systemverhalten mit dem Verhalten des Simulators auf die notwendige Einstellung von Parametern geschlossen werden.

Überträgt man diesen Gedankengang auf das vorliegende Simulationsproblem, entspricht das dem Betreiben des Modells mit den realen Daten, z.B. mit dem realen Auftragseingang.

Aus den obigen Ausführungen folgt, daß damit der Auftragseingang zur echten Input-Größe gemacht werden muß (vgl. Abb. 5.2).

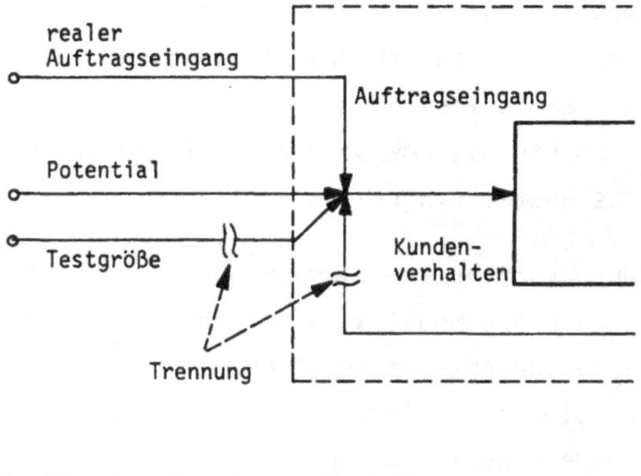

Abb. 5.2: Treibender Input des Modells

Während bisher das System aufgrund des Potentials [1] selbständig agierte und reagierte, wird es nun vom Auftragseingang her angetrieben (eingeprägter Strom) [1]. Dazu muß die Rückkopplung über das Kundenverhalten aufgetrennt werden. Ebenso ist die Testgröße nicht mehr erforderlich. Werden nun die historischen Aufzeichnungen mit den Simulationsergebnissen verglichen, können die Werte schwer erfaßbarer Parameter bestimmt werden.

Außerdem bietet dieses Verfahren, bei dem die hypothetische Kundenreaktion keine Rolle mehr spielt, eine neue Möglichkeit, ein Planungsinstrument zu erhalten, wenn entweder die zukünftigen Auftragseingänge auf andere Weise prognostiziert werden und das Systemverhalten von Interesse ist, oder wenn das Systemverhalten an sich zu untersuchen ist und Vergangenheitswerte vorliegen [2]. Die Kenntnis über den treibenden Input wird also zu

- o Kalibrierungszwecken sowie zu weiteren
- o Untersuchungen über das Systemverhalten

herangezogen.

---

1) Hier bietet sich die Analogie zu elektrischen Netzwerken an (Potential = Spannung, Auftragseingang = Strom).

2) Nach der zweiten Methode wurde ein dynamisches Modell erstellt, das die Energieversorgung Baden-Württembergs von 1965 - 1973 simuliert. Die Arbeit (vgl. [SCHR75]) wurde von einem der Verfasser in Zusammenarbeit mit dem Industrieseminar der Universität Mannheim betreut.

5.4 Gültigkeitsprüfung

Die Erkenntnis, daß die Gültigkeitsprüfung von Simulationsmodellen ein unerläßlicher Schritt der Simulationsmethodik ist, ist eine relativ neue Entwicklung. Die Begriffswelt ist daher noch vollkommen uneinheitlich. Deshalb werden die wichtigsten Vorgänge durchleuchtet und es erfolgt eine kurze Begriffserklärung.

Die notwendigen Schritte zur Gültigkeitsbestimmung lassen sich am besten überschauen, wenn man sich den Prozeß der Abbildung der Realität bis zum Computermodell vor Augen hält und danach die Fehlermöglichkeiten auf dem Wege dieser Abbildung ins Auge faßt. Abb. 5.3 zeigt nochmals systematisch den bereits geschilderten Prozeß der Abbildung der Realität auf ein Modell. Unterstellen wir, daß es jeweils ein Modell M' geben kann, das ein vollständiges Abbild des geforderten Ausschnittes des abzubildenden Systems ist, das sozusagen "gültig" ist, so wird klar, welche Fehlermöglichkeiten sich für das Modell M bei der wirklichen Abbildung ergeben. Auf dieser Basis können die im folgenden beschriebenen Methoden ansetzen.

5.4.1 Verifikation

Während Naylor (vgl. [NAYL71], S. 21) "Verification" mit "validation" gleichsetzt und den allgemeinen Gültigkeitsbestimmungsprozeß meint, unterscheiden andere Arbeiten (vgl. [NOLA72]) zwischen verschiedenen notwendigen Schritten und beginnen bei der "Verification". Betrachtet man in Abb. 5.3 alle Fehlermöglichkeiten, nicht nur die bei der Abbildung FM und CM, so muß der Begriff sehr breit gefaßt werden. V e r i f i k a t i o n umfaßt die Überprüfung aller Einzelabbildungen. Es kann dann von mehreren Verifikationsvorgängen gesprochen werden.

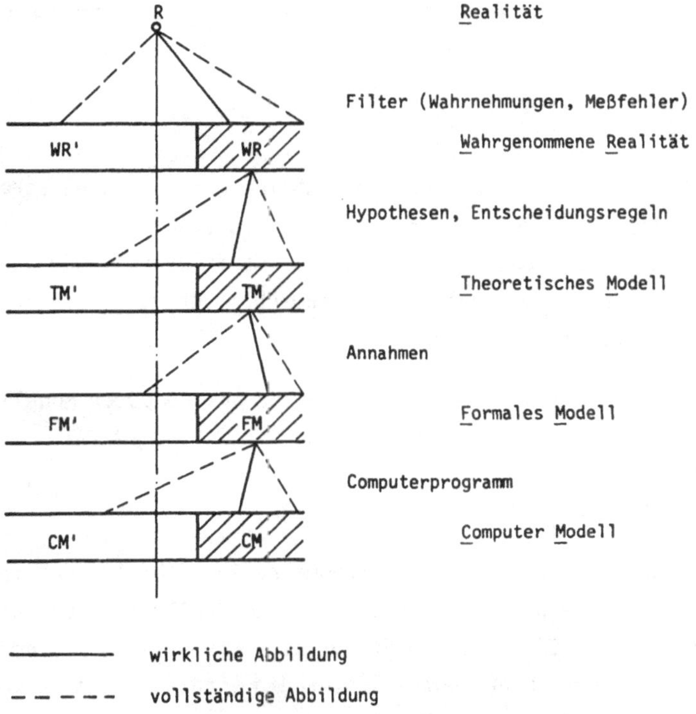

Abb. 5.3: Fehlermöglichkeiten bei der Simulation [1]

Verifikation 1:
Oberprüfung der Abbildung Formales Modell - Computer Modell (Computerprogramm) auf syntaktische Richtigkeit sowie Obereinstimmung der Ergebnisse mit den erwarteten Ergebnissen des formalen Modells. Diese Tätigkeit basiert auf der Erkenntnis, daß es bei der angesprochenen Einzelüberprüfung keine Möglichkeit gibt, CM an CM' (das gültige Computer Modell) anzupassen, eine Verbesserung der Abbildung FM auf CM jedoch mit großer Wahrscheinlichkeit auch eine bessere Anpassung von CM an CM' bewirkt.

1) vgl. auch Abb. 2.5

Methoden zur Verbesserung fallen in die Programmiertechnik und sollen hier nicht angesprochen werden.

Verifikation 2:

Überprüfung der Annahmen: Bei der Abbildung des theoretischen Modells auf das formale Modell werden vereinfachende Annahmen gemacht (z.B. kontinuierliche Produktionsrate). Sie müssen ebenso, wie z.B. die Fehler, die durch die Wahl von Rechenschritten verursacht werden, überprüft werden.

Methoden: Sensitivitätsanalyse mit Hilfe des Computer Modells, analytische Vergleichsrechnung.

Verifikation 3:

Überprüfung der Abbildung: Wahrgenommene Realität auf das theoretische Modell. Hierbei wird nicht die Gesamtabbildung überprüft, da das ja der Sinn der Gültigkeitsprüfung insgesamt wäre und zu deren Erfassung alle unteren Modellebenen notwendig sind, sondern es werden die Einzelabbildungen, die in Form von Hypothesen, Entscheidungsregeln oder Submodellen vorliegen, überprüft. Hierzu können empirische Daten erfaßt und mit Methoden der Statistik überprüft werden.

Verifikation 4:

Auch die Realität wird nur durch ein "Filter" erkannt. Wahrnehmungsschwierigkeiten, Meßfehler, Zufälligkeiten versperren den Blick auf das reale Geschehen. Werden nun Daten der Realität erfaßt, um anhand dieser das Modell auf Gültigkeit zu prüfen, so sollten sie ebenfalls verifiziert werden.

Methoden: Statistik, Glättungsmethoden, Methoden der Ausgleichsrechnung.

Die Abb. 5.4 - 5.6 zeigen Meßwerte aus dem untersuchten Unternehmen (die Daten wurden in dem angesprochenen Industrieunternehmen erfaßt und im Rahmen eines Informationssystems ausgewertet).

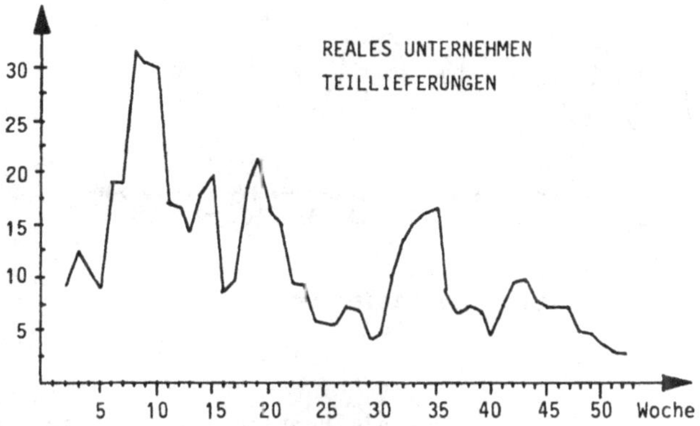

Abb. 5.4: Umsatz des realen Unternehmens

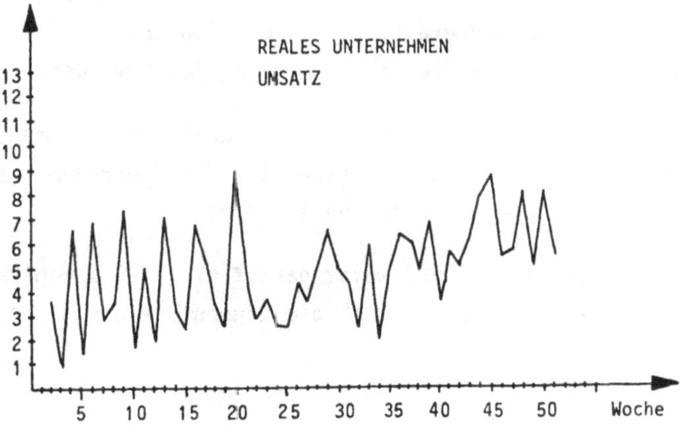

Abb. 5.5: Teillieferungen des realen Unternehmens

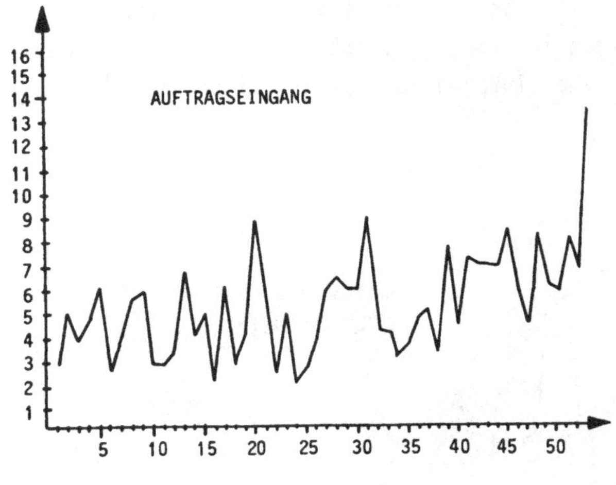

Abb. 5.6: Auftragseingang des realen Unternehmens

Einige Fehlermöglichkeiten mögen die Problematik der "wahrgenommenen Realität" erläutern.

- o Die Datenerfassung war ungenau (Belegerfassung).
- o Die Vertriebsgebiete waren nicht vollständig erfaßt.
- o Die maschinelle Aufbereitung enthielt Fehler.
- o Momentane Zufälligkeiten müssen ausgeglichen werden.

Erst nach Beseitigung all dieser Ungenauigkeiten oder zumindest nach einer Fehlerabschätzung kann ein Vergleich der Meßergebnisse Simulation, Realität sinnvolle Aussagen liefern.

Mirham (vgl. [MIRH73], S. 96) weist darauf hin, daß sowohl die in der Realität gemessenen Werte als auch die Ergebnisse des Simulationsmodells, soweit stochastische Größen enthalten sind, lediglich eine Realisierung eines stochastischen Prozesses sind. Deshalb sind alle Ergebnisse anhand statistischer Tests zu verifizieren. Nach Mirham kommen für diese Untersuchungen folgende Tests in Frage:

- Kolmogorov - Smirnow
- CHI - Quadrat Tests
- Trendanalysen
- Student's Test
- Autokorrelation
- Spektralmethoden

Vom Standpunkt der methodischen Untersuchung von Modellen müssen alle angesprochenen Methoden in einer Methodenbank zur Verfügung stehen, so daß die Ergebnisse ohne allzugroßen Aufwand überprüft und miteinander verglichen werden können.

5.4.2 Kalibrierung

Während bei der Verifikation lediglich Einzelabbildungen untersucht und verbessert wurden, zielt die Kalibrierung auf Verbesserung des Gesamtverhaltens des Simulationsmodells bezüglich der wahrgenommenen Realität ab. Beilner (vgl. [BEI73a], S. 334) unterscheidet zwischen zwei verschiedenen Entwicklungsphasen,

> "einer Kalibrierungsphase, die auf eine Reduzierung der Verhaltensunterschiede Realität/Modell abzielt und in Verfolgung dieses Ziels den Simulator in geeigneter Weise verändert"

und

> "einer Phase der Gültigkeitsbestätigung, deren Ziel eine Abschätzung der Verhaltensunterschiede Realität/Modell ist, ..., in deren Verlauf der Simulator nicht verändert wird."

Diese Definition, die nur auf den Unterschied Kalibrierung und Gültigkeitsbestätigung im engeren Sinne (Validierung) abzielt, also lediglich den Zweck der Tätigkeit im Auge hat, soll insofern ergänzt werden, als auch die einzelnen Tätigkeiten der Entwicklungsphasen unterschieden werden. Damit nähern wir uns der spezielleren Auffassung Little's (vgl. [LITT74], S. 687), der unter Kalibrierung "die Feststellung einer Menge von Werten für Eingabeparameter" versteht. Wir wollen unter K a l i b r i e r u n g die Verbesserung des Gesamtverhaltens des Simulationsmodells bezüglich der wahrgenommenen Realität durch Parameterveränderungen verstehen. Werden während dieses Vorgangs strukturelle Veränderungen am Modell vorgenommen, so entspricht dies einem erneuten Durchlaufen der beschriebenen Phasen, ebenso wie auch jetzt noch Programmierfehler gefunden werden können.

Obwohl bei der Modellbildung bereits alle Ursache-Wirkungsbeziehungen quantitativ erfaßt wurden und im Gegensatz zu den Parametern in ökonometrischen Modellen alle Größen meßbar sind, bleibt noch ein genügend großer Spielraum, um das Modell durch entsprechende Parameter zu verändern. Solche Parameter können z.B. schwer meßbare Zeitkonstanten sein oder solche Größen, die durch den hohen Aggregationsgrad des Grundmodells zunächst nicht genau erfaßt werden können und aufgrund von Schätzungen angenommen wurden (z.B. Teillieferungskosten).

Die Methoden zur Kalibrierung, die in der Literatur zu finden sind, heben alle auf statistische Verfahren ab, um zwei Zeitreihen (Realität und Modellergebnis) miteinander zu vergleichen. Je nach Verfahren werden die Parameter direkt durch Regressionsanalyse für die Einzelgleichungen bestimmt (vgl. [NAYL71], S. 114) oder es werden durch Variieren eines Parameters bei fixen übrigen Parametern verschiedene Simulationsläufe ausgewertet und mittels Testverfahren derjenige ausgewählt, der eine gegebene Bedingung am besten erfüllt.

Wenig Beachtung wurde jedoch der methodischen Auswahl des "besten" Parameters geschenkt. Gerade weil die Komplexität unseres Modells ein Hauptproblem darstellt, so daß die Beurteilung "von Hand" aussichtslos erscheint, muß die automatische Auswahl hier besondere Aufmerksamkeit finden. Unter diesem Gesichtspunkt können wir das Problem in Moduln zerlegen und die Aufgaben getrennt untersuchen. In Abb. 5.7 wird ein erfolgversprechender Weg vorgeschlagen, der allen in der Arbeit gestellten Anforderungen (Flexibilität, Benutzerorientierung) genügt.

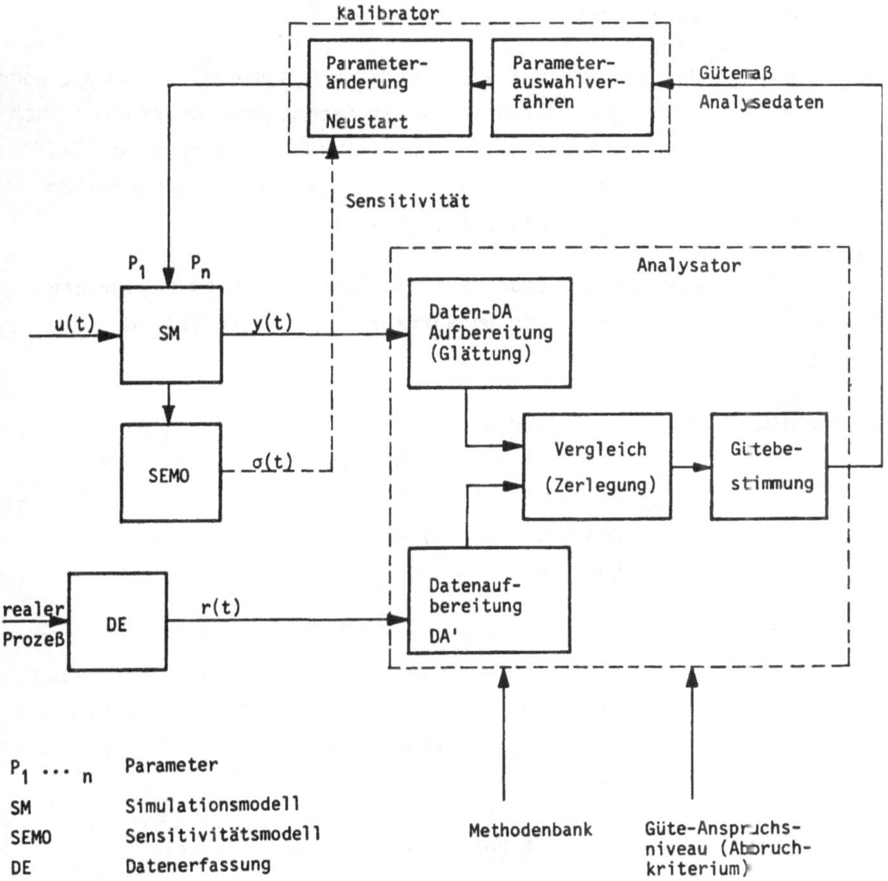

$P_{1 \cdots n}$	Parameter
SM	Simulationsmodell
SEMO	Sensitivitätsmodell
DE	Datenerfassung
u (t)	Eingangsgrößen
y (t)	Simulationsergebnis
r (t)	Realdaten

Abb. 5.7: Arbeitsweise eines automatischen Kalibrators

Simulationsergebnisse und reale Daten werden in einem Analysator aufbereitet (Methoden der Ausgleichsrechnung), verglichen (statistische Methoden) und schließlich ein "Gütemaß" für den Vergleich berechnet. Je nach Anspruchsniveau für diese Güte wird der Prozeß der Kalibrierung hier abgebrochen. Ist noch keine zufriedenstellende Anpassung erfolgt, bestimmt der Kalibrator je nach angewandtem Parameterauswahlverfahren die weitere Strategie der Parameterveränderung und bewirkt einen Neustart des Modells.

Das Verfahren der Parametereinstellung kann beschleunigt werden, wenn die Reaktion von Ausgangswerten y(t) auf Parameterveränderungen nach Stärke und Richtung bekannt ist. Diese Information wird durch das Sensitivitätsmodell, wie es in Kap. 5.4.3 ausführlich beschrieben wird, über die Ausgangsgröße σ (t) geliefert.

Zum Betrieb dieses Kalibrierungssystems sind die unten angegebenen mathematischen und statistischen Verfahren zu überprüfen und jeweils flexibel einzusetzen.

Datenaufbereitung: Mittelwertbildung
exponentielle Glättung
Trendanalyse
Regressionsanalyse
Spektralzerlegung

Vergleich: Nach D. Wright (vgl. [WRIG72], S. 1290) werden die Methoden, die zum Vergleich und zur Messung der Übereinstimmung von Modelldaten und empirische Daten herangezogen werden, in drei Gruppen eingeteilt.

1. Punkt-Punkt-Test (Point fit test):

R^2 (Bestimmtheitsmaß), Korrelation, Regression Theil'scher Ungleichheitskoeffizient, Faktorenanalyse, Methode der ausgewogenen Abweichung.

2. Ausgewählte Maße aus Verteilungsuntersuchung

χ^2-Test, Varianzanalyse, parameterfreie Tests

3. Analyse der Eigenschaften von Kurvenzügen (trajectories)

Spektralmethoden, Turing Tests

Wright lehnt die Methoden der Gruppe 1 und 2 ab, da sie seiner Meinung nach die Autokorrelation der Daten nicht berücksichtigen. Damit fällt ein großer Teil der von Naylor beschriebenen Methoden weg. Autokorrelation [1] bedeutet, daß zwei zufällige Realisationen eines stochastischen Prozesses, die als Störgrößen in einem dynamischen Modell auftreten, zwei phasenverschobene Ausgangskurven bewirken. Die Phasenverschiebung kann aber durch Methoden der Gruppe 1 und 2 nicht erkannt werden.

Gerade diese Abhängigkeiten aller Größen nützt die Spektralmethode aus, bei der die zeitabhängige Ausgangsgröße in Frequenzen zerlegt wird und Amplitude und Phase getrennt verglichen werden können. Allerdings endet Wright seine Untersuchungen mit der resignierenden Bemerkung: "It is not clear, that insight gained in translation to the frequency domain is sufficiently greater, than that available from direct examination (eyeball test) of the time domain graphs to justify the cost involved" (vgl. [WRIG72], S. 1291).

Dieser Pessimismus, der in dieselbe Richtung wie Forresters Warnung vor quantitativen Vorhersagen zielt, ist nicht gerechtfertigt, da methodische Untersuchungen über das Ausgangsverhalten bei kleinen

1) Die Prognose mit Hilfe der Theorie linearer Filter nutzt die Autokorrelation der Ausgangsgrößen (vgl. [MERT72], S. 237 ff).

Parameteränderungen (Sensitivitätsanalyse) zusammen mit einer Kombination aus Tests der Gruppen 1-3 durchaus quantitative Aussagen darüber liefern können, wie sich absolute Größe, Amplitude und Phase von Frequenzzerlegungen verhalten.

5.4.3 Sensitivitätsanalyse

Im Gegensatz zu den Untersuchungen zur Verifikation, Kalibrierung und Validierung, bei denen der Stand der Technik in einer Zusammenfassung wiedergegeben wurde, wird die Sensitivitätsanalyse ausführlich dargestellt. Dabei wird der Begriff Sensitivität genau definiert und ein neues Verfahren vorgeschlagen, mit dem die Sensitivität automatisch gewonnen wird. Ferner werden Anwendungsmöglichkeiten aufgezeigt, bei denen der Einsatz der Sensitivitätsanalyse sinnvoll ist.

Gleichzeitig mit der Kalibrierungsphase sind Untersuchungen am Modell notwendig, die die Empfindlichkeit der Ausgangswerte (Meßwerte) in Abhängigkeit von Parameteränderungen feststellen sollen. Damit lassen sich

- Strukturfehler im Modell erkennen,
- systemimmanente kritische Größen ermitteln, die im Modell wie in der Wirklichkeit besondere Beachtung finden sollen,
- wesentliche Einflußgrößen von unwesentlichen und eventuell zu vernachlässigenden Größen trennen,
- Aussagen über die Vorhersagemöglichkeiten des Systems gewinnen sowie
- Methoden entwickeln, die die Kenntnis der Auswirkung von Parameteränderungen dazu nutzen, ein bestimmtes Ziel (bei der Kalibrierung ebenso wie bei der Optimierung in adaptiven Systemen) anzusteuern.

Die Bedeutung der Sensitivitätsanalyse, die bereits durch die Aufzählung der oben genannten Punkte ersichtlich ist, kann auch an den Arbeiten abgelesen werden, die auf dem Gebiet der Entscheidungsmodelle mit Hilfe des Ansatzes der linearen Programmierung erschienen sind.

Umso erstaunlicher ist es, daß auf dem Gebiet dynamischer Simulationsmodelle fast keine Methoden zu finden sind, die dieses Problem systematisch angehen.

Zwar weist Forrester bereits auf das Problem der stochastischen Änderungen von Eingangswerten hin und verneint aufgrund dadurch möglicher Phasenverschiebungen der Ausgangsgrößen jeglichen quantitativen Vorhersagewert eines Modells. Es wurden jedoch vielleicht auch deswegen in der Folge keine systematischen Untersuchungen auf diesem Gebiet bekannt. Die Empfindlichkeit von Methoden wurde höchstens anhand weniger Simulationsläufe bei veränderten Parametern qualitativ untersucht (vgl. [LOEW74], S. 117 ff) oder es wurden Fragen der Kalibrierung untersucht, wie es in [BRIT73] , S. 1 ff, unter dem Titel "The Parameter Sensitivity Issue in Urban Dynamics" geschah.

Die enge Beziehung der vorliegenden Problematik zu Fragen der Regelungstechnik eröffnet uns jedoch eine Fülle von Arbeiten, die sich auf jenem Gebiet mit ähnlichen Fragen beschäftigten, um zum Beispiel elektrische Netzwerke oder Steuerungsanalysen von Flugkörpern zu untersuchen (vgl. [FLET63], S. 1 ff).

Mit diesen Hilfsmitteln konnte ein wirkungsvolles Instrument zur Sensitivitätsanalyse entwickelt werden, dessen volle Bedeutung für das Gebiet der sozioökonomischen Modellbildung nur zu ahnen ist, da wir selbst nach der Software-Entwicklung dieses Werkzeuges erst am Anfang der Anwendungsmöglichkeiten stehen.

Die im folgenden entwickelte Methode basiert auf einer Übersichtsarbeit von Kokotovic, Rutman (vgl. [KOKO65], S. 727 ff) über "Sensitivity of automatic control systems (survey)" auf dem Gebiet der elektrischen Netzwerkanalyse sowie einer Arbeit von Meissinger (vgl. [MEIS60], S. 181 ff).

Die Autoren betonen, daß die Sensitivitätsanalyse von Regelsystemen deshalb so notwendig ist, da die Parameter ständig kleinen Änderungen unterliegen. Der Grund kann in

- o Ungenauigkeiten der berechneten Daten,
- o der zeitlichen Veränderung der Parameter oder
- o der Unmöglichkeit liegen, die Parameterwerte genau zu ermitteln bzw. (in der Elektrotechnik) genau zu realisieren.

Von den drei genannten Gründen trifft bei der Simulation sozioökonomischer Systeme besonders der dritte Grund zu, da es trotz der Ambition, nur meßbare Unternehmenswerte zu verwenden, nie möglich sein wird, die Parameter so exakt zu bestimmen, daß eine geringe Änderung nicht im Bereich des Möglichen läge. Das Problem liegt also nicht so sehr darin, die gesamte Abhängigkeit der Ausgangswerte von den Parametern zu ermitteln. Von größerem Interesse ist es, die Auswirkungen von Änderungen bei geringen Schwankungen um einen Parameterwert zu untersuchen. Obwohl auch die erste Fragestellung sinnvoll ist, wollen wir uns auf das zweite Problem konzentrieren.

In Anlehnung an Kokotovic, Rutman (vgl.[KOKO65]) werden einige Begriffe aus der Sensitivitätstheorie übernommen.

Das System, das ohne Parameteränderungen untersucht wird, heißt <u>Originalmodell</u>. Dasselbe Modell soll <u>verändertes Modell</u> genannt werden, wenn seine Parameterwerte verändert werden. Die Ergebnisse des Originalsystems sollen <u>Grundbewegung (fundamental motion)</u> genannt werden. Die <u>Zusatzbewegung (supplementary motion)</u> ist die Differenz zwischen Bewegungen des veränderten und des Originalsystems.

Die Sensitivitätstheorie untersucht die Zusatzbewegungen, die durch Parameteränderungen verursacht werden. Dabei sind drei Fälle von Parameteränderung zu unterscheiden [1].

1. α-Änderungen: Änderungen, die weder die Anfangswerte, noch die Ordnung des Systems verändern [2].

2. β-Änderungen: Änderungen der Anfangsbedingungen.

3. λ-Änderungen: Änderungen von Parameterwerten, die die Ordnung des Systems berühren.

Während α- und β-Änderungen gemeinsam untersucht werden, da Anfangsbedingungen auch als Parameter aufgefaßt werden können, führen λ-Änderungen zu einer Sonderbetrachtung (vgl. [KOKO65], S. 729), auf die nicht eingegangen wird.

Systemanalyse am Beispiel der Verschuldung eines Angestellten

Ehe theoretische Überlegungen angestellt werden, soll nochmals an einem kleinen Beispiel verdeutlicht werden, welche Vorgehensweise gewählt wurde und welche Aussagen diese Untersuchungen ermöglichen.

Szenario: Ein Angestellter bezieht ein fixes Gehalt von 2.000,-- DM/Monat. Er hat fixe und variable Ausgaben. Letztere hängen von der Höhe des jeweiligen Kassenbestandes ab. Außerdem sind Rückzahlungen entsprechend einer Tilgungsrate zu leisten (Entscheidungsregel 1). Die Kreditaufnahme erfolgt nach der Entscheidungsregel 2: Je weniger in der Kasse, desto mehr Kreditaufnahme. Um sein Gehalt bei großer

---

1) Die Untersuchungen beziehen sich auf Differentialgleichungen

2) Unter der Ordnung einer Differentialgleichung versteht man die höchste Ordnung der in die Gleichung eingehenden Ableitungen oder Differentiale.

Schuldenlast aufzubessern, hat er die Möglichkeit, auch im Nebenverdienst etwas zusätzlich zu verdienen (Entscheidungsregel 3).

Die Zusammenhänge sind in dem Verknüpfungsdiagramm (vgl. Abb. 5.8) dargestellt.

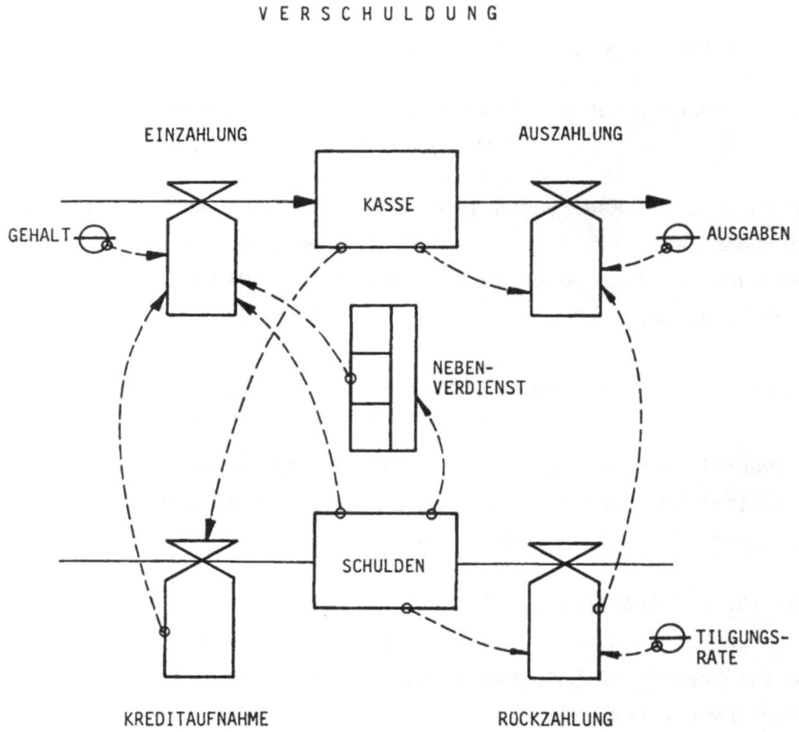

Abb. 5.8: Beispiel Verschuldung eines Angestellten

Abb. 5.9 und 5.10 zeigen den Verlauf des Kassenbestandes beim Originalmodell und den Verlauf bei kleiner Veränderung des Gehalts als Ergebnis zweier verschiedener Simulationsläufe. Darunter ist die Sensitivität der Kasse bezüglich des Gehalts σ (Kasse, Gehalt) dargestellt (α-Änderung). Dieselbe Untersuchung bezüglich einer Änderung des Kassenanfangsbestandes (β-Änderung) zeigt Abb. 5.12 und 5.13.

Der Verlauf der Kurven in Abb. 5.9 zeigt deutlich eine starke Abweichung der Werte für Kasse an den Maxima der Originalkurve, während in der Nähe der Minima fast keine Änderung zu erkennen ist. Der Kassenbestand stabilisiert sich nach ca. 36 Monaten bei 1.400,-- DM. Dieses Verhalten zeigt auch die veränderte Ausgangskurve. Allerdings stabilisiert sie sich auf einem höheren Niveau (ca. 1.500,-- DM), was auch vom Problem her einleuchtend ist, da ja das Fixgehalt um ca. 5 % erhöht wurde.

Diese rein qualitative Erklärung bestätigt nun die quantitative Analyse, die mit einem Lauf des Simulationsmodells gewonnen wurde (vgl. Abb. 5.10). Beginnend bei σ (Kasse, Gehalt) = 0, liegen die Maxima der Sensitivitätskurve bei t = 3, 9, 20, 29 Monaten. Das sind dieselben Werte, wie sie die qualitative Betrachtung von Abb. 5.9 ergab. Der Verlauf der σ-Kurve stabilisiert sich ebenfalls bei einem Wert $\sigma > 0$, was bedeutet, daß auch der stabile Wert der veränderten Kurve über dem der Originalkurve liegt.

Für eine β-Änderung beginnt die Sensitivitätskurve, wie oben erläutert, bei σ (Kasse, Kassenanfangsbestand) = 1 und zeigt im übrigen keine neuen Erkenntnisse mehr gegenüber einer α-Änderung.

Die Stabilisierung bei $\sigma = 0$ heißt, daß auch bei einer Änderung des Anfangswertes der gleiche Kassenbestand erreicht wird.

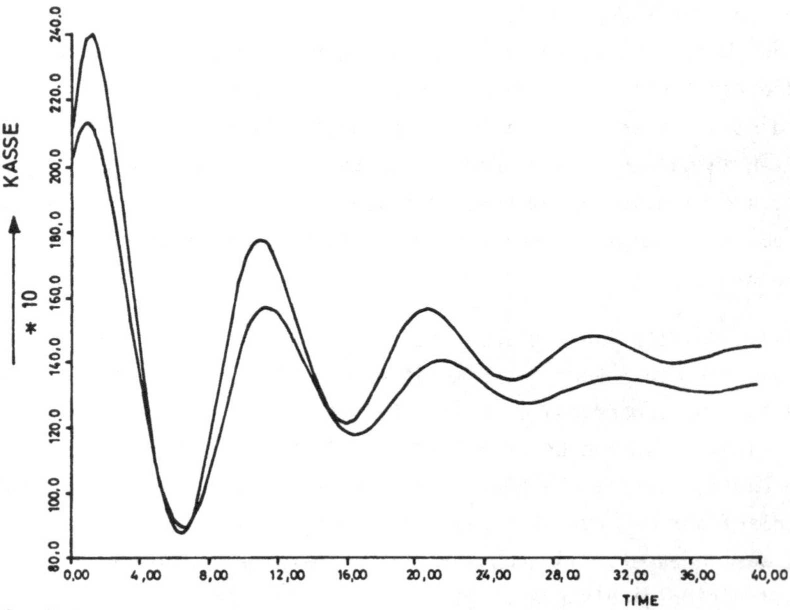

Abb. 5.9: Zeitliche Veränderung von Kasse bezüglich Gehalt

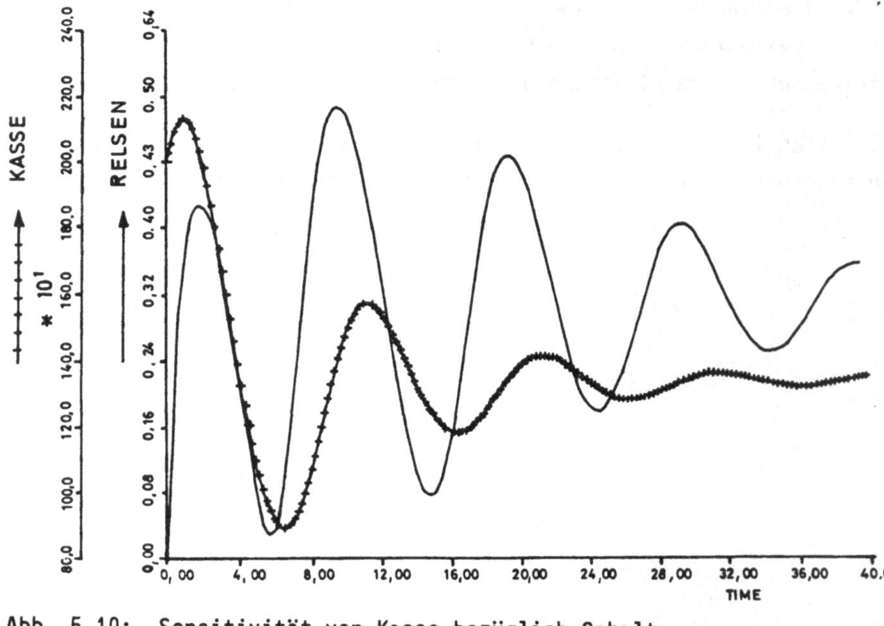

Abb. 5.10: Sensitivität von Kasse bezüglich Gehalt

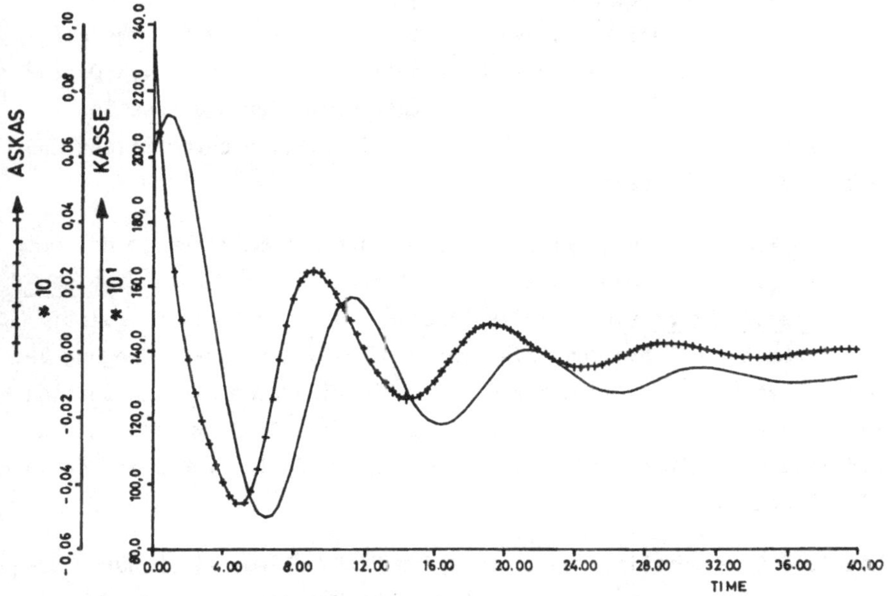

<u>Abb. 5.11:</u> Zeitliche Veränderung von Kasse bei verändertem Anfangsbestand (β-Änderungen)

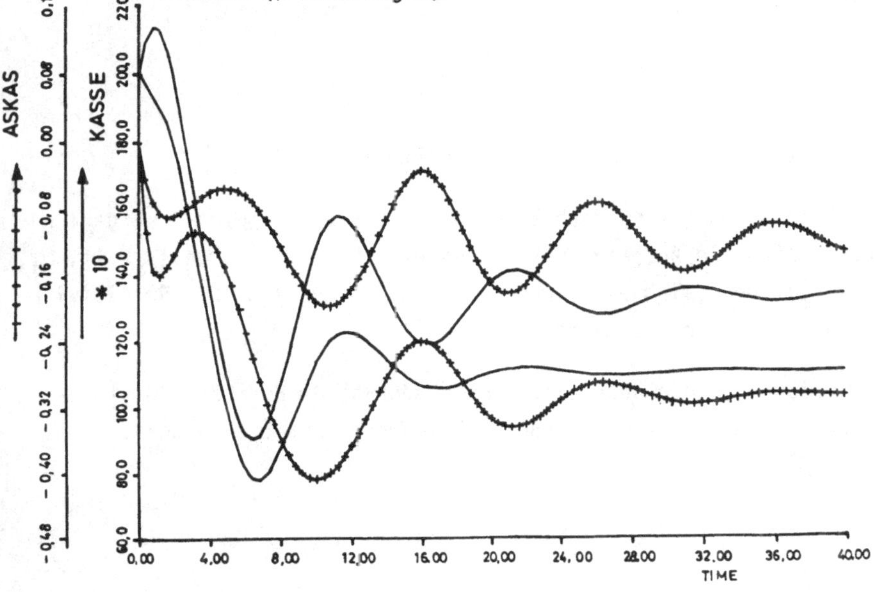

<u>Abb. 5.12:</u> Verlauf der Sensitivität von Kasse bzgl. Tilgungsrate

Die weiteren theoretischen Überlegungen führen über die systemtheoretische Betrachtung eines dynamischen Systems als System von Differentialgleichungen über die Näherungslösung als System von Differenzengleichungen zu einem Sensitivitätsmodell.Durch dieses Sensitivitätsmodell werden ebenfalls mittels Simulation automatische Ergebnisse über die Sensitivität erzielt.

Wie in STÜB75 gezeigt wird, läßt sich aus der Betrachtung des Originalmodells als einem System von Differentialgleichungen eine <u>Sensitivitätsfunktion</u> (sensitivity function) σ_{ij} der Größe x, relativ zum Parameter α_j ableiten. Sie gibt den Trend der Zusatzbewegung bei einer Variation der Parameter wieder. Sie wird auch Einflußfunktion (influence function) des Parameters α_j auf die Größe x genannt. Dabei wird das Originalmodell formal mit einem System von Differentialgleichungen abgebildet.

Wie leicht mathematisch gezeigt werden kann und empirisch durch Modellversuche bestätigt wird, gelten diese Überlegungen auch für die Differenzengleichungen, so daß die Sensitivitätsfunktion auch mit großer Näherung durch

$$\sigma_{ij} \approx \frac{\Delta X_i}{\Delta \alpha_j}$$

beschrieben werden kann (vgl. [STÜB75], S. 248 ff).

Die Untersuchung kann verbal auf die Frage zurückgeführt werden: Wie ändert sich die Ausgangsfunktion eines dynamischen Modells X (t, α_1, ..., α_m), wenn sich ein Parameter α_j um $\Delta\alpha_j$ ändert. Die Sensitivität ist also von der Zeit abhängig.

Weiter kann jedoch auch eine Gesamtänderung in Form der Zusatzbewegung angegeben werden, wenn sich mehrere Parameter ändern.

$$\Delta X_i = \sigma_{i1} \cdot \Delta\alpha_1 + \sigma_{i2} \cdot \Delta\alpha_2 + \dots + \sigma_{ij} \cdot \Delta\alpha_j + \dots + \sigma_{in} \cdot \Delta\alpha_n$$

Sind die Sensitivitäten $\sigma_{ij}(t)$ für bestimmte Parameter α_j bekannt, so liegt hier eine wertvolle Ausgangsmöglichkeit, um über die gleichzeitige Änderung auch mehrerer Parameterwerte ein bestimmtes Ziel (OPTIMUM) anzusteuern.

Um ein objektives Maß für die Sensitivität mit sinnvollen Angaben über die Empfindlichkeit des Systems zu erhalten, werden folgende Begriffe eingeführt:

$$\sigma_{ij} = \frac{\Delta X_i}{\Delta \alpha_j} \qquad \underline{\text{absolute Sensitivität}}$$

und

$$S_{ij} = \frac{\Delta X_i}{\Delta \alpha_j} \cdot \frac{\alpha_j}{X_i} = \sigma_{ij} \cdot \frac{\alpha_j}{X_i} \qquad \underline{\text{relative Sensitivität}}$$

Die Änderungen werden bei der relativen Sensitivität auf den jeweiligen absoluten Wert von X_i und den konstanten Wert α_j bezogen.

Aus obiger Definition läßt sich ebenso wie aus Abb. 5.13 ablesen, daß sich S wie die Tangens-Funktion (tan) verhält. Für kleinere Änderungen $\Delta\alpha \ll \alpha$ gilt demnach folgende Interpretation:

$S = 0$	Eine Änderung von α_j bewirkt keine Änderung von X.
$0 < S \leq 1$	Eine positive Änderung von $\Delta\alpha/\alpha$ bewirkt eine positive unterproportionale Änderung von $\Delta X/X$.
$S = 1$	Eine Änderung von $\Delta\alpha/\alpha$ bewirkt eine proportionale Änderung von $\Delta X/X$.
$1 < S < \infty$	Eine Änderung von $\Delta\alpha/\alpha$ bewirkt eine überproportionale Änderung von X/X.
$S \to \infty$	Das System ist instabil.
$S < 0$	Eine positive Änderung von $\Delta\alpha/\alpha$ bewirkt eine negative Änderung von $\Delta X/X$.

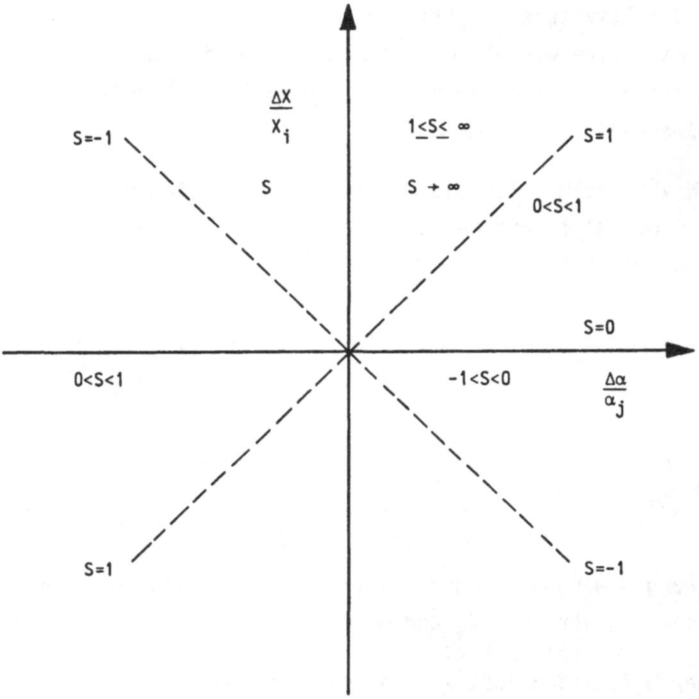

Abb. 5.13: Quantitative Interpretation der Sensitivität

Die gemessenen Werte von S (Kasse, Gehalt), vgl. auch Abb. 5.10 - 5.12), liegen alle im Bereich 0<S<1. Das System ist also relativ stabil bezüglich einer Parameteränderung des Gehaltes. Mit Hilfe des Sensitivitätsmaßes ist es nun auch möglich, Aussagen über die Vorhersagegenauigkeit eines Modells zu machen. Obwohl sich durch stochastische Veränderungen der Parameterwerte, wie sie sich durch Meß- und Rechenungenauigkeiten sowie durch reale Schwankungen in einem gewissen Bereich ergeben, auch die Ausgangswerte entsprechend verändern, gibt die Sensitivität darüber Auskunft, in welchem Zeitintervall Vorhersagen mit einer bestimmten Toleranzgrenze (Streuung V) möglich sind.

Liegt die Streuung der Parameterwerte in einem Bereich $-T_\alpha < V_\alpha < T_\alpha$ (T_α = Toleranzgrenze für $\Delta\alpha/\alpha$, z.B. 5 %) und läßt man eine Streuung der Ausgangswerte von $-T_x < V_x < T_x$ (z.B. 10 %) zu, dann läßt sich durch die Gerade

$$S_T = \frac{T_\alpha}{T_x} = \pm 0{,}5$$

(vgl. Abb. 5.14) die Vorhersagegrenze t_T ermitteln und damit eine Aussage darüber machen, in welchem Zeitraum eine Vorhersage sinnvoll ist. Dies kann ebenfalls mit Unterstützung des Computers geschehen.

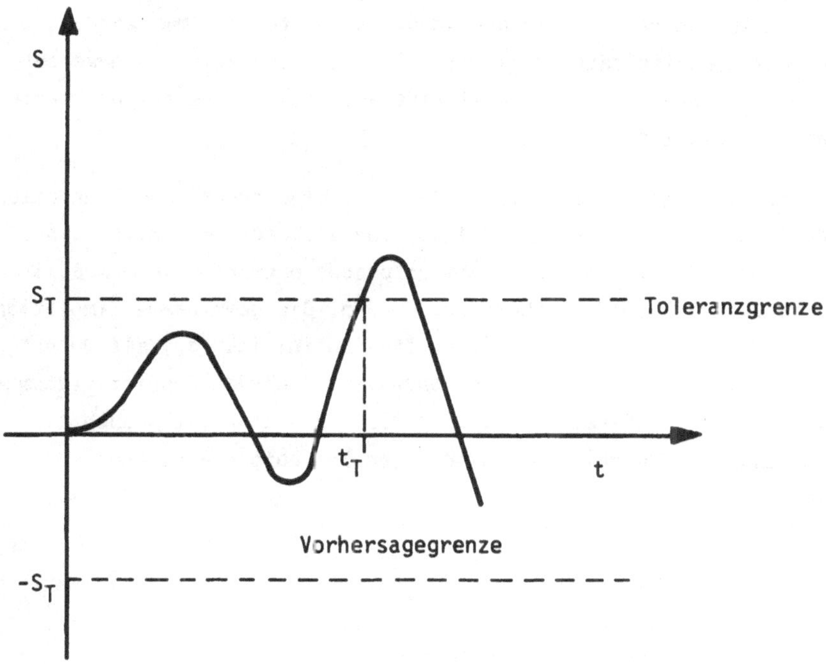

Abb. 5.14: Vorhersagemöglichkeit von dynamischen Modellen

Durch Anwendung von Verfahren der Systemtheorie kann die Sensitivität durch ein weiteres Differential- bzw. Differenzengleichungssystem bestimmt werden, so daß für α- und β-Änderungen die Sensitivität zu jedem Zeitpunkt bekannt sind. Dieses Gleichungssystem wird Sensitivitätsmodell genannt.

Für den Fall von λ-Änderungen (Änderung der Ordnung) sind komplizierte Überlegungen erforderlich, die hier zu weit führen würden.

Da das Differenzengleichungssystem für das Originalmodell mit Hilfe der Simulation gelöst wird und so die x_i-Werte bestimmt werden, kann auch das Sensitivitätsmodell mit Hilfe der Simulation ausgewertet werden. Das Sensitivitätsmodell wird automatisch aus dem Originalmodell abgeleitet.

Mit diesem Vorgehen kann also jedes beliebige dynamische Simulationsmodell, das in einer Programmiersprache vorliegt, mit Hilfe eines Generators, der für die Programmiersprache entworfen sein muß, in ein Sensitivitätsmodell überführt werden. Die gemeinsame Simulation beider Modelle liefert uns direkt die Sensitivität σ_{ij} als Output des Sensitivitätsmodells. Zu beachten ist, daß das Sensitivitätsmodell nur für die Parameter α_j gilt. Der Generator ist jedoch so flexibel, daß die Ableitung nach jedem beliebigen Parameter möglich ist.

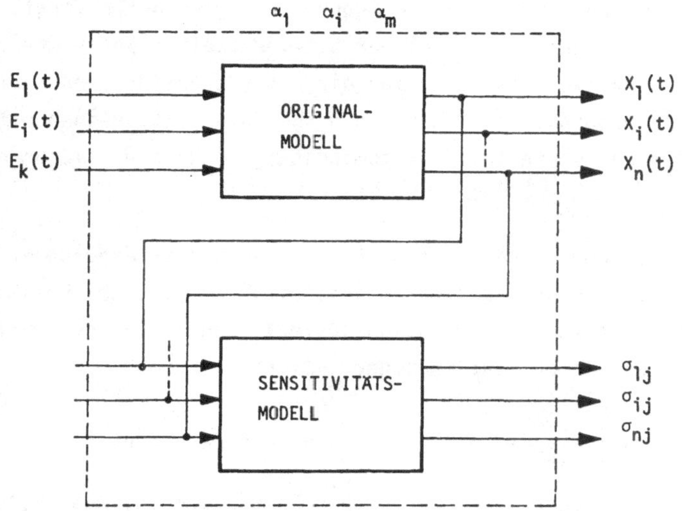

Abb. 5.15: Anordnung zur Simulation des Sensitivitätsmodells

Bevor nun auch das Gesamtunternehmensmodell bzw. gewisse Vereinfachungen (Gütermodell) mit Hilfe dieses wirkungsvollen Instrumentes untersucht werden, sind noch weitere Fragen zur Anwendung des Verfahrens zu klären.

In der Herleitung der Sensitivitätsgleichungen wurde stets die Voraussetzung der Differenzierbarkeit der Originalfunktion verwendet. Hier dürften wohl die schwersten Bedenken gegen diese neu entwickelte Methode liegen, denn gerade das vorliegende Modell enthält Entscheidungsregeln und Hypothesen als Tabellenfunktionen oder Sprungfunktionen, die an bestimmten Stellen nicht nach α_j differenzierbar sind. Hierzu gibt es jedoch zwei Gegenargumente. Erstens haben sozioökonomische Systeme die Tendenz, ihr Verhalten nicht sprungförmig zu verändern, so daß schon der gewählte Aggregationsgrad dafür sorgt, daß von der Anwendung her wenige solcher Schwierigkeiten auftauchen. Zweitens lassen sich die entsprechenden nicht differenzierbaren Funktionen leicht im Originalmodell ermitteln und dafür entsprechende Ableitungen "von Hand" erstellen, die zumindest gute Näherungslösungen darstellen.

Genaue Untersuchungen und Fehlerabschätzungen können dadurch erfolgen, daß in Einzelfällen der Wert der Sensitivität σ_{ij} mit dem Ergebnis E_{ij} der Differenz zweier Simulationsläufe X_i und X'_i bezogen auf die Änderung $\Delta\alpha$ verglichen wird. Aus der Differenz

$D_{ij} = \sigma_{ij} - E_{ij} = (\frac{\Delta X_i}{\Delta\alpha_j}) - E_{ij}$ kann auf das Verhalten auch bei nicht differenzierbaren Funktionen geschlossen werden. Abb. 5.16 zeigt das Verhalten der Sensitivität von Teillieferungen gegenüber einer Änderung der Koordinatorpolitik KOPOL im Beispiel des 2-Level-Gütermodells. Es zeigt deutlich, daß das System in der Nähe der jeweiligen Maxima von Teillieferungen relativ unempfindlich gegenüber der Koordinatorpolitik ist. D.h. in Zeiten großen Auftragsrückstandes bedarf es großer Anstrengungen,um die Teillieferungen zu reduzieren.

Ausgesprochen empfindlich reagiert das Gütermodell auf die Parameteränderungen von den Überstundenkosten (UEKO), wie die Sensitivitätskurven des Vertriebsbudgets zeigen (Abb. 5.17). Das Verhalten des Modells wurde in der Realität durch das Management in dieser Hinsicht aufgrund negativer Erfahrungen voll bestätigt.

Der Zusammenhang zwischen der Gesamtänderung in Form der Zusatzbewegung ΔX_i und kleinen Parameteränderungen wird durch die Gleichung

$$\Delta X_i = \sigma_{i1} \cdot \Delta\alpha_1 + \sigma_{i2} \cdot \Delta\alpha_2 + \ldots + \sigma_{ij} \cdot \Delta\alpha_j + \ldots + \sigma_{in} \cdot \Delta\alpha_n$$

beschrieben. Diese Erkenntnis eröffnet die Möglichkeit, jeweils an den Stellen der größten Sensitivität kleine Parameteränderungen vorzunehmen.

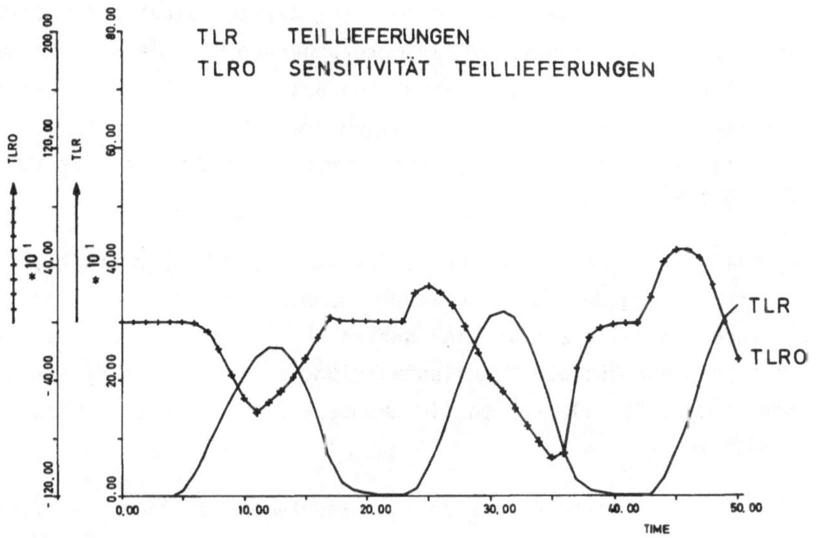

Abb. 5.16: Sensitivität der Teillieferungen bez. der Koordinatorpolitik

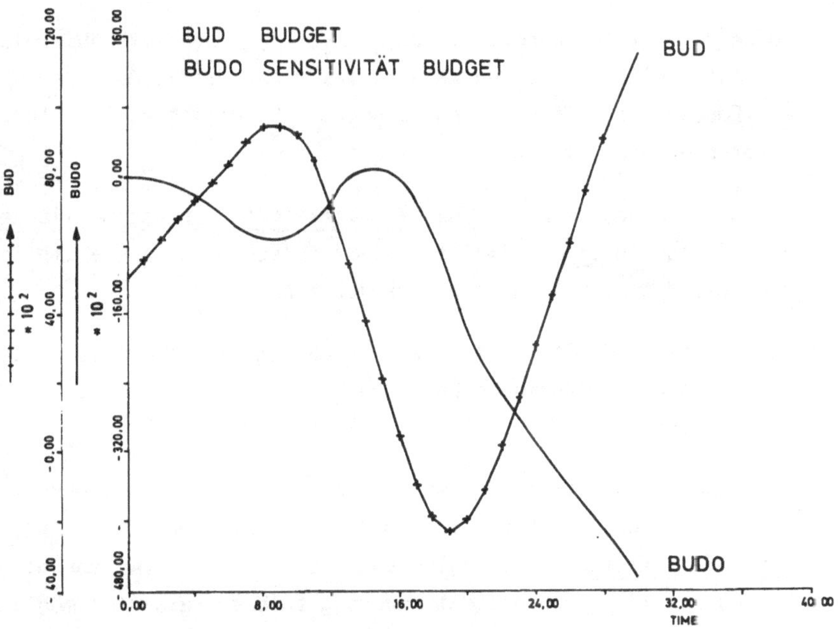

Abb. 5.17: Sensitivität des Budgets Vertrieb bez. Überstundenkosten

Da zu jeder Zeit t die Kenntnis der Sensitivität darüber Aufschluß gibt, durch welche sinnvolle Parameteränderung ein Zielwert "angesteuert" werden kann, bietet sich eine ausgezeichnete Möglichkeit, ein adaptives System zu entwicklen, das "optimal" Ziele ansteuern kann. Dies ist einer der Hauptgründe, weshalb ein solches System entwickelt wurde.

Die Realisierung des Instrumentes "automatische Sensitivitätsanalyse" zur Untersuchung der Zusatzbewegung (supplementary motion) eines dynamischen Modells stellt eine wertvolle Erweiterung für das methodische Vorgehen bei der Modellentwicklung mit Hilfe von System Dynamics dar. Deshalb sollen die Haupterkenntnisse hier nochmals zusammengefaßt werden:

- Durch theoretische Untersuchungen konnte ein Verfahren entwickelt werden, das unter Beachtung weniger Voraussetzungen die Empfindlichkeit (Sensitivität) der Ausgangswerte (output) eines dynamischen Modells automatisch analysiert.

- Durch die Methode konnte ein objektives Maß (absolute und relative Sensitivität) gefunden werden, das quantitative Aussagen über die Empfindlichkeit einer Ausgangsgröße bezüglich kleiner Parameteränderungen zuläßt.

- Die neue Methode stellt eine effiziente Untersuchungsmöglichkeit dar, da nun in einem Simulationslauf Aufschluß über die Empfindlichkeit des Modells gewonnen werden kann.

- Durch Angabe von Toleranzgrenzen in der Empfindlichkeitsauswertung lassen sich Aussagen über den Vorhersagecharakter eines Modells machen.

- Es lassen sich Methoden angeben, die über die Empfindlichkeit auf Parameteränderungen hinaus, auch die Empfindlichkeit auf Änderung der Anfangswerte von Variablen analysieren. Eine Erweiterung des Verfahrens läßt auch die Untersuchung solcher Parameter möglich erscheinen, die die Ordnung des Systems verändern.

- Wenige Erweiterungen der entwickelten Methode ermöglichen auch die Untersuchung der Empfindlichkeit bei einer gleichzeitigen Änderung mehrerer Parameter.

- Mit diesen Erweiterungen läßt sich ein adaptives Modell entwickeln, mit dessen Hilfe ein Ziel angestrebt werden kann. Damit kann das System zum Entscheidungs- bzw. Optimierungsmodell ausgebaut werden.

5.4.4 Validierung

Validierung wird definiert als die Bewertung des verifizierten und kalibrierten Modells mit der Absicht, die "Güte" des Planungsinstruments für den vorgesehenen Zweck festzustellen. Diese Definition steht zwischen der Auffassung Beilners (vgl. [BEI73a], S. 340):

> "Die Gültigkeit eines Simulators kann erst dann als erwiesen gelten, wenn Empfehlungen seitens des Simulationsmodells (abgeleitet aus Experimenten mit dem Simulator) in der realen Welt verwirklicht worden sind und eine Überprüfung der vom Simulator vorausgesagten wahrscheinlichen Auswirkungen der Systemveränderungen mit den tatsächlich eingetretenen Auswirkungen in Einklang stehen."

und der Einstellung Forresters (vgl. [FORR61], S. 436):

> "A dynamic model should be used for determining the behaviour character of a system but not its specific future state."

Eine Validierung ist nach Meinung Forresters deshalb nicht erforderlich. Auf diese Einstellung ist es zurückzuführen, daß keines der bekannt gewordenen Modelle irgendwelchen Validierungsversuchen unterzogen wurde.

Beilner (vgl. [BEI73a], S. 340 ff) schlägt zwei mögliche Wege der Gültigkeitsprüfung vor, die seiner Auffassung gerecht würden:

1) Echte Gültigkeitsprüfung bei der außerhalb der Kalibrierungsphase mit Hilfe gesonderter Simulationsläufe parallel zum realen Geschehen die Gültigkeit des Modells gezeigt werden kann.

2) Historische Gültigkeitsprüfung: Hierbei wird das Modell mit Aufzeichnungen aus der Vergangenheit betrieben. Die Gültigkeit soll dadurch gezeigt werden, daß die Ergebnisse mit Daten verglichen werden, die in der Kalibrierungsphase noch nicht benutzt wurden.

Selbst diese genauen Prüfungen sind jedoch nicht in der Lage, die Gültigkeit des Modells im strengen Sinn zu beweisen, da alle realen Daten lediglich eine Realisation eines stochastischen Prozesses darstellen. Eine Übereinstimmung der simulierten Daten mit der Wirklichkeit ist daher noch kein Beweis für die Güte. Solche Methoden können im strengen Sinn höchstens dazu dienen, falsche Modelle auszuscheiden.

Die folgenden Überlegungen mögen das noch verdeutlichen. Unter der Annahme, daß die Struktur des Modells die Realität "richtig" abbildet, kann der Einfluß einer stochastischen Größe, wie z.B. Kundenreaktionszeit, auf eine endogene Variable untersucht werden. Dazu wird der exogenen Größe Kundenreaktionszeit T im Modell eine stochastische Größe überlagert. Nach einer Anzahl von n Simulationsläufen kann der Erwartungswert E(x) und die Streuung D^2 (x) der Ausgangsvariablen x festgestellt werden. Damit ergibt sich eine obere und eine untere Vertrauensgrenze $E(x) \pm \gamma$.

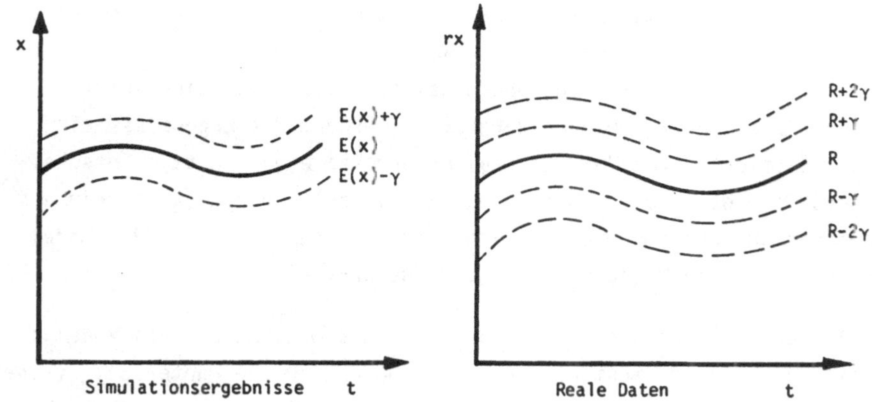

Abb. 5.18: Vertrauensbereiche von realen Werten und Simulationsergebnissen

Zieht man zur Validierung nun reale historische Daten heran und stellt dabei fest, daß reale Daten R und Erwartungswert E(x) genau übereinstimmen, so kann der wahre Mittelwert bis zu γ von E(x) abweichen und es wären beim Vergleich Werte, die bis zu 2γ von R abweichen, möglich. Erst bei Werten außerhalb dieses Bereiches kann von einem falschen Modell gesprochen werden.

Nach van Horn (vgl. [VHOR71]) ist die Gültigkeit eines Simulators lediglich eine relative Angelegenheit, d.h. man kann nur von Gültigkeit für bestimmte Situationen sprechen.

Geht man von den vorhandenen Planungsinstrumenten aus, die bereits im Einsatz sind, so wird man feststellen, daß zu weit fragwürdigeren "Instrumenten" (Daumenregeln) Vertrauen besteht. Wenn bereits in Daumenregeln ein subjektives Vertrauen besteht, dann wird sich dieses Vertrauen verstärken, wenn quantitative Methoden angewandt werden, die dem geistigen Modell des Benutzers entsprechen. Ein Modell, das bekannte Einzelzusammenhänge verknüpft und lediglich als Recheninstrument den Gesamtzusammenhang aufzeigt, kann bereits als Grundlage zu diesem Vertrauen dienen. Werden die vorgeschlagenen Methoden Verifikation, Kalibrierung und Sensitivitätsanalyse eingesetzt, so kann dieses Vertrauen noch vergrößert werden. Die Ergebnisse einer "was passiert - wenn"-Frage stellen bereits eine wichtige Entscheidungshilfe dar, selbst wenn diese Situation in der Wirklichkeit aus den verschiedensten Gründen nicht eintritt oder aufgrund der Modellergebnisse eine Maßnahme nicht durchgeführt wird.

Validierung heißt also in erster Linie,die Möglichkeit des Modells als Planungsinstrument abzuschätzen und anhand geeigneter Situationen Realität und Simulation miteinander zu vergleichen, um so Rückschlüsse auf die "Güte" zu erhalten.

Die vorgeschlagenen Methoden der Validierung können dazu beitragen, weiteres Vertrauen in die Modellergebnisse aufzubauen. Mit den methodischen Mitteln der Statistik und der Softwareanordnung, wie sie als Analysator in Kapitel 5.4 bei der Kalibrierung vorgeschlagen wurde, läßt sich auch die "Güte" quantitativ erfassen. Eine (zufällige) Übereinstimmung von Modell- und Realdaten sollte jedoch nicht dazu verleiten "im blinden Vertrauen" auf die Vorhersagekraft des Modells, Managemententscheidungen zu treffen.

6 Integration von Planungsmodellen in ein Methoden- und Modellbankverwaltungssystem

Die Notwendigkeit, ein Methoden- und Modellbankverwaltungssystem [2] als Basis zur Verarbeitung von Planungsinformationen zu haben, kann sehr leicht anhand eines spezifischen Anwendungsbeispiels plausibel gemacht werden: Wenn in einer Unternehmung ein Informationssystem zu Planungszwecken errichtet und gewartet werden soll, hat man - unter vielem anderen - für Hilfsmittel zur Eingabe, zur Gültigkeitsprüfung und zur Manipulation der entsprechenden Daten zu sorgen.

Falls man Planungsmodelle und Planungsmethoden verwendet, muß dafür gesorgt werden, daß innerhalb des Systems benötigte mathematische Methoden, Software-Engineering-Instrumente, Simulationsmethoden, Möglichkeiten zur Verifikation, zur Kalibrierung, zur Sensitivitätsanalyse und Validierung dieser Modelle und Methoden zur Verfügung stehen. Zusätzlich sind Hilfsmittel zum Entwurf und zur Gestaltung von Berichten sowie zur automatischen Generierung von Reports notwendig. Um beispielsweise die realen Daten mit den prognostizierten Daten vergleichen zu können, benötigt man statistische Methoden und Vergleichsmaße (vgl. [MEY79a]).

Die Beschäftigung mit Methoden- und Modellbanksystemen kann nicht von den Benutzern losgelöst gesehen werden, die diese Systeme handhaben und verwenden. Im wesentlichen lassen sich in großen Anwendungsumgebungen einer Unternehmung die folgenden drei Benutzerklassen unterscheiden:

---

1) Dieses Kapitel enthält Kurzbeschreibungen von Resultaten, deren ausführliche Beschreibung in Vorbereitung ist. Es soll einige Denkanstöße für den Aufbau von integrierten Methoden- und Modellbankverwaltungssystemen geben.

2) auch kurz: Methoden- und Modellbanksystem

1) Der Experte im Hinblick auf die vielfältigen Anwendungsgebiete (z.B. der Planer, der Fachspezialist, der Statistiker usw.), den man in der EDV-Terminologie auch als gelegentlichen Benutzer (casual user) oder Normalbenutzer bezeichnet.

2) Der Anwendungsprogrammierer und Systemanalytiker.

3) Der Methodenbank-, Modellbank- und Datenbankadministrator.

Alle diese Benutzer sind in irgendeiner Weise mit dem System verbunden, daher müssen für alle Mittel zur Verfügung gestellt werden, die es ihnen erlauben, das System ihren Kenntnissen entsprechend handhaben zu können. Da wir es mit computergestützten Instrumenten für Planer zu tun haben, wollen wir uns im besonderen mit der ersten Benutzerklasse beschäftigen. Die gelegentlichen Benutzer, nicht nur weil sie die größte Benutzergruppe ist, sondern weil sich die Motivation zur Errichtung von Methoden- und Modellbankverwaltungssystemen vor allem aus dieser Benutzerumgebung ergeben hat. Innerhalb einer Mehr-Benutzer-Umgebung sollte gerade diese Benutzerklasse die Möglichkeit besitzen, ihre Probleme mit einem minimalen Aufwand an Zeit und Geld und mit maximaler Systemunterstützung schnell und leicht zu lösen (vgl. [MEY79b]).

Den Terminus Methoden- und Modellbankverwaltungssysteme trifft man innerhalb der Entwicklung größerer Programmsysteme und der diesbezüglichen Literatur schon sei einigen Jahren an. Allerdings handelte es sich hierbei in der Vergangenheit ausschließlich um anwendungsspezifische Einzellösungen, die mit einem eigentlichen Methodenbankverwaltungssystem gar nicht oder nur wenig gemein haben.

Vorläufer zu solch einem Methoden- und Modellbankverwaltungssystem finden sich in Industrie, im Handel und in der öffentlichen Verwaltung (z.B. PLANCODE [MUEIBM], METHAPLAN [SIEM77], MEBA [HAUE78], TROLL [NATI74]).

Interessante Ansätze findet man auch im Bereich der universitären Forschung (z.B. AWUS [ENG79a], [ENG79b], BOSS [MEY79b], KARAMBA [HUEB79]), bei der Gesellschaft für Mathematik und Datenverarbeitung (MBS [KÜS79]) oder der öffentlichen Verwaltung (REST [STAT80]).

Das folgende Kapitel beschäftigt sich mit den Anforderungen an ein Methoden- und Modellbankverwaltungssystem aus der praxisnahen Sicht des Planers.

6.1 Anforderungen an ein Methoden- und Modellbankverwaltungssystem aus der Sicht des Planers

Der heutige Planer müßte idealerweise Spezialist in Planungsmodellen, Planungsmethoden, Programmiersprachen und Datenbankverwaltungssystemen sein. Er hat sich zwar während seiner Ausbildung von allen diesen Komponenten Grundkenntnisse angeeignet, er kann sie aber nicht ohne großen zeitlichen Aufwand anwenden, er möchte eine adäquate Unterstützung durch ein System (nämlich ein Methoden- und Modellbankverwaltungssystem) erhalten.

Hauptaufgabe dieses Benutzers ist es nämlich nicht, neue Eingabeformate, neue Job-Control-Karten- oder Kommandofolgen, neue Dialogführungsversionen und neue Ausgabeformate zu lernen, er möchte auch nicht immer gezwungen sein, sich in neue Benutzerhandbücher und Dokumentationskonventionen einarbeiten zu müssen. Es ist außerdem keine Hauptaufgabe dieses Benutzers,große Programme zu schreiben, sondern Planungsprobleme qualitativ gut zu lösen.

Betrachtet man die Planung in der Industrie und öffentlichen Verwaltung in der Vergangenheit, so läßt sich feststellen, daß sehr unterschiedliche Informationssysteme für Planungszwecke geschaffen wurden. In den verschiedenen Bereichen, die ein solches System aufgebaut haben, wurden unabhängige Lösungen beispielsweise mit Hilfe von spezifisch angepaßten Planungs- und Prognose-Modellen sowie Aufbereitungsmethoden produziert. Die Schnittstellen zwischen den einzelnen Problembereichen bzw. Abteilungen, wurden nicht oder nur in geringem Maße berücksichtigt. Oft wurden diese Modelle auf unterschiedlichen Methoden aufgebaut und waren zudem noch in verschiedenen Programmiersprachen geschrieben.

Wie könnte das ideale Instrumentarium des Planers der Zukunft aussehen? Der Problemlösungsprozeß muß entscheidend unterstützt werden, so daß das System einen großen Teil der Arbeitsgänge bei der Auswahl, Anwendung und Manipulation von Modellen, Methoden und Daten übernimmt. Der Benutzer wird nicht durch datenverarbeitungsmäßige Details abgelenkt, sondern kann sich ganz auf seine Problemlösung konzentrieren. Experimente am MIT haben in einem anderen Zusammenhang (On-line- versus Batch-Programmierung) gezeigt, daß dann auch die Problemlösungsqualität wesentlich besser wird. Dies ist aber das Hauptziel bei Problemlösungsprozessen.

Für spezielle Problemklassen sollten zum Beispiel Problemlösungswege vom System geliefert werden, sollten Terminologiedaten-, Methoden- und Modellwörterbücher (Informationsbanken) angeboten werden, die den Benutzer über alle zur Verfügung stehenden Hilfsmittel und Möglichkeiten informieren und ihn zu seiner Problemlösung hinführen.

Die verwendeten Planungsmodelle und -methoden sollten den sich ändernden Bedürfnissen der Benutzer leicht anzupassen sein. Sie sollten ebenfalls ihre Problemsicht widerspiegeln. Das Modell- und Methodenbankverwaltungssystem sollte den Benutzern zusätzlich die Möglichkeit bieten, entsprechend ihren Anforderungen und Kenntnissen Modelle und Methoden zu entwickeln und anzuwenden. Die Handhabung von Modellen und Methoden sollte soweit wie möglich in einer einheitlichen und konsistenten Art und Weise geschehen; ihre Unabhängigkeit und Flexibilität auch bezüglich ihrer Anwendungen sollte gesichert sein.

Es ist nicht notwendig zu betonen, daß die Transparenz und die Strukturiertheit, die Sicherheit und Robustheit garantiert sein sollten. Ähnlich der Entwicklung bei Datenbanksystemen, wo man resultatorientierte, deskriptive und nichtprozendurale Datenbanksprachen entwickelt hat, ist es für Modell- und Methodenbankverwaltungssysteme in der Planung notwendig, dem Benutzer mächtige Sprachmittel zur Verfügung zu stellen. Die Notwendigkeit wurde in der Vergangenheit vielleicht nicht deutlich genug gesehen und daher zu sehr vernachlässigt. Dies betrifft sowohl die Kommandosprachen als auch die Handhabungssprachen. Wir haben zwar heute in einigen Programmiersprachen die Möglichkeit, Modelle und Methoden als Prozeduren oder Funktionsaufrufe einzubeziehen, aber die Entwicklung integrierter Methoden- und Modellbanksprachen steht doch erst am Anfang.

Weitere wichtige Aspekte sind die Unterstützung der Dokumentation, benutzerfreundliche Konsistenzprüfungen und Fehlererkennung während der verschiedenen Phasen des Problemlösungsprozesses.

Die konzeptionelle Distanz zwischen den verschiedenen Benutzerklassen und den Computersystemen im Planungsbereich läßt sich am wirkungsvollsten mit Hilfe adäquater Dialoginstrumente schließen. Jeder, der mit komplexen Planungssystemen in der Industrie oder in der öffentlichen Verwaltung beschäftigt ist, wird zustimmen, daß die Möglichkeiten, Informationen interaktiv wiederzugewinnen und aufzubereiten, sowie das interaktive Programmieren immer mehr an Bedeutung gewinnen. Hier besteht die Notwendigkeit, den Benutzer mittels komfortabler Dialogschnittstellen in seinen Planungs- und Problemlösungsprozessen zu unterstützen. Die Benutzer entsprechender Systeme haben im allgemeinen recht unterschiedliche Kenntnisse in der Erstellung und Handhabung von Planungsmodellen, Planungsmethoden oder auch in der Systemhandhabung. Zugeschnitten auf den unterschiedlichen Kenntnisstand, sollten Dialogversionen zur Verfügung gestellt werden, die an die Problemlösung heranführen und den Benutzern die Möglichkeit bieten, Modellierung, Methodenerstellung und Handhabung zu erlernen.

Aus dieser Sollkonzeption für das Planungsinstrumentarium der Zukunft lassen sich nun die systemtechnischen Anforderungen für ein solches

System ableiten:

- Generierung problemorientierter Dialoge
- Dialogunterstützung durch Informationsbank
- Komfortable Fehlererkennung
- Programmiersprachenunabhängigkeit bei Modellen und Methoden
- Integration von Modellen, Methoden und Daten in ein Gesamtsystem
- Verbesserte Mensch-Maschine-Kommunikationsschnittstelle
- Einfache Erweiterbarkeit und Wertbarkeit

Die einzelnen Aspekte sind im folgenden noch detaillierter aufgeschlüsselt worden:

Innerhalb des gesamten Planungsbereichs in Industrie und öffentlicher Verwaltung existieren heute innerhalb eines Systems sehr unterschiedliche Modelle und Methoden, woraus sich die Notwendigkeit ableiten läßt, ihnen zugeschnittene Dialogversionen zu erzeugen. Zu diesem Zweck können zum Beispiel generalisierte interaktive Systeme zur automatischen Generierung von Dialogprogrammen eingesetzt werden (vgl. [MEY79c]), mit deren Hilfe es möglich ist, beliebige Dialoge für beliebige Benutzerklassen computergestützt zu erstellen.

In der Industrie und im öffentlichen Bereich steht die Entwicklung und der Einsatz solcher komfortabler Dialogkomponenten erst am Anfang. Berücksichtigt man aber die ständig wachsenden Benutzergruppen solcher Systeme und die Anforderungen zeitgemäßer Planung, führt kein Weg an der Bereitstellung entsprechender Softwareprodukte vorbei. Zur Dialogunterstützung empfiehlt sich die Einrichtung einer Informationsbank, die den Benutzer an jeder beliebigen Stelle seines Dialogs über diesen Dialog selbst (z.B. über die Verzweigungs- und Sprungmöglichkeiten, Dialogablauf, Dialogaufbau, Eingabemöglichkeiten) sowie über das Gesamtsystem (z.B. über bereitgestellte Modelle, Methoden und Daten) informieren kann. Um den meist recht unterschiedlichen Kenntnissen der verschiedenen Benutzer gerecht zu werden, ist daran zu denken, eventuell auch schon für einen einzelnen Planungsbereich mehrere Dialogversionen (z.B. Kurzdialog für den schon geübten Benutzer, Langdialog mit hinreichenden Erläuterungen für den Anfänger) anzubieten.

Das Dialogsystem sollte komfortable Fehlerkennungsroutinen besitzen. Die Qualität und Quantität der Fehlermeldungen könnte dem Kenntnisstand der einzelnen Benutzer angepaßt sein. Professionellen Benutzern könnten resultatorientierte, deskriptive Sprachen für den Dialog zu Verfügung gestellt werden. Der Einsatz von Dialogsystemen, die natürliche Sprachausdrücke verarbeiten, sollte geprüft werden.

Werden Modelle und Methoden, die in unterschiedlichen Programmiersprachen geschrieben sein können, integriert, so sollte ihre Einbeziehung in das Gesamtsystem möglich sein, ohne daß man Änderungen an ihnen vornehmen muß. Sollten die integrierten Modelle und Methoden nicht selbstbeschreibend sein, so muß dafür gesorgt werden, daß sie - bei Bedarf - für den Benutzer mit den entsprechenden Informationen ausgestattet werden. Dies kann beispielsweise mit Hilfe von automatischen Dokumentationsprogrammen oder einer Informationsbank geschehen.

Die Notwendigkeit, Modelle, Methoden und Daten in ein Gesamtsystem zu integrieren und die entsprechenden Schnittstellen zu realisieren, war offensichtlich. Gerade für diese Schnittstellen ist es notwendig, software-technische Unterstützung bereitzustellen, welche die Kommunikation zwischen verschiedenen Programmen, in unterschiedlichen Programmiersprachen, erlauben. Diese Kommunikation muß vom System kontrolliert werden.

Andere Anforderungen an solche Systeme lassen sich aus dem Bedürfnis ableiten, durch adäquate Systemunterstützung zu besseren Problemlösungen zu kommen. Dies kann zum Beispiel durch Sprachelemente, die leicht zu lernen sind, durch komfortable Fehlerkennungsroutinen und Konsistenzprüfungen, die Verbesserung der Kommunikationsschnittstelle zwischen Mensch (Benutzer) und Maschine sowie durch verbesserte graphische Schnittstellen erreicht werden.

Es ist unnötig zu betonen, daß die Implementierung neuer Dialogsysteme von den letzten software-technischen Entwicklungen geleitet sein sollte. Es ist hier beispielsweise an den Einsatz von Generatoren und der Tabellensteuerung zu denken, die eine leichte Erweiterbarkeit und Wartung garantieren.

Kapitel 6.2 enthält die Beschreibung der wesentlichen Komponenten des Methoden- und Modellbankverwaltungssystems BOSS (Berliner Methoden und Modellbanksystem), in dem das Gesamtunternehmensmodell (vgl. [MEY79d]) integrierter Bestandteil ist und das die oben beschriebenen Anforderungen weitgehend erfüllt. Kapitel 7 gibt einen kurzen Ausblick auf die Entwicklung der Planungssysteme. Methodische Grundzüge eines allgemeinen computergestützten Problemlösungsunterstützungssystems als höchste Stufe solcher Systeme werden zur Zeit entwickelt (vgl. [ENGE80], [MEY79d], [POST79], [SCHN81], [STOB75], [TRIE77]).

6.2 Die Systemkomponenten von BOSS

Zentrale Komponente des Systems ist der Hypervisor, der die Kommunikation zwischen dem Modell-, Methoden- und Datenbankverwaltungssystem und den Benutzern realisiert und kontrolliert (vgl. Abb. 6.1). Zusätzlich werden Schnittstellen zu einer Programmbibliothek und einer Reihe externer Programmsysteme bereitgestellt.

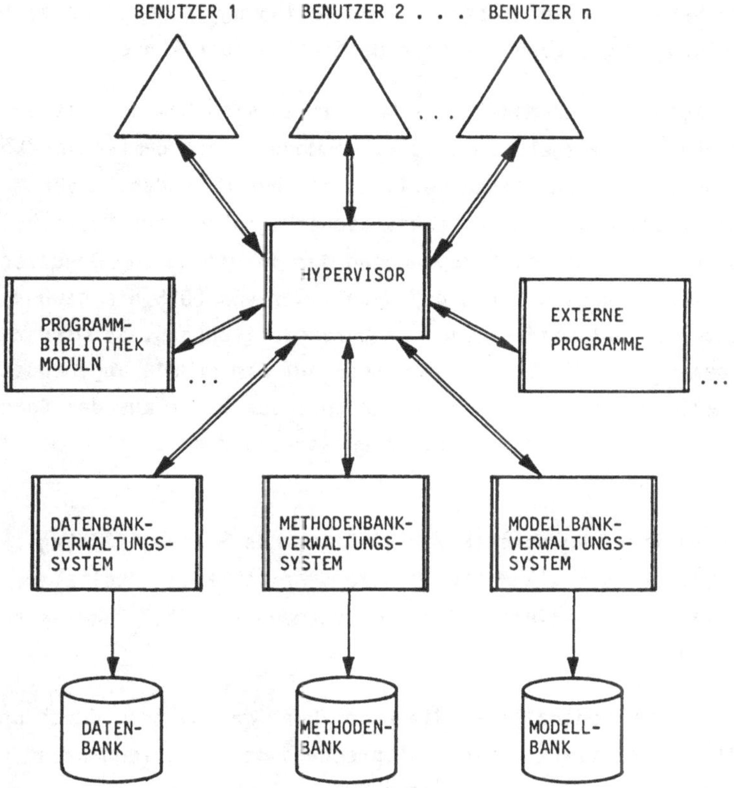

Abb. 6.1: Systemarchitektur von BOSS

Die Kommunikation und Kontrolle zwischen einzelnen Modellen (siehe unten) fällt ebenfalls in den Aufgabenbereich des Hypervisors.

Die Modelle und Methoden sind in unterschiedlichen Programmiersprachen geschrieben (z.B. FORTRAN, SIMULA, PL/1, CSMP, DYNAMO). Das System ist so konzipiert, daß beliebige Modelle und Methoden, für die entsprechende Compiler-Versionen zur Verfügung stehen, und beliebige Daten hinzugefügt, geändert oder gelöscht werden können.

Bei den Modellen der Modellbank handelt es sich bei den bisherigen Anwendungen überwiegend um Simulationsmodelle aus dem sozio-ökonomischen und sozio-technischen Bereich; bei den Methoden in der Methodenbank im wesentlichen um statistische Verfahren zur Gültigkeitsprüfung dieser Modelle. Entsprechend der im Dialog vom Benutzer spezifizierten Aufgaben, führt der Hypervisor von BOSS die gewünschten Instruktionen automatisch bzw. halb-automatisch aus. So wird z.B. eine spezifische Kalibrierungsmethode auf ein Modell angewendet, werden Modelle und Methoden mit den gewünschten Daten aus der Datenbank versorgt und spezifische Ausgaben entsprechend bestimmter Benutzeroptionen erstellt.

Eine wesentliche Komponente von BOSS ist das System GIAS (vgl. [MEY79c]), das vor allem die Benutzerschnittstellen realisiert und mit dessen Hilfe beliebige Dialoge systemunterstützt generiert werden können.

Der Hypervisor kontrolliert die Handhabung des Systems durch unterschiedliche Benutzerklassen. Entsprechend der Benutzerwünsche führt der Hypervisor die spezifizierten Aufgaben in unterschiedlicher Art und Weise aus: Antworten, für Reaktionen auf Fragen, die in Menüform bzw. als Ja/Nein-Form gestellt sind, werden in eine Sprache übersetzt und die korrespondierende Aktion wird ausgeführt. Kommandos und Optionen während verschiedener Dialogversionen können in der entsprechenden Sprache formuliert und ausgeführt werden. Darüberhinaus existiert eine Option, verfügbare Programmiersprachen zur Modell- und Methodenhandhabung zu verwenden und den Zugriff auf die Datenbank mittels einer Datenbanksprache durchzuführen.

Um die zeitliche Synchronisation zwischen Modellen auf der einen Seite und Modellen und Methoden auf der anderen Seite zu realisieren, wurde ein Prozess-System (vgl. [MEYE81]) integriert, das die Kommunikation der in verschiedenen Sprachen geschriebenen Modelle und Methoden erlaubt.

Abb. 6.2 enthält eine Zusammenstellung von Basisfunktionen, die das integrierte Daten-, Methoden- und Modellbankverwaltungssystem BOSS, dem Benutzer zur Verfügung stellt. Der doppelt gestrichelte Pfeil gibt die Funktion des Systems an, die man von allen Stellen aus direkt anspringen kann (vgl. [SCHN81]).

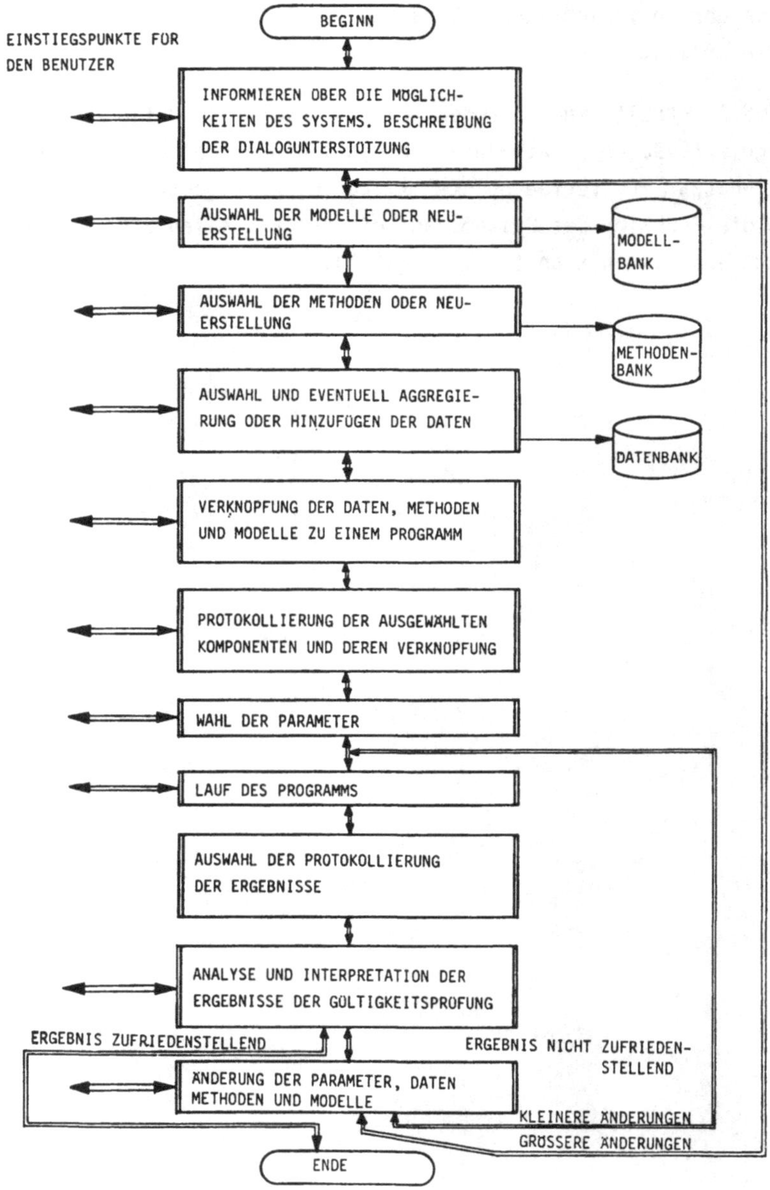

Abb. 6.2: Basisfunktionen des Methoden- und Modellbankverwaltungssystems BOSS

6.2.1 Die Modellbank

Die Modellbank von BOSS enthält bisher vorwiegend sozio-ökonomische und sozio-technische Simulationsmodelle zur Unterstützung von Planungs- und Entscheidungsprozessen. Selbständige Modelle, d.h. Modelle, die spezifische Anwendungsbereiche beschreiben, sind in Sprachen, wie z.B. DYNAMO II, DYNAMO III, CSMP III, SIMULA und PL/1 geschrieben. Ein Hauptvertreter dieser Modelle ist das in Kap. 4 beschriebene Gesamtunternehmensmodell sowohl in aggregierter als auch in disaggregierter Form.

Weitere Simulationsmodelle beschreiben Produktionsprozesse (vgl. [GODB78], [GODB79]), sie repräsentieren eine neue Simulationsmethodologie, die erst am Anfang ihrer Entwicklung steht. Die Handhabung dieser Modelle geschieht einmal unter Einsatz des Dialog-Systems und zum anderen besteht die Möglichkeit, mittels einer speziellen Netzsprache beliebige Netzmodelle sehr einfach zu generieren, die Systemstrukturen zu beschreiben sowie Untersuchungen durchzuführen, die Auskunft über die Sicherheit und Lebendigkeit (Deadlockvermeidung) des Systems gibt.

Als Vertreter der kombinierten Modelle ist das beschriebene Modellsystem in BOSS integriert. Die verschiedenen beteiligten Simulationsmodelle zur Unterstützung der strategischen Planung in Unternehmungen,sind in CSMP und FORTRAN geschrieben. Grundsätzlich können allerdings Modelle in beliebiger Sprache mit dem vorgestellten Softwareinstrument kombiniert werden.

6.2.2 Die Methodenbank

In den sechziger und siebziger Jahren entstanden in der Industrie und öffentlichen Verwaltung Dienstprogramme zur einfachen Handhabung von Programmbibliotheken, mittels derer der Anwender häufig benötigte Programmbausteine ablegen konnte, wie z.B. das MATH-STAT-PACK von UNIVAC (vgl. [UNIV70],[UNIV73]) oder das Scientific Subroutine Package (SSP) (vgl. [NIEH75]) von IBM, die spezielle Programmpakete im technischen und naturwissenschaftlichen Bereich darstellen. Hierbei handelte es sich aber um nichts anderes, als um eine Menge von Unterprogrammen, in FORTRAN bzw. Assembler, die vom Benutzer zur Erstellung von Hauptprogrammen nicht nur Programmiersprachenkenntnisse, sondern auch Betriebssystemkenntnisse abverlangten (vgl. [DITT79]). Zwar konnten durch Programmsysteme, wie z.B. SPSS (vgl. [NIEH75]) und GLIM (vgl. [BAKE76]) im wissenschaftlichen Bereich, PLANCODE (vgl. [MUELIB]) und METHAPLAN (vgl. [SIEM77]) im betriebswirtschaftlichen Bereich, TROLL (vgl. [NATI74]) im ökonomischen und sozial-wissenschaftlichen sowie MEBA (vgl. [HAUE78]) im ökonometrischen Bereich einige Nachteile beseitigt werden, dennoch sind diese Systeme auf spezifische Anwendungsbereiche zugeschnitten und damit nur begrenzt einsatzfähig. Ein wesentlicher Aspekt in diesem Zusammenhang ist die Flexibilität und Erweiterbarkeit der Programmsysteme, die bei den genannten entweder gar nicht oder nur begrenzt vorhanden sind.

In Anbetracht dieser Entwicklung war es notwendig, Programme zu standardisieren und sie in eine Methoden- und Modellbankumgebung zu integrieren.

Die Abbildung relevanter Ausschnitte der Realität in Modelle erfordert als wichtigen Zusatz, die Gültigkeit dieser Modelle zu prüfen. Dies kann z.B. darin bestehen, das reale Systemverhalten mit dem Verhalten des Modells zu vergleichen (z.B. Zeitreihenvergleich). Daher enthält die Methodenbank von BOSS Methoden zur Verifikation, Kalibrierung, Sensitivitätsanalyse und Validierung sowie zur Untersuchung bestimmter Eigenschaften von Systemen, wie z.B. das Finden von Regelkreisen, Lebendigkeits- und Sicherheitsuntersuchungen. Viele dieser Methoden basieren auf statistischen Verfahren, wie z.B. THEILscher Test, Regressionsanalyse, Spektral-Analyse, Glättungsfunktionen, verschiedene Verteilungsfunktionen und Gradientenmethoden.

Wegen der Komplexität und der Menge der Modelle und Verfahren ist es nicht mehr möglich, die Anwendung "von Hand" durchzuführen, hierfür bedarf es automatisierter Hilfen, wie z.B. des automatischen Kalibrators und der computergestützten Sensitivitätsanalyse. Beispielhaft werden im folgenden einige Methoden aus der realisierten Methodenbank vorgestellt (vgl. auch Kap. 5).

Methoden zur Hypothesen- und Entscheidungsregelbank

Ein wichtiger integraler Bestandteil der Methodenbank ist die Hypothesen- und Entscheidungsregelbank. Entscheidungsregeln modellieren alternative Entscheidungsmöglichkeiten, die von Entscheidungsträgern während der Planung, Steuerung und Kontrolle des Unternehmens getroffen werden können. Diese Parameter stehen unter dem Einfluß des Unternehmens (z.B. Preisgestaltung, Kalkulation). Hypothesen modellieren das Verhalten und die Reaktionen der das Unternehmen umgebenden Umwelt (z.B. Wettbewerber, Markt, Gesetzgebung). Diese Parameter stehen nicht unter dem Einfluß des Unternehmens. Innerhalb der sozioökonomischen Planungsmodelle haben wir eine ganze Reihe von Entscheidungsregeln und Hypothesen in Gleichungsform. Ein wesentlicher Bestandteil der Simulation ist das Testen dieser Entscheidungsregeln und Hypothesen. Damit der Benutzer nicht immerfort gezwungen ist, diese jedesmal "von Hand" zu variieren, wurden die Entscheidungsregeln und Hypothesen in einer sog. Hypothesen- und Entscheidungsregelbank integriert und ein Programmsystem (HYPER) entwickelt, das erlaubt, sich interaktiv am Bildschirm die entsprechenden Hypothesen und Entscheidungsregeln, die meist über Tabellen definiert sind, graphisch aufbereitet ausgeben zu lassen und diese zu verändern. Die geänderte Version wird dann automatisch im entsprechenden Modell eingebaut und deren Auswirkung getestet.

Damit ist die Idee des 'Decision Calculus' in komplexen Modellen verwirklicht und der Benutzer ist in die Systemsimulation integriert.

```
-----------------------------------------------

**HYPO**101   MARKTWIRKUNG (TBWMA,QWMA)
            :                       *   *******
            :                     *
            :                   *
            :                 *
            :               *
            :             *
            :            *
            :************
            :
            :
            :
            :
            :
            :  ---------------------------------

X-WERTE :   0.0 1.0 2.0 3.0 4.0 5.0 6.0 7.0 8
Y-WERTE =   2.5:2.5:2.5:3.5:4.5:5.5:6.0:6.0:6.0

*?*
```

Abb. 6.3: Marktwirkung in Abhängigkeit der Marktanstrengung (Maßstab nach Bildschirmformat)

Die Abb. 6.3 zeigt einen Auszug aus dem Bildschirmdialog. Die Tabelle der Marktwirkung (TBWMA) in Abhängigkeit vom Quotient (QWMA) effektive Marktanstrengung zu durchschnittlicher (normaler) Marktanstrengung kann 'on-line' durch Veränderung der y-Werte beeinflußt werden. Die normierten Werte der Tabelle werden absolut angezeigt. Sie können solange verändert werden, bis der Benutzer die Hypothese erzeugt hat, die seinem geistigen Modell vom Zusammenhang zwischen Marktanstrengung und Wirkung der Marktanstrengung am besten entspricht. Da die Tabellen erst als Daten vom Simulationsoperator interpretiert werden, ist das vorgeschlagene Programm nach Festlegung aller anderer Einflußgrößen eine Möglichkeit zur effizienten Beeinflussung des Simulationsmodells.

Methode zum Auffinden von Rückkopplungskreisen

Mit der Methode KISS (Kreise im Simulationssystem) werden alle Rückkopplungen in der Netzstruktur des Modells erkannt und dokumentiert. Dies ist notwendig, weil durch die vereinfachte lokale Beschreibung des Netzes die Übersicht über die Beziehungen im System verloren geht. Die Modellbeziehungen werden als ein gerichteter Graph aufgefaßt, wobei die Kanten mit "hängt ab von" benannt werden. Mit Hilfe eines Suchalgorithmus werden alle Kreise erkannt. Rückkopplungen müssen also nicht schon vor der Programmierung erkannt werden, sondern bilden ein Teil der automatischen Systemanalyse und des halbautomatischen Systementwurfs.

Im einzelnen leistet KISS folgendes:

1. Statistik über Anzahl der Rückkopplungen
2. Verkürzte Aufstellung der Kreise (Rückkopplungen) im Graphen
3. Statistik über die Komplexität der Verknüpfungen
4. Aufbereitete Darstellung der Rückkopplungen anhand der Levelgrößen sowie deren Abhängigkeiten bis zur Abhängigkeitsstufe n
5. Vollständig dokumentierte Aufbereitung.

zu 1.: Erkannt wurden 259 Kreise

zu 2.: Kreise (Rückkopplung)

```
1) AR    KV    EWTL    QTLW    WTL
   TLR   TLA

2) AR    KV    EWTL    QTLW    WTL
   TLR   TLA   AK      QLB     LB
   PER   PR    PMABA   PINQU   DUMS
   DAR

3) DAR

4) PMABA PINQU REINP
```

Bei 3) DAR handelt es sich um eine Rückkopplung in sich selbst, wie sie bei Verzögerungen vorkommen.

zu 3.: S T A T I S T I K

```
AR      IST IN 140 KREIS(EN) ENTHALTEN
    AR   ---->  KV       IN 140 KREIS(EN)
ASL     IST IN  43 KREIS(EN) ENTHALTEN
    ASL  ---->  VR       IN  48 KREIS(EN)
KV      IST IN 140 KREIS(EN) ENTHALTEN
    KV   ---->  EWTL     IN  79 KREIS(EN)
    XV   ---->  EWMA     IN  61 KREIS(EN)
```

zu 4.: A U F B E R E I T E T E L I S T E

B I S Z U R S T U F E 0

```
1)  TLR
2)  TLR    LB    PMABA   DAR
3)  DAR
4)  PMABA
5)  EAS
6)  TLR    LB    EAS
```

Abb. 6.4a: Ergebnisse einer KISS-Auswertung des Modells aus Kap. 4 (Auszüge)

zu 5.: K R E I S L A U E F E M I T V O L L -
S T A E N D I G E R B E Z E I C H N U N G

1)

AR	AUFTRAGSEINGANGSRATE (STÜCK/WOCHE)
KV	KUNDENVERHALTEN (DIMLOS)
FWTL	EFFEKTIV WAHRGENOMMENE TEILLIEFERUNG (DIMLOS)
ATLW	QUOTIENT WAHRGENOMMENER TEILLIEFERUNGEN (DIMLOS)
WTL	WAHRGENOMMENE TEILLIEFERUNGEN (STÜCK)
TLR	TEILLIEFERUNGEN (STÜCK)
TLA	TEILLIEFERUNGEN ENTSTEHUNGSRATE (STÜCK/WOCHE)

2)

AR	AUFTRAGSEINGANGSRATE (STÜCK/WOCHE)
KV	KUNDENVERHALTEN (DIMLOS)
EWTL	EFFEKTIV WAHRGENOMMENE TEILLIEFERUNG (DIMLOS)

Abb. 6.4b: Durch KISS aufbereitete Rückkopplungskreise (Auszüge)

Da die Rückkopplungen oft über viele Hilfsvariable führen, dies für die Analyse jedoch uninteressant sind, kann in einer problemorientierten Darstellung die Stufe ausgewählt werden, bis zu der die Abhängigkeiten in Bezug auf eine Levelgröße angezeigt werden sollen. Diese Darstellung geht von der Idee aus, daß die wesentlichen Größen eines Modells die Zustandsvariablen (Levels) sind und die für das Anwendungsproblem wichtigen Elemente direkt von der Levelgröße abhängen, während Hilfsvariable erst indirekt entstehen. Stufe 0 bedeutet z.B. Anzeige der Zustandsvariablen in einer Rückkoppelschleife allein (Abb. 6.4). Stufe 1 zeigt die Zustandsvariablen und ihre Abhängigkeit von den Raten. Damit steht ein weiteres Softwareinstrument zur Verfügung, das so universell einsetzbar ist, daß damit die Struktur jedes beliebigen Modells sofort untersucht werden kann.

Methode zur Erstellung von Verknüpfungsdiagrammen

Die Methode VERDI (Verknüpfungsdiagramm) dient der automatischen Dokumentation der Verknüpfungsinformationen innerhalb von Modellen Die Kernelemente werden mit Hilfe des Quellprogramms erzeugt und geplottet (vgl. Abb. 6.5).

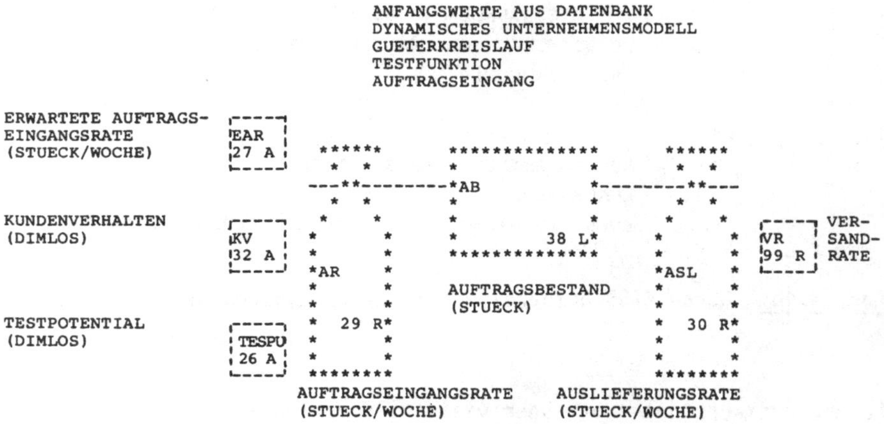

Abb. 6.5: Automatisch erzeugtes Verknüpfungsdiagramm

Von besonderer Bedeutung ist dabei, daß die Gleichungsnummern sowie die Nummern der Konnektoren mit denjenigen der ausführlichen Programmdokumentation übereinstimmen. Dasselbe gilt für die problemorientierten Bezeichnungen.

Methoden zur Gültigkeitsprüfung

Die Methoden zur Gültigkeitsprüfung greifen hauptsächlich auf die Datenbank zu, auf der historische wie simulierte Daten bespeichert sind, die mit statistischen Methoden der Methodenbank aufbereitet werden. Hierzu gehört auch das Programm SEMPER (Sensitivitäts Modell Programmerzeuger), das durch systematisches Ableiten der CSMP-Statements des Originalmodells nach dem jeweiligen Parameter die in der Modellbank zu speichernden Sensitivitätsmodelle erzeugt (vgl. Kap.5).

Diese Sensitivitätsmodelle dienen zur Einsicht in das Modellverhalten bei kleinen Parameteränderungen. Ebenso lassen sie sich heranziehen um bestimmte Ziele mit dem System zu erreichen. Weitere Methoden wie der Analysator, der Kalibrator basieren auf statistischen Grundpaketen (vgl. Kap. 5).

Methoden zur graphischen Aufbereitung von Ergebnissen

Unter den vielen Möglichkeiten, die Ergebnisse von Simulationsläufen, der Sensitivitvtsanalysen und der automatischen Kalibrierung von Simulationsmodellen darzustellen, hat in einer Methoden- und Modellbankumgebung die graphische (Plot-) Aufbereitung ein besonderes Gewicht. Denn gerade diese Methode dient wie keine andere der Veranschaulichung und Interpretation der Ergebnisse. Das Methoden- und Modellbankverwaltungssystem BOSS verfügt daher auch über eine Plot-Schnittstelle, mit deren Hilfe in Abhängigkeit der Variation von Systemparametern eine dreidimensionale Resultatdarstellung (vgl. Abb. 6.6) erfolgt. Neben den direkten Auswirkungen der durchgeführten Parametervariationen können auf diese Art und Weise sehr einfach relative Maxima oder Minima des Systemverhaltens erkannt werden. Diese graphische Schnittstelle wird unterstützt durch einen benutzerfreundlichen Dialog, der mit Hilfe des Dialog-Generatorsystems GIAS erzeugt wurde.

Abb. 6.6 zeigt den Level ILB des Handelsbetriebsmodells in Abhängigkeit von einer Parametervariation.

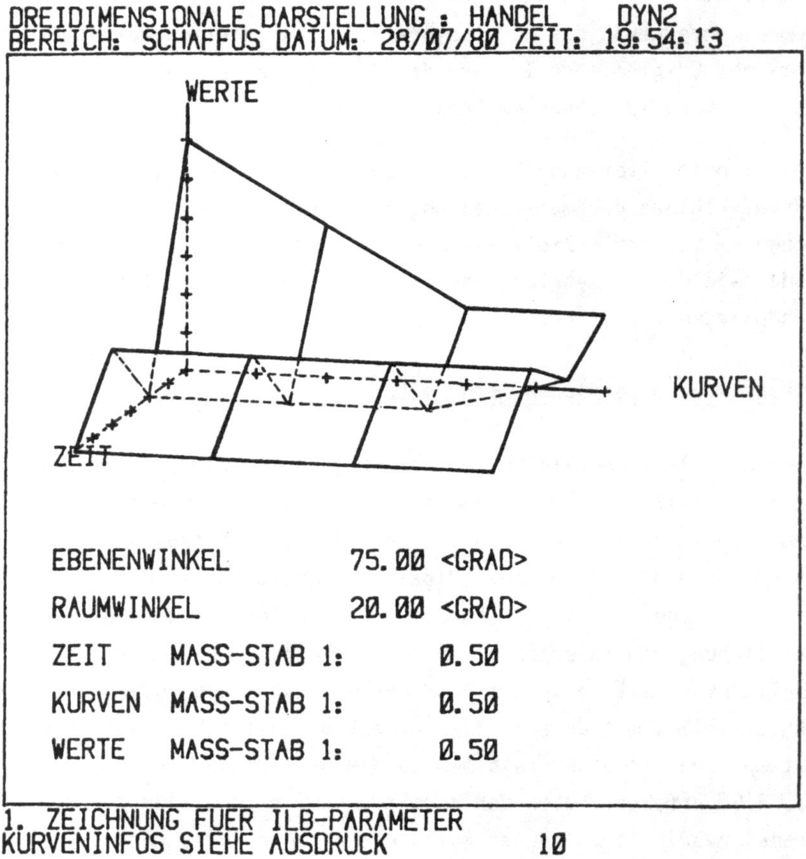

Abb. 6.6: Graphische Aufbereitung von Simulationsergebnissen (Handelsbetrieb, Auswertung auf einer IBM-Anlage)

Abb. 6.7 zeigt ein anderes Ergebnis, das mit Hilfe eines weiteren Plottpaketes gewonnen wurde. Die Kurven stellen den Kassenbestand in Abhängigkeit von der Zeit und einer Parametervariation dar.

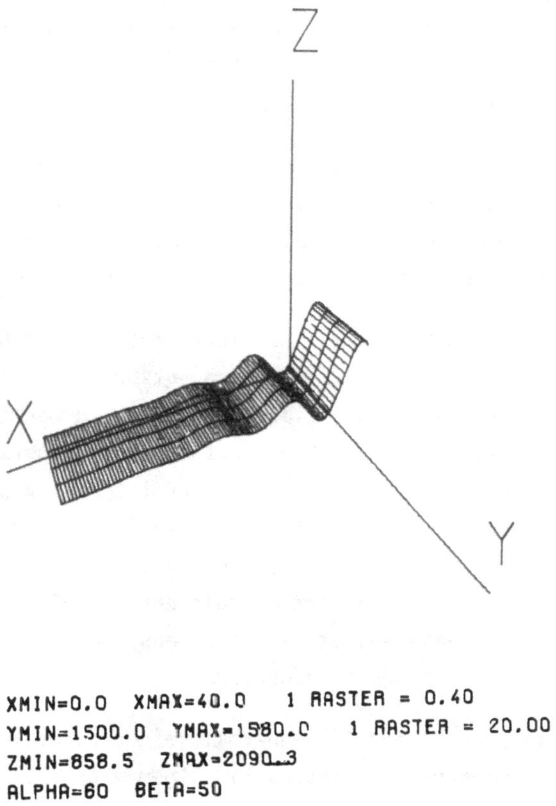

Abb. 6.7: Graphische Aufbereitung von Simulationsergebnissen (Angestellten-Modell auf einer TR440-Anlage)

6.2.3 Die Datenbank

Bei dem in das BOSS-System integrierte Datenbankverwaltungssystem handelt es sich um das WELL-System von Munz (vgl. [MUNZ76], [MUNZ78]). Dieses Datenbanksystem basiert bezüglich der logischen Ebene auf dem WEB-Modell, das zu den "binary" Datenmodellen gezählt werden kann, wobei die Objekte, z.B. einer Unternehmung, und ihre Beziehungen untereinander durch graphenähnliche Datenstrukturen mit benannten Kanten und Knoten beschrieben werden können.

Zur Manipulation der Daten und zum Zugriff auf die Datenbank wird eine mächtige Graph-Pattern-Matching-Technik verwendet. Die entsprechenden Operationen werden mit Hilfe der Datenbanksprache WELL ausgeführt, die eine assoziative, inhaltsadressierende Methode verwendet.

Innerhalb von BOSS gibt es zwei Möglichkeiten, dieses Datenbankverwaltungssystem zu benutzen. Einmal wird entsprechend der Benutzerspezifikation innerhalb eines Dialogs (über den Hypervisor) der Zugriff auf die Datenbasis direkt und automatisch ausgeführt, d.h. die Modelle und Methoden, mit denen der Planer interaktiv arbeitet, werden automatisch mit den benötigten Daten versorgt. Zum anderen hat der Methoden- und Modellbankexperte oder auch ein anderer geübter Benutzer die Möglichkeit, direkt mittels der WELL-Sprache mit der Datenbank zu kommunizieren, um sich z.B. ensprechende Datenmengen für bestimmte Modell-Läufe zu generieren.

Betrachten wir Planungsmodelle innerhalb einer derartigen Methoden- und Modellbankumgebung, so gibt es im allgemeinen zwei Möglichkeiten, die Konstanten und Anfangswerte der Modelle abzuspeichern, um dann bei der Bearbeitung auf diese Daten zuzugreifen. Die erste Möglichkeit besteht darin, alle Anfangswerte und Konstanten für ein bestimmtes Modell in einem Datenbereich abzulegen. Bei jeder Ausführung des Simulationsprogramms wird dann das entsprechende Modell automatisch mit den Daten aus diesem Datenbereich versorgt.

Änderungen der Daten, z.B. für Parametervariationen, können dann direkt über das WELL-System auf diesem Datenbereich ausgeführt werden. Die Kommunikation zwischen der Datenbank und den Modellen und Methoden aus Modell- und Methodenbank ist wiederum gesteuert und kontrolliert vom Hypervisor.

Die zweite Möglichkeit geht davon aus, daß die für Modell-Läufe benötigten Daten, verteilt auf unterschiedliche Datenbereiche der Unternehmung (Datenbereiche der Lagerwirtschaft, Bestelldaten, Finanzbuchhaltungsdaten, Personaldaten) abgespeichert sind. Dies hat den Vorteil, daß man zu jedem Zeitpunkt immer die aktuellen Daten zur Verfügung hat. Bei der Simulationsprogrammausführung werden die benötigten Daten aus den verschiedenen Datenbereichen in einem Datenbereich zusammengestellt und anschließend zum Programm hinzugeladen.

Das Datenbanksystem stellt weiterhin Datenbereiche zur Abspeicherung der Historiedaten für entsprechende Modelle und Methoden zur Verfügung, die gerade für die Methoden zur Validierung eine große Rolle spielen.

6.2.4 Der Dialoggenerator GIAS

Die Tendenz der letzten Jahre, besonders innerhalb der betrieblichen Datenverarbeitung, hin zu Dialoganwendungen wurde schon vielfach aufgezeigt, diskutiert und motiviert (siehe z.B. [DIEB76], [GRIE78], [PERN78]). Die Forderung nach einer komfortablen Dialogschnittstelle für ein Methoden- und Modellbankverwaltungssystem wurde besonders im Hinblick auf die Benutzerklasse der gelegentlichen Benutzer erhoben. Ein Benutzer, der in der Vergangenheit seine Probleme mit Hilfe eines Computers lösen wollte, mußte entweder ein Computer-Spezialist sein oder von einem solchen unterstützt werden. Betrachtet man die große

Menge unterschiedlicher Programmiersprachen, so fällt es den Nicht-EDV-Spezialisten sehr schwer, diese Programmiersprachen zu lernen, ihre Probleme darin zu formulieren oder sich in ein spezifisches Software-Produkt einzuarbeiten. Die sorgfältige Systemanalyse und die Strukturierung der Probleme bis hinab zu einer sehr prozenduralen Ebene sind die Hauptgründe, warum sich eine Vielzahl von Benutzern vor einer Computerunterstützung scheut.

Daher benötigen wir Hilfsmittel für diese Benutzerklasse, die es ihnen erlauben, ihre Probleme auf einem sehr hohen Niveau zu formulieren und die diese Benutzer nicht zwingen, Kenntnisse bezüglich der systemorientierten Eigenschaften oder der Kommandos (z.B. in Hinblick auf die Kopplung von Daten-, Methoden- und Modellbank) zu haben. In diesem Zusammenhang sind Entwicklungen generalisierter interaktiver Systeme wirksame Hilfsmittel für bessere Problemlösungen.

Für unterschiedliche Benutzerklassen wurden entsprechend deren Kenntnissen verschiedene Dialog-Features realisiert. Im Hinblick auf die verschiedenen Anwendungen, Modelle und Methoden werden Dialog-Versionen zur Verfügung gestellt, z.B. wurden zur Handhabung der DYNAMO-, CSMP-, PL/1- und SIMULA-Modelle je unterschiedliche Dialoge generiert.

Die Eingabe-Spezifikationsmöglichkeiten sind für den Dialogprogramm-Benutzer abhängig von seinen Kenntnissen und Fähigkeiten. Der Benutzer hat folgende drei Möglichkeiten:

(1) Antworten in der sogenannten Menü-Technik; der Benutzer muß eine Auswahl innerhalb mehrerer angebotener Spezifikationen treffen.

(2) Antworten in der sogenannten Ja/Nein-Form, z.B. um spezifische Aufgaben (Ausgabe, Protokoll, Dokumentation, Parameteränderung etc.) ausführen zu lassen.

(3) Direkten Zugang zu allen Komponenten des Gesamtsystems unter direkter Kontrolle des Monitorsystems mittels einer Kommandosprache, Programmiersprache oder Datenbanksprache.

Mit Hilfe einer HELP-Funktion kann der Benutzer Informationen sowohl globaler als auch lokaler Art erhalten (global im Hinblick auf das Gesamtsystem, lokal im Hinblick auf die aktuelle Verzweigungsinformation). So kann er z.B. informiert werden über das Dialogsystem selbst, spezielle Simulations-Dialoge, verschiedene Spezifikationstechniken, Eingabe-Spezifikationen, Fehlerhandhabung, die Systemkontrolle, einzelne Systemkomponenten (Modellbank, Methodenbank etc.) und die Dialogsprache.

GIAS ist ein Instrument zur Spezifikation und zur automatischen Generierung von Dialogprogrammen. Das System erlaubt Benutzern mit unterschiedlichen Kenntnissen, die verschiedene Systemkomponenten einheitlich und konsistent zu verwenden. Nach Generierung der entsprechenden Dialoge durch einen Dialogprogramm-Autor, der ebenfalls nicht notwendigerweise ein EDV-Spezialist sein muß, ist es dem Dialogprogramm-Benutzer sehr einfach möglich, mittels eines deskriptiven Bildschirmdialogs alle Möglichkeiten der Systemkomponenten auszunutzen. Falls gewünscht, kann sowohl der Dialogprogramm-Autor beim Erstellen von Dialogprogrammen als auch der Dialogprogramm-Benutzer während des Dialogs mit allen bezüglich der Ausführung seiner Tätigkeit notwendigen Informationen versorgt und in seinem Problemlösungsprozess vom System angeleitet werden.

Ehe wir auf die Architektur und die Systemkomponenten von GIAS eingehen, soll kurz ein Überblick hinsichtlich weiterer Eigenschaften des Systems und der damit erzeugten Dialoge gegeben werden.

Als Benutzer des Systems unterscheiden wir, wie oben schon erwähnt, im wesentlichen zwei Arten von Benutzern: Den Dialogprogramm-Autor und den Dialogprogramm-Benutzer.

Der Dialogprogramm-Autor hat die Möglichkeit, mit wenigen deskriptiven Kommandos und Funktionen beliebige Dialogstrukturen zu realisieren (Dialog-Sequenzen, Dialog-Bäume, beliebige Sprünge etc.). Die Erzeugung der Dialogprogramme wird mittels eines bildschirmkontrollierten Dialogs kontrolliert und ausgeführt.

Alle für die Methoden- und Modellbankanwendungen relevanten Funktionen werden direkt über den Dialog und die Dialogsprache abgewickelt (wie z.B. Print-Funktionen, Editor-Funktionen, I/O-Funktionen, automatische Dokumentation).

Um den Benutzer bei seiner Problemlösung zu unterstützen und seine Kenntnisse bezüglich der verschiedenen Problemlösungswege für diese Problemlösung und der zur Verfügung stehenden Methoden zu verbessern, wird von GIAS eine graphische Schnittstelle angeboten, mit deren Hilfe dieser vom System durch den entsprechenden Problemlösungsbaum geführt wird. Ähnlich wie in DIABAS (vgl. [GRIE78]) kann ein Benutzer in GIAS an beliebigen Stellen sogenannte Stützpunkte spezifizieren, zu denen er, nach weiterem Durchschreiten seines Dialogbaumes, wieder zurückkehren kann und er bezüglich seiner Problemumgebung denselben damaligen Systemzustand wiederfindet.

Die Abbildung 6.8 zeigt die GIAS-Systemarchitektur. Der Dialogprogramm-Autor entwickelt mit Hilfe eines Spezifikationsmoduls und unter Einbeziehung von Informationen aus der Informationsbank das Dialogprogramm interaktiv. Das erzeugte Dialogprogramm kann dann vom Dialogprogramm-Benutzer verwendet werden.

Der Spezifikationsmodul bietet dem Autor eines Dialogprogramms sogenannte Dialogeinheiten an, die folgende Funktionen enthalten (siehe auch Beispieldialog für den Dialogprogramm-Autor, Abb. 6.11):

(a) den Namen der Dialogeinheit,

(b) den Ausgabetext für den Dialogprogramm-Benutzer,

(c) die Eingabeformate für den Text des Dialogprogramm-Benutzers,

(d) die Möglichkeit, zusätzliche Funktionen zu erstellen,

(e) die Analyse der Benutzereingabe und die entsprechende Verzweigungsinformation.

it diesen Spezifikationen hat der Autor die Möglichkeit, von einnder unabhängige, selbstbeschreibende Dialogeinheiten zu definieren, ie ihrerseits wiederum andere Dialogeinheiten, Moduln der Programmibliothek, Datenbank, Methodenbank oder Modellbank aufrufen können.

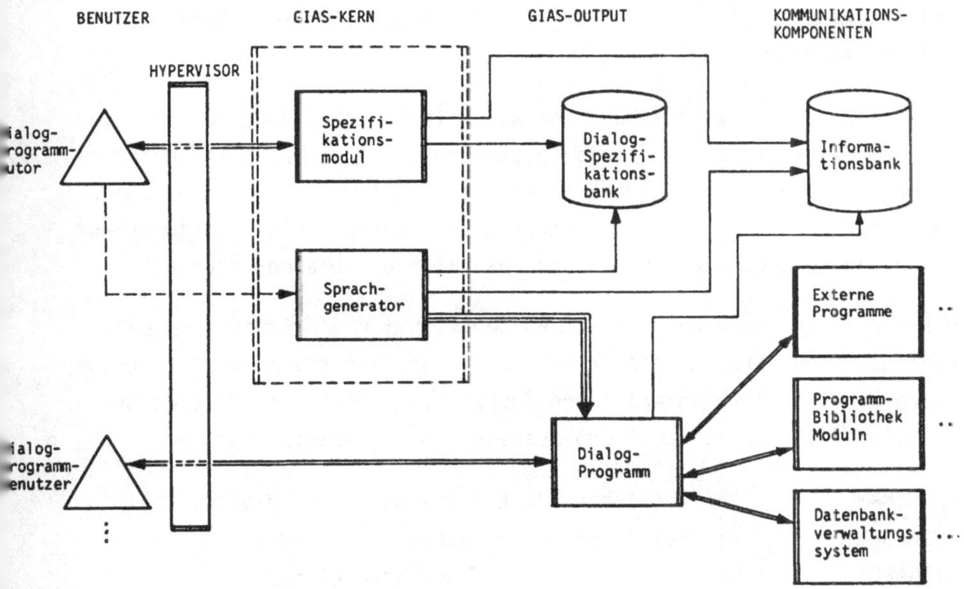

bb. 6.8: GIAS-Systemarchitektur

Der Spezifikationsmodul

Betrachten wir die Sprache von GIAS, so besitzt der Spezifikationsmodul unterschiedliche Funktionen für den gelegentlichen Benutzer, den Administrator und die Dialogprogramm-Autoren. Er enthält einen eigenen GIAS-Modifikator, der im wesentlichen die Funktionen Einsetzen, Ändern, Löschen und Zeigen von Dialogeinheiten umfaßt; hinzu kommen Konsistenzprüfungsmechanismen.

Die Dialogspezifikationenbank enthält alle Informationen für die Erzeugung des späteren Programms (bezüglich der Funktionen und der einzelnen Dialogeinheiten), zusätzliche Dateien für Hashing, einen Generator zur Erzeugung der Dialogstrukturen, Stützpunktinformationen und -funktionen, Gedächtnisfunktionen bezüglich der Dialoghistorie.

Der Spezifikationsmodul stellt dem Benutzer für die Erstellung eines Dialogs einen Satz Funktionen zur Verfügung. Innerhalb der Entwicklung der generalisierten interaktiven Komponente haben sich folgende Grundfunktionen als praktikabel und ausreichend erwiesen:

FRAMENAME:	Zur logischen Identifizierung einer Dialogeinheit
AUSGABE:	Ein beliebiger Ausgabetext
EINGABE:	Spezifizierung der gewünschten Eingabe
ANALYSE:	Untersuchungsart der Eingabe
VERZWEIGUNG:	Fortführungsalternative

Nach diesem Schema kann der Dialogprogramm-Autor seinen Dialog entwickeln, wobei die oben skizzierte Struktur, bis auf wenige Ausnahmefälle, eingehalten werden muß. Die Dialogeinheiten werden interaktiv hergestellt und auf einer Dialogspezifikationenbank abgelegt.

Die Grundfunktion FRAMENAME

Wie schon oben angedeutet, handelt es sich bei dem Namen einer Dialogeinheit um einen eindeutigen logischen Identifizierer, der nur einmal generiert werden darf, andernfalls erfolgt eine Fehlermeldung und der Generierungsprozess wird unterdrückt.

Die Grundfunktion AUSGABE

Der Ausgabetext dient dazu, dem Dialogprogramm-Benutzer (das ist derjenige Personenkreis, für den der Dialog erstellt wird) Fragen zu stellen oder Informationen über die Möglichkeiten zu liefern, die er bei der Aktivierung der entsprechenden Dialogeinheit hat. Insbesondere sollte er auch Analyse- und Sprunginformationen enthalten, die den Benutzer darüber unterrichten, was mit seiner Eingabe geschieht bzw. welche Konsequenzen eine bestimmte Eingabe für den weiteren Dialogablauf hat.

Die Grundfunktion EINGABE

Innerhalb der Entwicklung von Dialogprogrammen haben sich zwei Dialogführungsarten als besonders häufig vorkommend herauskristallisiert: Nämlich die binäre JA/NEIN-Eingabe und die Menütechnik, die dem Benutzer ein mehr oder weniger großes Angebot zur Auswahl anbietet. Neben diesen formatierten Eingabeformen gibt es noch die Wahl einer formatfreien Eingabe. Die Wahl für diese Eingabeform führt zu einer Gruppierung dieser Möglichkeiten: Einmal mit und ein anderes Mal ohne Analyse der Eingabe.

Die formatfreien Eingaben mit Analyse sind:

NUMERISCH
ALPHANUMERISCH
ALPHABETISCH

- Bei NUMERISCH sind sämtliche positiven und negativen, natürlichen und reellen Zahlen erlaubt.

- ALPHANUMERISCH erwartet als Eingabe eine Zeichenkette, die nur aus Buchstaben, Zahlen, Sonderzeichen und Leerzeichen besteht.

- ALPHABETISCH erwartet als Eingabe Buchstaben und Leerzeichen.

Die formatfreien Eingaben ohne Analyse sind:

REMEMBER
PARAMETER

- Die REMEMBER-Funktion wird zur Generierung von Filenamen und Filetypen benötigt, die zum Dialogerzeugungszeitpunkt noch nicht bekannt sind oder wahlweise angegeben werden und somit erst während des Dialogablaufes ihren eigentlichen Namen erhalten.

- Die PARAMETER-Funktion ermöglicht die Eingabeversorgung von Programmen von seiten des Dialogprogramm-Benutzers.

Die Grundfunktion ANALYSE

Die Analysefunktionen sind:

EXACT
KEYWORD
TOLARZ

- EXACT erwartet bei der späteren Eingabe vom Dialogprogramm-Benutzer daß diese mit dem vom Autor vorgegebenen Vergleichsstring übereinstimmt.

- KEYWORD erwartet, daß die Eingabe als echte Teilmenge im Vergleichsstring enthalten ist.

- TOLARZ arbeitet wie EXACT, mit dem Unterschied, daß bei der Eingabe eine bestimmte Klasse von Tippfehlern bzw. Rechtschreibefehlern als korrekte Eingabe akzeptiert werden:

  a) ein Buchstabe ist falsch,
  b) ein Buchstabe fehlt,
  c) ein Buchstabe ist zuviel,
  d) zwei benachbarte Buchstaben sind vertauscht.

Die Grundfunktion VERZWEIGUNG

Da eine Dialogstruktur im allgemeinen einen komplexen Graphen (z.B. mit Baumstruktur) darstellt, muß eine Grundfunktion existieren, die aus der Sicht des Dialogprogramm-Autors diesen Aufbau hat und aus der Benutzersicht traversiert wird, wobei unmittelbar einsichtig sein sollte, daß der Autor den ganzen Komplex generieren muß, der Benutzer aber nur Ausschnitte aus dem Dialog benötigt.

In welcher Form traversiert wird, kann der Benutzer nur teilweise beeinflussen. Dies hängt stark von der Eingabeform ab, die der Autor gewählt hat. Wird eine Analyse durchgeführt, vollzieht sich die Verzweigung quasi hinter dem Rücken des Benutzers. Folgende Verzweigungsarten sind in GIAS enthalten:

FRAME
SYSTEM
INFO

- FRAME verzweigt zu einer vom Dialogprogramm-Autor generierten Dialogeinheit.

- SYSTEM erlaubt eine Verzweigung zu beliebigen Systemkomponenten, bei anschließender Rückkehr in das Dialogprogramm. Derartige Verzweigungen sind Ausnahmebehandlungen wie beispielsweise der Aufruf eines externen Statistikprogramms.

Diese Ausnahmebehandlungen sind vom Prinzip her von den Betriebssystemen als Unterbrechungsbehandlung bekannt. Bei Anwendungsprogrammen spielen sie eine immer größere Rolle, weil die Systeme immer komplexer werden und in der Planungsphase des Anwendungsprogrammes noch gar nicht alle zukünftigen Parameterkonstellationen und deren Auswirkungen vorausgesehen werden können.

- INFO erlaubt es dem Autor, Informationen abzusetzen, die der Benutzer bei Aktivierung der entsprechenden Dialogeinheit abrufen kann.

Die Abb. 6.9, 6.10 und 6.11 sollen anhand eines sehr einfachen Beispiels aus dem Demoskopie-Bereich die Erzeugung einer Dialogeinheit für ein Dialogprogramm vom Dialogprogramm-Autor illustrieren. Die dem Autor vom System angebotenen Dialogeinheiten haben einen ähnlichen Aufbau, wie die der Benutzer. Abb. 6.10 zeigt die erzeugte Dialogeinheit für den Dialogprogramm-Benutzer.

```
+-----------------------------------+---------------+
|                                   |  Frame-Name   |
|                                   +---------------+
|[<Ausgabetext>]                                    |
+---------------------------------------------------+
| <Analyse- und Verzweigungsinformation>            |
+---------------------------------------------------+
|[<Eingabemöglichkeiten>]                           |
+---------------------------------------------------+
```

Abb. 6.9: Schema einer Dialogeinheit für den Dialogprogramm-Benutzer

```
+-----------------------------------+---------------+
|                                   | Nationalität  |
|                                   +---------------+
| Wählen Sie eine der Bevölkerungsgruppen           |
+-----------------------+---------------------------+
| 1 ----> Deutsche      | 2 ----> Nichtdeutsche     |
+-----------------------+---------------------------+
```

Abb. 6.10: Das für den Dialogprogramm-Benutzer zu erzeugende Frame

```
Frame-Name
Bitte geben Sie den Namen eines Frame ein
```

. Nationalität

```
Ausgabe
Bitte geben Sie den Ausgabetext der Frame
ein
```

. Wählen Sie eine der Bevölkerungsgruppen

```
Eingabe
Wählen Sie eine der aufgeführten Eingabe-
formate
1 ----> binär            2 ----> Zahl
3 ----> unformatiert
```

. 2

```
Verzweigung
Wählen Sie eine der angegebenen Verzwei-
gungsarten
1 ----> VFRAME          2 ----> VSYSTEM
3 ----> VMODULE         4 ----> VINFO
```

. 1

```
Dialogeinheit
Geben Sie den Namen an, zu dem
verzweigt werden soll
```

. Deutsche

```
Verzweigung
Wählen Sie eine der angegebenen
Verzweigungsarten
1 ----> VFRAME        2 ----> VSYSTEM
3 ----> VMODULE       4 ----> VINFO
```

. 1

```
Dialogeinheit
Geben Sie den Namen des Frames an,
zu dem verzweigt werden soll
```

. Nichtdeutsche

Abb. 6.11: Dialog des Dialogprogramm-Autors

Nach Definition eines Frame-Namens spezifiziert der Autor den Ausgabetext für den Benutzer, die Eingabeformate für den Benutzer-Eingabetext, die Verzweigungsart usw.

Wenn es sich hierbei auch um ein sehr simples Beispiel handelt, so zeigt es doch, wie man mit einfachen deskriptiven Mitteln Dialogprogramme in einer Methoden- und Modellbankumgebung generieren und handhaben kann.

Der Sprachgenerator

Die interaktiv erstellten Dialogeinheiten werden in der Spezifikationenbank abgespeichert und nach Beendigung des Spezifikationsmodul-Dialogs in Programme einer gewünschten Programmiersprache umgesetzt.

Ein Code-Modul des Sprachengenerators erzeugt das Dialogprogramm, wobei hier mittels Routinen dafür gesorgt wird, daß dem Benutzer des Dialogprogramms die entsprechenden Dialogeinheiten gezeigt werden.

Der Sprachgenerator wird nur aufgerufen, d.h. er arbeitet, im Gegensatz zu den anderen Teilen des Systems, nicht interaktiv. Er ist dafür verantwortlich, daß aus den in der Spezifikationsbank abgelegten Spezifikationen ein lauffähiges Programm erzeugt wird.

Sollte die Generierung trotz aller Fehlerbehandlungsroutinen nicht ordnungsgemäß erfolgen, d.h. daß ein fehlerhaftes Programm erzeugt worden ist, bricht der Sprachgenerator mit einer entsprechenden Meldung seine Arbeit ab.

Zusätzlich zum vom Dialogprogramm-Autor generierten Dialog wird ein Code erzeugt, der eine nichtsequentielle Steuerung des Dialogablaufs zuläßt. Folgende Schlüsselworte werden vom erzeugten Dialogprogramm akzeptiert und ausgeführt:

BACK:	Dieses Steuerwort erlaubt es dem Benutzer, an der vorgegebenen Stelle die Dialogführung aufzunehmen.
BEGIN:	Der Dialogablauf wird wieder neu gestartet, hat also den gleichen Effekt, als ob das Dialogprogramm unter seinem Namen gestartet wird.
GOTO (Name einer Dialogeinheit):	Erlaubt es, den Dialog an einer beliebigen Stelle unter Angabe des Namens eine Dialogeinheit fortzusetzen. Existiert keine Dialogeinheit unter diesem Namen, erfolgt eine entsprechende Meldung.
SYSTEM:	Erlaubt es, unabhängig vom Dialog Systemkommandos abzusetzen.
INFO:	Hiermit können die vom Dialogprogramm-Autor abgesetzten Informationen abgerufen werden. Hat der Autor zu dieser Dialogeinheit keine Information generiert, so erfolgt eine entsprechende Meldung.
BREAK:	Wird dieses Steuerwort benutzt, so wird der Status der Variablen gerettet.
RESTORE:	Ist das Inverse zu BREAK. Der gerettete Programmstatus wird wiederhergestellt.
LEND:	Beendigung der Parametereingabe.

Folgende Sprachgeneratoren sind z.Zt. in GIAS verfügbar:

GENALGOL: Zielsprache ALGOL 60
GENCOBOL: Zielsprache COBOL
GENFORTRAN: Zielsprache FORTRAN
GENEXEC: Ziesprache IBM-Exec (Waterloo-Version).

Der GIAS-Modifikator ermöglicht Korrekturen an dem spezifizierten Dialog. Er erlaubt nur derartige Änderungen, die später zu einem syntaktisch korrekten Dialogprogramm führen. Folgende Kommandos sind dabei erlaubt:

REPLACE
DELETE
INSERT
DESTROY
SHOW

- REPLACE ermöglicht es, eine Zeile mit einem neuen Text zu überschreiben.
- DELETE ermöglicht es, eine Zeile in einer Dialogeinheit zu eliminieren.
- INSERT ist das Inverse zu DELETE, es wird eine Zeile eingefügt.
- DESTROY besorgt das Eliminieren einer ganzen Dialogeinheit aus der Spezifikationenbank.
- SHOW zeigt die entsprechende Dialogeinheit in aufbereiteter und durchnumerierter Form. Die Durchnumerierung ist für das Modifizieren von elementarer Bedeutung.

Der Dialogstrukturprüfer

Bei komplexen Dialogen ist es notwendig, Mechanismen zu besitzen, die es erlauben, die Struktur des spezifizierten Dialogs zu überprüfen. Die generalisierte interaktive Komponente stellt folgende Strukturüberprüfungsmechanismen zur Verfügung:

NOT EXISTENT FRAMES: Es werden alle Dialogeinheiten aufgelistet, zu denen zwar verzweigt wird, die aber als Dialogeinheit nicht existieren.
Existieren derartige Verzweigungen und wird versucht, den Dialog mit einem der Sprachgeneratoren zu übersetzen, so wird der Übersetzungsprozess verweigert und es erfolgt eine entsprechende Meldung.

DUMP FRAMES: Liefert den Ausdruck sämtlicher Dialogeinheitnamen, die diese Dialogeinheiten aktivieren können, und alle Verzweigungen von dieser Dialogeinheit aus.

LIST FRAMES: Unter Angabe des Dialogeinheitnamens wird hier die ganze Spezifikation zu einer Dialogeinheit in aufbereiteter Form sichtbar gemacht.

DRAW FRAMES: Liefert das gleiche wie DUMP FRAMES, nur graphisch dargestellt und bezogen auf eine Dialogeinheit.

Die Informationsbankverwaltung

Der Anwender sollte in der Lage sein, jederzeit detaillierte Informationen (z.B. über Dialogablauf, über Dialoghandhabung) abrufen zu können. Dies gewährleistet die Informationsbankverwaltung.

Der Inhalt der Informationsbank ist derart gestaltet, daß eine einfache Einarbeitung in die generalisierte interaktive Komponente gewährleistet werden kann. Darüber hinaus kann sich ein Benutzer jederzeit z.B. über Problemlösungswege, Simulations-Dialoge, Simulations-Methoden, Anwendungsprogramme und über BOSS selbst informieren.

6.2.5 Das Kommunikationssystem COLAN

Die Kommunikationssprache COLAN (COmmunication LANguage) wurde im Rahmen von BOSS entwickelt, um die zeitliche Synchronisation paralleler Aktivitäten zu erlauben (vgl. [MEYE81]). Der allgemeine konzeptuelle Ansatz von COLAN ermöglicht die Kommunikation zwischen Programmen, die in verschiedenen Programmiersprachen geschrieben sind.

COLAN wurde in der Methoden- und Modellbankumgebung von BOSS eingesetzt, um die beschriebene Integration von Planungsmodellen zu realisieren. Hierbei wurde das IFICUS-Top-Management-Modell von Stübel, das Modell FINPLAN zur Finanzplanung, das Modell UNISIM zur Produktionsplanung, das Modell EOQ für die Bestellpolitik und das Modell FUTURE zur Prognoserechnung des Absatzes untereinander verknüpft (vgl. Abb. 4.70 und 6.13).

6.2.5.1 Die COLAN-Sprache und deren Anwendung

Wenn man neue Modelle oder Methoden in das BOSS-System integrieren will, muß man zuerst die Entscheidung treffen, ob es sich bei diesen um sogenannte selbständige Modelle bzw. Methoden handelt oder um ein Programm, das mit anderen schon existierenden Modellen bzw. Methoden verknüpft werden soll. Zu integrierende Programme werden in unserer Anwendungsumgebung auch als Baustein bezeichnet (vgl. auch [HAUE79]), die als ein Teil eines Gesamtsystems betrachtet werden können, das aus miteinander kommunizierenden Methoden und/oder Modellen besteht. Für die Kommunikation solcher Bausteine untereinander wird eine konsistente Schnittstelle benötigt. Diese Schnittstelle wird durch den Austausch von Informationen realisiert, d.h. man muß beschreiben, welche Variablen eines Bausteins dem Austausch von Informationen dienen. Die Schnittstellenbeschreibung hat sowohl den syntaktischen als auch den semantischen Konventionen der Kommunikationssprache zu folgen. COLAN ermöglicht einem Anwender, Bausteine (Programme) zu kombinieren, ohne einen Eingriff in den eigentlichen Programmcode. D.h. die Entwicklung von miteinander kommunizierenden Programmen kann u.U. auch ohne Kenntnis der entsprechenden Programmiersprache geschehen.

In unserem Anwendungsbeispiel geschieht die Verknüpfung von Programmen in CSMP und FORTRAN. Allgemein können aber Programme in beliebigen Programmiersprachen [1] kombiniert werden. Das BOSS-System enthält Modelle und Methoden, die z.B. in DYNAMO, CSMP, FORTRAN, PL/1, SIMULA, SIMPL geschrieben sind.

Dieser Baustein-Ansatz von COLAN versetzt nicht nur den System- und den Anwendungsspezialisten mit extensiven Programmierkenntnissen in die Lage, Programme miteinander zu verknüpfen, sondern auch ein ungeübter Benutzer kann diese Aufgabe, unterstützt durch einen benutzerfreundlichen Dialog, bewältigen. Dieser Dialog leitet z.B. den Benutzer bei der Auswahl der Modelle bzw. Methoden und bei der Integration.

Die theoretische Basis von COLAN ist die Funktionsnetztheorie, die als ein Hilfsmittel zur Simulation von sozio-ökonomischen und soziotechnischen Systemen entwickelt worden ist (vgl. [GODB78], [GODB79], [GODB80], [MAYE79]). Ein wesentliches Konzept dieser Theorie ist die Tatsache, daß die Komponenten eines Systems sich in sog. Kanäle, das sind die (statischen) informationsdarstellenden Komponenten (z.B.

---

1) Das Betriebssystem der Datenverarbeitungsanlage muß aber die Kommunikation virtueller Maschinen unterstützen. Sind diese Funktionen nicht vorhanden, so erfordert die Installation von COLAN zusätzliche Programmentwicklung.

Datenbankteile), und in sog. Instanzen, die (dynamischen) informationsverarbeitenden Komponenten (z.B. Transformationen, Prozesse) einteilen lassen. Insofern kann man die Funktionsnetze auch als einen (anwendungsorientierten) Teil der Netztheorie bezeichnen (vgl. z.B [PETR73]).

Jedes modellierte System läßt sich demnach in zwei schnittfremde Mengen einteilen: In die Menge der Kanäle und in die Menge der Instanzen. Instanzen und Kanäle bilden ein Netz mit alternierenden Typen von X Knoten, wobei der Nachrichtenfluß durch die Kanten des Netzes repräsentiert wird. Hierbei unterscheidet man den Fluß von Informationen und den Kontrollfluß.

In Bezug auf die COLAN-Sprache werden Bausteine mit Instanzen und die Kommunikationsschnittstelle zwischen den Bausteinen mit Kanälen assoziiert. Kanäle, verantwortlich für das Speichern von Informationen, haben zwei Attribute: Den Kanaltyp und die Kanalkapazität. Die unterschiedlichen Kanaltypen korrespondieren mit verschiedenen COLAN-CHAN-Statements:

a) FIFO CHAN - Statement für Kanäle deren Input nach der FIFO-Methode (first-in-first-out) transferiert wird.

   Syntax:
   ```
   FIFO CHAN name (capacity)/init, ... /IN=modl.var1, ...,
             mod20.var20 OUT=mod21.var21;
   ```

   Beispiel:

   ```
   FIFO CHAN K7A IN = IFI.AR OUT = FUT.PAST;
   ```

   Dieses Beispiel bezieht sich auf unser Anwendungsbeispiel in Abb. 6.12. Kanal K7A ist vom Typ FIFO, hat als Input von IFICUS die Auftragsrate (IFI.AR), die als Output nach FUTURE (FUT.PAST) geht.

b) LIFO CHAN - Statement für Kanäle, deren Input nach der LIFO-Methode (last-in-first-out) behandelt wird.

c) KEEP CHAN - Statement für Kanäle, deren Inhalt solange verfügbar ist, solange er nicht überschrieben wird.

d) MAIL CHAN - Statement für Kanäle, die nach dem MAIL-BOX-Konzept arbeiten.

e) STARTCHAN - Statement für Kanäle, die nur zur Initialisierung von Instanzen dienen.

f) CONSTCHAN - Statement für Kanäle, die durch eine Konstante einmal initialisiert sind und die immer den gleichen Output liefern.

g) READ CHAN - Statement für Kanäle, die ihren Input von einem Terminal oder von einer Datei erhalten und nicht von einer Instanz

Die angegebene Menge von CHAN-Statements bildet nur einen Teil der in COLAN verfügbaren Kanalausdrücke, ihre Auswahl wurde im Hinblick auf unser Anwendungsbeispiel in Abb. 6.12 getroffen.

Das <u>INST-Statement</u> von COLAN dient zur Definition und Beschreibung der zu integrierenden Bausteine (Programme), die mit den Instanzen assoziiert werden.

<u>Syntax:</u>
<u>INST</u>: colanname = cmsname language (DELAY = t1, OUTPER = t2);

<u>Beispiel:</u>
INST : FUT = FUTUR1 FORTRAN (DELAY = 40);

Mit Hilfe des <u>TIME-Statements</u> wird die Simulationsdauer spezifiziert, das <u>DISPLAY-Statement</u> liefert am Terminal den Kontroll-Output von Kanälen während der Laufzeit.

Das Baustein-Programm selbst besteht aus dem COLAN-Header und dem dazugehörigen Quellenprogramm in der entsprechenden Programmiersprache. Jeder Header hat genau ein <u>MODEL-Statement</u>, wenigstens ein

INPUT-Statement und das EOH-Statement (end-of-header), OUTPUT-Statement und PERIOD-Statement sind optional.

Mit dem MODEL-Statement wird das zu integrierende Programm durch den Namen des Bausteins, die Programmiersprache und den Simulationstyp (DISC für diskrete Simulationsprogramme, CONT für kontinuierliche) spezifiziert.

Syntax:
MODEL: name language type

Beispiel:
MODEL: HANDELSBETRIEB DYNAMO CONT

Mit Hilfe des INPUT-Statements werden diejenigen Variablen spezifiziert, die miteinander verknüpft werden sollen. Die INPUT-Variablen der Header sind die OUT-Variablen innerhalb des entsprechenden CHAN-Statements.

Syntax:
INPUT: varname = type programe (dim)

Beispiel:
INPUT: AUFTRAG = INT AUF (6)

Innerhalb dieses Statements ist der COLAN Variablenname durch varname, der Variablentyp (INTeger, REAL) durch type und die Dimension der Programmvariablen durch dim spezifiziert. Die gleichen Konventionen sind gültig für das OUTPUT-Statement, wobei die hier angegebenen Variablen als IN-Variablen im entsprechenden CHAN-Statement verwendet werden.

Kontinuierliche Simulationsprogramme enthalten üblicherweise eine Zeitperiode, die bestimmt, wie oft ein Baustein aufgerufen werden soll, 1:5 bedeutet z.B., daß das Programm 5 mal per Simulationstag aufgerufen wird. Die notwendigen Angaben sind im PERIOD-Statement anzugeben.

Betrachten wir unser Anwendungsbeispiel aus Kapitel 4.4 (siehe auch Abb. 4.70), in dem die Kommunikation zwischen den Modellen IFICUS, FUTURE, EOQ, FINPLAN und UNISIM realisiert worden ist, so finden wir in Abb. 6.12 das dazugehörige COLAN-Programm. Zur Koordination der verknüpften Modelle war es allerdings notwendig, einige HELP-Instanzen mit spezifischen Verzögerungen einzuführen.

Abb. 6.13 zeigt einen Ausschnitt aus dem Gesamtmodell, hierbei ist die Verwendung von KEEP-Kanälen für den Input des Bausteins IFICUS zu entnehmen. Der Inhalt von Kanal K2 muß nach jedem Zeitintervall auf 0 gesetzt werden, wofür eine eigene Hilfsinstanz SET eingeführt wurde, die eine Verzögerung von genau einem Zeitintervall hat. Nach Ausführung von FINPLAN wird die SET-Instanz durch den START-Kanal SK2 angestoßen und nach einem Zeitschritt der Wert 0 in den Kanal K2 übertragen, d.h. der von FINPLAN nach IFICUS übertragene Wert ist nur ein Zeitintervall verfügbar. Die Variable ZUSMB bezeichnet das zusätzliche Marketing-Budget für IFICUS, PROSC (BUAO) die geplante Produktionsrate für IFICUS (PRPROG) und ECOQ die optimale Bestellmenge für IFICUS (LAZU).

```
*
INST :       IFI = IFICUS CSMP ( OUTPER = 5 );
             FUT = FUTUR1       FORTRAN ( DELAY = 40 );
             EOQ = EOQ FORTRAN ;
             FIN = FINPLN FORTRAN ;
             UNI = UNISIM FORTRAN ;
             H1  = HELP         FORTRAN ( DELAY = 40 );
             H2  = HELP         FORTRAN ( DELAY = 40 );
             H3  = HELP         FORTRAN ( DELAY = 40 );
             H4  = HELP         FORTRAN ( DELAY = 40 );
             H5  = HELP         FORTRAN ( DELAY = 40 );
             SET = HELP         FORTRAN ( DELAY =  1 );

*
FIFO   CHAN  K1A             IN = IFI.UEKO              OUT = H1.IN1;
FIFO   CHAN  K1B             IN = IFI.PER               OUT = H2.IN1;
FIFO   CHAN  K1C             IN = IFI.BUD               OUT = H3.IN1;
FIFO   CHAN  K7A             IN = IFI.AR                OUT = FUT.PAST;
FIFO   CHAN  K7B             IN = IFI.LB                OUT = H4.IN1;
FIFO   CHAN  K7C             IN = IFI.PR                OUT = H5.IN1;
FIFO   CHAN  K8              IN = FUT.Y                 OUT = FIN.N;
FIFO   CHAN  K8B             IN = FUT.MY                OUT = FIN.VPER;
FIFO   CHAN  K9A             IN = FUT.Y                 OUT = UNI.DMDNR;
FIFO   CHAN  K9B             IN = FUT.MY                OUT = UNI.NPER;
KEEP   CHAN  K4 /500.0/      IN = EOQ.ECOQ              OUT = IFI.LAZU;
FIFO   CHAN  K13A            IN = EOQ.ECOQ              OUT = FIN.BESTZ;
FIFO   CHAN  K13B            IN = EOQ.ON                OUT = FIN.XMAL;
FIFO   CHAN  K13C            IN = EOQ.TCST              OUT = FIN.XLKO;
KEEP   CHAN  K2   /0.0/      IN = FIN.ZUSMB, SET.OUT1   OUT = IFI.BUAO;
FIFO   CHAN  K14  /0.65/     IN = FIN.GFBEST            OUT = EOQ.FM;
START  CHAN  SK2             IN = FIN.READY             OUT = SET.START;
KEEP   CHAN  K10  /1000.0/   IN = UNI.PROSC             OUT = IFI.PRPROG;
FIFO   CHAN  K11             IN = UNI.DCOST             OUT = FIN.DCOST;
FIFO   CHAN  K12             IN = UNI.TPROSC            OUT = EOQ.R;
FIFO   CHAN  K1AH            IN = H1.OUT1               OUT = FIN.UEKO;
FIFO   CHAN  K1BH            IN = H2.OUT1               OUT = FIN.PER;
FIFO   CHAN  K1CH            IN = H3.OUT1               OUT = FIN.BUD;
FIFO   CHAN  K7BH            IN = H4.OUT1               OUT = UNI.SBI;
FIFO   CHAN  K7CH            IN = H5.OUT1               OUT = UNI.SOSPR;
CONST  CHAN  CK2 /0.0/                                  OUT = SET.IN1;
CONST  CHAN  K7D /5/                                    OUT = FUT.N;
CONST  CHAN  K7E /5/                                    OUT = FUT.M;
*
TIME   FROM 1    TO 150
```

Abb. 6.12: COLAN-Programm der miteinander kommunizierenden Planungsmodelle (siehe auch Kapitel 4.4)

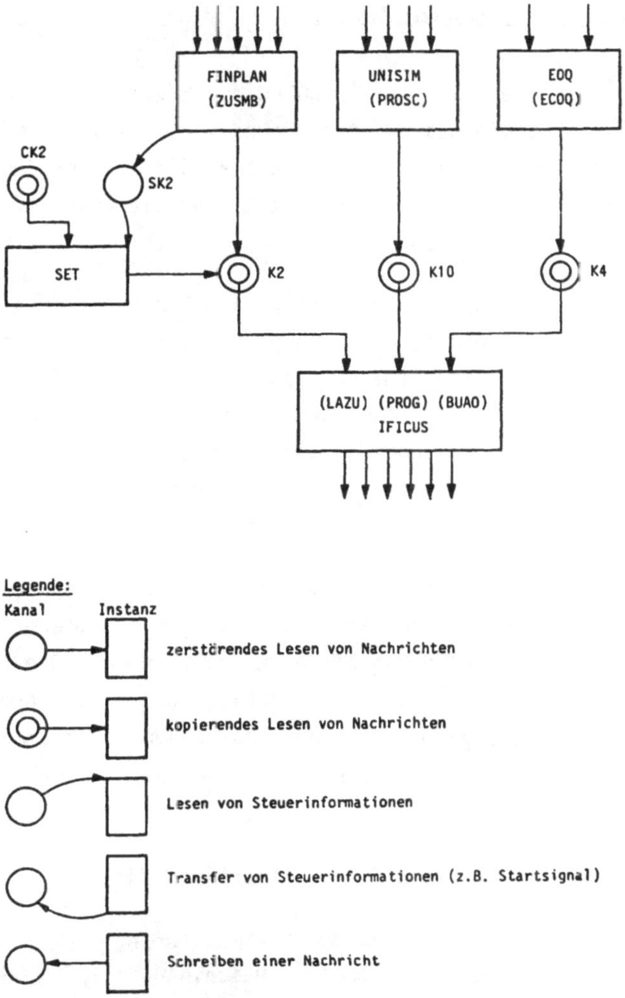

Abb. 6.13: Ausschnitt aus dem System der kommunizierenden Planungsmodelle

6.2.5.2 Die COLAN-Architektur

Ein ungeübter Benutzer hat in COLAN die Möglichkeit, seine COLAN-Programme mit Hilfe eines benutzerfreundlichen Dialogs am Bildschirm zu entwickeln, geübte Benutzer können dies direkt über den System-Editor bewerkstelligen. Abb. 6.14 enthält die Architektur des COLAN-Systems während der Compilierungs-Phase.

Die Realisierung der Kommunikation zwischen Bausteinen geschieht, wie oben schon erwähnt, ohne einen Eingriff in den Programmcode der zu verknüpfenden Programme und ist unabhängig von der jeweiligen Programmiersprache. Der Anwender hat nur ein COLAN-Programm zu entwickeln, wobei er zu jedem Zeitpunkt interaktiv vom System unterstützt wird, sowohl in der Auswahl der notwendigen Bausteine als auch in der richtigen Verwendung der COLAN-Sprache.

Da die Bausteine in unterschiedlichen Programmiersprachen geschrieben sind, müssen die Programme zu Aufträgen zusammengefaßt und auf verschiedene virtuelle Maschinen verteilt werden. Die Steuerung der einzelnen virtuellen Maschinen geschieht durch die Bereichsmonitore, die Steuerung des gesamten Ablaufs durch den Zentralmonitor, der die Koordination der Aufträge und die Verwaltung der Maschinen kontrolliert.

Der Zentralmonitor ist z.B. verantwortlich für:

- die Kommunikation mit den Bereichsmonitoren,
- die Vorbereitung der virtuellen Maschinen,
- die Kontrolle der Simulationszeit,
- die Verwaltung der Kanalinhalte,
- das Erkennen von Deadlocks,
- die Kommunikation mit dem Anwender.

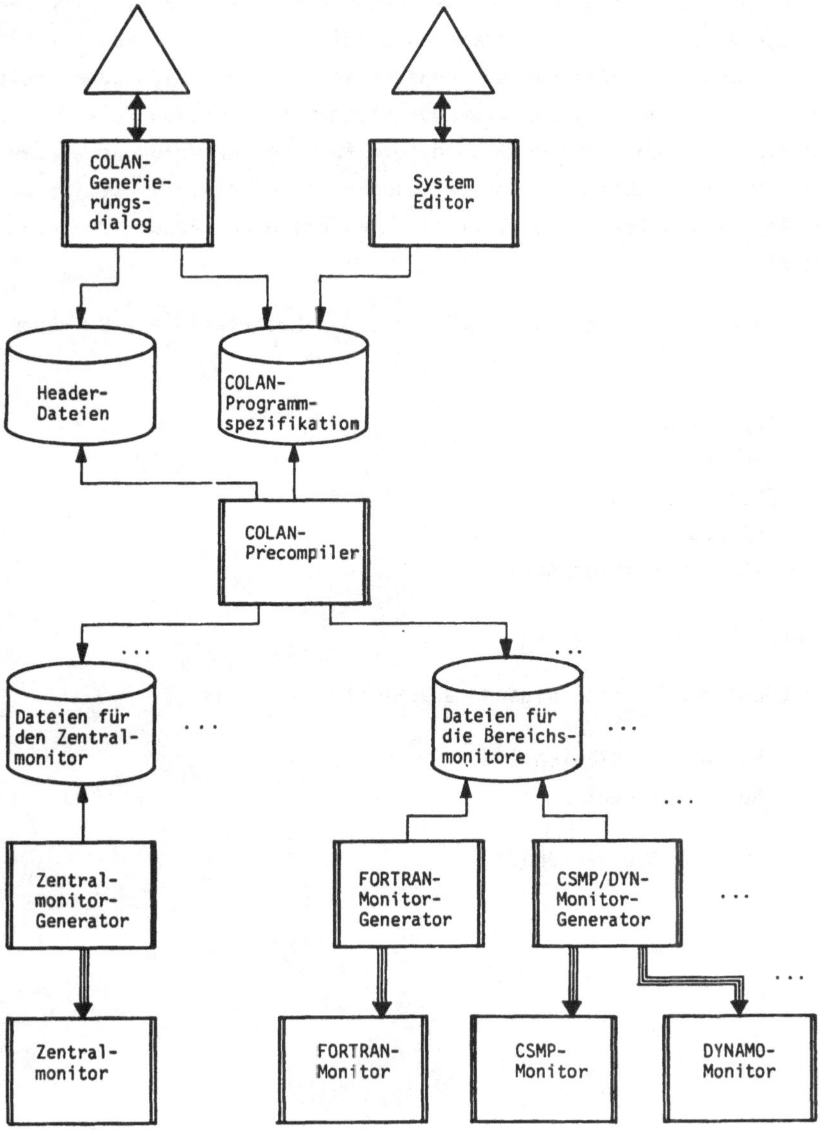

Abb. 6.14: COLAN-Systemarchitektur (Compilierungs-Phase)

Das COLAN-Programm wird durch den COLAN-Precompiler analysiert, der für die entsprechenden Generatoren Dateien erstellt. Diese Datei-Schnittstellen werden für das Generieren von spezifisch zugeschnittenen Monitoren für jedes Anwendungssystem (System von verknüpften Modellen und/oder Methoden) benötigt. Nach der Generierung werden diese Monitore übersetzt und auf virtuelle Maschinen verteilt, wobei der Zentralmonitor in der virtuellen Maschine des Benutzers verbleibt.

COLAN-Programme unterliegen den folgenden Restriktionen: Es können bis zu

- 100 Instanzen,
- 500 INPUT-Variablen,
- 500 OUTPUT-Variablen,
- 500 Kanäle und
- 20 IN-Variablen/Kanal

verarbeitet werden.

Der COLAN-Header hat folgende Beschränkungen: Bis zu

- 50 INPUT-Variablen und
- 50 OUTPUT-Variablen

können verarbeitet werden.

7 Zusammenfassung und Ausblick

Im einführenden Kapitel 1 standen Fragen nach der "Unternehmensplanung warum, für wen, wie und wann" im Vordergrund. Es folgte eine Einführung in das Regelkreisdenken und eine Vorstellung der Übertragung des klassischen technischen Regelkreises auf wirtschaftliche Probleme. Die Notwendigkeit der damit eng verbundenen Existenz von Beschreibungstechniken und -sprachen wurde diskutiert und dargestellt, wie man die Realität präzise im formalen Modell festhalten kann. Die Beschreibung der für den Problemlösungsprozeß dringend notwendigen Anwendungs-, Informationssystem-, Simulations- und Softwaremethodologie schloß sich an.

Der Modellbildungsprozeß im Unternehmen, die Simulation alternativer Entscheidungsmöglichkeiten und das zur Zeit verfügbare Planungsinstrumentarium standen im Mittelpunkt des Kapitel 2. Der top-down-Ansatz wurde dem bottom-up-Ansatz gegenübergestellt und drei verschiedene Planungsfallstudien aus anonymisierten Industriefirmen wurden präsentiert. Die erste Fallstudie betrifft den Funktionsbereich der Produktion, die zweite die Deckungsbeitragsrechnung und die dritte das Finanzmodell als integralen Bestandteil des Gesamtunternehmensmodells.

Kapitel 3 führte in die Regelkreisphilosophie des Unternehmens ein. Die System Dynamics Modellierungsmethodologie erlaubte ein verhältnismäßig einfaches Abbilden der Realität über die verschiedenen Abstraktionsschichten mit Wirkungsgraph, System Dynamics Strukturdiagramm auf die System Dynamics Systemgleichungen. Die zeitlichen Verzögerungen, die Modellierungs- und Programmierungssprache DYNAMO und die gesamte Modellierungsmethodologie wurden exemplarisch an einem Handelsbetriebs-Modell vorgestellt und spezifiziert. Damit waren die handwerklichen und theoretischen Grundlagen für das sehr tief gehende und breit ausholende Kapitel 4 gelegt, indem Unternehmerfragen des Typs "was passiert, wenn ....?" beantwortet wurden.

Der Leser bekam in diesem Kapitel einen Eindruck von den komplexen betriebswirtschaftlichen und technischen Zusammenhängen in einem mittleren Industrieunternehmen. Er wurde in eine nahezu vollständige formal beschriebene und verbal kommentierte Betriebswirtschaftslehre für den Klein- und Mittelbetrieb eingeführt. Das Kapitel enthielt eine plastische Darstellung, wie die Außenbeziehungen des Unternehmens mit Hypothesen und die innerbetrieblichen Entscheidungen mit Entscheidungsregeln modelliert und anschließend ihre Auswirkungen durch Simulation transparent gemacht werden können. Das Finanzmodell beinhaltet ausführlich die zugelassenen Operationen (Bewegungen) in der Bilanz und der Gewinn- und Verlustrechnung. Dem sehr ausführlich beschriebenen Topmanagement-Modell folgten Hinweise, mit welchen Techniken sich das Topmanagement-Modell in die disaggregierte Middlemanagement-Ebene verfeinern läßt. Es wurde verdeutlicht, wie sich die System Dynamics Methode ganz besonders realitätsnah auf die mittel- und langfristige Planung von alternativen Entscheidungen bzw. hypothetischen Außenannahmen anwenden läßt.

Auf die besonders wichtige, in der Vergangenheit oft vernachlässigte, Gültigkeitsprüfung des Simulationsmodells und seiner Ergebnisse wurde in Kapitel 5 eingegangen. Die einzelnen Phasen der Verifikation, Kalibrierung, Sensitivitätsanalyse und Validierung und ihr Zusammenspiel sind dort ausführlich beschrieben. Außerdem werden systematische Grundlagen und Erfahrungen beim Modellbildungsprozeß vermittelt und das treibende Element der Simulation herausgestellt.

Kapitel 6 gab einen Ausblick auf die zukünftige Entwicklung von Entscheidungsunterstützungssystemen (decision support systems) mit unterstützenden Basissystemen wie verteilten Daten-, Methoden- und Modellbankverwaltungssystemen ([SCHN79], [SCH82a], [SCH82b]).

Die Palette der Planungssysteme wird von einfachen VISICALC-ähnlichen Mikrocomputersystemen mit Balkendiagrammen für einfache Zusammenhänge bis zu hochintegrierten "knowledge-based" Systemen der fünften Generation für hochkomplexe Strukturen und Prozesse reichen. In diesen Expertensystemen, die einen konsistenten Methoden- und Modelleinsatz unterstützen, werden Methoden der künstlichen Intelligenz eine herausragende Rolle spielen. Nachdem man die Basisdatenverarbeitung heute einigermaßen beherrscht, werden die Planungssysteme immer mehr in operationale Systeme eingebaut werden. Die durchschaubaren und beherrschten Entscheidungen werden der Maschine übertragen werden und der Mensch wird als Aktionsträger teilweise durch die Maschine abgelöst. Bewertungen aller Art, Improvisation, Spontaneität Innovation, Kreativität werden aber dem Menschen noch sehr lange, wahrscheinlich für immer, vorbehalten bleiben.

Literaturverzeichnis

[AMST67] Amstutz, A.E.: Computer simulation of competitive market response, M.I.T. Press, Cambridge, Mass., 1967

[BAKE76] Baker, R.J.; Nelder, J.A.: GLIM-Manual, Release 3, Rothemsted Experimental Station, Harpenden Herts, England, 1976

[BEI73a] Beilner, H.: Zur Gültigkeitsbestimmung diskreter Simulationsmodelle. In: Methodik der rechnergestützten Simulation, Fachgespräche vom 10.-11. Mai 1973, KFK 1845, Karlsruhe, 1973

[BEI73b] Beilner, H.: Die Methode der ausgewogenen Abweichung; ein Hilfsmittel zur zielstrebigen Leistungsverbesserung von Rechensystemen. In: Goos, G.; Hartmanis, J. (Hrsg.): Lecture Notes in Computer Science, GI 3. Jahrestagung Hamburg, Berlin, 282 ff, 1973

[BIFO71] BIFOA: Vorschlag für ein MIS-Forschungsprogramm, Forschungsbericht DV 71-01, Köln, 1971

[BÖHL79] Böhling, K.H.; Spies, P.P. (Hrsg.): GI 9. Jahrestagung, Bonn, 1.-5. Oktober 1979, Informatik-Fachberichte Band 19, Springer Verlag, 1979

[BRIT73] Britting, K.; Trump, J.: The parameter sensitivity issue in urban dynamics. In: Proc. of the 1973 Summer Simulation Conference, Montreal, 1973

[CYER63] Cyert, R.M.; March, J.G.: A behavioral theory of the firm, Englewood Cliffs, 1963

[DIEB76] Diebold Research Program DPR-Report T23-IIIA, trends in system architecture. In: Diebold Deutschland GmbH (Hrsg.): Einsatzmöglichkeiten softwaretechnologischer Methoden mit Normungseffekt, Frankfurt, 1976

[DIN662] Deutsche Industrie-Normen, DIN 66200: Programmablauf für die Verarbeitung von Dateien nach Satzgruppen, Mai 1977

[DITT79] Dittrich, K.R.; Hüber, R.; Lockemann, P.C.: Methodenbanksysteme: Ein Werkzeug zum Maßschneidern von Anwendungssoftware, Informatik Spektrum 2, 194-203, 1979

[ENG79a] Engel, H.H.; Schneider, H.-J.; Stübel, G.: AWUS - Studie für ein benutzerfreundliches Anwendungs-Unterstützungs-System. In: [BÖHL79]

[ENG79b] Engel, H.H.; Schneider, H.-J.; Stübel, G.: AWUS - An Aid to Working with and Understanding of (application)Software. In: Ebert, R.; Lügger, J.; Goecke, L. (Hrsg.): Proc. of the International Workshop on Practice in Software Adaption and Maintenance, Berlin, 5-6 April 1979, 265-273, North-Holland Publishing Co., 1980

[ENGE80] Engel, H.H.; Schneider, H.-J.; Stübel, G.: Datenkonvertierungshilfe als EDV-Instrument für Forschung und Entwicklung, Das Rechenzentrum 1980, 103-112, 1980

[FLET63] Fletcher, R.; Powell, M.J.D.: A rapidly convergent descent method for minimization, Computer Journal 6, 1963

[FORR61] Forrester, J.W.: Industrial dynamics, M.I.T. Press, Cambridge, Mass., 1961

[FORR68] Forrester, J.W.: Principles of systems, Text and Workbook, M.I.T. Press, Cambridge, Mass., 1968

[FORR69] Forrester, J.W.: Urban dynamics, M.I.T. Press, Cambridge, Mass., 1969

[FORR72] Forrester, J.W.: Grundzüge einer Systemtheorie, Betriebswirtschaftlicher Verlag Dr.Th.Gabler, Wiesbaden, 1972

[FORR73] Forrester, J.W.: The life cycle of economic development, M.I.T. Press, Cambridge, Mass., 1973

[FRÖH68] Fröhlich, H.J.: Ansätze zur Ermittlung des Finanzbedarfs einer wachsenden Unternehmung, Dissertation, Universität Göttingen, 1968

[GALL69] Galler, E.: Die Kennzahlenrechnung als internes Informationsinstrument der Unternehmung, Dissertation, München, 1969

[GODB78] Godbersen, H.P.; Meyer, B.E.: Function nets as a tool for the simulation of information systems. In: Proc. of the 1978 Summer Computer Simulation Conference, Newport Beach, Calif., 1978

[GODB79] Godbersen, H.P.: Funktionsnetze - ein Ansatz zur Beschreibung, Analyse und Simulation sozio-technischer Systeme. In: Mayr, H.C.; Meyer, B.E. (Hrsg.): Formale Modelle für Informationssysteme, GI-Fachberichte Nr. 21, 246-264, Springer Verlag, 1979

[GODB80] Godbersen, H.P.; Meyer, B.E.: A net simulation language. In: Proc. of the 1980 Summer Computer Simulation Conference, Seattle, 1980

[GOOD74] Goodman, M.R.: Study notes in system dynamics, Wright-Allen Press Inc., Cambridge, Mass., 1974

[GRIE78] Griese, J.; Österle, H.; Plesch, M.: DIABAS - eine Dialog-Basis. In: Angewandte Informatik 20, 1978

[HARR72] Harris, R.D.; Maggard, M.J.: Computer models in operations management, 1972

[HAUE78] Hauer, K.H.: Abschlußbericht der Entwicklung eines Software-Systems zur Steuerung von FORTRAN-Moduln im Rahmen einer ökonometrischen Methodenbank, Projektbericht Nr.33, IAW, Tübingen, 1978

[HAUE79] Hauer, K.H.: Methodenbank-Monitorsysteme und ihre Einsatzmöglichkeiten. In: [BÖHL79]

[HEIN71] Heinen, E.: Grundlagen betriebswirtschaftlicher Entscheidungen. Das Zielsystem der Unternehmung, Wiesbaden, 1971

[HEIN72] Heinen, E.: Zur empirischen Analyse des Zielsystems durch Kennzahlen. In: Die Unternehmung Nr. 1, 1972

[HUEB79] Hüber, R.; Dittrich, K.R.; Lockemann, P.C.: Das KARAMBA Methodenbanksystem. In: [BÖHL79]

[IBM 74] IBM: SPPIII-Programmers Manual, IBM-Form GH20-0205-4

[JOWI81] Jochum, F.; Winter, D.: ISAC - Eine Analyse- und Entwurfsmethode für komplexe Softwaresysteme. In: Brauer, W. (Hrsg.): Informatik-Fachberichte Band 50, GI 11. Jahrestagung, München, 1981, 201-215, Springer Verlag, 1981

[KLÖS79] Klösgen, W.; Schwarz, W.: Die Realisierung von Architekturprinzipien für Methodenbanksysteme im Modellbanksystem MBS. In: [BÖHL79]

[KOKO65] Kokotovic, P.B.; Rutman, R.S.: Sensitivity of automatic control systems (survey). Automation and remote control, Vol. 26, 1965, No.4, translated from: Avtomatika i Telemekhanika Vol.26, No. 4, Moskau, 1965

[KOTL67] Kotler, P.: Marketing management, analysis, planning and control, New Jeryey, 1967

[LITT66] Little, J.D.: A multivariate adaptive control model, M.I.T. Working Paper, 211-66, 1966

[LITT70] Little, J.D.: Models and managers: The concept of a decision calculus, Management Science Vol.16, No. 8, April 1970

[LITT74] Little, J.D.: Ein On-Line-Marketing-Mix-Modell. In: Hansen, H.R. (Hrsg.): Computergestützte Marketing Planung, München, 1974

[LÖFF80] Löffelholz, J.: Repetitorium der Betriebswirtschaftslehre, Wiesbaden, 1980

[LOEW74] Loewer, O.J. jr.; Huber, R.T.; Barret, J.R.; Peart, R.M.: Simulation of the effects of weather on an insect population, Simulation Vol. 22, No. 4, April 1974

[LUND79] Lundeberg, M.; Goldkuhl, G.; Nilsson, A.: A systematic approach to information systems development - I. Introduction. In: Information Systems 4, 1 - 12, 1979

[MAME79] Mayr, H.C.; Meyer, B.E. (Hrsg.): Formale Modelle für Informationssysteme, GI-Fachberichte Nr. 21, Springer Verlag, 1979

[MEAD72] Meadows, D.L.: Die Grenzen des Wachstums, Deutsche Verlagsanstalt, Stuttgart, 1972

[MEIS60] Meissinger, H.F.: The use of parameter influence coefficients in computer analysis of dynamic systems, Western Joint Computer Conference, San Francisco, Mai 1960

[MERT72] Mertens, P. (Hrsg.): Prognoserechnung, Würzburg, 1972

[MERT79] Mertens, P.: Computergestützte Unternehmensplanung, Informatik-Spektrum 2, 86 - 96, 1979

[MEYE72] Meyer, C.W.: EDV als Mittel des Marketing. Zur Entwicklung von Marketing-Informationssystemen, Berlin, 1972

[MEY79a] Meyer, B.E.; Schneider, H.-J.: DV-technische Gesichtspunkte der Integration von Bevölkerungsprognosen in ein Planungsinformationssystem. In: Elsner, E. (Hrsg.): Demographische Planungsinformationen, Theorie und Technik, Kulturbuch-Verlag, Berlin, 1979

[MEY79b] Meyer, B.E.; Schneider, H.-J.: Tools for information system design and realization. In: Proc. der IFIP TC8 Conference on 'Formal Models and Practical Tools for Information System Design', Oxford, England, April 1979, North-Holland Publishing Co., 1979

[MEY79c] Meyer, B.E.; Schneider, H.-J.: BOSS - Ein generalisiertes Informationssystem. In: BÖHL79

[MEY79d] Meyer, B.E.; Schneider, H.-J.: The concepts of a problem solution support system, Interner CIS-Bericht 10/79, Institut für Angewandte Informatik, Technische Universität Berlin, 1979

[MEYE81] Meyer, B.E.: COLAN - A language for the communication between simulation models. In: Proc. of the 1981 Summer Computer Simulation Conference, Washington D.C., 1981

[MIRH73] Mirham, A.G.: Simular credibility. In: Proc. of the 1973 Summer Computer Simulation Conference, Montreal, 1973

[MONT69] Montgomery, D.B.; Urban, G.L.: Management science in marketing, New Jersey, 1969

[MONT70] Montgomery, D.B.; Urban, G.L.: Marketing decision-information systems. An emerging view, Journal of Marketing Research Vol. VII, 1970

[MUEIBM] Mueller, W.: PLANCODE-planning, control and decision system, IBM-Form F12-1607

[MÜLM71] Müller-Merbach, H.: Operations Research, Methoden und Modelle der Optimalplanung, München, 1971

[MUNZ76] Munz, R.: Das WEB-Modell, Entwurf eines Mehr-Benutzer-Datenbanksystems mit graphenartigen Datenstrukturen und prozeduralen Datenbankfunktionen, Dissertation, Universität Stuttgart, 1976

[MUNZ78] Munz, R.: The Well-system: A multi-user-database system on binary relationships and graph-pattern-matching. In: Information Systems Vol. 3, 99-115, 1978

[NATI74] National Bureau of Economic Research, Inc., Computer Operations Activity: TROLL: An introduction and demonstration, Report No. D0083, Second Revision, Dezember 1974

[NAYL71] Naylor, Th.H.: Computer simulation experiments with models of economic systems, New York, 1971

[NAYL73] Naylor, Th.H.: SIMPLAN - A corporate planning language, Readings of the Social Systems Inc., Durham, 1973

[NIEH75] Nie, N.H., et al.: SPSS-statistical package for the social sciences, New York, 1975

[NIES71] Nieschlag, R.; Dichtl, E.; Hörschgen, H.: Marketing - ein entscheidungstheoretischer Ansatz, Berlin, 1971

[NOLA72] Nolan, R.L.: Verification/validation of computer simulation models. In: Proc. of the 1972 Summer Computer Simulation Conference, San Diego, 1972

[PERN78] Pernads, P.: Der DIMPLE-Dialoggenerator, Projektbericht, Fa. Phillips GmbH, Forschungslaboratorium, Hamburg, 1978

[PETR73] Petri, C.A.: Concepts of net theory. In: Mathematical foundations of computer science, Proc. Symposium and Summer School, High Tatras, Mathematical Institute of the Slovak Academy of Sciences, Computing Research Center, United Nations, D.P., Bratislava, 137-146, 1973

[PETR75] Petri, C.A.: Interpretations of net theory, Interner Bericht ISF-207, Gesellschaft für Mathematik und Datenverarbeitung, Birlinghoven, 1975

[PETR76] Petri, C.A.: Nichtsequenzielle Prozesse, Interner Bericht ISF 76-6, 2. Aufl., Gesellschaft für Mathematik und Datenverarbeitung, Birlinghoven, 1976

[POST79] Portner, N.; Stübel, G.: Computergestütztes Programmieren durch Spezifizieren am Bildschirm, Angewandte Informatik 21, 441-445, 1979

[PUGH76] Pugh III., A.L.: DYNAMO, User's manual, M.I.T. Press, Cambridge, Mass., 1976

[RICH81] Richardson, G.P.; Pugh III., A.L.: Introduction to system dynamics modeling with DYNAMO, M.I.T. Press, Cambridge, Mass., 1981

[RIEB72] Riebel, P.: Einzelkosten und Deckungsbeitragsrechnung, Opladen, 1972

[ROSS77] Ross, D.T.: Structured analysis - A language for Communicating ideas, IEEE Trans. on SE Vol. SE-3, No. 1, 16-34

[RÜTS74] Rütschi, K.A.: Aufbau und Programmierung von Marketing-Mix-Modellen. In: Hansen, H.R. (Hrsg.): Computergestützte Marketing Planung, Beiträge zum Wirtschaftsinformatik-Symposium 1973 der IBM-Deutschland, München, 1974

[SCHI72] Schiemenz, B.: Regelungstheorie und Entscheidungsprozesse, Wiesbaden, 1972

[SCHN73] Schneider, H.-J. et al.: Die Strukturiertheitshierarchie bei den verschiedenen Modellen einer Problemlösung. In: Durchholz, R.; Konrad, E.; Richter, G.; Schneider, H.-J. (Hrsg.): Fachgespräch problemgegebene Datenstrukturen, St. Augustin, 1973

[SCHN78] Schneider, H.-J.: Möglichkeiten und Grenzen normativer Ansätze für die Gestaltung von Informationssystemen. In: Hansen, H.R. (Hrsg.): Entwicklungstendenzen der Systemanalyse, Fachberichte und Referate/Lectures and Tutorials Band 6, 31-58, Oldenbourg Verlag, 1978

[SCHN79] Schneider, H.-J. (Ed.): Formal models and practical tools for information systems design, Proc. of the IFIP WG 8.1, Oxford 1979, North-Holland Publishing Co., 1979

[SCHN81] Schneider, H.-J.: Techniques and formal tools for design, realization and evaluation of evolutionary information systems. In: Hawgood, J.: Proc. of IFIP-TC8-Working Conference on Evolutionary Information Systems, 13-37, North-Holland Publishing Co., 1981

[SCH82a] Schneider, H.-J.; Wasserman, A.I. (Eds.): Automated tools for information systems design. In: Proc. of IFIP WG8.1 Working Conference, New Orleans 1982, North-Holland, 1982

[SCH82b] Schneider, H.-J. (Ed.): Distributed data bases, Proc. of the Second International Symposium on Distributed Data Bases, Berlin, Sept. 1-3, 1982, North-Holland Publishing Co., 1982

[SCHR75] Schreiber, G.: Diplomarbeit Energiemodell, Stuttgart, 1975

[SIEM77] Siemens: Softwareprodukt METHAPLAN, Best.Nr. D15/5163-02, 1977

[STAT80] Statistisches Landesamt Berlin, Struktur- und Planungsdatenbank, Forschungsvorhaben 'Realisierung von Softwarekomponenten und deren Integration in ein Planungsinformationssystem - REST -', Projektberichte

[STER69] Stern, M.E.: Marketing Planung. Eine Systemanalyse, Berlin, 1969

[STÜB75] Stübel, G.: Methodologische und softwareengineering-orientierte Untersuchungen für ein Unternehmensmodell verschiedener Strukturiertheitsgrade, Dissertation, Universität Stuttgart, 1975

[STÜB79] Stübel, G.: ISAC - eine formale Methode zur rechnergestützten Beschreibung von Betriebsabläufen. In: Mayr, H.C.; Meyer, B.E. (Hrsg.): Formale Modelle für Informationssysteme, GI-Fachberichte Nr. 21, 25-46, Springer Verlag, 1979

[TRIE72] Trier, B.: Ein Kennzahlenmodell für die Wachstumsplanung, Diplomarbeit, München, 1972

[TRIE77] Trier, B.: Die Theorie der parallelen Prozesse als Instrument zur Modellierung und Simulation soziotechnischer Systeme, Dissertation, Universität Stuttgart, 1977

[ULRI70] Ulrich, H.: Die Unternehmung als produktives soziales System, Stuttgart, 1970

[UNIV70] UNIVAC: Large Scale Systems, MATHPACK Programmers Reference, 1970

[UNIV73] UNIVAC: Large Scale Systems, STATPACK Programmers Reference, 1973

[URBA72] Urban, G.L.: Advertising budgeting and geographic allocation: A decision calculus approach, M.I.T. Working Paper, January, 1972

[VHOR71] v. Horn, R.L.: Validation of simulation results, Management Science 17, 1971, No. 5

[WRIG72] Wright, R.D.: Validating dynamic models an evaluation of tests of predictive power. In: Proc. of the 1972 Summer Computer Simulation Conference, San Diego, 1972

[ZAHN70] Zahn, E.: Das Wachstum industrieller Unternehmen, Betriebswirtschaftlicher Verlag Dr.Th.Gabler, Wiesbaden, 1970

[ZAHN72] Zahn, E.: Systemforschung in der Bundesrepublik Deutschland, Hannover, 1972

[ZVEI70] ZVEI (Hrsg.): ZVEI Kennzahlensystem, Betriebswirtschaftlicher Ausschuß des Zentralverbandes der Elektrotechnischen Industrie e.V., ZVEI Frankfurt, 1970

[ZWIC76] Zwicker, E.: Dynamische Systemanalyse I. Praktische Anwendung von System Dynamics am Beispiel einzelbetrieblicher Modelle, Kurshandbuch, Fachbereich 18, Technische Universität Berlin, 1976

[ZWIC81] Zwicker, E.: Simulation und Analyse dynamischer Systeme in den Wirtschafts- und Sozialwissenschaften, Verlag Walter de Gruyter, 1981

Anhang

1 Legende für die graphischen Darstellungen

2 DYNAMO-Standardfunktionen und -Makros

3 DYNAMO-Gleichungen für das Top-Managementmodell ACTIPLAN

4 Variablenerklärungen für das Modell ACTIPLAN

1 Legende für die graphischen Darstellungen

Bei den graphischen Abbildungen wurde versucht, eine präzis definierte und in sich konsistente Bedeutung der Kästchen (Knoten) und Kanten (Pfeile) durchzuhalten. Die System Dynamics Bezeichnungsweise weicht davon leider ab (z.B. Aa, Cd). Wir haben dort die übliche Bezeichnungsweise beibehalten, um keine Verwirrung beim Vergleich mit anderen Literaturstellen zu stiften. Wir sind fest davon überzeugt, daß vor allem wegen ungenauer Festlegung der Sematik der Kästchen und Kanten in der Vergangenheit sehr viele Mißverständnisse provoziert wurden.

A. Dynamische Elemente (im allgemeinen eckig)

Aa)

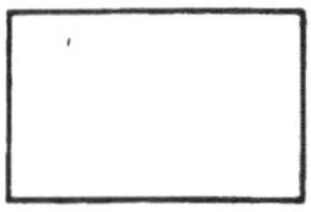

Prozeß
Zustand bei System Dynamics

Ab)

Programm, Modul

Ac)

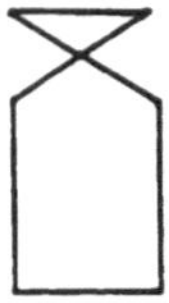

Rate bei System Dynamics

Ad)

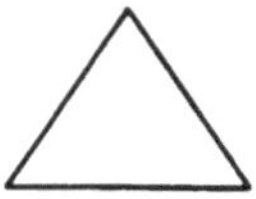

Benutzer

B. Statische Elemente (im allgemeinen rund)

Ba)  Informationseinheit, Kanal, Modellbeschreibungen

Bb) 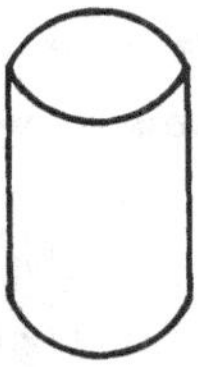 Datei, Datenbank

C. Beziehungen zwischen Elementen

Ca) a  b — a hat Zugriff auf b (lesend, schreibend) Information fließt von a nach b Material-, Güter-, Personal-,Geldfluß bei System Dynamics

Cb) a  b — Kapitalfluß von a nach b

Cc) a  b — Material-, Güter-, Personalfluß von a nach b

Cd) a  b — a stößt b an, a triggert b Informationsfluß bei System Dynamics

Ce) a  b — a kommuniziert mit b (a, b dynamisch)

Cf) a  b — b wird von a erzeugt, a erzeugt b (a dynamisch, b dynamisch oder statisch)

Dg) a  b — a wird abgebildet in/auf b (Modell) (a, b dynamisch oder statisch)

Ch) a  b — a beeinfluß b (Wirkungsgraph) (a, b dynamisch oder statisch)

2 DYNAMO-Standardfunktionen und -Makros

Neben den beschriebenen Sprachkonzepten von DYNAMO bietet System Dynamics noch eine Reihe sinnvoller Funktionen an, die als Makroinstruktionen in die Sprache integriert sind. Mit Hilfe dieser Funktionen ist es z.B. möglich, beliebige Funktionsverläufe angenähert nachzubilden (Tabellfunktion TABHL), Schalter einzubauen, welche die in den Programmiersprachen bekannte IF-THEN-ELSE-Funktion nachempfinden (CLIP- und SWITCH-Funktion), oder auch plötzliche Sprünge (z.B. die Erhöhung der Produktion) zu modellieren (STEP-Funktion).

Zusätzlich ist es möglich, weitere selbst definierte Makrofunktionen, wie z.B. SMOONO, FCNSW und MODINT zu verwenden.

Symbol	DYNAMO-KONVENTION	Interpretation
	PULSE (HGHT, FRST, INTVL)	Impulsefunktion, die in gleichmäßigen Intervallen einen Impuls erzeugt, HGHT-Impulshöhe, FRST-Zeitpunkt des ersten Impulses, INTVL-Intervall zwischen den Impulsen
	STEP (HGHT, STTM)	Step-Funktion, die zu einem bestimmten Zeitpunkt einen Sprung der Höhe HGHT durchführt step=0, wenn TIME<STTM, step=HGHT, wenn TIME≥STTM
	RAMP (SLP, STRT)	Die Rampen-Funktion erzeugt eine Funktion mit stetiger Steigung RAMP=0, wenn TIME≤STRT $RAMP = \sum_{STRT}^{TIME} SLP*DT$, wenn TIME>STRT
	NOISE ()	Die NOISE-Funktion generiert gleichverteilte Zufallszahlen zwischen -1/2 und +1/2
	TABLE (TAB, X, XLOW, XHIGH, XINCR)	Tabellenfunktion mit linearer Interpolation zwischen den Werten an den Stützpunkten im Abstand XINCR TAB-Name der Tabelle X-unabhängige Variable XLOW-kleinster Wert des Wertebereiches von X XHIGH-größter Wert des Wertebereiches von X XINCR-Schrittweite

Symbol	DYNAMO-KONVENTION	Interpretation
TABHL	TABHL (TAB, X, XLOW, XHIGH, XINCR)	Tabellenfunktion wie bei TABLE mit dem Unterschied, daß Werte außerhalb des definierten Wertebereiches berücksichtigt werden, indem jeweils die äußersten Tabellenwerte Verwendung finden. TAB-Name der Tabelle X-unabhängige Variable XLOW-kleinster Wert des Wertebereiches von X XHIGH-größter Wert des Wertebereiches von X XINCR-Schrittweite
SAMPLE	SAMPLE (X, INTVL, ISAM)	Momentwertbildung von bestimmten Intervallwerten X-betrachtete Variable INTVL-Intervallwert ISAM-Anfangswert
CLIP	CLIP (P, Q, R, S)	Schalterfunktion CLIP=P für R≥S CLIP=Q für R<S
FIFGE	FIFGE (P, Q, R, S)	identisch mit CLIP
SWITCH	SWITCH (P, Q, R)	Schalterfunktion SWITCH=P für R=0 SWITCH=Q für R≠0
FIFZE	FIFZE (P, Q, R)	identisch mit SWITCH

Symbol	DYNAMO-KONVENTION	Interpretation
	SMOONO (IN, DEL)	Exponentielle Glättung 1. Ordnung IN-Eingangswerte DEL-Verzögerungsdauer (Woche)
	DEL3NO (IN, DEL)	Exponentielle Glättung 3. Ordnung IN-Eingangswerte DEL-Verzögerungsdauer (Woche)
	FCNSW(X, YMINUS, YNULL, YPLUS)	Arithmetischer Switch für X<0, X=0, X>0 (Entscheidungsfunktion) X-Eingangsparameter YMINUS-Funktionswert für X<0 YNULL-Funktionswert für X=0 YPLUS-Funktionswert für X>0
	MODINT (INIT, SWITCH, INPUT)	Modifiziertes Integral. Die Funktion summiert die Inputwerte kontinuierlich über die Zeit auf und setzt den Wert aufgrund einer Bedingung wieder auf Null. INIT-Anfangswert SWITCH-Rückstellungsbedingung INPUT-Eingangswert
	ERAUSG (A, ERGEBO, ERGEB1)	Berechnungsfunktion für die simulationstechnische Ausgleichsrate (diskreter Wert) A-Bezugsgröße,zu der die Ausgleichsrate berechnet wird (Woche) ERGEBO-Funktionswert für A=0 (DM) ERGEB1-Funktionswert für A=DT (DM)

Symbol	DYNAMO-KONVENTION	Interpretation
	EREGEW (Fall1, Fall2, Fall3, KOND1, KOND2, KOND3, KOND4)	Berechnungsfunktion für die Gewinnausschüttung (diskret) Fall1-Funktionswert geplanter Bilanzgewinn Fall2-Funktionswert Bilanzgewinn mit Rücklagenauflösung Fall3-Funktionswert Bilanzverlust KOND1-Überschussgröße KOND2-Bedingungsgröße bez.KOND1 (Fall2) KOND3-Bedingungsgröße bez. KOND1 (Fall3) KOND4-Bezugszeitpunkt zur Gewinnausschüttung
	TOTGEA (GA, VERZ, DAUER, INTERV)	Totzeitglied für die Gewinnausschüttungsverzögerung GA-Eingangswert Gewinnausschüttung VERZ-Verzögerungsdauer DAUER-Periodendauer, Geschäftsjahr INTERV-Woche der aktuellen Periode, in der die Ausschüttung erfolgt
	FNCTN BILANZ	Fortran-Unterprogramm zur Bilanzerstellung

3 DYNAMO-Gleichungen für das Topmanagement-Modell ACTIPLAN

```
PAGE 1   FILE                      GESAMT-UNTERNEHMEN   -  LEVEL
   VERZOEGERUNG 1. ORDNUNG MIT NULL-INITIALISIERUNG

MACRO SMOONO(IN,DEL)                                         .5
     SMOONO - EXP. GLAETTUNG 1. ORDNUNG
     IN     - EINGANGSPARAMETER
     DEL    - VERZOEGERUNGSDAUER (WOCHE)
$RAT.KL=(IN.K-SMOONO.K)/DEL                                  1, R
     $RAT   - MACRO-INTERNE RATE
     IN     - EINGANGSPARAMETER
     SMOONO - EXP. GLAETTUNG 1. ORDNUNG
     DEL    - VERZOEGERUNGSDAUER (WOCHE)
SMOONO.K=SMOONO.J+DT*($RAT.JK)                               2, L
SMOONO=0.                                                    2.1, N
     SMOONO - EXP. GLAETTUNG 1. ORDNUNG
     DT     - INTEGRATIONSSCHRITTWEITE (WOCHE)
     $RAT   - MACRO-INTERNE RATE
MEND
   VERZOEGERUNG 3. ORDNUNG MIT NULL-INITIALISIERUNG

MACRO DEL3NO(IN,DEL)                                         2.6
     DEL3NO - EXP. VERZOEGERUNG 3. ORDNUNG
     IN     - EINGANGSPARAMETER
     DEL    - VERZOEGERUNGSDAUER (WOCHE)
$RAT1.KL=(IN.JK-$LEV1.K)*$DL.K                               3, R
     $RAT1  - MACRO-INTERNE RATE
     IN     - EINGANGSPARAMETER
     $LEV1  - MACRO-INTERNES LEVEL
     $DL    - ORDNUNGSFAKTOR DER VERZOEGERUNG
$LEV1.K=$LEV1.J+DT*($RAT1.JK)                                4, L
$LEV1=0.                                                     4.1, N
     $LEV1  - MACRO-INTERNES LEVEL
     DT     - INTEGRATIONSSCHRITTWEITE (WOCHE)
     $RAT1  - MACRO-INTERNE RATE
$RAT2.KL=($LEV1.K-$LEV2.K)*$DL.K                             5, R
     $RAT2  - MACRO-INTERNE RATE
     $LEV1  - MACRO-INTERNES LEVEL
     $LEV2  - MACRO-INTERNES LEVEL
     $DL    - ORDNUNGSFAKTOR DER VERZOEGERUNG
$LEV2.K=$LEV2.J+DT*($RAT2.JK)                                6, L
$LEV2=0.                                                     6.1, N
     $LEV2  - MACRO-INTERNES LEVEL
     DT     - INTEGRATIONSSCHRITTWEITE (WOCHE)
     $RAT2  - MACRO-INTERNE RATE
$RAT3.KL=($LEV2.K-DEL3NO.K)*$DL.K                            7, R
     $RAT3  - MACRO-INTERNE RATE
     $LEV2  - MACRO-INTERNES LEVEL
     DEL3NO - EXP. VERZOEGERUNG 3. ORDNUNG
     $DL    - ORDNUNGSFAKTOR DER VERZOEGERUNG
```

```
PAGE 2   FILE                        GESAMT-UNTERNEHMEN   -  LEVEL
DEL3NO.K=DEL3NO.J+DT*($RAT3.JK)                             8, L
DEL3NO=0.                                                   8.1, N
    DEL3NO - EXP. VERZOEGERUNG 3. ORDNUNG
    DT     - INTEGRATIONSSCHRITTWEITE (WOCHE)
    $RAT3  - MACRO-INTERNE RATE
$DL.K=3./DEL                                                9, A
    $DL    - ORDNUNGSFAKTOR DER VERZOEGERUNG
    DEL    - VERZOEGERUNGSDAUER (WOCHE)
MEND
   ARITHMETISCHER SWITCH FUER X<0,X=0,X>0 (ANALOG ZU CSMP)

MACRO FCNSW(X,YMINUS,YNULL,YPLUS)                           9.5
    FCNSW  - ARITHMETISCHER SWITCH F. X<0,X=0,X>0
    X      - EINGANGSPARAMETER
    YMINUS - FCNSW-WERT F. X<0
    YNULL  - FCNSW-WERT F. X=0
    YPLUS  - FCNSW-WERT F. X>0
$UNPLUS.K=FIFZE(YNULL.K,YMINUS.K,X.K)                       10, A
    $UNPLUS- HILFSGLEICHUNG F. FCNSW
    FIFZE  - LIMITIERUNGSFUNKTION
    YNULL  - FCNSW-WERT F. X=0
    YMINUS - FCNSW-WERT F. X<0
    X      - EINGANGSPARAMETER
FCNSW.K=FIFGE($UNPLUS.K,YPLUS.K,0.,X.K)                     11, A
    FCNSW  - ARITHMETISCHER SWITCH F. X<0,X=0,X>0
    FIFGE  - LIMITIERUNGSFUNKTION
    $UNPLUS- HILFSGLEICHUNG F. FCNSW
    YPLUS  - FCNSW-WERT F. X 0
    X      - EINGANGSPARAMETER
MEND
   MODIFIZIERTES INTEGRAL (ANALOG ZU CSMP)

MACRO MODINT(INIT,SWITCH,INPUT)                             11.5
    MODINT - MODIFIZIERTES INTEGRAL (ANALOG ZU CSMP)
    INIT   - INITIALWERT F. MODINT
    SWITCH - ZUFLUSS-/RUECKSTELLUNGSBEDINGUNG
    INPUT  - EINGANGSPARAMETER/-RATE
$PLUS.K=FIFGE(INPUT.K,(-$LEV.K/DT),SWITCH.K,0.)             12, A
    $PLUS  - HILFSRATE F. MODINT
    FIFGE  - LIMITIERUNGSFUNKTION
    INPUT  - EINGANGSPARAMETER/-RATE
    $LEV   - MACRO-INTERNES LEVEL
    DT     - INTEGRATIONSSCHRITTWEITE (WOCHE)
    SWITCH - ZUFLUSS-/RUECKSTELLUNGSBEDINGUNG
```

```
PAGE 3   FILE                    GESAMT-UNTERNEHMEN  -  LEVEL
$LEV.K=$LEV.J+DT*($PLUS.J)                              13, L
$LEV=INIT                                               13.1, N
    $LEV   - MACRO-INTERNES LEVEL
    DT     - INTEGRATIONSSCHRITTWEITE (WOCHE)
    $PLUS  - HILFSRATE F. MODINT
    INIT   - INITIALWERT F. MODINT
MODINT.K=FIFGE($LEV.K,0.,SWITCH.K,0.)                   14, A
    MODINT - MODIFIZIERTES INTEGRAL (ANALOG ZU CSMP)
    FIFGE  - LIMITIERUNGSFUNKTION
    $LEV   - MACRO-INTERNES LEVEL
    SWITCH - ZUFLUSS-/RUECKSTELLUNGSBEDINGUNG
MEND
   ERRECHNETE AUSGLEICHSRATE

MACRO ERAUSG(A,ERGEB0,ERGEB1)                           14.5
    ERAUSG - BERECHNUNGSFUNKTION F. AUSGLR - DISKRET
    A      - BEZUGSGROESSE ZUR BERECHNUNG DER
               AUSGLEICHSRATE (WOCHE)
    ERGEB0 - ERAUSG-WERT F.  0 = A   TIME  (DM)
    ERGEB1 - ERAUSG-WERT F.  DT = A   TIME  (DM)
$ZTFAKT.K=STEP(1.,(2.*DT))                              15, A
    $ZTFAKT- ZEITFAKTOR F. ERAUSG
    STEP   - STEP-FUNKTION
    DT     - INTEGRATIONSSCHRITTWEITE (WOCHE)
$WERT0.K=FIFZE(($ZTFAKT.K*ERGEB0.K),0.,A.K)             16, A
    $WERT0 - HILFSGLEICHUNG F. ERAUSG
    FIFZE  - LIMITIERUNGSFUNKTION
    $ZTFAKT- ZEITFAKTOR F. ERAUSG
    ERGEB0 - ERAUSG-WERT F.  0 = A   TIME  (DM)
    A      - BEZUGSGROESSE ZUR BERECHNUNG DER
               AUSGLEICHSRATE (WOCHE)
$WERT1.K=FIFZE(($ZTFAKT.K*ERGEB1.K),0.,(A.K-DT))        17, A
    $WERT1 - HILFSGLEICHUNG F. ERAUSG
    FIFZE  - LIMITIERUNGSFUNKTION
    $ZTFAKT- ZEITFAKTOR F. ERAUSG
    ERGEB1 - ERAUSG-WERT F.  DT = A   TIME  (DM)
    A      - BEZUGSGROESSE ZUR BERECHNUNG DER
               AUSGLEICHSRATE (WOCHE)
    DT     - INTEGRATIONSSCHRITTWEITE (WOCHE)
ERAUSG.K=$WERT0.K+$WERT1.K                              18, A
    ERAUSG - BERECHNUNGSFUNKTION F. AUSGLR - DISKRET
    $WERT0 - HILFSGLEICHUNG F. ERAUSG
    $WERT1 - HILFSGLEICHUNG F. ERAUSG
MEND
```

```
PAGE 4   FILE                        GESAMT-UNTERNEHMEN   -   LEVEL
  ERRECHNETE GEWINNAUSSCHUETTUNG

MACRO EREGEW(FALL1,FALL2,FALL3,KOND1,KOND2,KOND3,     18.5
  KOND4)
     EREGEW - BERECHNUNGSFUNKTION F. GEWINNAUSSCHUETTUNG
                 - DISKRET
     FALL1  - EREGEW-WERT F. GEPLANTEN BILANZGEWINN (DM)
     FALL2  - EREGEW-WERT F. BILANZGEWINN MIT
                 RUECKLAGENAUFL. (DM)
     FALL3  - EREGEW-WERT F. BILANZVERLUST (DM)
     KOND1  - UEBERSCHUSSGROESSE (DM)
     KOND2  - FALL 2 BEDINGUNGSGROESSE BZGL. KOND1 (DM)
     KOND3  - FALL 3 BEDINGUNGSGROESSE BZGL. KOND1 (DM)
     KOND4  - BEZUGSZEITPUNKT ZUR GEWINNAUSSCHUETTUNG
                 (WOCHE)
$HILF1.K=FIFGE(FALL1.K,FALL2.K,KOND1.K,KOND2.K)       19, A
     $HILF1 - HILFSGLEICHUNG F. EREGEW
     FIFGE  - LIMITIERUNGSFUNKTION
     FALL1  - EREGEW-WERT F. GEPLANTEN BILANZGEWINN (DM)
     FALL2  - EREGEW-WERT F. BILANZGEWINN MIT
                 RUECKLAGENAUFL. (DM)
     KOND1  - UEBERSCHUSSGROESSE (DM)
     KOND2  - FALL 2 BEDINGUNGSGROESSE BZGL. KOND1 (DM)
$HILF2.K=FIFGE($HILF1.K,FALL3.K,KOND1.K,KOND3.K)      20, A
     $HILF2 - HILFSGLEICHUNG F. EREGEW
     FIFGE  - LIMITIERUNGSFUNKTION
     $HILF1 - HILFSGLEICHUNG F. EREGEW
     FALL3  - EREGEW-WERT F. BILANZVERLUST (DM)
     KOND1  - UEBERSCHUSSGROESSE (DM)
     KOND3  - FALL 3 BEDINGUNGSGROESSE BZGL. KOND1 (DM)
EREGEW.K=FIFZE($HILF2.K,0.,KOND4.K)                   21, A
     EREGEW - BERECHNUNGSFUNKTION F. GEWINNAUSSCHUETTUNG
                 - DISKRET
     FIFZE  - LIMITIERUNGSFUNKTION
     $HILF2 - HILFSGLEICHUNG F. EREGEW
     KOND4  - BEZUGSZEITPUNKT ZUR GEWINNAUSSCHUETTUNG
                 (WOCHE)
MEND
  TOTZEITGLIED FUER DIE GEWINNAUSSCHUETTUNG

MACRO TOTGEA(GA,VERZ,DAUER,INTERV)                    21.5
     TOTGEA - TOTZEITGLIED F.
                 GEWINNAUSSCHUETTUNGSVERZOEGE
     GA     - EINGANGSPARAMETER GEWINNAUSSCHUETTUNG (DM)
     VERZ   - VERZOEGERUNGSDAUER (WOCHE)
     DAUER  - PERIODENDAUER, GESCHAEFTSJAHR (WOCHE)
     INTERV - WOCHE DER AKT. PERIODE (WOCHE)
```

```
PAGE 5   FILE                       GESAMT-UNTERNEHMEN   -  LEVEL
$SAMPGA.K=SAMPLE(GA.K,DAUER.K,GA.K)                         22, A
    $SAMPGA- HILFSGLEICHUNG F. TOTGEA
    SAMPLE - SAMPLE-FUNKTION
    GA     - EINGANGSPARAMETER GEWINNAUSSCHUETTUNG (DM)
    DAUER  - PERIODENDAUER, GESCHAEFTSJAHR (WOCHE)
TOTGEA.K=FIFZE($SAMPGA.K,0.,(INTERV.K-VERZ.K))              23, A
    TOTGEA - TOTZEITGLIED F.
               GEWINNAUSSCHUETTUNGSVERZOEGE
    FIFZE  - LIMITIERUNGSFUNKTION
    $SAMPGA- HILFSGLEICHUNG F. TOTGEA
    INTERV - WOCHE DER AKT. PERIODE (WOCHE)
    VERZ   - VERZOEGERUNGSDAUER (WOCHE)
MEND
FNCTN BILANZ(36,0)                                          23.4
    BILANZ - FORTRAN-UP ZUR AUSGABE DER BILANZ
   TESTFUNKTION

WOCHE.K=TIME.K-((PERIOD.K-1.)*JAHR)                         24, A
    WOCHE  - WOCHE DES GESCHAEFTSJAHRES (WOCHE)
    TIME   - AKT. SIMULATIONSZEITPUNKT (WOCHE)
    PERIOD - NUMMER D. AKT. GESCHAEFTSJAHRES (DIMLOS)
    JAHR   - GESCHAEFTSJAHR (WOCHE)
PERIOD.K=SAMPLE(((TIME.K/JAHR)+1.),JAHR,1.)                 25, A
    PERIOD - NUMMER D. AKT. GESCHAEFTSJAHRES (DIMLOS)
    SAMPLE - SAMPLE-FUNKTION
    TIME   - AKT. SIMULATIONSZEITPUNKT (WOCHE)
    JAHR   - GESCHAEFTSJAHR (WOCHE)
  ********************************************************
  *                     GUETERMODELL                     *
  ********************************************************

TESTPO.K=1.+STEP(0.5,4.)                                    26, A
    TESTPO - TESTPOTENTIAL (DIMLOS)
    STEP   - STEP-FUNKTION
EAR.K=EARAN+((PLUMS/(JAHR*EPD))-EARAN)*TIME.K/JAHR  27, A
    EAR    - ERWARTETE AUFTRAGSEINGANGSRATE (STUECK/
               WOCHE)
    EARAN  - ERWARTETER AUFTRAGSEINGANG ANFANGSWERT
               (STUECK/WOCHE)
    PLUMS  - GEPLANTER UMSATZ (DM)
    JAHR   - GESCHAEFTSJAHR (WOCHE)
    EPD    - ERWARTETER PREISDURCHSCHNITT (DM/STUECK)
    TIME   - AKT. SIMULATIONSZEITPUNKT (WOCHE)
```

```
PAGE 6    FILE                    GESAMT-UNTERNEHMEN  -  LEVEL
   AUFTRAGSEINGANG

AB.K=AB.J+DT*(AR.JK-ASL.JK)                              28, L
AB=ABA                                                   28.1, N
    AB       - AUFTRAGSBESTAND (STUECK)
    DT       - INTEGRATIONSSCHRITTWEITE (WOCHE)
    AR       - AUFTRAGSEINGANGSRATE (STUECK/WOCHE)
    ASL      - AUSLIEFERUNGSRATE (STUECK/WOCHE)
    ABA      - AUFTRAGSEINGANG ANFANGSBESTAND (STUECK)
AR.KL=ARH.K                                              29, R
    AR       - AUFTRAGSEINGANGSRATE (STUECK/WOCHE)
    ARH      - AUFTRAGSEINGANGSRATE HILFSGROESSE (STUECK/
                 WOCHE)
ASL.KL=ASLH.K                                            30, R
    ASL      - AUSLIEFERUNGSRATE (STUECK/WOCHE)
    ASLH     - AUSLIEFERUNGSRATE HILFSGROESSE (STUECK/
                 WOCHE)
ARH.K=EAR.K*KV.K*TESTPO.K                                31, A
    ARH      - AUFTRAGSEINGANGSRATE HILFSGROESSE (STUECK/
                 WOCHE)
    EAR      - ERWARTETE AUFTRAGSEINGANGSRATE (STUECK/
                 WOCHE)
    KV       - KUNDENVERHALTEN (DIMLOS)
    TESTPO   - TESTPOTENTIAL (DIMLOS)
KV.K=EWTL.K*EWMA.K                                       32, A
    KV       - KUNDENVERHALTEN (DIMLOS)
    EWTL     - EFFEKTIV WAHRGENOMM. TEILLIEFERUNGEN
                 (DIMLOS)
    EWMA     - EFFEKTIV WAHRGENOMM. MARKTANSTRENGUNG
                 (DIMLOS)
VRH.K=(AR.K+TAR.K)*AK.K                                  33, A
    VRH      - VERSANDRATE HILFSGROESSE (STUECK/WOCHE)
    AR       - AUFTRAGSEINGANGSRATE (STUECK/WOCHE)
    TAR      - TEILIEFERUNG-NACHLIEFERUNGSRATE (STUECK/
                 WOCHE)
    AK       - AUSLIEFERUNGSKUERZUNGSRATE (DIMLOS)
   AUSLIEFERUNGSKUERZUNGEN

AK.K=TABHL(EREG1,QLB.K,0.,3.,0.5)                        34, A
EREG1=0./0.5/1./1./1./1./1.                              34.1, T
    AK       - AUSLIEFERUNGSKUERZUNGSRATE (DIMLOS)
    TABHL    - TABELLEN-FUNKTION (HIGH-LOW)
    EREG1    - ENTSCHEIDUNGSREGEL 1
                 AUSLIEFERUNGSKUERZUNGEN (DIMLOS)
    QLB      - LAGERBESTANDSQUOTIENT (DIMLOS)
QLB.K=LB.K/LMB                                           35, A
    QLB      - LAGERBESTANDSQUOTIENT (DIMLOS)
    LB       - FERTIGLAGERBESTAND (STUECK)
    LMB      - FERTIGLAGER MINDESTBESTAND (STUECK)
```

```
PAGE 7   FILE                         GESAMT-UNTERNEHMEN  -  LEVEL
   TEILLIEFERUNGEN

QTLW.K=WTL.K/DALR.K                                           36, A
    QTLW    - QUOTIENT WAHRGENOMM. TEILLIEFERUNGEN
                (DIMLOS)
    WTL     - WAHRGENOMMENE TEILLIEFERUNGEN (STUECK/WOCHE)
    DALR    - DURCHSCHNITTSBILDUNG AUFTRAGSEINGANGSRATE
                (STUECK/WOCHE)
WTL.K=DEL3NO(TLR.K,KRZ)                                       37, A
    WTL     - WAHRGENOMMENE TEILLIEFERUNGEN (STUECK)
    DEL3NO  - EXP. VERZOEGERUNG 3. ORDNUNG
    TLR     - TEILLIEFERUNGEN (STUECK)
    KRZ     - KUNDENWAHRNEHMUNGSZEIT F. TEILLIEFERUNGEN
                (WOCHE)
TLR.K=TLR.J+DT*(TLA.JK-TAR.JK)                                38, L
TLR=TLRC                                                      38.1, N
    TLR     - TEILLIEFERUNGEN (STUECK)
    DT      - INTEGRATIONSSCHRITTWEITE (WOCHE)
    TLA     - TEILIEFERUNGEN ENTSTEHUNGSRATE (STUECK/
                WOCHE)
    TAR     - TEILIEFERUNG-NACHLIEFERUNGSRATE (STUECK/
                WOCHE)
    TLRC    - ANFANGSBESTAND TEILLIEFERUNGEN (STUECK)
TLA.KL=ARH.K*(1.-AK.K)                                        39, R
    TLA     - TEILIEFERUNGEN ENTSTEHUNGSRATE (STUECK/
                WOCHE)
    ARH     - AUFTRAGSEINGANGSRATE HILFSGROESSE (STUECK/
                WOCHE)
    AK      - AUSLIEFERUNGSKUERZUNGSRATE (DIMLOS)
TAR.KL=TARH.K                                                 40, R
    TAR     - TEILIEFERUNG-NACHLIEFERUNGSRATE (STUECK/
                WOCHE)
    TARH    - TEILIEFERUNG-NACHLIEFERUNGSRATE HILFGROESSE
                (STUECK/WOCHE)
HTAR.K=(1./TPOL)*(LB.K-LMB)                                   41, A
    HTAR    - HILFSGROESSE NACHLIEFERUNGEN (STUECK)
    TPOL    - TEILENACHLIEFERUNGSPOLITIK (DIMLOS)
    LB      - FERTIGLAGERBESTAND (STUECK)
    LMB     - FERTIGLAGER MINDESTBESTAND (STUECK)
T2AR.K=FCNSW(HTAR.K,0.,0.,HTAR.K)                             42, A
    T2AR    - HILFSGROESSE ZU TAR (STUECK)
    FCNSW   - ARITHMETISCHER SWITCH F. X<0,X=0,X>0
    HTAR    - HILFSGROESSE NACHLIEFERUNGEN (STUECK)
H2TAR.K=TLR.K-T2AR.K                                          43, A
    H2TAR   - HILFSGROESSE NACHLIEFERUNGEN (STUECK)
    TLR     - TEILLIEFERUNGEN (STUECK)
    T2AR    - HILFSGROESSE ZU TAR (STUECK)
```

```
PAGE 8    FILE                          GESAMT-UNTERNEHMEN  -  LEVEL
TARH.K=FCNSW(H2TAR.K,TLR.K,TLR.K,T2AR.K)                   44, A
    TARH    - TEILIEFERUNG-NACHLIEFERUNGSRATE HILFSGROESSE
                (STUECK/WOCHE)
    FCNSW   - ARITHMETISCHER SWITCH F. X<0,X=0,X>0
    H2TAR   - HILFSGROESSE NACHLIEFERUNGEN (STUECK)
    TLR     - TEILLIEFERUNGEN (STUECK)
    T2AR    - HILFSGROESSE ZU TAR (STUECK)
DALR.K=DALR.J+DT*(ASL.J-DALR.J)/DALRC                      45, L
DALR=EARAN                                                 45.1, N
    DALR    - DURCHSCHNITTSBILDUNG AUFTRAGSEINGANGSRATE
                (STUECK/WOCHE)
    DT      - INTEGRATIONSSCHRITTWEITE (WOCHE)
    ASL     - AUSLIEFERUNGSRATE (STUECK/WOCHE)
    DALRC   - ZEITKONSTANTE DURCHSCHNITTSBILDUNG (WOCHE)
    EARAN   - ERWARTETER AUFTRAGSEINGANG ANFANGSWERT
                (STUECK/WOCHE)
ASLH.K=VR.K                                                46, A
    ASLH    - AUSLIEFERUNGSRATE HILFSGROESSE (STUECK/
                WOCHE)
    VR      - VERSANDRATE (STUECK/WOCHE)
  MARKTANSTRENGUNG

EWMA.K=TABHL(TBWMA,QWMA.K,0.,3.,0.5)                       47, A
TBWMA=0./0.5/1./1.5/2./2./2.                               47.1, T
    EWMA    - EFFEKTIV WAHRGENOMM. MARKTANSTRENGUNG
                (DIMLOS)
    TABHL   - TABELLEN-FUNKTION (HIGH-LOW)
    TBWMA   - TAB. EFFEKT. WAHRGENOMM. MARKTANSTRENGUNG
                (DM)
    QWMA    - QUOTIENT WAHRGENOMM. MARKTANSTRENGUNG
                (DIMLOS)
QWMA.K=WMA.K/NMA.K                                         48, A
TBWTL=1./1./0.85/0.7/0.4/0.3/0.25/0.2/0.15/0.15/           48.1, T
  0.15/0.15/0.15
    QWMA    - QUOTIENT WAHRGENOMM. MARKTANSTRENGUNG
                (DIMLOS)
    WMA     - WAHRGENOMMENE MARKTANSTRENGUNGEN (DM)
    NMA     - NORMALE MARKTANSTRENGUNG (DM)
    TBWTL   - TAB. EFFEKT. WAHRGENOMM. TEILLIEFERUNGEN
EWTL.K=TABHL(TBWTL,QTLW.K,0.,3.,0.25)                      49, A
    EWTL    - EFFEKTIV WAHRGENOMM. TEILLIEFERUNGEN
                (DIMLOS)
    TABHL   - TABELLEN-FUNKTION (HIGH-LOW)
    TBWTL   - TAB. EFFEKT. WAHRGENOMM. TEILLIEFERUNGEN
    QTLW    - QUOTIENT WAHRGENOMM. TEILLIEFERUNGEN
                (DIMLOS)
WMA.K=DEL3NO(EMA.K,MAC)                                    50, A
    WMA     - WAHRGENOMMENE MARKTANSTRENGUNGEN (DM)
    DEL3NO  - EXP. VERZOEGERUNG 3. ORDNUNG
    EMA     - EFFEKTIVE MARKTANSTRENGUNG (DM)
    MAC     - MARKTANSTRENGUNG WAHRNEHMUNGSZEIT (WOCHE)
```

```
PAGE 9   FILE                      GESAMT-UNTERNEHMEN  -  LEVEL
EMA.K=NMA.K*LAPOL.K*BUPOL.K                                 51, A
    EMA    - EFFEKTIVE MARKTANSTRENGUNG (DM)
    NMA    - NORMALE MARKTANSTRENGUNG (DM)
    LAPOL  - FERTIGLAGERPOLITIK BZGL. MARKTANSTRENGUNG
               (DIMLOS)
    BUPOL  - BUDGETPOLITIK BZGL. MARKTANSTRENGUNG
               (DIMLOS)
LAPOL.K=TABHL(TBQLB,QLB.K,0.,3.,1.)                         52, A
TBQLB=1./1./2./2.                                           52.1, T
    LAPOL  - FERTIGLAGERPOLITIK BZGL. MARKTANSTRENGUNG
               (DIMLOS)
    TABHL  - TABELLEN-FUNKTION (HIGH-LOW)
    TBQLB  - TAB. FERTIGLAGERPOLITIK, MARKTANSTRENGUNG
    QLB    - LAGERBESTANDSQUOTIENT (DIMLOS)
QBU.K=DBUD.K/BUMI                                           53, A
    QBU    - BUDGETQUOTIENT VERTRIEB (DIMLOS)
    DBUD   - DURCHSCHNITTSBUDGET MARKETING (DM)
    BUMI   - BUDGETMINDESTBESTAND (DM)
BUPOL.K=TABHL(TBQBU,QBU.K,0.,3.,1.)                         54, A
TBQBU=0./1./1.5/1.5                                         54.1, T
    BUPOL  - BUDGETPOLITIK BZGL. MARKTANSTRENGUNG
               (DIMLOS)
    TABHL  - TABELLEN-FUNKTION (HIGH-LOW)
    TBQBU  - TABELLE VERTRIEBSBUDGETPOLITIK
    QBU    - BUDGETQUOTIENT VERTRIEB (DIMLOS)
  ******************************************************
  *                FUNKTIONSBEREICHSMODELL              *
  ******************************************************
   VERTRIEB

UMS.K=VRH.K*EP                                              55, A
    UMS    - UMSATZ (DM/WOCHE)
    VRH    - VERSANDRATE HILFSGROESSE (STUECK/WOCHE)
    EP     - EINZELPREIS ERWARTET (DM/STUECK)
DUMS.K=DAR.K*EP                                             56, A
    DUMS   - DURCHSCHNITTL. UMSATZ (DM/WOCHE)
    DAR    - DURCHSCH. AUFTRAGSEINGANGSRATE (STUECK/
               WOCHE)
    EP     - EINZELPREIS ERWARTET (DM/STUECK)
VBUD.K=VBUD.J+DT*(VBUZU.JK-VBUAB.JK)                        57, L
VBUD=VBUDAN                                                 57.1, N
    VBUD   - VERTRIEBSBUDGET (DM)
    DT     - INTEGRATIONSSCHRITTWEITE (WOCHE)
    VBUZU  - ZUWENDUNGEN ZUM VERTRIEBSBUDGET (DM/WOCHE)
    VBUAB  - AUSGABEN VOM VERTRIEBSBUDGET (DM/WOCHE)
    VBUDAN - ANFANGSWERT VERTRIEBSBUDGET (DM)
```

```
PAGE 10   FILE                    GESAMT-UNTERNEHMEN  -  LEVEL
VBUZU.KL=VFIXZU.K+VVARZU.K                              58, R
    VBUZU  - ZUWENDUNGEN ZUM VERTRIEBSBUDGET (DM/WOCHE)
    VFIXZU - FIXER ANTEIL VERTRIEBSZUWENDUNGEN (DM/
               WOCHE)
    VVARZU - VAR. ANTEIL VERTRIEBSZUWENDUNGEN (DM/WOCHE)
VFIXZU.K=PLUMS*VZUF/JAHR                                59, A
    VFIXZU - FIXER ANTEIL VERTRIEBSZUWENDUNGEN (DM/
               WOCHE)
    PLUMS  - GEPLANTER UMSATZ (DM)
    VZUF   - ANTEILSFAKTOR FIX A. D. VERTRIEBSZUW. (1/
               WOCHE)
    JAHR   - GESCHAEFTSJAHR (WOCHE)
VVARZU.K=DUMS.K*VZUV                                    60, A
    VVARZU - VAR. ANTEIL VERTRIEBSZUWENDUNGEN (DM/WOCHE)
    DUMS   - DURCHSCHNITTL. UMSATZ (DM/WOCHE)
    VZUV   - ANTEILSFAKTOR VAR. A. D. VERTRIEBSZUW.
               (DIMLOS)
VBUAB.KL=VPK.K+VSOAUF.K+VMAAUF.K                        61, R
    VBUAB  - AUSGABEN VOM VERTRIEBSBUDGET (DM/WOCHE)
    VPK    - VERTRIEB PERSONALKOSTEN (DM/WOCHE)
    VSOAUF - VERTRIEB SONSTIGE AUFWENDUNGEN (DM/WOCHE)
    VMAAUF - VERTRIEB MATERIALAUFWENDUNGEN (DM/WOCHE)
VPK.K=VFIXGE.K+VUMPRO.K                                 62, A
    VPK    - VERTRIEB PERSONALKOSTEN (DM/WOCHE)
    VFIXGE - FIXGEHALT (DM/WOCHE)
    VUMPRO - V. UMSATZ PROVISION (DM/WOCHE)
VFIXGE.K=VGRUGE*VANZAP/4.                               63, A
    VFIXGE - FIXGEHALT (DM/WOCHE)
    VGRUGE - GRUNDGEHALT VERTRIEB (DM/MONAT)
    VANZAP - ANZAHL PERSONEN VERTRIEB (MANN)
DAR.K=DAR.J+DT*(ARH.J-DAR.J)/DARZ                       64, L
DAR=EARAN                                               64.1, N
    DAR    - DURCHSCH. AUFTRAGSEINGANGSRATE (STUECK/
               WOCHE)
    DT     - INTEGRATIONSSCHRITTWEITE (WOCHE)
    ARH    - AUFTRAGSEINGANGSRATE HILFSGROESSE (STUECK/
               WOCHE)
    DARZ   - EXP. GLAETTUNGSKONSTANTE AUFTRAGSEINGANG
               (WOCHE)
    EARAN  - ERWARTETER AUFTRAGSEINGANG ANFANGSWERT
               (STUECK/WOCHE)
  BUDGET

DBUD.K=SMOON0(VBUD.K,BUDZ)                              65, A
    DBUD   - DURCHSCHNITTSBUDGET MARKETING (DM)
    SMOON0 - EXP. GLAETTUNG 1. ORDNUNG
    VBUD   - VERTRIEBSBUDGET (DM)
    BUDZ   - ZEITKONSTANTE DURCHSCHNITTSBILDUNG BUDGET
               (WOCHE)
```

```
PAGE 11   FILE                    GESAMT-UNTERNEHMEN  -  LEVEL
NMA.K=DUMS.K*UQ                                          66, A
    NMA    - NORMALE MARKTANSTRENGUNG (DM)
    DUMS   - DURCHSCHNITTL. UMSATZ (DM/WOCHE)
    UQ     - UMSATZANTEIL F. MARKTANSTRENGUNG (DIMLOS)
VUMPRO.K=ARH.K*PROSA*EPD                                 67, A
    VUMPRO - V. UMSATZ PROVISION (DM/WOCHE)
    ARH    - AUFTRAGSEINGANGSRATE HILFSGROESSE (STUECK/
               WOCHE)
    PROSA  - PROVISIONSSATZ (DIMLOS)
    EPD    - ERWARTETER PREISDURCHSCHNITT (DM/STUECK)
VMAAUF.K=EMA.K*MAKO*MAAN                                 68, A
    VMAAUF - VERTRIEB MATERIALAUFWENDUNGEN (DM/WOCHE)
    EMA    - EFFEKTIVE MARKTANSTRENGUNG (DM)
    MAKO   - MARKTANSTRENGUNG MATERIALKOSTEN (DM/WOCHE)
    MAAN   - MATERIALANTEIL AN MARKTANSTRENGUNGEN (1/DM)
VSOAUF.K=EMA.K*MAKO*(1.-MAAN)+TKOS.K+UEKOS.K             69, A
    VSOAUF - VERTRIEB SONSTIGE AUFWENDUNGEN (DM/WOCHE)
    EMA    - EFFEKTIVE MARKTANSTRENGUNG (DM)
    MAKO   - MARKTANSTRENGUNG MATERIALKOSTEN (DM/WOCHE)
    MAAN   - MATERIALANTEIL AN MARKTANSTRENGUNGEN (1/DM)
    TKOS   - KOSTEN F. EINE TEILIEFERUNG (DM/WOCHE)
    UEKOS  - KOSTEN F. EINE UEBERSTUNDE (DM/WOCHE)
TKOS.K=(TKO/DLG)*TLR.K                                   70, A
    TKOS   - KOSTEN F. EINE TEILIEFERUNG (DM/WOCHE)
    TKO    - KOSTENSATZ PRO TEILLIEFERUNG (DM/WOCHE)
    DLG    - DURCHSCHNITTL. LIEFERGROESSE BEI
               TEILLIEFERUNGEN (STUECK)
    TLR    - TEILLIEFERUNGEN (STUECK)
   ANLAGEN VERTRIEB

VABSH.K=VFABS.K+VVABS.K                                  71, A
    VABSH  - VERTRIEB ABSCHREIBUNGEN HILFSGROESSE (DM/
               WOCHE)
    VFABS  - FIXER ANTEIL D. ABSCHREIBUNGEN (DM/WOCHE)
    VVABS  - VAR. ANTEIL D. ABSCHREIBUNGEN (DM/WOCHE)
VFABS.K=DVMABA.K*ABSA                                    72, A
    VFABS  - FIXER ANTEIL D. ABSCHREIBUNGEN (DM/WOCHE)
    DVMABA - DURCHSCH. ANLAGEWERT VERTRIEB
               BETRIEBSAUSSTATTUNG (DM)
    ABSA   - ABSCHREIBUNGSSATZ F. ANLAGENABH. TEIL (1/
               WOCHE)
VVABS.K=DUMS.K*ABSU                                      73, A
    VVABS  - VAR. ANTEIL D. ABSCHREIBUNGEN (DM/WOCHE)
    DUMS   - DURCHSCHNITTL. UMSATZ (DM/WOCHE)
    ABSU   - ABSCHREIBUNGSSATZ F. UMSATZABH. TEIL
               (DIMLOS)
```

```
PAGE 12    FILE                    GESAMT-UNTERNEHMEN   -  LEVEL
VMABA.K=VMABA.J+DT*(VINVQU.JK-VABS.JK)                     74, L
VMABA=VMABAN                                               74.1, N
    VMABA  - MASCH. ANL.,BAUTEN,AUSSTATTUNG IM VERTRIEB
               (DM)
    DT     - INTEGRATIONSSCHRITTWEITE (WOCHE)
    VINVQU - VERTRIEB INVESTITIONSQUOTE (DM/WOCHE)
    VABS   - VERTRIEB ABSCHREIBUNGEN (DM/WOCHE)
    VMABAN - ANFANGSBESTAND VMABA (DM)
VINVQU.KL=VINVQH.K                                         75, R
    VINVQU - VERTRIEB INVESTITIONSQUOTE (DM/WOCHE)
    VINVQH - VERTRIEB INVESTITIONSQUOTE HILFSGROESSE
               (DM/WOCHE)
VABS.KL=VABSH.K                                            76, R
    VABS   - VERTRIEB ABSCHREIBUNGEN (DM/WOCHE)
    VABSH  - VERTRIEB ABSCHREIBUNGEN HILFSGROESSE (DM/
               WOCHE)
VINVQH.K=VIFAKT*DUMS.K+REINV.K                             77, A
    VINVQH - VERTRIEB INVESTITIONSQUOTE HILFSGROESSE
               (DM/WOCHE)
    VIFAKT - VERTRIEB INVESTITIONSFAKTOR (DIMLOS)
    DUMS   - DURCHSCHNITTL. UMSATZ (DM/WOCHE)
    REINV  - REINVESTITIONSQUOTE VERTRIEB (DM/WOCHE)
REINV.K=RABSA*VMABA.K                                      78, A
    REINV  - REINVESTITIONSQUOTE VERTRIEB (DM/WOCHE)
    RABSA  - REINVESTITION-ABSCHREIBUNGSSATZ (1/WOCHE)
    VMABA  - MASCH. ANL.,BAUTEN,AUSSTATTUNG IM VERTRIEB
               (DM)
DVMABA.K=SMOON0(VMABA.K,DVMT)                              79, A
    DVMABA - DURCHSCH. ANLAGEWERT VERTRIEB
               BETRIEBSAUSSTATTUNG (DM)
    SMOON0 - EXP. GLAETTUNG 1. ORDNUNG
    VMABA  - MASCH. ANL.,BAUTEN,AUSSTATTUNG IM VERTRIEB
               (DM)
    DVMT   - DURCHSCHNITTSBILDUNGSZEIT DVMABA (WOCHE)
   KAPAZITAETEN

EASMIN.K=PAS.K*0.75                                        80, A
    EASMIN - MINIMALE ARBEITSKAPAZITAETSAUSLASTUNG (STD/
               WOCHE)
    PAS    - PLANKAPAZITAET (STD/WOCHE)
EASMAX.K=PAS.K*1.25                                        81, A
    EASMAX - MAXIMALE ARBEITSKAPAZITAETSAUSLASTUNG (STD/
               WOCHE)
    PAS    - PLANKAPAZITAET (STD/WOCHE)
HUEKO.K=(EAS.K-PAS.K)*UEKOF                                82, A
    HUEKO  - HILFSGROESSE UEBERSTUNDENKOSTEN (DM/WOCHE)
    EAS    - EFFEKTIVE ARBEITSKAPAZITAET (STD/WOCHE)
    PAS    - PLANKAPAZITAET (STD/WOCHE)
    UEKOF  - UEBERSTUNDENKOSTENSATZ (DM/STD)
```

```
PAGE 13    FILE                          GESAMT-UNTERNEHMEN   -  LEVEL
UEKO.K=FCNSW(HUEKO.K,0.,0.,HUEKO.K)                          83, A
    UEKO   - UEBERSTUNDENKOSTEN (DM/WOCHE)
    FCNSW  - ARITHMETISCHER SWITCH F. X<0,X=0,X>0
    HUEKO  - HILFSGROESSE UEBERSTUNDENKOSTEN (DM/WOCHE)
PR.K=PMABA.K*ARANZ*EAS.K*PF                                  84, A
    PR     - PRODUKTIONSRATE (STUECK/WOCHE)
    PMABA  - ANLAGEN PRODUKTION (DM)
    ARANZ  - ANZAHL ARBEITER IM PRODUKTIONSPROZESS
               (MANN)
    EAS    - EFFEKTIVE ARBEITSKAPAZITAET (STD/WOCHE)
    PF     - PRODUKTIONSFAKTOR (STUECK/(DM*MANN*STD))
EAS.K=EAS.J+DT*(EAKT.JK-KAPMIH.JK)                           85, L
EAS=EASC                                                     85.1, N
    EAS    - EFFEKTIVE ARBEITSKAPAZITAET (STD/WOCHE)
    DT     - INTEGRATIONSSCHRITTWEITE (WOCHE)
    EAKT   - EFFEKT. ARBEITSKAPAZITAET AKTIVIERUNGSRATE
               (STD/WOCHE*WOCHE)
    KAPMIH - KAPAZITAETS MINDERUNGSRATE HILFSGROESSE
               (STD/(WOCHE*WOCHE))
    EASC   - ANFANGSWERT EFFEKT. ARBEITSKAP. (STD/WOCHE)
EAKT.KL=EAKTH.K                                              86, R
    EAKT   - EFFEKT. ARBEITSKAPAZITAET AKTIVIERUNGSRATE
               (STD/WOCHE*WOCHE)
    EAKTH  - EFFEKT. ARBEITSKAPAZITAET AKTIVIERUNGSRATE
               H.GROESSE (STD/WOCHE*WO
KAPMIN.KL=KAPMIH.K                                           87, R
    KAPMIH - KAPAZITAETS MINDERUNGSRATE HILFSGROESSE
               (STD/(WOCHE*WOCHE))
HAKT.K=TLR.K*APOL*BUPOL.K                                    88, A
    HAKT   - HILFSGROESSE ZU AKT (STD/(WOCHE*WOCHE))
    TLR    - TEILLIEFERUNGEN (STUECK)
    APOL   - UEBERSTUNDENPOLITIK (STD/(STUECK*WOCHE*
               WOCHE))
    BUPOL  - BUDGETPOLITIK BZGL. MARKTANSTRENGUNG
               (DIMLOS)
AKT.K=FCNSW(EASDI1.K,0.,0.,HAKT.K)                           89, A
    AKT    - ARBEITSKAPAZITAET AKTIVIERUNGSRATE (STD/
               (WOCHE*WOCHE))
    FCNSW  - ARITHMETISCHER SWITCH F. X<0,X=0,X>0
    EASDI1 - DIFFERENZ ARBEITSKAP. ZU MAXIMUM (STD/
               WOCHE)
    HAKT   - HILFSGROESSE ZU AKT (STD/(WOCHE*WOCHE))
EASDI1.K=EASMAX.K-EAS.K                                      90, A
    EASDI1 - DIFFERENZ ARBEITSKAP. ZU MAXIMUM (STD/
               WOCHE)
    EASMAX - MAXIMALE ARBEITSKAPAZITAETSAUSLASTUNG (STD/
               WOCHE)
    EAS    - EFFEKTIVE ARBEITSKAPAZITAET (STD/WOCHE)
```

```
PAGE 14    FILE                       GESAMT-UNTERNEHMEN   -  LEVEL
HRES.K=HQLB.K*RESPOL                                       91, A
    HRES    - HILFSGROESSE ZU RES (STD/(WOCHE*WOCHE))
    HQLB    - HILFSGROESSE QUOTIENT LAGERBESTAND (DIMLOS)
    RESPOL  - KAPAZITAETSMINDERUNGSPOLITIK (STD/(WOCHE*
              WOCHE))
KAPMIH.K=FCNSW(EASDI2.K,0.,0.,HRES.K)                      92, A
    KAPMIH  - KAPAZITAETS MINDERUNGSRATE HILFSGROESSE
              (STD/(WOCHE*WOCHE))
    FCNSW   - ARITHMETISCHER SWITCH F. X<0,X=0,X>0
    EASDI2  - DIFFERENZ ARBEITSKAP. ZU MINIMUM (STD/
              WOCHE)
    HRES    - HILFSGROESSE ZU RES (STD/(WOCHE*WOCHE))
EASDI2.K=EAS.K-EASMIN.K                                    93, A
    EASDI2  - DIFFERENZ ARBEITSKAP. ZU MINIMUM (STD/
              WOCHE)
    EAS     - EFFEKTIVE ARBEITSKAPAZITAET (STD/WOCHE)
    EASMIN  - MINIMALE ARBEITSKAPAZITAETSAUSLASTUNG (STD/
              WOCHE)
EAKTH.K=DEL3NO(AKT.K,AAR)                                  94, A
    EAKTH   - EFFEKT. ARBEITSKAPAZITAET AKTIVIERUNGSRATE
              H.GROESSE (STD/WOCHE*WO
    DEL3NO  - EXP. VERZOEGERUNG 3. ORDNUNG
    AKT     - ARBEITSKAPAZITAET AKTIVIERUNGSRATE (STD/
              (WOCHE*WOCHE))
    AAR     - AKTIVIERUNGSZEITKONSTANTE ARBEITSKRAFT
              (WOCHEN)
DEMA.K=DEMA.J+DT*(EMA.J-DEMA.J)/MAZAHL                     95, L
DEMA=DEMAN                                                 95.1, N
    DEMA    - DURCHSCHNITTSBILDUNG MARKTANSTRENGUNGEN
              (DM)
    DT      - INTEGRATIONSSCHRITTWEITE (WOCHE)
    EMA     - EFFEKTIVE MARKTANSTRENGUNG (DM)
    MAZAHL  - DURCHSCH.BILDUNGSZEIT MARKTANSTRENGUNG
              (WOCHE)
    DEMAN   - ANFANGSWERT DURCHSCH. MARKTANSTRENGUNG (DM)
UEKOS.K=UEKO.K                                             96, A
    UEKOS   - KOSTEN F. EINE UEBERSTUNDE (DM/WOCHE)
    UEKO    - UEBERSTUNDENKOSTEN (DM/WOCHE)
  FERTIGLAGER

LB.K=LB.J+DT*(PER.JK-VR.JK)                                97, L
LB=LAGC                                                    97.1, N
    LB      - FERTIGLAGERBESTAND (STUECK)
    DT      - INTEGRATIONSSCHRITTWEITE (WOCHE)
    PER     - PRODUKTIONSERGEBNISRATE (STUECK/WOCHE)
    VR      - VERSANDRATE (STUECK/WOCHE)
    LAGC    - FERTIGLAGER ANFANGSBESTAND (STUECK)
```

```
PAGE 15    FILE                        GESAMT-UNTERNEHMEN   -  LEVEL
PER.KL=PERH.K                                                98, R
    PER     - PRODUKTIONSERGEBNISRATE (STUECK/WOCHE)
    PERH    - PRODUKTIONSERGEBNISRATE HILFSGROESSE
                (STUECK/WOCHE)
VR.KL=VRH.K                                                  99, R
    VR      - VERSANDRATE (STUECK/WOCHE)
    VRH     - VERSANDRATE HILFSGROESSE (STUECK/WOCHE)
LDIF.K=LB.K-LMB                                              100, A
    LDIF    - FERTIGLAGERDIFFERENZ ZU MINDESTBESTAND
                (STUECK)
    LB      - FERTIGLAGERBESTAND (STUECK)
    LMB     - FERTIGLAGER MINDESTBESTAND (STUECK)
HQLB.K=FCNSW(LDIF.K,0.,0.,QLB.K)                             101, A
    HQLB    - HILFSGROESSE QUOTIENT LAGERBESTAND (DIMLOS)
    FCNSW   - ARITHMETISCHER SWITCH F. X<0,X=0,X>0
    LDIF    - FERTIGLAGERDIFFERENZ ZU MINDESTBESTAND
                (STUECK)
    QLB     - LAGERBESTANDSQUOTIENT (DIMLOS)
PERH.K=DEL3N0(PR.K,PD)                                       102, A
    PERH    - PRODUKTIONSERGEBNISRATE HILFSGROESSE
                (STUECK/WOCHE)
    DEL3N0  - EXP. VERZOEGERUNG 3. ORDNUNG
    PR      - PRODUKTIONSRATE (STUECK/WOCHE)
    PD      - PRODUKTIONSDAUER (WOCHE)
   PRODUKTION

PBUD.K=PBUD.J+DT*(PBUZU.JK-PBUAB.JK)                         103, L
PBUD=PBUDAN                                                  103.1, N
    PBUD    - PRODUKTIONSBUDGET (DM)
    DT      - INTEGRATIONSSCHRITTWEITE (WOCHE)
    PBUZU   - ZUFLUSS PRODUKTIONSBUDGET (DM/WOCHE)
    PBUAB   - ABFLUSS PRODUKTIONSBUDGET (DM/WOCHE)
    PBUDAN  - ANFANGSWERT PRODUKTIONSBUDGET (DM)
PBUZU.KL=PVARZU.K+PFIXZU.K                                   104, R
    PBUZU   - ZUFLUSS PRODUKTIONSBUDGET (DM/WOCHE)
    PVARZU  - VARIABLER ANTEIL AN ZUFLUSS PROD.BUDGET
                (DM/WOCHE)
    PFIXZU  - FIXANTEIL AN ZUFLUSS PRODUKTIONSBUDGET (DM/
                WOCHE)
PFIXZU.K=PPR.K*STHK.K*FIXTEL                                 105, A
    PFIXZU  - FIXANTEIL AN ZUFLUSS PRODUKTIONSBUDGET (DM/
                WOCHE)
    PPR     - GEPLANTE PRODUKTIONSRATE (STUECK/WOCHE)
    STHK    - STANDARDHERSTELLUNGSKOSTEN (DM/STUECK)
    FIXTEL  - FIXER ANTEIL PRODUKTIONSBUDGET (DIMLOS)
```

```
PAGE 16    FILE                        GESAMT-UNTERNEHMEN   -  LEVEL
PAS.K=PPR.K/(PMABAN*ARANZ*PF)                               106, A
    PAS    - PLANKAPAZITAET (STD/WOCHE)
    PPR    - GEPLANTE PRODUKTIONSRATE (STUECK/WOCHE)
    PMABAN - ANFANGSBESTAND ANLAGEN PRODUKTION (DM)
    ARANZ  - ANZAHL ARBEITER IM PRODUKTIONSPROZESS
               (MANN)
    PF     - PRODUKTIONSFAKTOR (STUECK/(DM*MANN*STD))
STHK.K=FM+FL+FGK.K                                          107, A
    STHK   - STANDARDHERSTELLUNGSKOSTEN (DM/STUECK)
    FM     - FERTIGUNGSMATERIAL STANDARDKOSTEN (DM/
               STUECK)
    FL     - FERTIGUNGSLOHN (DM/STUECK)
    FGK    - FERTIGUNGSGEMEINKOSTEN (DM/STUECK)
PVARZU.K=ARH.K*STHK.K*VARTEL                                108, A
    PVARZU - VARIABLER ANTEIL AN ZUFLUSS PROD.BUDGET
               (DM/WOCHE)
    ARH    - AUFTRAGSEINGANGSRATE HILFSGROESSE (STUECK/
               WOCHE)
    STHK   - STANDARDHERSTELLUNGSKOSTEN (DM/STUECK)
    VARTEL - VAR. ANTEIL PRODUKTIONSBUDGET (DIMLOS)
PBUAB.KL=(FL+FM+FGV)*PR.K+FGKF.K                            109, R
    PBUAB  - ABFLUSS PRODUKTIONSBUDGET (DM/WOCHE)
    FL     - FERTIGUNGSLOHN (DM/STUECK)
    FM     - FERTIGUNGSMATERIAL STANDARDKOSTEN (DM/
               STUECK)
    FGV    - VARIABLE GEMEINKOSTEN (DM/STUECK)
    PR     - PRODUKTIONSRATE (STUECK/WOCHE)
    FGKF   - FERTIGUNGSGEMEINKOSTEN FIX (DM/WOCHE)
FGKF.K=PROFIX*ARANZ+MAFIX*PMABA.K+GHATEL*ARANZ/SPOC 110, A
    FGKF   - FERTIGUNGSGEMEINKOSTEN FIX (DM/WOCHE)
    PROFIX - FIXTEIL PROD.GEMEINKOSTEN ARBEITER (DM/
               (WOCHE*MANN))
    ARANZ  - ANZAHL ARBEITER IM PRODUKTIONSPROZESS
               (MANN)
    MAFIX  - FIXE MATERIALKOSTEN (1/WOCHE)
    PMABA  - ANLAGEN PRODUKTION (DM)
    GHATEL - GEHALTSANTEIL AN PRODUKTION (DM/WOCHE)
    SPOC   - SPAN OF CONTROL, DURCHSCH. UNTERGEBENENZAHL
               (MANN)
FGK.K=FGV+FGKF.K/EAR.K                                      111, A
    FGK    - FERTIGUNGSGEMEINKOSTEN (DM/STUECK)
    FGV    - VARIABLE GEMEINKOSTEN (DM/STUECK)
    FGKF   - FERTIGUNGSGEMEINKOSTEN FIX (DM/WOCHE)
    EAR    - ERWARTETE AUFTRAGSEINGANGSRATE (STUECK/
               WOCHE)
```

```
PAGE 17   FILE                        GESAMT-UNTERNEHMEN  -  LEVEL
   PRODUKTIONSANLAGEN

PMABA.K=PMABA.J+DT*(PINQU.JK-PABQU.JK)                      112, L
PMABA=PMABAN                                                112.1, N
    PMABA  - ANLAGEN PRODUKTION (DM)
    DT     - INTEGRATIONSSCHRITTWEITE (WOCHE)
    PINQU  - PRODUKTIONSINVESTITIONSQUOTE (DM/WOCHE)
    PABQU  - PRODUKTIONSABSCHREIBUNGSQUOT (DM/WOCHE)
    PMABAN - ANFANGSBESTAND ANLAGEN PRODUKTION (DM)
PINQU.KL=PINQUH.K                                           113, R
    PINQU  - PRODUKTIONSINVESTITIONSQUOTE (DM/WOCHE)
    PINQUH - PRODUKTIONSINVESTITIONSQUOTE HILSFGROESSE
               (DM/WOCHE)
PABQU.KL=PABQUH.K                                           114, R
    PABQU  - PRODUKTIONSABSCHREIBUNGSQUOT (DM/WOCHE)
    PABQUH - PRODUKTIONSABSCHREIBUNGSQUOT HILFSGROESSE
               (DM/WOCHE)
PINQUH.K=PIFAKT*DUMS.K+REINP.K                              115, A
    PINQUH - PRODUKTIONSINVESTITIONSQUOTE HILSFGROESSE
               (DM/WOCHE)
    PIFAKT - PRODUKTIONSINVESTITIONSFAKTO (DIMLOS)
    DUMS   - DURCHSCHNITTL. UMSATZ (DM/WOCHE)
    REINP  - REINVESTITION PRODUKTION (DM/WOCHE)
REINP.K=RABSA*PMABA.K                                       116, A
    REINP  - REINVESTITION PRODUKTION (DM/WOCHE)
    RABSA  - REINVESTITION-ABSCHREIBUNGSSATZ (1/WOCHE)
    PMABA  - ANLAGEN PRODUKTION (DM)
PABQUH.K=ABSA*DPMABA.K                                      117, A
    PABQUH - PRODUKTIONSABSCHREIBUNGSQUOT HILFSGROESSE
               (DM/WOCHE)
    ABSA   - ABSCHREIBUNGSSATZ F. ANLAGENABH. TEIL (1/
               WOCHE)
    DPMABA - DURCHSCHNITT MASCHINEN PRODUKTION (DM)
DPMABA.K=SMOONO(PMABA.K,DPMT)                               118, A
    DPMABA - DURCHSCHNITT MASCHINEN PRODUKTION (DM)
    SMOONO - EXP. GLAETTUNG 1. ORDNUNG
    PMABA  - ANLAGEN PRODUKTION (DM)
    DPMT   - DURCHSCH. PRODUKTIONSMITTELWERTBILDUNG
               (WOCHE)
FMKOS.K=FM                                                  119, A
    FMKOS  - FERTIGUNGSMATERIALWERT REAL (DM/STUECK)
    FM     - FERTIGUNGSMATERIAL STANDARDKOSTEN (DM/
               STUECK)
```

```
PAGE 18   FILE                    GESAMT-UNTERNEHMEN  -  LEVEL
   VERWALTUNG

VWBUD.K=VWBUD.J+DT*(VWBUZU.JK-VWBUAB.JK)                  120, L
VWBUD=VWBUAN                                              120.1, N
    VWBUD   - VERWALTUNGSBUDGET (DM)
    DT      - INTEGRATIONSSCHRITTWEITE (WOCHE)
    VWBUZU  - ZUTEILUNG VERWALTUNGSBUDGET (DM/WOCHE)
    VWBUAB  - ABGANG VERWALTUNGSBUDGET (DM/WOCHE)
    VWBUAN  - ANFANGSBESTAND VERWALTUNGSBUDGET (DM)
VWBUZU.KL=VWZUF.K+VWZUV.K                                 121, R
    VWBUZU  - ZUTEILUNG VERWALTUNGSBUDGET (DM/WOCHE)
    VWZUF   - FIXTEIL ZUTEILUNG VERWALT.BUDGET (DM/WOCHE)
    VWZUV   - VAR. TEIL ZUTEILUNG VERWALT.BUDGET (DM/
                WOCHE)
VWZUF.K=VWTEF*PLUMS                                       122, A
    VWZUF   - FIXTEIL ZUTEILUNG VERWALT.BUDGET (DM/WOCHE)
    VWTEF   - FIXTEIL ZUTEILUNGSFAKTOR (1/WOCHE)
    PLUMS   - GEPLANTER UMSATZ (DM)
VWZUV.K=VWTEV*DUMS.K                                      123, A
    VWZUV   - VAR. TEIL ZUTEILUNG VERWALT.BUDGET (DM/
                WOCHE)
    VWTEV   - VAR. ANTEIL ZUTEILUNGSFAKTOR (DIMLOS)
    DUMS    - DURCHSCHNITTL. UMSATZ (DM/WOCHE)
VWBUAB.KL=GEHAF.K+SOAUF.K+SOAUFV.K                        124, R
    VWBUAB  - ABGANG VERWALTUNGSBUDGET (DM/WOCHE)
    GEHAF   - GEHALT VERWALTUNG (DM/WOCHE)
    SOAUF   - UMSATZUNABH. SONSTIGE AUFWENDUNGEN (DM/
                WOCHE)
    SOAUFV  - UMSATZABH. SONSTIGE AUFWENDUNGEN (DM/WOCHE)
GEHAF.K=ANGES*GEHN                                        125, A
    GEHAF   - GEHALT VERWALTUNG (DM/WOCHE)
    ANGES   - ZAHL DER ANGESTELLTEN (MANN)
    GEHN    - GEHALTSNIVEAU (DM/(WOCHE*MANN))
SOAUF.K=AUFVW*(ANIBA.K+GRUGE.K+MABAB.K)                   126, A
    SOAUF   - UMSATZUNABH. SONSTIGE AUFWENDUNGEN (DM/
                WOCHE)
    AUFVW   - AUFWANDSFAKTOR VERWALTUNGSANTEIL (1/WOCHE)
    ANIBA   - ANLAGEN IM BAU (DM)
    GRUGE   - GRUNDSTUECKE U. GEBAEUDE (DM)
    MABAB   - MASCH. ANLAGEN BETRIEBS- U.
                GESCH.AUSSTATTUNG (DM)
SOAUFV.K=UMS.K*AUFAN                                      127, A
    SOAUFV  - UMSATZABH. SONSTIGE AUFWENDUNGEN (DM/WOCHE)
    UMS     - UMSATZ (DM/WOCHE)
    AUFAN   - AUFWANDSANTEIL AM UMSATZ (DIMLOS)
```

```
PAGE 19   FILE                     GESAMT-UNTERNEHMEN  -  LEVEL
   ANLAGEN  VERWALTUNG

WMABA.K=WMABA.J+DT*(WINVR.JK-WABSR.JK)                    128, L
WMABA=WMABAN                                              128.1, N
    WMABA  - VERWALTUNG ANLAGEN (DM)
    DT     - INTEGRATIONSSCHRITTWEITE (WOCHE)
    WINVR  - VERWALTUNG INVESTITIONSRATE (DM/WOCHE)
    WABSR  - ABSCHREIBUNGSRATE VERW.ANLAGEN (DM/WOCHE)
    WMABAN - ANFANGSWERT VERWALTUNG ANLAGEN (DM)
WINVR.KL=WINVRH.K                                         129, R
    WINVR  - VERWALTUNG INVESTITIONSRATE (DM/WOCHE)
    WINVRH - VERWALTUNG INVESTITIONSRATE HILFSGROESSE
               (DM/WOCHE)
WINVRH.K=PMABA.K*WIFAKT                                   130, A
    WINVRH - VERWALTUNG INVESTITIONSRATE HILFSGROESSE
               (DM/WOCHE)
    PMABA  - ANLAGEN PRODUKTION (DM)
    WIFAKT - VERWALTUNG INVESTITIONSFAKTOR (1/WOCHE)
WABSR.KL=WABSRH.K                                         131, R
    WABSR  - ABSCHREIBUNGSRATE VERW.ANLAGEN (DM/WOCHE)
    WABSRH - ABSCHREIBUNGSRATE VERW.ANLAGEN HILFSGROESSE
               (DM/WOCHE)
WABSRH.K=DWMABA.K*WABSA                                   132, A
    WABSRH - ABSCHREIBUNGSRATE VERW.ANLAGEN HILFSGROESSE
               (DM/WOCHE)
    DWMABA - DURCHSCH. VERWALTUNGSBETRIEBSAUSSTATTU (DM)
    WABSA  - VERWALTUNG ABSCHREIBUNGSSATZ (1/WOCHE)
DWMABA.K=SMOONO(WMABA.K,WMT)                              133, A
    DWMABA - DURCHSCH. VERWALTUNGSBETRIEBSAUSSTATTU (DM)
    SMOONO - EXP. GLAETTUNG 1. ORDNUNG
    WMABA  - VERWALTUNG ANLAGEN (DM)
    WMT    - VERWALTUNGSANLAGEN MITTELWERTBILDUNG
               (WOCHE)
   FORSCHUNG  UND  ENTWICKLUNG

FEBUD.K=FEBUD.J+DT*(FEBUZU.JK-FEBUAB.JK)                  134, L
FEBUD=FEBUDA                                              134.1, N
    FEBUD  - FORSCHUNGS- U. ENTWICKLUNGSBUDGET (DM)
    DT     - INTEGRATIONSSCHRITTWEITE (WOCHE)
    FEBUZU - ZUWENDUNGEN FORSCH. U. ENTWICKLUNG (DM/
               WOCHE)
    FEBUAB - AUSGABE FORSCHUNG U. ENTWICKLUNG (DM/WOCHE)
    FEBUDA - ANFANGSWERT FEBUD (DM)
FEBUZU.KL=FETEL*PLUMS                                     135, R
    FEBUZU - ZUWENDUNGEN FORSCH. U. ENTWICKLUNG (DM/
               WOCHE)
    FETEL  - ANTEIL ZUWEISUNGEN ZU FORSCH. U. ENTWICKL.
               (DIMLOS)
    PLUMS  - GEPLANTER UMSATZ (DM)
```

```
PAGE 20    FILE                   GESAMT-UNTERNEHMEN   -  LEVEL
FEBUAB.KL=GEHNW*WISS+FESOAU.K                            136, R
    FEBUAB - AUSGABE FORSCHUNG U. ENTWICKLUNG (DM/WOCHE)
    GEHNW  - GEHALTSNIVEAU WISSENSCHAFTLER (DM/(WOCHE*
              MANN))
    WISS   - ANZAHL WISSENSCHAFTLER (MANN)
    FESOAU - SONST. AUFWEND. FORSCHUNG U. ENTWICKL. (DM/
              WOCHE)
FEGEH.K=GEHNW*WISS                                       137, A
    FEGEH  - GEHALT FORSCHUNG U. ENTWICKLUNG (DM)
    GEHNW  - GEHALTSNIVEAU WISSENSCHAFTLER (DM/(WOCHE*
              MANN))
    WISS   - ANZAHL WISSENSCHAFTLER (MANN)
FESOAU.K=FEAN*MABAB.K                                    138, A
    FESOAU - SONST. AUFWEND. FORSCHUNG U. ENTWICKL. (DM/
              WOCHE)
    FEAN   - FORSCH. U. ENTWICKLUNG AUSSTATTUNG AN
              AUSGABEN (1/WOCHE)
    MABAB  - MASCH. ANLAGEN BETRIEBS- U.
              GESCH.AUSSTATTUNG (DM)
  BESCHAFFUNG

BEBUD.K=BEBUD.J+DT*(BEZU.JK-BEAB.JK)                     139, L
BEBUD=BEBUDA                                             139.1,
    BEBUD  - BESCHAFFUNGSBUDGET (DM)
    DT     - INTEGRATIONSSCHRITTWEITE (WOCHE)
    BEZU   - ZUWENDUNGEN ZUM BESCHAFFUNGSBUDGET (DM/
              WOCHE)
    BEAB   - AUSGABEN BESCHAFFUNG (DM/WOCHE)
    BEBUDA - ANFANGSBESTAND BESCHAFFUNGSBUDGET (DM)
BEZU.KL=BEZUF.K+BEZUV.K                                  140, R
    BEZU   - ZUWENDUNGEN ZUM BESCHAFFUNGSBUDGET (DM/
              WOCHE)
    BEZUF  - FIXER ANTEIL AN
              BESCHAFFUNGSBUDGETZUWENDUNGE (DM/WOCHE)
    BEZUV  - VARIABLER ANTEIL AN
              BESCHAFFUNGSBUDGETZUWENDUNGE (DM/WOCHE)
BEZUF.K=EAR.K*FM+BEANT*PLUMS                             141, A
    BEZUF  - FIXER ANTEIL AN
              BESCHAFFUNGSBUDGETZUWENDUNGE (DM/WOCHE)
    EAR    - ERWARTETE AUFTRAGSEINGANGSRATE (STUECK/
              WOCHE)
    FM     - FERTIGUNGSMATERIAL STANDARDKOSTEN (DM/
              STUECK)
    BEANT  - UMSATZANTEIL BESCHAFFUNGSBUDGET OHNE
              MATERIALKOSTEN (1/WOCHE)
    PLUMS  - GEPLANTER UMSATZ (DM)
```

```
PAGE 21    FILE                         GESAMT-UNTERNEHMEN  -  LEVEL
BEZUV.K=PR.K*FM*BEANT*PLUMS                                 142, A
    BEZUV  - VARIABLER ANTEIL AN
               BESCHAFFUNGSBUDGETZUWENDUNGE (DM/WOCHE)
    PR     - PRODUKTIONSRATE (STUECK/WOCHE)
    FM     - FERTIGUNGSMATERIAL STANDARDKOSTEN (DM/
               STUECK)
    BEANT  - UMSATZANTEIL BESCHAFFUNGSBUDGET OHNE
               MATERIALKOSTEN (1/WOCHE)
    PLUMS  - GEPLANTER UMSATZ (DM)
BEAB.KL=LAKOS.K+EWERT.K                                     143, R
    BEAB   - AUSGABEN BESCHAFFUNG (DM/WOCHE)
    LAKOS  - LAGERKOSTEN KAPITALBINDUNG (DM/WOCHE)
    EWERT  - EINKAUFSWERT (DM/WOCHE)
LAKOS.K=ZINSLA*LAWERT.K                                     144, A
    LAKOS  - LAGERKOSTEN KAPITALBINDUNG (DM/WOCHE)
    ZINSLA - KAPITALZINS BANKUEBL. F. LAGERKOSTEN (1/
               WOCHE)
    LAWERT - WERT DES MATERIALLAGERBESTANDS (DM)
LAWERT.K=FMKOS.K*MALA.K                                     145, A
    LAWERT - WERT DES MATERIALLAGERBESTANDS (DM)
    FMKOS  - FERTIGUNGSMATERIALWERT REAL (DM/STUECK)
    MALA   - ROHMATERIALLAGERBESTAND (STUECK)
EWERT.K=FMKOS.K*EINRA.K/DT                                  146, A
    EWERT  - EINKAUFSWERT (DM/WOCHE)
    FMKOS  - FERTIGUNGSMATERIALWERT REAL (DM/STUECK)
    EINRA  - EINKAUFSRATE (STUECK)
    DT     - INTEGRATIONSSCHRITTWEITE (WOCHE)
   PHYSISCHE  TEILMODELLE
   1.)      LAGERHALTUNG

MALA.K=MALA.J+DT*((EINRA.J/DT)-MANAM.JK)                    147, L
MALA=MALAN                                                  147.1, N
    MALA   - ROHMATERIALLAGERBESTAND (STUECK)
    DT     - INTEGRATIONSSCHRITTWEITE (WOCHE)
    EINRA  - EINKAUFSRATE (STUECK)
    MANAM  - MATERIALENTNAHME (STUECK/WOCHE)
    MALAN  - ANFANGSBESTAND LAGER (STUECK)
EINRA.K=PULSE(EMENG.K,1.,EZ)                                148, A
    EINRA  - EINKAUFSRATE (STUECK)
    PULSE  - PULSE-FUNKTION
    EMENG  - EINKAUFSMENGE (STUECK/WOCHE)
    EZ     - EINKAUFSZEIT (WOCHE)
EMENG.K=PPR.K*EZ*MF                                         149, A
    EMENG  - EINKAUFSMENGE (STUECK)
    PPR    - GEPLANTE PRODUKTIONSRATE (STUECK/WOCHE)
    EZ     - EINKAUFSZEIT (WOCHE)
    MF     - MENGENFAKTOR   STUECK/PRODUKTION   (DIMLOS)
```

```
PAGE 22    FILE                    GESAMT-UNTERNEHMEN   -  LEVEL
PPR.K=WFAKT*EAR.K                                        150, A
    PPR    - GEPLANTE PRODUKTIONSRATE (STUECK/WOCHE)
    WFAKT  - WOCHENFAKTOR (WOCHE)
    EAR    - ERWARTETE AUFTRAGSEINGANGSRATE (STUECK/
               WOCHE)
MANAM.KL=PR.K                                            151, R
    MANAM  - MATERIALENTNAHME (STUECK/WOCHE)
    PR     - PRODUKTIONSRATE (STUECK/WOCHE)
   2.)      ANLAGEN  UND  GEBAEUDE  -- PHYSISCH --

BAURAH.K=PBAURA.K*(EABA.K+1.)                            152, A
    BAURAH - BAURATE HILFSGROESSE (DM/WOCHE)
    PBAURA - GEPLANTE BAURATE (DM/WOCHE)
    EABA   - EINFLUSS D. UMSATZABRECHNUNGEN AUF
               INVESTITIONEN (DIMLOS)
EABA.K=TABHL(TABAR,DABAR.K,-2.,+2.,0.5)                  153, A
TABAR=-0.5/-0.5/-0.5/-0.5/0./0.5/0.5/0.5/0.5             153.1, T
    EABA   - EINFLUSS D. UMSATZABRECHNUNGEN AUF
               INVESTITIONEN (DIMLOS)
    TABHL  - TABELLEN-FUNKTION (HIGH-LOW)
    TABAR  - TABELLE ZU EABA (DIMLOS)
    DABAR  - DURCHSCHNITT UMSATZABWEICHUNGEN (DIMLOS)
DABAR.K=(DAR.K-EAR.K)/EAR.K                              154, A
    DABAR  - DURCHSCHNITT UMSATZABWEICHUNGEN (DIMLOS)
    DAR    - DURCHSCH. AUFTRAGSEINGANGSRATE (STUECK/
               WOCHE)
    EAR    - ERWARTETE AUFTRAGSEINGANGSRATE (STUECK/
               WOCHE)
GRUGE.K=GRUGE.J+DT*(BZR.JK-BAUAB.JK)                     155, L
GRUGE=GRUGA                                              155.1, N
    GRUGE  - GRUNDSTUECKE U. GEBAEUDE (DM)
    DT     - INTEGRATIONSSCHRITTWEITE (WOCHE)
    BZR    - BAUFERTIGSTELLUNGSRATE (DM/WOCHE)
    BAUAB  - BAUABSCHREIBUNGEN (DM/WOCHE)
    GRUGA  - ANFANGSBEST. GRUNDSTUECKE U. GEBAEUDE (DM)
BZR.KL=BZRH.K                                            156, R
    BZR    - BAUFERTIGSTELLUNGSRATE (DM/WOCHE)
    BZRH   - BAUFERTIGSTELLUNGSRATE HILFSGROESSE (DM/
               WOCHE)
BAUAB.KL=BAUABH.K                                        157, R
    BAUAB  - BAUABSCHREIBUNGEN (DM/WOCHE)
    BAUABH - BAUABSCHREIBUNGEN HILFSGROESSE (DM/WOCHE)
BZRH.K=DEL3NO(BAURA.K,BZ)                                158, A
    BZRH   - BAUFERTIGSTELLUNGSRATE HILFSGROESSE (DM/
               WOCHE)
    DEL3NO - EXP. VERZOEGERUNG 3. ORDNUNG
    BAURA  - BAURATE (DM/WOCHE)
    BZ     - BAUZEIT (WOCHE)
```

```
PAGE 23   FILE                        GESAMT-UNTERNEHMEN  -  LEVEL
PBAURA.K=(VINVQUH.K+PINQUH.K+WINVRH.K)*(VGT+PGT+      159, A
  WGT)
    PBAURA - GEPLANTE BAURATE (DM/WOCHE)
    PINQUH - PRODUKTIONSINVESTITIONSQUOTE HILSFGROESSE
               (DM/WOCHE)
    WINVRH - VERWALTUNG INVESTITIONSRATE HILFSGROESSE
               (DM/WOCHE)
    VGT    - ANTEIL GRUNDST. U. GEBAEUDE VERTRIEB
               (DIMLOS
    PGT    - ANTEIL GUNDSTUECK U. GEBAEUDE PRODUKTION
               (DIMLOS)
    WGT    - ANTEIL VERWALT. GRUNDST. U. GEBAEUDE
               (DIMLOS)
  ***************************************************************
  *                        FINANZMODELL                         *
  ***************************************************************
  ***************************************************************
  *                          AKTIVA                             *
  ***************************************************************
   ANLAGEN  IM  BAU

ANIBA.K=ANIBA.J+DT*(BAURA.JK-BZR.JK)                   161, L
ANIBA=ANIBAN                                           161.1, N
    ANIBA  - ANLAGEN IM BAU (DM)
    DT     - INTEGRATIONSSCHRITTWEITE (WOCHE)
    BAURA  - BAURATE (DM/WOCHE)
    BZR    - BAUFERTIGSTELLUNGSRATE (DM/WOCHE)
    ANIBAN - ANFANGSWERT ANLAGEN IM BAU (DM)
   GRUNDSTUECKE  UND  GEBAEUDE

BAURA.KL=BAURAH.K                                      162, R
    BAURA  - BAURATE (DM/WOCHE)
    BAURAH - BAURATE HILFSGROESSE (DM/WOCHE)
GRUGEB.K=GRUGE.K                                       163, A
    GRUGEB - GRUNDSTUECKE U. GEBAEUDE BILANZ (DM)
    GRUGE  - GRUNDSTUECKE U. GEBAEUDE (DM)
BAUABH.K=(VABSH.K+PABQUH.K+WABSRH.K)*(VGT+PGT+WGT)    164, A
    BAUABH - BAUABSCHREIBUNGEN HILFSGROESSE (DM/WOCHE)
    VABSH  - VERTRIEB ABSCHREIBUNGEN HILFSGROESSE (DM/
               WOCHE)
    PABQUH - PRODUKTIONSABSCHREIBUNGSQUOT HILFSGROESSE
               (DM/WOCHE)
    WABSRH - ABSCHREIBUNGSRATE VERW.ANLAGEN HILFSGROESSE
               (DM/WOCHE)
    VGT    - ANTEIL GRUNDST. U. GEBAEUDE VERTRIEB
               (DIMLOS
    PGT    - ANTEIL GUNDSTUECK U. GEBAEUDE PRODUKTION
               (DIMLOS)
    WGT    - ANTEIL VERWALT. GRUNDST. U. GEBAEUDE
               (DIMLOS)
```

```
PAGE 24    FILE                    GESAMT-UNTERNEHMEN   -  LEVEL
DGRUGB.K=SMOONO(GRUGE.K,AT)                            165, A
    DGRUGB - DURCHSCHNITT BESTAND GRUGE (DM)
    SMOONO - EXP. GLAETTUNG 1. ORDNUNG
    GRUGE  - GRUNDSTUECKE U. GEBAEUDE (DM)
    AT     - ABSCHREIBUNGSZEIT (WOCHE)
   MASCHINELLE  ANLAGEN
   BETRIEBS-  UND  GESCHAEFTSAUSSTATTUNGEN

MABAB.K=MABAB.J+DT*(MAIN.JK-MAAB.JK)                   166, L
MABAB=MABAN                                            166.1, N
    MABAB  - MASCH. ANLAGEN BETRIEBS- U.
               GESCH.AUSSTATTUNG (DM)
    DT     - INTEGRATIONSSCHRITTWEITE (WOCHE)
    MAIN   - INVEST.QUOTE MASCH. ANL. BETR. U.
               GESCH.AUSST.(DM/WOCHE)
    MAAB   - ABSCHR.QUOTE MASCH. ANLAGEN BETR. U. GESCH.
               (DM/WOCHE)
    MABAN  - MASCH. ANLAGEN BETRIEBS- U.
               GESCH.AUSSTATTUNG (DM)
MAIN.KL=MAINH.K                                        167, R
    MAIN   - INVEST.QUOTE MASCH. ANL. BETR. U.
               GESCH.AUSST.(DM/WOCHE)
    MAINH  - INVEST.QUOTE MASCH. ANL. BETR. U.
               GESCH.AUSST. H.GROESSE (DM/WOCHE
MAINH.K=(VINVQUH.K+PINQUH.K+WINVRH.K)*(VMT+PMT+        168, A
  VWMT)
    MAINH  - INVEST.QUOTE MASCH. ANL. BETR. U.
               GESCH.AUSST. H.GROESSE (DM/WOCHE
    PINQUH - PRODUKTIONSINVESTITIONSQUOTE HILSFGROESSE
               (DM/WOCHE)
    WINVRH - VERWALTUNG INVESTITIONSRATE HILFSGROESSE
               (DM/WOCHE)
    VMT    - ANTEIL MASCHINEN VERTRIEB (DIMLOS)
    PMT    - ANTEIL MASCHINEN PRODUKTION (DIMLOS)
    VWMT   - ANTEIL MASCHINEN, GRUNDST. U. GEBAEUDE
               (DIMLOS)
MAAB.KL=MAABH.K                                        169, R
    MAAB   - ABSCHR.QUOTE MASCH. ANLAGEN BETR. U. GESCH.
               (DM/WOCHE)
    MAABH  - ABSCHR.QUOTE MASCH. ANLAGEN BETR. U. GESCH.
               H.GROESSE (DM/WOCHE)
```

```
PAGE 25   FILE                      GESAMT-UNTERNEHMEN   -  LEVEL
MAABH.K=(VABSH.K+PABQUH.K+WABSRH.K)*(VMT+PMT+VWMT)  170, A
    MAABH  - ABSCHR.QUOTE MASCH. ANLAGEN BETR. U. GESCH.
               H.GROESSE (DM/WOCHE)
    VABSH  - VERTRIEB ABSCHREIBUNGEN HILFSGROESSE (DM/
               WOCHE)
    PABQUH - PRODUKTIONSABSCHREIBUNGSQUOT HILFSGROESSE
               (DM/WOCHE)
    WABSRH - ABSCHREIBUNGSRATE VERW.ANLAGEN HILFSGROESSE
               (DM/WOCHE)
    VMT    - ANTEIL MASCHINEN VERTRIEB (DIMLOS)
    PMT    - ANTEIL MASCHINEN PRODUKTION (DIMLOS)
    VWMT   - ANTEIL MASCHINEN, GRUNDST. U. GEBAEUDE
               (DIMLOS)
   FINANZANLAGEN

FIAN.K=FIAN.J+DT*(FINZU.JK-FINAB.JK)                  171, L
FIAN=FIANA                                            171.1, N
    FIAN   - FINANZANLAGEN (DM)
    DT     - INTEGRATIONSSCHRITTWEITE (WOCHE)
    FINZU  - FINANZANLAGENZUWEISUNG (DM/WOCHE)
    FINAB  - FINANZANLAGEN AUFLOESUNG (DM/WOCHE)
    FIANA  - ANFANGSWERT FINANZANLAGEN (DM)
FINZU.KL=FINZUH.K                                     172, R
    FINZU  - FINANZANLAGENZUWEISUNG (DM/WOCHE)
    FINZUH - FINANZANLAGENZUWEISUNG HILFSGROESSE (DM/
               WOCHE)
FINAB.KL=FINAH1.K                                     173, R
    FINAB  - FINANZANLAGEN AUFLOESUNG (DM/WOCHE)
FINZUH.K=-EZA.K*ZDIFF.K                               174, A
    FINZUH - FINANZANLAGENZUWEISUNG HILFSGROESSE (DM/
               WOCHE)
    EZA    - EINZAHLUNG ZU FINANZANLAGEN PROZENTSATZ
               (DIMLOS)
    ZDIFF  - DIFF. ZAHLUNGSMITTELMAX. U. DURCHSCH.WERT
               ZAHLUNGSMITTEL (DM)
ZDIFF.K=ZAMAX-DZAWE.K                                 175, A
    ZDIFF  - DIFF. ZAHLUNGSMITTELMAX. U. DURCHSCH.WERT
               ZAHLUNGSMITTEL (DM)
    ZAMAX  - ZAHLUNGSMITTEL MAXIMUM (DM)
    DZAWE  - DURCHSCHNITTSWERT ZAHLUNGSMITTEL (DM)
AZA.K=FCNSW(DLIQU2.K,1.,0.,0.)                        176, A
    AZA    - AUSZAHLUNSPROZENTSATZ D. FINANZANLAGEN
               (DIMLOS)
    FCNSW  - ARITHMETISCHER SWITCH F. X<0,X=0,X>0
    DLIQU2 - DURCHSCH. LANGFRIST. LIQUIDITAET (DIMLOS)
```

```
PAGE 26     FILE                        GESAMT-UNTERNEHMEN    -   LEVEL
EZA.K=FCNSW(ZDIFF.K,1.,0.,0.)                                177, A
    EZA    - EINZAHLUNG ZU FINANZANLAGEN PROZENTSATZ
               (DIMLOS)
    FCNSW  - ARITHMETISCHER SWITCH F. X<0,X=0,X>0
    ZDIFF  - DIFF. ZAHLUNGSMITTELMAX. U. DURCHSCH.WERT
               ZAHLUNGSMITTEL (DM)
FINAH2.K=AZA.K*ZDIFF.K                                       178, A
    FINAH2 - **** DEFINITIONSTEXTE ****
    AZA    - AUSZAHLUNSPROZENTSATZ D. FINANZANLAGEN
               (DIMLOS)
    ZDIFF  - DIFF. ZAHLUNGSMITTELMAX. U. DURCHSCH.WERT
               ZAHLUNGSMITTEL (DM)
FIAND.K=FIAN.K-FINAH2.K                                      179, A
    FIAND  - DIFF. FINANZANL. U. HILFSGR. FINANZAML.
               AUFLOES. (DM/WOCHE)
    FIAN   - FINANZANLAGEN (DM)
    FINAH2 - **** DEFINITIONSTEXTE ****
FINAH1.K=FCNSW(FIAND.K,0.,0.,FINAH2.K)                       180, A
    FCNSW  - ARITHMETISCHER SWITCH F. X<0,X=0,X>0
    FIAND  - DIFF. FINANZANL. U. HILFSGR. FINANZAML.
               AUFLOES. (DM/WOCHE)
    FINAH2 - **** DEFINITIONSTEXTE ****
   ROH-,  HILFS-  UND  BETRIEBSSTOFFE

ROHIB.K=LAWERT.K                                             181, A
    ROHIB  - ROH-, HILFS- U. BETRIEBSSTOFFE (DM)
    LAWERT - WERT DES MATERIALLAGERBESTANDS (DM)
   FERTIGE  UND  UNFERTIGE  ERZEUGNISSE

FERER.K=LB.K*EPB                                             182, A
    FERER  - FERTIGERZEUGNISSE (DM)
    LB     - FERTIGLAGERBESTAND (STUECK)
    EPB    - EINZELPREIS FERTIGLAGER INTERNE BEWERTUNG
               (DM/STUECK)
   FORDERUNGEN

FORD.K=FORD.J+DT*(RECRA.JK-FORDAB.JK)                        183, L
FORD=FORDAN                                                  183.1, N
    FORD   - FORDERUNGEN (DM)
    DT     - INTEGRATIONSSCHRITTWEITE (WOCHE)
    RECRA  - RECHNUNGSAUSGANGSRATE HILFSGROESSE (DM/
               WOCHE)
    FORDAB - AUFLOESUNG FORDERUNGEN (DM/WOCHE)
    FORDAN - ANFANGSWERT FORDERUNGEN (DM)
RECRA.KL=RECRAH.K                                            184, R
    RECRA  - RECHNUNGSAUSGANGSRATE HILFSGROESSE (DM/
               WOCHE)
```

```
PAGE 27   FILE                     GESAMT-UNTERNEHMEN  -  LEVEL
BEZREH.K=DEL3NO(RECRAH.K,KZV)                            185, A
    BEZREH - HILFSGROESSE BEZAHLTE RECHNUNGEN (DM/WOCHE)
    DEL3NO - EXP. VERZOEGERUNG 3. ORDNUNG
    KZV    - KUNDENZAHLUNGSVERHALTEN (WOCHE)
WEBEF.K=WEBEFA*DFORD.K/JAHR                              186, A
    WEBEF  - WERTBERICHT.RATE AUF FORDERUNGEN (DM/WOCHE)
    WEBEFA - WERTBERICHTIGUNGSFAKTOR (DIMLOS)
    DFORD  - DURCHSCHNITT VON FORDERUNGEN (DM)
    JAHR   - GESCHAEFTSJAHR (WOCHE)
DFORD.K=SMOONO(FORD.K,KZV)                               187, A
    DFORD  - DURCHSCHNITT VON FORDERUNGEN (DM)
    SMOONO - EXP. GLAETTUNG 1. ORDNUNG
    FORD   - FORDERUNGEN (DM)
    KZV    - KUNDENZAHLUNGSVERHALTEN (WOCHE)
RECRAH.K=VR.K*EP                                         188, A
    VR     - VERSANDRATE (STUECK/WOCHE)
    EP     - EINZELPREIS ERWARTET (DM/STUECK)
FORDAB.KL=BEZRE.K+NIBEZ.K                                189, R
    FORDAB - AUFLOESUNG FORDERUNGEN (DM/WOCHE)
    BEZRE  - BEZAHLTE RECHNUNGEN (DM/WOCHE)
    NIBEZ  - NICHT BEZAHLTE RECHNUNGEN (DM/WOCHE)
   ZAHLUNGSMITTEL  UND  WERTPAPIERE

ZAMIT.K=ZAMIT.J+DT*(EINZA.JK-AUSZA.JK)                   190, L
ZAMIT=ZAMITA                                             190.1, N
    ZAMIT  - ZAHLUNGSMITTEL (DM)
    DT     - INTEGRATIONSSCHRITTWEITE (WOCHE)
    EINZA  - EINZAHLUNGEN (DM/WOCHE)
    AUSZA  - AUSZAHLUNGEN AUS KASSE (DM/WOCHE)
    ZAMITA - ANFANGSWERT ZAHLUNGSMITTEL (DM)
EINZA.KL=BEZRE.K+FINAH1.K+LANGDAH.K+KURDAH.K+            191, R
  GRUZUH.K+ERTFI.K+ERRUER.K+EREIN.K+ZURSTH.K
    EINZA  - EINZAHLUNGEN (DM/WOCHE)
    BEZRE  - BEZAHLTE RECHNUNGEN (DM/WOCHE)
    KURDAH - KURZFRISTIGE DARLEHENSRATE HILFSGROESSE
               (DM/WOCHE)
    GRUZUH - GRUNDKAPITALZUFUEHRUNG HILFSGROESSE (DM/
               WOCHE)
    ERTFI  - ERTRAGSRATE FINANZANLAGEN (DM/WOCHE)
    ERRUER - RUECKSTELLUNGSERTRAGSRATE (DM/WOCHE)
    EREIN  - ERTRAGSRATE SONSTIGE ERTRAEGE (DM/WOCHE)
    ZURSTH - ZUWEISUNG RUECKSTELLUNG HILFSGROESSE (DM/
               WOCHE)
```

```
PAGE 28   FILE                     GESAMT-UNTERNEHMEN   -   LEVEL
AUSZA.KL=((LOSU.K+GEHSU.K+AZINS.K+BEZST.K+VGEAUS.K+ 192, R
  GAUFL.K)/DT)+MARE.K+SORED.K+FINZUH.K+LANRUEH.K+
  KURUEH.K+ABRSTH.K+BAURAH.K+MAINH.K
    AUSZA  - AUSZAHLUNGEN AUS KASSE (DM/WOCHE)
    LOSU   - LOHNSUMME (DM)
    GEHSU  - GEHALTSSUMME (DM)
    AZINS  - AUSZAHLUNG ZINSEN (DM)
    BEZST  - BEZAHLTE STEUERN (DM)
    VGEAUS - VERZOEGERTE GEWINNAUSSCHUETTUNG (DM)
    GAUFL  - AUFLOESUNG GRUNDKAPITAL (DM)
    DT     - INTEGRATIONSSCHRITTWEITE (WOCHE)
    MARE   - MATERIALRECHNUNGEN (DM/WOCHE)
    SORED  - SONSTIGE RECHNUNGEN (DM/WOCHE)
    FINZUH - FINANZANLAGENZUWEISUNG HILFSGROESSE (DM/
               WOCHE)
    KURUEH - RUECKZAHLUNG KURZFR. DARLEHEN HILFSGROESSE
               (DM/WOCHE)
    ABRSTH - AUFLOESUNG REUCKSTELLUNGEN HILFSGROESSE
               (DM/WOCHE)
    BAURAH - BAURATE HILFSGROESSE (DM/WOCHE)
    MAINH  - INVEST.QUOTE MASCH. ANL. BETR. U.
               GESCH.AUSST. H.GROESSE (DM/WOCHE
VGEAUS.K=TOTGEA(GEAUS.K,TAUS,JAHR,WOCHE.K)          193, A
    VGEAUS - VERZOEGERTE GEWINNAUSSCHUETTUNG (DM)
    TOTGEA - TOTZEITGLIED F.
               GEWINNAUSSCHUETTUNGSVERZOEGE
    GEAUS  - AUSGESCHUETTETER GEWINN (DM)
    TAUS   - GEWINNAUSSCHUETTUNGSZEIT (WOCHE)
    JAHR   - GESCHAEFTSJAHR (WOCHE)
    WOCHE  - WOCHE DES GESCHAEFTSJAHRES (WOCHE)
BEZRE.K=BEZREH.K-NIBEZ.K                            194, A
    BEZRE  - BEZAHLTE RECHNUNGEN (DM/WOCHE)
    BEZREH - HILFSGROESSE BEZAHLTE RECHNUNGEN (DM/WOCHE)
    NIBEZ  - NICHT BEZAHLTE RECHNUNGEN (DM/WOCHE)
NIBEZ.K=ABSW*DWEBE.K                                195, A
    NIBEZ  - NICHT BEZAHLTE RECHNUNGEN (DM/WOCHE)
    ABSW   - ABSCHREIBUNGSFAKTOR WERTBERICHTIGUNG (1/
               WOCHE)
    DWEBE  - DURCHSCHNITT WERTBERICHTIGUNG (DM)
DZAWE.K=SMOONO(ZAMIT.K,ZAMIWE)                      196, A
    DZAWE  - DURCHSCHNITTSWERT ZAHLUNGSMITTEL (DM)
    SMOONO - EXP. GLAETTUNG 1. ORDNUNG
    ZAMIT  - ZAHLUNGSMITTEL (DM)
    ZAMIWE - ZAHLUNGSMITTEL-MITTELWERTBILDUNGSZEIT
               (WOCHE)
LOSU.K=PULSE(FELOSU.K,WO,WO)                        197, A
    LOSU   - LOHNSUMME (DM)
    PULSE  - PULSE-FUNKTION
    FELOSU - FERTIGUNGSLOHNSUMME (DM)
    WO     - WOCHE (WOCHE)
```

```
PAGE 29   FILE                        GESAMT-UNTERNEHMEN   -  LEVEL
TWO.K=0.5+PULSE(-1.,(1.+DT),WO)                              198, A
    TWO     - ZEITKONSTANTE WOCHE (WOCHE)
    PULSE   - PULSE-FUNKTION
    DT      - INTEGRATIONSSCHRITTWEITE (WOCHE)
    WO      - WOCHE (WOCHE)
FELOSU.K=MODINT(0.,TWO.K,FLH.K)                              199, A
    FELOSU  - FERTIGUNGSLOHNSUMME (DM)
    MODINT  - MODIFIZIERTES INTEGRAL (ANALOG ZU CSMP)
    TWO     - ZEITKONSTANTE WOCHE (WOCHE)
    FLH     - HILFSRATE GESAMTFERTIGUNGSLOHN (DM/WOCHE)
FLH.K=PR.K*FL+UEKOS.K                                        200, A
    FLH     - HILFSRATE GESAMTFERTIGUNGSLOHN (DM/WOCHE)
    PR      - PRODUKTIONSRATE (STUECK/WOCHE)
    FL      - FERTIGUNGSLOHN (DM/STUECK)
    UEKOS   - KOSTEN F. EINE UEBERSTUNDE (DM/WOCHE)
GEHSU.K=PULSE(GEHOES.K,MO,MO)                                201, A
    GEHSU   - GEHALTSSUMME (DM)
    PULSE   - PULSE-FUNKTION
    GEHOES  - GEHALTSHOEHENSUMME (DM)
    MO      - MONAT (WOCHE)
TMO.K=0.5+PULSE(-1.,(4.+DT),MO)                              202, A
    TMO     - ZEITKONSTANTE MONAT (WOCHE)
    PULSE   - PULSE-FUNKTION
    DT      - INTEGRATIONSSCHRITTWEITE (WOCHE)
    MO      - MONAT (WOCHE)
GEHOES.K=MODINT(0.,TMO.K,EGEH.K)                             203, A
    GEHOES  - GEHALTSHOEHENSUMME (DM)
    MODINT  - MODIFIZIERTES INTEGRAL (ANALOG ZU CSMP)
    TMO     - ZEITKONSTANTE MONAT (WOCHE)
    EGEH    - EINZELGEHAELTER (DM/WOCHE)
EGEH.K=VPK.K+GHBTEL*PMABA.K+GEHAF.K+FEGEH.K+PROFIX*  204, A
  ARANZ
    EGEH    - EINZELGEHAELTER (DM/WOCHE)
    VPK     - VERTRIEB PERSONALKOSTEN (DM/WOCHE)
    GHBTEL  - GEHALTSBRUCHTEIL (1/WOCHE)
    PMABA   - ANLAGEN PRODUKTION (DM)
    GEHAF   - GEHALT VERWALTUNG (DM/WOCHE)
    FEGEH   - GEHALT FORSCHUNG U. ENTWICKLUNG (DM)
    PROFIX  - FIXTEIL PROD.GEMEINKOSTEN ARBEITER (DM/
                (WOCHE*MANN))
    ARANZ   - ANZAHL ARBEITER IM PRODUKTIONSPROZESS
                (MANN)
MARUEH.K=STEP(MARUEK,0.1)                                    205, A
    MARUEH  - HILFSGR. F. RUECKWIRKENDE ZAHLUNGSVERPFL.
                (DM/WOCHE)
    STEP    - STEP-FUNKTION
    MARUEK  - RUECKWIRKENDE ZAHLUNGSVERPFL. (DM/WOCHE)
```

```
PAGE 30    FILE                    GESAMT-UNTERNEHMEN   -  LEVEL
MAREH.K=DEL3NO(EWERT.K,EZV)                             206, A
    MAREH  - HILFSGROESSE F. EWERT (DM/WOCHE)
    DEL3NO - EXP. VERZOEGERUNG 3. ORDNUNG
    EWERT  - EINKAUFSWERT (DM/WOCHE)
    EZV    - EIGENES ZAHLUNGSVERHALTEN (WOCHE)
MAREHH.K=DEL3NO(MARUEH.K,EZV)                           207, A
    MAREHH - HILFSGROESSE F. MARUEH (DM/WOCHE)
    DEL3NO - EXP. VERZOEGERUNG 3. ORDNUNG
    MARUEH - HILFSGR. F. RUECKWIRKENDE ZAHLUNGSVERPFL.
               (DM/WOCHE)
    EZV    - EIGENES ZAHLUNGSVERHALTEN (WOCHE)
MARE.K=MAREH.K+MARUEK-MAREHH.K                          208, A
    MARE   - MATERIALRECHNUNGEN (DM/WOCHE)
    MAREH  - HILFSGROESSE F. EWERT (DM/WOCHE)
    MARUEK - RUECKWIRKENDE ZAHLUNGSVERPFL. (DM/WOCHE)
    MAREHH - HILFSGROESSE F. MARUEH (DM/WOCHE)
SORE.K=SOAUF.K+FESOAU.K                                 209, A
    SORE   - SONSTIGE, ZU BEZAHL. RECHNUNGEN (DM/WOCHE)
    SOAUF  - UMSATZUNABH. SONSTIGE AUFWENDUNGEN (DM/
               WOCHE)
    FESOAU - SONST. AUFWEND. FORSCHUNG U. ENTWICKL. (DM/
               WOCHE)
SORED.K=DEL3NO(SORE.K,EZV)                              210, A
    SORED  - SONSTIGE RECHNUNGEN (DM/WOCHE)
    DEL3NO - EXP. VERZOEGERUNG 3. ORDNUNG
    SORE   - SONSTIGE, ZU BEZAHL. RECHNUNGEN (DM/WOCHE)
    EZV    - EIGENES ZAHLUNGSVERHALTEN (WOCHE)
AZINSU.K=MODINT(0.,TZINS.K,ZINS.K)                      211, A
    AZINSU - ZINSHOEHE (DM)
    MODINT - MODIFIZIERTES INTEGRAL (ANALOG ZU CSMP)
    TZINS  - ZINSTERMIN (WOCHE)
    ZINS   - GESAMTZINSAUFWENDUNGEN (DM/WOCHE)
ZINS.K=((ZIFUS1*LAVER.K)+(ZIFUS2*KUVER.K)+(ZIFUS1*   212, A
  LIVER.K))/JAHR
    ZINS   - GESAMTZINSAUFWENDUNGEN (DM/WOCHE)
    ZIFUS1 - ZINSFUSS LANGFRISTIG (DIMLOS)
    LAVER  - LANGFRISTIGE VERBINDLICHKEITEN (DM)
    ZIFUS2 - ZINSFUSS KURZFRISTIG (DIMLOS)
    KUVER  - KURZFRISTIGE VERBINDLICHKEITEN (DM)
    LIVER  - LIEFERANTENVERBINDLICHKEIT (DM)
    JAHR   - GESCHAEFTSJAHR (WOCHE)
TZINS.K=0.5+PULSE(-1.,(4.+DT),ZTE)                      213, A
    TZINS  - ZINSTERMIN (WOCHE)
    PULSE  - PULSE-FUNKTION
    DT     - INTEGRATIONSSCHRITTWEITE (WOCHE)
    ZTE    - ZINSTERMINE (WOCHE)
```

```
PAGE 31   FILE                        GESAMT-UNTERNEHMEN   - LEVEL
AZINS.K=PULSE(AZINSU.K,MO,MO)                          214, A
    AZINS  - AUSZAHLUNG ZINSEN (DM)
    PULSE  - PULSE-FUNKTION
    AZINSU - ZINSHOEHE (DM)
    MO     - MONAT (WOCHE)
   STEUERZAHLUNGEN

STEUR.K=STEUR.J+DT*(STEUG.J-BEZST.J)/DT                215, L
STEUR=STEUBE                                           215.1, N
    STEUR  - STEUERSCHULD (DM)
    DT     - INTEGRATIONSSCHRITTWEITE (WOCHE)
    STEUG  - GESAMTSTEUER (DM)
    BEZST  - BEZAHLTE STEUERN (DM)
    STEUBE - ANFANGSBESTAND STEUER (DM)
BEZST.K=PULSE((STEUR.K/4.),(JAHR/4.),(JAHR/4.))        216, A
    BEZST  - BEZAHLTE STEUERN (DM)
    PULSE  - PULSE-FUNKTION
    STEUR  - STEUERSCHULD (DM)
    JAHR   - GESCHAEFTSJAHR (WOCHE)
   ----------

AKTIVA.K=GRUGEB.K+ANIBA.K+MABAB.K+FIAN.K+ROHIB.K+      217, A
  FERER.K+FORD.K+ZAMIT.K+REAKT.K
    AKTIVA - BILANZSUMME AKTIV (DM)
    GRUGEB - GRUNDSTUECKE U. GEBAEUDE BILANZ (DM)
    ANIBA  - ANLAGEN IM BAU (DM)
    MABAB  - MASCH. ANLAGEN BETRIEBS- U.
                GESCH.AUSSTATTUNG (DM)
    FIAN   - FINANZANLAGEN (DM)
    ROHIB  - ROH-, HILFS- U. BETRIEBSSTOFFE (DM)
    FERER  - FERTIGERZEUGNISSE (DM)
    FORD   - FORDERUNGEN (DM)
    ZAMIT  - ZAHLUNGSMITTEL (DM)
    REAKT  - RECHNUNGSABGRENZUNGSPOSTEN AKTIV (DM)
  ***********************************************************
  *                      PASSIVA                            *
  ***********************************************************
   GRUNDKAPITAL

GRUKA.K=GRUKA.J+DT*(GRUZU.JK-(GAUFL.J/DT))             218, L
GRUKA=GRUKAN                                           218.1, N
    GRUKA  - GRUNDKAPITAL (DM)
    DT     - INTEGRATIONSSCHRITTWEITE (WOCHE)
    GRUZU  - GRUNDKAPITALZUFUEHRUNG (DM/WOCHE)
    GAUFL  - AUFLOESUNG GRUNDKAPITAL (DM)
    GRUKAN - ANFANGSWERT GRUNDKAPITAL (DM)
GRUZU.KL=GRUZUH.K                                      219, R
    GRUZU  - GRUNDKAPITALZUFUEHRUNG (DM/WOCHE)
    GRUZUH - GRUNDKAPITALZUFUEHRUNG HILFSGROESSE (DM/
                WOCHE)
```

```
PAGE 32   FILE                          GESAMT-UNTERNEHMEN   -  LEVEL
PGZUF.K=PGRUKA/JAHR                                          220, A
    PGZUF  - GEPLANTE GRUNDKAPITALZUFUEHRUNG (DM/WOCHE)
    PGRUKA - GEPLANTES GRUNDKAPITAL (DM)
    JAHR   - GESCHAEFTSJAHR (WOCHE)
GRUZUH.K=PGZUF.K                                             221, A
    GRUZUH - GRUNDKAPITALZUFUEHRUNG HILFSGROESSE (DM/
             WOCHE)
    PGZUF  - GEPLANTE GRUNDKAPITALZUFUEHRUNG (DM/WOCHE)
GAUFL.K=VERLUS.K                                             222, A
    GAUFL  - AUFLOESUNG GRUNDKAPITAL (DM)
    VERLUS - VERLUST (DM)
   RUECKLAGEN

RUELA.K=RUELA.J+DT*(RUERA.J-RUEAB.J)/DT                      223, L
RUELA=RUELAN                                                 223.1, N
    RUELA  - RUECKLAGEN (DM)
    DT     - INTEGRATIONSSCHRITTWEITE (WOCHE)
    RUERA  - RUECKLAGENBILDUNGSRATE (DM)
    RUEAB  - RUECKLAGENAUFLOESUNG (DM)
    RUELAN - ANFANGSWERT RUECKLAGEN (DM)
RUERA.K=RUEZU.K                                              224, A
    RUERA  - RUECKLAGENBILDUNGSRATE (DM)
    RUEZU  - RUECKLAGENZUWEISUNG (DM)
   RUECKSTELLUNGEN

RUEST.K=RUEST.J+DT*(ZURST.JK-ABRST.JK)                       225, L
RUEST=RUESTA                                                 225.1, N
    RUEST  - RUECKSTELLUNGEN (DM)
    DT     - INTEGRATIONSSCHRITTWEITE (WOCHE)
    ZURST  - ZUWEISUNG RUECKSTELLUNG (DM/WOCHE)
    ABRST  - AUFLOESUNG REUCKSTELLUNGEN (DM/WOCHE)
    RUESTA - ANFANGSWERT RUECKSTELLUNGEN (DM)
ZURST.KL=ZURSTH.K                                            226, R
    ZURST  - ZUWEISUNG RUECKSTELLUNG (DM/WOCHE)
    ZURSTH - ZUWEISUNG RUECKSTELLUNG HILFSGROESSE (DM/
             WOCHE)
ZURSTH.K=RANT*PLUMS                                          227, A
    ZURSTH - ZUWEISUNG RUECKSTELLUNG HILFSGROESSE (DM/
             WOCHE)
    RANT   - RUECKSTELLUNGSANTEILSFAKTOR (DIMLOS)
    PLUMS  - GEPLANTER UMSATZ (DM)
ABRST.KL=ABRSTH.K                                            228, R
    ABRST  - AUFLOESUNG REUCKSTELLUNGEN (DM/WOCHE)
    ABRSTH - AUFLOESUNG REUCKSTELLUNGEN HILFSGROESSE
             (DM/WOCHE)
```

```
PAGE 33    FILE                         GESAMT-UNTERNEHMEN  -  LEVEL
ABRSTH.K=RANT*PLUMS                                          229, A
    ABRSTH - AUFLOESUNG REUCKSTELLUNGEN HILFSGROESSE
               (DM/WOCHE)
    RANT   - RUECKSTELLUNGSANTEILSFAKTOR (DIMLOS)
    PLUMS  - GEPLANTER UMSATZ (DM)
   WERTBERICHTIGUNGEN

WEBE.K=WEBE.J+DT*(WEBEZ.JK-WEBAB.JK)                         230, L
WEBE=WEBAN                                                   230.1, N
    WEBE   - WERTBERICHTIGUNG (DM)
    DT     - INTEGRATIONSSCHRITTWEITE (WOCHE)
    WEBEZ  - ZUFLUSS WERTBERICHTIGUNG (DM/WOCHE)
    WEBAB  - AUFLOESUNG WERTBERICHTIGUNG (DM/WOCHE)
    WEBAN  - ANFANGSWERT WERTBERICHTIGUNG (DM)
WEBEZ.KL=WEBEF.K                                             231, R
    WEBEZ  - ZUFLUSS WERTBERICHTIGUNG (DM/WOCHE)
    WEBEF  - WERTBERICHT.RATE AUF FORDERUNGEN (DM/WOCHE)
WEBAB.KL=NIBEZ.K                                             232, R
    WEBAB  - AUFLOESUNG WERTBERICHTIGUNG (DM/WOCHE)
    NIBEZ  - NICHT BEZAHLTE RECHNUNGEN (DM/WOCHE)
DWEBE.K=SMOON0(WEBE.K,AT)                                    233, A
    DWEBE  - DURCHSCHNITT WERTBERICHTIGUNG (DM)
    SMOON0 - EXP. GLAETTUNG 1. ORDNUNG
    WEBE   - WERTBERICHTIGUNG (DM)
    AT     - ABSCHREIBUNGSZEIT (WOCHE)
   LANGFRISTIGE  VERBINDLICHKEITEN

LAVER.K=LAVER.J+DT*(LANGDA.JK-LANRUE.JK)                     234, L
LAVER=LAVAN                                                  234.1, N
    LAVER  - LANGFRISTIGE VERBINDLICHKEITEN (DM)
    DT     - INTEGRATIONSSCHRITTWEITE (WOCHE)
    LANGDA - DARLEHENSAUFNAHME LANGFRISTIG (DM/WOCHE)
    LANRUE - RUECKZAHLUNG LANGFR. DARLEHEN (DM/WOCHE)
    LAVAN  - ANFANGSBESTAND LANGFR. VERBINDLICHKEITEN
               (DM)
LANGDA.KL=LANGDH.K                                           235, R
    LANGDA - DARLEHENSAUFNAHME LANGFRISTIG (DM/WOCHE)
    LANGDH - DARLEHENSAUFNAHME LANGFRISTIG HILFSGROESSE
               (DM/WOCHE)
LANRUE.KL=LANRUH.K                                           236, R
    LANRUE - RUECKZAHLUNG LANGFR. DARLEHEN (DM/WOCHE)
    LANRUH - RUECKZAHLUNG LANGFR. DARLEHEN HILFSGROESSE
               (DM/WOCHE)
```

```
PAGE 34    FILE                         GESAMT-UNTERNEHMEN   -  LEVEL
LANGDH.K=PLANGD.K*(1.+ERE60.K)+(1.-ANTE)*(BAURAH.K-  237, A
  PBAURA.K)
     LANGDH - DARLEHENSAUFNAHME LANGFRISTIG HILFSGROESSE
                 (DM/WOCHE)
     PLANGD - DURCHSCH. GEPL. LANGFR. VERBINDL. (DM/
                 WOCHE)
     ERE60  - ENTSCHEIDUNGSREGEL KAPITALBESCHAFFUNG
                 (DIMLOS)
     ANTE   - KAPITALBEDARFSANTEIL F. BAUVORHABEN
                 (DIMLOS)
     BAURAH - BAURATE HILFSGROESSE (DM/WOCHE)
     PBAURA - GEPLANTE BAURATE (DM/WOCHE)
PLANGE.K=(PLAVER-LAVER.K)/JAHR                       238, A
     PLANGE - GEPLANTE LANGFR. GELDAUFNAHME (DM/WOCHE)
     PLAVER - GEPLANTE LANGFR. VERBINDL. PRO JAHR (DM)
     LAVER  - LANGFRISTIGE VERBINDLICHKEITEN (DM)
     JAHR   - GESCHAEFTSJAHR (WOCHE)
PLANGD.K=FCNSW(PLANGE.K,0.,0.,PLANGE.K)              239, A
     PLANGD - DURCHSCH. GEPL. LANGFR. VERBINDL. (DM/
                 WOCHE)
     FCNSW  - ARITHMETISCHER SWITCH F. X<0,X=0,X>0
     PLANGE - GEPLANTE LANGFR. GELDAUFNAHME (DM/WOCHE)
ERE60.K=(PLRIS-EFRIS.K)/PLRIS                        240, A
     ERE60  - ENTSCHEIDUNGSREGEL KAPITALBESCHAFFUNG
                 (DIMLOS)
     PLRIS  - GEPLANTES RISIKO (DIMLOS)
     EFRIS  - EFFEKTIVES RISIKO (DIMLOS)
EFRIS.K=EKAP.K/FKAP.K                                241, A
     EFRIS  - EFFEKTIVES RISIKO (DIMLOS)
     EKAP   - EIGENKAPITAL (DM)
     FKAP   - FREMDKAPITAL (DM)
EKAP.K=GRUKA.K+RUELA.K                               242, A
     EKAP   - EIGENKAPITAL (DM)
     GRUKA  - GRUNDKAPITAL (DM)
     RUELA  - RUECKLAGEN (DM)
FKAP.K=WEBE.K+RUEST.K+LAVER.K+KUVER.K+LIVER.K        243, A
     FKAP   - FREMDKAPITAL (DM)
     WEBE   - WERTBERICHTIGUNG (DM)
     RUEST  - RUECKSTELLUNGEN (DM)
     LAVER  - LANGFRISTIGE VERBINDLICHKEITEN (DM)
     KUVER  - KURZFRISTIGE VERBINDLICHKEITEN (DM)
     LIVER  - LIEFERANTENVERBINDLICHKEIT (DM)
LANRUH.K=PLRUE.K*(1.+ERE70.K)                        244, A
     LANRUH - RUECKZAHLUNG LANGFR. DARLEHEN HILFSGROESSE
                 (DM/WOCHE)
     PLRUE  - GEPL. RUECKZAHLUNG LANGFR. VERBINDL. (DM/
                 WOCHE)
     ERE70  - ENTSCHEIDUNGSREGEL RUECKZAHLUNG LANGFR.
                 DARLEHEN (DIMLOS)
```

```
PAGE 35   FILE                    GESAMT-UNTERNEHMEN  -  LEVEL
ERE70.K=LIQFA*(LIQUI.K-PLIQUI)                        245, A
    ERE70  - ENTSCHEIDUNGSREGEL RUECKZAHLUNG LANGFR.
              DARLEHEN (DIMLOS)
    LIQFA  - LIQUIDITAETSFAKTOR (DIMLOS)
    LIQUI  - LIQUIDITAET (DIMLOS)
    PLIQUI - GEPLANTE LIQUIDITAET KURZFR. (DIMLOS)
LIQUI.K=ZAMIT.K/(KUVER.K+LIVER.K)                     246, A
    LIQUI  - LIQUIDITAET (DIMLOS)
    ZAMIT  - ZAHLUNGSMITTEL (DM)
    KUVER  - KURZFRISTIGE VERBINDLICHKEITEN (DM)
    LIVER  - LIEFERANTENVERBINDLICHKEIT (DM)
PLRUE.K=TILG*LAVER.K                                  247, A
    PLRUE  - GEPL. RUECKZAHLUNG LANGFR. VERBINDL. (DM/
              WOCHE)
    TILG   - TILGUNGSRATE F. LANGFR. DARLEHEN (1/WOCHE)
    LAVER  - LANGFRISTIGE VERBINDLICHKEITEN (DM)
   LIEFERANTENVERBINDLICHKEITEN

LIVER.K=LIVER.J+DT*(LIVZU.JK-LIVAB.JK)                248, L
LIVER=LIVRAN                                          248.1, N
    LIVER  - LIEFERANTENVERBINDLICHKEIT (DM)
    DT     - INTEGRATIONSSCHRITTWEITE (WOCHE)
    LIVZU  - ZUFLUSS LIEFERANTENVERBINDLICHKEIT (DM/
              WOCHE)
    LIVAB  - ABFLUSS LIEFERANTENVERBINDLICHKEITEN (DM/
              WOCHE)
    LIVRAN - ANFANGSWERT LIEFERANTENVERBINDLICHKEIT (DM)
LIVZU.KL=EWERT.K                                      249, R
    LIVZU  - ZUFLUSS LIEFERANTENVERBINDLICHKEIT (DM/
              WOCHE)
    EWERT  - EINKAUFSWERT (DM/WOCHE)
LIVAB.KL=MARE.K                                       250, R
    LIVAB  - ABFLUSS LIEFERANTENVERBINDLICHKEITEN (DM/
              WOCHE)
    MARE   - MATERIALRECHNUNGEN (DM/WOCHE)
   KURZFRISTIGE  VERBINDLICHKEITEN

KUVER.K=KUVER.J+DT*(KURDA.JK-KURUE.JK)                251, L
KUVER=KUVRAN                                          251.1, N
    KUVER  - KURZFRISTIGE VERBINDLICHKEITEN (DM)
    DT     - INTEGRATIONSSCHRITTWEITE (WOCHE)
    KURDA  - KURZFRISTIGE DARLEHENSRATE (DM/WOCHE)
    KURUE  - RUECKZAHLUNG KURZFR. DARLEHEN (DM/WOCHE)
    KUVRAN - ANFANGSWERT KURZFR. VERBINDLICHKEITEN (DM)
KURDA.KL=KURDAH.K                                     252, R
    KURDA  - KURZFRISTIGE DARLEHENSRATE (DM/WOCHE)
    KURDAH - KURZFRISTIGE DARLEHENSRATE HILFSGROESSE
              (DM/WOCHE)
```

```
PAGE 36    FILE                    GESAMT-UNTERNEHMEN   -  LEVEL
KURUE.KL=KURUEH.K                                          253, R
    KURUE  - RUECKZAHLUNG KURZFR. DARLEHEN (DM/WOCHE)
    KURUEH - RUECKZAHLUNG KURZFR. DARLEHEN HILFSGROESSE
               (DM/WOCHE)
KURDAH.K=DEL3N0(ERE80.K,EZZ)                               254, A
    KURDAH - KURZFRISTIGE DARLEHENSRATE HILFSGROESSE
               (DM/WOCHE)
    DEL3N0 - EXP. VERZOEGERUNG 3. ORDNUNG
    ERE80  - ENTSCHEIDUNGSREGEL RUECKZAHLUNG KURZFR.
               DARLEHEN (DM/WOCHE)
    EZZ    - ZAHLUNGSEINGANGSZEIT BANK (WOCHE)
ERE80.K=FCNSW(ZAUEB.K,DARLH.K,0.,0.)                       255, A
    ERE80  - ENTSCHEIDUNGSREGEL RUECKZAHLUNG KURZFR.
               DARLEHEN (DM/WOCHE)
    FCNSW  - ARITHMETISCHER SWITCH F. X<0,X=0,X>0
    ZAUEB  - ZAHLUNGSMITTEL UEBERSCHUSS KURZFR.(DM/WOCHE)
    DARLH  - HOEHE DARLEHENAUFNAHME (DM/WOCHE)
ZAUEB.K=(ZAMIT.K-ZAMIN)/WOCHE                              256, A
    ZAUEB  - ZAHLUNGSMITTEL UEBERSCHUSS KURZFR.(DM/WOCHE)
    ZAMIT  - ZAHLUNGSMITTEL (DM)
    ZAMIN  - ZAHLUNGSMINDESTBESTAND (DM)
DARLH.K=-ZAUEB.K                                           257, A
    DARLH  - HOEHE DARLEHENAUFNAHME (DM/WOCHE)
    ZAUEB  - ZAHLUNGSMITTEL UEBERSCHUSS KURZFR. (DM)
DLIQU2.K=LIQUI2.K-PLIQU2                                   258, A
    DLIQU2 - DURCHSCH. LANGFRIST. LIQUIDITAET (DIMLOS)
    LIQUI2 - LIQUIDITAET OHNE LIEFERANTENVERB. (DIMLOS)
    PLIQU2 - GEPLANTE LIQUIDITAET LANGFR. (DIMLOS)
LIQUI2.K=ZAMIT.K/KUVER.K                                   259, A
    LIQUI2 - LIQUIDITAET OHNE LIEFERANTENVERB. (DIMLOS)
    ZAMIT  - ZAHLUNGSMITTEL (DM)
    KUVER  - KURZFRISTIGE VERBINDLICHKEITEN (DM)
KURUEH.K=DEL3N0(KURDAH.K,LZKD)                             260, A
    KURUEH - RUECKZAHLUNG KURZFR. DARLEHEN HILFSGROESSE
               (DM/WOCHE)
    DEL3N0 - EXP. VERZOEGERUNG 3. ORDNUNG
    KURDAH - KURZFRISTIGE DARLEHENSRATE HILFSGROESSE
               (DM/WOCHE)
    LZKD   - LAUFZEIT LANGFRISTIGER KREDITE (WOCHE)
  RECHNUNGSABGRENZUNGSPOSTEN

RAPERS.K=PERSU.K-(LOSU.K+GEHSU.K)/DT                       261, A
    RAPERS - RECHNUNGSABGRENZUNG PERSONALUNKOSTEN (DM/
               WOCHE)
    PERSU  - PERSONAL - KOSTENRATE (DM/WOCHE)
    LOSU   - LOHNSUMME (DM)
    GEHSU  - GEHALTSSUMME (DM)
    DT     - INTEGRATIONSSCHRITTWEITE (WOCHE)
```

```
PAGE 37   FILE                        GESAMT-UNTERNEHMEN   -  LEVEL
RAZINS.K=ZINAR.K-AZINS.K/DT                               262, A
    RAZINS - RECHNUNGSABGRENZUNG ZINSEN (DM/WOCHE)
    ZINAR  - ZINSAUFWENDUNGSRATE (DM/WOCHE)
    AZINS  - AUSZAHLUNG ZINSEN (DM)
    DT     - INTEGRATIONSSCHRITTWEITE (WOCHE)
RASOR.K=SONAR.K-SORED.K                                   263, A
    RASOR  - RECHNUNGSABGRENZUNG SONST. AUFWENDUNGEN
               (DM/WOCHE)
    SONAR  - SONSTIGE AUFWENDUNSRATE (DM/WOCHE)
    SORED  - SONSTIGE RECHNUNGEN (DM/WOCHE)
TLRAPO.K=TLRAPO.J+DT*(REAZU.JK)                           264, L
TLRAPO=REAN                                               264.1, N
    TLRAPO - ANTEIL RECHNUNGSABGRENZUNGSPOSTEN (DM)
    DT     - INTEGRATIONSSCHRITTWEITE (WOCHE)
    REAZU  - RECHNUNGSABGRENZUNG ZUFUEHRUNGSRATE (DM/
               WOCHE)
    REAN   - RECHNUNGSABGRENZUNGSPOSTEN ANFANGSBESTAND
               (DM)
REAZU.KL=RASOR.K+RAPERS.K+RAZINS.K+(GEAUS.K-              265, R
  VGEAUS.K)/DT
    REAZU  - RECHNUNGSABGRENZUNG ZUFUEHRUNGSRATE (DM/
               WOCHE)
    RASOR  - RECHNUNGSABGRENZUNG SONST. AUFWENDUNGEN
               (DM/WOCHE)
    RAPERS - RECHNUNGSABGRENZUNG PERSONALUNKOSTEN (DM/
               WOCHE)
    RAZINS - RECHNUNGSABGRENZUNG ZINSEN (DM/WOCHE)
    GEAUS  - AUSGESCHUETTETER GEWINN (DM)
    VGEAUS - VERZOEGERTE GEWINNAUSSCHUETTUNG (DM)
    DT     - INTEGRATIONSSCHRITTWEITE (WOCHE)
RAPOST.K=TLRAPO.K+AUSGL.K+STEUR.K                         266, A
    RAPOST - RECHNUNGSABGRENZUNGSPOSTEN (DM)
    TLRAPO - ANTEIL RECHNUNGSABGRENZUNGSPOSTEN (DM)
    AUSGL  - SOFTWARETECH. AUSGLEICH F. MODINT
    STEUR  - STEUERSCHULD (DM)
REAKT.K=FCNSW(RAPOST.K,RAPOST.K,0.,0.)                    267, A
    REAKT  - RECHNUNGSABGRENZUNGSPOSTEN AKTIV (DM)
    FCNSW  - ARITHMETISCHER SWITCH F. X<0,X=0,X>0
    RAPOST - RECHNUNGSABGRENZUNGSPOSTEN (DM)
REPASS.K=FCNSW(RAPOST.K,0.,0.,RAPOST.K)                   268, A
    REPASS - RECHNUNGSABGRENZUNGSPOSTEN PASSIV (DM)
    FCNSW  - ARITHMETISCHER SWITCH F. X<0,X=0,X>0
    RAPOST - RECHNUNGSABGRENZUNGSPOSTEN (DM)
```

```
PASSIV.K=GRUKA.K+RUELA.K+RUEST.K+WEBE.K+LAVER.K+      269, A
  LIVER.K+KUVER.K+REPASS.K+BIGEW.K
    PASSIV - BILANZSUMME PASSIV (DM)
    GRUKA  - GRUNDKAPITAL (DM)
    RUELA  - RUECKLAGEN (DM)
    RUEST  - RUECKSTELLUNGEN (DM)
    WEBE   - WERTBERICHTIGUNG (DM)
    LAVER  - LANGFRISTIGE VERBINDLICHKEITEN (DM)
    LIVER  - LIEFERANTENVERBINDLICHKEIT (DM)
    KUVER  - KURZFRISTIGE VERBINDLICHKEITEN (DM)
    REPASS - RECHNUNGSABGRENZUNGSPOSTEN PASSIV (DM)
    BIGEW  - BILANZGEWINN (DM)
  **************************************************************
  *           GEWINN-  UND  VERLUSTRECHNUNG                    *
  **************************************************************
   UMSATZ

ABZEIT.K=0.5+PULSE(-1.,(JAHR+DT),JAHR)                  270, A
    ABZEIT - HILFSGROESSE F. MODINT-ERGEBNISSE (DIMLOS)
    PULSE  - PULSE-FUNKTION
    JAHR   - GESCHAEFTSJAHR (WOCHE)
    DT     - INTEGRATIONSSCHRITTWEITE (WOCHE)
UMERL.K=MODINT(0.,ABZEIT.K,UMZU.K)                      271, A
    UMERL  - UMSATZERLOESE (DM)
    MODINT - MODIFIZIERTES INTEGRAL (ANALOG ZU CSMP)
    ABZEIT - HILFSGROESSE F. MODINT-ERGEBNISSE (DIMLOS)
    UMZU   - UMSATZZUFUEHRUNGSRATE (DM/WOCHE)
UMZU.K=RECRAH.K                                         272, A
    UMZU   - UMSATZZUFUEHRUNGSRATE (DM/WOCHE)
   BESTANDSVERAENDERUNGEN  VORRAETE

BESVE.K=MODINT(0.,ABZEIT.K,BEVER.K)                     273, A
    BESVE  - BESTANDSVERAENDERUNGEN VORRAETE (DM)
    MODINT - MODIFIZIERTES INTEGRAL (ANALOG ZU CSMP)
    ABZEIT - HILFSGROESSE F. MODINT-ERGEBNISSE (DIMLOS)
    BEVER  - BESTANDSVERAENDERUNGSRATE (DM/WOCHE)
BEVER.K=(PERH.K-VRH.K)*EPB                              274, A
    BEVER  - BESTANDSVERAENDERUNGSRATE (DM/WOCHE)
    PERH   - PRODUKTIONSERGEBNISRATE HILFSGROESSE
               (STUECK/WOCHE)
    VRH    - VERSANDRATE HILFSGROESSE (STUECK/WOCHE)
    EPB    - EINZELPREIS FERTIGLAGER INTERNE BEWERTUNG
               (DM/STUECK)
```

```
PAGE 39   FILE                    GESAMT-UNTERNEHMEN  -  LEVEL
   ERTRAEGE  AUS  FINANZANLAGEN

ERFIN.K=MODINT(0.,ABZEIT.K,ERTFI.K)                      275, A
    ERFIN  - ERTRAEGE FINANZANLAGEN (DM)
    MODINT - MODIFIZIERTES INTEGRAL (ANALOG ZU CSMP)
    ABZEIT - HILFSGROESSE F. MODINT-ERGEBNISSE (DIMLOS)
    ERTFI  - ERTRAGSRATE FINANZANLAGEN (DM/WOCHE)
ERTFI.K=(BAZIS*FIAN.K)/JAHR                              276, A
    ERTFI  - ERTRAGSRATE FINANZANLAGEN (DM/WOCHE)
    BAZIS  - ZINSEN AUS FINANZANLAGEN (DIMLOS)
    FIAN   - FINANZANLAGEN (DM)
    JAHR   - GESCHAEFTSJAHR (WOCHE)
   ERTRAEGE  AUS  RUECKSTELLUNGEN

ERRUE.K=MODINT(0.,ABZEIT.K,ERRUER.K)                     277, A
    ERRUE  - ERTRAEGE AUS RUECKSTELLUNGEN (DM)
    MODINT - MODIFIZIERTES INTEGRAL (ANALOG ZU CSMP)
    ABZEIT - HILFSGROESSE F. MODINT-ERGEBNISSE (DIMLOS)
    ERRUER - RUECKSTELLUNGSERTRAGSRATE (DM/WOCHE)
ERRUER.K=BAZIS*RUEST.K                                   278, A
    ERRUER - RUECKSTELLUNGSERTRAGSRATE (DM/WOCHE)
    BAZIS  - ZINSEN AUS FINANZANLAGEN (DIMLOS)
    RUEST  - RUECKSTELLUNGEN (DM)
   SONSTIGE  ERTRAEGE

ERSON.K=MODINT(0.,ABZEIT.K,EREIN.K)                      279, A
    ERSON  - SONSTIGE ERTRAEGE (DM)
    MODINT - MODIFIZIERTES INTEGRAL (ANALOG ZU CSMP)
    ABZEIT - HILFSGROESSE F. MODINT-ERGEBNISSE (DIMLOS)
    EREIN  - ERTRAGSRATE SONSTIGE ERTRAEGE (DM/WOCHE)
EREIN.K=SOFA*UMZU.K                                      280, A
    EREIN  - ERTRAGSRATE SONSTIGE ERTRAEGE (DM/WOCHE)
    SOFA   - UMSATZANTEIL AN SONST. ERTRAEGEN (DIMLOS)
    UMZU   - UMSATZZUFUEHRUNGSRATE (DM/WOCHE)
   VERAENDERUNGEN  RUECKSTELLUNGEN

VERUE.K=MODINT(0.,ABZEIT.K,VERUZ.K)                      281, A
    VERUE  - VERAENDERUNGEN RUECKLAGEN (DM)
    MODINT - MODIFIZIERTES INTEGRAL (ANALOG ZU CSMP)
    ABZEIT - HILFSGROESSE F. MODINT-ERGEBNISSE (DIMLOS)
    VERUZ  - VERAENDERUNGSRATE (DM/WOCHE)
VERUZ.K=ZURSTH.K-ABRSTH.K                                282, A
    VERUZ  - VERAENDERUNGSRATE (DM/WOCHE)
    ZURSTH - ZUWEISUNG RUECKSTELLUNG HILFSGROESSE (DM/
               WOCHE)
    ABRSTH - AUFLOESUNG REUCKSTELLUNGEN HILFSGROESSE
               (DM/WOCHE)
```

```
PAGE 40   FILE                    GESAMT-UNTERNEHMEN  -  LEVEL
   MATERIALAUFWAND

MAAUF.K=MODINT(0.,ABZEIT.K,MAAUFZ.K)                      283, A
     MAAUF  - MATERIALAUFWENDUNG (DM)
     MODINT - MODIFIZIERTES INTEGRAL (ANALOG ZU CSMP)
     ABZEIT - HILFSGROESSE F. MODINT-ERGEBNISSE (DIMLOS)
     MAAUFZ - ZUFUHR MATERIALAUFWENDUNGEN (DM/WOCHE)
MAAUFZ.K=PR.K*FMKOS.K                                     284, A
     MAAUFZ - ZUFUHR MATERIALAUFWENDUNGEN (DM/WOCHE)
     PR     - PRODUKTIONSRATE (STUECK/WOCHE)
     FMKOS  - FERTIGUNGSMATERIALWERT REAL (DM/STUECK)
   PERSONALAUFWAND

PERSA.K=MODINT(0.,ABZEIT.K,PERSU.K)                       285, A
     PERSA  - PERSONALGESAMTAUFWENDUNGEN (DM)
     MODINT - MODIFIZIERTES INTEGRAL (ANALOG ZU CSMP)
     ABZEIT - HILFSGROESSE F. MODINT-ERGEBNISSE (DIMLOS)
     PERSU  - PERSONALUNKOSTENRATE (DM/WOCHE)
PERSU.K=FLH.K+EGEH.K                                      286, A
     PERSU  - PERSONAL -KOSTENRATE (DM/WOCHE)
     FLH    - HILFSRATE GESAMTFERTIGUNGSLOHN (DM/WOCHE)
     EGEH   - EINZELGEHAELTER (DM/WOCHE)
   ABSCHREIBUNGEN

GESAB.K=MODINT(0.,ABZEIT.K,GESAS.K)                       287, A
     GESAB  - GESAMTABSCHREIBUNGEN (DM)
     MODINT - MODIFIZIERTES INTEGRAL (ANALOG ZU CSMP)
     ABZEIT - HILFSGROESSE F. MODINT-ERGEBNISSE (DIMLOS)
     GESAS  - GESAMTABSCHREIBUNGSRATE (DM/WOCHE)
GESAS.K=BAUABH.K+MAABH.K+WEBEF.K                          288, A
     GESAS  - GESAMTABSCHREIBUNGSRATE (DM/WOCHE)
     BAUABH - BAUABSCHREIBUNGEN HILFSGROESSE (DM/WOCHE)
     MAABH  - ABSCHR.QUOTE MASCH. ANLAGEN BETR. U. GESCH.
                 H.GROESSE (DM/WOCHE)
     WEBEF  - WERTBERICHT.RATE AUF FORDERUNGEN (DM/WOCHE)
   ZINS-  UND  AEHNLICHE  AUFWENDUNGEN

ZINAU.K=MODINT(0.,ABZEIT.K,ZINAR.K)                       289, A
     ZINAU  - ZINSAUFWENDUNGEN (DM)
     MODINT - MODIFIZIERTES INTEGRAL (ANALOG ZU CSMP)
     ABZEIT - HILFSGROESSE F. MODINT-ERGEBNISSE (DIMLOS)
     ZINAR  - ZINSAUFWENDUNGSRATE (DM/WOCHE)
ZINAR.K=ZINS.K                                            290, A
     ZINAR  - ZINSAUFWENDUNGSRATE (DM/WOCHE)
     ZINS   - GESAMTZINSAUFWENDUNGEN (DM/WOCHE)
```

```
PAGE 41   FILE                  GESAMT-UNTERNEHMEN  -  LEVEL
   SONSTIGE  AUFWENDUNGEN

SONST.K=MODINT(0.,ABZEIT.K,SONAR.K)                      291, A
     SONST  - SONSTIGE AUFWENDUNGEN (DM)
     MODINT - MODIFIZIERTES INTEGRAL (ANALOG ZU CSMP)
     ABZEIT - HILFSGROESSE F. MODINT-ERGEBNISSE (DIMLOS)
     SONAR  - SONSTIGE AUFWENDUNSRATE (DM/WOCHE)
SONAR.K=SOAUF.K+FESOAU.K+SOAUFV.K                        292, A
     SONAR  - SONSTIGE AUFWENDUNSRATE (DM/WOCHE)
     SOAUF  - UMSATZUNABH. SONSTIGE AUFWENDUNGEN (DM/
                WOCHE)
     FESOAU - SONST. AUFWEND. FORSCHUNG U. ENTWICKL. (DM/
                WOCHE)
     SOAUFV - UMSATZABH. SONSTIGE AUFWENDUNGEN (DM/WOCHE)
   STEUERN  VOM  EINKOMMEN

STEUB.K=MODINT(0.,ABZEIT.K,STEUG.K)                      293, A
     STEUB  - STEUER VOM EINKOMMEN (DM)
     MODINT - MODIFIZIERTES INTEGRAL (ANALOG ZU CSMP)
     ABZEIT - HILFSGROESSE F. MODINT-ERGEBNISSE (DIMLOS)
     STEUG  - GESAMTSTEUER (DM)
STEUG.K=STSA1*AUGEW.K+STSA2*RUEZU.K                      294, A
     STEUG  - GESAMTSTEUER (DM/WOCHE)
     STSA1  - STEUERSATZ 1 (DIMLOS)
     AUGEW  - AUSGESCHUTTETER GEWINN (DM)
     STSA2  - STEUERSATZ 2 (DIMLOS)
     RUEZU  - RUECKLAGENZUWEISUNG (DM)
   BRUTTOERGEBNIS

UEBSCH.K=UMERL.K+BESVE.K+ERFIN.K+ERRUE.K+ERSON.K+        295, A
  VERUE.K-MAAUF.K-PERSA.K-GESAB.K-ZINAU.K-SONST.K
     UEBSCH - JAHRESUEBERSCHUSS (DM)
     UMERL  - UMSATZERLOESE (DM)
     BESVE  - BESTANDSVERAENDERUNGEN VORRAETE (DM)
     ERFIN  - ERTRAEGE FINANZANLAGEN (DM)
     ERRUE  - ERTRAEGE AUS RUECKSTELLUNGEN (DM)
     ERSON  - SONSTIGE ERTRAEGE (DM)
     VERUE  - VERAENDERUNGEN RUECKLAGEN (DM)
     MAAUF  - MATERIALAUFWENDUNG (DM)
     PERSA  - PERSONALGESAMTAUFWENDUNGEN (DM)
     GESAB  - GESAMTABSCHREIBUNGEN (DM)
     ZINAU  - ZINSAUFWENDUNGEN (DM)
     SONST  - SONSTIGE AUFWENDUNGEN (DM)
   JAHRESERGEBNIS

JERG.K=UEBSCH.K-STEUB.K                                  296, A
     JERG   - JAHRESERGEBNIS (DM)
     UEBSCH - JAHRESUEBERSCHUSS (DM)
     STEUB  - STEUER VOM EINKOMMEN (DM)
```

```
PAGE 42    FILE                    GESAMT-UNTERNEHMEN   -  LEVEL
   VERAENDERUNGEN  RUECKLAGEN

VERUEK.K=MODINT(0.,ABZEIT.K,VERUEL.K/DT)                 297, A
    VERUEK - VERAENDERUNGEN RUECKLAGEN (DM)
    MODINT - MODIFIZIERTES INTEGRAL (ANALOG ZU CSMP)
    ABZEIT - HILFSGROESSE F. MODINT-ERGEBNISSE (DIMLOS)
    VERUEL - VERAENDERUNGSRATE RUECKLAGEN (DM)
VERUEL.K=RUEZU.K-RUEAB.K                                 298, A
    VERUEL - VERAENDERUNGSRATE RUECKLAGEN (DM)
    RUEZU  - RUECKLAGENZUWEISUNG (DM)
    RUEAB  - RUECKLAGENAUFLOESUNG (DM)
   BILANZGEWINN

BIGEW.K=MODINT(0.,ABZEIT.K,BILZU.K)                      299, A
    BIGEW  - BILANZGEWINN (DM)
    MODINT - MODIFIZIERTES INTEGRAL (ANALOG ZU CSMP)
    ABZEIT - HILFSGROESSE F. MODINT-ERGEBNISSE (DIMLOS)
    BILZU  - BILANZGEWINN-/-UEBERSCHUSSZUFUEHRUNG (DM/
               WOCHE)
GSTEIG.K=PLAUGE/(PLAUGE*(1.+STSA1)+RUEANT.K)             300, A
    GSTEIG - HILFSGROESSE ZUR RUECKLAGENBERECHNUNG
               (DIMLOS)
    PLAUGE - PLAN AUSGESCHUETTETER GEWINN (DM)
    STSA1  - STEUERSATZ 1 (DIMLOS)
    RUEANT - ANTEIL RUECKLAGEN (DM)
RUEANT.K=RUELA.K*RUEAUF                                  301, A
    RUEANT - ANTEIL RUECKLAGEN (DM)
    RUELA  - RUECKLAGEN (DM)
    RUEAUF - RUECKLAGENAUFLOESUNGSREGEL (DIMLOS)
   GEWINNAUSSCHUETTUNG

GEAUS.K=GEAUS.J+DT*(AUGEW.J-ABGEAU.J)/DT                 302, L
GEAUS=0.                                                 302.1, N
    GEAUS  - AUSGESCHUETTETER GEWINN (DM)
    DT     - INTEGRATIONSSCHRITTWEITE (WOCHE)
    AUGEW  - AUSGESCHUTTETER GEWINN (DM)
    ABGEAU - ABGANGSRATE GEWINNAUSSCHUETTUNG (DM)
ABGEAU.K=FIFZE(GEAUS.K,0.,WOCHE.K)                       303, A
    ABGEAU - ABGANGSRATE GEWINNAUSSCHUETTUNG (DM)
    FIFZE  - LIMITIERUNGSFUNKTION
    GEAUS  - AUSGESCHUETTETER GEWINN (DM)
    WOCHE  - WOCHE DES GESCHAEFTSJAHRES (WOCHE)
   VERLUSTRECHNUNG

VERLUS.K=VERLUS.J+DT*(BILVER.J-ABVERL.J)/DT              304, L
VERLUS=0.                                                304.1, N
    VERLUS - VERLUST (DM)
    DT     - INTEGRATIONSSCHRITTWEITE (WOCHE)
    BILVER - BILANZVERLUST (DM)
    ABVERL - ABGANGSRATE VERLUST (DM)
```

```
PAGE 43   FILE                    GESAMT-UNTERNEHMEN    -  LEVEL
ABVERL.K=FIFZE(VERLUS.K,0.,WOCHE.K)                     305, A
    ABVERL - ABGANGSRATE VERLUST (DM)
    FIFZE  - LIMITIERUNGSFUNKTION
    VERLUS - VERLUST (DM)
    WOCHE  - WOCHE DES GESCHAEFTSJAHRES (WOCHE)
   SIMULATIONSTECHNISCHE  AUSGLEICHSRATE

AUSGL.K=AUSGL.J+DT*(AUSGLR.JK)                          306, L
AUSGL=0.                                                306.1, N
    AUSGL  - SOFTWARETECH. AUSGLEICH F. MODINT
    DT     - INTEGRATIONSSCHRITTWEITE (WOCHE)
    AUSGLR - AUSGLEICHSRATE F. AUSGL
AUSGLR.KL=ERAUSG(WOCHE.K,(BILZU.K+((BIGEW.K-            307, R
  GEAUS.K)/DT)),BILZU.K)
    AUSGLR - AUSGLEICHSRATE F. AUSGL
    ERAUSG - BERECHNUNGSFUNKTION F. AUSGLR - DISKRET
    WOCHE  - WOCHE DES GESCHAEFTSJAHRES (WOCHE)
    BILZU  - BILANZGEWINN-/-UEBERSCHUSSZUFUEHRUNG (DM/
             WOCHE)
    BIGEW  - BILANZGEWINN (DM)
    GEAUS  - AUSGESCHUETTETER GEWINN (DM)
    DT     - INTEGRATIONSSCHRITTWEITE (WOCHE)
BILZU.K=UMZU.K+BEVER.K+ERTFI.K+ERRUER.K+EREIN.K+        308, A
  VERUZ.K-MAAUFZ.K-PERSU.K-GESAS.K-ZINAR.K-SONAR.K-
  (STEUG.K/DT)-(VERUEL.K/DT)
    BILZU  - BILANZGEWINN-/-UEBERSCHUSSZUFUEHRUNG (DM/
             WOCHE)
    UMZU   - UMSATZZUFUEHRUNGSRATE (DM/WOCHE)
    BEVER  - BESTANDSVERAENDERUNGSRATE (DM/WOCHE)
    ERTFI  - ERTRAGSRATE FINANZANLAGEN (DM/WOCHE)
    ERRUER - RUECKSTELLUNGSERTRAGSRATE (DM/WOCHE)
    EREIN  - ERTRAGSRATE SONSTIGE ERTRAEGE (DM/WOCHE)
    VERUZ  - VERAENDERUNGSRATE (DM/WOCHE)
    MAAUFZ - ZUFUHR MATERIALAUFWENDUNGEN (DM/WOCHE)
    PERSU  - PERSONALUNKOSTENRATE (DM/WOCHE)
    GESAS  - GESAMTABSCHREIBUNGSRATE (DM/WOCHE)
    ZINAR  - ZINSAUFWENDUNGSRATE (DM/WOCHE)
    SONAR  - SONSTIGE AUFWENDUNSRATE (DM/WOCHE)
    STEUG  - GESAMTSTEUER (DM)
    DT     - INTEGRATIONSSCHRITTWEITE (WOCHE)
    VERUEL - VERAENDERUNGSRATE RUECKLAGEN (DM)
   FALLUNTERSCHEIDUNG:  GEWINNAUSSCHUETTUNGSREGELN

PGEWST=PLAUGE*(1.+STSA1)                                308.8, N
    PGEWST - GEPL. GEWINN U. STEUERANTEIL (DM)
    PLAUGE - PLAN AUSGESCHUETTETER GEWINN (DM)
    STSA1  - STEUERSATZ 1 (DIMLOS)
```

```
PAGE 44    FILE                      GESAMT-UNTERNEHMEN   -  LEVEL
BEZEQ0.K=WOCHE.K-(JAHR-DT)                                309, A
    BEZEQ0 - BEZUGSGROESSE ZUR BERECHNUNG DER
                GEW.AUSSCHUETTUNG (WOCHE)
    WOCHE  - WOCHE DES GESCHAEFTSJAHRES (WOCHE)
    JAHR   - GESCHAEFTSJAHR (WOCHE)
    DT     - INTEGRATIONSSCHRITTWEITE (WOCHE)
AUGEW.K=EREGEW(PLAUGE,(GSTEIG.K*(UEBSCH.K+                310, A
  RUEANT.K)),0.,UEBSCH.K,PGEWST,-RUEANT.K,BEZEQ0.K)
    AUGEW  - AUSGESCHUTTETER GEWINN (DM)
    EREGEW - BERECHNUNGSFUNKTION F. GEWINNAUSSCHUETTUNG
                - DISKRET
    PLAUGE - PLAN AUSGESCHUETTETER GEWINN (DM)
    GSTEIG - HILFSGROESSE ZUR RUECKLAGENBERECHNUNG
                (DIMLOS)
    UEBSCH - JAHRESUEBERSCHUSS (DM)
    RUEANT - ANTEIL RUECKLAGEN (DM)
    PGEWST - GEPL. GEWINN U. STEUERANTEIL (DM)
    BEZEQ0 - BEZUGSGROESSE ZUR BERECHNUNG DER
                GEW.AUSSCHUETTUNG (WOCHE)
BILVER.K=EREGEW(0.,0.,-(RUEANT.K+UEBSCH.K),               311, A
  UEBSCH.K,PGEWST,-RUEANT.K,BEZEQ0.K)
    BILVER - BILANZVERLUST (DM)
    EREGEW - BERECHNUNGSFUNKTION F. GEWINNAUSSCHUETTUNG
                - DISKRET
    RUEANT - ANTEIL RUECKLAGEN (DM)
    UEBSCH - JAHRESUEBERSCHUSS (DM)
    PGEWST - GEPL. GEWINN U. STEUERANTEIL (DM)
    BEZEQ0 - BEZUGSGROESSE ZUR BERECHNUNG DER
                GEW.AUSSCHUETTUNG (WOCHE)
RUEZU.K=EREGEW(((UEBSCH.K-PGEWST)/(1.+STSA2)),0.,         312, A
  0.,UEBSCH.K,PGEWST,-RUEANT.K,BEZEQ0.K)
    RUEZU  - RUECKLAGENZUWEISUNG (DM)
    EREGEW - BERECHNUNGSFUNKTION F. GEWINNAUSSCHUETTUNG
                - DISKRET
    UEBSCH - JAHRESUEBERSCHUSS (DM)
    PGEWST - GEPL. GEWINN U. STEUERANTEIL (DM)
    STSA2  - STEUERSATZ 2 (DIMLOS)
    RUEANT - ANTEIL RUECKLAGEN (DM)
    BEZEQ0 - BEZUGSGROESSE ZUR BERECHNUNG DER
                GEW.AUSSCHUETTUNG (WOCHE)
RUEAB.K=EREGEW(0.,(AUGEW.K*(1.+STSA1)-UEBSCH.K),          313, A
  RUEANT.K,UEBSCH.K,PGEWST,-RUEANT.K,BEZEQ0.K)
    RUEAB  - RUECKLAGENAUFLOESUNG (DM)
    EREGEW - BERECHNUNGSFUNKTION F. GEWINNAUSSCHUETTUNG
                - DISKRET
    AUGEW  - AUSGESCHUTTETER GEWINN (DM)
    STSA1  - STEUERSATZ 1 (DIMLOS)
    UEBSCH - JAHRESUEBERSCHUSS (DM)
    RUEANT - ANTEIL RUECKLAGEN (DM)
    PGEWST - GEPL. GEWINN U. STEUERANTEIL (DM)
    BEZEQ0 - BEZUGSGROESSE ZUR BERECHNUNG DER
                GEW.AUSSCHUETTUNG (WOCHE)
```

```
PAGE 45   FILE                      GESAMT-UNTERNEHMEN  -  LEVEL
   UNTERPROGRAMM-AUFRUF ZUR BILANZ-AUSGABE

DUMMY.K=BILANZ(WOCHE.K,PERIOD.K,GRUGEB.K,MABAB.K,    314, S
  ANIBA.K,FIAN.K,ROHIB.K,FERER.K,FORD.K,ZAMIT.K,
  REAKT.K,AKTIVA.K,GRUKA.K,RUELA.K,RUEST.K,WEBE.K,
  LAVER.K,LIVER.K,KUVER.K,REPASS.K,BIGEW.K,
  PASSIV.K,UMERL.K,BESVE.K,MAAUF.K,ERFIN.K,ERRUE.K,
  ERSON.K,PERSA.K,GESAB.K,ZINAU.K,SONST.K,UEBSCH.K,
  STEUB.K,JERG.K,VERUEK.K)
    DUMMY  - HILFSGROESSE ZUR BILANZAUSGABE (DIMLOS)
    BILANZ - FORTRAN-UP ZUR AUSGABE DER BILANZ
    WOCHE  - WOCHE DES GESCHAEFTSJAHRES (WOCHE)
    PERIOD - NUMMER D. AKT. GESCHAEFTSJAHRES (DIMLOS)
    GRUGEB - GRUNDSTUECKE U. GEBAEUDE BILANZ (DM)
    MABAB  - MASCH. ANLAGEN BETRIEBS- U.
               GESCH.AUSSTATTUNG (DM)
    ANIBA  - ANLAGEN IM BAU (DM)
    FIAN   - FINANZANLAGEN (DM)
    ROHIB  - ROH-, HILFS- U. BETRIEBSSTOFFE (DM)
    FERER  - FERTIGERZEUGNISSE (DM)
    FORD   - FORDERUNGEN (DM)
    ZAMIT  - ZAHLUNGSMITTEL (DM)
    REAKT  - RECHNUNGSABGRENZUNGSPOSTEN AKTIV (DM)
    AKTIVA - BILANZSUMME AKTIV (DM)
    GRUKA  - GRUNDKAPITAL (DM)
    RUELA  - RUECKLAGEN (DM)
    RUEST  - RUECKSTELLUNGEN (DM)
    WEBE   - WERTBERICHTIGUNG (DM)
    LAVER  - LANGFRISTIGE VERBINDLICHKEITEN (DM)
    LIVER  - LIEFERANTENVERBINDLICHKEIT (DM)
    KUVER  - KURZFRISTIGE VERBINDLICHKEITEN (DM)
    REPASS - RECHNUNGSABGRENZUNGSPOSTEN PASSIV (DM)
    BIGEW  - BILANZGEWINN (DM)
    PASSIV - BILANZSUMME PASSIV (DM)
    UMERL  - UMSATZERLOESE (DM)
    BESVE  - BESTANDSVERAENDERUNGEN VORRAETE (DM)
    MAAUF  - MATERIALAUFWENDUNG (DM)
    ERFIN  - ERTRAEGE FINANZANLAGEN (DM)
    ERRUE  - ERTRAEGE AUS RUECKSTELLUNGEN (DM)
    ERSON  - SONSTIGE ERTRAEGE (DM)
    PERSA  - PERSONALGESAMTAUFWENDUNGEN (DM)
    GESAB  - GESAMTABSCHREIBUNGEN (DM)
    ZINAU  - ZINSAUFWENDUNGEN (DM)
    SONST  - SONSTIGE AUFWENDUNGEN (DM)
    UEBSCH - JAHRESUEBERSCHUSS (DM)
    STEUB  - STEUER VOM EINKOMMEN (DM)
    JERG   - JAHRESERGEBNIS (DM)
    VERUEK - VERAENDERUNGEN RUECKLAGEN (DM)
```

```
PAGE 46    FILE                      GESAMT-UNTERNEHMEN   -   LEVEL
   ANFANGSWERTE  AUS  DATENBANK  (ALPHABETISCH SORTIERT)

ABA=2560000.                                               314.9, N
ANIBAN=900000.                                             315.1, N
BEBUDA=300000.                                             315.2, N
DEMAN=34615.                                               315.3, N
EARAN=UMBIS/(JAHR*EPD)                                     315.4, N
EASC=80.                                                   315.5, N
FEBUDA=40000.                                              315.6, N
FIANA=1300000.                                             315.7, N
FORDAN=6300000.                                            315.8, N
GRUGA=6000000.                                             315.9, N
GRUKAN=3000000.                                            316.1, N
JAHR=52.                                                   316.2, N
KUVRAN=3000000.                                            316.3, N
LAGC=2560000./EPB                                          316.4, N
LAVAN=6000000.                                             316.5, N
LIVRAN=4000000.                                            316.6, N
LMB=15000.                                                 316.7, N
MABAN=2300000.                                             316.8, N
MALAN=640000./FM                                           316.9, N
MARUEK=480000.                                             317.1, N
    ABA    - AUFTRAGSEINGANG ANFANGSBESTAND (STUECK)
    ANIBAN - ANFANGSWERT ANLAGEN IM BAU (DM)
    BEBUDA - ANFANGSBESTAND BESCHAFFUNGSBUDGET (DM)
    DEMAN  - ANFANGSWERT DURCHSCH. MARKTANSTRENGUNG (DM)
    EARAN  - ERWARTETER AUFTRAGSEINGANG ANFANGSWERT
               (STUECK/WOCHE)
    UMBIS  - UMSATZ VORJAHR (DM)
    JAHR   - GESCHAEFTSJAHR (WOCHE)
    EPD    - ERWARTETER PREISDURCHSCHNITT (DM/STUECK)
    EASC   - ANFANGSWERT EFFEKT. ARBEITSKAP. (STD/WOCHE)
    FEBUDA - ANFANGSWERT FEBUD (DM)
    FIANA  - ANFANGSWERT FINANZANLAGEN (DM)
    FORDAN - ANFANGSWERT FORDERUNGEN (DM)
    GRUGA  - ANFANGSBEST. GRUNDSTUECKE U. GEBAEUDE (DM)
    GRUKAN - ANFANGSWERT GRUNDKAPITAL (DM)
    KUVRAN - ANFANGSWERT KURZFR. VERBINDLICHKEITEN (DM)
    LAGC   - FERTIGLAGER ANFANGSBESTAND (STUECK)
    EPB    - EINZELPREIS FERTIGLAGER INTERNE BEWERTUNG
               (DM/STUECK)
    LAVAN  - ANFANGSBESTAND LANGFR. VERBINDLICHKEITEN
               (DM)
    LIVRAN - ANFANGSWERT LIEFERANTENVERBINDLICHKEIT (DM)
    LMB    - FERTIGLAGER MINDESTBESTAND (STUECK)
    MABAN  - MASCH. ANLAGEN BETRIEBS- U.
               GESCH.AUSSTATTUNG (DM)
    MALAN  - ANFANGSBESTAND LAGER (STUECK)
    FM     - FERTIGUNGSMATERIAL STANDARDKOSTEN (DM/
               STUECK)
    MARUEK - RUECKWIRKENDE ZAHLUNGSVERPFL. (DM/WOCHE)
```

```
PAGE 47   FILE                    GESAMT-UNTERNEHMEN  -  LEVEL
   ANFANGSWERTE  AUS  DATENBANK  (FORTSETZUNG)

PBUDAN=500000.                                       317.5, N
PGRUKA=1800000.                                      317.6, N
PLANG=1680000.                                       317.7, N
PLAUGE=1900000.                                      317.8, N
PLAVER=4000000.                                      317.9, N
PLIQUI=0.09                                          318.1, N
PLIQU2=0.22                                          318.2, N
PLUMS=38955428.                                      318.3, N
PMABAN=5244000.                                      318.4, N
REAN=0.                                              318.5, N
RUELAN=2000000.                                      318.6, N
RUESTA=1000000.                                      318.7, N
STEUBE=800000.                                       318.8, N
TLRC=0.                                              318.9, N
UMBIS=33000000.                                      319.1, N
VBUDAN=300000.                                       319.2, N
VMABAN=1012000.                                      319.3, N
VWBUAN=50000.                                        319.4, N
WEBAN=1000000.                                       319.5, N
WMABAN=2944000.                                      319.6, N
    PBUDAN - ANFANGSWERT PRODUKTIONSBUDGET (DM)
    PGRUKA - GEPLANTES GRUNDKAPITAL (DM)
    PLANG  - PLAN LANGFRISTIGE DARLEHEN (DM/WOCHE)
    PLAUGE - PLAN AUSGESCHUETTETER GEWINN (DM)
    PLAVER - GEPLANTE LANGFR. VERBINDL. PRO JAHR (DM)
    PLIQUI - GEPLANTE LIQUIDITAET KURZFR. (DIMLOS)
    PLIQU2 - GEPLANTE LIQUIDITAET LANGFR. (DIMLOS)
    PLUMS  - GEPLANTER UMSATZ (DM/WOCHE)
    PMABAN - ANFANGSBESTAND ANLAGEN PRODUKTION (DM)
    REAN   - RECHNUNGSABGRENZUNGSPOSTEN ANFANGSBESTAND
               (DM)
    RUELAN - ANFANGSWERT RUECKLAGEN (DM)
    RUESTA - ANFANGSWERT RUECKSTELLUNGEN (DM)
    STEUBE - ANFANGSBESTAND STEUER (DM)
    TLRC   - ANFANGSBESTAND TEILLIEFERUNGEN (STUECK)
    UMBIS  - UMSATZ VORJAHR (DM)
    VBUDAN - ANFANGSWERT VERTRIEBSBUDGET (DM)
    VMABAN - ANFANGSBESTAND VMABA (DM)
    VWBUAN - ANFANGSBESTAND VERWALTUNGSBUDGET (DM)
    WEBAN  - ANFANGSWERT WERTBERICHTIGUNG (DM)
    WMABAN - ANFANGSWERT VERWALTUNG ANLAGEN (DM)
   ANFANGSWERTE  AUS  DATENBANK  (FORTSETZUNG)

ZAMAX=1000000.                                       320.1, N
ZAMIN=500000.                                        320.2, N
ZAMITA=800000.                                       320.3, N
    ZAMAX  - ZAHLUNGSMITTEL MAXIMUM (DM)
    ZAMIN  - ZAHLUNGSMINDESTBESTAND (DM)
    ZAMITA - ANFANGSWERT ZAHLUNGSMITTEL (DM)
```

```
PAGE 48   FILE                     GESAMT-UNTERNEHMEN  -  LEVEL
   PARAMETER
   IFICUS - SYSTEM - PARAMETER  (ALPHABETISCH SORTIERT)

AAR=2.                                                 320.8, C
ABSA=0.00245                                           320.9, C
ABSU=0.0017                                            321.1, C
ABSW=0.0019                                            321.2, C
ANGES=77.                                              321.3, C
ANTE=0.4                                               321.4, C
APOL=0.001                                             321.5, C
ARANZ=100.                                             321.6, C
AT=50.                                                 321.7, C
AUFAN=0.008                                            321.8, C
AUFVW=0.0015                                           321.9, C
BEANT=0.003                                            322.1, C
BAZIS=0.08                                             322.2, C
BUDZ=12.                                               322.3, C
BUMI=200000.                                           322.4, C
BZ=50.                                                 322.5, C
DALRC=4.                                               322.6, C
DARZ=12.                                               322.7, C
DLG=10.                                                322.8, C
DPMT=50.                                               322.9, C
    AAR    - AKTIVIERUNGSZEITKONSTANTE ARBEITSKRAFT
               (WOCHEN)
    ABSA   - ABSCHREIBUNGSSATZ F. ANLAGENABH. TEIL (1/
               WOCHE)
    ABSU   - ABSCHREIBUNGSSATZ F. UMSATZABH. TEIL
               (DIMLOS)
    ABSW   - ABSCHREIBUNGSFAKTOR WERTBERICHTIGUNG (1/
               WOCHE)
    ANGES  - ZAHL DER ANGESTELLTEN (MANN)
    ANTE   - KAPITALBEDARFSANTEIL F. BAUVORHABEN
               (DIMLOS)
    APOL   - UEBERSTUNDENPOLITIK (STD/(STUECK*WOCHE*
               WOCHE))
    ARANZ  - ANZAHL ARBEITER IM PRODUKTIONSPROZESS
               (MANN)
    AT     - ABSCHREIBUNGSZEIT (WOCHE)
    AUFAN  - AUFWANDSANTEIL AM UMSATZ (DIMLOS)
    AUFVW  - AUFWANDSFAKTOR VERWALTUNGSANTEIL (1/WOCHE)
    BEANT  - UMSATZANTEIL BESCHAFFUNGSBUDGET OHNE
               MATERIALKOSTEN (DIMLOS)
    BAZIS  - ZINSEN AUS FINANZANLAGEN (DIMLOS)
    BUDZ   - ZEITKONSTANTE DURCHSCHNITTSBILDUNG BUDGET
               (WOCHE)
    BUMI   - BUDGETMINDESTBESTAND (DM)
    BZ     - BAUZEIT (WOCHE)
    DALRC  - ZEITKONSTANTE DURCHSCHNITTSBILDUNG (WOCHE)
    DARZ   - EXP. GLAETTUNGSKONSTANTE AUFTRAGSEINGANG
               (WOCHE)
    DLG    - DURCHSCHNITTL. LIEFERGROESSE BEI
               TEILLIEFERUNGEN (STUECK)
    DPMT   - DURCHSCH. PRODUKTIONSMITTELWERTBILDUNG
               (WOCHE)
```

```
PAGE 49   FILE                    GESAMT-UNTERNEHMEN  -  LEVEL
   IFICUS - SYSTEM - PARAMETER  (FORTSETZUNG)

DVMT=50.                                                323.4, C
EP=160.                                                 323.5, C
EPB=150.                                                323.6, C
EPD=180.                                                323.7, C
EZ=4.                                                   323.8, C
EZV=11.                                                 323.9, C
EZZ=1.                                                  324.1, C
FEAN=0.03                                               324.2, C
FETEL=0.02                                              324.3, C
FGV=10.                                                 324.4, C
FIXTEL=0.6                                              324.5, C
FL=12.                                                  324.6, C
FM=80.                                                  324.7, C
GEHN=600.                                               324.8, C
GEHNW=900.                                              324.9, C
GHATEL=970.                                             325.1, C
GHBTEL=0.011                                            325.2, C
KRZ=3.                                                  325.3, C
KZV=10.                                                 325.4, C
LIQFA=1.                                                325.5, C
    DVMT   - DURCHSCHNITTSBILDUNGSZEIT DVMABA (WOCHE)
    EP     - EINZELPREIS ERWARTET (DM/STUECK)
    EPB    - EINZELPREIS FERTIGLAGER INTERNE BEWERTUNG
               (DM/STUECK)
    EPD    - ERWARTETER PREISDURCHSCHNITT (DM/STUECK)
    EZ     - EINKAUFSZEIT (WOCHE)
    EZV    - EIGENES ZAHLUNGSVERHALTEN (WOCHE)
    EZZ    - ZAHLUNGSEINGANGSZEIT BANK (WOCHE)
    FEAN   - FORSCH. U. ENTWICKLUNG AUSSTATTUNG AN
               AUSGABEN (1/WOCHE)
    FETEL  - ANTEIL ZUWEISUNGEN ZU FORSCH. U. ENTWICKL.
               (DIMLOS)
    FGV    - VARIABLE GEMEINKOSTEN (DM/STUECK)
    FIXTEL - FIXER ANTEIL PRODUKTIONSBUDGET (DIMLOS)
    FL     - FERTIGUNGSLOHN (DM/STUECK)
    FM     - FERTIGUNGSMATERIAL STANDARDKOSTEN (DM/
               STUECK)
    GEHN   - GEHALTSNIVEAU (DM/(WOCHE*MANN))
    GEHNW  - GEHALTSNIVEAU WISSENSCHAFTLER (DM/(WOCHE*
               MANN))
    GHATEL - GEHALTSANTEIL AN PRODUKTION (DM/WOCHE)
    GHBTEL -              (1/WOCHE)
    KRZ    - KUNDENWAHRNEHMUNGSZEIT F. TEILLIEFERUNGEN
               (WOCHE)
    KZV    - KUNDENZAHLUNGSVERHALTEN (WOCHE)
    LIQFA  - LIQUIDITAETSFAKTOR (DIMLOS)
```

```
PAGE 50   FILE                    GESAMT-UNTERNEHMEN   -   LEVEL:
   IFICUS - SYSTEM - PARAMETER  (FORTSETZUNG)

LZKD=24.                                                325.9, C
MAAN=0.6                                                326.1, C
MAC=2.                                                  326.2, C
MAFIX=0.416                                             326.3, C
MAKO=2.                                                 326.4, C
MAZAHL=8.                                               326.5, C
MF=1.3                                                  326.6, C
MO=4.                                                   326.7, C
PD=2.                                                   326.8, C
PF=0.115E-06                                            326.9, C
PGT=0.36                                                327.1, C
PIFAKT=0.0028                                           327.2, C
PLRIS=0.5                                               327.3, C
PMT=0.21                                                327.4, C
PROFIX=400.                                             327.5, C
PROSA=0.03                                              327.6, C
RABSA=0.0036                                            327.7, C
RANT=0.03                                               327.8, C
RESPOL=1.7                                              327.9, C
RUEAUF=0.5                                              328.1, C
SOFA=0.06                                               328.2, C
    LZKD   - LAUFZEIT LANGFRISTIGER KREDITE (WOCHE)
    MAAN   - MATERIALANTEIL AN MARKTANSTRENGUNGEN (1/DM)
    MAC    - MARKTANSTRENGUNG WAHRNEHMUNGSZEIT (WOCHE)
    MAFIX  - FIXE MATERIALKOSTEN (1/WOCHE)
    MAKO   - MARKTANSTRENGUNG MATERIALKOSTEN (DM/WOCHE)
    MAZAHL - DURCHSCH.BILDUNGSZEIT MARKTANSTRENGUNG
               (WOCHE)
    MF     - MENGENFAKTOR   STUECK/PRODUKTION   (DIMLOS)
    MO     - MONAT (WOCHE)
    PD     - PRODUKTIONSDAUER (WOCHE)
    PF     - PRODUKTIONSFAKTOR (STUECK/(DM*MANN*STD))
    PGT    - ANTEIL GUNDSTUECK U. GEBAEUDE PRODUKTION
               (DIMLOS)
    PIFAKT - PRODUKTIONSINVESTITIONSFAKTO (DIMLOS)
    PLRIS  - GEPLANTES RISIKO (DIMLOS)
    PMT    - ANTEIL MASCHINEN PRODUKTION (DIMLOS)
    PROFIX - FIXTEIL PROD.GEMEINKOSTEN ARBEITER (DM/
               (WOCHE*MANN))
    PROSA  - PROVISIONSSATZ (DIMLOS)
    RABSA  - REINVESTITION-ABSCHREIBUNGSSATZ (1/WOCHE)
    RANT   - RUECKSTELLUNGSANTEILSFAKTOR (DIMLOS)
    RESPOL - KAPAZITAETSMINDERUNGSPOLITIK (STD/(WOCHE*
               WOCHE))
    RUEAUF - RUECKLAGENAUFLOESUNGSREGEL (DIMLOS)
    SOFA   - UMSATZANTEIL AN SONST. ERTRAEGEN (DIMLOS)
```

```
PAGE 51   FILE                        GESAMT-UNTERNEHMEN  -  LEVEL
   IFICUS - SYSTEM - PARAMETER   (FORTSETZUNG)

SPOC=7.5                                                  328.6, C
STSA1=0.56                                                328.7, C
STSA2=0.56                                                328.8, C
TAUS=10.                                                  328.9, C
TILG=0.001                                                329.1, C
TKO=30.                                                   329.2, C
TPOL=4.                                                   329.3, C
UEKOF=30.                                                 329.4, C
UQ=0.051                                                  329.5, C
VANZAP=75.                                                329.6, C
VARTEL=0.4                                                329.7, C
VGRUGE=1200.                                              329.8, C
VGT=0.1                                                   329.9, C
VIFAKT=0.0003                                             330.1, C
VMT=0.001                                                 330.2, C
VWMT=0.03                                                 330.3, C
VWTEF=0.2                                                 330.4, C
VWTEV=0.05                                                330.5, C
VZUF=0.14                                                 330.6, C
VZUV=0.06                                                 330.7, C
    SPOC     - SPAN OF CONTROL, DURCHSCH. UNTERGEBENENZAHL
                 (MANN)
    STSA1    - STEUERSATZ 1 (DIMLOS)
    STSA2    - STEUERSATZ 2 (DIMLOS)
    TAUS     - GEWINNAUSSCHUETTUNGSZEIT (WOCHE)
    TILG     - TILGUNGSRATE F. LANGFR. DARLEHEN (1/WOCHE)
    TKO      - KOSTENSATZ PRO TEILLIEFERUNG (DM/WOCHE)
    TPOL     - TEILENACHLIEFERUNGSPOLITIK (DIMLOS)
    UEKOF    - UEBERSTUNDENKOSTENSATZ (DM/STD)
    UQ       - UMSATZANTEIL F. MARKTANSTRENGUNG (DIMLOS)
    VANZAP   - ANZAHL PERSONEN VERTRIEB (MANN)
    VARTEL   - VAR. ANTEIL PRODUKTIONSBUDGET (DIMLOS)
    VGRUGE   - GRUNDGEHALT VERTRIEB (DM/WOCHE)
    VGT      - ANTEIL GRUNDST. U. GEBAEUDE VERTRIEB
                 (DIMLOS
    VIFAKT   - VERTRIEB INVESTITIONSFAKTOR (DIMLOS)
    VMT      - ANTEIL MASCHINEN VERTRIEB (DIMLOS)
    VWMT     - ANTEIL MASCHINEN, GRUNDST. U. GEBAEUDE
                 (DIMLOS)
    VWTEF    - FIXTEIL ZUTEILUNGSFAKTOR (DIMLOS)
    VWTEV    - VAR. ANTEIL ZUTEILUNGSFAKTOR (DIMLOS)
    VZUF     - ANTEILSFAKTOR FIX A. D. VERTRIEBSZUW. (1/
                 WOCHE)
    VZUV     - ANTEILSFAKTOR VAR. A. D. VERTRIEBSZUW.
                 (DIMLOS)
```

```
PAGE 52   FILE                    GESAMT-UNTERNEHMEN   -   LEVE
   IFICUS - SYSTEM - PARAMETER   (FORTSETZUNG)

WABSA=0.0032                                              331.2,
WEBEFA=0.15                                               331.3,
WFAKT=1.2                                                 331.4,
WGT=0.29                                                  331.5,
WIFAKT=0.013                                              331.6,
WISS=20.                                                  331.7,
WMT=50.                                                   331.8,
WO=1.                                                     331.9,
ZAMIWE=6.                                                 332.1,
ZIFUS1=0.08                                               332.2,
ZIFUS2=0.09                                               332.3,
ZINSLA=0.1                                                332.4,
ZTE=4.                                                    332.5,
    WABSA  - VERWALTUNG ABSCHREIBUNGSSATZ (1/WOCHE)
    WEBEFA - WERTBERICHTIGUNGSFAKTOR (DIMLOS)
    WFAKT  - WOCHENFAKTOR (WOCHE)
    WGT    - ANTEIL VERWALT. GRUNDST. U. GEBAEUDE
               (DIMLOS)
    WIFAKT - VERWALTUNG INVESTITIONSFAKTOR (1/WOCHE)
    WISS   - ANZAHL WISSENSCHAFTLER (MANN)
    WMT    - VERWALTUNGSANLAGEN MITTELWERTBILDUNG
               (WOCHE)
    WO     - WOCHE (WOCHE)
    ZAMIWE - ZAHLUNGSMITTEL-MITTELWERTBILDUNGSZEIT
               (WOCHE)
    ZIFUS1 - ZINSFUSS LANGFRISTIG (DIMLOS)
    ZIFUS2 - ZINSFUSS KURZFRISTIG (DIMLOS)
    ZINSLA - KAPITALZINS BANKUEBL. F. LAGERKOSTEN (1/
               WOCHE)
    ZTE    - ZINSTERMINE (WOCHE)
   SIMULATIONSSPEZIFIKATIONEN

SPEC  DT=0.0625/LENGTH=120.0/PRTPER=2.0/SAVPER=2.0/ 333.1
  PLTPER=2.0
    DT     - INTEGRATIONSSCHRITTWEITE (WOCHE)
    LENGTH - SIMULATIONSDAUER (WOCHE)
    PRTPER - PRINT SCHRITTWEITE (WOCHE)
    SAVPER - SAVE SCHRITTWEITE (WOCHE)
    PLTPER - PLOT SCHRITTWEITE (WOCHE)
PRINT AKTIVA,STEUR,LB,PR                                  333.2
    AKTIVA - BILANZSUMME AKTIV (DM)
    STEUR  - STEUERSCHULD (DM)
    LB     - FERTIGLAGERBESTAND (STUECK)
    PR     - PRODUKTIONSRATE (STUECK/WOCHE)
PLOT  AKTIVA=A/STEUR=S/LB=L/PR=P                          333.3
    AKTIVA - BILANZSUMME AKTIV (DM)
    STEUR  - STEUERSCHULD (DM)
    LB     - FERTIGLAGERBESTAND (STUECK)
    PR     - PRODUKTIONSRATE (STUECK/WOCHE)
```

4 Variablenerklärungen für das Modell ACTIPLAN

GESAMT-UNTERNEHMEN - LEVEL: TOP- 4/27/82

NAME	FILE NO	T	DEFINITION	WHERE USED
A			BEZUGSGROESSE ZUR BERECHNUNG DER AUSGLEICHSRATE (WOCHE)	MACRO,14.5/$WERT0,A,16/$WERT1,A,17
AAR	320.8	C	AKTIVIERUNGSZEITKONSTANTE ARBEITSKRAFT (WOCHEN)	EAKTH,A,94
AB	28	L	AUFTRAGSBESTAND (STUECK)	
	28.1	N		
ABA	314.9	N	AUFTRAGSEINGANG ANFANGSBESTAND (STUECK)	AB,N,28.1
ABGEAU	303	A	ABGANGSRATE GEWINNAUSSCHUETTUNG (DM)	GEAUS,L,302
ABRST	228	R	AUFLOESUNG REUCKSTELLUNGEN (DM/WOCHE)	RUEST,L,225
ABRSTH	229	A	AUFLOESUNG REUCKSTELLUNGEN HILFSGROESSE (DM/WOCHE)	AUSZA,R,192/ABRST,R,228/VERUZ,A,282
ABSA	320.9	C	ABSCHREIBUNGSSATZ F. ANLAGENABH. TEIL (1/WOCHE)	VFABS,A,72/PABQUH,A,117
ABSU	321.1	C	ABSCHREIBUNGSSATZ F. UMSATZABH. TEIL (DIMLOS)	VVABS,A,73
ABSW	321.2	C	ABSCHREIBUNGSFAKTOR WERTBERICHTIGUNG (1/WOCHE)	NIBEZ,A,195
ABVERL	305	A	ABGANGSRATE VERLUST (DM)	VERLUS,L,304
ABZEIT	270	A	HILFSGROESSE F. MODINT-ERGEBNISSE (DIMLOS)	UMERL,A,271/BESVE,A,273/ERFIN,A,275/ERRUE,A,277/ERSON,A,279 VERUE,A,281/MAAUF,A,283/PERSA,A,285/GESAB,A,287/ZINAU,A, 289/SONST,A,291/STEUB,A,293/VERUEK,A,297/BIGEW,A,299
AK	34	A	AUSLIEFERUNGSKUERZUNGSRATE (DIMLOS)	VRH,A,33/TLA,R,39
AKT	89	A	ARBEITSKAPAZITAET AKTIVIERUNGSRATE (STD/(WOCHE*WOCHE))	EAKTH,A,94
AKTIVA	217	A	BILANZSUMME AKTIV (DM)	DUMMY,S,314/PRINT,333.2/PLOT,333.3
ANGES	321.3	C	ZAHL DER ANGESTELLTEN (MANN)	GEHAF,A,125
ANIBA	161	L	ANLAGEN IM BAU (DM)	SOAUF,A,126/AKTIVA,A,217/DUMMY,S,314
	161.1	N		
ANIBAN	315.1	N	ANFANGSWERT ANLAGEN IM BAU (DM)	ANIBA,N,161.1
ANTE	321.4	C	KAPITALBEDARFSANTEIL F. BAUVORHABEN (DIMLOS)	LANGDH,A,237
APOL	321.5	C	UEBERSTUNDENPOLITIK (STD/(STUECK*WOCHE*WOCHE))	HAKT,A,88
AR	29	R	AUFTRAGSEINGANGSRATE (STUECK/WOCHE)	AB,L,28/VRH,A,33
ARANZ	321.6	C	ANZAHL ARBEITER IM PRODUKTIONSPROZESS (MANN)	PR,A,84/PAS,A,106/FGKF,A,110/EGEH,A,204
ARH	31	A	AUFTRAGSEINGANGSRATE HILFSGROESSE (STUECK/WOCHE)	AR,R,29/TLA,R,39/DAR,L,64/VUMPRO,A,67/PVARZU,A,108
ASL	30	R	AUSLIEFERUNGSRATE (STUECK/WOCHE)	AB,L,28/DALR,L,45
ASLH	46	A	AUSLIEFERUNGSRATE HILFSGROESSE (STUECK/WOCHE)	ASL,R,30
AT	321.7	C	ABSCHREIBUNGSZEIT (WOCHE)	DGRUGB,A,165/DWEBE,A,233
AUFAN	321.8	C	AUFWANDSANTEIL AM UMSATZ (DIMLOS)	SOAUFV,A,127
AUFVW	321.9	C	AUFWANDSFAKTOR VERWALTUNGSANTEIL (1/WOCHE	SOAUF,A,126
AUGEW	310	A	AUSGESCHUTTETER GEWINN (DM)	STEUG,A,294/GEAUS,L,302/RUEAB,A,313

AUSGL	306	L	SOFTWARETECH. AUSGLEICH F. MODINT	RAPOST,A,266
	306.1	N		
AUSGLR	307	R	AUSGLEICHSRATE F. AUSGL	AUSGL,L,306
AUSZA	192	R	AUSZAHLUNGEN AUS KASSE (DM/WOCHE)	ZAMIT,L,190
AZA	176	A	AUSZAHLUNSPROZENTSATZ D. FINANZANLAGEN (DIMLOS)	FINAH2,A,178
AZINS	214	A	AUSZAHLUNG ZINSEN (DM)	AUSZA,R,192/RAZINS,A,262
AZINSU	211	A	ZINSHOEHE (DM)	AZINS,A,214
BAUAB	157	R	BAUABSCHREIBUNGEN (DM/WOCHE)	GRUGE,L,155
BAUABH	164	A	BAUABSCHREIBUNGEN HILFSGROESSE (DM/WOCHE)	BAUAB,R,157/GESAS,A,288
BAURA	162	R	BAURATE (DM/WOCHE)	BZRH,A,158/ANIBA,L,161
BAURAH	152	A	BAURATE HILFSGROESSE (DM/WOCHE)	BAURA,R,162/AUSZA,R,192/LANGDH,A,237
BAZIS	322.2	C	ZINSEN AUS FINANZANLAGEN (DIMLOS)	ERTFI,A,276/ERRUER,A,278
BEAB	143	R	AUSGABEN BESCHAFFUNG (DM/WOCHE)	BEBUD,L,139
BEANT	322.1	C	UMSATZANTEIL BESCHAFFUNGSBUDGET OHNE MATERIALKOSTEN (DIMLOS)	BEZUF,A,141/BEZUV,A,142
BEBUD	139	L	BESCHAFFUNGSBUDGET (DM)	
	139.1	N		
BEBUDA	315.2	N	ANFANGSBESTAND BESCHAFFUNGSBUDGET (DM)	BEBUD,N,139.1
BESVE	273	A	BESTANDSVERAENDERUNGEN VORRAETE (DM)	UEBSCH,A,295/DUMMY,S,314
BEVER	274	A	BESTANDSVERAENDERUNGSRATE (DM/WOCHE)	BESVE,A,273/BILZU,A,308
BEZEQ0	309	A	BEZUGSGROESSE ZUR BERECHNUNG DER GEW.AUSSCHUETTUNG (WOCHE)	AUGEW,A,310/BILVER,A,311/RUEZU,A,312/RUEAB,A,313
BEZRE	194	A	BEZAHLTE RECHNUNGEN (DM/WOCHE)	FORDAB,R,189/EINZA,R,191
BEZREH	185	A	HILFSGROESSE BEZAHLTE RECHNUNGEN (DM/WOCHE)	BEZRE,A,194
BEZST	216	A	BEZAHLTE STEUERN (DM)	AUSZA,R,192/STEUR,L,215
BEZU	140	R	ZUWENDUNGEN ZUM BESCHAFFUNGSBUDGET (DM/WOCHE)	BEBUD,L,139
BEZUF	141	A	FIXER ANTEIL AN BESCHAFFUNGSBUDGETZUWENDUNGE (DM/WOCHE)	BEZU,R,140
BEZUV	142	A	VARIABLER ANTEIL AN BESCHAFFUNGSBUDGETZUWENDUNGE (DM/WOCHE)	BEZU,R,140
BIGEW	299	A	BILANZGEWINN (DM)	PASSIV,A,269/AUSGLR,R,307/DUMMY,S,314
BILANZ			FORTRAN-UP ZUR AUSGABE DER BILANZ	FNCTN,23.4/DUMMY,S,314
BILVER	311	A	BILANZVERLUST (DM)	VERLUS,L,304
BILZU	308	A	BILANZGEWINN-/-UEBERSCHUSSZUFUEHRUNG (DM/WOCHE)	BIGEW,A,299/AUSGLR,R,307
BUDZ	322.3	C	ZEITKONSTANTE DURCHSCHNITTSBILDUNG BUDGET (WOCHE)	DBUD,A,65
BUMI	322.4	C	BUDGETMINDESTBESTAND (DM)	QBU,A,53
BUPOL	54	A	BUDGETPOLITIK BZGL. MARKTANSTRENGUNG (DIMLOS)	EMA,A,51/HAKT,A,88
BZ	322.5	C	BAUZEIT (WOCHE)	BZRH,A,158
BZR	156	R	BAUFERTIGSTELLUNGSRATE (DM/WOCHE)	GRUGE,L,155/ANIBA,L,161
BZRH	158	A	BAUFERTIGSTELLUNGSRATE HILFSGROESSE (DM/WOCHE)	BZR,R,156
DABAR	154	A	DURCHSCHNITT UMSATZABWEICHUNGEN (DIMLOS)	EABA,A,153

DALR	45 45.1	L N	DURCHSCHNITTSBILDUNG AUFTRAGSEINGANGSRATE (STUECK/WOCHE)	QTLW,A,36
DALRC	322.6	C	ZEITKONSTANTE DURCHSCHNITTSBILDUNG (WOCHE)	DALR,L,45
DAR	64 64.1	L N	DURCHSCH. AUFTRAGSEINGANGSRATE (STUECK/ WOCHE)	DUMS,A,56/DABAR,A,154
DARLH	257	A	HOEHE DARLEHENAUFNAHME (DM/WOCHE)	ERE80,A,255
DARZ	322.7	C	EXP. GLAETTUNGSKONSTANTE AUFTRAGSEINGANG (WOCHE)	DAR,L,64
DAUER			PERIODENDAUER, GESCHAEFTSJAHR (WOCHE)	MACRO,21.5/$SAMPGA,A,22
DBUD	65	A	DURCHSCHNITTSBUDGET MARKETING (DM)	QBU,A,53
DEL			VERZOEGERUNGSDAUER (WOCHE)	MACRO,.5/$RAT,R,1/MACRO,2.6/$DL,A,9
DEL3NO	8 8.1	L N	EXP. VERZOEGERUNG 3. ORDNUNG	MACRO,2.6/$RAT3,R,7/WTL,A,37/WMA,A,50/EAKTH,A,94/PERH,A,102 BZRH,A,158/BEZREH,A,185/MAREH,A,206/MAREHH,A,207/SORED,A, 210/KURDAH,A,254/KURUEH,A,260
DEMA	95 95.1	L N	DURCHSCHNITTSBILDUNG MARKTANSTRENGUNGEN (DM)	
DEMAN	315.3	N	ANFANGSWERT DURCHSCH. MARKTANSTRENGUNG (DM)	DEMA,N,95.1
DFORD	187	A	DURCHSCHNITT VON FORDERUNGEN (DM)	WEBEF,A,186
DGRUGB	165	A	DURCHSCHNITT BESTAND GRUGE (DM)	
DLG	322.8	C	DURCHSCHNITTL. LIEFERGROESSE BEI TEILLIEFERUNGEN (STUECK)	TKOS,A,70
DLIQU2	258	A	DURCHSCH. LANGFRIST. LIQUIDITAET (DIMLOS)	AZA,A,176
DPMABA	118	A	DURCHSCHNITT MASCHINEN PRODUKTION (DM)	PABQUH,A,117
DPMT	322.9	C	DURCHSCH. PRODUKTIONSMITTELWERTBILDUNG (WOCHE)	DPMABA,A,118
DT			INTEGRATIONSSCHRITTWEITE (WOCHE)	SMOONO,L,2/$LEV1,L,4/$LEV2,L,6/DEL3NO,L,8/$PLUS,A,12/$LEV,L ,13/$ZTFAKT,A,15/$WERT1,A,17/AB,L,28/TLR,L,38/DALR,L,45 VBUD,L,57/DAR,L,64/VMABA,L,74/EAS,L,85/DEMA,L,95/LB,L,97 PBUD,L,103/PMABA,L,112/VWBUD,L,120/WMABA,L,128/FEBUD,L, 134/BEBUD,L,139/EWERT,A,146/MALA,L,147/GRUGE,L,155/ANIBA, L,161/MABAB,L,166/FIAN,L,171/FORD,L,183/ZAMIT,L,190/AUSZA ,R,192/TWO,A,198/TMO,A,202/TZINS,A,213/STEUR,L,215/GRUKA, L,218/RUELA,L,223/RUEST,L,225/WEBE,L,230/LAVER,L,234 LIVER,L,248/KUVER,L,251/RAPERS,A,261/RAZINS,A,262/TLRAPO, L,264/REAZU,R,265/ABZEIT,A,270/GEAUS,L,302/VERLUS,L,304 AUSGL,L,306/AUSGLR,R,307/BILZU,A,308/BEZEQ0,A,309/SPEC, 333.1
DUMMY	314	S	HILFSGROESSE ZUR BILANZAUSGABE (DIMLOS)	
DUMS	56	A	DURCHSCHNITTL. UMSATZ (DM/WOCHE)	VVARZU,A,60/NMA,A,66/VVABS,A,73/VINVQH,A,77/PINQUH,A,115 VWBUV,A,113
DVMABA	79	A	DURCHSCH. ANLAGEWERT VERTRIEB BETRIEBSAUSSTATTUNG (DM)	VFABS,A,72
DVMT	323.4	C	DURCHSCHNITTSBILDUNGSZEIT DVMABA (WOCHE)	DVMABA,A,79
DWEBE	233	A	DURCHSCHNITT WERTBERICHTIGUNG (DM)	NIBEZ,A,195
DWMABA	133	A	DURCHSCH. VERWALTUNGSBETRIEBSAUSSTATTU (DM)	WABSRH,A,132
DZAWE	196	A	DURCHSCHNITTSWERT ZAHLUNGSMITTEL (DM)	ZDIFF,A,175
EABA	153	A	EINFLUSS D. UMSATZABRECHNUNGEN AUF	BAURAH,A,152

			INVESTITIONEN (DIMLOS)	
EAKT	86	R	EFFEKT. ARBEITSKAPAZITAET AKTIVIERUNGSRATE (STD/WOCHE*WOCHE)	EAS,L,85
EAKTH	94	A	EFFEKT. ARBEITSKAPAZITAET AKTIVIERUNGSRATE H.GROESSE (STD/WOCHE*WO	EAKT,R,86
EAR	27	A	ERWARTETE AUFTRAGSEINGANGSRATE (STUECK/ WOCHE)	ARH,A,31/FGK,A,111/BEZUF,A,141/PPR,A,150/DARAR,A,154
EARAN	315.4	N	ERWARTETER AUFTRAGSEINGANG ANFANGSWERT (STUECK/WOCHE)	EAR,A,27/DALR,N,45.1/DAR,N,64.1
EAS	85	L	EFFEKTIVE ARBEITSKAPAZITAET (STD/WOCHE)	HUEKO,A,82/PR,A,84/EASDI1,A,90/EASDI2,A,93
	85.1	N		
EASC	315.5	N	ANFANGSWERT EFFEKT. ARBEITSKAP. (STD/WOCHE)	EAS,N,85.1
EASDI1	90	A	DIFFERENZ ARBEITSKAP. ZU MAXIMUM (STD/ WOCHE)	AKT,A,89
EASDI2	93	A	DIFFERENZ ARBEITSKAP. ZU MINIMUM (STD/ WOCHE)	KAPMIH,A,92
EASMAX	81	A	MAXIMALE ARBEITSKAPAZITAETSAUSLASTUNG (STD/ WOCHE)	EASDI1,A,90
EASMIN	80	A	MINIMALE ARBEITSKAPAZITAETSAUSLASTUNG (STD/ WOCHE)	EASDI2,A,93
EFRIS	241	A	EFFEKTIVES RISIKO (DIMLOS)	ERE60,A,240
EGEH	204	A	EINZELGEHAELTER (DM/WOCHE)	GEHOES,A,203/PERSU,A,286
EINRA	148	A	EINKAUFSRATE (STUECK/WOCHE)	EWERT,A,146/MALA,L,147
EINZA	191	R	EINZAHLUNGEN (DM/WOCHE)	ZAMIT,L,190
EKAP	242	A	EIGENKAPITAL (DM)	EFRIS,A,241
EMA	51	A	EFFEKTIVE MARKTANSTRENGUNG (DM)	WMA,A,50/VMAAUF,A,68/VSOAUF,A,69/DEMA,L,95
EMENG	149	A	EINKAUFSMENGE (STUECK/WOCHE)	EINRA,A,148
EP	323.5	C	EINZELPREIS ERWARTET (DM/STUECK)	UMS,A,55/DUMS,A,56/RECRAH,A,188
EPB	323.6	C	EINZELPREIS FERTIGLAGER INTERNE BEWERTUNG (DM/STUECK)	FERER,A,182/BEVER,A,274/LAGC,N,316.4
EPD	323.7	C	ERWARTETER PREISDURCHSCHNITT (DM/STUECK)	EAR,A,27/VUMPRO,A,67/EARAN,N,315.4
ERAUSG	18	A	BERECHNUNGSFUNKTION F. AUSGLR - DISKRET	MACRO,14.5/AUSGLR,R,307
EREGEW	21	A	BERECHNUNGSFUNKTION F. GEWINNAUSSCHUETTUNG - DISKRET	MACRO,18.5/AUGEW,A,310/BILVER,A,311/RUEZU,A,312/RUEAB,A,313
EREG1	34.1	T	ENTSCHEIDUNGSREGEL 1 AUSLIEFERUNGSKUERZUNGEN (DIMLOS)	AK,A,34
EREIN	280	A	ERTRAGSRATE SONSTIGE ERTRAEGE (DM/WOCHE)	EINZA,R,191/ERSON,A,279/BILZU,A,308
ERE60	240	A	ENTSCHEIDUNGSREGEL KAPITALBESCHAFFUNG (DIMLOS)	LANGDH,A,237
ERE70	245	A	ENTSCHEIDUNGSREGEL RUECKZAHLUNG LANGFR. DARLEHEN (DIMLOS)	LANRUH,A,244
ERE80	255	A	ENTSCHEIDUNGSREGEL RUECKZAHLUNG KURZFR. DARLEHEN (DM/WOCHE)	KURDAH,A,254
ERFIN	275	A	ERTRAEGE FINANZANLAGEN (DM)	UEBSCH,A,295/DUMMY,S,314
ERGEB0			ERAUSG-WERT F. 0 = A TIME (DM)	MACRO,14.5/$WERT0,A,16
ERGEB1			ERAUSG-WERT F. DT = A TIME (DM)	MACRO,14.5/$WERT1,A,17
ERRUE	277	A	ERTRAEGE AUS RUECKSTELLUNGEN (DM)	UEBSCH,A,295/DUMMY,S,314
ERRUER	278	A	RUECKSTELLUNGSERTRAGSRATE (DM/WOCHE)	EINZA,R,191/ERRUE,A,277/BILZU,A,308
ERSON	279	A	SONSTIGE ERTRAEGE (DM)	UEBSCH,A,295/DUMMY,S,314

ERTFI	276	A	ERTRAGSRATE FINANZANLAGEN (DM/WOCHE)	EINZA,R,191/ERFIN,A,275/BILZU,A,308
EWERT	146	A	EINKAUFSWERT (DM/WOCHE)	BEAB,R,143/MAREH,A,206/LIVZU,R,249
EWMA	47	A	EFFEKTIV WAHRGENOMM. MARKTANSTRENGUNG (DIMLOS)	KV,A,32
EWTL	49	A	EFFEKTIV WAHRGENOMM. TEILLIEFERUNGEN (DIMLOS)	KV,A,32
EZ	323.8	C	EINKAUFSZEIT (WOCHE)	EINRA,A,148/EMENG,A,149
EZA	177	A	EINZAHLUNG ZU FINANZANLAGEN PROZENTSATZ (DIMLOS)	FINZUH,A,174
EZV	323.9	C	EIGENES ZAHLUNGSVERHALTEN (WOCHE)	MAREH,A,206/MAREHH,A,207/SORED,A,210
EZZ	324.1	C	ZAHLUNGSEINGANGSZEIT BANK (WOCHE)	KURDAH,A,254
FALL1			EREGEW-WERT F. GEPLANTEN BILANZGEWINN (DM)	MACRO,18.5/$HILF1,A,19
FALL2			EREGEW-WERT F. BILANZGEWINN MIT RUECKLAGENAUFL. (DM)	MACRO,18.5/$HILF1,A,19
FALL3			EREGEW-WERT F. BILANZVERLUST (DM)	MACRO,18.5/$HILF2,A,20
FCNSW	11	A	ARITHMETISCHER SWITCH F. X 0,X=0,X 0	MACRO,9.5/T2AR,A,42/TARH,A,44/UEKO,A,83/AKT,A,89/KAPMIH,A,92/HQLB,A,101/AZA,A,176/EZA,A,177/FINAH1,A,180/PLANGD,A,239/ERE80,A,255/REAKT,A,267/REPASS,A,268
FEAN	324.2	C	FORSCH. U. ENTWICKLUNG AUSSTATTUNG AN AUSGABEN (1/WOCHE)	FESOAU,A,138
FEBUAB	136	R	AUSGABE FORSCHUNG U. ENTWICKLUNG (DM/WOCHE)	FEBUD,L,134
FEBUD	134	L	FORSCHUNGS- U. ENTWICKLUNGSBUDGET (DM)	
	134.1	N		
FEBUDA	315.6	N	ANFANGSWERT FEBUD (DM)	FEBUD,N,134.1
FEBUZU	135	R	ZUWENDUNGEN FORSCH. U. ENTWICKLUNG (DM/WOCHE)	FEBUD,L,134
FEGEH	137	A	GEHALT FORSCHUNG U. ENTWICKLUNG (DM)	EGEH,A,204
FELOSU	199	A	FERTIGUNGSLOHNSUMME (DM)	LOSU,A,197
FERER	182	A	FERTIGERZEUGNISSE (DM)	AKTIVA,A,217/DUMMY,S,314
FESOAU	138	A	SONST. AUFWEND. FORSCHUNG U. ENTWICKL. (DM/WOCHE)	FEBUAB,R,136/SORE,A,209/SONAR,A,292
FETEL	324.3	C	ANTEIL ZUWEISUNGEN ZU FORSCH. U. ENTWICKL. (DIMLOS)	FEBUZU,R,135
FGK	111	A	FERTIGUNGSGEMEINKOSTEN (DM/STUECK)	STHK,A,107
FGKF	110	A	FERTIGUNGSGEMEINKOSTEN FIX (DM/WOCHE)	PBUAB,R,109/FGK,A,111
FGV	324.4	C	VARIABLE GEMEINKOSTEN (DM/STUECK)	PBUAB,R,109/FGK,A,111
FIAN	171	L	FINANZANLAGEN (DM)	FIAND,A,179/AKTIVA,A,217/ERTFI,A,276/DUMMY,S,314
	171.1	N		
FIANA	315.7	N	ANFANGSWERT FINANZANLAGEN (DM)	FIAN,N,171.1
FIAND	179	A	DIFF. FINANZANL. U. HILFSGR. FINANZANL. AUFLOES. (DM/WOCHE)	FINAH1,A,180
FIFGE			LIMITIERUNGSFUNKTION	FCNSW,A,11/$PLUS,A,12/MODINT,A,14/$HILF1,A,19/$HILF2,A,20
FIFZE			LIMITIERUNGSFUNKTION	$UNPLUS,A,10/$WERT0,A,16/$WERT1,A,17/EREGEW,A,21/TOTGEA,A,23/ABGEAU,A,303/ABVERL,A,305
FINAB	173	R	FINANZANLAGEN AUFLOESUNG (DM/WOCHE)	FIAN,L,171
FINABH			FINANZANLAGEN AUFLOESUNG HILFSGROESSE (DM/WOCHE)	
FINAH1	180	A		FINAB,R,173/EINZA,R,191

FINAH2	178	A	**** DEFINITIONSTEXTE ****	FIAND,A,179/FINAH1,A,180
FINZU	172	R	FINANZANLAGENZUWEISUNG (DM/WOCHE)	FIAN,L,171
FINZUH	174	A	FINANZANLAGENZUWEISUNG HILFSGROESSE (DM/ WOCHE)	FINZU,R,172/AUSZA,R,192
FIXTEL	324.5	C	FIXER ANTEIL PRODUKTIONSBUDGET (DIMLOS)	PFIXZU,A,105
FKAP	243	A	FREMDKAPITAL (DM)	EFRIS,A,241
FL	324.6	C	FERTIGUNGSLOHN (DM/STUECK)	STHK,A,107/PBUAB,R,109/FLH,A,200
FLH	200	A	HILFSRATE GESAMTFERTIGUNGSLOHN (DM/WOCHE)	FELOSU,A,199/PERSU,A,286
FM	324.7	C	FERTIGUNGSMATERIAL STANDARDKOSTEN (DM/ STUECK)	STHK,A,107/PBUAB,R,109/FMKOS,A,119/BEZUF,A,141/BEZUV,A,142 MALAN,N,316.9
FMKOS	119	A	FERTIGUNGSMATERIALWERT REAL (DM/STUECK)	LAWERT,A,145/EWERT,A,146/MAAUFZ,A,284
FORD	183	L	FORDERUNGEN (DM)	DFORD,A,187/AKTIVA,A,217/DUMMY,S,314
	183.1	N		
FORDAB	189	R	AUFLOESUNG FORDERUNGEN (DM/WOCHE)	FORD,L,183
FORDAN	315.8	N	ANFANGSWERT FORDERUNGEN (DM)	FORD,N,183.1
GA			EINGANGSPARAMETER GEWINNAUSSCHUETTUNG (DM)	MACRO,21.5/$SAMPGA,A,22
GAUFL	222	A	AUFLOESUNG GRUNDKAPITAL (DM)	AUSZA,R,192/GRUKA,L,218
GEAUS	302	L	AUSGESCHUETTETER GEWINN (DM)	VGEAUS,A,193/REAZU,R,265/ABGEAU,A,303/AUSGLR,R,307
	302.1	N		
GEHAF	125	A	GEHALT VERWALTUNG (DM/WOCHE)	VWBUAB,R,124/EGEH,A,204
GEHN	324.8	C	GEHALTSNIVEAU (DM/(WOCHE*MANN))	GEHAF,A,125
GEHNW	324.9	C	GEHALTSNIVEAU WISSENSCHAFTLER (DM/(WOCHE* MANN))	FEBUAB,R,136/FEGEH,A,137
GEHOES	203	A	GEHALTSHOEHENSUMME (DM/WOCHE)	GEHSU,A,201
GEHSU	201	A	GEHALTSSUMME (DM)	AUSZA,R,192/RAPERS,A,261
GESAB	287	A	GESAMTABSCHREIBUNGEN (DM)	UEBSCH,A,295/DUMMY,S,314
GESAS	288	A	GESAMTABSCHREIBUNGSRATE (DM/WOCHE)	GESAB,A,287/BILZU,A,308
GHATEL	325.1	C	GEHALTSANTEIL AN PRODUKTION (DM/WOCHE)	FGKF,A,110
GHBTEL	325.2	C	(1/WOCHE)	EGEH,A,204
GRUGA	315.9	N	ANFANGSBEST. GRUNDSTUECKE U. GEBAEUDE (DM)	GRUGE,N,155.1
GRUGE	155	L	GRUNDSTUECKE U. GEBAEUDE (DM)	SOAUF,A,126/GRUGEB,A,163/DGRUGB,A,165
	155.1	N		
GRUGEB	163	A	GRUNDSTUECKE U. GEBAEUDE BILANZ (DM)	AKTIVA,A,217/DUMMY,S,314
GRUKA	218	L	GRUNDKAPITAL (DM)	EKAP,A,242/PASSIV,A,269/DUMMY,S,314
	218.1	N		
GRUKAN	316.1	N	ANFANGSWERT GRUNDKAPITAL (DM)	GRUKA,N,218.1
GRUZU	219	R	GRUNDKAPITALZUFUEHRUNG (DM/WOCHE)	GRUKA,L,218
GRUZUH	221	A	GRUNDKAPITALZUFUEHRUNG HILFSGROESSE (DM/ WOCHE)	EINZA,R,191/GRUZU,R,219
GSTEIG	300	A	HILFSGROESSE ZUR RUECKLAGENBERECHNUNG (DIMLOS)	AUGEW,A,310
HAKT	88	A	HILFSGROESSE ZU AKT (STD/(WOCHE*WOCHE))	AKT,A,89
HQLB	101	A	HILFSGROESSE QUOTIENT LAGERBESTAND (DIMLOS)	HRES,A,91
HRES	91	A	HILFSGROESSE ZU RES (STD/(WOCHE*WOCHE))	KAPMIH,A,92
HTAR	41	A	HILFSGROESSE NACHLIEFERUNGEN (STUECK)	T2AR,A,42
HUEKO	82	A	HILFSGROESSE UEBERSTUNDENKOSTEN (DM/WOCHE)	UEKO,A,83
H2TAR	43	A	HILFSGROESSE NACHLIEFERUNGEN (STUECK)	TARH,A,44
IN			EINGANGSPARAMETER	MACRO,.5/$RAT,R,1/MACRO,2.6/$RAT1,R,3

INIT			INITIALWERT F. MODINT	MACRO,11.5/$LEV,N,13.1
INPUT			EINGANGSPARAMETER/-RATE	MACRO,11.5/$PLUS,A,12
INTERV			WOCHE DER AKT. PERIODE (WOCHE)	MACRO,21.5/TOTGEA,A,23
JAHR	316.2	N	GESCHAEFTSJAHR (WOCHE)	WOCHE,A,24/PERIOD,A,25/EAR,A,27/VFIXZU,A,59/WEBEF,A,186 VGEAUS,A,193/ZINS,A,212/BEZST,A,216/PGZUF,A,220/PLANGE,A, 238/ABZEIT,A,270/ERTFI,A,276/BEZEQ0,A,309/EARAN,N,315.4
JERG	296	A	JAHRESERGEBNIS (DM)	DUMMY,S,314
KAPMIH	92	A	KAPAZITAETS MINDERUNGSRATE HILFSGROESSE (STD/(WOCHE*WOCHE))	EAS,L,85/KAPMIN,R,87
KAPMIN	87	R		
KOND1			UEBERSCHUSSGROESSE (DM)	MACRO,18.5/$HILF1,A,19/$HILF2,A,20
KOND2			FALL 2 BEDINGUNGSGROESSE BZGL. KOND1 (DM)	MACRO,18.5/$HILF1,A,19
KOND3			FALL 3 BEDINGUNGSGROESSE BZGL. KOND1 (DM)	MACRO,18.5/$HILF2,A,20
KOND4			BEZUGSZEITPUNKT ZUR GEWINNAUSSCHUETTUNG (WOCHE)	MACRO,18.5/EREGEW,A,21
KRZ	325.3	C	KUNDENWAHRNEHMUNGSZEIT F. TEILLIEFERUNGEN (WOCHE)	WTL,A,37
KURDA	252	R	KURZFRISTIGE DARLEHENSRATE (DM/WOCHE)	KUVER,L,251
KURDAH	254	A	KURZFRISTIGE DARLEHENSRATE HILFSGROESSE (DM/WOCHE)	EINZA,R,191/KURDA,R,252/KURUEH,A,260
KURUE	253	R	RUECKZAHLUNG KURZFR. DARLEHEN (DM/WOCHE)	KUVER,L,251
KURUEH	260	A	RUECKZAHLUNG KURZFR. DARLEHEN HILFSGROESSE (DM/WOCHE)	AUSZA,R,192/KURUE,R,253
KUVER	251	L	KURZFRISTIGE VERBINDLICHKEITEN (DM)	ZINS,A,212/FKAP,A,243/LIQUI,A,246/LIQUI2,A,259/PASSIV,A,269
	251.1	N		DUMMY,S,314
KUVRAN	316.3	N	ANFANGSWERT KURZFR. VERBINDLICHKEITEN (DM)	KUVER,N,251.1
KV	32	A	KUNDENVERHALTEN (DIMLOS)	ARH,A,31
KZV	325.4	C	KUNDENZAHLUNGSVERHALTEN (WOCHE)	BEZREH,A,185/DFORD,A,187
LAGC	316.4	N	FERTIGLAGER ANFANGSBESTAND (STUECK)	LB,N,97.1
LAKOS	144	A	LAGERKOSTEN KAPITALBINDUNG (DM/WOCHE)	BEAB,R,143
LANGDA	235	R	DARLEHENSAUFNAHME LANGFRISTIG (DM/WOCHE)	LAVER,L,234
LANGDAH				EINZA,R,191
LANGDH	237	A	DARLEHENSAUFNAHME LANGFRISTIG HILFSGROESSE (DM/WOCHE)	LANGDA,R,235
LANRUE	236	R	RUECKZAHLUNG LANGFR. DARLEHEN (DM/WOCHE)	LAVER,L,234
LANRUEH				AUSZA,R,192
LANRUH	244	A	RUECKZAHLUNG LANGFR. DARLEHEN HILFSGROESSE (DM/WOCHE)	LANRUE,R,236
LAPOL	52	A	FERTIGLAGERPOLITIK BZGL. MARKTANSTRENGUNG (DIMLOS)	EMA,A,51
LAVAN	316.5	N	ANFANGSBESTAND LANGFR. VERBINDLICHKEITEN (DM)	LAVER,N,234.1
LAVER	234	L	LANGFRISTIGE VERBINDLICHKEITEN (DM)	ZINS,A,212/PLANGE,A,238/FKAP,A,243/PLRUE,A,247/PASSIV,A,269
	234.1	N		DUMMY,S,314
LAWERT	145	A	WERT DES MATERIALLAGERBESTANDS (DM)	LAKOS,A,144/ROHIB,A,181
LB	97	L	FERTIGLAGERBESTAND (STUECK)	OLB,A,35/HTAR,A,41/LDIF,A,100/FERER,A,182/PRINT,333.2/PLOT, 333.3
	97.1	N		
LDIF	100	A	FERTIGLAGERDIFFERENZ ZU MINDESTBESTAND (STUECK)	HOLB,A,101

LENGTH			SIMULATIONSDAUER (WOCHE)	SPEC,333.1
LIQFA	325.5	C	LIQUIDITAETSFAKTOR (DIMLOS)	ERE70,A,245
LIQUI	246	A	LIQUIDITAET (DIMLOS)	ERE70,A,245
LIQUI2	259	A	LIQUIDITAET OHNE LIEFERANTENVERB. (DIMLOS)	DLIQU2,A,258
LIVAB	250	R	ABFLUSS LIEFERANTENVERBINDLICHKEITEN (DM/ WOCHE)	LIVER,L,248
LIVER	248	L	LIEFERANTENVERBINDLICHKEIT (DM)	ZINS,A,212/FKAP,A,243/LIQUI,A,246/PASSIV,A,269/DUMMY,S,314
	248.1	N		
LIVRAN	316.6	N	ANFANGSWERT LIEFERANTENVERBINDLICHKEIT (DM)	LIVER,N,248.1
LIVZU	249	R	ZUFLUSS LIEFERANTENVERBINDLICHKEIT (DM/ WOCHE)	LIVER,L,248
LMB	316.7	N	FERTIGLAGER MINDESTBESTAND (STUECK)	QLB,A,35/HTAR,A,41/LDIF,A,100
LOSU	197	A	LOHNSUMME (DM)	AUSZA,R,192/RAPERS,A,261
LZKD	325.9	C	LAUFZEIT LANGFRISTIGER KREDITE (WOCHE)	KURUEH,A,260
MAAB	169	R	ABSCHR.QUOTE MASCH. ANLAGEN BETR. U. GESCH. (DM/WOCHE)	MABAB,L,166
MAABH	170	A	ABSCHR.QUOTE MASCH. ANLAGEN BETR. U. GESCH. H.GROESSE (DM/WOCHE)	MAAB,R,169/GESAS,A,288
MAAN	326.1	C	MATERIALANTEIL AN MARKTANSTRENGUNGEN (1/DM)	VMAAUF,A,68/VSOAUF,A,69
MAAUF	283	A	MATERIALAUFWENDUNG (DM)	UEBSCH,A,295/DUMMY,S,314
MAAUFZ	284	A	ZUFUHR MATERIALAUFWENDUNGEN (DM/WOCHE)	MAAUF,A,283/BILZU,A,308
MABAB	166	L	MASCH. ANLAGEN BETRIEBS- U. GESCH.AUSSTATTUNG (DM)	SOAUF,A,126/FESOAU,A,138/AKTIVA,A,217/DUMMY,S,314
	166.1	N		
MABAN	316.8	N	MASCH. ANLAGEN BETRIEBS- U. GESCH.AUSSTATTUNG (DM)	MABAB,N,166.1
MAĆ	326.2	C	MARKTANSTRENGUNG WAHRNEHMUNGSZEIT (WOCHE)	WMA,A,50
MAFIX	326.3	C	FIXE MATERIALKOSTEN (1/WOCHE)	FGKF,A,110
MAIN	167	R	INVEST.QUOTE MASCH. ANL. BETR. U. GESCH.AUSST.(DM/WOCHE)	MABAB,L,166
MAINH	168	A	INVEST.QUOTE MASCH. ANL. BETR. U. GESCH.AUSST. H.GROESSE (DM/WOCHE	MAIN,R,167/AUSZA,R,192
MAKO	326.4	C	MARKTANSTRENGUNG MATERIALKOSTEN (DM/WOCHE)	VMAAUF,A,68/VSOAUF,A,69
MALA	147	L	ROHMATERIALLAGERBESTAND (STUECK)	LAWERT,A,145
	147.1	N		
MALAN	316.9	N	ANFANGSBESTAND LAGER (STUECK)	MALA,N,147.1
MANAM	151	R	MATERIALENTNAHME (STUECK/WOCHE)	MALA,L,147
MARE	208	A	MATERIALRECHNUNGEN (DM/WOCHE)	AUSZA,R,192/LIVAB,R,250
MAREH	206	A	HILFSGROESSE F. EWERT (DM/WOCHE)	MARE,A,208
MAREHH	207	A	HILFSGROESSE F. MARUEH (DM/WOCHE)	MARE,A,208
MARUEH	205	A	HILFSGR. F. RUECKWIRKENDE ZAHLUNGSVERPFL. (DM/WOCHE)	MAREHH,A,207
MARUEK	317.1	N	RUECKWIRKENDE ZAHLUNGSVERPFL. (DM/WOCHE)	MARUEH,A,205/MARE,A,208
MAZAHL	326.5	C	DURCHSCH.BILDUNGSZEIT MARKTANSTRENGUNG (WOCHE)	DEMA,L,95
MF	326.6	C	MENGENFAKTOR STUECK/PRODUKTION (DIMLOS)	EMENG,A,149
MO	326.7	C	MONAT (WOCHE)	GEHSU,A,201/TMO,A,202/AZINS,A,214
MODINT	14	A	MODIFIZIERTES INTEGRAL (ANALOG ZU CSMP)	MACRO,11.5/FELOSU,A,199/GEHOES,A,203/AZINSU,A,211/UMERL,A, 271/BESVE,A,273/ERFIN,A,275/ERRUE,A,277/ERSON,A,279/VERUE ,A,281/MAAUF,A,283/PERSA,A,285/GESAB,A,287/ZINAU,A,289 SONST,A,291/STEUB,A,293/VERUEK,A,297/BIGEW,A,299

NIBEZ	195	A	NICHT BEZAHLTE RECHNUNGEN (DM/WOCHE)	FORDAB,R,189/BEZRE,A,194/WEBAB,R,232
NMA	66	A	NORMALE MARKTANSTRENGUNG (DM)	QWMA,A,48/EMA,A,51
PABQU	114	R	PRODUKTIONSABSCHREIBUNGSQUOT (DM/WOCHE)	PMABA,L,112
PABQUH	117	A	PRODUKTIONSABSCHREIBUNGSQUOT HILFSGROESSE (DM/WOCHE)	PABQU,R,114/BAUABH,A,164/MAABH,A,170
PAS	106	A	PLANKAPAZITAET (STD/WOCHE)	EASMIN,A,80/EASMAX,A,81/HUEKO,A,82
PASSIV	269	A	BILANZSUMME PASSIV (DM)	DUMMY,S,314
PBAURA	159	A	GEPLANTE BAURATE (DM/WOCHE)	BAURAH,A,152/LANGDH,A,237
PBUAB	109	R	ABFLUSS PRODUKTIONSBUDGET (DM/WOCHE)	PBUD,L,103
PBUD	103	L	PRODUKTIONSBUDGET (DM)	
	103.1	N		
PBUDAN	317.5	N	ANFANGSWERT PRODUKTIONSBUDGET (DM)	PBUD,N,103.1
PBUZU	104	R	ZUFLUSS PRODUKTIONSBUDGET (DM/WOCHE)	PBUD,L,103
PD	326.8	C	PRODUKTIONSDAUER (WOCHE)	PERH,A,102
PER	98	R	PRODUKTIONSERGEBNISRATE (STUECK/WOCHE)	LB,L,97
PERH	102	A	PRODUKTIONSERGEBNISRATE HILFSGROESSE (STUECK/WOCHE)	PER,R,98/BEVER,A,274
PERIOD	25	A	NUMMER D. AKT. GESCHAEFTSJAHRES (DIMLOS)	WOCHE,A,24/DUMMY,S,314
PERSA	285	A	PERSONALGESAMTAUFWENDUNGEN (DM)	UEBSCH,A,295/DUMMY,S,314
PERSU	286	A	PERSONALUNKOSTENRATE (DM/WOCHE)	RAPERS,A,261/PERSA,A,285/BILZU,A,308
PF	326.9	C	PRODUKTIONSFAKTOR (STUECK/(DM*MANN*STD))	PR,A,84/PAS,A,106
PFIXZU	105	A	FIXANTEIL AN ZUFLUSS PRODUKTIONSBUDGET (DM/WOCHE)	PBUZU,R,104
PGEWST	308.8	N	GEPL. GEWINN U. STEUERANTEIL (DM)	AUGEW,A,310/BILVER,A,311/RUEZU,A,312/RUEAB,A,313
PGRUKA	317.6	N	GEPLANTES GRUNDKAPITAL (DM)	PGZUF,A,220
PGT	327.1	C	ANTEIL GUNDSTUECK U. GEBAEUDE PRODUKTION (DIMLOS)	PBAURA,A,159/BAUABH,A,164
PGZUF	220	A	GEPLANTE GRUNDKAPITALZUFUEHRUNG (DM/WOCHE)	GRUZUH,A,221
PIFAKT	327.2	C	PRODUKTIONSINVESTITIONSFAKTO (DIMLOS)	PINQUH,A,115
PINQU	113	R	PRODUKTIONSINVESTITIONSQUOTE (DM/WOCHE)	PMABA,L,112
PINQUH	115	A	PRODUKTIONSINVESTITIONSQUOTE HILFSGROESSE (DM/WOCHE)	PINQU,R,113/PBAURA,A,159/MAINH,A,168
PLANG	317.7	N	PLAN LANGFRISTIGE DARLEHEN (DM/WOCHE)	
PLANGD	239	A	DURCHSCH. GEPL. LANGFR. VERBINDL. (DM/WOCHE)	LANGDH,A,237
PLANGE	238	A	GEPLANTE LANGFR. GELDAUFNAHME (DM/WOCHE)	PLANGD,A,239
PLAUGE	317.8	N	PLAN AUSGESCHUETTETER GEWINN (DM)	GSTEIG,A,300/PGEWST,N,308.8/AUGEW,A,310
PLAVER	317.9	N	GEPLANTE LANGFR. VERBINDL. PRO JAHR (DM)	PLANGE,A,238
PLIQUI	318.1	N	GEPLANTE LIQUIDITAET KURZFR. (DIMLOS)	ERE70,A,245
PLIQU2	318.2	N	GEPLANTE LIQUIDITAET LANGFR. (DIMLOS)	DLIQU2,A,258
PLRIS	327.3	C	GEPLANTES RISIKO (DIMLOS)	ERE60,A,240
[illegible]	[illegible]	[illegible]	[illegible] LANGFR. VERBINDL. (DM/WOCHE)	[illegible]
PLTPER			PLOT SCHRITTWEITE (WOCHE)	SPEC,333.1
PLUMS	318.3	N	GEPLANTER UMSATZ (DM/WOCHE)	EAR,A,27/VFIXZU,A,59/VWZUF,A,122/FEBUZU,R,135/BEZUF,A,141 BEZUV,A,142/ZURSTH,A,227/ABRSTH,A,229
PMABA	112	L	ANLAGEN PRODUKTION (DM)	PR,A,84/FGKF,A,110/REINP,A,116/DPMABA,A,118/WINVRH,A,130 EGEH,A,204
	112.1	N		
PMABAN	318.4	N	ANFANGSBESTAND ANLAGEN PRODUKTION (DM)	PAS,A,106/PMABA,N,112.1
PMT	327.4	C	ANTEIL MASCHINEN PRODUKTION (DIMLOS)	MAINH,A,168/MAABH,A,170

PPR	150	A	GEPLANTE PRODUKTIONSRATE (STUECK/WOCHE)	PFIXZU,A,105/PAS,A,106/EMENG,A,149
PR	84	A	PRODUKTIONSRATE (STUECK/WOCHE)	PERH,A,102/PBUAB,R,109/BEZUV,A,142/MANAM,R,151/FLH,A,200 MAAUFZ,A,284/PRINT,333.2/PLOT,333.3
PROFIX	327.5	C	FIXTEIL PROD.GEMEINKOSTEN ARBEITER (DM/ (WOCHE*MANN))	FGKF,A,110/EGEH,A,204
PROSA	327.6	C	PROVISIONSSATZ (DIMLOS)	VUMPRO,A,67
PRTPER			PRINT SCHRITTWEITE (WOCHE)	SPEC,333.1
PULSE			PULSE-FUNKTION	EINRA,A,148/LOSU,A,197/TWO,A,198/GEHSU,A,201/TMO,A,202 TZINS,A,213/AZINS,A,214/BEZST,A,216/ABZEIT,A,270
PVARZU	108	A	VARIABLER ANTEIL AN ZUFLUSS PROD.BUDGET (DM/WOCHE)	PBUZU,R,104
QBU	53	A	BUDGETQUOTIENT VERTRIEB (DIMLOS)	BUPOL,A,54
QLB	35	A	LAGERBESTANDSQUOTIENT (DIMLOS)	AK,A,34/LAPOL,A,52/HQLB,A,101
QTLW	36	A	QUOTIENT WAHRGENOMM. TEILLIEFERUNGEN (DIMLOS)	EWTL,A,49
QWMA	48	A	QUOTIENT WAHRGENOMM. MARKTANSTRENGUNG (DIMLOS)	EWMA,A,47
RABSA	327.7	C	REINVESTITION-ABSCHREIBUNGSSATZ (1/WOCHE)	REINV,A,78/REINP,A,116
RANT	327.8	C	RUECKSTELLUNGSANTEILSFAKTOR (DIMLOS)	ZURSTH,A,227/ABRSTH,A,229
RAPERS	261	A	RECHNUNGSABGRENZUNG PERSONALUNKOSTEN (DM/ WOCHE)	REAZU,R,265
RAPOST	266	A	RECHNUNGSABGRENZUNGSPOSTEN (DM)	REAKT,A,267/REPASS,A,268
RASOR	263	A	RECHNUNGSABGRENZUNG SONST. AUFWENDUNGEN (DM/WOCHE)	REAZU,R,265
RAZINS	262	A	RECHNUNGSABGRENZUNG ZINSEN (DM/WOCHE)	REAZU,R,265
REAKT	267	A	RECHNUNGSABGRENZUNGSPOSTEN AKTIV (DM)	AKTIVA,A,217/DUMMY,S,314
REAN	318.5	N	RECHNUNGSABGRENZUNGSPOSTEN ANFANGSBESTAND (DM)	TLRAPO,N,264.1
REAZU	265	R	RECHNUNGSABGRENZUNG ZUFUEHRUNGSRATE (DM/ WOCHE)	TLRAPO,L,ʑ64
RECRA	184	R	RECHNUNGSAUSGANGSRATE HILFSGROESSE (DM/ WOCHE)	FORD,L,183
RECRAH	188	A		RECRA,R,184/BEZREH,A,185/UMZU,A,272
REINP	116	A	REINVESTITION PRODUKTION (DM/WOCHE)	PINQUH,A,115
REINV	78	A	REINVESTITIONSQUOTE VERTRIEB (DM/WOCHE)	VINVQH,A,77
REPASS	268	A	RECHNUNGSABGRENZUNGSPOSTEN PASSIV (DM)	PASSIV,A,269/DUMMY,S,314
RES			KAPAZITAETSMINDERUNGSRATE (STD/(WOCHE* WOCHE))	
RESPOL	327.9	C	KAPAZITAETSMINDERUNGSPOLITIK (STD/(WOCHE* WOCHE))	HRES,A,91
ROHIB	181	A	ROH-, HILFS- U. BETRIEBSSTOFFE (DM)	AKTIVA,A,217/DUMMY,S,314
RUEAB	313	A	RUECKLAGENAUFLOESUNG (DM)	RUELA,L,223/VERUEL,A,298
RUEANT	301	A	ANTEIL RUECKLAGEN (DM)	GSTEIG,A,300/AUGEW,A,310/BILVER,A,311/RUEZU,A,312/RUEAB,A, 313
RUEAUF	328.1	C	RUECKLAGENAUFLOESUNGSREGEL (DIMLOS)	RUEANT,A,301
RUELA	223	L	RUECKLAGEN (DM)	EKAP,A,242/PASSIV,A,269/RUEANT,A,301/DUMMY,S,314
	223.1	N		
RUELAN	318.6	N	ANFANGSWERT RUECKLAGEN (DM)	RUELA,N,223.1
RUERA	224	A	RUECKLAGENBILDUNGSRATE (DM)	RUELA,L,223

RUEST	225	L	RUECKSTELLUNGEN (DM)	FKAP,A,243/PASSIV,A,269/ERRUER,A,278/DUMMY,S,314
	225.1	N		
RUESTA	318.7	N	ANFANGSWERT RUECKSTELLUNGEN (DM)	RUEST,N,225.1
RUEZU	312	A	RUECKLAGENZUWEISUNG (DM)	RUERA,A,224/STEUG,A,294/VERUEL,A,298
SAMPLE			SAMPLE-FUNKTION	$SAMPGA,A,22/PERIOD,A,25
SAVPER			SAVE SCHRITTWEITE (WOCHE)	SPEC,333.1
SMOONO	2	L	EXP. GLAETTUNG 1. ORDNUNG	MACRO,.5/$RAT,R,1/DBUD,A,65/DVMABA,A,79/DPMABA,A,118/DWMABA ,A,133/DGRUGB,A,165/DFORD,A,187/DZAWE,A,196/DWEBE,A,233
	2.1	N		
SOAUF	126	A	UMSATZUNABH. SONSTIGE AUFWENDUNGEN (DM/ WOCHE)	VWBUAB,R,124/SORE,A,209/SONAR,A,292
SOAUFV	127	A	UMSATZABH. SONSTIGE AUFWENDUNGEN (DM/WOCHE)	VWBUAB,R,124/SONAR,A,292
SOFA	328.2	C	UMSATZANTEIL AN SONST. ERTRAEGEN (DIMLOS)	EREIN,A,280
SONAR	292	A	SONSTIGE AUFWENDUNSRATE (DM/WOCHE)	RASOR,A,263/SONST,A,291/BILZU,A,308
SONST	291	A	SONSTIGE AUFWENDUNGEN (DM)	UEBSCH,A,295/DUMMY,S,314
SORE	209	A	SONSTIGE, ZU BEZAHL. RECHNUNGEN (DM/WOCHE)	SORED,A,210
SORED	210	A	SONSTIGE RECHNUNGEN (DM/WOCHE)	AUSZA,R,192/RASOR,A,263
SPOC	328.6	C	SPAN OF CONTROL, DURCHSCH. UNTERGEBENENZAHL (MANN)	FGKF,A,110
STEP			STEP-FUNKTION	SZTFAKT,A,15/TESTPO,A,26/MARUEH,A,205
STEUB	293	A	STEUER VOM EINKOMMEN (DM)	JERG,A,296/DUMMY,S,314
STEUBE	318.8	N	ANFANGSBESTAND STEUER (DM)	STEUR,N,215.1
STEUG	294	A	GESAMTSTEUER (DM)	STEUR,L,215/STEUB,A,293/BILZU,A,308
STEUR	215	L	STEUERSCHULD (DM)	BEZST,A,216/RAPOST,A,266/PRINT,333.2/PLOT,333.3
	215.1	N		
STHK	107	A	STANDARDHERSTELLUNGSKOSTEN (DM/STUECK)	PFIXZU,A,105/PVARZU,A,108
STSA1	328.7	C	STEUERSATZ 1 (DIMLOS)	STEUG,A,294/GSTEIG,A,300/PGEWST,N,308.8/RUEAB,A,313
STSA2	328.8	C	STEUERSATZ 2 (DIMLOS)	STEUG,A,294/RUEZU,A,312
SWITCH			ZUFLUSS-/RUECKSTELLUNGSBEDINGUNG	MACRO,11.5/$PLUS,A,12/MODINT,A,14
TABAR	153.1	T	TABELLE ZU EABA (DIMLOS)	EABA,A,153
TABHL			TABELLEN-FUNKTION (HIGH-LOW)	AK,A,34/EWMA,A,47/EWTL,A,49/LAPOL,A,52/BUPOL,A,54/EABA,A, 153
TAR	40	R	TEILIEFERUNG-NACHLIEFERUNGSRATE (STUECK/ WOCHE)	VRH,A,33/TLR,L,38
TARH	44	A	TEILIEFERUNG-NACHLIEFERUNGSRATE HILFGROESSE (STUECK/WOCHE)	TAR,R,40
TAUS	328.9	C	GEWINNAUSSCHUETTUNGSZEIT (WOCHE)	VGEAUS,A,193
TBQBU	54.1	T	TABELLE VERTRIEBSBUDGETPOLITIK	BUPOL,A,54
TBQLB	52.1	T	TAB. FERTIGLAGERPOLITIK, MARKTANSTRENGUNG	LAPOL,A,52
TBWMA	47.1	T	TAB. EFFEKT. WAHRGENOMM. MARKTANSTRENGUNG (DM)	EWMA,A,47
TBWTL	48.1	T	TAB. EFFEKT. WAHRGENOMM. TEILLIEFERUNGEN	EWTL,A,49
TESTPO	26	A	TESTPOTENTIAL (DIMLOS)	ARH,A,31
TILG	329.1	C	TILGUNGSRATE F. LANGFR. DARLEHEN (1/WOCHE)	PLRUE,A,247
TIME			AKT. SIMULATIONSZEITPUNKT (WOCHE)	WOCHE,A,24/PERIOD,A,25/EAR,A,27
TKO	329.2	C	KOSTENSATZ PRO TEILLIEFERUNG (DM/WOCHE)	TKOS,A,70
TKOS	70	A	KOSTEN F. EINE TEILIEFERUNG (DM/WOCHE)	VSOAUF,A,69
TLA	39	R	TEILIEFERUNGEN ENTSTEHUNGSRATE (STUECK/ WOCHE)	TLR,L,38
TLR	38	L	TEILLIEFERUNGEN (STUECK)	WTL,A,37/H2TAR,A,43/TARH,A,44/TKOS,A,70/HAKT,A,88
	38.1	N		

TLRAPO	264	L	ANTEIL RECHNUNGSABGRENZUNGSPOSTEN (DM)	RAPOST,A,266
	264.1	N		
TLRC	318.9	N	ANFANGSBESTAND TEILLIEFERUNGEN (STUECK)	TLR,N,38.1
TMO	202	A	ZEITKONSTANTE MONAT (WOCHE)	GEHOES,A,203
TOTGEA	23	A	TOTZEITGLIED F. GEWINNAUSSCHUETTUNGSVERZOEGE	MACRO,21.5/VGEAUS,A,193
TPOL	329.3	C	TEILENACHLIEFERUNGSPOLITIK (DIMLOS)	HTAR,A,41
TWO	198	A	ZEITKONSTANTE WOCHE (WOCHE)	FELOSU,A,199
TZINS	213	A	ZINSTERMIN (WOCHE)	AZINSU,A,211
T2AR	42	A	HILFSGROESSE ZU TAR (STUECK)	H2TAR,A,43/TARH,A,44
UEBSCH	295	A	JAHRESUEBERSCHUSS (DM)	JERG,A,296/AUGEW,A,310/BILVER,A,311/RUEZU,A,312/RUEAB,A,313 DUMMY,S,314
UEKO	83	A	UEBERSTUNDENKOSTEN (DM/WOCHE)	UEKOS,A,96
UEKOF	329.4	C	UEBERSTUNDENKOSTENSATZ (DM/STD)	HUEKO,A,82
UEKOS	96	A	KOSTEN F. EINE UEBERSTUNDE (DM/WOCHE)	VSOAUF,A,69/FLH,A,200
UMBIS	319.1	N	UMSATZ VORJAHR (DM)	EARAN,N,315.4
UMERL	271	A	UMSATZERLOESE (DM)	UEBSCH,A,295/DUMMY,S,314
UMS	55	A	UMSATZ (DM/WOCHE)	SOAUFV,A,127
UMZU	272	A	UMSATZZUFUEHRUNGSRATE (DM/WOCHE)	UMERL,A,271/EREIN,A,280/BILZU,A,308
UQ	329.5	C	UMSATZANTEIL F. MARKTANSTRENGUNG (DIMLOS)	NMA,A,66
VABS	76	R	VERTRIEB ABSCHREIBUNGEN (DM/WOCHE)	VMABA,L,74
VABSH	71	A	VERTRIEB ABSCHREIBUNGEN HILFSGROESSE (DM/ WOCHE)	VABS,R,76/BAUABH,A,164/MAABH,A,170
VANZAP	329.6	C	ANZAHL PERSONEN VERTRIEB (MANN)	VFIXGE,A,63
VARTEL	329.7	C	VAR. ANTEIL PRODUKTIONSBUDGET (DIMLOS)	PVARZU,A,108
VBUAB	61	R	AUSGABEN VOM VERTRIEBSBUDGET (DM/WOCHE)	VBUD,L,57
VBUD	57	L	VERTRIEBSBUDGET (DM)	DBUD,A,65
	57.1	N		
VBUDAN	319.2	N	ANFANGSWERT VERTRIEBSBUDGET (DM)	VBUD,N,57.1
VBUZU	58	R	ZUWENDUNGEN ZUM VERTRIEBSBUDGET (DM/WOCHE)	VBUD,L,57
VERLUS	304	L	VERLUST (DM)	GAUFL,A,222/ABVERL,A,305
	304.1	N		
VERUE	281	A	VERAENDERUNGEN RUECKLAGEN (DM)	UEBSCH,A,295
VERUEK	297	A	VERAENDERUNGEN RUECKLAGEN (DM)	DUMMY,S,314
VERUEL	298	A	VERAENDERUNGSRATE RUECKLAGEN (DM)	VERUEK,A,297/BILZU,A,308
VERUZ	282	A	VERAENDERUNGSRATE (DM/WOCHE)	VERUE,A,281/BILZU,A,308
VERZ			VERZOEGERUNGSDAUER (WOCHE)	MACRO,21.5/TOTGEA,A,23
VFABS	72	A	FIXER ANTEIL D. ABSCHREIBUNGEN (DM/WOCHE)	VABSH,A,71
VFIXGE	63	A	FIXGEHALT (DM/WOCHE)	VPK,A,62
VFIXZU	59	A	FIXER ANTEIL VERTRIEBSZUWENDUNGEN (DM/ WOCHE)	VBUZU,R,58
VGEAUS	193	A	VERZOEGERTE GEWINNAUSSCHUETTUNG (DM)	AUSZA,R,192/REAZU,R,265
VGRUGE	329.8	C	GRUNDGEHALT VERTRIEB (DM/WOCHE)	VFIXGE,A,63
VGT	329.9	C	ANTEIL GRUNDST. U. GEBAEUDE VERTRIEB (DIMLOS	PBAURA,A,159/BAUABH,A,164
VIFAKT	330.1	C	VERTRIEB INVESTITIONSFAKTOR (DIMLOS)	VINVQH,A,77
VINVQH	77	A	VERTRIEB INVESTITIONSQUOTE HILFSGROESSE (DM/WOCHE)	VINVQU,R,75

VINVQU	75	R	VERTRIEB INVESTITIONSQUOTE (DM/WOCHE)	VMABA,L,74
VINVQUH				PBAURA,A,159/MAINH,A,168
VMAAUF	68	A	VERTRIEB MATERIALAUFWENDUNGEN (DM/WOCHE)	VBUAB,R,61
VMABA	74	L	MASCH. ANL.,BAUTEN,AUSSTATTUNG IM VERTRIEB (DM)	REINV,A,78/DVMABA,A,79
	74.1	N		
VMABAN	319.3	N	ANFANGSBESTAND VMABA (DM)	VMABA,N,74.1
VMT	330.2	C	ANTEIL MASCHINEN VERTRIEB (DIMLOS)	MAINH,A,168/MAABH,A,170
VPK	62	A	VERTRIEB PERSONALKOSTEN (DM/WOCHE)	VBUAB,R,61/EGEH,A,204
VR	99	R	VERSANDRATE (STUECK/WOCHE)	ASLH,A,46/LB,L,97/RECRAH,A,188
VRH	33	A	VERSANDRATE HILFSGROESSE (STUECK/WOCHE)	UMS,A,55/VR,R,99/BEVER,A,274
VSOAUF	69	A	VERTRIEB SONSTIGE AUFWENDUNGEN (DM/WOCHE)	VBUAB,R,61
VUMPRO	67	A	V. UMSATZ PROVISION (DM/WOCHE)	VPK,A,62
VVABS	73	A	VAR. ANTEIL D. ABSCHREIBUNGEN (DM/WOCHE)	VABSH,A,71
VVARZU	60	A	VAR. ANTEIL VERTRIEBSZUWENDUNGEN (DM/WOCHE)	VBUZU,R,58
VWBUAB	124	R	ABGANG VERWALTUNGSBUDGET (DM/WOCHE)	VWBUD,L,120
VWBUAN	319.4	N	ANFANGSBESTAND VERWALTUNGSBUDGET (DM)	VWBUD,N,120.1
VWBUD	120	L	VERWALTUNGSBUDGET (DM)	
	120.1	N		
VWBUZU	121	R	ZUTEILUNG VERWALTUNGSBUDGET (DM/WOCHE)	VWBUD,L,120
VWMT	330.3	C	ANTEIL MASCHINEN, GRUNDST. U. GEBAEUDE (DIMLOS)	MAINH,A,168/MAABH,A,170
VWTEF	330.4	C	FIXTEIL ZUTEILUNGSFAKTOR (DIMLOS)	VWZUF,A,122
VWTEV	330.5	C	VAR. ANTEIL ZUTEILUNGSFAKTOR (DIMLOS)	VWZUV,A,123
VWZUF	122	A	FIXTEIL ZUTEILUNG VERWALT.BUDGET (DM/WOCHE)	VWBUZU,R,121
VWZUV	123	A	VAR. TEIL ZUTEILUNG VERWALT.BUDGET (DM/WOCHE)	VWBUZU,R,121
VZUF	330.6	C	ANTEILSFAKTOR FIX A. D. VERTRIEBSZUW. (1/WOCHE)	VFIXZU,A,59
VZUV	330.7	C	ANTEILSFAKTOR VAR. A. D. VERTRIEBSZUW. (DIMLOS)	VVARZU,A,60
WABSA	331.2	C	VERWALTUNG ABSCHREIBUNGSSATZ (1/WOCHE)	WABSRH,A,132
WABSR	131	R	ABSCHREIBUNGSRATE VERW.ANLAGEN (DM/WOCHE)	WMABA,L,128
WABSRH	132	A	ABSCHREIBUNGSRATE VERW.ANLAGEN HILFSGROESSE (DM/WOCHE)	WABSR,R,131/BAUABH,A,164/MAABH,A,170
WEBAB	232	R	AUFLOESUNG WERTBERICHTIGUNG (DM/WOCHE)	WEBE,L,230
WEBAN	319.5	N	ANFANGSWERT WERTBERICHTIGUNG (DM)	WEBE,N,230.1
WEBE	230	L	WERTBERICHTIGUNG (DM)	DWEBE,A,233/FKAP,A,243/PASSIV,A,269/DUMMY,S,314
	230.1	N		
WEBEF	186	A	WERTBERICHT.RATE AUF FORDERUNGEN (DM/WOCHE)	WEBEZ,R,231/GESAS,A,288
WEBEFA	331.3	C	WERTBERICHTIGUNGSFAKTOR (DIMLOS)	WEBEF,A,186
WEBEZ	231	R	ZUFLUSS WERTBERICHTIGUNG (DM/WOCHE)	WEBE,L,230
WFAKT	331.4	C	WOCHENFAKTOR (WOCHE)	PPR,A,150
WGT	331.5	C	ANTEIL VERWALT. GRUNDST. U. GEBAEUDE (DIMLOS)	PBAURA,A,159/BAUABH,A,164
WIFAKT	331.6	C	VERWALTUNG INVESTITIONSFAKTOR (1/WOCHE)	WINVRH,A,130
WINVR	129	R	VERWALTUNG INVESTITIONSRATE (DM/WOCHE)	WMABA,L,128
WINVRH	130	A	VERWALTUNG INVESTITIONSRATE HILFSGROESSE (DM/WOCHE)	WINVR,R,129/PBAURA,A,159/MAINH,A,168
WISS	331.7	C	ANZAHL WISSENSCHAFTLER (MANN)	FEBUAB,R,136/FECEH,A,137
WMA	50	A	WAHRGENOMMENE MARKTANSTRENGUNGEN (DM)	DWMA,A,48
WMABA	128	L	VERWALTUNG ANLAGEN (DM)	DWMABA,A,133
	128.1	N		

WMABAN	319.6	N	ANFANGSWERT VERWALTUNG ANLAGEN (DM)	WMABA,N,128.1
WMT	331.8	C	VERWALTUNGSANLAGEN MITTELWERTBILDUNG (WOCHE)	DWMABA,A,133
WO	331.9	C	WOCHE (WOCHE)	LOSU,A,197/TWO,A,198
WOCHE	24	A	WOCHE DES GESCHAEFTSJAHRES (WOCHE)	VGEAUS,A,193/ABGEAU,A,303/ABVERL,A,305/AUSGLR,R,307/BEZEQ0, A,309/DUMMY,S,314
WTL	37	A	WAHRGENOMMENE TEILLIEFERUNGEN (STUECK)	QTLW,A,36
X			EINGANGSPARAMETER	MACRO,9.5/$UNPLUS,A,10/FCNSW,A,11
YMINUS			FCNSW-WERT F. X 0	MACRO,9.5/$UNPLUS,A,10
YNULL			FCNSW-WERT F. X=0	MACRO,9.5/$UNPLUS,A,10
YPLUS			FCNSW-WERT F. X 0	MACRO,9.5/FCNSW,A,11
ZAMAX	320.1	N	ZAHLUNGSMITTEL MAXIMUM (DM)	ZDIFF,A,175
ZAMIN	320.2	N	ZAHLUNGSMINDESTBESTAND (DM)	ZAUEB,A,256
ZAMIT	190	L	ZAHLUNGSMITTEL (DM)	DZAWE,A,196/AKTIVA,A,217/LIQUI,A,246/ZAUEB,A,256/LIQUI2,A, 259/DUMMY,S,314
	190.1	N		
ZAMITA	320.3	N	ANFANGSWERT ZAHLUNGSMITTEL (DM)	ZAMIT,N,190.1
ZAMIWE	332.1	C	ZAHLUNGSMITTEL-MITTELWERTBILDUNGSZEIT (WOCHE)	DZAWE,A,196
ZAUEB	256	A	ZAHLUNGSMITTEL UEBERSCHUSS KURZFR. (DM)	ERE80,A,255/DARLH,A,257
ZDIFF	175	A	DIFF. ZAHLUNGSMITTELMAX. U. DURCHSCH.WERT ZAHLUNGSMITTEL (DM)	FINZUH,A,174/EZA,A,177/FINAH2,A,178
ZIFUS1	332.2	C	ZINSFUSS LANGFRISTIG (DIMLOS)	ZINS,A,212
ZIFUS2	332.3	C	ZINSFUSS KURZFRISTIG (DIMLOS)	ZINS,A,212
ZINAR	290	A	ZINSAUFWENDUNGSRATE (DM/WOCHE)	RAZINS,A,262/ZINAU,A,289/BILZU,A,308
ZINAU	289	A	ZINSAUFWENDUNGEN (DM)	UEBSCH,A,295/DUMMY,S,314
ZINS	212	A	GESAMTZINSAUFWENDUNGEN (DM/WOCHE)	AZINSU,A,211/ZINAR,A,290
ZINSLA	332.4	C	KAPITALZINS BANKUEBL. F. LAGERKOSTEN (1/ WOCHE)	LAKOS,A,144
ZTE	332.5	C	ZINSTERMINE (WOCHE)	TZINS,A,213
ZURST	226	R	ZUWEISUNG RUECKSTELLUNG (DM/WOCHE)	RUEST,L,225
ZURSTH	227	A	ZUWEISUNG RUECKSTELLUNG HILFSGROESSE (DM/ WOCHE)	EINZA,R,191/ZURST,R,226/VERUZ,A,282
$DL	9	A	ORDNUNGSFAKTOR DER VERZOEGERUNG	$RAT1,R,3/$RAT2,R,5/$RAT3,R,7
$HILF1	19	A	HILFSGLEICHUNG F. EREGEW	$HILF2,A,20
$HILF2	20	A	HILFSGLEICHUNG F. EREGEW	EREGEW,A,21
$LEV	13	L	MACRO-INTERNES LEVEL	$PLUS,A,12/MODINT,A,14
	13.1	N		
$LEV1	4	L	MACRO-INTERNES LEVEL	$RAT1,R,3/$RAT2,R,5
	4.1	N		
$LEV2	6	L	MACRO-INTERNES LEVEL	$RAT2,R,5/$RAT3,R,7
	6.1	N		
$PLUS	12	A	HILFSRATE F. MODINT	$LEV,L,13
$RAT	1	R	MACRO-INTERNE RATE	SMOON0,L,2
$RAT1	3	R	MACRO-INTERNE RATE	$LEV1,L,4
$RAT2	5	R	MACRO-INTERNE RATE	$LEV2,L,6
$RAT3	7	R	MACRO-INTERNE RATE	DEL3N0,L,8
$SAMPGA	22	A	HILFSGLEICHUNG F. TOTGEA	TOTGEA,A,23
$UNPLUS	10	A	HILFSGLEICHUNG F. FCNSW	FCNSW,A,11
$WERT0	16	A	HILFSGLEICHUNG F. ERAUSG	ERAUSG,A,18
$WERT1	17	A	HILFSGLEICHUNG F. ERAUSG	ERAUSG,A,18
$ZTFAKT	15	A	ZEITFAKTOR F. ERAUSG	$WERT0,A,16/$WERT1,A,17

Index

Abbild 352

Abfluß 74

Absatz 44

Absatzdurchführung 329

Absatzkontrolle 329

Absatzmodell 59

Absatzplan 48

Absatzvorbereitung 329

Abschlußbilanz 314

Abschreibung 131, 209, 210 249, 258, 278

Abschreibungsfaktor 219

Abschreibungssatz 281

Abschreibungszeit 234

Abstand, konzeptioneller 348

Abweichungsanalyse 67

ACTIPLAN 115

Aktiengesetz 128

Aktion 72, 76, 121

Aktionsvariable 75

Aktiva 204, 206

Aktivseite 129

Analysator 359, 360

Analyseproblem 300

Anfangskonstante, errechnete 94

Anfangswert 86, 87, 205

Anfangswertgleichung 94

Anlagebestand der Produktion 195

Anlageinvestion 287

Anlagenbestand 287

Anlagen im Bau 204, 206, 297

Anlagen Produktion 281

Anlagevermögen 129

Anpassungsprozeß 145

Ansatz, informationstechnologischer 38

Anspruchsanpassungsprozeß 145

Anspruchsniveau 137, 144, 151, 360

Anwendungsmethodologie 16

Arbeitsintensität 125

Arbeitskapazitätsaktivierungsrate 187

Arbeitskräfte 189

Arbeitsstunde 187

Aspekt, simulationsmethodologischer 336

Aufgabe 39

Auflösung Grundkapital 221

Auflösung Rückstellungen 221

Auftrag 125, 154, 157

Auftragsbestand 125, 154, 156

Auftragseingang 125, 171, 179

Auftragseingang, erwarteter 159

Auftragseingang, geplanter 159

Auftragseingang, stochastischer 308

Auftragseingangsrate 156, 157

Aufwendungen, sonstige 181, 249, 259

Ausgleichsrate, softwaretechnische 247

Auskunftssystem 24

Auslieferungskürzungsrate 173

Auslieferungsrate 156, 161

Auswertungen, statistische 309

Auszahlung 220, 221, 228

Auszahlung Zinsen 221

Autokorrelation 361

Auxiliary 93

AWUS 385

Balkendiagramm 435

Basisgröße 147

Bauabschreibung 209, 258, 297

Bauobjekt 297

Baurate 207, 221

Baustein 422, 425

Baustein-Ansatz 423

Baustein-Programm 425

Behaviourist 144

Benutzer, gelegentlicher 384, 407

Benutzerklasse 383

Bereichsmonitor 430

Berichtssystem 24

Beschaffung 44, 275, 290

Beschreibungsmittel 33, 78

Beschreibungssprache 22

Beschreibungstechnik 2

Bestandsgröße, zeitveränderliche 71

Bestandsplan 48

Bestandsveränderung 249, 252

Bestellpolitik EOQ 422

Beteiligung 212

Betriebs- und Geschäftsausstattung 204, 210

Bilanz 16, 128, 131, 204, 206, 230, 320

Bilanzbewegung 129

Bilanzgewinn 249, 262, 268

Bilanzkonto 129

Bilanzsumme 248

Bilanzsumme, Aktiva 204

Bilanzsumme, Passiva 204

Bilanzverlust 265

BOSS 385, 390, 395

bottom-up 328

bottom-up-Ansatz 28

Bruttoergebnis 249, 261

Buchhaltung, doppelte 128

Budgetmindestbestand 171

Budgetpolitik, 168, 171

causal-loop-diagramm 78

CLIP-Funktion 105

COLAN 423

COLAN-Architektur 430

COLAN-Header 425, 432

COLAN-Programm 430, 432

COLAN-Precompiler 432

COLAN-Sprache 424

Computer Modell 353

Controllerbereich 45, 132, 275

CSMP 26

Darlehen 129

Darlehensaufnahme 236, 243

Daten, exogene 345

Datenbank 15, 26, 406

Datenbankadministrator 384

Datenbankverwaltungssystem 23, 24 406

Datenbereich 406, 407

Daumenregel 334

Decision support Systems 434

Deckungsbeitrag 60

Deckungsbeitragsplanung 57, 58, 59

Definitionsgleichung 36

DELAY1 97

DELAY3-Funktion 98

Detailplanung 25, 27, 40

DIABAS 410

Dialogeinheit 410, 411, 418

Dialoggenerator GIAS 407

Dialog-Generatorsystem GIAS 403

Dialogprogramm 409, 410, 416

Dialogprogramm-Autor 409, 410, 412, 416

Dialogprogramm-Benutzer 408, 409, 410, 413

Dialogschnittstelle 387, 407

Dialogsprache 409

Dialogstruktur 409, 412

Dialogstrukturprüfer 421

Dialogversion 387

Differentialgleichung 88

Differenzengleichung 88, 90

Disaggregierung 18

Dispositionsliste 56

DLINF1 99

DLINF3 99

Dokumentationsprogramm 105

Druckanweisung 106

DYNAMO 85, 89, 97, 105, 106, 107

DYNAMO-Gleichung 83

DYNAMO-Programmspezifikation 105

DYNAMO III 26

Eigenkapital 129, 131, 238

Einkauf 294

Einkaufsmenge 295

Einkaufswert 227, 291

Einkaufszeit 295

Einschwingvorgang 314

Einzahlung 220

Einzelgehalt 257

Einzelpreis 179, 218

Element, dynamisches 22

Element, statisches 22

Empfindlichkeit 371

Entscheidungsprozesse 71, 72, 76

Entscheidungspunkt 75

Entscheidungsregel 36, 45, 59, 68, 91, 121, 172, 397

Entscheidungsregelbank 397

Entscheidungstransformationsprozeß 72

Entscheidungsunterstützungssystem 434

Entscheidungsvariable 75

Entwicklungsrichtung, branchenorientiert 23

Entwicklungsrichtung, generalisiert 23

EOQ 427

Ergebnis, diskretes 122

Ergebnisplan 48

Ergebnisplanung 67

Erklärungsmodell 299

Eröffnungsbilanz 117

Ersatzinvestition 287

Ersatzsystem 33

Erträge 131

Erträge aus Finanzanlagen 249, 253

Erträge aus Rückstellungen 249, 253

Erträge, sonstige 249, 255

Ertragsrate 263

Erzeugnisse, fertige und unfertige 204

Expertensystem 435

exponentielle Verzögerung 1. Ordnung 96, 102

exponentielle Verzögerung 3. Ordnung 98

exponentielle Verzögerung n-ter Ordnung 97

eyeball-test 361

Feedbacksystem 73

Fertigerzeugnis 217

Fertiglager 44, 125, 194

Fertiglagerbestand 168, 217

Fertiglagerpolitik 168

Fertigungsgemeinkosten 197, 198

Fertigungslohn 197, 199

Fertigungsmaterial 197, 199

Fertigungsmaterialwert 217, 292

Fertigungslohnsumme 221

Fertigungssektor 324

Finanzanlagen 204, 212

Finanzanlagenbestand 253

Finanzanlagenzuweisung 221

Finanzierung 45

Finanzmodell 16, 124, 203, 204

Finanzplanung FINPLAN 422

FINPLAN 427

Fixgehalt 181

Fixkostenblock 198

Flußrate 85, 94

Flußrate, konservative 99

Flußrate, physische 99

Forderungsauflösung 218

Forderungsausfall 235

Forderungsbestand 129, 131, 218

Forderung 204, 218

Forschung und Entwicklung 275, 288

Fremdfinanzierung 238

Fremdkapital 129, 238, 292

Führungsgröße 311

Funktion 38

Funktionsbereich 118, 132

Funktionsbereichsmatrix 132, 275

Funktionsbereichsmodell 124, 275, 277

Funktionsbudget 132

Funktionsnetz 22, 424

Funktionsnetztheorie 423

FUTURE 427

Gehalt 199

Gehaltsempfänger 199

Gehaltssumme 221

Geldkreislauf 204

Geldstrom 44

Gemeinkosten, variable 199

Generierung von Dialogprogrammen, automatische 409

Gesamtfertigung 222

Gesamtfertigungslohn 257

Gesamtkapitalrentabilität 146

Gesamtmodell 124

Gesamtplanungsmodell 47

Gesamtunternehmensmodell 69

Gesamtunternehmensplanung 16

Gewinn 131, 265

Gewinnausschüttung 247, 249, 269

Gewinnkonto 129

Gewinnmaximierung 140

Gewinn- und Verlustrechnung 16, 249

G & V 131, 329

GIAS 392, 410

GIAS-Modifikator 412, 420

Glättung, exponentielle 99

Glaubwürdigkeit 346

Gleichungen, System Dynamics 14

Gleichungsmodell 68

GLIM 396

Grundbewegung 364

Grundfunktion 44

Grundkalibrierung 301

Grundkapital 204, 230, 231

Grundkapitalauflösung 231

Grundkapitalzuführung 231

Grundstücke 129

Grundstücke und Gebäude 204, 208, 297

Gültigkeit 17, 18, 380

Gültigkeitsbestätigung 358

Gültigkeitsbestimmung 352

Gültigkeitsprüfung 14, 25, 345, 352, 354, 380, 403

Gültigkeitsprüfung, Methoden- und 18

Güte 18, 346, 379

Gütebestimmung 359

Gütemaß 360

Güterkreislauf 124, 126

Gütermodell 124, 153, 154, 314

Güterstrom 44

Handelsbetriebsmodell 78, 83, 91, 107

Handlungsanweisung 36

HELP-Funktion 408

Herstellkosten 199, 217

Hilfsgleichung 93

HIPO 22

Historiedaten 407

Hypervisor 342, 391, 392, 407

Hypothese 16, 35, 36, 37, 51, 59, 68, 91, 121, 161, 162, 397

Hypothesenbank 333

Hypothesenregelbank 397

IFICUS 427

Informationsbank 386, 388, 410, 422

Informationsbankverwaltung 421

Informationsbeziehung 22

Informations-Feedback-Konzept 71

Informationsfluß 71, 72, 81

Informationssystem 24, 337, 383, 384

Informationssystem, computergestütztes 23

Instanz 424, 425

Instanz/Kanal-Netz 22

Integration 85

Integrationsintervall 85

Integrationsschritt 85

Integrationsschrittweite 89, 104

Intelligenz, künstliche 435

Intervallrechnung 148

Investition 210

Investitionsfaktor 278

Investitionsquote 221, 277, 278, 282

ISAC 22

Ist-Ebene 136

Jahresende 272

Jahresergebnis 249, 261

Jahresüberschuß 261, 262

Kalibrator 359, 360

Kalibrator, automatischer 397

Kalibrierung 25, 301, 344, 345, 357, 358, 363, 397

Kalibrierungsmethode 349

Kalibrierungssystem 360

Kanal 423, 424

Kanalkapazität 424

Kanaltyp 424

Kapazität 126, 154, 187, 190

Kapazitätsauslastung 184, 188, 191

Kapitalbeschaffung 238

Kapitalbindung 291

Kapitalkreislauf 45, 204

Kapitalstrom 44

Kapitalzins 291

KARAMBA 385

Kaskadierung 97

Kasse 221

Kassenbestand 129

Kausaldiagramm 78

Kennzahl 142

Kennzahlensystem 142, 144

Kernelemente 122

Kommunikationsschnittstelle 424

Kommunikationssprache 422, 423

Kommunikationssystem COLAN 422

Komponente, dynamische 422

Komponente, empirische-kognitive 35

Komponente, informationsdarstellende 423

Komponente, informationsverarbeitende 424

Komponente, logisch-analytische 35

Komponente, statische 423

Kontrollebene 136

Koordinator 311

Konstante 86, 87

Konstantengleichung 94

Kontrollfluß 424

Kontrollmodell 136

Kontrollsystem 73

Konzernmodell 68

Kosten 181

Kostensatz auf eine Teillieferung 183

Kraft, treibende 348, 349

Kreditkosten 243

Kundenreaktion auf Marktanstrengungen 154, 164

Kundenreaktion auf Teillieferungen 154, 161

Kundenverhalten 59, 61, 63, 125, 126, 154, 160

Kundenverhaltenskurve 61

Kundenzahlungsverhalten 219

Lager 154

Lagerbestand 126, 170, 191

Lagerhaltung 292

Lagerkosten 291

Lagermindestbestand 169, 170, 191

Lagerpolitik 170

Langfristplanung 26

Leistung, scheinbare 72

Leistung, tatsächliche 72

Lenkungssystem 24

Level 71, 74, 75, 84, 87

Levelgleichung 84, 90, 94

Lieferantenverbindlichkeit 204, 215, 241

Lieferbereitschaft 310

Liquidität 240, 317, 318

Liquiditätsfaktor 240

Liquiditätsgesichtspunkt 215

Liquiditätsüberschuß 244

Lohn und Gehalt 257

Lösungsintervall 89, 90, 104

Lohnsumme 221

Makroinstruktion 100, 105

Marketing 171

Marketing-MIX 322

Marketingsektor 328

Marketingstrategie 322

Marketingsubmodell 322

Markt 331

Marktabsatzmodell, computergestütztes 58

Marktanstrengung 126, 154, 165, 166, 171

Marktmodell 59, 331, 332

Marktmodell-Simulation 57

Markt-Potential 125

Marktreaktion 333

Marktsegment 333

Marktsegmentierung 332

Maschinelle Anlagen 204, 210

Maschine 129

Maschinenabschreibung 258

Materialaufwand 249, 256

Materialaufwendungen des Vertriebs 181

Materialbestand 291

Materialentnahme 296

Materialflußbeziehung 22

Materiallager 217

Materialplan 48

Materialrechnung 221

MATH-STAT-PACK 396

MBS 385

MEBA 384, 396

Menü-Technik 408

Messen 141

Meßfühler 72

Meßinstrumentenproblem 300

METHAPLAN 26, 384, 396

Methode, formale 17

Methodenbank 15, 26, 396

Methodenbankadministrator 384

Methodenbanksystem 338, 383

Methodenbankverwaltungssystem 24, 383, 384, 386, 390, 407

Methoden- und Gültigkeitsprüfung 18

Methodenwörterbuch 386

Middlemanagement 138, 322

Mittelplanung 25

Modell 16, 33

Modell, adaptives 379

Modell, computergestütztes 33, 37

Modell, dynamisches 90

Modell, dynamisch zeitkontinuierliches 91

Modell, formales 16, 18, 33, 37, 353

Modell, geistiges 31, 36, 37, 38, 44, 49, 51

Modell, hierarchisches 322

Modell, konkretes 33, 35

Modell, lernendes 333

Modell, logisches 33

Modell, mathematisches 33

Modell, mentales 77

Modelle, metrisch dynamischen zeitdiskreten äquidistanten (MZÄ-Modelle) 90

Modell, selbständiges 395, 422

Modell, verändertes 364

Modell, zeitdiskretes dynamisches 90

Modell, zeitkontinuierliches 90

Modellbank 15, 395

Modellbankadministrator 384

Modellbanksystem 338, 383

Modellbankverwaltungssystem 24, 26, 383, 384, 386, 390, 407

Modellbeschreibungssprache 23

Modellbildung 299, 344, 347

Modellbildungsprozeß 28, 347

Modellentwicklungsprozeß 348

Modellerstellungsprozeß 79

Modellgenerator 347

Modellierung 16

Modellierungsprozeß 14

Modellwörterbuch 386

Nachlieferungsrate 154

Nachrichtenbeziehung 22

Netzmodell 395

Netzsprache 395

Netztheorie 424

Normalbenutzer 384

Nutzungsdauer 283

Oberziel 149

Operations Research Ansatz 37

Optimierungssystem 24

Organisationsform 39

Originalmodell 364, 374

Parameter 82

Parameteränderung 359, 360, 362, 376

Parameterauswahlverfahren 360

Parametervariation 403, 407

Passiva 204, 230, 248

Personalaufwand 249, 257

Personalplan 48

Petri-Netze 22, 337

Phasen 136

Physisches Teilmodell, Anlagen und Gebäude physisch 275, 297

Physisches Teilmodell, Lagerhaltung, 275, 293

Planabweichung 68

Planarbeitskapazität 189

Planbilanz 68, 320

PLANCODE 26, 384, 396

Plankapazität 188

Plankosten 256

Plantafel 50

Planumsatz (PLUMS) 178

Planung 13, 28, 29, 36, 50

Planung, disaggregierte 322

Planung, dispositive 27, 40

Planung, kurzfristige 27

Planung, langfristige 27, 69

Planung, mittelfristige 27, 69

Planung, strategische 27, 40, 69

Planungsbudget 120

Planungsebene 136

Planungsfortschreibung 15

Planungshilfen 68

Planungshilfsmittel 68

Planungs-Informations-System 17, 22

Planungsinstrumentarium 14, 15, 47

Planungsinstrument 57

Planungsmethode 383

Planungsmethodologie 14, 16

Planungsmodell 16, 49, 51, 136, 337, 383

Planungsmodell, computergestütztes 67

Planungsprozeß 139

Planungsrechnung, lineare 37

Planungssystem 17, 24, 49, 51, 67, 68

Planungsverhalten 138, 145

Planzahlen 138

PLOT-Anweisung 106

Postskript 87

Potential 154, 158, 351

Präzedenzbeziehung 22

Pragmatik 299

Preisdurchschnitt 181

Preisliste 59, 62, 63

Preismodell 331

PRINT-Anweisung 106

Print-Plot-Darstellung 106

Print-Plot-Abbildung 106

Problemlösungsprozeß 387

Produktion 44, 126, 154, 196, 211, 275, 281

Produktionsanlagen 189, 198, 282

Produktionsbudget 196, 197, 199

Produktionsergebnis 194

Produktionsergebnisrate 194

Produktionsgemeinkosten 198

Produktionskosten 198

Produktions-Marketing-Subsystem 323

Produktionsplan 48

Produktionsplanung 52, 53

Produktionsplanungssystem 47, 51, 52

Produktionsplanung UNISIM 422

Produktionsprozeß 322, 325

Produktionsrate 195, 199, 296

Produktionsrate, geplante 189, 295

Produktionsvorgang 327

Produktivitätsfaktor 189

Prognosemodell 299

Prognoserechnung FUTURE 422

Programmdokumentation 105

Prozesse 424

Prozeß, stochastischer 361

Prozeßsystem 337, 392

Pseudocode 23

Rate 71, 75, 87, 91

Ratengleichung 91

Reaktionsfunktion 42, 43, 166

Realität 309, 353, 354

Realisationsmodell 136

Rechnung 218, 228

Rechnung, nicht bezahlte 234

Rechnungsabgrenzungsposten 204, 245, 247

Rechnungsabgrenzungsposten, aktiver 229

Rechnungsausgangsrate 218

Rechnungsstellung 131, 219

Rechtecksintegration 89

Regelabweichung 19, 72

Regelgröße 20, 72

Regelkreis 42, 71, 75

Regelkreis, betriebswirtschaftlicher 21

Regelkreis, gekoppelter 18

Regelkreis, klassicher 72

Regelkreis, technischer 18

Regelkreishierarchie 311

Regelkreisphilosophie 72

Regelkreissystem 311

Regelkreistheorie 18

Regelsystem 73, 364

Regler 20, 72

Regressionsanalyse 358

Reihenschaltung 97

Reinvestition 282, 287

Reinvestitionsquote 281

REST 385

Risiko 146

Risiko, effektives 238

Risiko, geplantes 238

Risikofaktor 239

Roh-, Hilfs- und Betriebsstoffe 204, 217, 256

Rohlager 44

Rohmaterial 294

Rohmateriallagerbestand 217

Rohstoff 292

Rückkopplung 18, 399

Rückkopplungsglied 18

Rückkopplungskreis 399

Rückkopplungsprozeß 72

Rückkopplungssystem 73

Rücklagen 131, 204, 232, 265

Rücklagenauflösung 232

Rücklagenzuweisung 232, 233

Rückstellung 204, 232, 254

Rückstellungsanteilsfaktor 233

Rückzahlung 239

Sachanlagen 118

Sachverhalte, diskrete 293

SADT 22

Sales Promotion 334

Schleifenstruktur 79

Schnitt, horizontaler 323

Schnitt, vertikaler 323

Schnittstellen, graphische 403

Schwachstellenanalyse 15

Scientific Subroutine Package (SSP) 396

Segmentreaktion 332

SEMPER 403

Sensitivität 359, 362, 374, 376

Sensitivität, absolute 371

Sensitivität, relative 371

Sensitivitätsanalyse 25, 344, 345, 346, 354, 362, 363, 364, 397

Sensitivitätsanalyse, computergestützte 397

Sensitivitätsfunktion 370

Sensitivitätsmodell 360, 370, 374, 403

Sensitivitätstheorie 365

Serienfertigung 322, 325

Signalsystem 24

Simulation, deterministische 25, 26

Simulation, disaggregierte 42

Simulation, diskrete 25, 26

Simulation, kontinuierliche 25, 26

Simulation, stochastische 25, 26

Simulationsdauer 107

Simulations-Dialog 409

Simulationsergebnis 303

Simulationsinstrumentarium 346

Simulationslauf 358

Simulationsmethodik 343, 352

Simulationsschrittweite 85, 107

Simulationsspezifikation 107

Simulationssystem 24

Simulationstechnische Ausgleichsrate 249, 273

SMOOTH-Funktion 97

Softwareinstrument 336

Soll-Ist-Vergleich 67, 72, 137

Sonstige Aufwendungen 181, 249

Sonstige Aufwendungen im Vertrieb 181

Sozio-ökonomisches System 18

Sozio-technisches System 18, 71

Spektralmethode 361

Span of Control 199

Spezifikationsanweisung 107

Spezifikationsbank 418

Spezifikationsmodul 410, 412

Sprache, natürliche 23

Sprachgenerator 418

Sprungfunktion 300

SPSS 396

Standardherstellkosten 197

Standardkosten 217

Statusvariable 75

Stellglied 72

Stellgröße 20

STEP 112

STEP-Funktion 105

Steuerbeziehung 22

Steuern vom Einkommen 249, 260

Steuersatz 260

Steuerschulden 317

Steuerungssystem 52

Steuerzahlung 204
Stichtagsrechnung 249
Störgröße 72
Strömungslinie 76, 81
Strukturdiagramm, System Dynamics 14
Strukturiertheitsniveau 38, 44, 124, 322
Strukturierung 16
Submodell 121, 323
SWITCH-Funktion 105
Synchronisation, zeitliche 422
Syntheseproblem 300
System, adaptives 378
Systemanalyse 343
System Dynamics 71, 72, 123
System Dynamics Beschreibungstechnik 23
System Dynamics Gleichung 14
System Dynamics Modell 78
System Dynamics Strukturdiagramm 14, 23, 79, 87
System Dynamics Strukturmodell 77
System Dynamics Symbolik 75
System Dynamics Systemgleichung 15
System, dynamisches 75
System, generalisiertes interaktives 408
System, geschlossenes 73
System, knowledge-based 435
System, offenes 74
System, soziales 71
Systemgleichungen, System Dynamics 15, 85
Systemgröße 80, 85
System-Hypervisor 342
Systemsimulation 33
Systemumgebung 82
Systemvariable 80
Systemverhalten 79, 348, 350
Systemzustand 72, 75, 88

Tabellenfunktion TABHL 105
Teillieferung 125, 154, 161, 172
Teillieferungsentstehungsrate 154
Teilplan 68
Teilplanung 68
Terminologiedatenwörterbuch 386
Terminplanung 56
Test 362
Testfunktion 300
Testgröße 351
Testpotential 156, 158
Testverfahren 358
Theorie des Anspruchsniveaus 140

top-down 324

top-down-Ansatz 28, 38

top-down-Strategie 347

Topmanagement-Modell 119

trace driven 350

Transformationen 424

TROLL 26, 384, 396

Überschußgröße 261

Überstundenkosten 184

Umlaufvermögen 129

Umsatz 249, 250, 277, 286, 320

Umsatz, durchschnittlicher 277

Umsatzplanung 50

Umsatzprovision 181, 224

UNISIM 427

Unternehmensdaten 116

Unternehmensmodellierung 115

Unternehmensplanung 13, 14, 15, 47

Unternehmenssimulation 69, 115

Validation 352

Validierung 25, 344, 346, 358, 379, 397

Variable 96

Variable, endogene 345, 349

Variable, exogene 349

Veränderungen Rückstellungen 249

Veränderungen Rücklagen 249, 262

Verbindlichkeiten 241

Verbindlichkeiten, kurzfristige 241

Verbindlichkeiten, langfristige 204, 226, 236

Vergütung 184

Verhaltensgleichung 36, 69, 131

Verification 252

Verifikation 25, 344, 345, 352, 397

Verknüpfungsdiagramm 402

Verknüpfungsinformation 402

Verlust 129, 271

Verlustkonto 129

Verlustrechnung 249, 271

Versand 125, 154, 194

Versandrate 156, 160, 168, 217

Verstärkungsfaktor 240

Vertrieb 211, 275, 277

Vertriebsbudget 125, 126, 154, 177, 179, 180, 181

Vertriebspersonalkosten 224

Vertriebsverfahren 331

Verwaltung 211, 275

Verwaltungsapparat 287

Verwaltungsaufwand 287

Verweisdauer, durchschnittliche 97, 100

Verzögerung 95

Verzögerung, exponentielle 95, 96

Verzögerung 3. Ordnung 97, 101

Verzögerungdsauer, durchschnittliche 97

Verzögerungsglied 18

Verzögerungslevel 95, 100

Verzögerungszeit, durchschnittliche 96

VISICALC 435

Vorhersage 373

Vorhersagecharakter 378

Vorhersagegrenze 373

WELL-System 406

Werbemaßnahmen 166

Wertberichtigung 131, 204, 234

Wertberichtigungsrate auf Forderungen 234

Wertpapier 204, 212

Wirkungsgraph 23, 77, 78

Zahlungsbereitschaft 243

Zahlungsmittel 204, 213, 220

Zahlungsmittelbestand 215, 220

Zahlungsmittelüberschuß 243

Zahlungsverhalten 227

Zahlungsverpflichtung 228

Zeitindizierung 85

Zeitreihe 358

Zeitsubskript 86

Zentralmonitor 430

Ziel 138, 139

Zielfunktion 144

Zielsystem 137, 139, 147, 149, 151

Zinsen 225, 259

Zinsfaktor 292

Zinsfuß 259

Zinshöhe 225

Zinssatz 254

Zins- und ähnliche Aufwendungen 249, 258

Zufluß 74

Zusatzbewegung 364, 376

Zustandsgröße 84, 85

Zustandsgröße, zeitveränderliche 74

Zustandsvariable 85, 94

FSC
www.fsc.org
MIX
Papier | Fördert
gute Waldnutzung
FSC® C083411

Kolibri 360 GmbH
Ferdinand-Jühlke-Straße 7
99095 Erfurt, Deutschland
produktsicherheit@kolibri360.de